2018

GAO PING
YEARBOOK

年鉴

南充市高坪区地方志编纂委员会办公室 编

文汇出版社

图书在版编目(CIP)数据

高坪年鉴.2018 / 南充市高坪区地方志编纂委员会办公室编. -- 上海：文汇出版社, 2019.6
ISBN 978-7-5496-2921-3

Ⅰ.①高… Ⅱ.①南… Ⅲ.①区(城市)-南充-2018-年鉴 Ⅳ.①Z527.14

中国版本图书馆CIP数据核字(2019)第130007号

高坪年鉴.2018

编　　者 / 南充市高坪区地方志编纂委员会办公室
责任编辑 / 熊　勇
出版策划 / 力扬文化

出版发行 / 文汇出版社
　　　　　上海市威海路755号
　　　　　（邮政编码 200041）
印刷装订 / 成都兴怡包装装潢有限公司
版　　次 / 2019年6月第1版
印　　次 / 2019年6月第1次印刷
开　　本 / 889mm×1194mm　1/16
字　　数 / 420千
印　　张 / 21

ISBN 978-7-5496-2921-3
定　　价 / 158.00元

·领导视察·

市委书记宋朝华在高坪区现代物流园调研。

2017年11月16日,市长吴群刚在青居镇调研脱贫攻坚工作。

2017年6月1日，区委书记袁华兵到江东实验小学和高坪七小看望少年儿童。

2017年11月29日，区长陈多平在擦耳镇为贫困群众解答帮扶政策，了解帮扶成效。

·领导视察·

2017年12月4日，区人大常委会主任杨天武参加高坪区"宪法日"法制宣传活动。

区政协主席傅天贵看望贫困群众，发放慰问品。

精准扶贫

2017年7月7日，在区文化中心召开脱贫攻坚推进会。

区委书记袁华兵、区长陈多平等区级领导深入一线调研督导脱贫攻坚工作。

马家蔬菜产业园业。

举办高坪甜橙采摘节暨电商扶贫活动。

江陵镇元宝山村新村聚居点。

2017年，高坪区认真贯彻落实中央、省、市各项决策部署，始终把脱贫摘帽作为最大的政治任务、最大的民生工程，围绕"两不愁三保障""四个好"的工作要求，抓实脱贫攻坚工作，实现全区整体摘帽、33个贫困村退出、13229名贫困人口脱贫目标任务，贫困发生率下降到0.95%。到年底通过了省检和第三方评估。

驻村帮扶扎实有力。 实行县级领导联系帮扶32个乡镇（街道）、区级部门联系帮扶所有贫困村、区乡村三级干部联系帮扶所有贫困户"三个全覆盖"。300余名干部组建91个驻村帮扶工作组，近4000名区乡干部与精准贫困户结成对子，做到了贫困村"五个一"和非贫困村"三个一"全覆盖。

产业带动成果丰硕。 建设柑桔旅游、特色观光、蔬菜康养"三条产业带"，全区351个村全覆盖、满辐射；

创新"631"股份分红、土地返租倒包、飞地扶贫等利益联结模式，建成脱贫奔康产业园57个，发展柑橘、花椒等优势产业22万亩，实现贫困村"村村有园"、贫困户"户户入园"。

农村基础条件持续改善。完成住房保障工程9919户，乡级"三中心"、村级"两室"达标率100%，通村硬化路、通信网络、安全饮水、生活用电、广播电视实现全覆盖，非贫困户住房全面排危。

乡风文明建设深入推进。围绕"感恩奋进"等主题，通过开设"道德讲堂"、表彰"幸福家庭"、开展"回头看""回头帮"等方式，带动群众养成好习惯、形成好风气。

擦耳镇实施村道公路建设扶贫项目。

斑竹乡举办奔康技能大赛。

区文广体局组织精准脱贫文艺下乡巡回演出。

青居镇烟山村文化活动室。

螺溪镇刘家坝村卫生站。

2017年4月22日，高坪区政府与潮州三环电子签署南充三环电子六期工程投资合作协议。

2017年6月12日，高坪区政府与中铁联运签署投资合作协议。

·项目实施·川东北金融中心·

2017年，川东北金融中心落户高坪区下中坝。

2017年7月11日，川东北金融中心在天来大酒店举行集中签约仪式。

· 南充现代物流园 ·

1. 南充现代物流园区鸟瞰图
2. 南充保税物流中心
3. 南充现代物流园铁路专线
4. 南鑫国际建材物流城

· 航空港工业集中区 ·

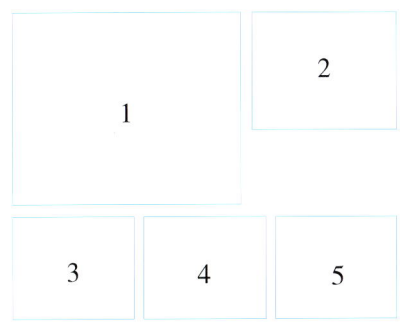

1. 2017年9月22日，省重大产业项目集中开工仪式南充分会场暨南充三环电子有限公司六期项目开工仪式在航空港工业集中区举行。

2. 2017年5月，位于航空港工业集中区的四川华巍机器人科技有限公司生产车间内，工作人员正在调试焊接切割机器人。

3. 富安娜家纺生产现场。

4. 龙运鞋业生产现场。

5. 南充顶津饮品有限公司康师傅纯净水生产现场。

中法农业科技园功能分区图

中法农业科技园新栽柑橘树苗

园区一角

·中法农业科技园·城市建设·

1. 江东大道焕然一新
2. 鹤鸣山夜景
3. 川东北金融中心灯光秀

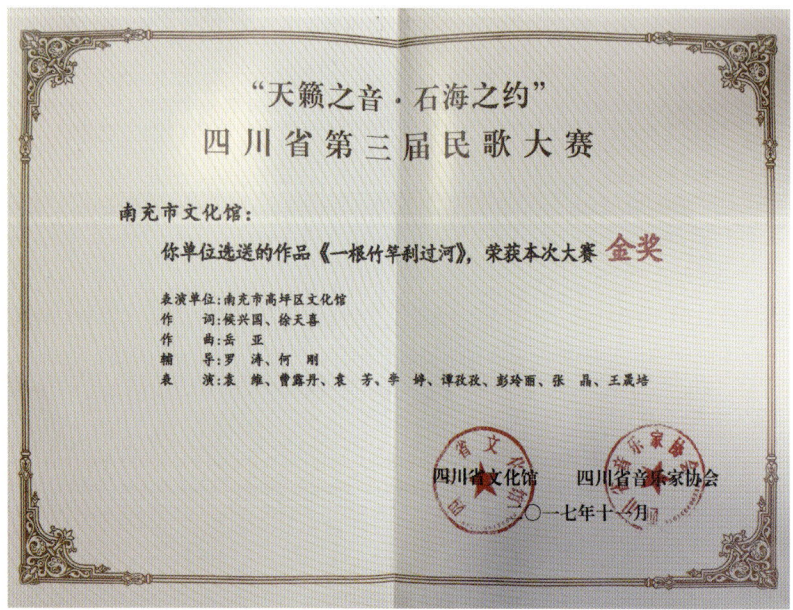

· 文化掠影 ·

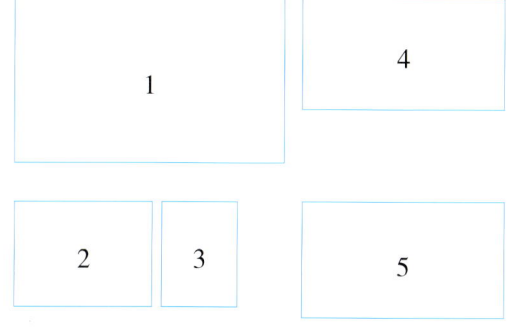

1.2017年11月19日，高坪区选送的《一根竹竿刹过河》获省第三届民歌大赛第一名（金奖）。

2.《一根竹竿刹过河》获省第三届民歌大赛金奖证书。

3.2017年3月，高坪区文化馆创作的合唱《我和幺妹挨到来》获得国家艺术基金资助。

4.2017年8月28日，第四届"创青春"四川青年创新创业大赛暨第八届高校毕业生创业大赛在区文化中心隆重开幕。

5.2017年7月27日，高坪区文化馆选送的舞蹈《编·绿》获市文艺汇演舞蹈类比赛第一名。

数字高坪 2017

全区面积	806.14 平方千米	农村居民人均可支配收入	11986 元
耕地面积	35856 公顷	粮食总产量	21.55 万吨
年末户籍人口	596843 人	油料作物总产量	2.20 万吨
城镇人口	229175 人	肉类总产量	4.99 万吨
农业人口	367668 人	出栏生猪	60.3 万头
人口自然增长率	3.73‰	出栏牛	0.3 万头
年末实有森林面积	26240 公顷	出栏羊	19.7 万只
年末森林覆盖率	32.6%	出栏肉兔	48.9 万只
地方生产总值	157.05 亿元	出栏家禽	613 万只
第一产业增加值	28.21 亿元	禽蛋	1.40 万吨
第二产业增加值	65.65 亿元	水产品产量	9800 吨
第三产业增加值	63.13 亿元	普通高校在校生数	29000 人
民营经济增加值	91.72 亿元	中小学在校生数	86322 人
全社会固定资产投资	219.1 亿元	医疗卫生机构数	738 个
地方公共财政预算收入	6.43 亿元	卫生技术人员总数	2495 人
地方公共财政预算支出	33.22 亿元	广播覆盖率	100%
社会消费品零售总额	90.2 亿元	电视覆盖率	100%
城镇居民人均可支配收入	25152 元		

《高坪年鉴（2018）》编纂委员会成员名单

主　任：陈多平　区委副书记、区政府区长
副主任：敬　健　区委常委、区政府常务副区长
委　员：蒋　勇　区委办公室主任
　　　　徐洪伟　区政府办公室主任
　　　　杨　涛　区人大常委会办公室主任
　　　　冯德刚　区政协秘书长
　　　　何　川　区委组织部常务副部长
　　　　唐　锋　区委宣传部副部长
　　　　彭小华　区委政法委副书记
　　　　陈利全　区目标督查管理办公室主任
　　　　任凤华　区发展和改革局局长
　　　　青凌波　区财政局局长
　　　　王嘉敏　区教育局局长
　　　　韩　惕　区经济信息化和科学技术局局长
　　　　曾长权　区人力资源和社会保障局局长
　　　　严　辉　区城乡规划建设局局长
　　　　何赖承　区交通运输局局长
　　　　马长清　区农牧业局局长
　　　　陈　泽　区卫生和计划生育局局长

赵文举　区统计局局长
王　铖　区食品和药品监督管理局局长
刘　毅　区工商和质量技术监督局局长
何　龙　区城市管理局局长
何　刚　区档案局局长
林　洁　区保密局局长
李林森　区地方志办公室主任

《高坪年鉴》（2018）总编室成员名单

总　编：陈多平
副总编：敬　健
主　编：李林森
编　辑：吴定友　黄　海　彭　湖
编　务：章　迭　刘秀蓉

编辑说明

一、《高坪年鉴》是高坪区人民政府主管，高坪区地志办主办的大型年刊和地方资料工具书，逐年编辑出版，国内外公开发行。编辑出版《高坪年鉴（2018）》旨在全面、系统、翔实地记载和反映上一年度高坪区各行、各业、各个方面的新情况、新成就，为国内外人士认识高坪、建设高坪服务；为各级领导机关、研究机关、企事业单位制定政策、进行科学研究提供重要依据，同时也为今后编修《高坪区志》提供可靠的资料打下基础。

二、《高坪年鉴（2018）》上限自2017年1月1日开始，下限断至2017年12月31日止。

三、本年鉴采用分类编辑法，设类目、分目、条目三个层次，全书除特载、专题记事、大事记、附录外，还设有高坪区概况、中国共产党南充市高坪区委员会、南充市高坪区人民代表大会及常务委员会、南充市高坪区人民政府、政协南充市高坪区委员会、纪律检查与行政监察、军事、审判·检察、民主党派·工商联、群众团体、发展改革·投资促进、公安·司法、民生保障、财政·税务、农业、工业和信息产业、产业集中区、商贸、旅游、住房和城乡建设、交通、金融、综合监督与管理、教育、文化·广播·影视·体育·科技、卫生·计划生育、乡镇街道、人物和先进二十八个部类。为便于检索，全书条目统一使用黑体字加【】表示。

四、本年鉴所用稿件、资料均由各单位提供，并由撰稿单位领导审核，单位盖章。有关内容经区保密局审核，文中数据以区统计局公布或审定的为准。

五、在年度单项工作后设置领导【名录】条目，领导任职在2017年1月1日至12月31日期间有变化的，一律在名录姓名后的括号内注明。

六、《高坪年鉴（2018）》在编辑出版过程中，得到全区各乡镇政府、街道办事处、区级各部门、驻区各企、事业单位的大力支持和通力合作，得到各位供稿者、编撰者及相关工作者的大力支持，在此一并感谢。

目 录

特 载

稳中求进 重点突破 为"绿色高坪、幸福家园"建设开好局起好步 ——在中共南充市高坪区委六届二次全体会议暨经济工作会议上的讲话 …………………… 韩伦红 1
在区委六届六次全会第一次全体会议上的讲话 ……………………………… 袁华兵 10
激流勇进 真抓实干 奋力建设"绿色高坪·幸福家园" ——在南充市高坪区第六届人民代表大会第二次会议上 …… 陈多平 20

专题记事

南充市高坪区2017年脱贫攻坚工作 ………… 24

大事记

1月 …………………………………………… 30
2月 …………………………………………… 31
3月 …………………………………………… 32
4月 …………………………………………… 32
5月 …………………………………………… 34
6月 …………………………………………… 34
7月 …………………………………………… 35
8月 …………………………………………… 36
9月 …………………………………………… 37
10月 ………………………………………… 38
11月 ………………………………………… 38
12月 ………………………………………… 40

高坪区概况

建置区划 ……………………………………… 42
    建置沿革 ………………………………… 42
    行政区划 ………………………………… 42
人口民族 ……………………………………… 43
地 理 ………………………………………… 43
    地理位置 ………………………………… 43
    地形地貌 ………………………………… 43
    水系 ……………………………………… 43
自然资源 ……………………………………… 43
    土地资源 ………………………………… 43
    水资源 …………………………………… 43
    矿藏资源 ………………………………… 44
    生物资源 ………………………………… 44
    旅游资源 ………………………………… 44
气候状况 ……………………………………… 45
    气候概况及年景评述 …………………… 45
    灾害性天气 ……………………………… 45
自然灾害 ……………………………………… 45
    山地灾害 ………………………………… 45

森林病虫害 …… 45
农作物病虫害 …… 45

中国共产党南充市高坪区委员会

概　述 …… 48
重要会议 …… 49
　　全委会议 …… 49
　　常委会议 …… 50
重大决策 …… 53
　　加快全区工业发展 …… 53
　　加快生态文明建设 …… 53
　　稳步推进农村集体产权制度改革 …… 53
　　实施"三百示范工程"带动现代农业提质
　　　增效 …… 53
重大活动 …… 54
　　深入开展"走基层、解难题、办实事、惠
　　　民生"活动 …… 54
　　深化"法治扶贫"系列主题活动 …… 54
　　深入开展"基础管理年"活动 …… 55
区委办公室工作 …… 55
　　概况 …… 55
　　突出党建工作 …… 55
　　突出三项服务 …… 55
　　突出精准扶贫 …… 56
　　突出作风建设 …… 56
　　领导名录 …… 57
组织工作 …… 57
　　概况 …… 57
　　深入推进"两学一做"学习教育 …… 57
　　全力推进党建助力脱贫攻坚 …… 57
　　大力提升党建工作科学化水平 …… 57
　　强化换届后干部队伍建设 …… 58
　　大力实施"人才兴区"战略 …… 59
　　着力打造模范组织部门 …… 59
　　领导名录 …… 59
宣传工作 …… 59
　　概况 …… 59

　　理论教育 …… 59
　　意识形态工作 …… 60
　　外宣和社会宣传 …… 60
　　网络安全与信息化 …… 60
　　精神文明建设 …… 60
　　领导名录 …… 61
统一战线工作 …… 61
　　概况 …… 61
　　统战宣传工作 …… 61
　　统战助脱贫工作 …… 61
　　参政议政工作 …… 61
　　经济统战工作 …… 62
　　党外队伍建设 …… 62
　　民族宗教工作 …… 62
　　新的社会阶层统战工作 …… 62
　　领导名录 …… 62
区委政法工作 …… 62
　　概况 …… 62
　　维护社会稳定 …… 63
　　综合防范治理 …… 63
　　服务经济发展 …… 63
　　司法体制改革 …… 63
　　高新技术创新 …… 63
　　领导名录 …… 63
机构编制工作 …… 64
　　概况 …… 64
　　行政单位机构设置 …… 64
　　事业单位机构设置 …… 64
　　部门行政权力责任清单清理 …… 64
　　编委会 …… 64
　　事业单位登记管理 …… 64
　　事业单位机构编制评估试点 …… 64
　　事业单位法人治理结构建设试点 …… 64
　　领导名录 …… 64
目标管理督查 …… 65
　　概况 …… 65
　　目标制定 …… 65
　　目标考核 …… 65
　　督查督办 …… 65
　　领导名录 …… 66

区直属机关党务工作 …………………… 66
    概况 …………………………………… 66
    思想政治建设 ………………………… 66
    党建信息化管理 ……………………… 66
    党员队伍建设 ………………………… 66
    党建主题活动 ………………………… 66
    精准扶贫工作 ………………………… 67
    基层党建指导监督 …………………… 67
    开展双报到活动 ……………………… 67
    构建党建文化 ………………………… 67
    领导名录 ……………………………… 67

群众和信访工作 ………………………… 67
    概况 …………………………………… 67
    信访业务工作 ………………………… 68
    民生诉求排查化解 …………………… 68
    十九大前期信访稳定工作 …………… 68
    领导名录 ……………………………… 68

老干部工作 ……………………………… 68
    概况 …………………………………… 68
    落实政治待遇 ………………………… 68
    落实生活待遇 ………………………… 69
    加强"三项建设" …………………… 69
    增添正能量活动 ……………………… 69
    加强自身建设 ………………………… 69
    领导名录 ……………………………… 70

党史研究 ………………………………… 70
    概况 …………………………………… 70
    党史基本著作编纂 …………………… 70
    党史课题编研和党史宣传 …………… 70
    党史队伍建设 ………………………… 70
    领导名录 ……………………………… 70

党校、行政学校工作 …………………… 71
    概况 …………………………………… 71
    干部培训 ……………………………… 71
    学历培训 ……………………………… 71
    师资培训 ……………………………… 71
    科研工作 ……………………………… 71
    脱贫攻坚 ……………………………… 71
    领导名录 ……………………………… 71

南充市高坪区人民代表大会及常务委员会

概　述 ……………………………………… 72
重要会议 …………………………………… 72
    代表大会 ……………………………… 72
    常委会会议 …………………………… 72
    主任会议 ……………………………… 74
主要工作 …………………………………… 75
    重大事项决定 ………………………… 75
    听取专项工作汇报 …………………… 76
    人事任免 ……………………………… 77
    法律监督 ……………………………… 77
    专题询问 ……………………………… 77
    代表工作 ……………………………… 77
    调研工作 ……………………………… 77
    议案办理 ……………………………… 78
    指导乡镇（街道）人大工作 ………… 78
    精准扶贫工作 ………………………… 78
    领导名录 ……………………………… 78

南充市高坪区人民政府

概　述 ……………………………………… 79
重要工作 …………………………………… 79
    项目建设 ……………………………… 79
    农村经济 ……………………………… 79
    工业经济 ……………………………… 80
    第三产业 ……………………………… 80
    脱贫攻坚 ……………………………… 80
    城乡建设 ……………………………… 80
    社会事业 ……………………………… 81
    社会治理 ……………………………… 81
重要会议 …………………………………… 81
    常务会议 ……………………………… 81
    专题会议 ……………………………… 84

南充市高坪区人民政府办公室	86
概况	86
高质量参谋辅政	87
高水平办文办会办事	87
督查督办落地见效	87
项目攻坚扎实推进	88
脱贫攻坚务实高效	88
政务公开卓有成效	88
人防工作不断加强	88
领导名录	88
区政务服务工作	88
概况	88
规章制度	89
政务办理	89
政务服务	89
硬件建设	89
行权运行	89
脱贫攻坚	89
入驻单位	89
领导名录	90
政府法制工作	90
概况	90
贯彻落实纲要	90
推进放管服改革	90
行政决策合法性审查	90
规范性文件管理	90
动态调整权力清单	90
规范行政执法	90
行政复议应诉	91
推进政务公开	91
通过第三方评估	91
领导名录	91
地方志工作	91
概况	91
编纂业务培训	91
年鉴编纂出版	91
乡镇简志编纂	91
为省市年鉴供稿	92
地情资料服务	92
领导名录	92
档案工作	92
概况	92
档案馆藏概况	92
档案法制宣传	92
档案执法	92
档案接收	92
档案利用	92
档案管理	92
安全工作	93
档案信息化建设	93
"两学一做"	93
驻村扶贫	93
领导名录	93

政协南充市高坪区委员会

概述	94
重要会议	94
常委会议	94
主席会议	95
主要工作	96
专题协商	96
视察与调研	96
提案工作	96
委员工作	96
界别工作	97
反映社情民意信息	97
领导名录	97

纪律检查与行政监察

概况	98
纪检监察重要会议	98
反腐倡廉建设	98
重大决策部署监督检查	98
坚持践行"四种形态"	99

行政效能监察 …… 99
"四风"督查 …… 99
纪检队伍建设 …… 99
纪检宣传工作 …… 100
预防腐败工作 …… 100
领导名录 …… 100

军事

高坪区人民武装部 …… 101
概述 …… 101
思想政治建设 …… 101
班子队伍建设 …… 101
新体制下管理工作 …… 102
党风廉政建设 …… 102
战备动员 …… 102
军事训练 …… 102
抢险救灾 …… 102
征兵工作 …… 103
后勤保障工作 …… 103
精准扶贫工作 …… 103
拥政爱民工作 …… 103
领导名录 …… 103

空军西安飞行学院第五训练旅 …… 103
概述 …… 103
思想政治建设 …… 103
教育训练情况 …… 104
基层基础建设 …… 104
后勤装备保障 …… 104
党的建设 …… 104

武警南充市支队教导队 …… 105
概述 …… 105
军事训练与教学集训 …… 105
软硬件建设 …… 105
完成急难险重任务 …… 105

武警南充支队执勤二大队执勤二中队 …… 105
概述 …… 105
党支部建设 …… 105

思想政治建设 …… 106
军民共建 …… 106
行政管理 …… 106
基础建设 …… 106

武警南充支队执勤二大队执勤三中队 …… 106
概述 …… 106
军事训练 …… 106
军民共建 …… 106
完成急难险重任务 …… 107

区消防大队 …… 107
概述 …… 107
消防宣传 …… 107
灭火救援 …… 107

审判·检察

审判工作 …… 108
概况 …… 108
刑事审判 …… 108
民事审判 …… 108
行政诉讼 …… 108
案件执行工作 …… 108
服务中心工作 …… 108
参与社会治理 …… 108
化解矛盾纠纷 …… 109
司法责任改革 …… 109
庭审质化改革 …… 109
升级诉讼服务中心 …… 109
诉讼权益保障 …… 109
思想政治建设 …… 109
司法能力提升 …… 109
党风廉政建设 …… 109
领导名录 …… 110

检察工作 …… 110
概况 …… 110
营造法治经济环境 …… 110
强化司法职能保障 …… 110
维护人民群众利益 …… 110

营造法治经济环境 …………………… 111
依法惩治刑事犯罪 …………………… 111
理性修复社会关系 …………………… 111
积极开展综合治理 …………………… 111
严查职务犯罪 ………………………… 111
预防职务犯罪 ………………………… 111
强化侦查活动监督 …………………… 111
强化审判活动监督 …………………… 112
强化刑事执行监督 …………………… 112
全面落实改革措施 …………………… 112
自觉接受外部监督 …………………… 112
大力提升队伍素能 …………………… 112
领导名录 ……………………………… 112

民主党派·工商联

民革高坪区基层委员会 ……………… 113
概况 …………………………………… 113
强化思想教育，狠抓组织建设 ……… 113
建言献策，积极参政议政 …………… 113
积极作为，服务地方经济 …………… 113
领导名录 ……………………………… 113

民盟高坪总支 ………………………… 114
概述 …………………………………… 114
进一步加强组织建设 ………………… 114
不断强化思想建设 …………………… 114
积极开展参政议政 …………………… 114
认真实施民主监督 …………………… 114
科技扶贫发展经济 …………………… 114
光彩事业造福百姓 …………………… 115
社会服务惠及民生 …………………… 115
领导名录 ……………………………… 115

民建高坪区基层委员会 ……………… 115
概况 …………………………………… 115
强化组织建设 ………………………… 115
抓好学习教育 ………………………… 115
积极参政议政 ………………………… 116
服务精准扶贫 ………………………… 116

领导名录 ……………………………… 117

民进高坪区总支 ……………………… 117
概述 …………………………………… 117
思想组织建设不断强化 ……………… 117
参政议政职能进一步增强 …………… 117
服务经济建设取得成效 ……………… 117
领导名录 ……………………………… 118

农工民主党高坪区支部 ……………… 118
概述 …………………………………… 118
加强思想建设 ………………………… 118
强化组织建设 ………………………… 118
积极参政议政 ………………………… 118
开展社会服务 ………………………… 118
领导名录 ……………………………… 118

致公党高坪总支 ……………………… 118
概况 …………………………………… 118
进一步加强组织建设 ………………… 119
积极履行参政议政职能 ……………… 119
认真开展社会服务活动 ……………… 119
领导名录 ……………………………… 119

九三学社高坪基层委员会 …………… 119
概况 …………………………………… 119
切实加强思想组织建设 ……………… 119
认真履行参政议政职能 ……………… 119
扎实搞好社会服务活动 ……………… 119
领导名录 ……………………………… 120

高坪区工商业联合会 ………………… 120
概况 …………………………………… 120
建强两支队伍，促进非公经济健康发展
………………………………………… 120
拓展商会建设，推进商会事业蓬勃发展
………………………………………… 120
抓好参政议政，履行区工商联职能职责
………………………………………… 120
开展服务活动，增强工商联组织凝聚力
………………………………………… 120
弘扬光彩事业，推进众企帮村精准扶贫
………………………………………… 121
领导名录 ……………………………… 121

群众团体

高坪区总工会 …………………………… 122
  概况 …………………………………… 122
  劳动竞赛丰富多彩 …………………… 122
  脱贫攻坚工作成效显著 ……………… 122
  职工关爱活动形式多样 ……………… 123
  工资集体协商深入开展 ……………… 123
  积极筹备群团服务工作 ……………… 123
  有效开展职工维权活动 ……………… 123
  扎实推进工会自身建设 ……………… 123
  领导名录 ……………………………… 124
共青团南充市高坪区委 ………………… 124
  概况 …………………………………… 124
  青春育人结硕果 ……………………… 124
  青春建功展风采 ……………………… 124
  青春关爱育壮苗 ……………………… 125
  青春扶贫建功业 ……………………… 125
  强基固本树形象 ……………………… 126
  领导名录 ……………………………… 126
区妇女联合会 …………………………… 126
  概况 …………………………………… 126
  提高政治站位，强化思想建设 ……… 126
  树立先进典型，发挥引领作用 ……… 126
  创新宣传方式，扩大网络覆盖 ……… 127
  实施民生工程，惠及弱势群体 ……… 127
  深化"巾帼建功"活动，鼓励女性岗位成才
    ………………………………………… 127
  助力"巾帼脱贫"行动，引导妇女勤劳致富
    ………………………………………… 127
  实施幸福家庭行动，深化家庭文明建设
    ………………………………………… 127
  履行维权职能，优化发展环境 ……… 128
  抓好协调配合，推进两纲实施 ……… 128
  创新组织形态，夯实基层基础 ……… 128
  领导名录 ……………………………… 128
区科学技术协会 ………………………… 128
  概况 …………………………………… 128
  扎实开展全民科学素质工作 ………… 129
  积极推进基层科普行动计划及科普专项
    ………………………………………… 129
  深入实施科普信息化建设 …………… 129
  大力促进创新驱动发展 ……………… 129
  强势助力脱贫攻坚工作 ……………… 130
  领导名录 ……………………………… 130
区残疾人联合会 ………………………… 130
  概况 …………………………………… 130
  不断改善残疾人民生状况 …………… 130
  为残疾人提供"量体裁衣"式个性化服务
    工作 ………………………………… 130
  让更多残疾人享受康复服务 ………… 130
  全力决战残疾人脱贫攻坚 …………… 130
  全面深化残疾人事业宣传 …………… 131
  进一步夯实残疾人基层组织 ………… 131
  不断丰富残疾人文化体育活动 ……… 131
  领导名录 ……………………………… 131
区红十字会 ……………………………… 131
  概况 …………………………………… 131
  大力开展宣传培训 …………………… 131
  积极开展社会救助 …………………… 131
  扎实开展三献工作 …………………… 132
  持续推进项目建设 …………………… 132
  领导名录 ……………………………… 132

发展改革·投资促进

发展和改革 ……………………………… 133
  概况 …………………………………… 133
  项目编制与资金争取 ………………… 133
  项目建设与管理 ……………………… 133
  深化体制改革 ………………………… 133
  经济监测与调控 ……………………… 134
  以工代赈 ……………………………… 134
  扶贫攻坚 ……………………………… 134
  民生工程 ……………………………… 134
  节能减排 ……………………………… 134

价格管理与监督……………………… 134
　　机场建设…………………………… 134
　　铁路建设…………………………… 134
　　领导名录…………………………… 135
投资促进合作………………………… 135
　　概况………………………………… 135
　　全区联动招商见成效……………… 135
　　规范程序部门协同抓招商…………… 135
　　创新举措科学研判招商项目………… 135
　　领导名录…………………………… 135

公安·司法

公安工作……………………………… 136
　　概况………………………………… 136
　　安全维稳…………………………… 136
　　经济侦察…………………………… 136
　　刑事侦察…………………………… 136
　　治安管理…………………………… 136
　　治安防范…………………………… 137
　　禁毒工作…………………………… 137
　　改革创新…………………………… 137
　　安全监管…………………………… 138
　　法制建设…………………………… 138
　　队伍建设…………………………… 138
　　领导名录…………………………… 139
司法行政……………………………… 139
　　概况………………………………… 139
　　深入开展"法律七进"……………… 139
　　推动普法工作……………………… 139
　　化解基层矛盾……………………… 139
　　社区矫正管理……………………… 139
　　安置帮教基地建设………………… 140
　　法律援助服务……………………… 140
　　队伍建设…………………………… 140
　　实施帮困扶贫……………………… 140
　　信息化建设………………………… 140
　　领导名录…………………………… 141

监狱工作……………………………… 141
　　概况………………………………… 141
　　川中监狱…………………………… 141
　　领导名录…………………………… 142
　　南充市监狱………………………… 143
　　领导名录…………………………… 143

民生保障

民　政………………………………… 144
　　概况………………………………… 144
　　精准扶贫…………………………… 144
　　深化改革…………………………… 144
　　规范行政行为……………………… 145
　　城乡低保清理核查………………… 145
　　医疗救助…………………………… 145
　　特困人员供养……………………… 146
　　自然灾害救援……………………… 146
　　关心下一代工作…………………… 146
　　养老敬老设施建设与服务………… 146
　　村（居）换届选举………………… 147
　　社区规范化建设…………………… 147
　　区划地名工作……………………… 147
　　优抚安置工作……………………… 147
　　社会专项事务……………………… 147
　　社会组织管理……………………… 148
　　婚姻登记服务……………………… 148
　　领导名录…………………………… 148
人力资源和社会保障………………… 148
　　概况………………………………… 148
人力资源管理………………………… 148
　　人才引进…………………………… 148
　　人事管理…………………………… 148
　　创新创业…………………………… 149
　　技能培训…………………………… 149
　　公共就业服务……………………… 149
社会保障……………………………… 149
　　五险统征与保费收支……………… 149

基金监督	149
劳动保障监察	149
劳动人事争议仲裁	150
行业扶贫	150
领导名录	150

财政·税务

财　政	151
概述	151
财政收入	151
财政支出	151
财政监督	151
财政评审	152
政府采购	152
财务管理	152
债务管理	152
财政扶贫	152
国有资产管理	153
国有企业管理	153
领导名录	153
高坪区国税局	153
概述	153
税收收入	153
征管服务	153
党的建设	154
绩效管理	154
干部管理	154
脱贫攻坚	154
领导名录	154
地方税务	155
概述	155
税收收入	155
税收法治	155
纳税服务	155
精准扶贫	156
强化征管	156
党风廉政	156
队伍管理	156

农　业

农业和农村工作综述	158
概况	158
实施三百工程，促进农业提质增效	158
深化农村改革，激发农业发展活力	158
推进新村建设，改善农村居住环境	159
推进基础建设，确保农民持续增收	159
领导名录	160
农村经济管理	160
概况	160
产权制度改革	160
土地承包经营权流转	160
新型经营主体培育	160
农村财务管理	160
规范产业扶持基金	160
农民科技培训	161
农田水利建设	161
沼气建设	161
农产品质量安全	161
标准化生产	161
农产品质量安全检测	162
三品一标	162
农产品质量安全专项整治	162
农机管理	162
概况	162
提灌站建设	162
基建设施	162
农机推广	162
农机监理	162
种植业	162
概况	162
粮油作物生产	163
种子生产与管理	163
病虫害综合防治	163
植物检疫工作	163

柑桔业 ……………………………………… 164
　生产概况 ………………………………… 164
　社会化管护 ……………………………… 164
蔬菜业 ……………………………………… 164
　概况 ……………………………………… 164
　技术培训 ………………………………… 164
　引进优良品种与技术 …………………… 164
畜牧业 ……………………………………… 164
　生产概况 ………………………………… 164
　畜禽良种推广 …………………………… 165
　动物卫生监管 …………………………… 165
　动物疫病防控 …………………………… 165
渔　业 ……………………………………… 165
　概况 ……………………………………… 165
　增殖放流 ………………………………… 165
　执法宣传 ………………………………… 165
　渔政安全监管 …………………………… 165
　领导名录 ………………………………… 166
蚕　桑 ……………………………………… 166
　概况 ……………………………………… 166
　蚕桑生产 ………………………………… 166
　技术培训 ………………………………… 166
　调研工作 ………………………………… 166
　脱贫攻坚 ………………………………… 166
　领导名录 ………………………………… 167
水　务 ……………………………………… 167
　概况 ……………………………………… 167
　行业扶贫 ………………………………… 167
　防汛保安全 ……………………………… 167
　依法管水治水 …………………………… 167
　水生态建设管控 ………………………… 167
　精准扶贫 ………………………………… 167
　领导名录 ………………………………… 168
林　业 ……………………………………… 168
　概况 ……………………………………… 168
　争引项目工作 …………………………… 168
　林业产业建设 …………………………… 168
　全面实施全域绿化 ……………………… 168
　低效林改造工作 ………………………… 168
　林业行业扶贫 …………………………… 168
　森林管护 ………………………………… 168
　森林防火 ………………………………… 169
　林业执法 ………………………………… 169
　领导名录 ………………………………… 169
扶贫与移民工作 …………………………… 169
　概况 ……………………………………… 169
　精准脱贫 ………………………………… 169
　资金争取 ………………………………… 170
　项目实施 ………………………………… 170
　精准识别 ………………………………… 170
　社会扶贫 ………………………………… 170
　机制创新 ………………………………… 170
　移民后扶 ………………………………… 170
　驻村帮扶 ………………………………… 170
　成果宣传 ………………………………… 170
　领导名录 ………………………………… 171
气象工作 …………………………………… 171
　概况 ……………………………………… 171
　气象预报 ………………………………… 171
　灾害性天气 ……………………………… 171
　基础建设 ………………………………… 171
　政务服务和行政执法 …………………… 171
　领导名录 ………………………………… 171

工业和信息产业

工业信息产业综述 ………………………… 172
　概况 ……………………………………… 172
　全区工业企业主要经济指标 …………… 172
　规模以下工业企业主要经济指标 ……… 172
　规模以上工业企业主要经济指标 ……… 172
　工业发展要素保障 ……………………… 172
　信息化建设 ……………………………… 172
　主城区化工企业关闭搬迁 ……………… 173
　规模以上工业企业产值减量情况 ……… 173
　工业企业项目推进情况 ………………… 173
石油化工 …………………………………… 174
汽车汽配 …………………………………… 174

能源产业 ……………………………………… 174	软环境持续优化 ……………………………… 178
轻工食品 ……………………………………… 174	园区管理不断深化 …………………………… 178
丝纺服装 ……………………………………… 174	领导名录 ……………………………………… 179
领导名录 ……………………………………… 174	**南充现代物流园** ……………………………… 179
邮　政 ……………………………………… 174	概况 …………………………………………… 179
概况 …………………………………………… 174	企业运营 ……………………………………… 179
业务经营 ……………………………………… 175	招商引资 ……………………………………… 179
内部管控 ……………………………………… 175	项目建设 ……………………………………… 179
基础建设 ……………………………………… 175	征拆安补 ……………………………………… 180
领导名录 ……………………………………… 175	领导名录 ……………………………………… 180
电　信 ……………………………………… 175	**南充十里工业街经济技术开发区** …………… 180
概述 …………………………………………… 175	概况 …………………………………………… 180
党建 …………………………………………… 175	强化思想建设 ………………………………… 180
客户经营 ……………………………………… 175	加强队伍建设 ………………………………… 180
服务质量 ……………………………………… 175	落实反腐倡廉 ………………………………… 181
网络能力 ……………………………………… 175	全力精准扶贫 ………………………………… 181
风险防控 ……………………………………… 175	领导名录 ……………………………………… 181
领导名录 ……………………………………… 176	

商　贸

移动通信 ……………………………………… 176	
概况 …………………………………………… 176	
基础设施建设 ………………………………… 176	
网络信息安全保障能力建设 ………………… 176	
改进提升服务能力 …………………………… 176	**商务工作** ……………………………………… 182
全力履行社会责任 …………………………… 176	概况 …………………………………………… 182
领导名录 ……………………………………… 176	重大项目建设 ………………………………… 182
联合通信 ……………………………………… 177	电子商务 ……………………………………… 182
概况 …………………………………………… 177	国内贸易 ……………………………………… 183
提升规模效益和强化服务维系 ……………… 177	外贸出口 ……………………………………… 183
网络支撑能力明显增强 ……………………… 177	行政执法 ……………………………………… 183
领导名录 ……………………………………… 177	扶贫攻坚 ……………………………………… 183
	领导名录 ……………………………………… 184
	粮　油 ……………………………………… 184

产业集中区

	概况 …………………………………………… 184
	粮油收购 ……………………………………… 184
南充航空港工业集中区 ……………………… 178	粮油销售 ……………………………………… 184
概况 …………………………………………… 178	粮油价格 ……………………………………… 184
园区发展积极稳步 …………………………… 178	仓储建设 ……………………………………… 184
重点项目挂图作战 …………………………… 178	粮油保管 ……………………………………… 184
招商工作卓有成效 …………………………… 178	粮政执法 ……………………………………… 184
	粮油工业 ……………………………………… 185

粮油质检 ………………………………… 185
政策助农 ………………………………… 185
放心粮油 ………………………………… 185
粮食项目 ………………………………… 185
领导名录 ………………………………… 186
供销合作 ………………………………… 186
概况 ……………………………………… 186
民生工程 ………………………………… 186
项目工作 ………………………………… 186
业务经营 ………………………………… 186
扶贫攻坚 ………………………………… 186
领导名录 ………………………………… 187
烟草专卖 ………………………………… 187
概况 ……………………………………… 187
专卖管理 ………………………………… 187
领导名录 ………………………………… 187

旅 游

旅游管理工作 …………………………… 188
概况 ……………………………………… 188
旅游规划 ………………………………… 188
旅游产业建设 …………………………… 188
旅游行业管理 …………………………… 189
旅游宣传促销 …………………………… 189
旅游商品开发 …………………………… 189
旅游扶贫 ………………………………… 189
领导名录 ………………………………… 189
凌云山景区 ……………………………… 189
概况 ……………………………………… 189
景区建设 ………………………………… 190
宣传营销 ………………………………… 190
金城山景区 ……………………………… 190
概况 ……………………………………… 190
规划建设 ………………………………… 191
景区管理 ………………………………… 191
市场营销 ………………………………… 191
领导名录 ………………………………… 191

景区管理经营机构 ……………………… 191
概况 ……………………………………… 191
中法农业科技园指挥部 ………………… 191
都京丝绸产业文化园指挥部 …………… 192
青莲统筹城乡发展试验区指挥部 ……… 192
鹤鸣山景区管理委员会 ………………… 192
金凤山景区管委会 ……………………… 192
四川南充鹏来兴达投资开发有限责任公司
 …………………………………………… 192
南充市金城山开发投资有限公司 ……… 192
南充凌云山旅游文化风景区开发有限公司
 …………………………………………… 192

住房和城乡建设

城乡规划建设 …………………………… 193
概况 ……………………………………… 193
城乡规划 ………………………………… 193
重点项目 ………………………………… 193
民生工程 ………………………………… 193
行业管理 ………………………………… 194
城区管护 ………………………………… 194
党建工作 ………………………………… 194
领导名录 ………………………………… 194
城市管理 ………………………………… 194
概况 ……………………………………… 194
城市管理体制改革 ……………………… 195
迎接国省环保督察 ……………………… 195
病媒生物防治通过省卫复检 …………… 195
都京创建国家卫生集镇通过初检 ……… 195
行政执法 ………………………………… 195
服务市民 ………………………………… 196
环卫工作 ………………………………… 197
加强宣传营造氛围 ……………………… 197
推进脱贫攻坚 …………………………… 197
队伍建设 ………………………………… 197
领导名录 ………………………………… 197

房地产管理 …… 198
　概况 …… 198
　房地产预售管理与交易备案 …… 198
　房地产市场监管 …… 198
　物业管理及信访工作 …… 198
　领导名录 …… 198
住房公积金管理 …… 198
　概况 …… 198
　业务发展 …… 198
　归集扩面 …… 198
　个贷管理 …… 199
　风险控制 …… 199
　结对帮扶 …… 199
　领导名录 …… 199
保障住房管理 …… 199
　概况 …… 199
　保障性安居工程建设 …… 199
　资金争取 …… 199
　分配情况 …… 199
　物业管理 …… 199
　领导名录 …… 199

交　通

公路交通运输管理 …… 200
　概况 …… 200
　交通基础设施建设 …… 200
　公路养护管理 …… 200
　交通安全管理 …… 200
　运输市场管理 …… 200
　路政执法管理 …… 200
　城市公共交通 …… 201
　领导名录 …… 201
航务海事 …… 201
　概况 …… 201
　安全环保监管 …… 201

　安全环保教育 …… 201
　安全环保检查 …… 201
　专项整治 …… 201
　重点监管 …… 202
　应急处突 …… 202
　队伍建设 …… 202
　脱贫攻坚工作 …… 202
　领导名录 …… 202
航空运输 …… 202
　概况 …… 202
　机场运营收入 …… 202
　航班航线 …… 203
　航站区改扩建工程 …… 203
　安全运行保障能力 …… 203
　军民融合 …… 203
　领导名录 …… 203

金　融

区金融工作概述 …… 204
南充农商银行高坪支行 …… 204
邮储银行高坪区支行 …… 205
　概况 …… 205
　业务发展 …… 205
　经营措施 …… 205
　内控建设 …… 205
　资产质量 …… 205
　扶贫 …… 205
　领导名录 …… 205
四川天府银行高坪支行 …… 205
　概述 …… 205
　领导名录 …… 205
工行南充高坪支行 …… 206
　概述 …… 206
　领导名录 …… 206
中国人保财险高坪支公司 …… 206

综合监督与管理

国土资源管理 ……………………………… 207
 概况 ………………………………………… 207
 规划调整 …………………………………… 207
 土地报征 …………………………………… 207
 土地出让 …………………………………… 207
 土地收储 …………………………………… 207
 挂钩项目 …………………………………… 208
 耕地保护 …………………………………… 208
 土地整理 …………………………………… 208
 矿产管理 …………………………………… 208
 土地执法监察 ……………………………… 208
 地质灾害管理 ……………………………… 208
 还房建设 …………………………………… 208
 地籍管理 …………………………………… 209
 不动产登记发证 …………………………… 209
 土地勘测 …………………………………… 209
 行政审批 …………………………………… 209
 信访维稳 …………………………………… 209
 行业扶贫 …………………………………… 209
 领导名录 …………………………………… 210
环境保护 …………………………………… 210
 概况 ………………………………………… 210
 环保督察 …………………………………… 210
 大气污染防治 ……………………………… 210
 水污染防治 ………………………………… 210
 土壤污染防治 ……………………………… 211
 建设项目审批 ……………………………… 211
 环保专项检查 ……………………………… 211
 排污费征收管理 …………………………… 211
 群众污染投诉 ……………………………… 212
 环保宣传 …………………………………… 212
 领导名录 …………………………………… 212
安全生产监管 ……………………………… 212
 概况 ………………………………………… 212
 隐患排查整治 ……………………………… 212
 安全社区建设 ……………………………… 212
 应急救援能力建设 ………………………… 212
 基层执法 …………………………………… 212
 宣传教育 …………………………………… 213
 事故调查 …………………………………… 213
 领导名录 …………………………………… 213
审 计 ……………………………………… 213
 概况 ………………………………………… 213
 宏观政策措施落实情况跟踪审计 ………… 213
 预算执行情况审计 ………………………… 213
 税收征管审计 ……………………………… 213
 固定资产投资审计 ………………………… 214
 经济责任审计 ……………………………… 214
 领导名录 …………………………………… 214
统 计 ……………………………………… 214
 概况 ………………………………………… 214
 专业统计 …………………………………… 214
 专项调查 …………………………………… 214
 专项普查 …………………………………… 215
 统计执法 …………………………………… 215
 社会经济调查 ……………………………… 215
 领导名录 …………………………………… 215
食品药品监督管理 ………………………… 215
 概况 ………………………………………… 215
 企业信用档案 ……………………………… 215
 大稽查工作格局 …………………………… 215
 食品安全专项整治 ………………………… 216
 药械监管 …………………………………… 216
 化妆品监管 ………………………………… 216
 行政许可 …………………………………… 216
 特色工作 …………………………………… 216
 宣传培训 …………………………………… 216
 党风廉政建设 ……………………………… 216
 精准扶贫 …………………………………… 216
 领导名录 …………………………………… 217
工商行政管理和质量技术监督 …………… 217
 概况 ………………………………………… 217
 商事制度改革 ……………………………… 217
 品牌培育 …………………………………… 217
 质量强区 …………………………………… 217
 标准化战略 ………………………………… 218

民营经济发展 …… 218	概况 …… 225
市场监管 …… 218	中小学招生 …… 225
特种设备监管 …… 218	大中专招生 …… 225
网络交易监管 …… 218	自学考试 …… 225
计量监管 …… 218	高等教育 …… 225
城市管理 …… 218	概况 …… 225
信用监管 …… 218	教学工作 …… 225
消费维权 …… 219	科研工作 …… 225
环保督查 …… 219	人才培养 …… 226
非公党建 …… 219	招生与就业 …… 226
领导名录 …… 219	校园建设 …… 226
	开放办学 …… 227
	校企合作 …… 227
	社会服务 …… 227
	项目申报 …… 228
	党建工作 …… 228
	领导名录 …… 228

教 育

综合管理 …… 220	办学机构 …… 228
概况 …… 220	概况 …… 228
教学经费 …… 220	机关幼儿园 …… 228
项目建设 …… 220	高坪七小 …… 229
队伍建设 …… 221	江东实验小学 …… 229
教学科研 …… 221	高坪三中 …… 229
落实惠民政策 …… 222	白塔中学 …… 230
基础教育 …… 222	高坪中学 …… 230
概况 …… 222	高坪职中 …… 231
学前教育 …… 222	教师进修学校 …… 231
义务教育 …… 223	川北医学院 …… 232
高中教育 …… 223	南充职业技术学院 …… 232
民办教育 …… 223	高坪电大 …… 232
概况 …… 223	
引资办学 …… 223	
学校管理 …… 223	

文化·广播·影视·体育·科技

职业与成人教育 …… 224	
概况 …… 224	
职业教育 …… 224	文 化 …… 234
成人教育 …… 224	概况 …… 234
特殊教育 …… 224	群众文化 …… 234
概况 …… 224	文艺创作 …… 234
教育教学 …… 224	书画艺术 …… 235
招生、自考 …… 225	

文化产业 ………………………………… 235
文化市场 ………………………………… 235
文物工作 ………………………………… 235
图书 ……………………………………… 235
非遗 ……………………………………… 236
新闻出版 ………………………………… 236

体 育 …………………………………… 236
概况 ……………………………………… 236

广播电视 ……………………………… 237
概况 ……………………………………… 237
领导名录 ………………………………… 237

科 技 …………………………………… 237
概况 ……………………………………… 237
申报国家高新技术企业 ………………… 237
打造科技兴区载体 ……………………… 237
争取技改资金 …………………………… 237
牵线校企合作 …………………………… 237
奖励科技创新 …………………………… 237

卫生·计划生育

卫生和计划生育 ……………………… 238
概况 ……………………………………… 238
健康扶贫 ………………………………… 238
项目建设 ………………………………… 239
基本公共卫生服务 ……………………… 239
体制改革 ………………………………… 239
疾病控制 ………………………………… 239
妇幼保健 ………………………………… 239
医疗服务 ………………………………… 239
医疗保障服务 …………………………… 240
中医药工作 ……………………………… 240
卫计执法监督 …………………………… 240
计划生育服务管理 ……………………… 240
领导名录 ………………………………… 240

医疗卫生计生机构 …………………… 240
概况 ……………………………………… 240
南充市高坪区人民医院 ………………… 241

高坪区中医医院 ………………………… 242
高坪区妇幼保健院 ……………………… 243
南充市高坪区疾病预防控制中心 ……… 243
南充市高坪区卫生和计划生育监督执法大队
　………………………………………… 244

乡镇街道

白塔街道 ……………………………… 246
概况 ……………………………………… 246
着力强化组织保障 ……………………… 246
脱贫攻坚成效显著 ……………………… 246
信访维稳效果明显 ……………………… 246
城市管理取得实效 ……………………… 246
安全生产管理规范 ……………………… 247
社会保障事业有序平稳 ………………… 247
领导名录 ………………………………… 247

清溪街道 ……………………………… 247
概况 ……………………………………… 247
扶贫攻坚任务完成 ……………………… 247
民生保障取得成效 ……………………… 247
基础建设扎实推进 ……………………… 248
基层管理不断加强 ……………………… 248
社会事业协调发展 ……………………… 248
领导名录 ………………………………… 248

龙门街道 ……………………………… 248
概况 ……………………………………… 248
不断推进重点工程 ……………………… 249
持续加强城市管理 ……………………… 249
深入实施民生工程 ……………………… 249
着力攻坚扶贫工作 ……………………… 249
领导名录 ………………………………… 249

小龙街道 ……………………………… 250
概况 ……………………………………… 250
基层党建成效明显 ……………………… 250
脱贫攻坚效果显著 ……………………… 250
环境保护措施有力 ……………………… 250
项目建设持续推进 ……………………… 250

社会治理全面加强 …………………… 251
领导名录 ……………………………… 251
都京街道 ……………………………… 251
概况 …………………………………… 251
项目攻坚实效明显 …………………… 251
精准脱贫全面完成 …………………… 251
社会治理稳步推进 …………………… 251
社会事业有序开展 …………………… 252
党建工作取得成效 …………………… 252
廉政建设常抓不懈 …………………… 252
领导名录 ……………………………… 252
青莲街道 ……………………………… 252
概况 …………………………………… 252
脱贫攻坚稳步推进 …………………… 253
党的建设不断加强 …………………… 253
稳定基础有效夯实 …………………… 253
重点项目统筹推进 …………………… 253
领导名录 ……………………………… 254
青松街道 ……………………………… 254
概况 …………………………………… 254
大力促进经济发展 …………………… 254
持续推进重点建设 …………………… 254
深入实施脱贫攻坚 …………………… 254
切实抓好集镇建设 …………………… 255
全面加强民生保障 …………………… 255
领导名录 ……………………………… 255
江陵镇 ………………………………… 255
概况 …………………………………… 255
社会事业造福百姓 …………………… 255
产业扶贫工作取得实效 ……………… 255
重点项目工作成果显著 ……………… 256
产业发展工作惠及群众 ……………… 256
美丽新村建设纵深推进 ……………… 256
领导名录 ……………………………… 256
擦耳镇 ………………………………… 256
概况 …………………………………… 256
发挥特色优势，以巩固主导产业带动群众
　　持续增收 ………………………… 257
壮大富民产业，以龙头带动不断增强百姓
　　增收后劲 ………………………… 257

夯实基础建设，以完善基础设施筑牢发展
　　根基 ……………………………… 257
强化服务职能，以排查整治隐患维护和谐
　　稳定 ……………………………… 257
突出民生主线，以扶贫攻坚促进社会事业
　　全面进步 ………………………… 257
领导名录 ……………………………… 258
凤凰乡 ………………………………… 258
概况 …………………………………… 258
农村经济稳步发展 …………………… 258
富民产业不断壮大 …………………… 258
基础设施不断完善 …………………… 258
民生改善推进社会事业 ……………… 258
社会保障不断加强 …………………… 259
扶贫攻坚有序推进 …………………… 259
领导名录 ……………………………… 259
螺溪镇 ………………………………… 259
概况 …………………………………… 259
持续推进项目建设攻坚战 …………… 259
纵深推进脱贫摘帽攻坚战 …………… 259
全面推进防汛减灾保卫战 …………… 260
强势推进环保督察保卫战 …………… 260
着力推进安全稳定保卫战 …………… 260
领导名录 ……………………………… 260
长乐镇 ………………………………… 260
概况 …………………………………… 260
坚持"两学一做"常态化制度化 ……… 260
认真学习宣传党的十九大精神 ……… 261
纵深推进脱贫摘帽攻坚工作 ………… 261
全面开展党风廉政建设社会评价 …… 261
深入实施"五个一"驻村帮扶 ………… 261
着力加强城乡环境综合治理 ………… 261
进一步维护社会和谐稳定 …………… 261
领导名录 ……………………………… 262
胜观镇 ………………………………… 262
概况 …………………………………… 262
特色产业助推经济发展 ……………… 262
基础建设改善民生条件 ……………… 262
民生为本发展社会事业 ……………… 262
多措并举维护安全稳定 ……………… 263

脱贫攻坚增强百姓福祉 …………… 263
真抓实干保护生态环境 …………… 263
领导名录 …………………………… 263
隆兴乡 ………………………………… 263
概况 ………………………………… 263
不断强化基层党建工作 …………… 263
大力促进农业产业发展 …………… 264
持续推进基础设施建设 …………… 264
务实开展脱贫攻坚工作 …………… 264
深入实施乡风文明活动 …………… 264
切实抓好社会事业和安全生产 …… 265
领导名录 …………………………… 265
会龙镇 ………………………………… 265
概况 ………………………………… 265
一心一意谋发展，综合实力明显增强 …… 265
聚精会神抓建设，镇村面貌明显改观 …… 265
锲而不舍惠民生，群众福祉明显提高 …… 265
坚持不懈夯重点，脱贫攻坚成效明显 …… 266
持之以恒转作风，服务能力明显增强 …… 266
振兴产业抓升级，乡村旅游彰显特色 …… 266
领导名录 …………………………… 266
斑竹乡 ………………………………… 266
概况 ………………………………… 266
产业建设结硕果 …………………… 267
基础建设惠民生 …………………… 267
社会事业齐发展 …………………… 267
精准脱贫闯新路 …………………… 267
环境整治见成效 …………………… 267
领导名录 …………………………… 267
御史乡 ………………………………… 268
概况 ………………………………… 268
党的建设全面加强 ………………… 268
脱贫工作扎实有效 ………………… 268
产业一村一品基本形成 …………… 268
基础设施稳步推进 ………………… 268
场镇发展不断突破 ………………… 268
环境治理深入开展 ………………… 269
领导名录 …………………………… 269
鄢家乡 ………………………………… 269
概况 ………………………………… 269
产业持续优化升级 ………………… 269
基础建设全面加速 ………………… 269
全力以赴脱贫攻坚 ………………… 269
民生事业重大突破 ………………… 270
社会治理水平明显提高 …………… 270
领导名录 …………………………… 270
喻家乡 ………………………………… 270
概况 ………………………………… 270
农村经济稳定增长 ………………… 270
产业发展成效显著 ………………… 270
全力推进脱贫攻坚 ………………… 270
社会事业不断进步 ………………… 270
领导名录 …………………………… 271
马家乡 ………………………………… 271
概况 ………………………………… 271
农村产业有新发展 ………………… 271
脱贫攻坚有新突破 ………………… 271
基础建设有新突破 ………………… 271
生态文明有新气象 ………………… 271
社会事业有新进步 ………………… 272
法治建设有新成效 ………………… 272
安全生产有新举措 ………………… 272
领导名录 …………………………… 272
南江乡 ………………………………… 272
概况 ………………………………… 272
脱贫攻坚深入实施 ………………… 272
项目建设力度加大 ………………… 272
农业产业结构不断优化 …………… 272
社会各项事业稳步发展 …………… 273
自身建设不断加强 ………………… 273
领导名录 …………………………… 273
东观镇 ………………………………… 273
概况 ………………………………… 273
全面抓好脱贫攻坚工作 …………… 273
扎实推进项目建设工作 …………… 273
认真实施环境保护工作 …………… 273
着力搞好防汛减灾工作 …………… 273
领导名录 …………………………… 274
老君镇 ………………………………… 274
概况 ………………………………… 274

脱贫攻坚取得成效 …………………… 274
乡村产业蓬勃发展 …………………… 274
基础设施不断完善 …………………… 274
安全稳定措施有力 …………………… 275
社会事业协调推进 …………………… 275
领导名录 ……………………………… 275

走马乡 …………………………………… 275
概况 …………………………………… 275
加强党的建设提升执政能力 ………… 275
实施脱贫攻坚增进民生福祉 ………… 275
开展主题教育凝聚奋进能量 ………… 276
发展特色产业带动百姓增收 ………… 276
抓好综合治理维护社会稳定 ………… 276
落实"两个责任"推进廉政建设 …… 276
领导名录 ……………………………… 276

黄溪乡 …………………………………… 277
概况 …………………………………… 277
大兴产业助力脱贫攻坚 ……………… 277
加大力度改善基础设施 ……………… 277
多措并举维护安全稳定 ……………… 277
协调推进发展社会事业 ……………… 277
加强党建推进"两学一做" ………… 278
廉政建设促进政务公开 ……………… 278
注重环保建设生态文明 ……………… 278
领导名录 ……………………………… 278

万家乡 …………………………………… 278
概况 …………………………………… 278
特色优势产业蓬勃发展 ……………… 278
全力打赢脱贫攻坚战 ………………… 279
全面推进生态文明建设 ……………… 279
民政工作强化社会保障 ……………… 279
领导名录 ……………………………… 279

青居镇 …………………………………… 280
概况 …………………………………… 280
深入实施扶贫攻坚工作 ……………… 280
持续推进农业产业发展 ……………… 280
有序实施基础设施建设 ……………… 280
协调促进社会事业进步 ……………… 281
切实加强生态环境治理 ……………… 281
扎实开展党建工作 …………………… 281

领导名录 ……………………………… 281

石圭镇 …………………………………… 281
概况 …………………………………… 281
党的建设全面加强 …………………… 281
基础建设造福百姓 …………………… 282
环境治理措施有力 …………………… 282
产业惠民致富增收 …………………… 282
精准扶贫攻坚破难 …………………… 282
社会综治维护稳定 …………………… 282
领导名录 ……………………………… 283

永安镇 …………………………………… 283
概况 …………………………………… 283
一二产业经济协调发展 ……………… 283
乡村旅游产业品质提升 ……………… 283
脱贫攻坚取得明显成效 ……………… 283
生态环境保护措施有力 ……………… 283
社会事业发展势头强劲 ……………… 284
领导名录 ……………………………… 284

阙家镇 …………………………………… 284
概况 …………………………………… 284
扶贫攻坚成效显著 …………………… 284
产业发展势头强劲 …………………… 284
民生改善好戏连台 …………………… 284
乡风文明亮点纷呈 …………………… 285
基础建设不断夯实 …………………… 285
领导名录 ……………………………… 285

溪头乡 …………………………………… 285
概况 …………………………………… 285
优势产业带动经济发展 ……………… 286
乡镇建设改善生活条件 ……………… 286
组织建设夯实底部基础 ……………… 286
文化体育引导乡风文明 ……………… 286
配置资源强化基础教育 ……………… 286
多措并举推进依法治乡 ……………… 287
领导名录 ……………………………… 287

佛门乡 …………………………………… 287
概况 …………………………………… 287
农业产业取得成效 …………………… 287
基础建设继续推进 …………………… 287
社会事业协调发展 …………………… 287

民生保障全面落实 …………………… 288
精准扶贫攻坚告捷 …………………… 288
领导名录 ……………………………… 288

人物和先进

中共南充市高坪区委、区人大、区政府、区
　政协领导 ……………………………… 289
南充市高坪区2017年度获地厅级及以上奖励、
　表彰先进集体一览表 ………………… 290
南充市高坪区2017年度获地厅级及以上命名、
　表彰先进个人一览表 ………………… 294

附　录

中共南充市高坪区委2017年度重要文件目录
　……………………………………………… 296
南充市高坪区人民政府2017年度重要文件目录
　……………………………………………… 299
南充市高坪区2017年国民经济和社会发展统
　计公报 ………………………………… 302
2017年高坪区经济社会发展主要指标统计表
　……………………………………………… 305
2017年高坪区规模以上工业企业名录……… 306
高坪区规模以上重点工业企业简介 ………… 307
南充市高坪区省、市、区非物资文化遗产保护
　项目名录表 …………………………… 311
南充市高坪区文物保护单位一览表 ………… 312

《高坪年鉴》（2018）编纂人员名单 ……… 314

特 载

稳中求进　重点突破
为"绿色高坪、幸福家园"建设开好局起好步
——在中共南充市高坪区委六届二次全体会议暨经济工作会议上的讲话

中共南充市高坪区委书记　韩伦红

这次会议的主要任务是，深入学习贯彻中央十八届六中全会、省委十届九次全会和中央、省委经济工作会议精神，全面落实市委六届二次全会暨经济工作会各项决策部署，报告区委常委会一年来的工作，总结2016年经济工作，安排部署2017年区委工作和经济工作，动员全区上下开拓进取、克难奋进，为"绿色高坪、幸福家园"建设开好局、起好步。

一、回顾一年工作，增强跨越发展信心

2016年是实施"十三五"规划的开局起步之年，回顾一年的历程，让人十分感慨、十分难忘。一年来，在市委的坚强领导下，我们团结带领全区广大干部群众，顶住了经济持续下行、稳增长调结构的巨大压力，经受了净化政治生态、决战换届选举的特殊考验，应对了脱贫任务艰巨、民生难题较多的严峻挑战，实现了"三个决战全胜"目标，经济社会保持平稳健康发展。预计实现地区生产总值139.42亿元，同比增长8.5%；一般公共预算收入5.8亿元，同比增长15%；城乡居民人均可支配收入分别达到23238元、11452元，同比分别增长9.5%、14.6%。

（一）脱贫攻坚取得首胜。21个贫困村成功摘帽，10662名贫困人口顺利出列，省市考核验收和第三方评估圆满通过。一是贫困户减贫全面完成。坚持"两年任务一年抓"，完成危房改造、易地扶贫搬迁、五改三建3352户，实现贫困人口就业转移4948人，实行就医"七免两补助""先诊疗后结算"，贫困患者在区内定点医疗机构就医实现零支付。二是贫困村退出全面达标。村组道路、水利设施、通信工程、安全饮水、环境整治、活动阵地得到全面夯实和完善，21个精准贫困村全部达到"一低五有"标准。通过办夜校、评选表彰等，弘扬农村新风正气，群众好习惯、好风气逐渐形成。三是脱贫奔康活力充分激发。推行五乡连片开发，优质柑桔基地规模不断拓展。探索"脱贫奔康产业园+龙头企业+贫困户"模式，建成蔬菜、花椒等特色产业基地2.8万亩。建成脱贫奔康产业园24个，组建专业合

作社14个，实现2016年出列贫困村村村有园，退出贫困户户户入园。

（二）换届选举实现全胜。从严落实责任、从严思想教育、从严风气监督、从严纪律约束，实现了"绘出好蓝图、选出好干部、配出好班子、换出好面貌"的换届全胜目标，整个换届风清气正。一是县级领导班子换届选举实现全胜。严格按照市委要求谋划人事安排和代表、委员提名，精心准备区党代会和人大、政协"两会"，全覆盖开展谈心谈话，建立换届风险预警员等制度，对换届纪律进行全程纪实监督，组织提名候选人全票当选。二是乡镇领导班子换届选举圆满成功。多次召开业务培训会、工作推进会、专题谈心谈话会等，加强换届指导，认真开展换届班子和人选的考察。25个乡镇的党代会和人代会胜利召开，组织提名候选人均实现全票或高票当选。三是村（社区）换届工作有序推进。精心制定实施方案和工作流程，圆满完成3个试点乡镇的村（社区）党组织换届，全区面上工作全面启动，推进有力有序。

（三）项目攻坚取得全胜。坚持发展为要，产业优先，大抓项目、抓大项目。一是现代服务业蓄势突破。南充现代物流园加快建设，保税物流中心、铁路专用线等配套项目加紧实施。友豪国际、南鑫国际商贸物流城、王府井商业综合体等项目开业运营。加快汽车商贸产业整合，汽车商贸生态圈初步形成。当当网农村电商全国总部落户高坪，"五大本土电商"平台初步建成，滴滴出行等40余家企业签约入驻，中科遥感西部大数据中心、广发银行川东北地区总部落户高坪。高坪旅游环线总体规划基本完成，凌云山景区成功挤进国际旅游精品线路。二是现代制造业加快转型。航空港工业集中区被列入全市国家高新技术产业园总体规划和省级国家军民融合产业示范园区规划，标志着航空港工业集中区转型升级、发展先进制造业正式起步。园区三环电子三期建成投产，四期开工建设；园区信息产业园、科技创新中心建设启动实施；园区成功引进华巍中兴机器人项目等智能制造项目。三是现代农业稳步前行。围绕连片打造4个特色产业带目标，坚持农旅结合，融合发展。柑桔、蔬菜、竹木等优势产业规模化、集群化拓展，本味农业等4家企业获评省级农业产业化龙头企业，中法农业科技园等农旅重点项目取得实质性进展。

（四）城乡面貌持续改善。围绕宜居、幸福、智慧城市做文章，推动城市功能完善、形象提升、品位彰显。一是城市基础设施加快推进。高都路、港城路、华龙大道南延线、骑龙路、龙湖路建成通车，机场大道改造、南渝高速出口改造、江东大道提档升级、城市美化亮化等重大城市建设项目启动实施，滨江文化公园竣工，改造城市雨污管网，内涝治理初见成效。二是统筹城乡发展进展有序。青莲统筹城乡发展试验区建设稳步推进，东观、长乐、阙家等国省重点集镇加快建设，城镇化率达到46%。规划建设江陵中法风情小镇、都京丝绸小镇等10个特色小镇，建成幸福美丽新村39个。三是城市管理持续加强。围绕"摆顺、扫干净、不拥堵"推进城市管理，重点加强了市场、学校、车站、广场等重点难点部位的市容秩序管理，城区三家屠宰场已达成搬迁协议。大力整治城乡环境卫生，城市绿化率、森林覆盖率分别达到46.5%、32.2%，城乡环境明显改善。

（五）民生事业全面进步。坚持以人为本，民生至上，竭尽全力办好涉及民生的大事、实事、要事。一是民生项目扎实推进。安汉新区、永安工业园、都京街道棚改工程全面启动，物流园区三期还房等保障性住房有序推进，凤凰山家园、河东嘉园等还房工程全面完工。老年公寓、日间照料中心等养老服务设施逐步完善。污水处理、森林保护等生态建设项目加快实施。二是就业创业环境不断优化。鼓励"大众创业、万众创新"，培育孵化楼宇、创业社区等众创空间，启动建设科创中心，搭建大学生创业信息交流平台，创新创业环境持续优化，实现农村劳动力转移就业16.3万人。三是社会事业蓬勃发展。白塔中学成功创建省一级示范性普通高中，义务教育均衡发展通过国家评估。稳步推进区人民医院、中医医院体制改革，全面推行分级诊疗和全民医保，市中心医院下中坝分院全面开工建设。

完善公共文化服务体系，成功创建国家公共文化服务体系示范区。环境保护、国土资源保护、双拥、人口计生、老龄、工青妇、残疾人、关心下一代等工作全面加强。

（六）社会大局总体稳定。坚定不移狠抓依法治区，分线联动推进"法律七进"活动，干部群众受教育率达100%。坚持落实常委会会前学法制度，完善区委"三重一大"事项决策机制，严格执行重大决策合法性审查制和常委会议事规则。开展"联系服务群众全覆盖"工作，建立民生诉求和矛盾纠纷定期排查化解机制和积案包案化解机制，信访老案积案有效化解。严格落实安全生产"党政同责、一岗双责、齐抓共管、失职追责"和"隐患定期排查、限时整改"等制度，全年无较大及以上安全事故发生。

（七）从严治党不断深化。坚持党要管党、从严治党，结合"两学一做"学习教育，全面加强干部队伍、基层组织和党风廉政建设。一是干部队伍建设全面加强。鲜明用人导向，在换届中提拔重用了一批埋头苦干、实绩突出的优秀干部。扎实开展选人用人专项整治，消化超职数配备科级干部86名。集中开展干部培训，建立完善"干部培训需求库"，培训干部1700余人。建立"三室一库"，加强干部档案基础管理。二是基层组织建设全面夯实。深入开展"两学一做"学习教育，从严抓实学习教育规定动作。围绕中省明确的基层党建13项重点任务，认真开展党员组织关系排查、党员档案清理、"三务"公开等工作，基层党建工作科学化水平进一步提高。深入推行"75周岁以上老党员免费健康体检"等关怀机制，为全区2500余老党员免费健康体检。三是党风廉政建设扎实推进。全面落实"两个责任"，完善权力运行监督制约体系，加强对项目规划审批、资金管理使用等方面的动态监管。严肃查处违法违纪案件，共受理群众举报120件，立案96件，给予党政纪处分91人，移送司法机关2人。

（八）干事创业激情迸发。通过区党代会、人代会、政协会三会的召开，激发了全区干部干事创业的极大热情，坚定了全区上下加快发展的信心，鼓舞了全区上下加快发展的士气，凝聚了建设"绿色高坪、幸福家园"的强大共识和强大力量。在脱贫攻坚工作中，全区干部牢记责任、步调一致、夜以继日、风雨兼程、任劳任怨的开展工作，充分展示了我们高坪各级干部良好的工作作风、无私奉献的精神和攻坚克难的勇气。在对外开放的过程中，开阔了我们干部的视野，转变了干部的观念，锤炼了干部开放的胆气，我们的干部现在敢于到大企业、好企业、高端企业去敲门，我们的干部敢于和大企业家、优秀企业家、中外企业家充满自信地谈合作，这是一个巨大的变化，这是一个可喜的变化。实践证明，高坪的干部队伍是一支政治坚定、顾全大局的队伍，是一支勤于学习、追求进步的队伍，是一支敢于担当、能打硬仗的队伍，是一支素质优良、作风务实的队伍，当然也是一支值得区委、区政府和广大人民群众信赖的队伍！

我们坚信，只要全区上下在区委的坚强领导下，心往一处想、智往一处谋、劲往一处使，同唱一个调、同演一台戏，真干、实干、苦干、巧干，高坪发展必将打开发展的新局面、取得发展的新进展、迈上发展的新台阶。

同志们，创业充满艰辛，奋斗铸就辉煌。一年来，全区上下解放思想、更新观念，应对了一次又一次的严峻挑战；开拓进取、负重前行，破解了一道又一道的发展难题；尽责担当、真抓实干，取得了一个又一个的可喜成绩。这一切得益于中央、省委、市委的坚强领导，得益于社会各界的大力支持，更得益于全区上下的拼搏付出。在此，我代表区委常委会，向大家表示衷心的感谢并致以崇高的敬意！

二、准确研判形势，明确工作目标任务

思路决定出路，格局决定结局。2017年是形势复杂的一年，做好2017年的工作必须准确研判形势，把握发展优势，应对发展挑战，科学决策，扎实苦干。

（一）发展机遇难能可贵，必须顺势而为。科学审视高坪未来，综合分析经济形势，我们面临难得的发展机遇。一是宏观环境总体有利。从全球看，经济全球化、区域经济一体化进程加快,国际产业和资本转移加速,世界范围内经济结构调整力度加大,为高坪发展提供了较好环境。二是国家政策带来利好。中央确立2017年将坚持稳中求进经济工作总基调,继续实施积极财政政策和稳健货币政策,深化供给侧结构性改革,着力振兴实体经济等,将加大对中西部地区的投入,为高坪发展带来了重要机遇。三是现实机遇多重叠加。市委确定的"155发展战略",高坪作为主战场之一,必将有利于我们聚集更多的资源来推动发展,必将得到市委市政府更多的关注和支持来推动发展。

(二)发展基础更加牢固,必须乘势而进。经过持续快速发展,高坪后发优势逐步显现,已经进入厚积薄发、蓄势突破的新阶段。一是发展思路科学明确。区第六次党代会确立了符合高坪实际、有利于高坪发展、发挥高坪优势、顺应发展潮流、遵循发展规律、体现人民要求的发展蓝图,必将激发全区干部群众加快发展的动力。二是战略框架全面构建。随着南充现代物流园、都京丝绸特色小镇、中法农业科技园等重大平台载体的建设,随着航空港工业集中区的转型升级,随着以嘉陵江沿线为平台的城市景观带、高端服务产业带打造,随着高坪机场的改造、嘉陵江航道的建设、"渝新欧"铁路高坪编组站的确立,随着现代农业示范区、全域旅游的规划,等等,为高坪的发展搭建了非常广阔的平台,形成了一个完整的发展框架。我们要围绕这些平台,实实在在的招商引资,实实在在的引进项目,实实在在的抓产业发展。三是发展氛围更为浓厚。人心是最大的政治,人心是最大的动力。通过今年"三个决战全胜"的洗礼,高坪干部干事创业的激情空前激发,干事创业的本领极大提升,大家思发展、谋发展、促发展的愿望空前强烈,"三个决战全胜"所激发出来的空前热情正在转化成我们加快高坪发展的强大动力。

(三)发展挑战仍然较大,必须迎难而上。就高坪实际看,近几年的发展还是低基数上的高增长、低水平上的快发展,整体还处于负重爬坡期,还可能遇到很多困难和挑战。一是制约因素明显增多。随着我国经济步入新常态,传统动能加快退出,新的动能尚未完全形成,靠拼成本、拼规模、拼要素的传统增长模式难以为继,转型升级和结构调整双重压力巨大。二是区域竞争更加激烈。随着项目推动战略的深入实施,在加快发展新的起跑线上,各地竞相"攀高",既比速度,又比效益,更比质量,既比发展能力,又比发展活力,更比发展潜力,竞争态势异常激烈。三是自身困难压力较大。经济总量不大、结构不优、质量不高,产业层次较低,产业整体质量和效益较差,这是我们最大的问题。社会矛盾较多,维稳压力较大,部分干部思想和工作作风还不适应等问题还客观存在。

总之,认识深才能方向明,研判准才能思路清。2017年是我区实施"十三五"规划的重要之年,也是各级领导班子换届后的开局之年,机遇与挑战并存、希望与困难交织、动力与压力同在,做好2017年的工作,意义重大、影响深远,尤为重要、尤其关键。

2017年,全区工作的指导思想是:高举中国特色社会主义伟大旗帜,以马列主义、毛泽东思想、邓小平理论、"三个代表"重要思想、科学发展观为指导,深入学习习近平总书记系列重要讲话精神,认真贯彻中央十八届六中全会、省委十届九次全会和中央、省委经济工作会议精神,全面落实市委六届二次全会暨经济工作会议各项决策部署,始终保持专注发展、转型发展的战略定力,牢固树立和贯彻落实新发展理念,自觉适应把握引领经济发展新常态,始终坚持"稳中求进"的工作总基调,挂图作战、攻坚克难,高举高打、重点突破,全面培育高端服务业、先进制造业、都市农业"三大产业",全面打赢脱贫摘帽、项目建设、改革开放"三场攻坚战",全面推进政治、经济、社会、文化、生态建设和党的建设,为"绿色高坪、幸福家园"建设开好局、起好步。

全年主要预期目标是:力争地方生产总值、全社会固定资产投资、一般公共预算收入分别同比增长9%、14%、15.9%,城乡居民人均可支配收入分别同比增长9.6%和11%。确保主要经济指标增速高于全省、全市平均水平。

三、突出民生改善，打赢脱贫摘帽攻坚战

民生连着民心，民心凝聚民力。我们要始终坚持发展为了人民、发展依靠人民、发展成果人民共享，多谋民生之利，多解民生之忧，全面推进社会民生大改善。

（一）决战决胜脱贫摘帽。脱贫攻坚，责重如山。市委已经明确高坪2017年必须脱贫摘帽，这是我们2017年全区上下最大的政治任务和最大的民生工程，要以脱贫攻坚来统揽高坪工作全局，这是一场输不起的战斗，是一项必须完成的政治任务，要严格按照今年全区脱贫摘帽、36个贫困村出列、1.2万贫困人口脱的要求来谋划脱贫攻坚工作。一要抓好住房安全。加快推进农村危房改造、易地扶贫搬迁、地灾避险安置"三大工程建设"，因地制宜发展一批脱贫新村和聚居点。二要抓好脱贫产业。按照村有当家产业、户有致富门路、人有一技之长的要求，全面推广"脱贫奔康农民产业园"模式，大力发展致富奔康长效产业。三要抓好基础建设。加大投入，不断完善贫困村便民公路、安全饮水、农村电网、网络通讯等基础设施建设，加大农村学校、卫生院、卫生室建设力度，提升贫困群众生产生活基本条件。四要抓好政策帮扶。切实加大技能培训力度，扎实抓好"零转移家庭"贫困劳动力和新生劳动力培训转移，阻断贫困代际传递，不断加大政策兜底力度，加快"两线合一"进程，实现"两不愁、三保障"和"四个好"目标。五要抓好思想脱贫。扎实开展"艰苦创业"、"脱贫争先"、"感恩奋进"三项教育，引导群众饮水思源、知恩感恩，自力更生、艰苦奋斗，加快形成好风气，养成好习惯。

（二）着力保障改善民生。主动顺应人民群众的新期盼、新要求，加快构建覆盖城乡的基本公共服务体系，让人民群众有更多"获得感"。一要全力实施民生工程。持续加大民生事业投入，深入实施住房安居、安全饮水等重点民生工程，着力解决群众最关心、最现实、最直接的利益问题。建立重大民生工程咨询论证、群众评价反馈机制，坚持项目建前征求意见、建中群众监督、建后社会评价，真正建成"实在民生"。二要加快完善社会保障体系。完善就业扶持政策、服务体系，开展就业援助和职业技能培训。实施全民参保计划，提高城镇养老、医疗、失业、工伤、生育保险水平。积极发展社会福利和慈善事业，完善特困群体救助机制，强化基本生活保障，构建城乡一体的社会保障体系。三要全面发展社会事业。加快教育、卫生、文化等公共基础设施建设，构建城乡全域覆盖的公共服务体系。创新公共服务提供方式，广泛吸引社会资本进入公共服务领域，形成多元投入、多方共赢的良好局面。统筹抓好老龄、妇女、儿童、残疾人、国防动员等工作，促进各项事业全面进步。

（三）全面构建法治良序。良好的社会秩序是推动高坪发展的重要前提和保障。必须把依法治区作为一项战略工程持续深入推进，加快构建尚法守制、公平正义、诚信文明、安定有序的法治格局。一要持续整治突出问题。深入推进依法治区行动，依法严厉打击违法犯罪行为。扎实抓好平安高坪建设，加快构建立体化治安防控体系。扎实抓好重点领域安全生产工作，增强群众安全感。二要维护群众合法权益。全面落实社会稳定风险评估机制，妥善解决征地拆迁、房地产等领域的突出问题，积极稳妥处置突发事件，促进社会和谐稳定。完善"大调解"工作体系，有效预防和化解各类矛盾纠纷。三要创新基层法治方式。以基层依法自治为突破口，探索打造一批矛盾联调、治安联防、问题联处、平安联创的示范亮点。加强网格化服务管理，大力推行村居依法自治，实现政府治理和社会调节、群众自治良性互动。

四、突出三大"一号工程"，打赢项目建设攻坚战

高坪的发展最终要靠项目来支撑，我们的工作要以项目为抓手，各项资源的整合要以项目为纽带。

（一）强力推进三大"一号工程"。南充现代物流园、中法农业科技园、都京丝绸特色小镇是市委市政府主要领导给高坪确定的一号工程、一把手工程、一票否决工程、一站式服务工程。一要加快南充现代物流园建设。加快实施城际物

流配送中心、保税物流中心、园区铁路专用线等配套设施和公共服务设施建设，加快招引一批重点企业、优势企业入驻园区，加快培育物流生态圈，打造物流产业链。二要加快中法农业科技园建设。加快湿地生态公园、法国风情水镇、农业科技孵化中心等项目建设，按照旅游道路标准完成龙江路建设，突出农旅结合建设幸福美丽新村，建设中国农业公园、都市后花园和旅游目的地。三要加快都京丝绸特色小镇建设。突出产业、文化、旅游、生态、小镇五大元素，结合东湖公园、朱凤山开发建设，高标准规划都京片区建设发展。加大招商引资，促成一批丝纺服装企业落地发展，努力创建省级文化产业示范园区。

（二）强力推进三大产业项目。产业优先，富民为要。始终坚持三产联动抓大产业，以高端服务业为引领，以先进制造业为支撑，以都市农业为依托，构建绿色产业体系，推进产业融合发展。一要大力发展高端服务业。依托旅游资源富余、自然资源富足、人文资源富集优势，大力发展生态旅游、休闲度假、游乐体验、养生养老等康养旅游业，重点推进青松林海康养中心、凌云山景区提升等项目建设。依托王府井、友豪国际等商业综合体，打造特色商业街区；推进国际会展中心、江东CBD前期建设，积极发展总部经济、楼宇经济，吸引一批金融保险、证券、文化创意、电子商务及中介服务机构入驻发展。二要大力发展先进制造业。推动航空港工业集中区向高新技术园区转型，启动中科遥感、华巍机器人等高科技项目；力争川东北军民融合创新产业园落地高坪，引进一批军民融合项目入驻发展；启动国际汽车城配套服务中心建设，着力打造辐射川东北的国际汽车主题公园。启动科创中心建设，支持六合集团、嘉美印染等龙头企业做大做强，加快顺城盐化节能搬迁改造工程建设，促进转型升级发展。三要大力发展都市农业。推进现代农业基地建设，连片打造嘉陵江流域优质柑桔、螺溪河流域粮经复合、双叉河流域优质花椒、金城山脉竹木及特色养殖"四大产业带"。做优"黄溪贡米""高坪甜橙""烟山冬菜"等特色品牌。加快"花田锦绣"都市农业示范基地建设，不断壮大都市农业产业规模。

我们评判发展要遵循三个基本标准：一是评判产业发展，不要看摊子有多大，关键看企业有多少、项目有多少；二是评判企业优劣，不要看企业占地有多大，关键看企业质量、效益和技术含量有多高，看企业交了多少税、解决了多少就业、引来了多少高端人才；三是评判城市发展，不要看建了多少大广场、修了多少大马路，关键看群众的舒适度有多高，幸福指数有多高。

（三）强力推进城乡建设项目。统筹城乡，基础先行。我们必须抢抓南充建设"成渝第二城"机遇，着力打造江东明珠、南充"外滩"。一要优化拓展空间布局。按照"沿江延伸、向东拓展、内涵提升、城乡统筹"的思路，充分发挥主城区的核心引领作用，培育嘉陵江城镇聚集带、螺溪河城镇生长带、林海路产业发展带，加快形成"三带"齐发、产城融合的城市发展格局。二要大力提升品质内涵。抓好南渝高速出口、江东大道、机场大道等标美化改造，阳春路等3条主干道和城区重要节点光亮工程，配合建设东湖公园，实施江东新区、安汉新区棚户区改造，加速望城坡片区开发，提升城市品位，扮靓城市形象。启动嘉陵江高坪段、螺溪河流域综合保护开发，加快双叉河水库建设，创建省级生态示范区。三要全面加强城市管理。细微之处彰显城市文明，细小之处蕴藏城市温度，细节之处体现城管功力。我们特别要从细微、细小、细节之处来着力，着力在社区、院落、小区等细胞建设上下功夫；着力在方便市民购物、出行、公厕、遮风避雨等细小生活上下功夫；着力在栽好每棵树、铺好每块砖、立好每个广告牌等细微处出品位上下功夫；着力在提升市民素质、培育文明新风等长远性、根本性问题上下功夫。在春节前，要抓紧维修城市大街小巷的路灯、地砖等市政基础设施，让市民过上一个舒心愉快的春节。四要着力完善基础设施。重点推进"渝新欧"铁路高坪编组站立项，加快高坪车站迁建，完成高蓬公路城区段改造，提升改造县乡道路。启动城市地下综合管廊建设，推进城区立体停车场、北部新城供排水工程等配套服务设施建设，解决交通拥堵、停车困难、排水不畅等"城市病"。

打赢项目建设攻坚战,必须拉开攻坚必胜的架势、掀起大干快上的声势、彰显舍我其谁的气势,热火朝天地干、锲而不舍地干、昼夜兼程地干。要做到"三个到底":一是坚持把挂图作战进行到底。层层挂出项目攻坚作战图,明确任务书、时间表、路线图,倒排工期、顺排工序,确保项目建设能快不能慢、能跑不能走、能干不能停。今天会议后,各级各部门要立即召开党委(党组)会,围绕明年实施的重点项目,分解任务,制作挂图作战任务表,在春节前,区目督办和区政府分管领导分别到每个部门进行研究验收。二是坚持把集中开工进行到底。市委将定期举行项目集中开工,我们必须有计划、有步骤地推进更多大项目、好项目、新项目不断上马,形成项目开工源源不断的态势,以开工促落地、以开工促增量、以开工促投资。三是坚持把现场拉练进行到底。定期开展现场检查、现场观摩、现场验收,检验成效、激发斗志、倒逼落实,促进项目建设抢时、抢期、抢进度,确保重点项目及时竣工投产,让全区人民看到"绿色高坪、幸福家园"建设实实在在的成效。

五、突出举措创新,打赢改革开放攻坚战

把开放带动作为主动力,创新引领作为主引擎,坚持大改革、大开放、大招商,让一切人流、物流、资金流、信息流、价值流在高坪竞相汇聚、竞相奔涌。

(一)以更大的气魄扩大开放。开放是强区之路,离开开放高坪发展死路一条。全区的各级领导干部要加强学习、提升本领,牢固树立开放发展的理念,提高开放发展的能力,寻找开放发展的路径,谋划开放发展的举措,改进开放发展的方法。一要进一步推动思想大解放。必须切实改变"靠财政资金建项目、政府不给钱不办事"的传统模式和习惯思维,要学会用别人的钱办高坪的事、用明天的钱办今天的事,特别是要牢固树立"支持招商就是支持高坪发展、服务企业就是服务高坪人民"的理念,牢固树立善于算"综合账、长远账、发展账"的观念,牢固树立"把最好的资源配置给最好的企业,让最好的企业得到最大的发展,最好的资源发挥最大的作用"的意识,全力引进项目、资金、技术、人才,形成全方位、多层次的对外开放格局。二要进一步突出开放大招商。坚持以高端化、链条化、信息化为主攻方向,紧紧扭住现代物流、康养旅游、都市农业、丝纺服装、电子信息、智能制造等重点产业,康养中心、科创中心、会展中心等重大项目,商贸流通、文化产业、生态建设等重点领域,争取在引进大型央企、全国500强、上市公司上实现突破。三要进一步促进项目大争取。要增强工作敏锐性,密切关注、认真研究、主动对接国家宏观政策、国省投资方向,积极谋划项目、精心包装项目、竭力争取项目。要坚持发改牵头、部门联动、通力协作,主动出击,全力争取基础设施、产业培育、民生工程等方面的大项目、好项目。

(二)以更强的力度推进创新改革。创新是民族之魂,创新出活力。必须将改革创新贯穿于工作始终,争创新优势,实现新发展。一要创新市场化运作机制。在产业发展、城市建设、基础设施等方面,凡是有社会资本愿意进入的领域,政府都可以退出;凡是能运用市场机制解决的问题,行政手段都可以让位。要推进投融资改革,推广政府购买公共服务,抓紧落实首批PPP项目,加快设立产业基金,最大限度激活民间投资。要加强国有资产管理和经营,破解发展资金瓶颈问题。二要深化重点领域改革。遵循先行先试、稳妥推进原则,大胆探索投融资体制、国资国企、农业农村、统筹城乡等重点领域改革。加强以财政、人事等为重点的行政管理体制改革,明确职责,理顺关系,激发活力。三要创新目标考核机制。建立健全常态化督导、过程中考核、及时性问责的目标考核评价体系。更加注重过程中考核,加强对工作各个节点和环节的督导,第一时间对工作不力的单位和干部进行问责,确保各项工作任务落实落地。

(三)以更新的举措强化精细管理。将规范管理贯穿于经济社会和党的建设的各领域、全过程,以管理提效益、促发展。一要强化公共服务管理。坚持"政府主导、管办分离、统一指挥、各司其职"的原则,整合公共安全、城市管理、应急处突、救灾救济、通讯能源等领域的公共服务资源,建立综合信息平台,打造互联互通、反应迅速、运行高效的公共服务管理系统。二要强化项目管理。严把项目进度关、程序关、质量关,坚决杜绝管理上的失控和"真空"。依法规范项目建设程序,严控设计变更和新增工程量。加大项目评审、招投标、施工建设、竣工验收和资金、质量等环节监管,坚决堵塞管理漏洞。强化合同硬约束,严格落实准入退出机制,提高项目履约水平。三要强化基础管理。推行财政支出绩效评价,提高财政资金使用效益;加强国有资产管理,分类做好登记管理,规范国有资产经营处置,确保国有资产保值增值。加大违法用地、闲置低效用地清理处置力度,提高土地节约集约利用水平。严格执行《档案法》,完善档案管理制度,规范项目、人事、财务等重要档案管理。四要强化惠民政策落实管理。扎实推进"三务"公开工作,主动接受群众监督。切实整治发生在群众身边的腐败问题和"四风"问题,严格落实扶贫开发、救灾救济、城乡低保五保、优抚等各项惠民政策,坚决做到不折不扣兑现落实。

六、突出全面从严治党,巩固发展良好政治生态

坚持以改革创新精神,驰而不息推进党的建设,打好惩贪治腐、正风肃纪、刷新吏治攻坚战持久战,切实把良好政治生态巩固好发展好。

(一)强化"四个意识",全面规范党内政治生活。必须始终坚持"四个意识",紧密团结在以习近平同志为核心的党中央周围,维护习近平同志为核心的党中央权威,始终在政治上、思想上、行动上同以习近平同志为核心的党中央保持高度一致。一要加强思想政治建设。每名党员干部都要增强政治意识,严格遵守党的政治纪律和政治规矩,始终坚守政治信仰、站稳政治立场、把准政治方向;增强大局意识,始终站在党和人民立场想问题、看问题,以大局为重、为大局分忧;增强核心意识,坚决维护党中央权威和党中央集中统一领导,任何时候都听党话、跟党走;增强看齐意识,自觉向党中央看齐,向习近平总书记看齐,做到党中央提倡的坚决响应、党中央决定的坚决执行、党中央禁止的坚决不做。二要严肃党内政治生活。各级党组织要全面贯彻落实《关于新形势下党内政治生活的若干准则》,认真落实"三会一课"、民主生活会和组织生活会、谈心谈话、民主评议党员等制度,探索形式多样、开放式、网络化党组织活动方式,切实增强党内政治生活的政治性、时代性、原则性、战斗性。三要加强基层组织建设。紧紧围绕"全面进步、全面过硬"目标,重基层、抓基础,分类推进农村基层、产业园区、国有企业、机关单位等党建工作,持续整顿软弱涣散基层党组织。严格落实党建工作责任制,推行联述联评联考制度,把要求贯穿到基层,把责任落实到支部,把任务落实到人头。推行"互联网+党建"新模式,提高基层党组织依法依规履职的能力和水平。

(二)强化党内监督,深入推进党风廉政建设。深刻汲取南充拉票贿选案教训,扎实推进从严治党、依规治党,强化党内监督,督促党员干部廉洁从政、依法办事。一要扎实落实"两个责任"。严格落实党风廉政建设党委主体责任和纪委监督责任,严格执行党风廉政建设全程纪实制度和清单工作法,形成各级党组织上下贯通、层层负责的责任体系。二要严格权力监督制约。认真落实"三重一大"、"一把手五不直接分管"、纪检组织同步记录党委(党组)重要会议、述职述廉、个人重大事项报告等制度,建立具有高坪特色的惩防体系。三要持续深入改进作风。严格执行中央八项规定,强化正风肃纪。坚持问题导向,持续开展三项整改落实情况"回头看",特别防范和查处各种隐性变异"四风"问题,巩固发展作风建设成果。四要保持惩治腐败高压态势。加强巡察工作,发挥巡察监督震慑作用。严肃查处腐败案件,坚持有腐必惩、有案必查、"一案双查",绝不搞高举轻放、下不为例,绝不以问题小而姑息、以违者众而放任。

(三)树立鲜明导向,打造坚强有力干部队伍。推进高坪发展,干部是关键,作风是保障。我们既抓正向激励、让干部想干事,又抓容错纠错、让干部敢干事，还抓反向约束、让干部不出事。一要鲜明用人导向。认真贯彻习近平总书记好干部标准，突出重品行、重实干、重公认，严格落实省委"六个重视选用"、"六个坚决不能用"和"六个坚决调整"要求，注重从项目攻坚、脱贫攻坚等基层一线发现干部、培养干部、锻炼干部、选用干部，切实把那些政治坚定、人品正派、作风务实、勇于担当、处事公道、清正廉洁的好干部选出来、用起来，努力形成公开、透明、民主、公道的用人风气。二要加强年轻干部培养。年轻干部，是未来发展的主力军和生力军，我们要有长远规划和前瞻意识，深入实施优秀干部人才递进培养计划，有计划、有针对性地把一批年轻党员干部安排到项目攻坚、脱贫攻坚、信访维稳、招商引资一线去锻炼，增强他们服务基层、服务群众的能力，为高坪未来发展储备好后续力量。三要强化干部管理。对作风松弛、纪律涣散的单位部门加强管理、重点监督；对不干事、不服从管理的干部进行严肃教育、严肃惩处；对"吃空饷"、在编不在岗等公职人员进行清理整顿；对"吃拿卡要"等违纪违规行为进行坚决打击。

（四）敢于担当尽责，保持奋发有为精神状态。干部精神状态，是一个地方发展形象、发展姿态的缩影，也是广大群众最敏感、社会各界最关心的问题。一是面对困难要勇于担当。勇于担当，是党员干部特别是领导干部必备的政治品格，也是应有的工作作风。要敢闯敢试、敢为人先，在矛盾面前，要敢抓敢管、敢于碰硬，在风险面前，要敢作敢为、敢担责任。二是面对工作要富有激情。激情，是人的主观能动性的一种表现形式，源自于崇高的理想追求，源自于对事业的热爱。要有积极的心态去工作，不抱怨、不埋怨；要消除工作的被动性，以主动的态度，履行好自己的职责；要树立使命感，在推动高坪跨越发展的拼搏和奉献中实现自己的价值。三是面对事业要有所作为。要以"功成不必在我"的胸怀和"功成必定有我"的担当，咬定青山不放松，既要注重当前，又要想到长远，集中精力，重点抓好几件看得见摸得着的实事，做到言必责实、行必责实、功必责实，以实实在在的工作成效取信于民。

（五）坚持率先垂范，发挥领导干部带头作用。"打铁还需自身硬"。特别是各级领导干部要身先士卒，率先垂范，既要挂帅又要出征，困难面前不退缩，矛盾面前不回避，责任面前不推诿，从自己做起，从分管的事抓起，一级做给一级看，一级带着一级干。一要有说了就办、定了就干的魄力。喊破嗓子不如甩开膀子。认准的事，要盯住不放；确定的事，要锲而不舍；干着的事，要动真碰硬，这样做给群众看、带着群众干，不断强化工作执行力，做到抓一桩成一桩、干一样成一样。二要有以民为本、为民服务的情怀。我们是人民公仆，作风实不实，工作好不好，群众满不满意才是唯一的检验标准。要心中装着群众、真心贴近群众，工作依靠群众、一切为了群众，深入开展"联系服务群众全覆盖""走基层"等活动，耐心细致做好群众工作，认真维护好、发展好群众的根本利益。三要有向我看齐、对我监督的自信。要按照"三严三实"和"三个带头、四个管好"的要求，自觉拧紧"总开关"，坚决不踩红线，始终不越雷池，以公生明、以廉树威，凡事顶得住诱惑、耐得住清贫、稳得住心神、管得住手脚、经得起考验，真正走在前列、干在实处、作出表率。

同志们，2016年的成绩显著，来之不易，锻炼了我们的干部队伍。2017年的任务更加艰巨，前景更加美好。我们一定要紧密团结在以习近平同志为核心的党中央周围，在省委、市委的坚强领导下，团结带领全区干部群众同心同德、艰苦奋斗、开拓创新、扎实工作，为建设"绿色高坪、幸福家园"而努力奋斗！

在区委六届六次全会第一次全体会议上的讲话

南充市高坪区委书记　袁华兵

（2018年1月16日）

区委决定召开六届六次全会，主要任务有三项：一是深入学习贯彻党的十九大、省委十一届二次全会、市委六届七次全会精神，审议通过《中共南充市高坪区委关于全面深入贯彻落实党的十九大精神努力建设"三高"新区奋力谱写"绿色高坪·幸福家园"新篇章的决定》；二是总结报告过去一年区委常委会的工作，进一步统一思想、凝聚共识、汇聚智慧和力量，增强坚定前行的信心和决心；三是安排部署2018年工作，动员全区上下抢抓机遇、拼搏奋进，努力建设高端产业集群发展区、高端人才集聚创新区、高品质生活集成共享区，奋力谱写"绿色高坪·幸福家园"新篇章。下面，我代表区委常委会讲三点意见。

一、关于区委常委会一年来的主要工作

2017年，是令人振奋、令人鼓舞、令人难忘的一年。在市委的坚强领导下，区委坚持"开局就是决战、起步就是冲刺"，团结带领全区上下全力打好"三场攻坚战、三场保卫战、三场持久战"，开创了全区经济社会发展的新局面。预计全年实现地区生产总值158.96亿元、同比增长8.9%；全社会固定资产投资219.1亿元、同比增长18.1%；一般公共预算收入6.43亿元、同比增长18.3%；社会消费品零售总额90.46亿元、同比增长13.5%；城镇居民人均可支配收入25167元、同比增长9%；农村居民人均可支配收入12025元、同比增长10.2%；主要经济指标增速高于去年、好于预期。

——我们坚持干字当头、拼字为先，全力打好"脱贫摘帽、项目建设、改革开放"三场攻坚战，经济发展实现新突破。

一是脱贫摘帽决战决胜。始终把脱贫攻坚作为首要政治任务和最大民生工程，我们一开年就抓紧早谋划、早安排、早行动，按照"两不愁、三保障""四个好"要求，锁定"全区整体摘帽、33个贫困村退出、13229名贫困人口出列"目标，靶向施策、精准发力。创新探索"631"股份分红、土地返租倒包等利益联结机制，共建成脱贫奔康产业园57个，发展柑橘、花椒等优势产业22万亩，实现352个村全覆盖、满辐射，"飞地扶贫"模式被中央电视台、人民网等主流媒体聚焦报道。扎实开展脱贫攻坚春季攻势、秋季攻坚和冬季冲刺，大力推行一天一通报、一周一调度、一月一排位、一季一验靶，实施"悬帽"攻坚、"流动红旗""黄牌警告"制度和"双十条"规定，营造了领导干部带领干、群众主体主动干、社会各界参与干的大脱贫氛围，涌现出了曹琼蓉、樊亮、蒲家志等一批感人至深的先进典型。12月1日至9日，我区顺利迎接了省脱贫摘帽考核验收和第三方评估，取得了令人极其振奋的成效，获得了高度评价和充分认可。

二是项目建设成效显著。始终保持专注发展定力，一切围绕项目转、一切盯住项目干，坚持挂帅出征、挂图作战、挂责问效，全区104个重点项目超额完成投资任务。"五大一号工程"和"两大产业化项目"深入推进。南充现代物流成功创建"国家级示范物流园区"，保税中心、铁路专线建成投入使用，南鑫钢材城、中国物流、友信龙二期加快建设，绕城高速匝道正式建成开通；中法农业科技园生态湿地公园初步建成、循环农业园加快打造；川东北金融中心一期项目基础配套建设全面完工，4栋办公楼交付使用，华夏保险等10家金融机构即将入驻；国际会展中心概念性规划方案初步完成并启动拆迁；江东大道、东顺路标美化改造和滨江湿地公园即将完工，城市夜景光亮工程全面完成；三环电子四期、五期建成投产，六期、七期加快建设；中铁联运系列项目加快落地，正抓紧实施项目场平。

三是改革开放取得突破。始终坚持思想大解放、改革大突破、创新大驱动，狠抓经济体制等九大领域改革的落实落地，国资国企改革实现历史性突破，供销综合体制改革两项试点经验全省推广。招商引资取得重大突破，新签约项目35个，同比增长20%，协议总投资365亿元；引进到位资金110亿元、同比增长72%。投资200亿元的中铁联运，投资65亿元的三环电子五、六、七期项目及三环研究院，投资10亿元的重庆中远等重大项目先后落户。大众创业、万众创新氛围日益浓厚，科创中心项目快速推进，惠生活电商产业园跻身省级"双创"平台。

——我们坚持动真碰硬、攻坚克难，全力打好"环保督察、防汛减灾、安全稳定"三场保卫战，社会环境展现新面貌。

一是环保督察顺利通过。持续打好大气、水、土壤污染防治"三大战役"，禁养区范围内畜禽养殖场全面取缔，飞龙化工、宏泰生化实现停产收储，顺城盐化实现减量限产，螺溪河沿线15个乡镇污水厂加快建设。河长制工作全面落实，"一江六河"水质明显改善，城区饮用水源地得到有效保护。顺利通过中、省、市环保督察，反馈问题逐项整改销号。

二是防汛减灾成效明显。严格按照中央"两个坚持、三个转变"的总体要求，立足防大汛、抗大灾、抢大险，落实防汛减灾分级责任制，突出重点区域、重点环节，全覆盖排查、零遗漏整治、全方位备战，成功做到汛期防汛减灾零事故、零险情、零伤亡，顺利实现平安渡汛。

三是安全稳定持续向好。坚决守住安全稳定底线，持续开展社会治安综合治理，全区安全生产事故、信访发生总量、刑事治安案件分别下降48%、40%和32.2%，成功实现重大敏感节点零上访、零出事、零影响，我区到省进京非访人数全市最少，全年未发生重特大安全事故、未发生有影响的群体性事件、未发生暴力恐怖事件，命案、大案全破，人民群众安全感普遍增强。

——我们坚持以人为本、以民为先，推进民主法治建设，协调发展社会事业，全力保障改善民生，幸福指数实现新提升。

一是民主法治纵深推进。坚持统揽全局、协调各方，全力支持人大、政府、政协工作，各民主党派、工商联和无党派人士作用充分发挥，群众对"一府两院"工作满意度明显提升。深入推进依法治区，全区村（居）两委换届顺利完成，基层民主政治建设得到加强。

二是社会事业协调发展。坚持以人民为中心的发展思想，统筹推进教育、文体、卫生事业发展，高坪三中改（扩）建等16个项目全面完成，高坪中学创建省二级示范性普通高中顺利通过现场验收；区武术协会荣获全国群众体育先进单位称号，区图书馆创建国家一级公共图书馆顺利通过省级验收；区人民医院成功创建国家三级乙等综合医院。

三是社会保障坚强有力。民生工程扎实推进，投资6.6亿元，完成江东片区棚户区、都京棚户区（城中村）一期改造2020户。就业促进全面提升，提供就业岗位1.3万个，农村劳动力转移就业总数达17.94万人。保障体系日益健全，千方百计筹集资金7.3亿元，对全区历年来征地农民9842人全部补缴社保资金，解决了巨大的民生遗留问题。

——我们坚持持续用力、久久为功，全力打好"管党治吏、正风肃纪、惩贪治腐"三场持久战，党的建设取得新成效。

一是管党治吏全面加强。深入推进"两学一做"学习教育常态化制度化，持续推动党内教育向基层延伸。实施党建示范引领，强力整顿基层软弱涣散党组织，基层堡垒更加有力，"三务公开"运行机制被《人民日报》等媒体相继刊载，非公党建受到国家工商总局通报表扬。实行正面激励、容错纠错、反向约束三大机制，建立干部实绩档案，重视成果运用，46名实绩突出的干部受到提拔重用，2名脱贫攻坚一线干部被记三等功，21名干部被纳入"负面清单"管理。

二是正风肃纪持之以恒。持续开展不作为、慢作为、乱作为"三项整治"，持续开展项目建设、脱贫攻坚、国企经营"三类巡察"，持续开展扶贫资金、国有资产、教育卫生"三类清理"，全年查处违反中央八项规定典型案件8件，巡察覆盖单位19个、发现各类问题117项。

三是惩贪治腐扎实有力。始终保持惩贪治腐高压态势，严格落实监督执纪"四种形态"，聚焦脱贫攻坚、项目建设等重点领域，严肃查处插手工程建设、土地出让、资产处置以及侵犯群众利益的"微腐败"等行为，共处置问题线索250件，办理案件119件，给予党政纪处分110人，移送司法机关处理3人。

同时，区委常委会统筹推进宣传思想、统战群团、党管武装、双拥优抚等各方面工作，以上率下全面加强常委班子政治建设、思想建设、能力建设、作风建设和纪律建设，确保了开局之年各项工作有力有序有效推进。

同志们，过去的一年，是高坪发展历史上浓墨重彩的一年。一路走来，我们改变了很多等靠要、完成了许多不可能、收获了太多没想到，我们一心为公、苦干实干、克难奋进，赢得了尊重、赢得了肯定、赢得了民心。

回顾一年的奋斗历程，让我们特别振奋的是，面对前所未有的机遇，全区上下快速反应、主动作为、一马当先，金融中心横空出世，物流航母破浪前行，江东大道流光溢彩，一个个大项目势如破竹、一个个大工地热火朝天，充分展示了高坪发展砥砺奋进、强势崛起、突破突围的崭新气象！

回顾一年的奋斗历程，让我们特别欣慰的是，面对前所未有的困难，全区上下担当担责、超常付出、顽强拼搏，以逢山开路、遇水架桥，敢叫日月换新天的斗志和气魄，以时不我待、舍我其谁，不破楼兰终不还的决心和勇气，苦干实干不松劲、不获全胜不收兵，充分展示了高坪干部人心思齐、人心思进、人心思干的澎湃激情！

回顾一年的奋斗历程，让我们特别感动的是，面对前所未有的考量，全区上下万众一心、众志成城、风雨同行，众人拾柴火焰高、众人划桨开大船的大团结氛围日益浓厚，心往一处想、劲往一处使的大联动格局正在形成，听党话、感党恩、跟党走成为群众的行动自觉，充分展示了高坪人民同心同向、荣辱与共、向上向前的良好风貌！

同志们，奋斗历尽艰辛，成绩来之不易。这些成绩的取得，是市委、市政府坚强领导、倾心厚爱、关怀支持的结果，是全区各级干部锐意进取、负重前行、无私奉献的结果，是全区群众和社会各界凝心聚力、和衷共济、团结奋斗的结果。在此，我谨代表区委常委会，向广大党员干部和全区各级党组织，向全区人民和关心支持高坪发展的各位企业家、各民主党派、各界朋友，表示衷心的感谢，并致以崇高的敬意！

在看到成绩的同时，我们也清醒的认识到，我们的工作中还存在一些问题和不足，主要是：经济发展基础较为薄弱，总量不大、结构不优、质量不高；财政负担十分沉重，保运转、保信用、保民生、保稳定压力巨大；改革深度不够、创新力度不够、思想解放程度不够，还没有形成大开放大发展格局；一些特定领域、特殊群体矛盾仍然比较突出，安全稳定压力较大；极个别干部法纪意识淡漠、自我约束不够，仍不收敛、不收手违法违纪行为还时有发生。以上这些问题和不足，我们将高度重视、认真对待，并在今后的工作中切实加以解决。

二、关于贯彻落实党的十九大和省委十一届二次全会、市委六届七次全会精神的主要考虑

党的十九大宣告了中国特色社会主义进入了新时代，擘画了建设社会主义现代化强国的宏伟蓝图；省委十一届二次全会制定了"一个愿景、两个跨越、三大发展战略、四项重点工程"的战略谋划，开启了建设美丽繁荣和谐四川新征程；市委六届七次全会坚定了大力实施"155发展战略"，加快建设"南充新未来·成渝第二城"的奋斗目标，丰富完善了治南兴南发展战略体系。

学习好、宣传好、贯彻好、落实好十九大和省委、市委全会精神，是我们当前和今后一个时期最首要最重大的政治任务。为推动党的十九大精神落地落实，近段时间，我们全面贯彻中央大政方针和省委、市委决策部署，深入审视研判高坪发展的阶段特征和历史方位，深入研究谋划未来发展的战略路径和战略举措。大家一致认为，区第六次党代会确立的"绿色高坪·幸福家园"战略目标，契合中央精神，符合省委、市委要求，切合高坪实际，已经初见成效，应保持定力不动摇、一以贯之抓落实。同时，大家也建议根据中央、省委和市委最新精神进行必要的丰富完善。为此，本次全会将提请审议《中共南充市高坪区委关于全面深入贯彻落实党的十九大精神努力建设"三高"新区奋力谱写"绿色高坪·幸福家园"新篇章的决定》。《决定》通篇贯彻了中省市精神，坚定以习近平新时代中国特色社会主义思想为指导，在坚持区第六次党代会决策部署的基础上，进一步丰富完善了治区兴区总体工作格局；体现了牢固树立"四个意识"，坚定维护以习近平同志为核心的党中央权威和集中统一领导，自觉在思想上政治上行动上同党中央保持高度一致的鲜明态度；全面把握新时代历史方位和区情特征，对高坪现代化建设目标和经济、政治、文化、社会、生态文明、党的建设等各个方面作出了进一步安排部署。我们的考虑是要做到"三个始终坚持"。

（一）始终坚持以党的十九大精神和省委、市委全会精神指导"绿色高坪·幸福家园"建设

党的十九大是在全面建成小康社会决胜阶段、中国特色社会主义进入新时代的关键时期召开的一次十分重要的大会，大会提出的重要思想、作出的科学论断、描绘的宏伟蓝图、谋划的重大部署，是我们干好一切工作的逻辑起点。建设"绿色高坪·幸福家园"，我们必须坚决贯彻党的十九大精神和省委、市委要求，切实做到"三个坚定不移"。

一要坚定不移捍卫核心。捍卫习近平总书记的核心地位，是最大的政治、最大的规矩、最严的纪律。党的十八大以来，在统揽"四个伟大"的辉煌历程中，习近平总书记总揽全局、举旗定向、掌舵领航，带领全党全军全国各族人民朝着实现中华民族伟大复兴的中国梦阔步前行，推动党和国家事业取得了历史性成就、发生了历史性变革，展现了一位马克思主义政治家以身许党许国的崇高境界和担当精神，展现了一位大国领袖的雄才伟略、卓越智慧和为民情怀。我们必须牢固树立"四个意识"，坚定维护习近平总书记在党中央和全党的核心地位，真正做到在思想上高度认同核心、政治上绝对捍卫核心、组织上坚决维护核心、情感上衷心爱戴核心、行动上始终紧跟核心。

二要坚定不移贯彻新思想。党的十九大把习近平新时代中国特色社会主义思想确定为我们党必须长期坚持的指导思想并写入党章，这是党的十九大一个重大历史贡献。习近平新时代中国特色社会主义思想，是对马克思列宁主义、毛泽东思想、邓小平理论、"三个代表"重要思想、科学发展观的继承和发展，是马克思主义中国化最新成果，是党和人民实践经验与集体智慧的结晶，是全党全国人民为实现中华民族伟大复兴而奋斗的行动指南。新思想以全新视野深化了对共产党执政规律、社会主义建设规律、人类社会发展规律的认识，开辟了马克思主义新境界、中国特色社会主义新境界、治国理政新境界和管党治党新境界。我们要用新思想武装头脑、指导实践、推动工作，坚决把"8个明确"丰富内涵和"14个坚持"基本方略作为高坪工作的思想指南、行动纲领，把新思想贯穿到高坪各项工作中去。

三要坚定不移落实新战略。党的十九大提出了全面建成社会主义现代化强国，省委十一届二次全会形成了"一二三四"的战略布局，市委六届七次全会对"155发展战略"进行了进一步深化细化和丰富完善。我们要坚决落实中央、省委和市委战略部署，进一步深化和完善发展战略，不断做强城市综合实力，不断深化改革开放，不断发展社会主义民主政治，不断推动社会主义文

化繁荣，不断提升保障和改善民生水平，不断加强生态文明建设，不断推进从严治党向纵深发展，切实把中省市精神转化为高坪发展的生动实践。

（二）始终坚持以新的时代特征审视"绿色高坪·幸福家园"建设

党的十九大作出了中国特色社会主义进入新时代的重大政治论断。新时代赋予新使命，新起点开启新征程，我们必须准确把握新机遇，迎接新挑战，开启新征程，坚定不移朝着建设"绿色高坪·幸福家园"的宏伟目标迈进。

一要在新机遇中审视高坪新发展。世界潮流，浩浩荡荡。我国正日益走近世界舞台中央，地球村经济日益凸显，"一带一路"战略、渝新欧国际铁路等外部通道快速打通，为我们更好融入全球经济循环、国际产业分工、国际贸易合作提供了广阔空间和舞台。中央布局的西部大开发、成渝城市群建设、军民融合发展、乡村振兴、脱贫攻坚等重大战略为高坪提供了难得的发展机遇，特别是市委关心厚爱，将国际会展中心、川东北金融中心、现代物流园、中法农业科技园等重大城市功能区布局到高坪，大力实施"拥江发展、跨江东进"城市发展战略，为高坪加快发展、转型升级、跨越超赶提供了宝贵的历史性机遇。

二要在新挑战中激发高坪新动力。从宏观形势来看，目前，国内外环境依然错综复杂，世界经济回暖的基础还不稳固，国内经济转型发展的任务十分艰巨，各类隐形风险逐渐显现，我们仍将面临经济增速换挡、新旧动能转换的严峻考验。中央经济工作会议指出，我国经济发展由高速增长阶段转向高质量发展阶段，要按照高质量发展的要求，推动质量变革、效率变革、动力变革，打好防范化解重大风险、精准脱贫、污染防治攻坚战，取得扎实进展。从区域竞争来看，全市各兄弟县（市、区）你追我赶，竞相发展的态势日益激烈，区域之间争资源、争项目、争市场、争人才的态势日益激烈。如果稍有不慎，我们就会被赶超，甚至被甩远。从高坪实际来看，经济总量不大，产业结构不优，发展质量不高，财力极为薄弱。可以说，标兵尚远、追兵渐近，逆水行舟、不进则退。我们务必进一步激发全区上下干事创业的精气神，知难而进、迎难而上，加压驱动、克难奋进、加快发展。

三要在新目标中开启高坪新征程。"绿色高坪·幸福家园"是一个承前启后、继往开来的接续奋斗目标，必须久久为功、善作善成。根据党的十九大和省委、市委全会对从现在到2020年和到本世纪中叶的安排，需要对这一战略目标进行丰富和完善，进一步明确实现这一战略目标的具体路径。从现在到2020年，是建设"绿色高坪·幸福家园"的攻坚期。基本实现经济综合实力、城市功能面貌、人民生活品质、宜居环境质量、社会治理水平和党的执政能力显著提升，建成"成渝第二城"的战略功能区，与全国全省全市同步全面建成小康社会。从2020年到2035年，是建设"绿色高坪·幸福家园"的决胜期。经济总量跃升至全市前列，经济结构更加科学，民主法治更加完善，人民生活更加富裕，生态环境更加优化，社会治理更加高效，党的建设更加巩固，建成"成渝第二城"的标杆示范区和全省一流精品城区，基本实现社会主义现代化。从2035年到本世纪中叶，是建设"绿色高坪·幸福家园"的提升期。产业核心竞争力、城市整体承载力、区域发展综合实力全面提升，民生改善、社会治理、生态文明全面升级，经济体系现代化、治理体系和治理能力现代化、公共服务现代化全面实现，全面建成"成渝第二城"核心主城区和全国知名的现代化强区。

（三）始终坚持以务实的举措推动"三高"新区建设

"绿色高坪·幸福家园"是一个跳起摸高、跑起干事的宏伟远景目标，我们坚持在继承中发扬、在发展中创新，对这一战略目标进行丰富完善、拓展细化，响亮提出建设高端产业集群发展区、高端人才集聚创新区、高品质生活集成共享区的具体目标。对这一目标的理解认识，务必做到"三个准确把握"。

一要准确把握建设"三高"新区的战略谋划。事业总是在接续奋斗中推进的。新的时间节点,新的历史机遇,让高坪站到了一个更高的新起点,我们对"绿色高坪 幸福家园"的内涵进一步诠释和细化,提出了建设"高端产业集群发展区、高端人才集聚创新区、高品质生活集成共享区"的战略谋划。我们的主要考虑是,绿色代表着生命、代表着希望、代表着未来。绿色发展是高端发展之路,是清洁发展、内涵式发展的必然要求,是文明进步、时代进步的重要标志,是对发展本质、发展规律和发展趋势的理性把握,是应对区域竞争、提高核心竞争力、加快转变发展方式的迫切需要。绿色发展的途径,一定是依靠科技含量高、市场竞争力强的高端产业集群发展;绿色发展的动力,一定是依赖于学历层次高、专业技术精的高端人才集聚创新;绿色发展的效果,一定会让人与自然、人与社会和谐共生的高品质生活集成共享。从这个意义上讲,我们提出的建设"三高"新区,与区第六次党代会的决定一脉相承,完全符合习近平新时代中国特色社会主义经济思想,符合党的十九大提出的"把人民对美好生活的向往作为奋斗目标"要求,也符合高坪实际和人民群众的热切期盼。

二要准确把握建设"三高"新区的战略路径。坚持生态优先、绿色发展,坚持工作项目化、项目责任化、责任具体化。大力实施产业强区战略,以川东北军民融合产业园为载体,以三环电子、中远集团等为龙头,做大做强先进制造业;以南充现代物流园、川东北金融中心、南充国际会展中心为支撑,做优做实高端服务业;以三条产业环线、中法农业科技园为引领,做精做细都市农业,全力建设高端产业集群发展区。大力实施人才兴区战略,依托产业发展规划,坚持全域开放、全程开放、全面开放,进一步优化引才、留才、富才的环境,培育高端人才,夯实平台支撑,激发改革活力,全力建设高端人才集聚创新区。大力实施乡村振兴战略、幸福城市战略,推进农业农村现代化,建设幸福城市,厚植生态环境优势,使人民获得感、幸福感、安全感更加充实、更有保障、更可持续,全力建设高品质生活集成共享区。到本世纪中叶,把高坪建成天更蓝、地更绿、水更清、环境更优美;人人梦想成真、人生出彩、生活安逸;经济协调发展、活力迸发、欣欣向荣;城市闻者向往、来者依恋、居者自豪的"绿色高坪·幸福家园"。

三要准确把握建设"三高"新区的战略抓手。推动地方发展,必须坚持大抓项目,抓大项目,必须把握大势、提前布局、抢占先机。我们围绕重大基础设施、重大产业、重大民生三大领域,立足高坪实际和本届区委任期实现可能,精心调研、反复磋商,形成了建设川东北金融中心、南充国际会展中心、南充现代物流园(含中铁联运)、川东北军民融合产业园(含三环电子)、中法农业科技园,实施高坪北部新城拓展工程、城市基础设施提升工程、乡村振兴示范工程、棚户区改造工程、居民幸福指数提升工程等"十件大事",以此来支撑产业发展、引领全局工作,打基础、利长远、惠民生,实现高坪弯道超车、跨越追赶。

这十件大事中,"三园两中心"即川东北军民融合产业园、中法农业科技园、南充现代物流园、川东北金融中心、南充国际会展中心是未来几年内我区产业发展的重点、引爆点和新的增长极;北部新城拓展工程、城市基础设施提升工程、居民幸福指数提升工程、棚户区改造工程这"四大工程"立足于改善城市居民生活环境、提高生活品质、建设幸福城市;乡村振兴示范工程以实施乡村振兴战略为统揽,以脱贫攻坚为抓手,立足脱贫、着眼奔康,大力推进农业产业化发展和农村居民生产生活条件改善,打造幸福和谐美丽新农村。十件大事涵盖了我区三次产业和城市、农村发展,必将优化我区经济结构、转变我区发展方式、推动我区跨越发展。这十件大事已报送市委审定,我们务必要有滚石上山的必胜信念和坚韧作风,自我加压、自我挖潜,倒逼工作落地落实。

三、关于 2018 年工作的主要安排

2018 年是贯彻落实党的十九大精神的开局之年,是决胜全面建成小康社会、实施"十三五"规划承上启下的关键之年,也是改革开放 40 周年。全区工作的指导思想是:以习近平新时代中国特色社会主义思想为指导,深入贯彻党的十九大和中央经济工作会议精神，全面落实省委十一届二次全会、市委六届七次全会决策部署，统筹推进"五位一体"总体布局、协调推进"四个全面"战略布局，坚持"五大发展理念"，以"项目建设年"为抓手，大力实施市委"155发展战略"，坚决打赢精准脱贫、污染防治、风险防控、项目建设、对外开放、改革创新"六场攻坚战"，打好管党治吏、正风肃纪、惩贪治腐"三场持久战"，着力建设高端产业集群发展区、高端人才集聚创新区、高品质生活集成共享区，努力开创"绿色高坪·幸福家园"崭新局面，奋力谱写"南充新未来·成渝第二城"高坪篇章。主要目标是：力争实现地方生产总值、全社会固定资产投资、一般公共预算收入、社会销售品零售总额分别同比增长9%、19%、12%、13.8%，城镇居民人均可支配收入、农村居民人均可支配收入分别同比增长9.2%和10.4%，确保主要经济指标增速高于全省、高于全市、高于去年。

（一）围绕"三园两中心"建设，大力实施产业强区战略，全力建设高端产业集群发展区

聚焦聚力省委"项目建设年"决策部署，始终坚持产业优先、富民为要的思路，推进三产联动、融合发展，坚决打赢项目建设攻坚战。

一要着力推进先进制造业加速发展。加快川东北军民融合产业园建设，依托中远集团、华巍机器人项目，全力招引一大批军民融合企业，开发培育"民参军"企业，全力打造军民融合创新产业。加快推进三环电子六期、七期和研究院项目建设，力促三环电子八期、华为大数据中心等项目尽快签约落地，培育壮大电子信息产业规模，全力打造百亿电子信息产业集群。推进富安娜二期建设，促进三期智能化家具制造项目签约落地，支持六合集团、嘉美印染等龙头企业做大做强，鼓励通过技术改造发展高端产品，实现转型升级。

二要着力推进高端服务业高速发展。大力发展现代物流业，以南充现代物流园建设为核心，快速推进中铁联运、中国物流、南鑫钢材城、中小物流企业孵化园等建设，打造千亿物流集群航母。大力发展金融服务业，快速推进川东北金融中心"一街一滩双基地"建设，全力打造江东CBD、南充城市发展新地标、金融集聚新高地、经济发展新引擎。大力发展会展服务业，推进南充国际会展中心和丝绸特色小镇建设，努力打造承载会议会展、商业商务、文化旅游和高端住宅，带动现代服务业发展的会展新城，成为南充城市新名片、城市会客厅和地标性建筑。大力发展商贸服务业，依托王府井、红星美凯龙等项目，以更加积极和开放的姿态，大力引进保利商贸中心等国内外大型商贸企业，打造南充商贸新的增长极。同时，充分利用高坪资源优势，积极支持科技服务、信息服务、策划设计、康养旅游等新兴服务业发展。

三要着力推进都市农业快速发展。按照农旅结合、三产联动的思路，加快推进中法农业科技园建设，确保按期开园，努力建成"中国农业公园""都市后花园"和"旅游目的地"。按照"建基地、搞加工、创品牌"的要求，继续加大嘉陵江流域优质柑桔产业带、螺溪河流域粮经复合产业带、双叉河区域优质花椒产业带、金城山脉竹木及特色养殖产业带建设，努力建设国家级现代农业示范区。壮大本味农业、荣生、橙之源等龙头企业，做大做强"高坪甜橙""土巴寨花椒"等地方特色产品，打造一批有影响力的企业品牌、产品品牌和区域公共品牌。

（二）围绕改革创新、对外开放，大力实施人才兴区战略，全力建设高端人才集聚创新区

始终坚持改革开放激活力、创新转型增动力、人才兴区添智力，汇众人智慧、聚八方英才，坚决打赢改革创新、对外开放攻坚战，筑牢创新创造新高地，实现由"内陆腹地"到"开放前沿"的华丽转身。

一要突出特色优势引进培育高端人才。大力推行"人才兴区"战略，依托"三园两中心"等重点产业发展规划，深入实施"嘉陵江英才工程""归雁计划"，分类制定人才引进计划，大力引进一批智能制造、金融服务、信息技术、战略策划、规划建设、企业管理等方面急需紧缺人才，为人才兴区提供支撑。充分发挥驻区高校和企业研发机构、产业孵化器等平台优势，大力发

展本土科研力量，培育一大批电子信息、军民融合、机械装备等方面优秀专业人才。持续推进人才服务"春风计划"，在精神鼓励、事业激励、物质奖励上找通道，打造人才安居乐业的温馨港湾；继续推行优秀人才"一卡通"、县级领导联系优秀人才制度，在住房补贴、医疗保健、配偶就业、子女上学等方面给予大力支持，千方百计聚人才。

二要突出招大引强夯实平台支撑。大开放引领大发展。明确目标、分解任务，区领导带头挂帅出征，实施"招商大会战"，紧紧围绕军民融合、电子信息、新材料等战略性新型产业，锁定京津冀、长三角、珠三角、成渝经济区等重点区域，积极对接"三类500强"，大力开展专题招商、产业链招商、以商招商，集中力量招引更多更好更强的产业项目落地落户。落实首问负责、限时办结、跟踪问效等制度，落实领导分包、现场办公、审批服务绿色通道等措施，竭诚提供"一站式""保姆式"服务，严查严处侵害企业合法权益行为，着力营造安商、护商、活商的服务环境。构建"亲""清"政商关系，尊重企业家、尊重纳税人，把投资者当客人、当家人、当亲人，把最好的资源依法依规配置给最好的企业，让最好的企业得到最好的发展，着力营造引商聚商的政策环境，把高坪打造成为投资"洼地"和创业"沃土"。

三要突出创新驱动激发改革活力。着力破除体制机制障碍，大胆推进国资国企、投融资体制、农业农村、统筹城乡等重点领域改革，深入开展微改革试点，以点带面、强力示范，培育催生经济社会发展新动能。深入实施创新驱动发展战略，推进政产学研用融合创新，以科创中心为载体，加快培育科技型中小企业，加强与高校、科研院所合作，加速科研成果转化，推动工业园区向科技创新园区转型升级。支持大众创业、万众创新，鼓励青年创业促进、大学生创业引领、农民工返乡创业，积极壮大创新创业主体。探索建立"孵化+创投"等培育模式，搭建多元投资的孵化载体，打造科技超市、创新工场、创业社区等众创空间。

（三）围绕民生福祉改善，大力实施乡村振兴战略、幸福城市战略，全力建设高品质生活集成共享区

紧紧抓住人民最关心最直接最现实的利益问题，全力抓好十项民生工程和二十件民生实事，千方百计改善民生，坚决打赢精准脱贫、污染防治攻坚战，使群众获得感、幸福感、安全感更加充实、更有保障、更可持续。

一要加快实施乡村振兴战略。坚决打赢精准脱贫攻坚战，围绕产业兴旺、生态宜居、乡风文明、治理有效、生活富裕的乡村振兴"二十字"目标，以脱贫攻坚为抓手，统筹抓好水、路、产业、人居环境的提升优化，改善农村群众生活品质，推进农业农村现代化。始终强化最后的堡垒、最关心的事、冲在最前方"三种意识"，紧紧围绕"4116人脱贫、37个贫困村退出、基本消除绝对贫困"三大目标，聚焦短板、对标推进，确保小康路上不漏一户、不落一人。强力推进乡镇水环境治理，启动城乡一体化供水工程，加快推进城镇污水处理设施建设。全力推进乡村道路互联互通，积极构建立体综合交通枢纽。大力建设幸福美丽新村，积极推进省级"四好村"创建。

二要加快实施幸福城市战略。以"四大工程"为统揽，提升城市品位，促进社会和谐健康发展，建设幸福城市。实施居民幸福指数提升工程，打造品牌学校、品牌医院，完善市民文化、运动、休闲、娱乐设施建设，不断提升市民的幸福指数和获得感。实施北部新城拓展工程，打造集会议会展、商贸物流、嘉陵江旅游休闲、高等教育等功能为一体的现代服务业产业新城。实施城区基础设施提升工程，全力推进"一园、三桥、六路"建设，改善提升城市基础条件。实施棚户区改造工程，改善群众居住条件。

三要加快推进生态文明建设。绿水青山就是金山银山。实施全域绿化，坚持有山皆绿、重点补绿、身边增绿，统筹推进植树造林、封山育林、山水保护、生态修复，筑牢生态屏障，维护生态资源安全。探索建立生态环境保护长效机制，强化督查问责，完善有效管控，着力构建生

态效益、经济效益和社会效益并重的生态保护制度。持续打好污染防治攻坚战，以改善环境质量为核心、以维护环境安全为底线，突出抓好中、省环保督察问题整改落实，全面实施蓝天、碧水、净土"三大行动"，严格落实河长制，让群众呼吸的空气更新鲜、喝的水更干净、吃的食品更放心。

（四）围绕社会主义民主政治建设，以法治高坪创建抓手，全力营造平安稳定和谐社会氛围

坚定不移走中国特色社会主义政治发展道路，全面推进法治高坪建设，坚决打赢风险防控攻坚战，营造安定、和谐社会环境。

一要深入推进社会主义民主政治建设。坚持和完善人民代表大会制度，支持和保障人民通过人民代表大会行使国家权力，支持人大及其常委会依法行使职权，保障人民知情权、参与权、表达权、监督权。推动协商民主广泛、多层、制度化发展，统筹推进政党协商、人大协商、政府协商、人民团体协商、基层协商及社会组织协商，加强协商民主制度建设，形成更加完善的制度程序和参与实践，支持政协开展广泛的民主监督，充分发挥人民政协作为协商民主的重要渠道和专门协商机构作用。加强党对统战工作的领导，支持民主党派按照中国特色社会主义参政党要求更好履职，支持各民主党派、工商联和无党派人士发挥更大作用，协力推动高坪经济社会跨越发展。

二要深入推进法治高坪建设。推进依法行政，建立健全法律顾问、公职律师制度，加强合法合规性审查，严格依法依规决策，推进规范公正文明执法，着力构建党政主导、高位推动、上下联动、部门齐抓共管、社会广泛参与的依法治区工作格局。推进司法公正，深化司法体制改革，建立科学合理、规范有序的司法权力运行机制；优化司法环境，强化司法公开，支持法院、检察院依法行使职权，确保公正司法；加强基层司法所规范化建设，完善基层公共法律服务中心、法律服务网络，为基层提供优质高效便民服务。坚持法治政府、法治社会、法治城市一体建设，持续推进"法律七进"，加快构建办事依法、遇事找法、解决问题用法、化解矛盾靠法的法治良序。

三要坚决打赢风险防控攻坚战。加大对非法集资、乱办金融等严重干扰金融市场行为的打击力度，着力防范化解金融风险。加大政府债务置换力度，加强债务监控力度，防范化解债务风险，着力推动各类融资平台市场化转型。落实"党政同责、一岗双责、齐抓共管、失职追责"，坚持"隐患排查零死角、整改整治零容忍、严管重罚零放过"，扎实抓好安全生产工作，有效防范和遏止各类安全生产事故。坚持"稳控治标、事了治本、依法树威"，切实抓好信访稳定工作，落实社会稳定风险评估机制，强化源头管控和化解，切实维护社会稳定。坚持"高威震慑、高压打击、高密防控"，深入推进平安高坪建设，开展平安村（居）创建活动，提高综治信息化建设水平，依法严厉打击各类违法犯罪活动，不断夯实社会治理基层基础。

（五）围绕"党要管党、从严治党"，以党的建设新的伟大工程为统揽，全力营造风清气正政治生态

全面从严治党永远在路上。要严格树立抓好党建是本职，抓不好党建是失职的理念，全面贯彻新时代党的建设总要求，毫不动摇坚持和加强党的领导，坚决打赢管党治吏、正风肃纪、惩贪治腐"三场持久战"，推动全面从严治党向纵深发展。

一要紧扣"思想引领"抓政治建设。旗帜鲜明讲政治，始终把党的政治建设摆在首位，筑牢"四个意识"、坚定"四个自信"，坚决执行党的政治路线，始终同以习近平同志为核心的党中央保持高度一致。自觉尊崇党章、遵守党章、维护党章，严格执行新形势下党内政治生活若干准则，完善和落实民主集中制的各项制度，健全党委（党组）议事规则和决策程序。着力强化思想理论教育，深入推进"两学一做"常态化制度化，扎实开展"不忘初心、牢记使命"主题教育活动，坚定理想信念、弘扬革命精神、永葆党员本色，筑牢党员干部理想信念基石。

二要紧扣"机制创新"抓干部管理。坚持党

管干部原则，发挥党的领导和把关作用，健全科学的干部选拔任用机制。坚持严管厚爱，完善干部考核评价体系，固化领导干部实绩库、班子运行调研管理制度；强化干部激励，建立健全"有为激励、无为问责"的干部奖惩制度体系。健全干部谈心谈话、函询、诫勉、审计等制度，严格执行领导干部有关事项报告、干部档案核查及违规责任追究等制度，打造推动振兴发展的中流砥柱。

三要紧扣"固本强基"抓基层堡垒。坚持"落实到基层、落实靠基层"，更加注重基层战斗堡垒建设。落实"三会一课"等党内生活制度，推进企业、农村、机关、学校、街道社区、社会组织等基层党组织建设，强力整顿软弱涣散基层党组织，进一步提高基层组织力。实施千名村级后备干部培养计划，加强党组织带头人队伍建设。推进党务公开，畅通党员参与党内事务、监督党组织和干部、向上级党组织提出意见和建议的渠道。

四要紧扣"从严从实"抓正风肃纪。增强作风建设"永远在路上"的责任感使命感，严格执行中央八项规定、省委省政府十项规定和市委市政府九项规定，动真碰硬推动省、市改进作风系列规定刚性落地，驰而不息转作风，大力整治"中梗阻"，切实增强执行力，坚决防止"四风"问题反弹回潮。推进正风肃纪常态化，坚决把纪律和规矩挺在前面，运用监督执纪"四种形态"，抓早抓小、防微杜渐，教育引导党员干部严格遵守廉洁自律规定，加大日常监督检查力度，净化党内政治生态，确保政令畅通，不断密切党同人民群众的血肉联系。

五要紧扣"风清气正"抓惩贪治腐。压实"两个责任"，坚持无禁区、全覆盖、零容忍，有贪必肃，有腐必反，以法治思维和法治方式坚决惩治腐败，保持惩治腐败高压态势。积极稳妥推进国家监察体制改革，确保区监察委如期挂牌运行，实现对党员和公职人员监督全覆盖。优化"三同"监督平台，健全惩防制度体系，加强机关文化、企业文化、家规家风建设，开展廉政文化教育活动。完善领导班子运行决策机制，健全权力运行监督制约机制，加大区委巡察力度，突出重点案件、重点岗位、重点领域，加大查办力度，夺取反腐败斗争压倒性胜利，巩固发展风清气正的良好政治生态。

同志们：2018年必将是我们面临新形势、肩负新使命、推进新跨越的一年。大业弥坚，任重道远；千里之行，始于足下。让我们紧密团结在以习近平同志为核心的党中央周围，坚定不移地把思想和行动统一到党的十九大精神和省委、市委决策部署上来，以更加饱满的激情，更加昂扬的斗志，更加务实的作风，不忘初心，牢记使命，为努力建设"三高"新区，奋力谱写"绿色高坪·幸福家园"新篇章而不懈奋斗！

激流勇进 真抓实干
奋力建设"绿色高坪·幸福家园"

——在南充市高坪区第六届人民代表大会第二次会议上

南充市高坪区人民政府代区长 陈多平

（2017年7月20日）

各位代表：

我代表南充市高坪区第六届人民政府，向大会汇报工作。

一、2017年上半年工作回顾

今年以来，面对经济下行压力不减、资源环境约束趋紧的严峻形势，面对各地你追我赶、竞相发展的激烈竞争，区政府在市委、市政府和区委的坚强领导下，深入贯彻落实"155发展战略"，坚持开局就是决战、起步就是冲刺，着力招强引优抓大开放、三产联动抓大产业、投资拉动抓大建设，经济社会发展呈现出质效双增、后劲增强的良好态势。1—6月，全区预计实现地区生产总值71.5亿元、同比增长8.4%，一般公共预算收入3.7亿元、同比增长2%，全社会固定资产投资108.5亿元、同比增长18.5%，社会消费品零售总额41.9亿元、同比增长13.4%，农村居民人均可支配收入6084元、同比增长10.3%，城镇居民人均可支配收入12232元、同比增长8.9%。

半年来，我们突出大抓项目、抓大项目，全力打好项目建设攻坚战，投资拉动效果明显。"一号工程"强势推进。南充现代物流园正在申报国家示范物流园区，保税物流中心、高速匝道已建成即将投入使用，中国物流、铁路专用线等项目加快建设，成功引进中铁联运、新成储等重大项目4个；中法农业科技园基础配套工程及湿地生态公园、农业科技孵化中心等项目加快推进；都京丝绸特色小镇重点区域拆迁和招商对接工作有序推进；国际会展中心正在论证深化设计方案，土地报征和招商工作抓紧推进；江东大道标美化改造工程正在进行招投标工作；金融中心正在完善规划设计，与多家银行、保险、基金等机构达成初步入驻意向。项目争取进展顺利。共争取全社会及国省市项目144个，已到位资金25.88亿元，同期增加4.6亿元、同比增长21.6%；纳入国家三年滚动重大项目项目库272个、总投资435亿元。项目攻坚成效初显。围绕全市"项目攻坚年"的安排部署，坚持挂帅出征、挂图作战、挂责问效，建立PPP工作、项目前期工作、项目推进、资金争引"四本台账"，做到每周一调度、每月一督导、每月一通报，104个重点项目累计完成投资89.8亿元，占年度计划的53.3%，其中，产业项目、基础设施项目、民生项目分别完成投资55亿元、15亿元、19.8亿元。

半年来，我们突出精准扶贫、精准脱贫，全力打好脱贫摘帽攻坚战，脱贫短板加速补齐。推进产业扶贫。柑桔旅游、特色观光、蔬菜康养"三条产业环线"规模日益壮大，已发展柑桔、蔬菜、花椒等优势产业50余万亩，实现352个村产业全覆盖，正在对柑桔旅游产业环线进行重点打造、全面升级，为年内国、省召开的产业扶贫现场会提供示范现场；积极推行土地、小额信贷资金入股、财政资金股权量化、返租倒包等利益联结机制和"飞地扶贫"模式，建成脱贫奔康产业园36个。推动基础建设。易地扶贫搬迁、农村危房改造、地灾避险搬迁和"五改三建"完工率达85%，所有贫困户在8月底均能住上好房子；建成产业环线旅游公路75公里，便民道路150公里，安全饮水、农村电网、网络通讯基础设施工程完成80%以上；乡级"三中心"、村级卫生室、村级文化室等公共服务配套建设完工率达80%。构建保障体系。发放低保金1645.6万元，实现4945人低保线、贫困线"两线合一"；资助建档立卡贫困学生1150名，实现贫困户参保费用全兜底、区内住院及慢性病门诊治疗个人自付比例控制在10%以内。同时，坚持一天一督查、一天一通报、一月一验靶、一月一拉练、一月一排位，建立"脱贫攻坚作战室"，实行流动红旗和黄牌警告制度，以严格的激励约束机制，倒逼各项工作落到实处。

半年来，我们突出创新引领、创新驱动，全力打好改革开放攻坚战，发展活力竞相奔涌。狠抓重大改革落地。围绕经济体制改革、农业农村和统筹城乡改革等9大领域重大改革板块，审议、出台《关于实施区属国有及国有控股企业改革方案的通知》等改革工作方案35个，紧扣工程项目管理、财经管理、国土资源管理等9个方面开展"基础管理年"活动，脱贫奔康产业园、公办养老机构等11项省、市、区改革试点工作有序推进。实施大开放大招商。坚持每月召开投资促进工作例会，设立8个行业招商小组，瞄准重点行业、重点地区、重点企业开展精准招商，新签约项目23个，到位资金51.2亿元（其中工业到位资金22亿元），成功签约总投资200亿元的中铁联运项目是南充建市以来投资额最大的招商引资项目，总投资35亿元的三环电子六期七期、总投资5亿元的广发银行南充分行等大项目相继落户。深入推进"双创"工作。航空港科技创新中心启动建设，组织开展"嘉英荟"南充青年创客汇高坪分场等"双创"活动4次，已发展科技型中小微企业58家，建成友豪国际电商产业园等"双创"基地3个，入驻创新创业企业103家，东方花园惠生活电商产业园获得省科技厅"众创空间"授牌。

半年来，我们突出高点定位、高端突破，全力推进三次产业大发展，实体经济持续壮大。加快培育高端服务业。大力发展现代物流业、城市商贸业、康养旅游业，加快打造川东北电商示范园区，凌云山景区提升、特色商业街区等项目建设平稳推进，王府井百货、红星美凯龙、南鑫国际、浙江传化等企业营运良好，实现服务业增加值19.64亿元、同比增长10.1%，外贸进出口3100万美元、同比增长26.5%。加快培育先进制造业。三环电子六期七期等项目启动建设，六合集团实现转型"复苏"，嘉都服饰、易安纺织等项目主体竣工，三环电子五期、华巍机器人等项目竣工投产，江东新区3家化工企业关停搬迁工作加快推进，全区规上工业企业实现产值189.3亿元、同比增长16.4%，销售收入193.9亿元、同比增长16.5%；完成技改投资8.5亿元、同比增长8.9%。加快培育"都市农业"。国家现代农业示范区建设纵深推进，已发展优质柑橘基地30万亩、粮经复合基地15万亩、花椒基地4万亩、竹木基地20万亩，30.5万亩耕地获得无公害农产品产地整体认证，新培育龙头企业12家、专合组织36个，"高坪甜橙"被国家工商总局核准注册为国家地理标志证明商标，实现了我区"地理标志证明商标"零的突破。

半年来，我们突出生态优先、生态打底，全力推进城乡面貌大提升，环境质量不断好转。提升品质内涵。完成南渝高速出口、机场大道等标美路改造和白塔公园夜景照明工程，全面启动林海北路景观建设和江东新区、安汉新区棚户区改造项目、东顺路标美路建设、滨江景观提升、印象嘉陵江缤纷水岸、城市夜景光亮工程、小龙污水处理厂等项目正在申报项目入库，城市地下综合管廊、道路"白改黑"、内涝治理等基础配套建设加快推进。加强城市管理。深入推进城市执法体制改革，按照"摆顺、扫干净、不拥堵"要求，大力开展占道经营、卫生环境、交通秩序专项治理行动，市场、学校、车站等重点区域的市容秩序管理进一步规范。同时，积极推动下中坝行政区划调整工作，10项社会公共事务已移交高坪管理。改善城乡环境。开展"四好村"创建活动，40个幸福美丽新村建设快速实施，城市绿化率、森林覆盖率分别达到46.5%、32.2%；大力实施"蓝天、碧水、净土"工程，全面推行"河长制"，持续开展土壤污染防治，加强饮用水水源地保护，禁养区内养殖场关停搬迁工作进展顺利，签约率达94.1%，已关停42家；环境质量持续改善，空气质量达标率同比增长15.86%，PM2.5平均浓度同比下降20.04%；全力整改省环保督察发现问题105个，整改完成率76%。

半年来，我们突出民本为先、民生为要，全力推进社会民生大改善，人民生活水平提高。社会事业持续发展。高坪三中、龙门初中等校园改扩建工程全面完成，高坪中学扩建等5个重点项目有序实施，教育教学质量稳步提升，高考本科上线率连续5年居九县（市、区）第一；全面推行公立医院岗位聘用制度，基层医疗卫生机构管理信息网络实现互通，区妇幼保健院迁建工程启动建设，区中医院数字化平台投入使用，区人民医院成功创建国家三级乙等综合医院；全市首家移动图书馆正式上线运行，中联影视数字影院项目签约落户，凌云山文旅创客基地完成建设，成功承办第二届南充市木偶艺术周等活动，区武术协会被推荐为全市唯一的国家先进体育集体。民计民生持续改善。建成航空港打铁垭保障房小区、都京廉租房二期保障性住房1630套，完成S206阙家至王家店公路改造，"十项民生工程"的81项具体目标中，完成28项，达进度49项，20件民生实事办结率50%。社会治理持续深入。法治政府建设纵深推进，"七五"普法工作深入开展，村居"两委"换届选举顺利实施，法治氛围日益浓厚；"平安高坪"建设扎实推进，社会治安形势持续好转，刑事立案同比下降28.64%，打击"盗抢骗"工作居全市第一；食品药品监管不断加强，安全生产形势总体平稳，社会大局和谐稳定。

各位代表，我们在看到成绩的同时，也清醒地认识到，工作中仍存在着一些问题和短板。主要表现在：地区生产总值、全社会固定资产投资等指标，虽然同比增速较高，但经济总量不大，仍处于低水位上的高增速；部分项目进展缓慢，个别重点项目尚未达到预期进度；收支矛盾突出，筹资渠道收紧，财政债务负担沉重、支出压力较大。对于这些困难和问题，我们将负重前行、迎难而上，尽最大努力，切实加以解决。

各位代表，发展凝聚心血，奋斗伴随艰辛。上半年，全区上下卯足干劲、持续用力，一步一个脚印，一月一个台阶，全力促进经济稳定增长，顺利实现"双过半"目标。这是市委、市政府和区委坚强领导的结果，这是区人大、区政协监督支持的结果，这是全区人民团结一心、砥砺奋斗的结果。在此，我代表区人民政府，向全区广大干部群众和离退休老同志、部队官兵、政法干警、民主党派、工商联、无党派人士、各人民团体及所有关心支持高坪发展的各界朋友表示衷心的感谢，并致以崇高的敬意！

二、2017年下半年工作打算

在下半年的工作中，我们将认真学习、贯彻、落实好省第十一次党代会精神，深入贯彻落实"155发展战略"，以更快的速度、更好的效益、更实的作风，对照既定目标，认真抓好落实，确保圆满完成区六届人大一次会议确定的各项目标任务。

（一）坚决打赢项目建设攻坚战。一是狠抓六个"一号工程"建设。完善责任书、作战图、时间表，实施挂帅出征、挂图作战、挂责问效，把市委、市政府交给我区的重大建设任务组织好、实施好、建设好。二是狠抓产业项目投资。着力培育高端服务业、先进制造业、都市农业，突出抓好46个重点产业项目，确保完成年度投资103.3亿元。三是狠抓基础设施投资。大力实施基础设施"十大建设"，着力提升交通枢纽、产业平台、宜居环境三大功能，突出抓好32个重大基础设施项目，确保完成年度投资28.2亿元。四是狠抓民生项目投资。大力开展民生改善行动，实施民生改善"十项工程"和20件民生实事，突出抓好26个重大民生项目，确保完成年度投资37亿元。

（二）坚决打赢脱贫摘帽攻坚战。一是统筹推进脱贫攻坚。聚焦"两不愁、三保障"和

"四个好"目标，因村、因户、因人施策，倾注"工匠精神"、下足"绣花功夫"，全力做好省、市检查验收准备工作，确保全区整体摘帽、36个贫困村退出、13580名贫困人口脱贫。二是强化产业就业扶贫。着力建设"三条产业带"，抓紧推进柑桔旅游产业环线提档升级，带动32个乡镇（街道）、352个行政村产业全域覆盖、无缝对接。三是抓好基础设施建设。大力推进乡镇（街道）中心校、达标卫生院和便民服务中心建设，加快推进农村危房改造、易地扶贫搬迁、地灾避险搬迁和"五改三建"工程，建成36个贫困村产业路和通村硬化路，完成36个贫困村电网改造升级、通信宽带建设，确保脱贫摘帽硬件全面达标。四是巩固脱贫攻坚成果。定期开展"回头看"，着力进行"回头帮"，确保已脱贫对象同步达到今年退出标准；坚持包户包人、一包到底，确保群众对扶贫政策、精准识别、精准施策、精准退出全知晓、全满意，实现物质、精神双脱贫。

（三）坚决打赢改革开放攻坚战。一是认真落实各项改革措施。按照省市要求，全力推进各项改革任务，做到具体化、项目化、责任化。重点实施今年国、省、市布局在我区的8项改革试点，深入推进创新市场化运作机制等改革自主创新项目，做到创新示范、走在前列。二是全力实施大开放大招商。围绕"五大板块重大工程项目"，瞄准世界500强、中国500强、民企500强，着力引进一批具有支撑性、引领性、带动性的大项目，争取一批金融机构到高坪设立区域总部，力争新签约项目45个以上，投资5亿元以上项目10个以上，招商引资到位100亿元以上。三是深度激发"双创"活力。加快组建丝纺服装产业等技术创新战略联盟，加快创建省级高新技术产业开发区，广泛开展"双创"活动，推进众创空间、科创中心建设，促进科技与经济深度融合。

（四）坚决抓好各项工作落实。一是找准方法抓落实。牢固树立全区一盘棋的思想，在持续用力打好项目建设、脱贫摘帽、改革开放"三场攻坚战"的同时，严阵以待、严抓严管、严防死守，同步打好防汛减灾、环保督察、安全稳定"三场保卫战"，坚决确保群众生命财产安全，坚决守护全区蓝天碧水净土，坚决维护社会大局和谐安宁。二是找准问题抓落实。着力增加财税收入，在加大投入、快上项目的同时，尽可能节约行政成本，积极培育新的增长点；着力抓好要素保障，做好跟踪协调服务，全力促进中铁联运、三环电子六期七期八期及研究院等重大产业项目落地建设。三是逗硬问责抓落实。认真对照全年经济工作要点，坚持每月督查、季度评比、年终考核，严格执行流动红旗和黄牌警告机制，以刚性的奖惩确保各项工作落到实处。

（五）坚决抓好廉洁政府建设。一是推进法治政府建设。带头尊法、学法、守法、用法，进一步科学民主决策、规范行政行为、公正文明执法，不断提高政府工作人员法治能力，全面提升政府工作法治化水平。二是加快政府职能转变。统筹做好简政放权的"减法"、加强监管的"加法"、优化服务的"乘法"，着力减环节、优流程、压时限，以权力"瘦身"为廉政"强身"，从源头上堵住权力寻租空间，提供优质高效的政务服务。三是弛而不息正风反腐。全面落实从严治党、从严治政，严格执行中央八项规定，持续深化正风肃纪，坚决防止"四风"反弹；坚持无禁区、全覆盖、零容忍，坚决查处滥用职权、贪污贿赂、失职渎职等违纪违法行为，做到有案必查、有腐必反、有贪必肃。

各位代表，击鼓催征风正劲，破浪扬帆正当时。让我们紧密团结在以习近平同志为核心的党中央周围，在市委、市政府和区委的坚强领导下，以"功成不必在我"的境界谋事业，以"成功必定有我"的担当抓发展，加快建设"绿色高坪、幸福家园"，为开创南充新未来、建设成渝第二城贡献高坪力量！

专题记事

南充市高坪区2017年脱贫攻坚工作

高坪区地处四川盆地东北部,嘉陵江中游东岸,系秦巴山区属低山丘陵地形,属秦巴山区扶贫开发县之一。全区幅员面积806平方公里,平坝地区占45%,低山丘陵地区占55%,辖25个乡镇、7个街道办事处、352个行政村、47个社区。2014年底,全区户籍人口59.74万人,其中农业人口44.06万人,精准识别贫困村91个,贫困人口15357户48385人,贫困发生率10.99%。截止到2016年底,全区剩余贫困村70个、贫困人口17419人,贫困发生率3.96%。2017年,高坪区认真贯彻落实中央、省、市各项决策部署,始终把脱贫摘帽作为最大的政治任务、最大的民生工程,紧紧围绕"全区整体摘帽、33个贫困村退出、13229名贫困人口脱贫"的目标任务,坚持问题导向、倾注"工匠精神"、下足"绣花功夫",推动全区脱贫攻坚各项工作有力有序有效。

一、建立健全帮扶机制,夯实工作基础

(一)建立"五大体系",实现高位统筹。坚持以战略思维统领脱贫攻坚,实现脱贫攻坚高位统筹、全局谋划。

1. 建立指挥体系,强化组织领导。成立"双组长"脱贫攻坚领导小组和8个行业工作组,并分片建立战区,强化高位推进。各区级部门、乡、村参照成立作战机构,构建了区、乡、村三级脱贫攻坚指挥体系,确保指令畅通、流程规范、实施有序。

2. 建立目标体系,细化攻坚方案。精心编制"十三五"脱贫攻坚规划、行业扶贫规划和年度工作方案,制定脱贫攻坚作战图和任务表,明确了目标任务、职责要求、工作重点、保障措施,实现行有参照、干有标准、做有规范。

3. 建立责任体系,细化工作任务。坚持"党委主导、政府主抓、干部主帮、基层主推、社会主扶"模式,细化各类指标,明确工作任务,层层签订军令状,压实各级职责,做到项项有责任单位、件件有责任人,各项指标有序推进、群众增收有效落实。

4. 建立监督体系,保障脱贫实效。组建脱贫攻坚大督查组,实行一天一督导、一周一调度、一旬一督办、一月一通报、一季一拉练,推动工作落实落地;建立边督边改同步问责工作机制,大力推行"悬帽"攻坚、"流动红旗"和"黄牌警告"制度,实行联系县级领导、帮扶单位、乡镇捆绑问责,保障脱贫实效。

5. 建立考核体系,实现有序退出。严格"全面达标、群众认可"标准,细化完善考核指标体系,扎实开展过程评价和结果评估,实现有序退出。同时,聘请第三方机构,严格开展脱贫工作及群众满意度评估,全力杜绝假脱贫、被脱贫、数字脱贫。

(二)实施"三场攻势",严格时序进度。

紧扣时间节点，以"时不我待、只争朝夕"的紧迫感，全力打好三场战役。

1. 抢抓时令节气，打好"突击战"。从2月中旬至5月底，率先启动、抢先发力，扎实推进"十大工程"，初步实现重点工作全面突破、基础设施有序推进、增收项目清晰到位。

2. 抢占思想高地，打好"阵地战"。从6月初至9月上旬，工作逐步转段，从重抓基础建设向抓群众教育转向，切实提升群众满意度；从全面推进向对标补短转向，扎实开展"回头看""回头帮"，建立问题清单，狠抓问题整改，确保全面达标。

3. 抢夺决胜机遇，打好"攻坚战"。从9月中旬至11月，以考核验收为重点，建立健全考核机制，制定考核验收工作方案，组织开展全方位自查评估，确保脱贫真实、成效精准。

（三）突出"八个重点"，实现精准施策。紧紧抓住精准识别、精准帮扶、精准退出和资金使用等重点环节，着力解决扶持谁、谁来扶、怎么扶、如何退的问题。

1. 建档立卡突出"精准识别"。坚持问题导向，采取"望"（看人、看房、看家电、看种养）"闻"（听议、听评、听反映）"问"（问本人、问干部、问乡邻）"切"（分析原因、商定对策）等方式，严格"两公示一公告"程序，大力开展贫困人口动态调整工作，实现有进有出、应扶尽扶，并根据动态调整结果，完善数据，准确录入，实现了户有卡、村有册、乡有簿、区有档。

2. 规划编制坚持"量体裁衣"。严格按照"六个精准"的要求，紧紧围绕"2018年基本脱贫、2019年巩固提升、2020年全面小康"的目标，积极对接省、市专项规划，立足"五个一批"精神，确定生产和就业发展21220人、移民搬迁安置1337人、低保政策兜底16785人、医疗救助扶持23890人，实现贫困户一户一策、一人一方、多法并举。

3. 政策扶持确保"精准落地"。注入小额信贷分险基金2200万元，向9978户建档立卡贫困户发放扶贫小额信用贷款1.9478亿元，用于贫困户发展生产致富；按照"三年任务一年完成"工作要求，2017年完成易地扶贫搬迁910户3075人、C级危房改造2731户、D级危房改造2228户、地灾避险安置25户、"五改三建"4066户，贫困人口安全住房全面保障。同时，采取政府补助与群众自筹相结合的方式，保障2630户非贫困户住房安全，有效化解了非贫困户与贫困户住房保障不均衡的现状；组织开展扶贫职业技能培训32期1648人，建立扶贫车间5个，吸纳贫困劳动力人均月收入2800元；采取财政全额代缴方式，实现贫困人口参加养老保险全覆盖，并为贫困群众设置公益性岗位671个，并按每岗每月300元的标准支付岗位补贴，有效解决贫困人口的脱贫问题；按照3300元的标准，足额及时发放特殊生活补贴补差资金，实现贫困低保人口"两线合一"；全面落实贫困学生资助政策，构建从学前教育到小学、中学、大学，直至就业的"一条龙"帮困扶助机制，所有适龄学生全部上学；积极构建贫困群众就医"绿色通道"，严格落实医疗保险、大病保险、民政救助、爱心基金减免、诊疗费减免等政策措施，实现贫困户参保费用全兜底、区内住院及慢性病门诊治疗个人自付比例控制在10%以内；扎实开展"回头看、回头帮"工作，安排资金5100万元，在住房安全、产业发展、安全饮水等方面进行持续帮扶，确保政策不变、力度不减、贫困问题不反弹。

4. 基础建设突出"缺啥补啥"。坚持缺啥补啥、普惠共享原则，积极推进乡镇"三中心"、"村两室"和道路交通、水利设施、电力通信、广播电视等农村基础设施建设。新建乡村公路668.8公里、社道路和入户路748公里、乡村公路桥24座，改造农村断头公路78.8公里，352个行政村道路通畅率100%；新建、维修山坪塘408口，新建、维修石河堰84处，新建、整治渠系255.8公里，新建、维修蓄水池702处，新建、维修提灌站及水库4处，建设集中供水工程130处、分散供水工程1535处，并全覆盖开展水质检测，农村安全饮水达标率100%；完成标准中心校、达标卫生院、便民服务中心和54个村级文化活动室、54个村级卫生室建设，脱贫摘帽的基础设施全部达标。

5. 产业发展凸显"带动效益"。大力推进连片开发和精准扶贫双轮驱动，全域布局三条产业环线，发展柑桔、花椒、粮油、干果等特色优势产业22万亩，实现352个村产业全覆盖、满幅射。引进龙头企业36个、业主98家，组建合作社124个，建成脱贫奔康产业园54个，实现54个退出贫困村"村村有园"、12000余户贫困户"户户入园"；全面推行土地入股、产业周转金入股、小额信贷资金入股、"631"股份分红、返租倒包等利益联结机制，创新开展"飞地"扶贫模式，将无劳动力的贫困户资金、跨区域、跨行业入股到企业参与分红，实现所有贫困户持续稳定增收。

6. 帮扶群众做到"真心实意"。实行县级领导联系帮扶32个乡镇（街道）、区级部门联系帮扶所有贫困村、区乡村三级干部联系帮扶所有贫困户"三个全覆盖"。在区级部门、驻区单位、乡镇、国有企业中选派优秀干部300余名组建了91个驻村帮扶工作组，近4000名区乡干部与精准贫困户结成对子；同时向全区精准识别村派驻第一书记和驻村农技员，每个贫困村有1名联系区领导、1个帮扶单位、1个驻村工作组、1名第一书记、1名农技员，并向贫困户达20户以上的非贫困村增派了65名"第一书记"和8个农业技术服务巡回小组，做到了贫困村"五个一"和非贫困村"三个一"全覆盖。同时，广泛开展"联系服务群众全覆盖活动"。通过干部进村入户、深入群众，讲群众话、做农家活、办百姓事，进一步融洽党群干群关系，大幅提升群众满意度。

7. 乡风文明强化"教育引导"。通过广播、网络、LED、标语、专栏、展板、会议等形式，将扶贫方面每一类项目、每一项政策的具体标准和操作方式全部分类整理，让各级干部全面了解熟悉扶贫政策措施；持续开办农民夜校，开展"感恩扶贫·向上向善"巡回宣讲，关爱"空巢老人"等活动，以身边事教育身边人，推动向上向善的文明乡风逐步形成，群众脱贫奔康内生动力持续增强；开展"驻村帮扶百日攻坚行动"，机关干部除值守人员外全部下派，每周至少3天进村入户，以了解社情民意、开展政策宣传、落实扶贫政策、推进达标建设、实施环境整治、化解矛盾怨气、强化群众教育、规范软件资料为重点，包干负责所有贫困户及非贫困户的驻村帮扶工作，群众满意度持续提升。

8. 督查督办遵循"从严从实"。全区成立脱贫攻坚大督查组，建立边督边改同步问责工作机制，大力推行"悬帽"攻坚、"流动红旗"和"黄牌警告"制度，制定压紧压实驻村帮扶责任和对脱贫攻坚一线干部重奖重惩的"双十条"规定，实行联系县级领导、帮扶单位、乡镇捆绑问责制，脱贫摘帽和"五个一"帮扶主体责任全面压实。今年以来，授予30个单位"流动红旗"，提拔脱贫攻坚一线优秀干部60余人，隆兴乡新沟桥村原副主任曹琼蓉被中共四川省委追授"优秀共产党员"称号，余贤英、郑程二同志记三等功；给予10个单位"黄牌警告"，300余名干部被约谈，对1名两次受到"黄牌警告"的乡镇党委书记给予了免职处理。

二、探索创新经验做法，确保工作推进

着力创新举措、创新机制，在产业富民、思想引导、结果运用等方面呈现多点突破、整体推进的良好态势，创造了典型经验。

（一）创新建立财政投入增长机制。建立和完善财政投入扶贫开发增长机制，每年投入增长至少25%以上。其中，2014年区本级财政投入2400万元，2015年投入3000万元，增长率25%，2016年投入4800万元，增长率60%，2017年投入1亿元，增长率108%。加大行业部门资金投入，在符合规划和资金使用要求的前提下，按照单位年度涉农建设性资金不低于50%、非建设性资金不低于35%的标准，整合行业部门资金用于扶贫开发。同时，严格落实扶贫资金使用管理、县级报账、项目库建设等制度要求，突出对重点项目、关键环节、工作流程的监督管理，确保每一分扶贫投入都用到贫困群众身上。

（二）实施精准扶贫与连片开发双轮驱动。高坪区委、区政府以产业扶贫连片开发为抓手，大力实施"五大扶贫工程",在永安、青居、阙家、溪头、石圭等乡镇实行连片开发,建成了百公里百村连片脱贫奔康柑桔产业带,实现了连片开发与精准脱贫双轮驱动,为全区脱贫增收、率先实现全面小康奠定了坚实基础。

(三)创新开展"飞地扶贫"模式。自精准扶贫工作开展以来,高坪区委、政府针对重点贫困村自然条件差、农业生产基础薄弱、主导产业一时难以见效、脱贫形势严峻的实际,创造性提出了"飞地扶贫"模式。将产业扶持基金或贫困户的小额信贷资金,跨村社、跨乡镇、跨区域、跨行业入股到产业园区、农业企业、专合组织或工业企业,实行保底分红加二次返利,实现贫困户持续稳定增收,既是无劳动力贫困户兜底政策的补充,也是解决贫困户短期增收难题的有效办法,待小额信贷期满后,贫困户自身产业开始见效,通过长短结合举措,为贫困户持续增收、迈步奔康探索了新路、创造了经验。

(四)创新建立产业发展风险基金。为切实增强贫困群众在产业发展中的抗风险能力,让贫困群众放手放胆发展产业致富增收,高坪区委、区政府组织专班小组,深入一线征求群众意见、开展专题调研,提出以"产业发展风险基金"来解决,即根据每个贫困村产业发展状况和类型,财政分别安排10—30万元专项扶贫资金,建立产业发展风险基金,专项用于抵御产业发展风险。设立特色农产品价格指数、自然灾害保险,财政承担80%保费补贴,剩余20%贫困户个人承担的保费由产业风险基金代缴,如发生受灾、受损后,在保险理赔的基础上,不足成本部分由产业风险基金补齐,实现了贫困户产业发展零风险。

(五)有效探索"五型"集体经济发展模式。为切实解决贫困村集体经济薄弱、增收渠道单一、总量偏小的问题,高坪区大力探索产业带动型、服务创收型、资源开发型、租赁经营型、项目带动型"五型"集体经济模式,规范建立集体经济运行管理办法,确保贫困村年集体经济收入达到人平6元以上。

(六)创新建立督查督办机制。坚持常态化督导、过程中考核、及时性问责,实行一天一督导、一周一调度、一旬一督办、一月一通报、一季一拉练,推动工作落实落地。并大力推行"悬帽"攻坚、"流动红旗"和"黄牌警告"制度,制定压紧压实驻村帮扶责任和对脱贫攻坚一线干部重奖重惩的"双十条"规定,实行联系县级领导、帮扶单位、乡镇捆绑问责制,坚决逗硬奖惩,全力形成"水紧鱼跳"的攻坚氛围。

三、对标对表任务,确保脱贫摘帽

2017年,省委、市委高度重视、格外关心高坪脱贫摘帽工作,省市领导多次赴高坪实地调研、蹲点督导,帮助高坪理清思路、坚定信心、增添举措。在省委、市委的坚强领导下,高坪区紧紧围绕"两不愁、三保障""四个好"目标,认真落实精准扶贫、精准脱贫方略,并将省市系列脱贫攻坚会议精神细化、量化、具体化,所有县级领导挂帅出征,全体党员干部挂图作战,广大贫困群众积极参与,推动脱贫摘帽工作取得显著成效。通过省市评估验收标准,高坪实现"县摘帽、村退出、户脱贫"的目标。

1. 贫困户达到脱贫要求。对照贫困户"两不愁、三保障"、"三有"和"四个好"目标,已脱贫的3.0966万人和2017年脱贫的1.3229万人年人均纯收入全部稳定超过3300元,吃穿问题有效解决,贫困户基本医疗、义务教育、安全住房得到有效保障,家家都用上了安全电、吃上了安全水,广播电视信号通村达户实现全覆盖。

2. 贫困村达到退出条件。对照贫困村"一低五有"标准,已退出21个贫困村和2017年退出的33个贫困村贫困发生率均降至3%以下;村集体经济收入全部超过人均6元标准,并规范运行;所有行政村通上水泥路,建成了达标卫生室和文化室;通信网络实现全覆盖。

3. 贫困县达到摘帽标准。对照贫困县"一低三有"摘帽标准,全区累计减贫4.4195万人已全面达标,贫困发生率已降至0.95%,控制在了3%以内;每个乡镇均有达标卫生院、标准中心校和便民服务中心。

(二)验收工作开展情况。为高质量完成2017年贫困退出工作任务,高坪区按照达标认定、分级验收、批准退出的方式，严格退出程序和时间节点，扎实开展了贫困县、贫困村、贫困户退出验收工作。

1. 贫困人口退出验收工作。一是及时申请退出。各区级相关行业部门严格退出标准，坚持达标一项认定一项的原则，于9月底前完成拟退出贫困户的达标认定工作。10月初就召开贫困人口退出验收工作动员大会，明确了贫困人口退出的程序、时间节点及验收评估相关要求等。会后，各乡镇（街道）立即行动，精心组织自查自评等工作，2017年计划脱贫的贫困户提交了退出申请书，各村召开了村民代表大会开展民主评议、村"两委"和驻村工作组全面核实，并在村中心位置进行了公示。同时，各乡镇（街道）在10月19日前向区脱贫攻坚领导小组申请贫困户退出。二是认真组织验收。10月20日开始，由县级领导带队，组建16个验收工作组，坚持先认定再验收的原则，对2014年—2017年脱贫户开展全覆盖检查验收，并聘请第三方机构按贫困户与非贫困户1∶1比例抽取1200个样本开展三方评估，确认2014年—2016年脱贫的30966人和2017年脱贫的13229人全部达到当年退出标准。三是批准退出。10月27日，区人民政府批准13229名贫困人口脱贫，并在所在行政村进行公告；公告无异议后于11月4日上报市脱贫攻坚领导小组备案。

2. 贫困村退出验收工作。一是村乡申请。10月初开始，2017年拟退出的36个贫困村向所在乡镇（街道）提出退出申请，各乡镇（街道）组织力量进行了全覆盖自查，并将精准扶持情况和"一低五有"达标情况在贫困村进行了公示，经公示无异议后于10月19日前向区脱贫攻坚领导小组提出退出申请。二是区级初验。10月20日，由区脱贫办牵头，组织相关部门对36个贫困村进行初审，出具初审报告，并在所在贫困村予以公示。10月30日，区脱贫攻坚领导小组正式向市脱贫攻坚领导小组提出退出申请。三是市级验收。11月2日—11月8日，由市政务中心牵头，相关市级行业部门参与，对高坪区36个贫困村开展全覆盖验收。

3. 贫困县摘帽验收工作。一是区级自查。全区贫困发生率降至0.95%，乡乡有标准中心校、达标卫生院和便民服务中心，确认符合贫困县退出条件，于9月底向市脱贫攻坚领导小组提出退出申请。二是市级初验。11月2日—11月8日，由市政务中心牵头，相关市级行业部门参与，对高坪区县摘帽"三有"进行市级初验；并聘请有国检经验的第三方评估机构，于11月23日—11月26日，采取召开汇报会、集体访谈、入户调查、查阅资料等形式，在全区范围内开展深入细致、客观专业的成效评估工作。三方评估组共计抽样调查19个乡镇，获取县乡干部认可度问卷42份，村干部问卷154份，农户调查问卷1027份，其中建档立卡598户，非建档立卡429户，认为高坪区脱贫攻坚工作开展扎实，成效明显，已经高质量达到贫困县摘帽条件。三是省级验收。12月2日—7日，省级脱贫摘帽验收考核及第三方评估组对高坪区脱贫攻坚工作进行现场验收评估，通过工作汇报，现场验收评估，问题反馈，高坪区脱贫攻坚工作获得高度评价和充分认可。

南充高坪区 2017 年退出建档立卡贫困村

序号	乡镇	贫困村	序号	乡镇	贫困村
1	江陵镇	元宝山村	18	阙家镇	双河村
2		三房沟村	19	喻家乡	喻家堰村
3	溪头乡	利光村	20	长乐镇	长兴沟村
4	万家乡	谌家沟村	21		三清庙村
5		邵家坪村	22	石圭镇	凤鸣村
6	胜观镇	龙回寺村	23	鄢家乡	石坝子村
7	斑竹乡	麻柳山村	24		高木桥村
8		四河头村	25	南江乡	老元观村
9	黄溪乡	莲花百村	26	东观镇	二家寺村
10		灵观音村	27		烂板桥村
11	隆兴乡	晒阳坡村	28		潘家村
12		混元寺村	28	御史乡	御史坟村
13	会龙镇	桂花井村	30	青居镇	烟山村
14	佛门乡	寨坡村	31	凤凰乡	凉亭桥村
15		胜利村	32	龙门街道办	高庙子村
16	老君镇	凌云山村	33	马家乡	鱼家庵村
17	擦耳镇	四面山村			

大事记

1月

3日 区委六届二次全体会议暨经济工作会议在市政大楼二楼报告厅举行，区委书记韩伦红主持会议并作了重要讲话。

同日 脱贫摘帽动员大会在市政大楼二楼报告厅举行，会议由区委副书记、区政府区长袁华兵主持，区委书记韩伦红出席会议并作重要讲话。

同日 全区安全信访稳定工作会议在市政大楼二楼报告厅召开，区委书记韩伦红出席会议并作重要讲话。

4日 都京丝绸小镇策划方案评审会在天来酒店举行，会议由区委副书记陈多平主持，区委书记韩伦红出席会议。

同日 区长袁华兵陪同市长吴群刚调研高坪区春节前必须完工城建项目。

7日 区委召开常委扩大会议，专题研究招商引资工作，区委书记韩伦红主持会议并讲话。

同日 区长袁华兵主持召开全区信访稳定工作会议。常务副区长曹华光，副区长刘天灵、王宗坤参加。

8日 区委召开研究脱贫攻坚工作专题会议，区委书记韩伦红主持会议并讲话。

9日 2017年脱贫摘帽工作推进会在市政大楼二楼报告厅举行，区委副书记、区政府区长袁华兵出席会议并作重要讲话。

同日 区人民医院通过国家"三级乙等"综合医院评审。

11日 省机关事务管理局党组书记、局长郭春英一行11人赴走马乡倒马坎村开展慰问工作，并召开了座谈会，区委副书记、区政府区长袁华兵陪同。

17日 《中国产经》杂志社一行赴高坪考察，重点就都京丝绸特色小镇和凌云山景区升级项目进行了交流。

18日 2016年度区委常委班子专题民主生活会在市政大楼六楼常委会议室召开，会议由区委书记韩伦红主持，市委副书记古正举、市委第二巡查组组长罗旭到会指导。

同日 区委召开污染防治"三大战役"暨环保督查迎检工作会议，传达省、市相关会议精神。区委副书记、区政府区长袁华兵出席会议并讲话。

同日 区人民政府与潮州三环（集团）股份有限公司就建设电子材料陶瓷基板生产线签订投资协议。区委书记韩伦红，潮州三环（集团）股份有限公司董事长张万镇，区委副书记、区政府区长袁华兵等出席签约仪式。签约仪式由区委常委、副区长曹华光主持。

20日 高坪区南充慧管理电商运营管理有限公司创办的创新创业孵化园正式获得四川省科学技术厅"众创空间"授牌。

24日晚 "感动南充2016"十大新闻事件、十大新闻人物、十大新闻项目颁奖盛典在高坪区文化中心举行。高坪区白塔街道办梨树街社区仙鹤巷朱春梅荣获感动南充十大新闻人物。

25日 区长袁华兵陪同市委书记宋朝华、市长吴群刚检查高坪春节期间安全生产工作。

同日下午 高坪区2017年新春团拜会在区

文化艺术中心举行。区委书记韩伦红出席团拜会并发表新春致辞。区委副书记、区长袁华兵主持团拜会。

25日—26日　区委书记韩伦红，区委副书记、区政府区长袁华兵分别带领检查组深入车站、码头、公园等地，对节日期间人员密集场所进行安全检查。

26日　市政府副市长朱华调研嘉美印染公司，市环保局局长陈学军等负责人陪同调研。

2月

3日　区长袁华兵陪同市委书记宋朝华调研江东大道改造、南充国际会展中心建设及上中坝建设相关工作。

4日　区委副书记、区政府区长袁华兵带领帮扶组，前往定点联系帮扶的江陵镇，现场踏勘贫困村现状，制定脱贫规划，落实帮扶措施，确保脱贫任务如期完成。

6日　全区生态文明建设工作会议召开，区委书记韩伦红出席会议并讲话，会议由区委常委、副区长袁华兵主持。

8日　区脱贫攻坚领导小组专题会议在市政大楼六楼常委会议室召开，会议由区委副书记、区政府区长袁华兵主持，区委书记韩伦红作重要讲话。

8日—24日　省环境保护督察在高坪实地督查，督察组反馈全区现场检查问题25个，交办环保信访件47件。

13日　区委书记韩伦红一行到江陵、擦耳、御史、隆兴、胜观、斑竹、南江等乡镇开展示范村脱贫攻坚调研工作。

同日　区委副书记、区长袁华兵，区政协主席、中法农业科技园建设指挥部顾问傅天贵带领工作组，前往中法农业科技园现场办公，协调解决项目推进中的困难和问题。

14日　省重点办调研员兰文剑一行赴高坪调研，对存量资产PPP模式转化进行了业务培训和工作指导，区委书记韩伦红陪同调研。

15日　省委常委办副主任周陵一行到嘉美印染、三环电子调研，区委副书记陈多平陪同。

同日　高坪区果树技术指导站正式收到国家工商总局商标局核发的"高坪甜橙"地理标志证明商标注册证，实现"地理标志证明商标"零的突破。

16日　高坪区供销社召开农民合作经济组织联合会成立大会，为推动全区专业合作社规范发展奠定了基础。

17日　省环保督察组一行到高坪区开展督察，副区长王宗坤陪同督查。

19日　区委副书记、区政府区长袁华兵带领区级相关部门负责人深入本年度脱贫摘帽示范村，对脱贫攻坚各项工作进行现场调研和督导，副区长任贤明陪同调研。

20日　全区党风廉政建设和反腐败斗争工作会暨区纪委六届二次全体会议在区文化中心召开。会议由区委副书记、区政府区长袁华兵主持，区委书记韩伦红出席会议并作重要讲话。市委常委、市总工会主席贾德华应邀到会指导。

21日　四川省委书记王东明莅临南充三环电子公司考察调研。

同日　区委书记韩伦红、区长袁华兵陪同市长吴群刚会见潮州三环集团董事长张万镇一行，并就南充三环电子有限公司六期（手机陶瓷后盖生产）项目进行了座谈。

同日　区委副书记、区政府区长袁华兵带领相关部门负责人前往南充现代物流园，就加快推进相关工作进行现场办公。

22日　团区委书记张菁山作为全省县级团委唯一代表，在共青团四川省十三届七次全委（扩大）会暨四川共青团系统脱贫攻坚工作大会上作经验交流发言。

23日　副区长袁伟平陪同市政府副市长李正源前往中科院成都分院就合建科技渝城中心事宜进行座谈。

24日　全区H7N9流感疫情防控工作专题会议召开，区委副书记、区政府区长袁华兵参加会议并讲话。

27日 四川省2017年第一季度重大项目集中开工仪式在高坪举行,仪式由区委副书记、区长袁华兵主持,区委书记韩伦红致辞。

是月 "高坪甜橙"被国家工商行政管理总局商标局核准注册为国家地理标志证明商标。至此,高坪区实现了"地理标志证明商标"零的突破。

3月

1日 全区经济主要指标任务工作会议召开,区委副书记、区政府区长袁华兵主持会议并讲话。

2日 市委副书记古正举到高坪区东观镇潘家村、江陵镇元宝山村入户专项督导脱贫攻坚工作,区委书记韩伦红、区长袁华兵陪同。

同日 副区长刘天灵陪同市政法委书记单木真一行调研高坪区政法工作。

8日 区长袁华兵参加副市长李在伟组织召开的南充职业技术学院相关工作会议。

同日 区长袁华兵、副区长任贤明陪同省发改委副主任邓长金调研中法农业科技园。

同日 广元市旺苍县人大常委会主任朱桂桦带领考察团前往胜观镇,详细了解当地"人大代表之家"运行情况和人大代表助力脱贫攻坚工作情况。区人大常委会主任杨天武的陪同下考察。

9日 市委常委、市总工会主席贾德华一行在区委副书记、区政府区长袁华兵的陪同下到航空港工业集中区三环电子、富安娜家居等企业调研企业稳增长工作推进情况。

10日 2017年全民义务植树活动在万家乡图山寺村启动,由此拉开了全区新一轮全民义务植树的热潮。区委副书记、区政府区长袁华兵等区四大班子领导参加活动。

同日 区长袁华兵现场调研机场大道改造工作。

11日 全区农村工作暨脱贫攻坚誓师大会在区文化中心召开,区委书记韩伦红出席会议。

同日 区长袁华兵陪同市委秘书长沈一凡现场调研南充国际会展中心选址工作。

12日 区委副书记、区政府区长袁华兵一行到阙家镇、永安镇、溪头乡、石圭镇调研脱贫奔康柑桔产业环线建设。

13日—20日 区委书记韩伦红、区政府区长袁华兵一行赴北京、深圳、广州、潮州、成都等地联系企业、对接项目。

14日—15日 考察组赴北京拜访了中铁联运物流股份有限公司,参观了该公司石景山多式联运演示基地,考察了昆吾九鼎投资管理有限公司。

16日 区委领导在北京参加北京南充商会成立大会暨南充项目推介会。

17—18日 考察组赴广州拜访了广州南充商会、深圳南充商会并参加了相关座谈。

19日 考察组考察了广东潮州三环集团手机陶瓷后盖生产项,市委书记宋朝华参加考察。

20日 考察组在成都走访了电子科技大学,了解考察了裸眼3D项目、外骨骼机器人项目,相关合作事宜还在进一步洽谈当中。

26日 区委副书记、区政府区长袁华兵带领区级相关部门负责人前往擦耳镇、江陵镇,对中法农业科技园特色产业带建设情况进行了调研。

29日 召开全区领导干部大会,市委书记宋朝华莅会,宣布省委调整区委书记决定,免去韩伦红区委书记职务,任命袁华兵为区委书记。

31日 区委书记、区长袁华兵陪同省委常委、副省长、省公安厅厅长邓勇调研高坪区江东派出所。

同日晚 区政府在安汉广场举行主题为"感恩、思念、奋起"的千人诵读活动,副区长袁伟平到场观看诵读活动。

4月

1日 区委书记、区政府区长袁华兵带领区级相关部门负责人前往航空港工业集中区,就加快推动南充三环电子有限公司五期、六期项目进行了现场办公。

7日 在成都举行的2017中外知名企业四川行活动投资推介会暨项目签约仪式上，高坪区与5家企业成功签约，协议投资总额达32亿元。区委书记、区政府区长袁华兵，副区长敬健出席签约仪式。

8日 区委书记、区长袁华兵陪同省人大常委会副主任刘道平调研高坪区重点项目推进情况。

9日 区委书记、区长袁华兵参加省人大常委会副主任刘道平调研项目工作汇报会。

11日 四川省加快推进河长制暨防汛减灾工作电视电话会召开，区委书记、区政府区长袁华兵在市政大楼二楼报告厅参加会议。

同日 四川省质量发展大会视频会议召开，区委书记、区政府区长袁华兵在市政大楼二楼报告厅参加会议。

12日 区委书记、区长袁华兵与潮州三环集团总裁谢灿生洽谈合作事宜，副区长敬健参加；

同日 陪同市长吴群刚到川北医学院现场办公，副区长王宗坤参加。

13日 区委书记、区长袁华兵陪同市长吴群刚调研明宇集团及下中坝金融中心建设相关工作，副区长敬健参加。

14日 区委组织、宣传、统战、政法工作会议在区政府二楼报告厅召开，会议由区委副书记陈多平主持，区委书记、区政府区长袁华兵出席会议并作重要讲话。

同日 区委书记、区政府区长袁华兵带领区级相关部门负责人前往永安、青居、阙家、溪头等乡镇，对嘉陵江流域百公里柑桔旅游产业带建设情况进行了调研。

17日 四川省环境保护大会视频会议召开，区委书记、区政府区长袁华兵在市政大楼二楼报告厅参加会议。

18日 2017年全区关心下一代工作会议在市政大楼二楼报告厅召开，会议由区委副书记、区关工委主任陈多平主持，区委书记、区政府区长袁华兵出席会议并作重要讲话。

19日 新华社、中央人民广播电台、光明日报、工人日报社、中国妇女报等10余家中省媒体组成的采访团，到高坪区石圭镇璧山村、斑竹竹艺有限公司电子商务线下体验店等地开展"走基层、访妇情"采访活动，了解高坪区全力推进"巾帼扶贫行动"等举措和经验做法。省妇联党组成员、副主席张怀青、高坪区委常委、政法委书记周成陪同采访。

20日—22日 区委书记、区政府区长袁华兵带领考察团赴北京拜访了中铁联运集团，并就该集团在高坪投资建设相关项目的合作事宜进行了交流和座谈。

22日 南充三环电子有限公司六期项目签约仪式在天来酒店举行，仪式由市委副书记、市长吴群刚主持，市委书记宋朝华作重要讲话，区委书记、区政府区长袁华兵介绍了项目投资情况，潮州三环电子（集团）股份有限公司董事长张万镇致辞。

同日 全省脱贫攻坚总结推进视频会召开，区委书记、区政府区长袁华兵在市政大楼二楼报告厅出席了会议。

23日 在"成渝第二城"南充市五大板块重大工程项目投资推介会上，全区紧扣"五大板块重点工程项目"，集中推介了20个重大投资项目，总投资达543亿元。区委书记、区政府区长袁华兵向与会人员介绍了高坪区情，并就20个重大投资项目作投资说明。

24日 区委书记、区长袁华兵，区委副书记陈多平分别会见了参加"成渝第二城"南充市五大板块重大工程项目投资推介会的部分客商，力促项目投资落实落地。

25日 区委书记、区长袁华兵陪同市长吴群刚会见省政府口岸物流办主任吴舸一行。

26日 全区脱贫攻坚现场拉练暨工作推进会召开，区委书记、区政府区长袁华兵出席会议并作重要讲话。

28日 区委书记、区长袁华兵到成都与众友东方公司洽谈合作事宜。

5月

2日 区委书记、区政府区长袁华兵带领区级相关部门负责人前往黄溪乡、万家乡,对脱贫攻坚工作推进情况进行了调研。

3日 区委书记、区长袁华兵调研林海北路、物流大道、江东大道景观提升工程推进情况,副区长王宗坤陪同调研。

4日 为深入贯彻落实省、市会议精神,安排部署具体工作任务,高坪区召开全面推行河长制暨防汛减灾工作会议,区委书记、区政府区长袁华兵出席会议并作重要讲话。

7日 区委书记、区长袁华兵陪同省机关事务管理局局长郭春英调研我区脱贫攻坚产业环线建设工作。副区长任贤明、袁伟平陪同调研。

8日 省政府副省长、省委秘书长王铭晖率省督导组在高坪召开专项督导脱贫攻坚工作座谈会,区委书记、区长袁华兵作了工作汇报。

同日 省直机关幼儿园到高坪区开展结对帮扶活动启动仪式举行。省机关事务管理局下属的实验幼儿园、红星幼儿园、玉泉幼儿园、西马棚幼儿园、东府幼儿园、东通顺幼儿园分别帮扶高坪区机关幼儿园、清溪幼儿园、龙门幼儿园、长乐幼儿园、东观幼儿园、斑竹小学附属幼儿园。省政府副省长、省委秘书长王铭晖,省政府副秘书长严卫东,省机关事务管理局局长郭春英,市委副书记、市长吴群刚,市委副书记古正举,区委书记、区长袁华兵等出席。

11日 省林业厅副厅长包建华在副区长任贤明的陪同下,先后到凤凰乡有机青花椒产业基地、会龙镇精品花椒产业基地等地,详细了解林业产业园区建设模式、基础设施投入、利益分配机制以及品牌引领等方面情况。

11日—14日 区委书记、区长袁华兵在北京陪同市委书记宋朝华开展招商引资工作。

14日 由南充市科学技术协会主办;高坪区科协、市机器人协会、高坪区关工委和高坪区经科局承办,参赛学生达400人的"南充市第二届机器人挑战赛"暨"2017第七届中国城际机器人挑战赛南充区域赛"在高坪区王府井购物中心举行,区委常委、区委政法委书记周成参加开幕式并致辞。

15日 区委书记、区政府区长袁华兵带领相关部门负责人前往龙门古镇,就加强古镇规划区内生态湿地保护进行了调研。

16日 省委副书记邓小刚一行到南充三环电子有限公司调研,市委书记宋朝华,区委书记、区政府区长袁华兵陪同调研。

17日 副区长敬健陪同副市长朱华调研三环电子六期项目推进情况。

19日 区委书记、区长袁华兵与中航集团洽谈合作事宜,副区长敬健陪同;到省发改委联系国家级示范物流园申报工作。

22日 区委书记、区政府区长袁华兵前往江陵镇元宝山村,走访慰问联系帮扶的贫困群众,帮助他们解决生产生活中面临的实际问题。

同日 市委常委贾德华到高坪区调研汽车维修环保工作,区政府副区长王宗坤陪同调研。

同日 高坪区白塔街道办梨树街社区居民朱春梅登第五届四川省道德模范(孝老爱亲类)候选人榜单。

25日 副区长敬健陪同市委常委、副市长李正元调研高坪"双创"工作。

31日 区委召开常委(扩大)会议,传达学习中国共产党四川省第十一次代表大会精神,研究贯彻意见;传达学习中央、省领导重要讲话、指示精神和相关文件精神以及宋朝华同志在全市经济运行形势分析电视电话会议上的讲话精神,审议有关事项。区委书记、区政府区长袁华兵主持会议并讲话。

是月 南充市富安娜家居用品有限公司班组长王愧春(女)荣获"全国五一劳动奖章"。

6月

1日 区委书记、区政府区长袁华兵到江东

实验小学和高坪七小看望慰问少年儿童，与孩子们共庆"六一"，并为孩子们送去了慰问金和书包等慰问品。

1日—3日 区委书记、区长袁华兵赴北京洽谈中铁联运项目投资事宜，副区长敬健陪同。

3日 副区长任贤明陪同市纪委副书记马文林调研溪头乡脱贫攻坚工作。

8日 全区经济运行形势分析和"双过半"视频会议在市政大楼二楼报告厅召开，区委副书记陈多平主持会议，区委书记、区政府区长袁华兵出席会议并作重要讲话。

12日 区委书记、区长袁华兵陪同市委书记宋朝华调研南充现代物流园建设推进工作，并会见中铁联运集团总经理陈红颖一行。

同日下午 南充市人民政府、高坪区人民政府与中铁联运物流股份有限公司投资合作协议签署仪式在天来大酒店多功能会议厅举行。市委书记宋朝华出席项目签约仪式并讲话。中铁联运物流股份有限公司总经理陈红颖，市委副书记、市长吴群刚，市人大常委会主任袁险峰，市委副书记古正举出席签约仪式。

16日 区六届人大常委会四次会议作出关于接受袁华兵同志辞去区人民政府区长职务的决定和关于陈多平为代理区长的决定。

同日 副区长敬健陪同市委副书记古正举调研南充国际会展中心项目建设情况。

18日 省委常委、副省长、省秘书长王铭晖在高坪区调研脱贫攻坚工作。王铭晖先后前往溪头乡利光村、阙家镇火烽村，市委书记宋朝华、南充市委副书记古正举、市政府秘书长向贵瑜陪同调研并参加座谈会；区委书记袁华兵、代区长陈多平陪同调研。

19日 四川省委书记王东明到南充现代物流园视察。

19日—21日 潮州三环集团董事长张万镇一行到高坪区洽谈三环电子七期项目相关事宜，市委书记宋朝华，区委书记袁华兵陪同参加会见。

22日 区委书记袁华兵到区发改局开展调研，并召开了座谈会，听取了发改工作、固投、"双过半"、项目攻坚等工作情况汇报。

26日 上海宝冶集团华南市场总监、广东四川商会副会长周敏及深圳云支付集团CEO张俊辉等来高坪实地考察会展中心和都京丝绸小镇项目，区委书记袁华兵会见考察团一行并进行交流座谈。

27日 全区2017年项目攻坚工作推进会召开，对本年度全区重点项目建设工作进行再动员、再部署、再安排。区委书记袁华兵出席会议并作重要讲话。

28日 在全省地质灾害隐患排查与防治工作电视电话会议后，高坪区召开会议传达贯彻，并对全区地质灾害隐患排查与防治工作进行再动员、再部署。区委书记袁华兵出席会议并作重要讲话。

30日 代区长陈多平陪同市政府市长吴群刚一行调研我区环保问题整改落实情况，副区长王宗坤陪同。

7月

6日 全区机关事业单位干部职工参加2017年法纪知识考试，区四大家领导与机关干部一同参加，全区共计1711人参加考试。

7日 高坪区召开脱贫攻坚工作推进会，贯彻落实省第十一次党代会精神及中省市关于打赢脱贫攻坚战的战略部署，动员全区上下坚决打赢脱贫摘帽攻坚战。区委书记袁华兵出席会议并作重要讲话。

11日 川东北金融中心集中签约仪式在天来大酒店举行。现场签约26家，其中金融、类金融机构14家、市委书记宋朝华出席仪式并见证签约。区四大家主要领导、分管领导出席仪式。

14日 区工质局被国家工商总局评为推进非公党建工作表现突出单位。

17日 区委、区政府召开金融工作专题会议，对区金融中心有关工作进行充分讨论、研究并形成一致意见，区委书记袁华兵出席会议。

19日　区委书记袁华兵到御史乡调研脱贫攻坚工作，区委副书记张青松陪同调研。

20日—21日　在区文化中心召开第六届人民代表大会第二次会议。区人大代表222人，列席人员294人，共516人参加会议。会议听取和审议了代理区长陈多平所作的《高坪区人民政府2016年上半年工作情况汇报》，选举产生了高坪区人民政府区长陈多平。

24日　区委书记袁华兵前往南充现代物流园调研，就加快园区重点项目建设进度、提升园区配套服务功能进行了现场办公。

25日　全区开展庆祝建军90周年暨"八一"慰问活动，区委书记袁华兵参加活动，并作重要讲话。

同日　市委常委、市纪委书记伍定一行到溪头乡金华村本味农业、南充航空港工业集中区调研，区委书记袁华兵陪同调研。

31日　高坪区庆祝建军90周年表彰大会在区政府二楼报告厅举行，会议表彰了双拥先进集体30个、双拥先进个人32名、退伍军人创业能手3名、最美军属7名。

同日　高坪区阙家镇火烽村"生态果林+精准扶贫"建设列入第十二批省级农业标准化试点项目。

8月

1日　区委书记袁华兵到区纪委就进一步做好全区纪检监察工作和党风廉政建设社会评价工作进行了调研。

2日　全区推进"两学一做"学习教育常态化制度化工作会暨区委理论中心组（扩大）会在市政大楼二楼报告厅召开，区委书记袁华兵就推进"两学一做"学习教育常态化制度化进行了安排部署。

4日　区委书记袁华兵前往江陵镇、擦耳镇，对脱贫攻坚工作进行调研督导。

同日　区长陈多平赴成都考察中国国际能源控股有限公司、四川铁投城乡投资建设集团有限责任公司。

同日　副区长敬健陪同中铁二院专家李增波、社科院专家林彬一行调研蓉京高铁成南达段高坪站点选址。

8日　副区长王宗坤陪同市政府市长吴群刚调研江东大道标美路建设项目；陪同市政协副主席文剑英督查省环保督查反馈问题整改工作。

10日　区委书记袁华兵带领慰问组前往安汉广场和南充三环电子有限公司，看望慰问奋战在一线的部分环卫工人和产业工人。

同日　市委常委、市政府副市长李正元视察螺溪河河长制工作，区长陈多平，区政府副区长王宗坤陪同视察。

11日　市委常委、纪委书记伍定对嘉东污水处理厂、航空港污水处理厂进行调研，区委书记袁华兵等领导陪同调研。

同日　区委书记袁华兵到区委宣传部对全区宣传思想工作进行了实地调研。

15日　区长陈多平陪同市委常委、市政府副市长李正元调研螺溪河流域治理工作，副区长王宗坤一同参加。

16日　区脱贫攻坚领导小组第五次会议在市政大楼二楼报告厅召开，区委书记袁华兵主持会议并作重要讲话。

17日　全省边督边改提高环保整改质量电视电话会议召开，区委书记袁华兵在市政大楼二楼报告厅出席会议。

同日上午　市委常委、市政府副市长李正元率领三区分管"双创"工作政府领导等一行十余人到高坪调研"双创"工作，区委常委、区政府常务副区长敬健陪同。

18日　区长陈多平陪同国家发改委经贸司副司长吴君杨一行调研南充现代物流园建设情况。

21日　区委书记袁华兵到南充市嘉东污水处理厂、中国铁投川东北基地综合体项目、航空港污水处理厂调研环保督查整改、安全生产工作。

22日　全区投资促进工作调度会召开。区委书记袁华兵出席会议并作重要讲话，区委副书记、区长陈多平主持会议。

23日 区工商联（总商会）第六次会员代表大会闭幕式在市政大楼二楼报告厅举行，区委书记袁华兵出席会议并作重要讲话。

25日 脱贫攻坚专项督导反馈会在天来酒店召开，省扶贫和移民工作局巡视员王小刚，市政府副市长、市扶贫移民局局长向贵瑜参会，区委书记袁华兵作表态发言。

28日—30日 第四届"创青春"四川青年创新创业大赛暨第八届高校毕业生创业大赛终审决赛在高坪召开。

31日 省、市依法治理工作推进会电视电话会召开，区委书记袁华兵在市政大楼二楼报告厅参会。

同日 全区依法治区工作推进会召开，会议贯彻落实省、市会议精神，对全区依法治区工作进行再动员、再部署。区委书记、区依法治区领导小组组长袁华兵出席会议并作重要讲话。

9月

1日 区长陈多平陪同广西灵川县县委书记赵奇玲一行考察南充现代物流园建设情况，副区长敬健一并陪同。

3日 区长陈多平陪同市委书记宋朝华调研下半年土地出让情况，副区长王宗坤一并陪同。

5日 区委书记袁华兵，区委副书记、区长陈多平带领区级相关部门负责人前往龙门古镇就小龙内河整治项目建设情况进行调研督导。

7日 区长陈多平陪同市长吴群刚调研三环电子七期、中铁联运等项目，副区长敬健一并陪同。

同日 全区脱贫攻坚现场拉练在黄溪乡莲花石村和灵观音村举行，区委书记袁华兵参加拉练。

同日 全区脱贫攻坚工作推进千人大会在区文化中心召开，区委书记袁华兵出席会议并作重要讲话。

8日 区长陈多平到高坪中学、江东实验小学开展教师节慰问活动，副区长王宗坤陪同。

11日 区委书记袁华兵、区委副书记张青松一行到青居镇烟山村、溪头乡利光村入户调研贫困户、非贫困户，到溪头乡本味农业调研柑桔产业发展情况。

12日 区委书记袁华兵、区委副书记张青松一行到马家乡、胜观镇、隆兴乡调研脱贫攻坚工作。

13日 区长陈多平陪同市长吴群刚调研中法农业科技园建设情况。

14日 省委常委、省委秘书长、副省长王铭晖率省督导组一行到高坪区开展脱贫攻坚专项督导，并召开座谈会，区委书记袁华兵参加会议。

15日 区长陈多平参加第二届中国西部国际博览会进出口商品展暨中国西部（四川）国际投资大会开幕式，南充市现代农业投资推介暨合作项目签约仪式，会见泰中友好协会客商代表薛圣萍一行。

16日 区国有资产投资经营有限责任公司与明宇实业集团签约仪式在成都明宇科华豪雅饭店举行，区委书记袁华兵出席签约仪式。

同日 由高坪区科协承办的"2017年南充市全国科普日主场活动"在祖师庙社区顺利举行。

21日 会展中心方案审定专题会在市政大楼六楼常委会议室召开，区委书记袁华兵主持会议。

同日 非贫困户达标建设专题会在市政大楼六楼常委会议室召开，区委书记袁华兵主持会议。

25日 省委组织部副部长陈冠松带领督导组一行到高坪区对抓党建促脱贫攻坚工作进行了专项督导。市委常委、组织部部长贾德华，区委书记袁华兵陪同督导。

27日 市委常委、市纪委书记伍定赴高坪区反馈脱贫攻坚督导问题专题会在市政大楼201会议室召开，区委书记袁华兵作表态发言。

29日 近期重点工作推进会在市政大楼二楼报告厅召开，会议由区委副书记张青松主持，区委书记袁华兵出席会议并作重要讲话。

同日 区委书记袁华兵，区委副书记、区长陈多平分别带领相关职能部门主要负责人对全区重要点位、人员密集场所等进行了节前安全检查。

10月

8日 区委书记袁华兵主持召开区委全面深化国有企业改革工作专题会议，对相关工作方案进行了审议。

9日 区委书记袁华兵带队调研江东大道标美路改造、白塔光亮工程、明宇广场滨江水岸工程建设情况。

10日 区委召开专题会议，认真贯彻落实全市重点项目推进会议精神，安排部署下一步工作。区委书记袁华兵主持会议并作重要讲话。

13日 全区1—9月项目现场拉练暨项目攻坚工作推进会召开，区委书记袁华兵、区长陈多平参加拉练，袁华兵在推进会上作重要讲话。

14日 区委书记袁华兵带领区级相关部门负责人前往阙家、佛门等乡镇，就脱贫攻坚工作进行调研督导。

16日 脱贫攻坚验收考核工作会在市政大楼二楼报告厅召开，会议由区委副书记、区政府区长陈多平主持，区委书记袁华兵出席会议并作重要讲话。

同日 区委书记袁华兵带领区级相关部门负责人对东顺路及江东大道标美化建设和明宇广场滨江水岸建设、白塔公园灯光秀等部分重大城建项目建设情况进行了调研。

17日 2017年"扶贫日"募捐活动在区政府二楼报告厅举行，会议由区委副书记张青松主持。区委书记袁华兵、区长陈多平带头捐款，南充三环电子有限公司、四川明宇集团等10多家爱心企业以及28家行业扶贫部门进行了现场捐款，共筹集善款200多万元。

同日 区委书记袁华兵带领区级相关部门负责人前往擦耳、御史等乡镇，就脱贫攻坚工作进行调研督导。

18日 区委在市政大楼二楼报告厅组织集中收看中国共产党第十九次全国代表大会开幕式实况，区委书记袁华兵参加收看。

19日—22日 区委书记袁华兵带队，区政协主席傅天贵，区委常委、区委统战部部长赵启，区委常委、区委宣传部部长曹波等区级领导和区级相关部门负责人一行赴重庆、上海、常州等地进行实地考察，对接落实相关产业项目。

21日 区长陈多平陪同市政府市长吴群刚在区人社局调研特定利益群体矛盾化解工作，副区长刘天灵一并参加。

24日 区长陈多平陪同市委常委、市政府副市长潘国华会见中铁联运物流股份有限公司工程部总工程师范振平一行，副区长敬健陪同参加。

25日 区长陈多平陪同国家发改委稽查办副司级特派员江显华一行稽查我区重点流域水污染防治和城镇污水垃圾处理设施及污水管网工程建设工作，副区长敬健、王宗坤一同参加。

26日 区委书记袁华兵带队区级相关部门负责人前往溪头乡利光村新村、万家乡谌家沟村，就新村聚居点建设推进情况、脱贫攻坚工作进行调研督导。

30日 全区传达学习党的十九大精神大会在区文化中心召开，会议由区委副书记张青松主持，区委书记袁华兵出席会议并作重要讲话。

同日 会展中心设计方案审定专题会议在区委212会议室召开，区委书记袁华兵主持会议。

11月

1日 区委书记袁华兵前往江陵镇元宝山村，对脱贫攻坚工作进行调研。

2日 区委书记袁华兵会见当当网农村电商总经理祝为一行。

同日 区委召开会议，总结前一阶段全区各项工作推进情况，并对下一步工作进行再动员、再部署、再喊醒。区委书记袁华兵主持会议并作重要讲话。

7日 全省脱贫攻坚工作电视电话会议召开，区委书记袁华兵在市政大楼二楼报告厅参加会议。

同日 金融展示服务中心设计专题会议在区委212会议室召开，区委书记袁华兵主持会议。

8日 全省学习贯彻党的十九大精神中央宣讲团报告会在市政大楼二楼报告厅召开，区委书记袁华兵出席会议。

同日 区委书记袁华兵前往江东大道标美路、嘉陵江缤纷水岸、东顺路标美路项目建设现场，就全区重点城建项目推进情况进行了调研。

9日 区委召开"五大一号工程""两大产业工程"项目建设推进会，对市委市政府交给高坪的"七件大事"进行再部署、再督促、再落实。区委书记袁华兵出席会议并作重要讲话，区委副书记、区长陈多平主持会议。

同日 区委书记袁华兵、区长陈多平会见三环集团董事长张万镇一行。

10日 中法农业科技园沿线及周边风貌改造设计方案审定专题会议在中法农业科技园建设指挥部办公室召开，区委书记袁华兵出席会议。

同日 区委书记袁华兵主持会议，专题听取江陵民俗风情小镇改造设计规划方案的情况汇报。区政协主席傅天贵、区人大常委会副主任赵亩、副区长任贤明参加了会议。

同日 副区长袁伟平陪同省文化厅厅长周思源调研我区文化扶贫和文化产业发展情况。

同日 区长陈多平陪同市委常委、市纪委书记伍定调研溪头乡脱贫攻坚工作。

12日 区委召开专题会议对2018—2020年全区棚改项目规划进行审议。区委书记袁华兵主持会议并作重要讲话，区委副书记张青松参加了会议。

13日 中远集团项目签约仪式在天来酒店召开，仪式由市委副书记古正举主持，市委书记宋朝华作重要讲话，区委书记袁华兵介绍项目投资情况。

同日 区委书记袁华兵主持会议，专题研究下中坝金融中心片区相关规划设计方案，区委副书记张青松参加会议。

14日 南充国际会展中心设计方案专题会在天来酒店召开，会议由市委书记宋朝华主持，区委书记袁华兵参加会议。

15日 区委书记袁华兵带领区级相关部门负责人前往喻家乡、凤凰乡，就脱贫攻坚工作进行了调研。

同日 区长陈多平陪同市委常委、副市长王美如调研中法农业科技园，副区长敬健一并陪同。

16日 区长陈多平陪同市政府市长吴群刚调研青居镇、溪头乡脱贫攻坚工作，副区长任贤明、袁伟平一并陪同。

16日—17日 区委书记袁华兵带队，区委常委、宣传部部长曹波，区投促局、区航投公司主要负责人一行赴合肥、广州考察企业，对接相关项目。16日，考察组一行在合肥考察了保利广场；17日，考察组一行赴广州拜访了保利商业地产投资管理公司，对接洽谈了商业项目的合作事宜。

20日 区委召开全区乡镇污水处理厂建设专题会议，区委书记袁华兵主持会议并作重要讲话。

同日 市人民政府公布首届南充市质量奖5家获奖企业，高坪区南充传化物流有限公司、南充嘉美印染有限公司夺得殊荣。

21日 区委书记袁华兵前往江陵镇元宝山村，宣讲党的十九大精神，调研脱贫攻坚工作。

22日 全区脱贫摘帽迎接省级验收考核评估专题会在市政大楼二楼报告厅召开，区委书记袁华兵出席会议并作重要讲话，区委副书记、区长陈多平主持会议。

同日 全区城市规划区内乱搭乱建整治动员大会召开，对专项整治工作进行全面安排部署。区委书记袁华兵出席会议并作重要讲话，区委副书记、区长陈多平主持会议。

同日 区委召开党风廉政建设约谈会议，区委书记袁华兵出席会议并作重要讲话。

23日 市委副书记古正举赴高坪专项督导见面会在市政大楼201会议室召开，区委书记袁华兵作工作情况汇报。

24日下午 省委宣讲团前往高坪区宣讲党的十九大精神。省委宣讲团成员、省委党校副校长肖敬军作宣讲报告。

26日 区委召开专题会议，研究部署脱贫攻坚工作中存在问题的整改落实，区委书记、区脱贫攻坚领导小组组长袁华兵主持会议并作重要讲话。

同日 区委书记袁华兵前往江东大道标美路、东顺路标美路建设项目现场，就项目推进情况进行了调研。

27日 市脱贫攻坚第三方评估问题反馈整改推进会在市政大楼二楼报告厅召开，区委书记袁华兵出席会议并作重要讲话，区委副书记、区长陈多平主持会议。

同日 全区深化监察体制改革试点工作小组第一次会议在市政大楼六楼常委会议室召开，区委常委、区纪委书记洪峰汇报了监察体制改革进展情况、存在问题和下一步工作打算，区委书记袁华兵主持会议并作重要讲话。

同日 全区脱贫摘帽迎检工作推进视频会议召开，对相关工作再安排、再落实，动员全区上下发起最后冲刺，区委书记袁华兵出席会议并作重要讲话。

同日 区委书记袁华兵前往鄢家乡、长乐镇督导检查脱贫攻坚工作。

28日 区委书记袁华兵前往东观镇、龙门街道等地，对脱贫摘帽迎检工作进行了调研督导。

29日 区委书记袁华兵前往佛门乡、万家乡，对脱贫摘帽迎检工作进行了调研督导。

30日 晨阳集团党委书记、执行总裁刘占川一行赴高坪区洽谈并实地考察项目投资事宜，区委书记袁华兵参加座谈。

12月

1日 区长陈多平陪同市长吴群刚调研鹤鸣幼儿园安全工作。

2日—7日 迎接省级脱贫摘帽验收考核及第三方评估，2日召开工作汇报会，3日—6日现场验收评估，7日举行省级脱贫摘帽考核情况反馈会。

4日 "12·4"宪法宣传日活动在安汉广场举行，全区40余个单位参加活动。

8日 区委书记袁华兵带队对物流园林海北路段景观改造提升、江东大道标美化建设、滨江湿地公园建设情况进行了实地调研。

同日 区长陈多平陪同市委常委、副市长李正元调研督导螺溪河河长制推进工作。

12日 区委书记袁华兵带队对江东大道标美化建设王府井段开展实地调研。

同日 高坪中学创建"四川省示范性普通高中"现场评审会在高坪召开，区长陈多平，副区长王宗坤参加

同日 区长陈多平陪同市委副书记古正举调研金融中心建设工作。

同日 南充高坪甜橙采摘节暨电商扶贫活动在南充市高坪区青居镇烟山村开幕，市商务粮食局局长郑和平、区委常委、统战部长赵启、区人民政府副区长袁伟平等人出席。

14日 金融产业扶持政策专题研究会在区委212会议室召开，区委书记袁华兵主持会议并作重要讲话。

同日 全省精神文明建设表彰大会在成都举行，第五届四川省道德模范名单揭晓，高坪区白塔街道梨树街社区居民朱春梅获评"孝老爱亲模范"。

15日 擦耳桃源、醉美橙香景区成功评定为国家AAA级景区、橙香烟山景区成功评定为国家AA级景区。

15日—17日 区长陈多平先后赴北京、云南等地参加"我为高坪甜橙代言"访谈，与伟光汇通洽谈合作事宜，副区长袁伟平一同参加。

18日 区文化新城项目推进会在区委212会议室召开，区委书记袁华兵主持会议并作重要讲话。

20日 区长陈多平陪同市长吴群刚调研中法农业科技园、三家化工厂搬迁工作，副区长任贤

明、王宗坤一同参加。

22日 区长陈多平陪同市委书记宋朝华调研嘉陵江音乐喷泉选址工作，副区长王宗坤一同参加。

24日 出台高坪区城市执法体制改革改进城市管理工作的实施方案。

28日 区委书记袁华兵带队对2018年元旦节前安全生产工作进行了综合督查，重点检查了红星美凯龙和高坪配气站的消防安全、应急管理和值班值守等情况。

同日 市委书记宋朝华一行到川东北金融中心调研，重点调研了金融中心5号楼、音乐喷泉拟选址点位，区委书记袁华兵陪同调研。

同日 区长陈多平陪同省机关事务管理局局长郭春英一行调研斑竹乡脱贫攻坚工作；陪同市长吴群刚检查元旦节前安全工作，副区长任贤明一同参加。

高坪区概况

建置区划

【建置沿革】 虞夏时县境为"有果氏之国",商周时属巴国地,秦为巴郡阆中县南境。西汉高祖五年(公元前202年)析阆中县南境置安汉县,治所清泉坝(今顺庆区清泉坝五里店),隶巴郡。西汉昭帝始元二年(前87年),安汉县辖今南充市高坪区、嘉陵区、顺庆区、蓬安县境域和西充县、营山县、广安市岳池县、武胜县部分境域。

新始建国元年(公元9年),王莽改安汉县为安新县,建武十一年(35年),安新县归"成家"政权。建武十二年(36年),恢复安汉县名,仍隶巴郡。东汉永元二年(90年)分阆中县地置充国县(辖今南部县、蓬安县)。东汉初平四年(193年)分充国县置南充国县,县城在江陵坝(今江陵镇)。东汉建安六年(201年)改属巴西郡。三国蜀汉至西晋、东晋以及南朝宋元嘉八年(431年)的212年间,均隶巴西郡。南朝梁天监六年(507年)分北境置相如县(今蓬安县)。西魏废帝二年(553年)蜀地归入北朝,废巴西郡置南宕渠郡,安汉县属南宕渠郡。置青居郡和青居县(旧城今青居镇)。北周(557—581年)在州郡之间设总管府,安汉县属潼州总管府(今绵阳)。隋开皇三年(583年)改郡为州,实行州县两级制,移巴西县城治所于安汉县城,隶隆州(今阆中市)。同时废青居郡,置汉初县,隶合州(今重庆合川市)。隋开皇十八年(598年)安汉县与巴西县合并,始更名南充县,以地处充国县(今南部县)之南得名。唐武德四年(621年),分隆州之南充相如二县,置果州,南充为州治。

1949年12月,南充县解放。1950年1月,南充县人民政府成立。2月,川北南充分区行政督察专员公署在南充县城成立,南充县隶属南充专员公署。3月,划南充县城关区所属西城、北城、东南三镇和舞凤等四乡成立南充市(县级)。4月,南充县政府驻地迁至龙门场。12月,民主建政,将原辖5个区改为11个区公署。1955年9月,南充县人民政府更名为南充县人民委员会。1956年9月,南充县人民委员会由龙门场迁至南充市城区(今顺庆区文化路原地区招待所和原行署二院)。1966年,县委、县政府机关迁至高坪坝。"文革"期间,县委、县政府机关又迁至南充市城区内。1969年3月,成立南充县革命委员会,隶南充专署。1977年10月,南充县革命委员会驻地由南充市文化路迁至河东公社高坪坝(今永荣街)。1980年12月,取消南充县革命委员会,恢复南充县人民政府。1992年末,全县辖42个乡镇。1993年7月,国务院批准撤消南充地区建南充市,撤消南充县、原南充市,析县、市境域设南充市顺庆区、高坪区、嘉陵区。高坪区辖9个镇4个乡。2002年2月,区政府驻地由永荣街42号迁至阳春路2号。

【行政区划】 2017年辖白塔、清溪、龙门、小龙、青松、青莲、都京7个街道;江陵、擦耳、螺溪、会龙、胜观、长乐、东观、老君、永安、青居、阙家、石圭12个镇;凤凰、喻家、走马、马家、黄溪、万家、御史、隆兴、鄢家、斑竹、南江、佛门、溪头13个乡。共351个行政村，2769个村民小组；47个社区，293个居民小组。全区幅员面积806.14平方公里，人口密度为每平方公里740人。

人口民族

2017年末，辖区总人口596843人。其中：城镇人口229175人，城镇化率38.40%；农业人口367668人。总人口中，男性308226人，占51.64%；女性288617人，占48.36%；汉族人口595523人，占99.7%，有土家族、苗族、壮族、彝族、布依族、侗族、瑶族、藏族、黎族、回族、蒙古、满族、朝鲜族、白族、傣族等36个少数民族，人口1320人，占总人口的0.3%，多系与汉族通婚迁入。截至年底，全区出生6273人，死亡5819人，人口自然增长率3.73‰。人口密度为每平方千米744人。

地　理

【地理位置】　高坪区位于东经106°39″2′~106°57″28′，北纬30°8″34′~30°23″58′。地处四川省东北、南充市东南部嘉陵江东岸。东与蓬安县、广安市岳池县接壤，东南、南与广安市岳池县、南充市嘉陵区毗邻，西南隔江与嘉陵区相望，西、西北、北与南充市顺庆区依江相连，北、东北与蓬安县交界。总面积806.14平方千米。其中陆地755.16平方千米，占93.68%；水域50.98平方千米，占6.32%。

【地形地貌】　地处四川盆地东北部，嘉陵江中游东岸。地势东高西低。嘉陵江由北向南纵贯全境，地貌为丘陵区与河谷区，分为平坝、浅丘、中丘和深丘。平坝主要分布在嘉陵江沿岸一、二级阶地上。境内主要山脉有金城山、凌云山、青居山、玛瑙山、东皋山，金城山系华蓥山脉支脉。境内隆兴乡峦鼓峒村一组野猫洞山梁子为最高点，海拔810米；溪头乡火星村梯子塆临嘉陵江边为最低点，海拔250米。

【水系】　境内河道属长江流域。主要河道有二级河道嘉陵江1条，属长江一级支流，境内流长76千米；四级河道6条，分别为螺溪河、擦耳河、西溪河、长塘河、清溪河、阙家河，总长271.2千米。河流总长度347.2千米，河网密度0.29千米/平方千米，径流总量3.04亿立方米。嘉陵江从北至南流经境内江陵镇、龙门街道、小龙街道、白塔街道、清溪街道、都京街道、永安镇、青居镇、溪头乡，流域面积729.1平方千米，平均流量814立方米/秒，主要支流有螺溪河、擦耳河、清溪河、阙家河等。

自然资源

【土地资源】　2017年全区土地面积806.14平方千米，其中：耕地35856公顷，占土地25.6%；林地26240公顷，占土地32.6%；2017年全区居民点及工矿用地4403.21公顷，占全区土地面积的5.5%；交通运输用地1932公顷，占全区土地面积的2.4%。沿嘉陵江一台地土地厚，土性肥、地势平坦，土地利用率高，是粮经作物主产区。沿江二台地土壤黏酸瘦板，宜于种植花生、生姜、西瓜等经济作物。中部及东部地区水源丰富，土质肥沃，地势平坦，丘矮谷宽，是粮油作物生产区。

【水资源】　区境有一江六河，全区水域面积75470亩。其中：河流65295亩。全区多年平均降雨量933.7毫米，多年平均降水总量2.646万立方米。多年平均径流深375.1毫米，多年平均径流系数0.36，多年平均径流量3.04亿立方米，地下水资源总量0.39万立方米。2014年地表水资源量2.266亿立方米，地下水资源量0.2832亿立方米，水资源总量2.266亿立方米，全区人均水资源量375立方米/年，明显低于全国、全省、全市平均水平。嘉陵江区境段水能理论蕴藏量37万千瓦，全区水能可开发量18.8万千瓦，年发电量16.2亿千瓦时；已建成青居、小龙门、凤仪三座水电站。

【矿藏资源】　境内已探明矿产7种，包括金属2种，非金属3种，能源2种。尤以岩盐、建材储量巨大，易于开发利用。

　　岩盐卤。储量丰富，赋存于三迭系中统雷口坡组和三迭系下统嘉陵江组，为咸化岩夹杂卤石沉积而成，整个盐盆地质储量10830亿吨，境内南充盐厂充65号、南3号、充2号井范围之内储量即达111.5亿吨。

　　油气。系川中油田构造，油层性质属裂缝性储油空间，以溶孔、介壳间隙、裂缝为主，油气水垂直移动不明显，境内有油气井21口，年产原油1500吨，产天然气10万立方米。

　　砂金。主要分布在嘉陵江沿岸二三级阶地下部砂砾层中，以龙门镇街道铁钱坝、青居镇牛肚坝和溪头乡溪头坝储量较丰，二级阶地砂砾层厚度10—15米，三级阶地2—7米左右，金品位1.4—6克/立方米。

　　锆石铁砂矿。分布在青居镇嘉陵江沿岸二级阶地底部砂砾层及溪河漫滩中部、尾部黑砂层，储量欠丰，尚未开发。

　　境内页岩、砂、卵石和东观、青居、佛门、老君、走马等乡镇的硬石资源丰富，常年供应各建筑工程。

【生物资源】　2017年拥有森林面积26240公顷，森林覆盖率32.6%。高坪区属亚热带常绿阔叶林区，有植物资源580多种。其中：乔木树种达30个科110余种，灌木50余种，成片分布的以柏木纯林、桤柏混交林、松树林为主；经济林木以柑桔、桑树、大枣、杜仲为主，有核桃、柚子、桃李杏梨及油桐等。有名木、古树、大树978株。现有动物资源240余种，其中：野生动物44种，包括被列为国家一级保护的鸟类黑鹳、金雕、四川鹧鸪3种，国家二级保护的鸟类鸳鸯、苍鹰、长脚秧鸡、雀鹰4种。

【旅游资源】　全区旅游资源丰富，景点众多，自然景观、名胜古迹各具特色，交相辉映。有创建成功的国家AAAA级、AAA级景区，有正在兴建的金城山景区、嘉陵江第一曲流景区，还有规划新建的城区东湖公园、中央森林公园等。以"园"、"林"、"山"、"水"为内涵的全域旅游正在形成。

　　凌云山景区。国家AAAA级旅游景区，总面积30.6平方公里，涵盖4个乡镇、街道。为省级地质公园、省文化产业示范基地和平安景区，是全国青少年户外体育活动营地、国家森林公园、国际生态安全旅游示范基地。

　　鹤鸣山景区。位于高坪城区鹤鸣山，面积230亩，属大型综合性城市公园，内有宋代白塔、王平墓，文化底蕴十分厚重。

　　金城山生态旅游度假区。面积15平方公里，分为金城山森林公园片区景观带和"朝阳平湖"景观带。其中金城山景区主峰海拔824.6米，为南充境内海拔高度之最；森林覆盖率99%，为南充之最。景区有南京门、鲸顶石、神仙洞、晒经石等九十九峰、三十六泉、七十二洞。"朝阳平湖"景区核心地带磨儿滩水库面积1600余亩，蓄水1100万立方米，水面辽阔，岛屿众多，山环水绕，波光潋滟。

　　嘉陵江第一曲流。为四川省地质公园，是嘉陵江流域生态文化旅游区规划的五个重点主题旅游区之一。17.5公里的环绕流经、370米的曲流颈部、42.75的曲流系数、359度的封闭度和0.98的封闭率，在中国曲流中首屈一指，在世界已知曲流中，仅次于巴西茹鲁阿河的帕特罗波利斯河曲流。

　　其他自然历史人文景观资源有：淳祐故城、张澜旧居、相如琴台、红旗农庄、烟山大佛洞、灵应寺、隐珠寺、伏虎寺、朱凤寺、云雾寺、诸葛寺等。

气候状况

【气候概况及年景评述】 属亚热带温暖湿润气候区，季风气候显著，四季分明，热量丰富。特点鲜明：冬暖、春早、夏长、秋短、无霜期长、风速小、云雾多、光照少、湿度大、雨热同季，作物四季均能生长。本年年平均气温17.5℃较历年平均气温17.4℃正常略偏高0.1℃，年极端最高气温40.1℃，较历年极端最高气温41.9℃特低1.8℃；年极端最低气温0.6℃较历年极端最低气温-3.4℃特高4.0℃；年总降水量为1204.5mm较历年平均总降水量1002.6mm正常偏多201.9mm，距平百分率为20%。年日照总时数1352.9小时，较历年平均总日照时数1068.4小时偏多284.5小时，距平百分率为27%。

气温：年平均气温17.5℃；极端最高气温40.1℃，出现时间为7月27日；极端最低气温0.6℃，出现时间为12月20日。

地温：年平均地表温度19.1℃；极端最高地表温度69.9℃，出现时间为7月27日；极端最低地面温度-0.5℃，出现时间为12月20日。

降水：年总降水量1204.5mm，其中最大日降水为7月6日219.3mm；最长连续降水日数为10月10日到18日达9天；最长连续无降水日数为1月13日到27日达15天。

日照：年总日照时数1352.9小时；平均日日照时数为3.7小时。主要天气现象：全年出现霜降天气共计发生7天；雾71天；结冰现象6天；霾现象出现6次；大风4次。

【灾害性天气】 全年共出现1次寒潮天气过程，4次大风天气，2次暴雨天气过程：2月19日—22日达寒潮天气，过程降温6.6℃。5月3日、7月28日、7月29日、8月6日出现大风，极大风速分别为18.5米每秒，26.1米每秒，18.1米每秒，19.0米每秒，均对工农业生产无影响。5月3日出现暴雨天气，过程降水量为51.5mm，对工农业生产无影响；7月6日出现大暴雨天气，过程降水量为219.3mm；对工农业生产造成灾害性影响。受灾情况：整个高坪区受灾人口达430人；转移人口281人，农作物受灾面积250.3公顷；农作物成灾面积120.3公顷；农作物绝收面积57.4公顷。共造成全区直接经济损失453.14万元。7月7日到8月7日连续32天降水量为30.5mm，低于35.0mm，达到伏旱标准；10月10—18日出现严重的秋棉雨天气，均对工农业生产无影响。

自然灾害

【山地灾害】 2017年，全区开展"拉网式"排查3次，共排查出地灾隐患点159处，设立监测点84处，其中应急排危点52个，重点工程治理点3个，地质灾害避险搬迁68户，没有发生人员伤亡事件。

【森林病虫害】 2017年，投资59万元用于疑似松材线虫病防治，松墨天牛防治、蜀柏毒蛾防治、蛀干害虫及枝梢害虫防治、突发检疫性防治菟丝子及其他病害工作。

【农作物病虫害】 2017年，完成农作物病虫草鼠防治面积176.59万亩次，挽回粮食损失15040.44吨。建立农作物重大病虫防控示范片2个共计3.0万亩。在走马、南江、东观、长乐等乡镇建设水稻绿色防控示范片1个，面积12000亩，核心示范区面积2000亩，辐射带动8.5万亩；在青居、溪头、石圭、永安等乡镇建设柑桔绿色防控示范片1个，面积10000亩，核心示范区面积2700亩，辐射带动10.0万亩。全年累计开展水稻、小麦、玉米专业化统防统治面积25.5万亩次，主要粮经作物统防统治覆盖率43.3%。在东观、南江、走马、溪头、青居等乡镇建立水稻、柑桔等农作物病虫害专业化统防统治示范区4.5万亩。调查统计亩平减少施药2次，降低农药用量19.4%，增加产值218.5元，提升了经济效益和社会生态效益。

南充市高坪区各乡镇（街道）行政区划、基层群众自治组织情况及辖区面积（截至2017年底）

乡镇（街道）	社区（居委会）（个）	居民小组（个）	村民委员会（个）	村民小组（个）	辖区面积（平方公里）
全区	47	293	351	2769	806.14
白塔街道	9	84	2	16	18
清溪街道	6	55	4	53	22
龙门街道	5	53	14	129	36.04
小龙街道	2	12	11	81	25.43
青松街道	1	5	5	48	16.1
青莲街道	2	7	7	44	16.75
都京街道	3	22	4	35	10
江陵镇	1	3	17	154	48.63
擦耳镇	1	3	13	96	36.48
螺溪镇	1	3	12	91	16.5
长乐镇	2	6	14	103	26.26
胜观镇	1	3	12	95	33.43
会龙镇	1	3	10	107	29.31
东观镇	5	15	33	232	47.9
老君镇	1	3	12	74	23.6
青居镇	3	8	9	73	27.05
石圭镇	1	3	8	64	19.82
永安镇			11	71	21.38
阙家镇	1	2	10	77	22.94
凤凰乡			9	80	17.91
隆兴乡			14	100	32.83
斑竹乡			12	86	28.53
鄢家乡			7	59	22.9
喻家乡			7	60	13.38

续表

乡镇（街道）（个）	社区（居委会）（个）	居民小组（个）	村民委员会（个）	村民小组（个）	辖区面积（平方公里）
御史乡			10	89	22.93
马家乡			9	82	16.65
南江乡			8	73	15.04
走马乡			16	126	19.45
黄溪乡			11	87	30.11
万家乡			7	46	14.38
溪头乡			12	86	28.56
佛门乡	1	3	21	152	45.85

本表由区民政局提供。

中国共产党南充市高坪区委员会

概 述

2017年是全区脱贫摘帽攻坚的大考之年。一年来，在市委的坚强领导下，区委带领全区广大干部群众，深入学习贯彻党的十九大精神和省第十一次党代会精神，坚持以习近平新时代中国特色社会主义思想为指导，紧紧围绕市委"155"发展战略和区委建设"绿色高坪·幸福家园"的决策部署，牢牢把握稳中求进、加快发展的工作基调，坚持稳增长、调结构、惠民生、防风险，坚决打赢"九场战役"，纵深推进"五大一号工程"和"两大产业工程"，围绕项目攻坚、脱贫摘帽等重点工作，精准发力、精准施策，全力推动工作落实落地，经济社会保持健康发展。项目建设成效明显，坚持以项目组织经济工作，着力推动高坪发展，稳定经济增长，做实做大区域经济。全年实施产业培育、基础设施、民生工程重点项目104个，完成投资231.2亿元，占年度计划的137.21%，先进制造业蓬勃发展，全区规模以上工业企业实现销售收入337.5亿元，入库税金2.12亿元，同比增长16.6%、10.4%。都市农业提质增效，进一步巩固提升蔬菜、柑桔、竹木三大产业环线，全区粮油作物播种面积55.9万亩，全年粮食总产量23.85万吨。高端服务业方兴未艾，商贸业全年实现服务业增加值、外贸进出口总额分别达63.19亿元、2.06亿美元，同比增长10.8%、157.6%。脱贫摘帽圆满成功，全年减贫4393户13229人，贫困发生率降至0.95%，33个贫困村达到"一低五有"退出条件并顺利通过市级、省级考核验收和第三方评估，全区顺利摘帽。环境治理卓有成效，环保督察顺利通过，中央环保督察反馈信访举报件整改完成率96%，省环保督察，现场检查问题整改完成率80%。城乡建设有序推进，全区建成区面积达29.8平方公里，建成区绿化覆盖率达到46.8%。社会事业全面进步，重点民生项目扎实推进，就业创业环境持续优化，社会事业不断发展。深化改革纵深推进，全年召开4次深改领导小组会议，审议出台《关于深化投融资体制改革和发展的实施意见》等专项改革方案26个。招商引资势头迅猛，全年投资到位资金105.3亿，完成目标任务的162%，新签约项目33个，亿元以上新签约项目27个，其中10亿元以上项目7个，分别完成市上下达任务174%、169%、233%。

创新创业生机勃勃，友豪国际电商产业园等3个"双创"基地运营良好，航空港科技创新中心全面启动建设，惠生活电商产业园获得省科技厅"众创空间"授牌。大众创业、万众创新持续活跃，打造返乡农民工创业园区和高校毕业生电商创业孵化基地，引导鼓励农村劳动力、高校毕业生创新创业。扶持返乡农民工和农民企业家创办专业合作社76个，培养种养大户35户。积极搭建青年就业创业服务平台，成功举办首届高坪创新创业成果展，承办首届"工匠杯"百万产业工人技能大赛、青年创新创业训练营、四川省第四届青年创新创业大赛暨第八届高校毕业生创业大赛等创业活动，申请专利349件，发明专利33件；申请省市科技项目10项，争取科技项目资金500余万元；培育认定科技型企业108户。法治建设不断加快，支持人大及其常委会依法履行职能，依法保障人民各项权益；支持政协推进政治协商、民主监督和参政议政；支持司法机关依法独立行使职权。坚持党管武装，加强民兵预备役建设；实现会前学法常态化，继续推行干部法纪档案、法纪知识考试制度和年度述法报告制度；实现区级部门、乡镇（街道）、村（社区）法律顾问全覆盖；开展行政执法人员专项清理，开设"法治政府建设"专栏；深入推进"法律七进"，持续开展"以案说法"、"法治文艺巡回演出"等活动，拍摄法治微电影《田野里的法治灯塔》在优酷等网站展播。新建宝寿寺法治寺庙、高坪三中青少年法治教育基地等法治阵地。社会治理不断创新，建立区级调解中心（室）30个，乡镇（街道）调解中心32个，村（社区）调解室362个；创新成立医患纠纷、校园安全纠纷等调解委员会8个，推行重大事项社会稳定风险评估机制。平安建设深入推进，完善社会稳定风险评估备案制，开展"红袖标"大巡防行动，整合治安重点单位、娱乐场所、特种行业等监控资源；抓好城市"天网"补点、推行农村"雪亮工程"建设；全区侵财性案件发生率同比下降12%，东观镇通过省级安全社区建设验收评定。组织建设不断加强，出台《高坪区推进"人才兴区"战略实施办法》《高坪区"十三五"人才发展规划》等文件，引进高层次急需紧缺人才3名；出台《关于进一步加强精准帮扶压紧压实责任的十条规定》，强化"五个一"帮扶力量；深入推进党员精准扶贫示范项目，到位专项资金254.8万元，培养致富带头人190余名；成立区属国有企业党委，理顺6家区属国有企业党组织设置。管党治吏毫不放松，开展全覆盖谈心谈话1100余人次，完成32个乡镇（街道）班子运行调研，全方位掌握乡镇（街道）领导班子运行状况和思想动态；抓好干部选拔任用。深化"悬帽"激励机制，在脱贫攻坚和项目攻坚等一线提拔重用47名干部；公开遴选30名正科、50名副科作为递进培养对象培养培训。

正风肃纪永不停步，层层压实责任，出台关于党风廉政建设党委主体责任追究实施办法，印发"两个责任"清单制度，实行记实留痕管理。畅通"来信、来访、电话、网络"四位一体信访举报受理体系，全区纪检监察组织共处置问题线索180件，立案100件，结案93件，给予党政纪处分90人，移送司法机关处理3人。惩贪治腐绝不手软，强化"微腐败"治理，查办案件19件、处理22人；强化"三公经费"监督，防止隐匿、转移"三公经费"支出；查处违反中央八项规定典型案件4件，给予党政纪处分4人；查处违规操办婚宴案2件，给予党政纪处分2人；聚力脱贫摘帽再监查，全区共查处涉及扶贫领域问题线索35件，立案12件，给予党政纪处分11人，诫勉谈话8人，约谈45人，通报批评16人，大会检讨12人，12个单位被黄牌警告。全区纳入国家重大项目滚动项目库272个，纳入国省"十三五"规划专项项目140个，全年争取全社会及国省项目464个，到位资金31.5亿元，实施重大项目115个，完成投资159亿元。经过全区人民的艰苦努力，全区全年实现地区生产总值157.05亿元，一般公共预算收入6.43亿元，社会消费品零售总额90.2亿元，全社会固定资产投资219.1亿元，城镇居民人均可支配收入25152元，农村居民人均可支配收入11986元，分别同比增长8.9%、18.3%、13.5%、18.1%、9.0%、10.2%，超额完成全年目标任务。

重要会议

2017年，中共南充市高坪区共召开区委全体（扩大）会议4次，常委（扩大）会议36次，专题会议25次，与区政府联合召开工作会议70余次。通过这些会议，传达贯彻落实中、省、市委会议和重要文件精神，研究决定和安排部署区内各项工作、重要活动等，组织带领全区广大党员干部和人民群众奋力拼博，着力建设"绿色高坪·幸福家园"。

【全委会议】 区委全委会议每年召开1至2

次，视其需要可召开多次，由区委委员和候补委员参加，会议由区委常委会主持，主要议题是审议通过全区重要事项和重大决定，如中心议题是贯彻上级党委重要指示和部署全年工作，则召开全委扩大会议，吸收相关党委、党组主要负责人或区纪委委员参加。

第六届高坪区委第二次全体会议 2017年1月3日召开，全会由区委常委会主持，会议主要任务是深入学习贯彻中央十八届六中全会、省委十届九次全会和中央、省委经济工作会议精神，全面落实市委六届二次全会暨经济工作会各项决策部署，回顾总结2016年工作，研判当前发展形势，研究部署2017年工作，动员全区上下开拓进取、克难奋进，为"绿色高坪、幸福家园"建设开好局、起好步。区委书记韩伦红作重要讲话。

【常委会议】 区委常委会不定期召开，由书记或临时主持工作的副书记根据工作需要决定召开。主要由区委常委参加，区人大、区政协党组书记列席，如研究决定的问题涉及面广，需同时贯彻执行，则召开常委扩大会议，吸收县级干部及有关部、委、局、室和乡镇（街道）主要负责人参加。常委（扩大）会主要传达贯彻上级党委文件和有关会议精神，研究决定区内重大经济社会工作、重大活动、人事任免、干部奖惩等重要事项。年内区委召开36次常委（扩大）会议，下面择其中11次常委扩大会议简述。

区委六届第12次常委（扩大）会议 2017年1月20日下午，区委书记韩伦红在区市政大楼6楼常委会议室主持召开区委六届第12次常委（扩大）会议。会议传达学习省委《市县党委工作运行规则》和《乡镇党委工作运行规则》文件精神，传达学习市"两会"主要精神，传达学习中央政法工作会议精神，传达学习《四川省健全落实社会治安综合治理领导责任制实施办法》文件精神，研究讨论2017年政法工作要点，传达学习《四川省党风廉洁建设党委主体责任追究办法（试行）》文件精神，研究"两学一做"民主生活会问题整改，研究春节慰问方案，研究春节值班安排，传达学习市委农村工作会议精神，研究年前农民工工资兑付问题，研究整合机关办公用房方案，研究干部人事工作。会议对上述议题提出要求，明确责任主体。

区委六届第14次常委（扩大）会议 2月10日下午，区委书记韩伦红在区市政大楼6楼常委会议室主持召开区委六届第14次常委（扩大）会议。会议审议区纪委六届二次全会工作报告及相关文件，研究脱贫攻坚有关工作，审议《高坪区2017年拟实施重大项目计划表》，审议《高坪区2017年主要经济指标预期目标》，听取2016年招商引资签约项目实施情况、在谈项目情况及下步工作打算，审议《四川省南充市高坪区人民政府与华宇国信投资基金（北京）有限公司战略合作框架协议》。会议对上述议题提出要求，明确责任主体。

区委六届第16次常委（扩大）会议 3月7日下午，区委书记韩伦红在区市政大楼6楼常委会议室主持召开区委六届第16次常委（扩大）会议。会议传达学习习近平、王岐山同志在第十八届中央纪律检查委员会第七次全体会议上的讲话和报告精神，传达学习《中国共产党党委（党组）理论学习中心组学习规则》文件和中省市宣传部长会议精神，传达学习王东明同志在南充调研的指示精神，传达学习省脱贫攻坚领导小组会议精神，传达学习全市安全生产年度工作会议暨市安委会第一次全体会议精神，传达学习全市人防工作会议精神，传达学习全省2017年贫困县摘帽现场推进会议、秦巴山片区发展农村集体经济助推脱贫攻坚座谈会和全省农村集体产权制度改革动员部署会议精神，传达学习全市关心下一代工作会议精神，传达学习全市统战暨宗教工作会议精神，研究我区统战暨宗教工作，听取人大常委会党组关于修建常委会会议厅、机关食堂、人民来访接待室等的情况报告，审议《关于表彰脱贫攻坚工作先进单位和先进个人的建议》，审定《高坪区基本农田全域划定工作方案》，研究区航投公司收购建筑类公司的相关问题，研究区物投公司成立售电公司的相关问题，审议《关于评选表彰2016年度全区政法工作先进集体和先进个人的通知》。会议对上述议题提出要求并明确责任主体。

区委六届第22次常委（扩大）会议 5月16日上午，区委书记袁华兵在区市政大楼6楼常委会议室主持召开区委六届第22次常委（扩大）会议。会议传达学习习近平总书记对推进"两学一做"学习教育常态化制度化的重要指示精神和刘云山、赵乐际同志在推进"两学一做"学习教育常态化制度化工作座谈会上的讲话精神，传达学习王东明同志在全省环境保护大会上的讲话精神，传达学习王铭晖副省长督导高坪脱贫攻坚工作重要指示精神及研究反馈问题整改工作，传达学习《南充市依法治市领导小组关于认真学习贯彻落实〈四川省党政主要负责人履行推进法治建设第一责任人职责实施办法〉的通知》文件精神，传达学习宋朝华同志在全市经济运行形势分析电视电话会议上的讲话精神，传达学习宋朝华同志在全市深化领导班子思想政治建设工作推进会暨县处级主要领导干部读书班开班式上的讲话精神，审议《南充航空港投资开发有限公司增加注册资本金、修改章程暨变更营业期限有关事项》，审议《南充航空港投资开发有限公司并购控股南充明宇广场项目公司》，审议《关于创新体制机制优化机构编制资源配置推动全区产业园区发展的建议方案》，审议《南充市高坪区外聘法律顾问管理暂行办法（草案）》，审议《高坪区进一步规范机关事业单位工作人员办理退休有关事宜》，审议《关于建立项目攻坚激励约束督查机制的通知》，审议《华星高级轿车展示及销售中心项目投资协议》。会议对上述议题提出要求并明确责任主体。

区委六届第25次常委（扩大）会议 6月14日上午，区委书记袁华兵在区市政大楼6楼常委会议室主持召开区委六届第25次常委（扩大）会议。会议宣读市委组织部《关于提名陈多平、袁华兵同志职务任免的通知》，传达市委朝华书记在新任区长提名人选见面会上的重要讲话精神，传达学习省委学习宣传贯彻省第十一次党代会精神抓好当前有关工作专项督导动员培训会精神，审议《关于调整我区华诺国际楼盘矛盾化解工作组成员的请示》，审议《高坪区"人才兴区"战略实施办法》，审议《2017年度全区目标绩效管理工作实施意见》，审议《2016年度目标绩效表彰奖励建议方案》，研究干部人事工作。会议对上述议题提出要求并明确责任主体。

区委六届第28次常委（扩大）会议 7月17日下午，区委书记袁华兵在区市政大楼6楼常委会议室主持召开区委六届第28次常委（扩大）会议。会议传达学习中共中央、国务院《关于加快推进生态文明建设的意见》，国务院办公厅《关于加强环境监管执法的通知》文件精神，传达学习全省农业农村改革经验交流暨工作推进会议精神，传达学习邓小刚、黄建发同志在县（市、区）委书记学习贯彻省第十一次党代会精神培训班上的讲话精神，传达学习全市依法治市工作推进会议精神，传达学习全省基层党建工作视频会精神，传达学习全市推进"两学一做"学习教育常态化制度化工作会议精神，传达学习全国"雪亮"工程建设推进会议精神，传达学习省市残疾人事业工作会议精神，传达学习全市安全稳定工作会议精神，审议《关于召开高坪区第六届人民代表大会第二次会议的请示》，审议《天津银行股份有限公司成都分行融资方案》，审议《南充航空港工业集中区污水处理工程及配套基础设施建设项目选址及修建方案》，审议《全区工业园区入驻企业不动产权证登记办理遗留问题的处理意见》，审议《鲜花谷项目投资协议书》，审议《关于汽车维修行业危险废物污染防治专项整治工作的请示》，审议《关于将主城区饮用水源地环境保护区建设项目纳入应急工程组织实施的请示》，审议《小龙污水处理厂及部分乡镇污水处理站项目调整方案》。会议对上述议题提出要求并明确责任主体。

区委六届第32次常委（扩大）会议 8月4日下午，区委书记袁华兵在区市政大楼6楼常委会议室主持召开区委六届第32次常委（扩大）会议。会议学习《四川省环境保护党政同责工作目标绩效管理实施细则（试行）》《四川省安全生产党政同责工作目标绩效管理实施细则（试行）》及相关法律法规文件精神，传达学习全市纪检监察工作会议精神，审议《南充市高坪区政府债务风险化解工作方案》，审议《关于南充市高坪区江东片区棚户区改造（一期）、（二期）项目政府购买服务相关事宜的请示》，审议《关于南鑫国际商贸物流城物流用地办理不动产权证书的请示》，审议《江东新区宏泰生化、飞龙化工、顺城盐化三户企业搬迁改造工作方案和补偿方案》，审议《关于学校安全隐患整治工作有关事宜的请示》。会议对上述议题提出要求并明确责任主体。

区委六届第34次常委（扩大）会议　8月25日下午，区委书记袁华兵在区市政大楼6楼常委会议室主持召开区委六届第34次常委（扩大）会议。会议传达习近平总书记在省部级主要领导干部专题研讨班上的重要讲话精神，传达《中国共产党党内功勋荣誉表彰条例》文件精神，传达8月14日全省脱贫攻坚帮扶工作推进会议精神，传达学习柯尊平同志赴南充开展环境保护等专项督导工作汇报会议精神，传达学习宋朝华同志在全市全面落实河长制工作领导小组（扩大）会议上的讲话精神，传达学习宋朝华同志在市环境保护委员会第二次会议上的讲话精神，传达学习8月23日市财经领导小组会议精神，审议《区人大2017年上半年工作总结》，审议《区政协2017年上半年工作总结》，审议《拨付四川绿洲置业有限公司奖补资金的请示》，审议《兑付南充传化公路港物流有限公司奖补资金的请示》，审议《解决南充市第五自来水厂取水口水源地保护区建设工作资金的请示》，审议《2016年度目标奖发放建议方案》，审议《区政府领导同志分工》《区政府部分党组成员分工》。会议对上述议题提出要求并明确责任主体。

区委六届第37次常委（扩大）会议　9月22日上午，区委书记袁华兵在区市政大楼6楼常委会议室主持召开区委六届第37次常委（扩大）会议。会前学习解读《行政机关公务员处分条例》，会议传达学习王东明同志在省脱贫攻坚领导小组第十六次会议上的讲话精神，听取全国社会治安综合治理表彰大会精神暨全市近期限时推进平安建设攻坚行动部分重点工作的情况汇报，审议《三环电子研究院投资协议书核心条款》，审议《四川南充新金丰实业有限公司小龙门6号土地收储补偿的请示》，审议《熊营生、王朝富同志晋升正处级职级的请示》，审议《试用期满转正干部的请示》，研究干部人事工作。会议对上述议题提出要求。

区委六届第40次常委（扩大）会议　11月6日下午，区委书记袁华兵在区市政大楼6楼常委会议室主持召开区委六届第40次常委（扩大）会议。会议审议国资国企改革系列文件，审议《中远集团军民用新型复合材料投资协议书》，审议《南充市高坪区江东大道标美路建设PPP项目合同核心条款》，审议《关于补选高坪区第六届人大代表及人大常委会组成人员的请示》，审议《高坪区委第二轮巡察工作情况汇报》，研究给予纪律处分有关问题。会议对上述议题提出要求。

区委六届第44次常委（扩大）会议　12月13日下午，区委书记袁华兵在区市政大楼6楼常委会议室主持召开区委六届第44次常委（扩大）会议。会议传达习近平总书记关于进一步纠正"四风"、加强作风建设重要批示精神，传达学习省委十一届二次全会精神，听取全区脱贫摘帽省级验收考核评估工作情况的汇报，审议《关于对脱贫摘帽迎检单位进行通报表扬的建议》，传达学习市委、市政府《关于严明作风扎实做好当前工作的紧急通知》，传达学习全省禁毒工作会议精神，审议《川东北金融中心金融广场展示中心建设方案》，审议《四川宵云建筑工程有限公司及入驻金融机构经营办公场所装饰装修工程建设方案》，审议《高坪区拟上报"十件大事"》，审议《采取政府购买服务模式缴纳失地农民保险的请示》，审议《南充市高坪区脱贫攻坚领导小组关于易地扶贫搬迁工作督导自查的报告》，审议《白塔公园夜景亮化工程设计方案（变更后）事宜》，审议《南充市高坪区电子商务产业发展规划（2015—2020）》，审议《关于拨付四川绿洲置业有限公司奖补资金的请示》。会议对上述议题提出要求。

重大决策

为推进"绿色高坪、幸福家园"建设，认真贯彻中央十八届六中全会、省委十届九次全会和中央、省委经济工作会议精神，落实市委六届二次全会暨经济工作会议各项决策部署，全面全面打赢脱贫摘帽、项目建设、改革开放"三场攻坚战"，区委根据高坪实际，在全区经济社会发展提速升位的过程中，作出多项重要决策，下面择其4项重要决策简述。

【加快全区工业发展】 为深入贯彻落实中央、省委经济工作会议精神和市六届党代表、区六届党代会精神与人代会工作部署，坚定不移兴实业、强实体，奋力做强先进制造业，促进全区工业经济实现创新发展、绿色发展、跨越发展，结合高坪实际，区委制定《关于加快全区工业发展的实施意见》。意见提出：坚持把调结构、促转型作为工业发展的根本路径，推动工业转型升级。以招强引优为主战场，培育一批引领企业。以技改扩能为着力点，扶持一批骨干企业。以军民融合为突破口，孵化一批科技企业。到2020年，力争全区规模以上工业企业总户数超过120户，工业总产值突破600亿元，入库税金达到6亿元。到2025年，力争规模以上工业企业总户数超过200户，工业总产值突破1000亿元，入库税金达到10亿元，让先进制造业成为我区经济社会发展的主要推动力。

【加快生态文明建设】 为全面贯彻落实《中共中央国务院关于加快推进生态文明建设的意见》，按照创新、协调、绿色、开放、共享发展的要求，奋力建设"绿色高坪·幸福家园"，全面提升生态文明建设水平。区委制定《关于进一步加快生态文明建设的意见》，意见要求：充分认识加快生态文明建设的重要意义，坚持生态优先、协调发展的原则，坚持全域规划、突出特色的原则，坚持统筹推进、重点突破的原则，坚持改革创新、科技引领的原则，坚持政府引导、全民参与的原则。其工作重点是：构建立体化的生态规划体系，构建配套化的生态保护体系，构建多样化的生态修复体系，构建特色化的生态产业体系，构建多元化的生态科技创新体系，构建全民化的生态文化体系，构建规范化的生态文明制度体系。通过深入实施"蓝天行动"、"碧水行动"、"宁静行动"、"绿地行动"和"田园行动"，生态环境更加良好、生态产业蓬勃发展、生态城市特色鲜明、生态文化深入塑造、生态制度体系健全完善、生态品牌效应凸显。到2021年，全区森林覆盖率达到42.2%，国土覆盖绿化率达到70.2%，活立木蓄积量增加到110万立方米左右，荒山荒地治理率达到98%以上。保障措施是：强化组织领导、发动社会参与、严格督查考核。

【稳步推进农村集体产权制度改革】 在坚持农村基本经营制度和集体所有制的基础上，以明晰农村集体产权归属、维护农村集体经济组织成员权利为目的，以推进集体经营性资产改革为重点任务，以清产核资、成员确认、资产量化、股权设置、股权管理和收益分配为主要内容，以发展股份合作等多种形式的合作与联合为导向，构建归属清晰、权能完整、流转顺畅、保护严格的农村集体产权制度，建立符合市场经济要求新的实现形式和运行机制，切实促进新型集体经济不断发展，实现农民财产性收入稳定增加。探索集体经济新的实现形式和有效运行机制。要坚持坚守底线、保护民利、分类施策的基本原则。重点工作是：开展清产核资、明晰产权归属、确认成员身份、合理设置股权、完善股权管理、健全分配制度、确立主体地位、强化内部管理、强化财务管理、发展集体经济、维护合法权益、健全交易平台。

【实施"三百示范工程"带动现代农业提质增效】 为深入贯彻中央、省委农村工作会议、1号文件、市委第六次党代会精神和区六次党代会精神，区委制定《关于深入推进农业供给侧结构性改革实施"三百示范工程"带动现代农业提质增效的意见》。意见提出:坚持把"三百示范工程"作为农业集群发展的关键,全域规划布局,优化产业结构,突出示范效应,做大总量、做优质量、做响品牌,打造农村经济发展新的增长极。重点工作是:建设现代循环农业园区、培育亿元农业龙头企业、打造农业新业态示范样板、发展特色优质功能农产品。创建农产品区域公共品牌。保障农产品质量安全。意见强调:坚持把放活土地经营权作为深化农村改革的主攻方向,均衡配置人才、土地、资金等城乡要素,激活市场、激活要素、激活主体,增添农业农村发展新动能。重点工作是:深化农村产权制度改革、推进综合改革试验示范、创新财政投入农业方式、构建农村金融服务体系、多种形式促进适度规模经营。意见要求:完善基础设施配套,强化农业集群发展支撑。重点工作是:大力构建水利设施网络、加快建设高标准农田、强化农业科技支撑、推进农村生态文明、改善农村生活条件。意见指出:坚持把"四好村"创建作为幸福美丽新村建设的重点,推动农村风貌大整治、农村环境大改善、农民素质大提升,实现城乡统筹融合发展,做优农业集群发展平台。重点工作是:全面实施"四好村"创建、统筹建设幸福美丽新村、科学配置农村公共服务、意见明确:坚持把脱贫攻坚作为"三农"工作的重中之重,集中力量精准扶贫精准脱贫,补齐同步全面小康的短板。重点工作是:锁定脱贫攻坚任务、强化脱贫攻坚举措、创新脱贫攻坚机制。

重大活动

为贯彻落实中央和省、市委的指示精神,动员和率领全区广大党员和干部群众,团结一致奔小康,奋力推进绿色发展,建设幸福家园,区委组织开展多项重大活动,下面择其3次重大活动简述。

【深入开展"走基层、解难题、办实事、惠民生"活动】 为深入学习宣传贯彻党的十九大精神,凝心聚力加快建设"成渝第二城""绿色高坪·幸福家园",根据《中共南充市委办公室关于印发〈深入学习宣传贯彻党的十九大精神扎实开展第二阶段"走基层、解难题、办实事、惠民生"活动方案〉的通知》要求,区委在3月底前,集中开展第二阶段"走基层、解难题、办实事、惠民生"活动。集中深入学习宣讲党的十九大精神,各级党员领导干部率先带头开展集中大宣讲,宣传部门组织专家学者、党员干部、党代表等组建宣讲团开展巡回宣讲。各单位各部门组成宣讲小分队开展群众大宣讲。切实为群众解难题办实事,认真落实2017年民生工程及民生实事,扎实开展"走基层、送温暖"活动,建立完善乡村治理体系。全力推进脱贫攻坚,全区进一步做深做细群众教育引导,做好2018年脱贫攻坚推进计划,全力全面巩固脱贫成果。扎实做好岁末年初各项工作,全力完成年度目标任务,确保全年各项目标考核得满分、不丢分,落实接访下访包案制度,维护社会大局稳定,认真总结谋划工作。

【深化"法治扶贫"系列主题活动】 进一步深化法治扶贫"十百千万"工程,巩固提升2016年法治扶贫成果,切实增强贫困群众的法治意识和法治素养,更好地以法治保障和服务脱贫攻坚,结合高坪实际,区委决定开展深化"法治扶贫"系列主题活动。一是法律服务站维权做后盾。继全区在重庆市两江新区成立驻渝高坪籍农民工维权服务站后,进一步把法律援助服务网络向省外延伸,以最大限度满足外出务工人员对法律援助的需求。二是法治扶贫律师进村助发展,在全区范围内择优聘任9名律师,按照"1+X"模式,对口联系全区91个精准识别贫困村,联系律师为贫困村提供全方位法律服务。三是政法干警进村促和谐,按照"一村一警"的原则,在区政法系统中选派法治素养好、业务能力强、服务水平高的政法干警与全区91个贫困村结成"对子",开展政法干警进村促和谐工作。四是法治干部入户结穷亲,选派法治干部深入全区6150

户精准识别贫困户，开展法治帮扶工作。五是开展评比表扬活动，区依法治区领导小组对3名律师、10名政法干警、30名法治干部进行表彰，达到奖先评优、激励先进的目的。六是开展法治扶贫征文活动，全区23个脱贫攻坚行业部门和系统各政法部门至少完成一篇法治扶贫征文。七是开展法治扶贫昨天与今天摄影展活动，征集贫困村扶贫前后的照片、影像，将优秀照片装订成册，集中展示法治扶贫贫困村扶贫前后的变化。八是开展法治干部能力提升活动，对政法干警、法治指导员、法律明白人等法治干部进行定期专题法制培训，使法治干部能够更好地开展法治扶贫工作。九是开展矛盾纠纷集中化解活动，针对邻里纠纷、拖欠农民工工资、民事侵权等矛盾突出、影响社会和谐稳定的问题，组织律师、政法干警、法治干部等开展为期半年的矛盾纠纷集中化解活动。十是全面推广"脱贫公约"法治扶贫工作法活动，大力实施依法治村战略，创新基层社会治理，尊重和激发村民脱贫奔康主体地位，有效解决贫困群众等、靠、要、攀比思想严重等问题，推进了基层民主法治建设。

【深入开展"基础管理年"活动】 2017年，为全面落实市委市政府和区委决策部署，切实加强基础管理，努力提升行政绩效，形成流程管理与层级管理相结合的管理体系，在全区开展"基础管理年"活动。活动以强化工程项目管理，强化财经管理，强化国资国企管理，强化国土资源管理，强化惠民政策落地管理，强化投资促进管理，强化公共服务管理，加强城市管理，强化干部人事管理，强化档案管理为主要内空，通过加强领导，压实责任；精心组织，稳步实施；强化监督，确保质效。

（供稿：路　华）

区委办公室工作

【概况】 2017年，区委办公室在区委的坚强领导下，高举习近平新时代中国特色社会主义思想伟大旗帜，深入学习贯彻党的十九大精神，围绕"服务发展、服务决策、服务落实"这一主线，紧扣区委中心工作，充分发挥参谋助手、组织协调、综合服务和后勤保障等职能，有效保障了区委工作高质、高效、高速运转。区委办信息工作名列全市第一，调研工作、机要保密工作均完成了年初目标。

【突出党建工作】 牢固树立"抓好党建就是最大的政绩"理念，以建设"学习型机关"作为总抓手，开展形式多样的学习活动，提高班子队伍思想政治素质。加强组织领导，建立健全党建工作责任制，全面落实"一岗双责"，把党建工作纳入办公室工作全局，摆上重要议事日程，定期召开专题会议，认真研究谋划党建工作，做到党建工作与业务工作同部署、同检查、同推进、同落实、同考评，为认真落实党建责任制提供了组织保证。强化理论学习，结合"两学一做"常态化学习教育活动，将《党章》《准则》《条例》等党纪党规作为必学内容，把学习党章党规与学习习近平总书记系列重要讲话统一起来，并开展专题讨论，深刻领悟基本精神。严肃组织生活，认真执行"三会一课"、组织生活会、民主评议党员等制度，召开党支部党员大会4次、支委会议12次，开展主题党日活动12次，以更有力的举措、更务实的作风推动党内组织生活制度化、经常化、规范化、长效化。强化作风建设，认真贯彻落实中央关于改进工作作风、落实中央八项规定，以及省委、省政府十项规定，市委、市政府关于加强作风建设的相关精神，以"三办"为重点，强化帮办服务，改进工作作风，净化政治生态，促进风清气正，为各项工作开展提供坚强保障。

【突出三项服务】 坚持"带一流班子、干一流工作、创一流业绩、树一流形象"工作理念，围绕"高标准、高质量、高效率"工作目标，全力提供高水平、全过程服务。参谋辅政实现新提升，主动围绕中心谋大事、谋要事、谋实事，为区委决策部署建言献策，全力当好"参谋部""智囊团"。信息工作勇攀高峰，深入落实"全员信息"、"责任到人"、"跟班学习"等制度，全年向省委、市委上报各类信息800余条，被省委办公厅采用8条，市委办采用137条，从第一季度排名九县（市、区）倒数第一，到年终位居第一名。综合文稿精益求精，突出文稿的"立意"和"视角"，创新推出文秘人员听会、撰稿前集中研讨、用稿后相互点评等制度，提高文稿质量，先后起草撰写讲话、汇报等各类综合文稿200余篇，得到领导的认可和肯定。调查研究成果丰硕，瞄准上情、认准区情、摸清下情，全年共撰写各类调研报告30余篇，被省委、市委核心刊物刊发10余篇，为领导决策提供了有益参考。统筹协调得到新加强，充分发挥中枢调度作用，立足全局协调资源、凝聚力量，全力当好"总枢纽""调度员"。更加重视向上对接，积极与上级党委办公室加强沟通，主动了解上级重大活动安排，统筹安排区内重大活动，做到衔接紧密、井然有序。更加重视对内协调，发挥"领头雁"作用，进一步完善了四大班子办公室主任联席会议制度，建立协调机制，提前掌握和统筹区级各套班子重大活动，确保高效有序开展工作。更加重视对下指导，建立党办政务材料交流群，全面指导提升各乡镇（街道）、区级部门办公室人员文字材料水平。全程参与各部门牵头组织的重大会议，在会议通知、会场布置、会场服务、会议材料等各个方面进行示范指导，有效提升了全区办公室系统工作水平和能力。服务保障再上新台阶，增强主动服务意识，提高精准服务水平，当好"后勤部"、"服务员"。公务服务"规范化"，坚持以制度立规范、以细节求完善、以精致创特色，严格按照中央八项规定和厉行节约要求，进一步规范公务用车和公务接待，有效杜绝"餐桌上的浪费"。在各级领导来区视察调研接待中，做到大事不误、小事不漏，实现零失误。事务服务"简约化"，认真落实中、省、市、区关于改进文风会风的规定，主动开展"文山会海"专项治理，通过"开套会吃套餐"、"开夜会节时间"等方式大力精简会议。严把公文起草审核关，做到言简意赅，精益求精。业务服务"精细化"。统筹推进机要、保密、值班等工作，严格执行24小时值班值守制度，做到密不离人、人不离室，确保了密码绝对安全、通讯绝对畅通。

【突出精准扶贫】 积极投身脱贫攻坚帮扶工作，对定点帮扶的万家乡湛家沟村、图山寺村和邵家坪村，分别确定了一名科级领导和两名农村工作经验丰富、责任心强的干部蹲点驻村帮扶，与乡镇、村社共同努力，顺利通过了省、市考核验收。扶贫工作中坚持"缺啥补啥、普惠共享"原则，协助乡镇工作，锁定住房、道路、水利、公共服务设施持续用力，完成易地扶贫搬迁16户56人、危房改造60余户、"五改三建"100余户，村道公路扩宽至4.5米、新建社道公路10.6公里、入户便道12公里，新建维修山坪塘12口、蓄水池8口、集中供水站6处，确保村退出"五有一低"全面达标。强化思想引导感恩教育，利用道德讲堂、农民夜校、广播站等宣传阵地，开展感恩奋进"一比二思三看"和知恩感恩"三谈"活动，印制发放感恩脱贫·文明乡风对联1000余幅、宣传年画1000幅，发放购物袋、扇子等乡风文明宣传品1000余件，引导群众知恩感恩、增智立志，努力推动"养成好习惯，形成好风气"。充分发挥综合协调作用，为帮扶联系村积极争取资金和项目。先后向上争取资金约500余万元改善基础设施，争取残疾人种养殖项目、国土挂钩项目、地灾搬迁项目在3个精准识别贫困村实施；争取棉被200余床、临时困难救助金30万余元保证困难群众温暖过冬，自筹集资金10万元解决困难群众的临时救助。

【突出作风建设】 严格按照中央、省委和市委关于党风廉政建设的各项决策部署，严明纪律，严肃管控，有效树立了区委办公室廉政形象。严格落实"一岗双责"，班子成员担起"分内之事"，以"好干部"标准要求恪守党风廉政建设责任制，构建齐抓共管的工作机制。利用民主生活会、集体学习、交心谈心等机会，加强对全办干部的廉政教育和引导，做到警钟长鸣。严格落实廉政谈话制度，一把手定期约谈班子成员，分管领导定期约谈各科室负责人，各科室负责人定期约谈其他工作人员，预防问题出现。坚持"从严"标准，高悬问责利剑，对存在的苗头性问题，坚决铁面铁心、寸土不让、一步不松。坚持把制度抓在手，规范机关管理，在财务管理上，坚决按章办事，每笔财务支出事前报告、事中监督、事后审核，对需要采购的设备，一律按采购程序办理，切实做到防微杜渐。在工作纪律上，严格上下班制度，不定期对各科室工作纪律情况进行督查通报。

【领导名录】 区委办公室主任：蒋勇；副主任：赵文举（9月止），屈国虎（7月起），林洁（女、兼区委保密办主任、区保密局局长，7月起），姚馨（9月起）；区委保密办副主任：陈美志（女、兼区保密局副局长，12月起）；区委机要局副局长：谭晓兵；区密码局副局长：马永春（女）；区委接待办主任：蒲泳霖（女、12月起）；区委后勤服务中心主任：易长江。

组织工作

【概况】 2017年，全区组织工作在区委的坚强领导下，在市委组织部的精心指导下，全面学习贯彻落实党的十九大精神和中、省、市组织部长会议精神，以迎接党的十九大胜利召开为主线，突出全面从严治党，进一步提高组织工作科学化水平，为加快建设"绿色高坪、幸福家园"，提供坚强的组织保障。高坪区委组织部内设及挂靠机构有党建办、人才办、远程办、办公室、组织股、干部一股、干部二股、综合干部股以及离退休暨流动党员服务中心，在职干部职工17人。

【深入推进"两学一做"学习教育】 出台《高坪区党内组织生活工作标准》，编印《"两学一做"常态化制度化任务清单》，全面规范党员领导干部双重组织生活、"三会一课"等党内基本生活制度。全区县级党员领导干部先后到联系点或联系单位上党课80余场，撰写心得体会、署名文章40余篇。向全区948个基层党组织赠阅十九大系列学习资料，为党员配发新式党员徽章和十九大党章，每月制发《"两学一做"常态化制度化学习资料汇编》，力促党员干部自觉强化"四个意识"。从严夯实基层党建薄弱环节，统一编发党组织工作纪实簿，全程纪实基层党建工作的每个细节，确保学习教育融入日常，抓在经常。

【全力推进党建助力脱贫攻坚】 整合脱贫攻坚资源，重组"五个一"、"三个一"协调小组，为65个插花式非贫困村全覆盖选派"三个一"帮扶力量。研究出台重奖重惩脱贫攻坚干部"双十条"规定，严格实行"外勤通"APP定位考勤，严肃约谈9名履职不力的第一书记，通报批评50余名扶贫干部，30余名干部被问责，推动帮扶力量下沉一线。完善脱贫攻坚帮扶力量保障机制，为156名第一书记统一购买人身意外伤害险，足额拨付第一书记驻村工作经费，督促派员单位逗硬落实带薪休假、健康体检等关爱制度；投入600万元深入实施党员精准扶贫示范工程，培育致富带头人120余名；探索创立"631"分红、返租倒包、"飞地"模式等利益联结机制，该做法被中央电视台报道，得到省级验收检查组充分肯定。建设农民夜校开展群众教育，大力加强农民夜校建设，创办村（农村社区）农民夜校368所，青居镇烟山村农民夜校被评为省级示范校，万家乡谌家沟村农民夜校被评为市级示范校；创新建立农民群众教育培训联席会议制度，成立"高坪区农民夜校讲师团"，编制教学培训用教材20余类50余套（册）；开办农民夜校示范班32期。

【大力提升党建工作科学化水平】 压紧压实党建主体责任，建立党委、总支、支部三级党建工作责任体系。推行党建直接责任人述职制度，逐级签订党建目标责任书940余份。建立党建工作常态化督查考核机制，成立6个党建工作常态化督查组，采取"明查+暗访"方式，对全区各级党组织党建责任落实完成情况进行12次督查暗访，发现整改问题70余个。强化党建目标考核，分年度、季度、月份制定党建责任清单，全年发出党建责任责任清单65份。深入实施"基层党建创新示范引领工程"，以"创新示范项目化、日常工作规范化、能力素质专业化、基础保障刚性化、责任落实岗位化"为抓手，分片区、分领域、分行业建设党建创新示范点，推动基层党建发生格局性变化；试点建立"1+6"社区综合治理体系；全面加强中小学校党的建设，积极筹建教育工委，建立教育工作部门班子成员联系中小学校党组织制度，形成教育工作党建合力。创新推进园区党组织建设，深入开展"产业园区红色竞争力提升行动"，组建物流、电子、汽贸、丝纺四大行业党委，相关做法在省委办公厅简报刊发。在深化区属国有企业改革中全面加强党的建设，制发《关于坚持党的领导加强区属国有企业党的建设的实施意见》，全面理顺6家区属国有企业党组织隶属关系，指导6家区属国企同步将党建工作要求写入公司章程。夯实基层组织薄弱环节，规范乡镇（街道）和村（社区）党组织工作运行机制，不断提升基层党组织议事决策水平；扎实开展新一轮"三分类三升级"活动，持续抓好基层软弱涣散党组织整顿，14个软涣散组织提档升级。建立健全"三务公开"、村（居）务监督机制，推行"阳光村务"，有效保障村（居）民的知情权、参与权、监督权。持续抓好"三支队伍"建设，开展与党组织失去联系党员规范管理与组织处置工作，扎实开展"村霸"、"蝇贪"问题集中整治，完成党员电子身份信息采集录入，推进发展党员"六个专项计划"，规范发展党员280名。实施"千名村级后备干部培养计划"，确保每个村2名以上年轻后备干部人才。加强大学生村干部培养使用，11名在岗大学生村干部转聘到乡镇事业单位。全面落实基层基础保障，足额保障村（社区）经费6500余万元。继续推行"老党员生活补贴"、"退职三职干部生活补贴"等关怀机制，为900余名80岁以上农村老党员发放生活补贴100余万元，为2200余名村（社区）离职三职干部发放生活补助120余万元。拿出1320余万元，新建和改扩建村级"1+6"公共服务中心、社区"六站一平台"党群服务中心41个。

【强化换届后干部队伍建设】 鲜明选人用人导向，深化"悬帽"激励机制，出台《关于重奖重惩脱贫攻坚一线干部十条规定》，围绕市委"九场战役"和打赢"三场必胜"攻坚克难总体战的要求，提拔重用48名脱贫攻坚一线干部，免职处理1名脱贫攻坚不力的党委书记，形成"凭能力用干部、以实绩论英雄"的浓厚氛围。规范干部监督管理，完善"四位一体"监督举报体系，抓好领导干部个人重大事项报告、经济责任审计、科级干部外出请销假等工作；完成86名超职数配备干部整改任务；深入实施干部档案数字化建设，严格按照"四室"、"六防"要求，标准化推进建设工作，实现干部档案管理制度化、规范化、专业化、信息化。健全干部考评体系，建立领导班子结构模型化管理制度，做好34名女干部和3名党外干部调整工作；深入实施领导班子运行调研制度，按照"排位+定等"测评方式，对32个乡镇（街道）集中开展科级班子运行情况调研，全面掌握干部现实表现。开展实绩工作常态化督导工作，对64个区级部门和32乡镇（街道）开展实绩督导，将21名干部纳入"负面清单"，着力构建"能者上、庸者下、劣者汰"的用人环境。强化干部正向激励，出台《退出领导岗位科级干部管理办法》，抽调48名退居二线的科级干部到脱贫攻坚等一线开展督导工作，着力破解"管理覆盖难、作用发挥难、考核评估难"等现象；研究出台区属国有企业领导人管理办法，进一步加强对国有企业的监督管理；扎实推进公务员职务与职级并行工作，全年共完成85名符合条件干部的职级晋升。健全科学培养机制，实施第三批人才递进培养工作，公开遴选30名正科、50名副科递进培养对象。坚持上挂和下派相结合的方式，安排2名新提拔干部到信访、综治维稳一线挂职锻炼，派出10名干部到上级部门顶岗锻炼学习。

【大力实施"人才兴区"战略】 健全人才体制机制,出台《高坪区推进"人才兴区"战略实施办法》《高坪区"十三五"人才发展规划》,研究制定《深化人才发展体制机制改革的实施意见》,健全完善党委联系服务专家制度和专家决策咨询制度,选优配强人才工作力量,构建"引育管用"的人才发展体系。推进重大引才工程,实施"嘉陵江英才工程",开展"名校名院名园名企行"活动,与西南大学签订人才战略合作协议,推进人才交流与智力合作。先后赴清华大学、西安交大、四川大学开展人才招聘活动,引进急需紧缺专业研究生3名、招引基层教师70名、贫困地区医务工作者18名。建立完善专家人才信息库、知名人士信息库,主动对接外出成功人士返乡创业。培训本土优秀技能人才、创新创业人才、农村实用人才3946人次。构建人才创新高地,组织开展"嘉英荟"南充青年创客汇、"南充市第二届机器人挑战赛暨2017第七届中国城际机器人挑战赛南充区域赛"、"大众创业·万众创新"活动周系列活动。大力支持"双创"平台建设,积极向上争取政策,川北医学院大学生创新创业俱乐部被省人才办授予"第三批四川省大学生创新创业俱乐部"称号,获得建设补助资金100万元。加大人才关爱力度,持续推行县级领导联系优秀人才制度,对作出重大贡献、取得突出成绩的优秀人才进行表彰和奖励;做好优秀人才保障服务工作,为华巍机器人科技有限公司总经理魏巍同志申请获得省级博士安家补助5万元。

【着力打造模范组织部门】 推动"两学一做"学习教育常态化制度化,深入学习贯彻省第十一次党代会精神;组织业务交流大讲堂、日常政治学习、警示教育和"三会一课",不断增强组工干部党性修养和业务能力;强化组工干部能力素质培养,开展集中培训2次,着力打造"开口能讲、提笔能写、难事能办、阅人能辨"的组工干部队伍;从严改进工作作风,深入推进"清单工作法",确保"文不过夜、事不隔天、随到随办、急件即办";建立标准化管理制度,细化业务工作,修订业务工作操作流程与管理办法,有效提升工作效率。

【领导名录】 区委组织部长:杨廉玺(7月止)、王春艳(女、7月起),副部长:何川、曾长权(兼)、张静(女、兼)、王睿(兼)、魏乾坤(9月起)、张扬(9月起)。

(供稿:区委组织部)

高坪区2017年党组织设置及党员发展情况

党(工)委(个)	二级党委(个)	党总支(个)	党支部(个)	党员总数(名)	发展党员(名)	预备党员到期转正人数(名)
46	18	23	861	25603	284	266

宣传工作

【概况】 2017年,区委宣传部内设办公室、教育股、宣传股3个中层机构,辖区网络舆情中心、区新闻采编中心2个事业单位,合署办公的有区委对外宣传办公室、区精神文明建设委员会办公室2个正科级机构,核定行政编制12个,事业编制12个,行政工勤编制1个,现共有干部职工25人,部长由区委常委兼任。区互联网信息办公室、区文联、区社科联、区互联网不良和违法信息举报中心在区委宣传部挂牌,未核定人员编制。年内,高坪区被评为"四川省未成年人思想道德建设先进区"、区委宣传部被省委宣传部评选为"三下乡"先进集体。

【理论教育】 坚持依规管理、从严治学,认真贯彻落实党委（党组）理论学习中心组学习规则，制定年度计划和各按季度学习安排，全年区委中心组开展专题学习13次，各级领导撰写学习心得和理论研究文章300余篇。自编易学易用易懂的学习"口袋书"11版次4500余册，组织征订党的十九大文件及学习辅导读物、《习近平谈治国理政（第二卷）》《全面从严治党面对面》等学习书籍，满足基层学习用书需求。以党的十九大精神和省第十一次党代会精神为中心内容，通过各级领导带头讲、邀请专家辅导讲、宣讲团专题讲、小分队微宣讲等灵活形式，深入企业、校园、机关、农村、社区联动开展接地气、有温度的宣讲活动1500余场次，进一步统一干群思想、凝聚广泛共识。

【意识形态工作】 制定《贯彻落实党委（党组）意识形态工作责任制实施细则》，明确党委（党组）抓意识形态工作的主体责任、书记的第一责任、分管领导的直接责任和党委（党组）领导班子其他成员的"一岗双责"，层层传导压力，级级明确责任，逐步建立健全意识形态领域会商研判、督查通报、考核问责等机制，区委统揽各方、党政齐抓共管、宣传部门组织协调、相关部门分工负责的意识形态工作格局基本形成。严格按照中央、省委和市委要求，把意识形态工作纳入领导班子、领导干部目标管理和执行党的纪律监督检查范围，严格逗硬奖惩、严肃追责问责，让铁规发力、制度发威，有力推动工作责任不折不扣落实到位。全年意识形态领域未出现被问责追责情形。

【外宣和社会宣传】 新闻宣传坚持策划先行，按照"一月一主题"的要求，集中报道高坪各项工作新进展新成效，全年在中省市主流媒体发稿1500余条，其中《人民日报》刊用2条，央视刊播5条，川台刊播40余条。积极组织参与新华社"千里走兰渝"、西博会、四川省农民艺术节等重大活动，配合协调10余家省市媒体采访报道全省优秀共产党员曹琼蓉先进事迹、全面推介展示高坪良好投资环境、鲜明的文化特色和干部砥砺奋进的良好形象。精心组织重大主题社会宣传战役，深入学习宣传贯彻党的十九大和省第十一次党代会精神，结合项目建设、脱贫摘帽、改革开放、从严治党、环境保护、安全生产等重点工作，利用多种宣传载体开展全方位多角度立体式宣传，在城区重要位置设置长期性公益广告、LED屏、景观造型等宣传点位30余处，制作投放环保宣传挂图3000余张、"砥砺奋进的五年"和十九大宣传挂图2000套，有力推动党的重大决策部署深入人心。

【网络安全与信息化】 强化网络舆情监测研判处置，重要舆情监测及时，重大舆情处置有力。全年监测报送属地内外舆情700余条，跟踪督办重要舆情180余条，协调处置市网信办《重要舆情督办函》交办舆情23件，打击处理涉及脱贫攻坚、校园安全、项目建设、环保督查、党风廉政等方面网络乱炒作案件10件。落实网络意识形态工作责任制，强化网络内容的管理和网络安全建设，区网信办依法约谈南充安汉网、南充倾城娱乐传媒有限公司、龙门生活网等网站和平台账号，约谈发布不实信息的网民5人次，督促5个单位网站整改风险漏洞4处，进一步规范网上信息传播秩序，提升网络安全防护水平。建立覆盖全区的新媒体网络矩阵体系，全媒体联动扩散正面宣传信息。配合市网信部门策划开展"南充城建，我们在行动"系列活动，利用全媒体矩阵正面回应引导城建问题，开启网络正面宣传新模式。对全区各地各单位政务微信发布和网评工作定期通报，发布全区政务微信和网评工作红黑榜，组织全区100余名网宣干部进行实战化培训，推动全区"微工作"整体上台阶上水平。

【精神文明建设】 深入推进社会主义核心价值观建设，印发宣传年画6万张，制发围裙、购物袋、扇子等宣传品1.5万件，设置核心价值观道路标识牌4300余个，建成南渝高速出口安汉路社会主义核心价值观宣传长廊，让24字核心价值观深入千家万户、融入群众生活。大力推进乡风文明建设，持续开展感恩奋进"一比二思三看"和知恩感恩"三谈"、"让农家文明味更浓"等多项主题宣教活动，完成32个贫困村乡风文明"六个一"阵地建设，建成特色文化墙300余处，指导352个行政村修订村规民约，制发《感恩扶贫·向上向善》宣传书籍5000余册，开展"感恩扶贫·向上向善"巡回报告会30余场，农村群众好习惯、好风气进一步养成，全市"推进移风易俗，建设文明乡风"现场推进会在我区阙家镇召开。全年，创建省级文明校园6个、市级文明校园20个、市级文明单位3个，走马乡金凤山村获评全国文明村镇；东观镇糍粑坳村村医曾和超、高坪一小教师陈佳入选2017年"四川好人"，白塔社区居民朱春梅、川北医学院学生梁蕊获评第五届四川省道德模范；我区选送的《美丽的万家小学》荣获四川省"童眼看四川最美是家乡"文学类一等奖，高坪区被评为"四川省未成年人思想道德建设先进区"。广泛选树区级先进典型，评选表扬新乡贤10名、"好父母（好公婆）""好媳婿""好夫妻""好儿女""好邻居"160名（对）、幸福文明家庭230户、脱贫光荣户160户、卫生整洁星320户。

【领导名录】 区委宣传部长：郑莉（女、4月止）、曹波（7月起）；副部长：唐锋、柏光余（10月止）、刘雨林（12月起）；纪检员：张敏（女、1月起）；外宣办主任：何雨（女、7月起）；文明办主任：张帆（女、9月起）；互联网信息办主任：钟顺勇；新闻采编中心主任：柏林斌。

（供稿：龙万强）

统一战线工作

【概况】 2017年，全区统战工作以迎接党的十九大、学习贯彻党的十九大精神为主线，认真贯彻落实中央、省、市统战工作会议精神，突出统一战线"落实年"、"创新年"工作主题，大力实施"五大工程"，着力开拓创新、着力培养教育、着力责任担当，为"绿色高坪、幸福家园"建设凝聚人心，汇聚力量。全年非公企业积极助力脱贫攻坚向社会捐资捐物1500万元，区工商联第六次会员代表大会顺利召开。年内，经区委机构编制委员会同意，"高坪区民族宗教事务局"更名为"高坪区民族宗教局"，与区委统战部合署办公，重新核定行政编制7名，现有干部职工7名，部长由区委常委兼任，副部长2名，其中一名兼任工商联党组书记，另一名由民族宗教局局长兼任。

【统战宣传工作】 召开"不忘合作初心，继续携手前进"暨学习中共十九大精神专题培训会，开展全区统一战线"不忘合作初心，继续携手前进"征文演讲活动，积极支持各民主党派分批次开展学习实践活动共计4次，进一步巩固团结合作政治基础。大力开展法律法规、产业政策、经营管理等方面的培训，指导工商联组织会员开展"创新型企业家培训会"1次，开展区内经济培训103人次，组织会员参加省社会主义学院、上海交大等培训8人次。

【统战助脱贫工作】 发挥统战职能优势，号召非公企业通过各种途径向社会捐资捐物1500万元，建立"万企帮万村"示范点2个，4个直属商会和57个会员企业结对帮扶22个乡镇77个村，帮助建档立卡贫困人口1860人。在万家乡谌家沟村打造统一战线脱贫攻坚示范基地，统战花草管护园、留守儿童之家、教育培训、乡风文明等项目正顺利推进。引导各民主党派积极参与全区扶贫，全年共在13个贫困村开展医疗、教育等技术帮扶21次，累计捐资捐物10万余元。

【参政议政工作】 出台《关于加强政党协商的实施意见》、《2017年政党协商（会议协商）计划》，推进协商民主广泛多层制度化发展。牵头召开团拜会1次、情况通报会2次、人事通报会1次、意见征求会3次。全年撰写高质量调研报告6篇，撰写各项提案、议案67件，为区委政府科学决策提供有益参考。加强民主监督，召开特约人员集中换届授聘大会，新聘请"特约七员"30人。

【经济统战工作】 8月22日，高坪区工商联第六次会员代表大会胜利闭幕，圆满完成新一届工商联（总商会）班子成员和执委选举。深入开展"政治上坚定、精神上振奋、业务上精通、作风上过硬"主题学习实践活动，进一步提升统战干部民主协商、教育引导、联谊交友等能力。对接中央和省委、市委统战部门理论研究和重大调研课题，深化对统战工作重点难点问题的研究，形成《如何做好新时期统战工作》调研报告，以理论创新推动实践创新。

【党外队伍建设】 大力实施党外干部"育苗工程"，对党外人士重新组织调查摸底，更新完善党外代表人士队伍档案，在人才储备上蓄力，制定全区党外干部培训计划，加大党外干部教育培养力度，在素质提升上着力。开展统战系统"大走访"，对全区党外代表人士较多的单位进行逐一走访，彻底摸清全区党外代表人士尤其是党外知识分子情况，并在此基础上积极建立高坪区党外知识分子联谊会。抓好党外代表人士政治安排工作，积极推荐优秀年轻党外干部担任领导职务，全年提拔党外县级干部1名，重新调整重用党外干部3名。推荐区人大代表32名、区政协常委22名、区政协委员128名，增补党外区政协常委1名，区政协委员1名。

【民族宗教工作】 全力推进教职人员培训教育工作，专题召开学习贯彻深入新修订《宗教事务条例》座谈会、党的十九大精神专题培训班。推进平安和谐寺庙建设工作，4月在宝寿寺举行消防知识培训暨现场演练活动，主动协调长乐天主堂土地纠纷、朱凤寺信众阻工事件，先后受理涉及宗教因素的信访案件3起，有力地维护宗教领域和谐稳定。推进基督教私设聚会点治理工作，全区共排查出26处私设聚会点，分布在16个乡镇（街道），对各个私设聚会点提出分类处置意见，其中登记挂牌6处、合并撤销11处、备案管理5处、依法取缔4处。

【新的社会阶层统战工作】 全覆盖调查摸底，分类列出重点人员名单，建立工作台账，出台《高坪区新的社会阶层人士统战工作联席会议制度》，最大限度形成合力。在惠生活、物流园、航空港双创中心建立新社会阶层人士创新创业示范基地，为新的社会阶层人士提供施展才华的平台。制定《关于建立南充市高坪区新的社会阶层联谊会的实施意见》，在三环电子、惠生活、物流园分别成立联谊会分会，组织民政、经科、商务、就业、工会等部门和单位召开服务新的社会阶层人士座谈会，帮助解决其具体困难，增强新的社会阶层人士的荣誉感与归属感。

【领导名录】 区委统战部部长：赵启；副部长：胡科（6月止），青春，刘习芳；纪检员：郑杨凡（女）。

（供稿：区委统战部）

区委政法工作

【概况】 2017年，全区政法工作深入学习党的十八大、十九大和省委第十一次党代会精神以及中、省、市政法工作会议部署，紧紧围绕区委、区政府中心工作大局，充分发挥各政法单位职能作用，坚持以法治为引领，创新社会治理方式，夯实基层基础，推进司法体制改革，忠实履行维护社会大局稳定、促进社会公平正义、保障人民安居乐业职责使命，为服务保障"155"发展战略，建设"成渝第二城·南充新未来"和"绿色高坪·幸福家园"营造安全稳定的社会环境、公平正义的法治环境和优质高效的服务环境。年内全区政法工作先后荣获"全省平安建设先进区"、"全市十九大期间安保维稳先进集体"和"全市社会治安综合治理工作先进集体"等荣誉称号。

【维护社会稳定】 贯彻落实总体国家安全观，全年开展反渗透颠覆、反间谍窃密宣传4次，打击处置网络谣言5起，开展防恐防暴演练活动6起，有效维护政治安全和意识形态安全。排查化解矛盾纠纷832件，排查涉稳问题168件，建立48个重点涉稳群体台账，上报不稳定因素共计819条，新增涉稳人员216人，上报典型案例29例；组织开展社会稳定风险评估48件；持续推进"三乱"治理，依法打击违法信访人员5人。健全应急工作机制，抓好现场处置与社会面整体防控、舆论引导同步部署，强化重大会议、重要活动、重大敏感时节期间网络舆情监测预警和应对，全区信访形势总体平稳，实现十九大等重要时段进京、进省"三零"目标，非访人员全市最低。查处邪教违法犯罪活动2起、重点人员11人，重点管控对象23人，教育转化、解脱176人，成功举办全市防邪千人签名活动，创建省级"防范邪教宣传教育示范单位"2个、市级"无邪教"乡镇3个、区级"无邪教"村、社区6个。

【综合防范治理】 构建区、乡镇（街道）、村（社区）三级综治工作体系，制定出台具体的综治领导责任制实施办法，建立健全党政主要领导和分管领导综治实绩档案和综治工作述职制度，大力开展平安建设"四大攻坚行动"和社会治安集中治理活动。全年共破案违法犯罪980件、逮捕283人、起诉488人，完成率分别达108.89%、124.12%、116.19%；破现行命案3起，抓获历年逃犯15人，打击侵财犯罪公诉185人，经济犯罪公诉42人、毒品犯罪公诉45人；破获涉枪涉爆案件25件、破案盗抢骗389件、刑事拘留115人、逮捕104人，打掉团伙8个、公诉案件61起、公诉人员135人，追回逃犯13人，追缴赃款赃物折价200余万元；破案三打击一整治650起、公诉100人、重刑数7人，起诉外省团伙案件1起，起诉外（县）市团伙案件5起；破获黄赌刑事案件13件，刑事拘留30人、逮捕25人、起诉34人；查处黄赌行政案件5起，行政拘留12人；全区侵财性案件发案率同比下降33.71%，刑拘数同比上升6.6%，起诉人员同比上升9.63%，形成"一降两升"的良好态势；收录严重精神障碍患者2984例，成功创建26个市级无毒乡镇（街道）。

【服务经济发展】 大力开展法治护航工程，依法处置阻碍项目建设、重点工程建设案件12起，依法介入问题楼盘监管3个、民间投资理财公司5个；出台《省外法律援助站点建设和异地协作机制的意见》，积搭建公共法律服务跨区域协作平台，依法妥处涉及民工工资问题15起，追查涉案资金6000余万元。

【司法体制改革】 推动法检两院完成司法人员分类管理改革、岗位设置和机制建设，落实了权力责任清单；公共法律服务、监狱管理、社区矫正、律师制度改革、法律公证等工作稳步推进；公安改革综合改革完成省市部署的9大领域、36个分项、95个子项的改革任务，自主创新研发了"江东春雨"重点人员微信签到平台；配合监察体制改革，积极支持检察机关配合做好查处贪污贿赂、失职渎职和预防职务犯罪等部门职能、机构、人员转隶工作。

【高新技术创新】 强化社会治安防控体系建设，投资3700多万元，对区、32个乡镇（街道）、165个村（社区）综治中心和165个村（社区）"雪亮工程"进行统一规划建设，已全部建成，即将联网运行。督促公检法主动拥抱现代科技，加强数据深度运用，充分运用数据全程留痕特点，科学再造执法司法流程，提升司法效率。强化网格化服务管理，建成461个网格，全部联网服务管理。

【领导名录】 区委政法委书记：周成，常务副书记、纪工委书记：彭小华，副书记：易光、黄超（12月起），政治处主任：袁红梅（女），纪检员：黄怡（女），纪工委专职副书记：杨凌（女、7月止），综治办主任：胡朝阳，副主任：肖润清（女），防邪办主任：张辉，维稳办副主任：何坤明，矛盾纠纷多元化解协调中心专职副主任：李俊材，工会主席：杨凌。

(供稿：胡灏楠)

机构编制工作

【概况】 2017年，全区机构编制工作围绕区委、区政府工作中心，服务经济社会发展大局，按照中央、省委、市委编办要求，申报和下达2017年度全区行政、参公、执法和事业编制使用计划。收集整理各项机构编制事项，制定编委会议题，筹备、召开编委会，对相关资料和文件进行完善并下发。全面落实政府职能转变和机构改革，稳步推进事业单位分类改革，全面完成行政权力责任清单编制。开展机构和人员编制核查，加强党政群机关和事业单位网上名称管理，不断提升事业单位年度报告公示率。完成全区编制年报各类数据的统计汇总、整理上报工作。年内成立南充市高坪区机构编制信息服务中心，为区委编办管理的财政全额拨款公益一类事业单位，副科级，核定事业编制3名，主要负责区本级机构编制管理信息和机关电子政务服务等工作。

【行政单位机构设置】 2017年，全区共有行政机构数80个。其中乡镇(含街道办)行政机构32个(其中13个乡，12个镇，7个街道办事处)，区级机关行政机构44个(其中区委机构12个，政府机构22个，政府派出机构4个，群团机构4个，人大、政协2个)，政法系统行政机构4个。

【事业单位机构设置】 2017年，新设立机构3个，撤销机构6个。2017年底全区事业单位共计382个。其中区级一般事业单位106个，参公事业单位36个，行政执法类事业单位6个，医疗卫生机构36个，中小学校及幼儿园(含职中、特校)80个，乡镇直属事业单位78个，部门派驻乡镇事业单位40个。另有使用参公事业编制的群团机构5个。

【部门行政权力责任清单清理】 2017年，以区政府办名义出台《高坪区行政权力责任清单动态调整管理办法》，按照"单位报送——区委编办初审——区法制办、区人大法工委、区监察局、区政府服务中心会审——区人民政府常务会审定"的程序，对照《南充市高坪区本级权利清单(2017年本)》，全面完成部门责任清单的动态调整工作，并在职责边界栏目中列明其承担的安全生产监管、环境保护监管职责。32个部门(单位)责任清单编制工作涉及权力4774项，经政府常务会议审定后对外公布。

【编委会】 2017年，召开编委会1次，审核各单位报批的机构编制事项30余个，经编委会审批事项26个，及时下达年度全区编制使用计划230名，保障各类专业技术人才的及时补充。

【事业单位登记管理】 2017年，认真贯彻落实《事业单位登记管理暂行条例》和《实施细则》，全区已注册登记的事业法人单位347个，进行公示的338个，公示率97%；换领新版事业单位证书的296个，换证率85%。

【事业单位机构编制评估试点】 制定《高坪区事业单位机构编制评估试点工作方案》、《高坪区关于规范事业单位机构编制评估十条暂行规定》，组建"评估小组"、"评估专家库"两支队伍，坚持一月一例会制度，按照"一个申报事项一篇评估报告"的原则，全年共完成9个申请事项评估工作。

【事业单位法人治理结构建设试点】 按照"政事分开、管办分离"的原则，在区图书馆有序推进事业单位法人治理结构建设试点工作。出台《高坪区事业单位法人治理结构建设试点工作方案》。在集思广益的基础上，制定《图书馆章程(草案)》，推选理事人选9名，并由举办单位进行聘任。

【领导名录】 主任：王睿，副主任：杨琴琴

(女)，事业单位登记局局长：梅辛平，纪检员：谭海涛。

（供稿：谭堉心）

目标管理督查

【概况】 南充市高坪区目标管理督查办公室主要负责全区目标绩效管理和督查督办等工作。2017年，对区委、区政府工作机构及区人大机关、区政协机关、区纪委、法院、检察院、群团组织和乡镇（街道）年度工作目标进行编制、分解和下达，归口管理全区各项工作奖项的设置；经常性地对各部门（单位）的目标执行情况进行跟踪检查、督促落实；负责被考核单位目标管理考核情况的综合、审核上报，并会同有关部门提出考评、结果发布及奖惩兑现方案；按照有关规定和职责要求，参与组织部门对基层领导班子的实绩考核；围绕"绿色高坪·幸福家园"战略目标，聚焦"三场攻坚战"，紧扣中心工作，强化工作督导、考核和问责，推动区委、区政府决策部署落地落实；完成区委、区政府及相关领导交办的其他任务。机关在编干部共计8人，内设督查督办股、目标考核股，下设目标绩效考核中心。

【目标制定】 2017年，区目标管理督查办公室根据中、省、市下达的年度重点工作及区委年度工作要点、区政府工作报告，立足区情，结合全区各部门工作职能，紧扣区委、区政府各项重大决策部署，科学合理地制定2017年度全区各项工作目标。编制、分解和下达区级各部门重点工作目标和乡镇（街道）差异化发展目标；分解下达2017年度主要经济指标目标任务和季度目标任务；分解下达2017年度全区十项民生工作及20件民生实事年度目标任务，包含农村交通建设、危房改造、污水处理设施建设、地质灾害避险搬迁安置等共计116个分项；制定省、市、区重点项目104个，其中省级重点项目3个、市级重点项目19个，包含中法农业科技园连接线建设、国际会展中心、江东大道及机场大道标美化改造等重大基础设施项目，南充航空港科技创新中心、保税物流中心、中法农业科技园、三环电子四期、五期等重大产业项目，江东片区棚户区改造及配套基础设施建设、安汉新区棚户区改造、南充现代物流园二、三期还房建设等重大民生项目。

【目标考核】 遵循"常态化督导、过程中考核、及时性问责"目标考核新理念，建立健全"周报告、月公示、季考评"制度，及时掌握全区各项目标任务完成情况。制定年度目标绩效管理实施意见，印发各业务主管部门纳入目标考核的工作和考核实施细则。组建以县级领导为组长的目标考核验收组，每季度根据实施意见和考核细则对各单位目标任务完成情况进行集中考核汇总。逗硬执行加减分制度和"一票否决"制度，严格按照加分扣分标准，对被通报批评的单位按规定扣减目标考核分值，对被上级通报表扬的单位增加目标考核分值，对"一票否决"的单位取消评奖资格。以区委年度工作要点、区政府年度工作报告为依据，根据单位自评、现场考评得分情况，提出等次评定建议方案，经目标考核领导小组审核、区委常委会审议通过后，及时兑现奖惩，对重点工作及年度目标完成较好的单位给予奖励，对完成较差的单位给予相应处罚。

【督查督办】 充分发挥督查"助推器"作用，综合运用每月"跟踪式"常态督查、季度"清单式"评估督查、年终"拉网式"成效督查，通过文电督查、实地抽查、暗访督查等方式，全力抓好区委常委会、区政府常务会议定事项和区委、区政府相关领导交办事项落实情况，重点突出对市委"三场攻坚战"落实情况和事关高坪发展的重大项目和重大工作的督查督办。按照"每周一督查，一月一通报"要求，对全区19个省市重点项目和104个区级重点项目进行全程督查；密切关注各主要经济指标动态，及时督促相关责任单位进一步压紧压实责任，增添有力举措,优化数据质量,每季度对各项经济指标完成情况和全市排位情况进行挂牌;对照民生项目目标任务和形象进度,每月对全区116个民生项目推进情况进行全程跟踪,并对未达进度、未达质量、未达效果的民生项目以"发点球"的形式进行重点督办;严格落实领导指示,对百公里柑橘产业带建设情况、幸福美丽新村建设情况、还房分配入住情况、环境保护、防汛减灾、学校安全等区委、区政府领导交办的重要事项开展零延迟、全覆盖、高频次的专项督查;针对市委、市政府重要专题会议议定事项和市委、市政府主要领导批交办事项,明确牵头县级领导、责任单位和具体责任人,细化目标任务,压实工作责任,全程跟踪督查,及时向上反馈。全年共发出督查通报52期、督查专报69期、督查快报11期。

【领导名录】 区目标督查办主任:陈利权;副主任:王建明(1月起、11月止)、王智霖(12月起)、苟杨(11月起)。

(供稿:孙菁)

区直属机关党务工作

【概况】 中共南充市高坪区直属机关工作委员会,是负责区直属机关系统党的建设工作部门,区委派出机构,辖6个机关党委、57个机关总(支)部。机关行政编制4人,履行"协助、监督"职能。2017年,在区委的领导下,深入贯彻落实党的十八届六中全会精神和党的十九大精神及省、市、区全委会的精神,按照"围绕中心、服务大局"的要求,认真履行全面从严治党的政治责任,围绕脱贫攻坚工作,推进"五个一"驻村帮扶,努力发挥"走在前头,当好表率"的党员示范作用,高标准、高质量完成全年各项工作任务。

【思想政治建设】 严格执行《中国共产党廉洁自律准则》和《中国共产党纪律处分条例》,落实党风廉政建设主体责任和监督责任。强化对领导干部的监督,深化廉政教育,组织开展干部任前集体谈话,大力营造干部清正、单位清廉、政治清明的风气。以"抓好党建是最大政绩"要求,把强化党建工作主体责任纳入工委年度工作要点,落实《中国共产党党和国家机关基层组织工作条例》;进一步强化理论中心组学习制度,建立健全理论学习督察考核、述学考学等相关制度,营造比学赶帮的浓厚氛围;落实"十必访"和"两必做"制度,在重大节日期间看望慰问老党员及困难党员120人,送去慰问金累计10万余元;"扶贫日"组织区级干部爱心捐款23.6万元,全部汇入高坪区扶贫开发协会指定的专用帐户助力全区脱贫攻坚。

【党建信息化管理】 为提高机关党建管理水平和工作效率,对机关党建信息化管理考核系统进行上档升级,丰富完善系统内容,系统更加完整更加科学,提高机关党建工作科学化管理水平。本套考评系统被市直机关工委广泛推广和运用。

【党员队伍建设】 始终坚持"控制总量、优化结构、提高质量、发挥作用"的要求,严格发展党员工作程序和手续,完善入党积极分子定期培训制度、团组织推优制度、预备党员定期培养考察制度等发展党员工作机制。严格执行发展党员"公示制"、"票决制"、"责任追究制"制度。全年在完成机关党员"一卡一表"工作的基础上,强化新党员的政审工作。对新发展的党员要求党支部必须对在各个时期学习工作表现情况进行政审调查,从而严把党员入口关,确保新党员质量。全年发展新党员15名,预备党员转正15名。

【党建主题活动】 建立"机关党建分组联系活动"制度。区直工委7名委员分组、分片联系,深入开展建设"学习型、服务型、发展型、创新型"机关党组织活动,使机关党组织学习氛围更浓,创新意识更强,服务水平更高。各基层组织分别建立健全机关党组织联系基层、党员干部联系群众制度。区级部门主要负责人及基层各组织负责人讲党课120余次，请省、市专家教授讲党课15余次。

【精准扶贫工作】 围绕脱贫攻坚目标，落实"单位包村、干部包户"驻村帮扶机制，以"硬抽人、抽硬人"的原则，派驻91个工作组共283名驻村党员干部常驻一线，夯实力量保障。围绕帮扶工作重点，推行责任清单、任务清单、督查考核清单、问题清单、整改清单"五张清单"工作法，发挥党组织核心作用，确保了"五个一"驻村帮扶工作有序开展。围绕脱贫"百日攻坚"行动，从10月份开展集中"走基层"活动，深入基层为群众解难题、办实事，全力助推脱贫攻坚。牵头梳理"五个一"中联系领导、帮扶单位、驻村工作组帮扶力量，会同区委组织部汇编《高坪区脱贫攻坚压紧压实帮扶力量工作手册》。

【基层党建指导监督】 制订出台《关于进一步加强和改进机关党的建设的实施意见》，探索党支部标准化规范化制度化建设，大力实施机关党建创新示范引领工程。在基层党组织中探索党建"引领社会治理、引领项目推进、提升党建智慧"认领制，开展以"班子作用发挥好、基本制度落实好、党员队伍建设好、服务中心工作好、廉洁自律形象好"为主要内容的"五好党支部"创建活动。组织基层党组织把深入开展"两学一做"学习教育作为加强和改进机关党建工作的首要任务和有力抓手，发动各基层党组织扎实开展"践行十九大、我要带好头""学习十九大、我要当先锋"等主题活动，引领各基层党组织全体党员，深入贯彻落实区委有关部署和要求，精心组织、统筹安排、扎实推进。严格执行"三会一课"制度，各基层党组织认真组织所在支部全体党员严格落实"三会一课"制度，严防"灯下黑"，对直属机关支部和县级领导所在的基层党组织在"两学一做"上严要求、高标准，逗硬督查。

【开展双报到活动】 组织指导所辖党组织和在职党员到社区"双报到"工作，探索开展"网格服务"志愿行动，大力推进党组织组团服务、党员义工服务、社会组织志愿服务，着力构建"以党组织为核心、以党员为骨干、全社会共同参与"的志愿服务格局。结合全区"走基层"、"驻村帮扶"等活动，在机关深入开展"三服务一满意"活动，突出抓好基层服务型党组织建设，拓建党员联系群众、服务群众载体，提升党员服务能力和水平。积极打造"星级"服务窗口，转变工作作风、提升服务质量，树窗口单位良好形象；强化"三分类三评比"和党员"双报到"工作，深入开展党员义工日活动，做好党组织服务基层、党员服务群众工作督导和宣传，选树培育典型。

【构建党建文化】 深入开展"书香盈溢机关，知识丰富人生"主题读书活动，此次活动共有1600余名党员撰写读书心得。结合脱贫攻坚在全区进行"我的驻村帮扶故事"征文，创办《驻村帮扶故事》周刊，优秀稿件推荐至《今日头条》《南充日报》《南充市直机关工委网》《四川机关党建设网》等媒体刊发，其中50篇优秀作品已编辑成《我的驻村帮扶故事》一书，并被北京大学图书馆收藏。

【领导名录】 区直工委书记：杨安杰（8月止）、王春艳（女、8月起、兼）；常务副书记：杨安杰（8月起）；副书记：郑晓伟。

（供稿：唐志勇）

群众和信访工作

【概况】 2017年，区群众和信访工作在区委、区政府的领导下，主动作为，获得省人力资源和社会保障厅、省信访局2017年度全省信访系统"三查三促三争当"活动先进集体，副局长杨寒冰获得先进个人。在高坪召开的南充市百日攻坚及党的十九大信访工作推进会上，高坪区非访治理经验向全市推荐。高坪区委群众工作部、区人民政府信访局系两块牌子一套班子，现有职工16人，下辖副科级事业单位区群众工作中心，内设办公室、调处股、复查复核股和督查督办股4个中层机构。

【信访业务工作】 2017年，群众和信访工作以联系服务群众为契机，以矛盾纠纷排查为突破，紧紧围绕市委提出的"稳控治标、事了治本、依法树威"的基本原则，按照区委提出的"常态化督导、过程中考核、及时性问责"的工作总基调，始终专注化解积案的定力，鼓足稳控治标的动力，激发接访下访的活力，逐步推动降存量、减增量，化解了一个又一个危局。全年到京非访仅1人次，为全市最低。

【民生诉求排查化解】 按照"源头管控、长效治理"的原则，坚持乡镇（街道）、部门每周上报《本周矛盾纠纷排查表》《已排查矛盾纠纷化解情况表》和《已排查矛盾纠纷未化解情况表》；每周定期召开党委会，研究信访维稳工作，对每周排查出的问题建立台帐，落实调处责任，及时处理，逐一销号。全年全区共排查出矛盾纠纷及民生诉求760余件，及时化解640余件，全区无群体来访日达30%以上。

【十九大前期信访稳定工作】 在党的十九大召开前积极开展矛盾纠纷排查化解，建立村、乡、区三级台帐，每天县级领导入驻接访，抽调人社、民政等9个信访量较大部门的同志到区群众工作中心联同领导接访。县级领导包案化解59件信访积案。在公安分局指挥中心建立信访维稳调度中心，统一情报信息的收集整理，及时调度全区各级各部门开展工作。

【领导名录】 区信访局局长：韩明亮，副局长：杨寒冰、王德明，纪检员：李旭峰，群众工作中心主任：张海龙。

（供稿：蒲东阳）

老干部工作

【概况】 高坪区委老干部局主要承担全区老干部工作，是区委、区政府服务管理全区离休和副县级以上退休干部的工作部门。2017年按照中央《关于进一步加强和改进离退休干部工作的意见》和省、市《实施意见》的部署要求，把"让党放心、让老干部满意"作为工作的出发点和落脚点，宣传贯彻中央和省、市委老干部工作的方针、政策，对全区老干部工作进行指导、督促、检查；抓好老干部政治、生活待遇的落实；做好离退休干部和副县级以上退休干部的安置、管理、协调和服务；负责老干部政治思想工作，组织老干部政治学习，开展有益的文体活动；了解和处理老干部遗属情况，协调处理老干部丧事。局内设办公室，负责行政事务和接收安置等业务工作。下设老干部活动中心，为离休干部和副县级以上退休干部开展各种活动和开展学习会议服务。年末，局机关工作人员5人，老干部活动中心工作人员5人。

【落实政治待遇】 坚持每月组织一次老干部政治理论学习，紧扣当前政治、经济和社会形势，围绕党的十八届五、六中全会精神及党的十九大会议精神，本区的经济发展形势，传达省委组织副部长、老干部局局长丁成明赴南充市调研纪实精神，老干部们深受鼓舞。由区委、政府主要领导参加，组织老干部对全区工农旅游业发展情况进行考察。全年分三批次组织100余位老干部到延安、西安、北京进行考察学习，重温革命历史，牢记崇高使命。10月，区委书记袁华兵、区长陈多平向老干部通报全区经济社会发展情况，让老干部及时了解区内经济运行和政情动态，落实知情权。建立局机关干部人人都是信访第一责任人制度，认真接待老干部来信来访，力求件件有答复、事事有结果。全年共受理有关老同志维权、生活照顾等问题的来信来电来访50人次，办结率达100%，未出现越级上访情况。

【落实生活待遇】 开展全区离退休干部及其遗属慰问活动。春节、"七一"、重阳等重大节日组织慰问困难老干部、老干部遗属、困难老干部党员150余人次，发放慰问金30多万；在国庆前夕，普遍走访慰问建国前参加革命工作的老干部，送去节日的祝福和党的温暖；利用区离退休干部特殊困难救助资金，为5名困难老干部、遗属提供临时困难救助。贯彻落实老干部"四必访"制度，深入到老干部中间去，让老干部切身感受到他们的话有人听、反映的情况有回复、提出的事情有人管，让他们有一种心灵上的归属感，全年到医院看望慰问因病住院治疗80余人次，入户慰问120余人次，协助办理5名老干部丧事，并对家属进行慰问。针对离退休干部进入高龄、高发病"双高期"以及在财产分割、继承、公证、遗嘱等家庭财产方面遇到的实际问题，聘请法律顾问，为老干部提供法律咨询和法律服务，实施法律援助，全程帮助法律诉讼，保障老干部的合法权益。对130余名副县级以上离退休干部进行体检，邀请市五医院专家为老干部讲授健康保健知识并提供健康咨询。组织老干部们到巴国田园开展户外活动，愉悦身心。重阳节开展"庆重阳"系列活动，组织参观三环电子六期、百公里柑桔长廊、扶贫开发等，了解全区经济社会发展情况。

【加强"三项建设"】 通过召开专题学习会、辅导讲座、听宣讲报告等多种形式，引导离退休干部思想上、政治上、行动上与党中央保持一致，拥护与支持区委、区政府各项重大决策部署。在"七一"、"国庆"等重大节日，组织老干部参与征文、摄影等活动，进一步坚定老干部不忘初心、牢记使命的信念。加强离退休党支部建设，对全区各单位离退休党支部建设情况进行摸底调查，为建立离退休党工委做好前期准备工作，继续开展创建"五好"离退休党支部和争当离退休干部先进个人等活动，继续发挥离退休示范支部的引领作用，鼓励引导老干部们继承和发扬党的光荣传统和作风，继续为推动党和人民事业、实现中华民族伟大复兴中国梦发挥力所能及的作用。

【增添正能量活动】 开展"畅谈新变化，展望新未来"系列主题活动，先后开展"我的入党记忆"、"喜看五年新变化"征文、"辉煌五载，继往开来"老照片和摄影作品征集等活动，活动收到老干部作品近百件，展示老干部良好精神风貌。组织老干部谏言献策，离退休干部对各级党代会精神进行了学习和座谈讨论，奉献余热、发挥正能量，积极围绕区委制定的工作目标提出建议和意见10余条，为建设"绿色高坪、幸福家园"做出积极贡献。把助力脱贫攻坚作为为党的事业增添正能量的重要抓手，组织老干部开展助力脱贫攻坚志愿服务活动，老干部宣讲队到贫困村讲党课和开展感恩教育，激励贫困户自力更生，积极奔康；组织经验丰富的退休医疗专家、农技专家开展义务诊疗、科技扶贫活动10余场次，共议诊病人1000余人次，咨询3000余人次；老年大学创作脱贫攻坚文艺节目在贫困村巡回演出，弘扬新风正气；关工委、阳光助学基金会、扶贫协会的老同志与贫困家庭、贫困学生结对爱心帮扶。开展"新媒体、正能量"活动。充分利用老干局网站、微信公众号和"高坪正能量"微信群等，搭建宣传和发挥正能量平台，在网络上积极发言，发表各类评论、原创作品200余篇（条），开展正面宣传和引导，促进老干部与单位、社会的和谐互动。

【加强自身建设】 加强政治思想教育，教育、引导干部职工在服务发展、服务大局、服务老干部中认真履职，时时处处维护党的形象，时时处处维护老干部利益。重视业务培训，选派业务工作者参加市老干部局组织的老干部工作者、党务工作者培训班，增强老干部工作人员的政治责任感和工作使命感。继续开展服务型机关建设活动，转作风，严制度，重规范，勇创新，勤服务，不断提升工作水平，树立老干部工作部门的良好形象。在常态化开展教育培训和处理日常事务，建立健全与老干部经常性沟通联系机制，确保老干部工作责任到人，管理制度化，问题能及时了解并得到解决。变被动式服务为主动式服务，将温情服务推进为个性化差异型服务，主动为老干部排忧解难。对老干部实行"全方位"、"零距离"亲情温馨式服务，及时准确地为老干部做好服务工作。

【领导名录】 区老干局局长：张静（女）；副局长：邓玉芳（女）、谢国文。

（供稿：谢国文）

党史研究

【概况】 2017年，以党中央关于若干历史问题的两个决议和关于新形势下党史工作的重要指示为指导，区委党史研究室在区委和市委党史研究室的领导下，以对党的历史高度负责的态度，深入开展建国后正本党史著作的编纂、研究、审改工作，《中共南充县历史》第二卷取得重要进展。组织实施《中共高坪区执政实录》2015、2016年卷资料的征集、整理、编纂。开展党史专题研究，采取多种形式进行党史宣传。立足适应新形势需要，积极组织人员学习培训，提高理论素养和写作水平。

【党史基本著作编纂】 审改完善《中共南充县历史》第二卷，在2016年初稿的基础上，有针对性增补有关资料，组织有关领导、学者对稿件进行评议，收集意见和建议，进一步修改完善历史资料。《中共南充县历史》第二卷通过区级评审，已送至市委党史研究室及市级相关部门审阅，征求意见。审改、补充、完善1949至2014年中共南充县及高坪区历史大事记。编辑完成《中共高坪区执政实录》2015、2016年卷，召开2015年、2016年度《中国共产党高坪执政实录》编辑工作培训会，总结通报《中共高坪执政实录》2014年卷编辑出版工作取得成绩和存在问题，布置安排当年执政实录的编辑任务、实施方案、编写要求，对参会人员进行编辑知识系统学习培训。通过资料征集、研究、编纂、反复修改，完成高坪区2015年、2016年执政实录编辑工作，分送至区委常委和相关区级部门审查，并于年底印刷出版。

【党史课题编研和党史宣传】 按照四川省委党史研究室、南充市委党史研究室、泸州市委党史研究室安排部署，开展"泸顺起义——中国共产党武装起义的先声"专题编研活动，完成论文两篇，上报省市。会同区委办、区政府办、区团委、区教育局等部门深入高坪部分中小学校，讲述中共南充光辉革命历史，赠送《中共南充历史》《顺泸起义》《黎明前的战斗》等多部书籍五百余册。与区委宣传部、区直机关工委、团区委、区教育局五部门联合发文，组织区级机关、乡镇、街道、医院、学校、企事业133个单位观看党史题材影片《红旗飘飘》。按照市委党史研究室编辑《中共南充经典故事选编》要求，收集整理了《南充解放纪实》《林修杰烈士传》《双枪吴而笃》等作品5篇，约5万字。协同市委党史研究室及西华师大、区委宣传部在高坪中学开展宣讲十九大精神和泸顺起义讲演活动，广大师生反响强烈。

【党史队伍建设】 新时期党史工作对党史队伍建设提出更高要求，为加强学习，提高人员素质，订购大量书籍和资料，采取集中学习和分散自学的形式提高职工理论修养，组织人员参加市级以上培训2次，其中党史知识培训和党性教育培训各一次。

【领导名录】 主任：陈强，副主任：谭玉蓉（女、7月止）。

（供稿：白 帆）

党校、行政学校工作

【概况】 2017年，区委党校、区行政学校在区委、区政府的正确领导下，紧紧围绕区委、区政府中心工作，始终坚持"党校姓党"的工作原则，大力改革创新，求真务实，努力提升办学水平，不断推动党校工作科学发展、转型发展。年内校机关内设机构有办公室、教务室、培训部、学管办四个股室，年末在职教职工17人。

【干部培训】 成功举办高坪区组工干部主体培训班，培训全区党（工）委副书记、组织委员、政工人事股长共计120余人，开设干部选任规程、干部职务职级晋升、人才工作专题课程，有效地提升组工干部业务水平。成功举办高坪区2017年党的发展对象集中培训班，对各乡镇（街道）机关、企事业单位等2017年党的发展对象共计111人集中培训，并组织闭卷结业考试。

【学历培训】 在函授教育中，将学历教育与全区的扶贫工作推进相结合，促成"扶贫+扶智"协力前行。继续与四川大学、东北财经大学、国家开放大学联合举办成人继续教育。完成2016级、2017级421名学员网上缴费、资料发放、实地教学、网上授课、作业辅导、组织考试等常态性工作，组织2018级52名新生进行入学考试。

【师资培训】 突出抓好教师政治理论学习和素质提升，坚持先学一步，深学一步，积极开展轮流讲学、电教共学、讨论互学、点评促学等活动。开通省委党校的数字图书馆在线学习，要求全体教职工全员参学；开展教师培训"薪火计划"活动，集中备课10余次，筹备专题教学12个，全员听课评课20余次；鼓励教师"走出去"学习，选派4名教师分别到浙江省委党校、四川省委党校参加师资培训，5人参加市委党校教学研讨。

【科研工作】 牢固树立"科研强校"的办学理念，积极围绕区域经济社会发展的热点、难点和焦点问题，深入基层开展调查研究。全年发表理论文章共6篇，其中，在国家级教育期刊《新教育时代》发表《关于公共管理人才培养的实践教学模式创新思考》；在国家级刊物《资治文摘》第11—12期合刊上发表《公共管理的社会化对政府职能转变的启示分析》；在《时代报告》第4期发表《区域公共管理制度的创新路径探究》；在川陕革命老区振兴发展研究院学术论坛发表《对推进农业基地建设的思考——以南充市高坪区为例》；在南充市委党校《嘉陵江论坛》第6期发表《当好现代物流排头兵培育现代物流千亿产业》。

【脱贫攻坚】 在脱贫攻坚工作中，与区直工委、区邮储银行合力帮扶喻家乡岩鹰嘴村，做到精准识别、精准施策、精准发力。严格落实帮扶责任。由常务副校长谢鹏担任扶贫工作领导小组组长，并调整副校长熊琪任驻村工作组长，年轻干部杨清祥担任第一书记；安排13名教职工联系帮扶29户贫困户，建立主要领导亲自抓，分管领导具体抓，教职工包户落实的工作机制。有效推进产业扶贫。根据该村比较优势，积极协助乡村规划落实花椒、柑橘、肉牛、肉猪等种养殖业，增强其造血能力。注重民生改善。完成C级危房维修，D级危房改造共计8户；完成易地搬迁户房屋新建1户。及时为群众送温暖，并积极调解矛盾纠纷十余起。协助完善村办公室、活动室、卫生室、文化室"四室一体"建设。

【领导名录】 党校校长：杨廉玺（兼，7月止），王春艳（女、兼、8月起）；常务副校长：谢鹏；副校长：庞瑛（女、1月起）、熊琪。

（供稿：刘丽娟）

南充市高坪区人民代表大会及常务委员会

概 述

2017年，高坪区人大工作坚持以党的十九大精神和习近平新时代中国特色社会主义思想为指导，紧紧围绕"五位一体"总体布局和"四个全面"战略布局，牢固树立"四个意识"，认真践行新发展理念，坚持问题导向，推动区委重大决策部署落实，切实履行宪法和法律赋予的各项职权。全年召开人代会1次；召开常委会议9次，听取和审议专项工作报告21个，作出决议决定8项，审议意见12项；召开主任会议14次；专项视察活动1次，专题调研活动3次，开展专题询问1次；依法任免国家机关工作人员40人次。截至12月，区人大常委会内设机构无变化，机关共有干部职工49人。

重要会议

全年共召开人民代表大会1次，常委会议9次，主任会议15次。

【代表大会】 7月20日至21日在区文化中心召开第六届人民代表大会第二次会议。出席会议的区人大代表222人，列席会议人员294人，共516人参加会议。会议听取和审议代理区长陈多平作的《高坪区人民政府2017年上半年工作情况汇报》，选举陈多平为高坪区人民政府区长。

【常委会会议】 区六届人民代表大会常务委员会全年召开常委会议9次。

区六届人大常委会第一次会议 1月12日，在区人大常委会会议厅举行，区人大常委会主任杨天武主持会议，副主任赵亩、任乐平、程冬梅和区人大常委会委员共29人出席会议。会议传达市六届人大一次会精神；审议通过区人大常委会2017年工作要点草案、区人大常委会工作制度相关文件草案、区六届人大一次会议议案办理意见草案和区六届人大常委会代表资格审查委员会名单草案；审议通过区人民政府提请的人事任免议案，产生新一届区人民政府组成部门主要负责人。

区六届人大常委会第二次会议 2月28日，在区人大常委会会议厅举行，区人大常委会主任杨天武主持会议，副主任赵亩、任乐平、程冬梅和区人大常委会委员共29人出席会议。会议听取和审议区人民政府关于柑橘产业发展情况汇报，表决通过该项报告的审议意见草案；审议通过区人民政府提请的人事任免议案；会议进行《国家安全法》法制讲座。

区六届人大常委会第三次会议 4月28日，在区人大常委会会议厅举行，区人大常委会主任杨天武主持会议，副主任赵亩、任乐平、程冬梅和区人大常委会委员共28人出席会议。会议听取和审议区人民政府关于编制"七五"普法规划情况汇报，表决通过该项报告的决议草案；听取和审议区人民政府关于螺溪河流域污染治理情况汇报，表决通过该项报告的审议意见草案；会议还进行《南充市城市园林绿化条例》法制讲座。

区六届人大常委会第四次会议 6月16日，

在区行政大楼二楼报告厅举行，区人大常委会主任杨天武主持会议，副主任赵亩、任乐平、程冬梅和区人大常委会委员共27人出席会议。会议听取和审议区人民政府关于现代服务业重点项目推进情况的汇报，表决通过该项报告的审议意见草案；听取和审议区人民政府关于全域旅游工作推进情况的汇报，表决通过该项报告的审议意见草案；听取和审议区人民政府关于村级卫生室建设与工作情况的汇报，表决通过该项报告的审议意见草案；审议通过区人民政府提请的人事任免议案；作出关于接受袁华兵同志辞去区人民政府区长职务的决定和关于陈多平为代理区长的决定；会议还进行《民法总则》法制讲座。

区六届人大常委会第五次会议 7月18日，在区行政大楼二楼报告厅举行，区人大常委会主任杨天武主持会议，副主任赵亩、任乐平、程冬梅和区人大常委会委员共27人出席会议。会议审议通过南充市高坪区人大常委会关于召开高坪区第六届人民代表大会第二次会议的决定草案；审议通过南充市高坪区人大常委会主任会议关于提请审议《南充市高坪区六届人大二次会议主席团和秘书长名单（草案）》的议案、南充市高坪区人大常委会主任会议关于提请审议《南充市高坪区六届人大二次会议列席人员名单（草案）》的议案、南充市高坪区人大常委会主任会议关于提请审议《南充市高坪区六届人大二次会议邀请上主席台就座人员名单（草案）》的议案；听取和审议南充市高坪区六届人大常委会代表资格审查委员会关于高坪区第六届人民代表大会个别代表的代表资格的审查报告，表决通过该项报告的决定草案；审议通过区人民法院和区人民检察院提请人事任免议案。

区六届人大常委会第六次会议 8月22日，在区行政大楼二楼报告厅举行，区人大常委会主任杨天武主持会议，副主任赵亩、任乐平、程冬梅和区人大常委会委员共24人出席会议。会议听取和审议区人民政府2017年上半年国民经济和社会发展计划执行情况报告，表决通过该项报告的审议意见草案；听取和审议区人民政府关于在全区进行封山育林并禁伐林木的决定执行情况汇报，表决通过该项报告的审议意见草案；听取和审议区人民法院2017年上半年工作情况汇报，表决通过该项报告的审议意见草案；听取和审议区人民检察院2017年上半年工作情况汇报，表决通过该项报告的审议意见草案；听取和审议关于《环保法》《大气污染防治法》及《四川省城乡环境综合治理条例》执法检查情况的报告，表决通过该项报告的审议意见草案；审议通过区人大常委会主任会议和区人民检察院提请的人事任免议案。

区六届人大常委会第七次会议 9月4日，在区行政大楼二楼报告厅举行，区人大常委会主任杨天武主持会议，副主任赵亩、任乐平、程冬梅和区人大常委会委员共26人出席会议。会议审议区人民政府关于提请审议南充航空港投资开发有限公司全资子公司南充市高坪区国有资产投资经营有限责任公司增资控股并购南充嘉隆酒店有限公司的议案，通过该项议案的决定草案。

区六届人大常委会第八次会议 10月31日，在区行政大楼二楼报告厅举行，区人大常委会主任杨天武主持会议，副主任赵亩、任乐平、程冬梅和区人大常委会委员共25人出席会议。会议传达中国共产党第十九次全国代表大会精神（书面）、市六届人大常委会第六次会议精神（书面）；听取和审议区人民政府2016年财政决算及财政审计工作情况报告，审查批准2016年财政决算；听取和审议区人民政府2017年1—9区级财政预算执行及2017年预算调整情况报告，通过该项报告的决议草案；听取和审议区人民法院司法体制改革落实情况的汇报，通过该项报告的审议意见草案；听取和审议区人民检察院司法体制改革落实情况的汇报，通过该项报告的审议意见草案；审议通过区人民政府提请的人事任免议案。

区六届人大常委会第九次会议 12月18日，在区人大机关四楼会议室举行，区人大常委会主任杨天武主持会议，副主任赵亩、任乐平、程冬梅和区人大常委会委员共26人出席会议。会议补选伍定、陈多平为高坪区出席南充市第六届人民代表大会代表。

【主任会议】 区六届人大常委会年内共召开主任会议15次。

区六届人大常委会第二次主任会议 1月18日，在区人大机关四楼会议室召开。研究区人大常委会2017工作要点；研究区人大常委会议事规则、组成人员守则、组成人员出席常委会请假制度、任命人员述职测评办法、组成人员履职档案管理办法、专委会工作办法、职责、联系部门办法等工作制度；研究区六届人大一次会议代表所提议案的办理意见草案；研究人事任免工作；决定区六届人大常委会第一次会议时间、建议议程等有关事宜。

区六届人大常委会第三次主任会议 2月24日，在区人大机关四楼会议室召开。听取关于区人大常委会2017年工作要点草案修改情况汇报；听取关于区六届人大一次会议议案建议交办督办工作情况汇报；听取关于全区柑橘产业发展情况调研情况汇报，并审查审议意见草案；研究人事任免事项；决定区六届人大常委会第二次会议召开时间、建议议程。

区六届人大常委会第四次主任会议 3月22日，在区人大机关四楼会议室召开。研究关于下中坝行政区划调整有关事项；研究机关设施配套完善事宜。

区六届人大常委会第五次主任会议 4月10日，在区人大机关四楼会议室召开。审定《关于加强嘉陵江高坪段沙石资源保护工作议案的办理意见（草案）》；审定《关于全区柑桔产业发展情况报告的审议意见（草案）》；研究"脱贫攻坚—人大代表再行动"现场推进会方案；听取机关帮扶工作进展情况汇报。

区六届人大常委会第六次主任会议 4月24日，在区人大机关四楼会议室召开。听取区人民政府关于航空港工业园区转型升级情况的汇报；听取关于区人民政府"七五"普法规划调研情况汇报，并审查决议草案；听取关于区人民政府螺溪河流域污染治理情况的调研情况汇报，并审查审议意见草案；听取关于区人民政府现代服务业重点项目推进情况的调研情况汇报，并审查审议意见草案；研究决定区六届人大常委会第三次会议召开时间、建议议程、法制讲座等事项。

区六届人大常委会第七次主任会议 5月15日，在区人大机关四楼会议室召开。听取区人大常委会2017年度目标工作申报情况汇报；听取"脱贫攻坚—人大代表再行动"工作推进会筹备情况汇报；听取区人大机关帮扶工作开展情况汇报；传达区"三项整改回头看"工作会议精神。

区六届人大常委会第八次主任会议 6月14日，在区人大机关四楼会议室召开。听取区人民政府关于民族宗教场所规范管理情况汇报；听取区人民政府关于"天网"工程、"雪亮"工程建设情况汇报；听取区人民政府关于《食品安全法》贯彻执行情况汇报和区人大社会委关于《食品安全法》执法检查情况汇报；听取财经委关于现代服务业重点项目推进情况调研汇报，并研究审议意见（送审稿）；听取社会委关于村级卫生室建设与工作情况调研汇报，并研究审议意见（送审稿）；听取民宗外侨委关于全域旅游工作推进情况调研汇报，并研究审议意见（送审稿）；听取财经委关于航空港工业园区转型升级情况调研汇报；听取城环资委关于高坪区特色小镇建设情况调研汇报；研究人事任免事项；研究决定区六届人大常委会第四次会议召开时间、建议议程、法制讲座等事项。

区六届人大常委会第九次主任会议 6月16日，在区行政大楼二楼报告厅召开。研究人事任免事项。

区六届人大常委会第十次主任会议 7月17日，在区人大机关四楼会议室召开。研究关于专题询问区政府脱贫攻坚工作方案；研究区六届人大二次会议筹备工作方案并听取筹备工作汇报；研究南充市高坪区人大常委会关于召开高坪区第六届人民代表大会第二次会议决定草案；研究南充市高坪区人大常委会主任会议关于提请审议《南充市高坪区六届人大二次会议主席团和秘书长名单（草案）》议案；研究南充市高坪区人大常委会主任会议关于提请审议《南充市高坪区六届人大二次会议列席人员名单（草案）》议案；研究南充市高坪区人大常委会主任会议关于提请审议《南充市高坪区六届人大二次会议邀请上主席台就座人员名单（草案）》议案；研究南充市高坪区六届人大常委会代表资格审查委员会关于高坪区第六届人民代表大会个别代表的代表资格的审查报告；研究区六届人大二次会议选举办法草案；研究区六届人大二次会议其他各项建议名单：（一）代表团、代表小组建议名单、（二）主席团常务主席建议名单、（三）大会全体会议的执行主席建议名单、（四）大会副秘书长建议名单；研究区六届人大二次会议宪法宣誓仪式工作方案；研究人事任免事项；研究区六届人大常委会第五次会议时间、议程、地点、列席人员等事项。

区六届人大常委会第十一次主任会议 8月15日，在区人大机关四楼会议室召开。听取部分乡镇人大主席团、街道人大工委半年工作情况汇报；听取部分专委会组成人员述职；听取部分常委会组成人员述职；听取区人大各专门委员会半年工作情况汇报；听取关于区人民政府2017年上半年国民经济和社会发展计划执行情况的调研情况汇报，并研究审议意见草案（送审稿）；听取关于区人民政府关于在全区进行封山育林并禁伐林木的决定执行情况的调研情况汇报；听取关于法检两院上半年工作的调研情况汇报，并研究审议意见草案（送审稿）；听取关于《环保法》《大气污染防治法》及《四川省城乡环境综合治理条例》执法检查情况的汇报，并研究审议意见草案（送审稿）；听取关于专题询问区发改局、扶贫移民局等6个单位脱贫攻坚工作会议准备工作情况汇报；研究区六届人大常委会第六次会议时间、地点、建议议程、列席人员等事宜。

区六届人大常委会第十二次主任会议 8月18日，在区人大机关四楼会议室召开。研究人事任免事项。

区六届人大常委会第十三次主任会议 10月20日，在区人大机关四楼会议室召开。专题研究区人大机关办公楼功能完善等工作。

区六届人大常委会第十四次主任会议 10月25日，在区人大机关四楼会议室召开。听取区人民政府关于交通枢纽建设情况汇报；听取关于区人民政府2016年财政决算及财政审计工作情况调研汇报，并研究审查报告和决议草案；听取关于区人民政府2017年1—9月区级财政预算执行及2017年预算调整情况调研汇报，并研究审查报告和决议草案；听取关于区人民法院司法体制改革落实情况调研汇报，并研究审议意见草案；听取关于区人民检察院司法体制改革落实情况调研汇报，并研究审议意见草案；研究人事任免事项；研究区六届人大常委会第八次会议建议议程、召开时间、地点，决定参会人员。

区六届人大常委会第十五次主任会议 12月15日，在区人大机关四楼会议室召开。研究补选高坪区出席南充市第六届人民代表大会代表工作；研究筹备召开区六届人大三次会议有关事项；听取各专委会关于六届人大一次会议重点建议督办情况汇报；听取关于人大机关脱贫攻坚工作情况汇报；听取关于各专委会2017年工作总结和2018年工作计划汇报；研究区人大常委会2017年工作报告起草工作；研究区六届人大常委会第九次会议召开时间、地点、建议议程及列席人员。

主要工作

【**重大事项决定**】 区六届人大常委会议依据法律法规，对事关高坪经济社会发展的重大事项，依法履行决定权。

听取和审议区人民政府2017年上半年国民经济和社会发展计划执行情况报告。认为区人民政府及其职能部门认真落实区六届人大一次会议批准的2017年国民经济和社会发展计划报告的决议要求，较好地完成了上半年各项目标任务，全区经济运行呈现稳中有进、稳中提质、稳中向好的发展态势。

审议区人民政府关于提请审议南充航空港投资开发有限公司全资子公司南充市高坪区国有资产投资经营有限责任公司增资控股并购南充嘉隆酒店有限公司的议案。认为此次并购符合《中共中央国务院关于深化国有企业改革的指导意见》

（中发〔2015〕22号）及省政府《关于改革和完善国有资产管理体制的实施意见》（川府发〔2017〕19号）文件精神和四川省金融业"十三五"发展规划目标导向。并购工作还存在国家宏观调控政策收紧，川东北金融中心建设配套政策出台滞后，同业竞争压力加大，财务风险积聚，新入行业市场经营风险抬头，劳动合同纠纷潜在，股东退出等可能导致国有资产流失的并购风险，区人民政府及其相关职能部门和国有企业要高度重视，认真排查风险点，及时采取切实有效的对策和措施予以解决，确保国有资产保值增值。会议要求，为切实发挥国有资本引领作用，有效加快川东北金融中心建设，区人民政府要优化并购方案，切实保护投资各方权益；创新监管模式，提高国有资本运行效率；完善政策配套，全力推进金融中心建设。

听取和审议区人民政府2016年财政决算及财政审计工作情况报告，审查批准2016年财政决算。

听取和审议区人民政府2017年1—9区级财政预算执行及2017年预算调整情况报告，通过该项报告的决议草案。

研究关于下中坝行政区划调整有关事项，作出关于同意区人民政府下中坝行政区划调整实施方案的意见。

【听取专项工作汇报】 听取和审议区人民政府关于柑橘产业发展情况的汇报。提出着力加强果园管理，提高产业科技含量；着力打造品牌，提高市场知名度和占有率；着力搞好农旅结合，提高产业综合效益；着力培育新型经营主体，提高产业化经营水平；着力机制创新，提高产业发展动能的审议意见。听取和审议区人民政府关于编制"七五"普法规划情况的汇报。作出增强法治意识，深刻认识开展法治宣传教育的重大意义；突出普法重点，全面深入学习宣传以宪法为核心的中国特色社会主义法律体系；坚持示范引领，推动全民尊法学法守法用法；创新普法机制，增强法治宣传教育的针对性和实效性；坚持普治并举，多层次多领域推进依法治理；强化保障举措，确保普法工作顺利完成；落实普法责任，加强组织实施和监督检查的决议。听取和审议区人民政府关于螺溪河流域污染治理情况的汇报。作出关于加紧抓好治污基础设施建设；加快实施污染企业关闭搬迁工作；加快推进农村能源改造的进程；加快实施水生态环境治理；严格落实河湖管理保障措施的审议意见。听取和审议区人民政府关于现代服务业重点项目推进情况的汇报。作出强化举措，切实加快项目推动；创新模式，着力破解要素瓶颈；坚持取向，着力夯实发展基础；紧扣重点，着力提升产业层级的审议意见。听取和审议区人民政府关于全域旅游工作推进情况的汇报。作出完善发展规划；深入挖掘内涵；完善配套设施；找准突破口；继续加大投入；提升管理质量；优化旅游环境的审议意见。听取和审议区人民政府关于村级卫生室建设与工作情况的汇报。作出高度重视，切实加强对村级卫生室建设和工作的领导；加大投入，稳步推进村级卫生室建设；强化培训，全力提升乡村卫生一体化管理水平；统筹协调，全力加强乡村医生队伍建设的审议意见。听取和审议南充市高坪区六届人大常委会代表资格审查委员会关于高坪区第六届人民代表大会个别代表的代表资格的审查报告，作出了关于该项报告的决定。听取和审议区人民政府关于在全区进行封山育林并禁伐林木的决定执行情况汇报。作出了切实加强领导，落实责任；切实强化宣传，营造氛围；切实健全机制，织牢网络；切实严格考核，兑现奖惩；切实加强监管，从严打击的审议意见。听取和审议区人民法院2017年上半年工作情况汇报。作出了进一步加强队伍思想政治建设，适应审判工作需要；进一步加快征信体系建设，构建执行威慑网络；进一步改善办公、办案条件，提升审判保障能力的审议意见。听取和审议区人民检察院2017年上半年工作情况汇报。作出着力加强法律监督，切实维护公平正义；着力突出重点，加大职务犯罪惩治力度；着力规范司法行为，强化司法办案质效；着力深化自身建设，打造过硬检察队伍的审议意见。听取和审议区人民法院司法体制改革落实情况汇报。作出围绕工作大局推进改革，做好司法服务保障；完善司法权力规范运行机制，确保司法公正；坚持以审判为中心，推进配套制度改革；加强法院队伍建设，提升法官综合素质的审议意见。听取和审议区人民检察院司法体制改革落实情况汇报。作出进一步提高对全面深化司法改革重要性的认识；进一步加快推进各项配套制度的改革；进一步加强检察队伍建设；进一步完善监督制约机制的审议意见。主任会议还听取区人大各委室关于区六届人大一次会议议案建议交办督办工作情况汇报、航空港工业园区转型升级的调研情况汇报、高坪区特色小镇建设的调研情况汇报、区人大机关脱贫攻坚工作情况汇报。主任会议还听取了区政府关于航空港工业园区转型升级情况、民族宗教场所规范管理情况、"天网"工程、"雪亮"工程建设情况、交通枢纽建设情况、区六届人大一次会议重点建议督办情况等专项工作汇报。

【人事任免】 年内区人大常委会任免"一府两院"国家机关工作人员40人次。作出关于接受袁华兵同志辞去高坪区人民政府区长职务的决定和关于陈多平为代理区长的决定。

【法律监督】 听取和审议关于《环保法》《大气污染防治法》及《四川省城乡环境综合治理条例》执法检查情况报告。对区人民政府及其相关部门、乡镇（街道）和有关企业贯彻实施"两法一条例"，在完善环境保护机制、加强环境保护法制宣传、深化环境污染防治、强化环境保护执法监管等方面做的工作，取得的成效表示认可。认为区人民政府及相关部门、乡镇（街道）和有关企业在贯彻实施"两法一条例"和环保问题整改工作中，仍然存在资金投入不足、基础设施建设滞后、整改不到位、监管不到位、落实措施不到位等问题。提出进一步加快推进环保问题整改到位、进一步加大监管督查的力度、进一步加大专业人才招引配备的审议意见。主任会议专题听取区人民政府关于《食品安全法》贯彻执行情况汇报和区人大社会委关于《食品安全法》执法检查情况汇报，并提出意见建议。

【专题询问】 常委会年内，召开了专题询问会议1次，围绕脱贫攻坚工作专题询问区发改局、扶贫和移民局、民政局、建设局、文广体局、旅游局，常委会组成人员向相关单位提出19个问题，区政府分管领导和相关部门作回答，应询单位主要负责人并作表态发言。区委书记袁华兵，副书记、区长陈多平出席会议作讲话，区人大常委会杨天武主任主持会议。

【代表工作】 深入推进"脱贫攻坚——人大代表再行动"活动。印发《关于深化"脱贫攻坚——人大代表再行动"活动的意见》，组织发动驻区省、市人大代表，全体区、乡人大代表参与脱贫攻坚活动。组织召开全区"脱贫攻坚—人大代表再行动"现场推进会，120余名区内各级人大代表参加会议。活动后各级代表通过投资发展产业、捐款捐物、对口联系帮扶等方式，为全区打赢脱贫摘帽攻坚战贡献力量。持续推进"人大代表之家"建设，发挥"代表之家"桥梁纽带作用，收集民情、反映民声，有效促进一批事关民生、农村建设发展问题解决，矛盾纠纷得到调解。扎实开展代表视察、调研活动。组织部分省、市、区人大代表集中视察下中坝金融中心，组织部分代表参加区法院、检察院、公安分局、消防大队、交警二大队工作座谈和调研。组织4个市人大代表小组到胜观镇龙王塘村考察脱贫攻坚工作，组织市代表第1小组到现代物流园进行调研。组织代表参关于城市建设、村级活动阵地建设、航空港工业集中区转型升级等工作调研。加强代表履职管理，制订《南充市高坪区人民代表大会常务委员会组成人员守则》。坚持常委会委员、专委员会委员、乡镇人大主席团、街道人大工委工作述职制度，听取部分常委会组成人员、乡镇人大主席、街道人大工委主任履职汇报。召开代表述职测评活动现场会，坚持代表向选民述职。

【调研工作】 专委会对区基础文化阵地建设、特色小镇建设、侨务分布与利用等情况进行了专题调研，形成了调研文章，掌握实情，指出问题，提出有针对性的意见建议。

【议案办理】 六届一次人代会主席团共确定3件议案。关于加强嘉陵江高坪段砂石资源保护工作议案，常委会提出直面矛盾，组建最有力的领导班子；强化监管，实行最严格的保护措施；敢于逗硬，建立最严厉的问责机制的办理意见。关于开展城乡交通秩序综合整治议案，常委会提出进一步加强组织领导，强化责任意识；进一步加强科学管理，解决突出问题；进一步加强设施建设，提供有力保障；进一步加强宣传力度，营造工作氛围；进一步严肃监督问责，确保推进有力的审议意见。关于加强养老服务业规范管理议案，常委会提出统筹规划，加快推进养老服务设施建设；加强管理，不断提高养老服务规范化水平；通力协作，积极推动养老服务业健康发展的办理意见。召开议案建议交办会，确定承办单位，明确工作目标。年底，常委会听取了区政府议案办理情况的汇报，3件议案办理工作取得显著成效。

【指导乡镇（街道）人大工作】 召开乡镇（街道）人大工作片区会，指导基层人大围绕党委、政府的重点工作，有效开展人大监督。指导乡镇人大开好人代会、主席团例会和乡镇（街道）人大开展代表向选民述职活动，对乡镇（街道）人大工作进行检查评比，不断提升乡镇街道人大工作水平。

【精准扶贫工作】 区人大常委会主任会议每季度听取机关帮扶工作汇报，安排部署帮扶工作，每月召开问题分析整改会议，加强日常帮扶工作。认真落实脱贫攻坚"百日攻坚"行动，对胜观镇东林寺村开展"回头看、回头帮"，巩固扩大脱贫攻坚成果，防止脱贫再返贫。龙王塘村在区人大机关的大力帮扶下，截至12月底，龙王塘大桥全面竣工投入使用，村委会综合楼完成一半工程量，石河堰工程全面竣工，贫困户的危房改造已全部完成，脱贫奔康产业园李子园建设全面完成，3公里社道公路得到硬化和加宽，群众收入进一步增加，超额完成年度工作计划，为龙王塘村2018脱贫摘帽打好基础。

【领导名录】 区人大常委会办公室主任：杨涛，副主任：向福成、王兵，纪检员：李科（9月起）；人事代表工作室主任：周德琼（女），副主任：彭希梦（女）；研究室主任：张毅，副主任：王智霖（12月止）；法制与内务司法委员会主任委员：林海，副主任委员：汪海；财政经济委员会主任委员：姚平，副主任委员：邬映霖；城乡建设与环境资源保护委员会主任委员：彭开礼，副主任委员：刘彤；农业与农村委员会主任委员：王志明，副主任委员：邓斌；社会事业委员会主任委员：邓华斌，副主任委员易凌云（女）；民族宗教外事侨务委员主任委员：张萍（女），副主任委员：李春辉。

（供稿：李科）

南充市高坪区人民政府

概 述

2017年是高坪区第六届人民政府工作开局之年，也是实施"十三五"规划承上启下的重要一年。一年来，面对经济下行、风险叠加的严峻考验，全区上下全面落实中央"五位一体"总体布局和"四个全面"战略布局，认真贯彻省委"三大发展战略"和市委"155发展战略"，坚持开局就是决战、起步就是冲刺，主动适应经济新常态，统筹推进稳增长、促改革、调结构、惠民生、防风险各项工作，圆满完成既定目标任务。全年实现地区生产总值157.05亿元，同比增长8.9%；一般公共预算收入6.43亿元，同比增长18.3%；社会消费品零售总额90.2亿元，同比增长13.5%；全社会固定资产投资219.1亿元，同比增长18.1%；城镇居民人均可支配收入25152元，农村居民人均可支配收入11986元，同比分别增长9%、10.2%。

重要工作

【项目建设】 突出产业培育、基础建设、民生改善三大重点，做好项目筛选和申报工作，全年共争取全社会及国省项目470个，到位资金36亿元，占年度计划的141.3%；招商引资硕果累累，新签约投资5亿元以上项目14个，三环电子成为全市电子信息百亿战略性新兴产业龙头，中铁联运项目刷新全市招大引强记录；坚持"管理严格化、查处规范化"原则，强化项目倒逼制、现场督查制、项目通报制，促进项目建设快速推进。全区实施重大项目104个，年度计划投资168.5亿元，完成投资231.2亿元，占年度计划的137.2%，产业项目、基础设施项目、民生项目分别完成投资141.8亿元、38.8亿元、50.6亿元。承接省市重点项目20个，年度计划投资89亿元，完成投资151.4亿元，占年度目标的170.1%。

【农村经济】 国家级现代农业示范区巩固提升，百公里柑桔产业带成为区域农业发展样板；拓展农业产业化基地4.5万亩，培育农业龙头企业35家、农民专业合作社84个，农业机械化水平达55.6%。大力推动农业供给侧结构性改革，在永安、阙家等乡镇启动万亩现代循环农业柑桔项目建设，签约温氏一体化项目，拟在马家、溪头建设规模达30万头的子猪繁育场。以中法农业科技园区为核心，积极打造农业新业态示范样板，致力打造中西部具有影响力的"国家农业公园"。不断深化农村产权制度改革，完成"七权"纠错和整改工作，探索发展村级集体经济，实现"村村有产业"。全面实施"四好村"创建活动，创建省级"四好村"40个、市级"四好村"45个、区级"四好村"100个。统筹推进幸福美丽新村建设，全年建成幸福美丽新村40个。提升农业风险抵御能力，开展政策性农业保险、特色农业保险、生猪价格指数保险等涉农保险工作，完成理赔7850多次，赔付资金1900余万元，受益人口5万余人，大大提高全区现代特色农业抗御自然灾害的风险保障能力。

【工业经济】 工业经济加速转型，航空港工业集中区"腾笼换鸟"步伐加快，川东北军民融合产业园雏形初具，新增规上工业企业6户，转型升级企业4家，富安娜二期、福特6S店等项目有序推进，华巍机器人项目建成投产，三环电子高性能电子陶瓷粉体和手机陶瓷后盖板项目（六期）、三环电子氧化铝陶瓷基板生产项目（七期）、鸣菲泵业生产线建设等项目已开工建设；三环电子年产2亿只光通信陶瓷棒插芯产品扩产项目（四期）、三环电子高性能氮化铝陶瓷粉体及基板产业化技术改造项目（五期）、嘉都服饰现代化生产线建设项目、燎原机械枪弹生产线扩建项目正在厂房装饰，安装调试设备；精粮米业大米综合加工配送生产线建设项目、嘉粮油脂综合加工配送生产线建设项目设备已安装调试完毕，即将竣工投产；顺城盐化搬迁改造项目正在进行拆迁、设计等前期工作。

【第三产业】 现代物流业持续壮大，园区商家入驻率达90%，实现社会物流总值225亿元；城市商贸业日趋繁荣，商圈经济日益活跃，当当网全国农村电商总部基地投入运行，实现电商销售6.3亿元，外贸进出口2亿美元，分别同比增长39%、60%；全域旅游亮点纷呈，创建星级农家乐15家，擦耳桃源、醉美橙香景区成为国家3A级旅游景区，我区被评为省级旅游扶贫示范区。电子商务脱贫奔康示范县项目启动建设，金汇时代广场项目主体封顶，进展迅速。五大商圈功能更加完善，产业结构进一步优化，商圈经济逐步成型，成功承办"嘉英荟"活动。完善农村电商物流网络体系建设，成功争取省级电子商务脱贫奔康示范县项目，重点打造一中心两通道三基地五体系，已建设完成溪头本味农业和青居烟山两个电商示范点。

【脱贫攻坚】 坚持缺啥补啥、普惠共享原则，整体解决道路交通、水利设施、电力通信、广播电视等农村基础设施问题。全区2017年拟退出的36个贫困村实现通村硬化路达标率、通信网络达标率、安全饮水达标率、生活用电达标率、广播电视达标率均达100%；按照长短结合、农旅结合、种养结合的原则，打造三条产业环线，建成脱贫奔康产业园36个，发展柑桔、花椒、蔬菜等优势产业22万亩，实现了贫困村与非贫困村产业全覆盖。全面推行土地租金入股、小额信贷资金入股、财政投入资金股权量化、"631"股份分红、返租倒包等利益联结机制，创立"飞地扶贫"模式，带动贫困户持续稳定增收，村集体经济达标率100%；全力推进易地搬迁、危房改造、地灾避险搬迁和五改三建工作，确保户户住上好房子，贫困户住房安全保障达标率100%。建立控辍保学"五长"责任制，构建从学前教育到小学、中学、大学，直至就业的"一条龙"帮困扶助机制，义务教育保障率100%。建立贫困群众就医"绿色通道"，严格落实医疗保险、大病保险、民政救助、爱心基金减免、诊疗费减免等政策措施，全兜底贫困户参保费用，区内住院及慢性病门诊治疗个人自付比例严控在10%以内，基本医疗保障率100%；积极推进"三中心"和"村两室"等公共服务配套设施建设，确保农村群众公共服务均等享受。全区标准中心校、中心卫生院、便民服务中心及贫困村文化室、卫生室达标率达标率均达100%。

【城乡建设】 城镇功能不断完善，江东新区、安汉新区开发建设联动推进，地下综合管廊等配套建设加快实施，城市建成区面积拓展到29.9平方公里；新建和改扩建县、乡、村道路130公里，建成幸福美丽新村40个，东观、长乐、阙家"百镇建设试点行动"成效明显，城镇化率达到48.1%。城市品位不断提升。主城区棚户区改造有序推进，滨江湿地公园等项目即将完工，机场大道、物流大道、林海北路等景观提升全面结束，鹤鸣山亮化等城市夜景光亮工程投入使用，17个重大城建项目完成投资25.1亿元，江东明珠、南充"外滩"魅力彰显。管理水平不断提高。"四大专项治理"成效明显，公共停车位实现免费停放，都京创建国家卫生乡镇通过省级验收；全面承接下中坝城市管理，片区居民多年的"回家"愿望顺利实现。

【社会事业】 高坪三中扩建等工程全面竣工，高坪中学创建省二级示范中学通过现场验收；妇幼保健院、疾控中心升格"二乙"，区人民医院成功创建"三乙"综合医院；国家一级公共图书馆创建工作通过省检，都京丝绸文化产业园成为省级文化产业示范园区，区武术协会获评全国群众体育先进单位；村居"两委"成功换届，全国第二次地名普查通过省级验收。社会保障持续给力，"五险"参保80.6万人次，发放城乡低保金及各类救助金1.5亿元，新增就业9355人，政府购买居家养老服务30730人次，缴纳征地农民社保金9842人、7.3亿元。提高困难残疾人生活补贴至70元/月·人，提高散居孤儿基本生活费至810元；修建日间照料中心8个；完成对全区30730人的居家养老服务。

【社会治理】 防汛减灾严防严守，严格落实汛期值班值守制度，动态调整预案，开展应急演练，滚动预测预报，排查整改各类隐患305处，对安汉广场等城市内涝易发点进行常态化疏浚，顺利实现平安度汛；环保督察严查严改。顺利通过中央、省环保督察，中央环保督察反馈问题整改完成率98%，省环保督察现场检查问题整改完成率92%，工业园区污水处理厂、乡镇污水处理设施等5个"补短板"项目启动建设，油烟扰民、噪音扰民、扬尘污染等热点问题有效解决；安全稳定严管严控。安全生产信息化平台全面建成，安全监管力量延伸到基层，校园安全等专项整治持续开展，安全生产事故同比下降48%。坚持领导接访、领导包案、风险评估等制度，群众合理诉求有效解决，进京非访人数全市最低，信访发生总量同比下降40%。"七五"普法稳步实施，"法律七进"深入开展，食品药品等领域监管不断加强，平安建设群众满意度大幅提升，刑事治安案件同比下降32.2%，命案、大案破案率达100%，被评为全省平安建设先进区。

重要会议

全年共召开27次政府常务会议，29次专题会议，研究讨论相关重要工作。

【常务会议】 常务会议由区政府区长或区长委托的常务副区长主持。

区六届政府第5次常务会议 1月10日，区政府区长袁华兵在区市政大楼二楼一会议室主持召开。组织学习传达市六届人大一次会议、市政协六届一次会议和市六届政府第1次常务会议精神，学习传达《全市安全生产大检查暨隐患排查整治百日攻坚行动进展情况的通报》，听取全区安全生产工作汇报并部署安全生产工作。会议还研究其他议题。

区六届政府第6次常务会议 2月6日，区政府区长袁华兵在区市政大楼二楼一会议室主持召开。会议学习传达市委、市政府《关于集中精力抓好落实做好一季度工作的通知》精神，听取并研究区发改局关于全区实现一季度"开门红"相关工作情况。会议还研究全区生态环境保护及脱贫攻坚等工作。

区六届政府第7次常务会议 2月10日，区政府区长袁华兵在区市政大楼二楼一会议室主持召开。会议学习《中华人民共和国环境保护法》《中华人民共和国大气污染防治法》《中华人民共和国固体废弃物污染环境防治法》，审议全区2017年主要经济指标预期目标，审议《全区拟签约重点招商项目责任分解表》和《2017年签约重大项目作战图》《高坪区2017年拟实施重大项目计划表（送审稿）》，研究高坪区基本农田全域划定工作方案及区航投公司收购建筑类公司的相关问题。会议还研究其他议题。

区六届政府第8次常务会议 2月15下午，区政府区长袁华兵在市政大楼二楼一会议室主持召开。会议学习传达全市人防工作会议主要精神，学习传达尹力省长在全省"项目年"工作电视电话会议上的讲话，并研究区六届政府第一次全体会议筹备有关工作。

区六届政府第9次常务会议　3月3日下午，区政府区长袁华兵在区市政大楼二楼报告厅主持召开。会议学习传达《四川省食品小作坊、小经营店及摊贩管理条例》、省委书记王东明在南充调研的指示精神、全市安全生产工作会议精神、市委市政府目督办督查通报、省脱贫攻坚领导小组会议精神，研究全区脱贫攻坚及大气污染防治工作。

区六届政府第10次常务会议　3月13日下午，区政府区长袁华兵在区市政大楼二楼一会议室主持召开。会议传达学习全市经济工作"开门红"会议精神，学习传达《省政府关于进一步加强政府债务和融资管理的通知》《市委市政府关于反馈2016年度落实党风廉政建设责任制情况考核结果》《南充市党风廉政建设社会评价考核办法（试行）》《关于优化政务服务环境的十条措施》，研究国有企业股权划转相关问题、关于购买白塔、清溪工商和质量技术监督所业务用房等相关问题，审议《高坪区安全生产事故报告和调查处理工作细则》《高坪区安全生产目标管理奖励实施意见》，研究关于南充市正达化工研究有限公司改变供地方式、南充富安娜智能家居项目的有关问题。会议还研究其他议题。

区六届政府第11次常务会议　3月20日上午，受袁华兵区长委托，区政府常务副区长曹华光在区市政大楼二楼一会议室主持召开。会议听取区民政局关于下中坝行政区划调整有关事项的汇报。

区六届政府第12次常务会议　4月10日上午，区政府区长袁华兵在区市政大楼二楼一会议室主持召开。会议传达学习《关于开展"不作为、慢作为、乱作为"专项整治实施方案》，审议了《2017年全区十项民生工程及20件民生实事实施方案》《债务化解和投融资体制改革方案》《南充市高坪区国有资产移交划转方案》《新成储川东北物流中心项目投资协议》等，研究关于提前终止与泰宏公司相关BT合作的相关问题和关于设立产业基金等问题。

区六届政府第13次常务会议　4月17日下午，区政府区长袁华兵在区市政大楼二楼一会议室主持召开。会议进行会前学法，传达学习市政府关于加强土地出让管理工作相关新政策，研究建立项目攻坚激励约束督查机制、新建东方小学等事项，审议《高坪区外聘法律顾问管理暂行办法（草案）》及《高坪国家基本气象观测站气象探测环境保护专项规划》。会议还研究其他议题。

区六届政府第14次常务会议　4月27日上午，区政府区长袁华兵在区市政大楼二楼一会议室主持召开。会议审议《三环电子六期项目投资协议》和《华星高级轿车展示及销售中心协议》及补充协议，研究解散四川南充嘉陵江第一曲流农业综合开发有限责任公司的相关事宜。

区六届政府第15次常务会议　5月8日下午，区政府区长袁华兵在区市政大楼二楼一会议室主持召开。会议学习传达王东明同志在全省环境保护大会上的讲话，通报省脱贫攻坚督导组督导高坪区脱贫攻坚工作情况，审议《高坪区外聘法律顾问管理暂行办法（草案）》、《石板街普乐新村后侧滑坡地质灾害抢险救灾工作治理项目实施方案》，研究申报地方投资土地整理项目、并购控股南充明宇广场项目公司等事宜。

区六届政府第16次常务会议　5月22日下午，区政府区长袁华兵在区市政大楼二楼一会议室主持召开。会议学习传达全省深化领导班子思想政治建设工作推进会暨市厅级主要领导干部读书班主要精神、传达省政府追授蔡松松同志"四川省人民满意的公务员"荣誉称号的决定，审议《南充市高坪区江东大道标美路建设项目招标文件》。

区六届政府第17次常务会议　6月5日上午，区政府区长袁华兵在区市政大楼二楼一会议室主持召开。会议传达省委《关于2017年党风廉政建设和反腐败工作的意见》，审议《高坪区人民政府2017年工作要点》《2017年全区经济工作要点》《中铁联运投资协议书》《中联影视投资协议书》《南充三环六期项目基础建设工程融资方案》，研究拨付当当网第二笔产业扶持资金的相关事宜和关于高坪区公交换乘站建设用地的相关事宜。

区六届政府第18次常务会议 6月14日上午，区政府区长袁华兵在区市政大楼二楼一会议室主持召开。会议组织传达省第十一次党代会精神抓好当前有关工作专项督导动员培训会议精神、学习传达全市经济工作"双过半"分析调度会议精神，会议还研究了人事议题。

区六届政府第19次常务会议 6月26日晚，区政府代区长陈多平在区市政大楼二楼一会议室主持召开。会议传达学习省委书记王东明调研南充现代物流园重要指示精神和市委常委会议精神，传达学习王铭晖常委赴高坪专项督导重要指示精神及全省整治群众身边的不正之风和腐败问题现场推进会精神，研究2017年幸福美丽新村（示范村）规划设计项目发包方式相关事宜，审议了《高坪区畜禽养殖污染整治专项行动实施方案》。会议还研究了其他议题。

区六届政府第20次常务会议 7月14日上午，区政府代区长陈多平在区市政大楼二楼一会议室主持召开。会议学习《中华人民共和国环境影响评价法》，传达学习全市安全信访稳定工作会议精神，研究高坪区主城区停车泊位免除收费相关事宜、解决万美广场用电遗留问题相关事宜，审议《白塔公园资产租赁方案》、《南充航空港工业集中区污水处理工程及配套基础设施建设项目选址及修建方案》。会议还研究其他议题。

区六届政府第21次常务会议 8月3日上午，区政府区长陈多平在区市政大楼二楼一会议室主持召开。会议传达学习习近平总书记在深度贫困地区脱贫攻坚座谈会上的讲话精神及市委朝华书记在全市国有企业党的建设暨国资国企改革工作会议上的讲话精神，传达学习全市纪检监察工作会议精神，审议《南充市高坪区政府债务风险化解工作方案》、《关于整合建立全区统一的公共资源交易平台的建议方案》，研究国有资产监督管理、校园安全隐患整治工作等事宜。会议还研究其他议题。

区六届政府第22次常务会议 8月11日上午，区政府区长陈多平在区市政大楼二楼一会议室主持召开。会议学习《公共文化服务保障法》，传达《四川省环境保护党政同责工作目标绩效管理实施细则（试行）》《四川省安全生产党政同责工作目标绩效管理实施细则（试行）》《四川省党政同责工作目标绩效管理办法（试行）》、传达学习市委宋朝华书记在市委六届六次全体（扩大）会议上的讲话精神和市政府吴群刚市长在市政府常务会议上传达贯彻市委六届六次全体会议精神时的讲话精神，学习贯彻尹力省长在省政府第十次全体会议上的讲话精神、吴群刚市长在市政府党组理论学习中心组学习会上的讲话精神及全省防汛和地质灾害防治工作调度会议精神，听取关于中央环保督察迎检准备工作的汇报、关于全区脱贫攻坚工作推进情况的汇报。会议还研究其他议题。

区六届政府第23次常务会议 8月24日上午，区政府区长陈多平在区市政大楼二楼一会议室主持召开。会议学习传达市委财经领导小组会议精神、南充嘉陵江流域河长制工作汇报会会议精神，学习《中华人民共和国保守国家秘密法》，审议《南充市高坪区人民政府领导同志分工》和《南充市高坪区人民政府部分党组成员分工》、《南充市高坪区区本级行政许可项目目录》，研究南充国际汽车城商用车项目投资相关事宜。会议还研究其他议题。

区六届政府第24次常务会议 8月31日晚，区政府区长陈多平在区市政大楼二楼一会议室主持召开。会议学习《招商引资工作中的风险控制与防范》，学习宋朝华同志在全市全面落实河长制工作领导小组（扩大）会议上的讲话精神及在市环境保护委员会第二次会议上的讲话精神，审议《高坪区政府常务会议工作规范》、《关于加强包案化解突出信访问题工作的通知》。会议还研究其他议题。

区六届政府第25次常务会议 9月20日—21日，区政府区长陈多平在区市政大楼二楼一会议室主持召开。会议专题审议《南充三环电子研究院项目投资协议书》核心条款，组织学习《领导干部的法治思维》，学习传达省委书记王东明在全省新型城镇化建设经验交流暨工作推进会上的讲话精神、全省2017年计划摘帽县工作推进会会议精神和省委常委王铭晖在检查反馈会上的讲话精神，研究高坪区2017年度综合扶贫开发项目相关事宜。会议还研究其他议题。

区六届政府第26次常务会议　9月29日，区政府区长陈多平在区市政大楼二楼一会议室主持召开。会议审议《南充市高坪区城市道路建设及附属工程项目PPP合同》核心条款及《四川一江船餐饮有限公司投资协议书》核心条款，并讨论人事议题。

区六届政府第27次常务会议　10月12日，区政府区长陈多平在区市政大楼二楼一会议室主持召开。传达学习尹力省长在全省做好第四季度经济工作电视电话会议上的讲话精神及市委办、市政府办《关于进一步规范问责工作的通知》等精神，审议《高坪区2018年拟实施重点项目计划表》《南充市高坪区清理村（社区）证明材料清单》，研究四川宏泰生化有限公司房屋征收补偿等事宜。

区六届政府第28次常务会议　10月20日，区政府区长陈多平在区市政大楼二楼一会议室主持召开。会议学习传达全市现代农业千亿产业集群建设专题会议精神，审议《高坪区区本级行政权力清单》《中远集团军民新型复合材料投资协议书》核心条款、《南充市高坪区江东大道标美路建设PPP项目合同》核心条款，安排部署全区重点工作。会议还研究其他议题。

区六届政府第29次常务会议　11月2日，区政府区长陈多平在区市政大楼二楼一会议室主持召开。会议学习传达党的十九大精神、市委宋朝华书记在《中共中央办公厅印发关于五年来中央政治局贯彻执行中央八项规定并以此带动全党加强作风建设情况的报告的通知》上的批示精神和吴群刚市长在《市委办公室办文通知》上的批示精神、市政府关于印发《南充市人民政府重大行政决策规则》的通知精神，审议《江陵镇Bc—6—2地块等五宗国有建设用地使用权出让方案》《南充市高坪区农村教育支持计划（2016—2020年）》，研究整合全区部分学校教育资源相关事宜、南充现代物流园原道路绿化单位退场相关事宜。会议还研究其他议题。

区六届政府第30次常务会议　12月11日，区政府区长陈多平在区市政大楼二楼一会议室主持召开。会议听取西华师范大学马克思主义学院副院长张晓明党的十九大精神宣讲，听取脱贫摘帽省验收考核评估工作反馈问题情况的汇报，审议《高坪区拟上报"十件大事"》《川东北金融中心金融广场展示中心建设方案》和《四川宵云建筑工程有限公司及入驻金融机构经营办公场所装饰装修工程建设方案》，研究航投公司向南充三环电子有限公司六期项目提供无息借款的相关事宜、原疾控中心业务用房维修相关事宜。会议还研究其他议题。

区六届政府第31次常务会议　12月22日，区政府区长陈多平在区市政大楼二楼一会议室主持召开。会议学习传达全省2017年贫困县摘帽验收问题整改暨2018年贫困县摘帽工作推进会议精神，听取有关中央第五环境保护督察组督察四川省情况反馈会会议精神及中央、省环保督察反馈高坪区问题整改情况的汇报，审议《关于加快川东北金融中心建设促进金融产业发展若干扶持政策（试行）》《2017年区级部门责任清单》，研究四川春飞投资（集团）有限公司小龙门6号土地收储补偿相关事宜。会议还研究其他议题。

【专题会议】　全年召开重大专题会议29次，由区长或副区长主持召开。

1月7日，区政府区长袁华兵在区市政大楼二楼一会议室主持召开全区信访稳定工作会议，就全区信访稳定工作进行专题研究部署。区领导曹华光、周成、刘天灵、王宗坤及区委办、区政府办、区委宣传部、政法委、目督办、信访局、审计局、财政局、发改局、规划建局、城区主要街道等单位相关负责人参加会议。

2月13日，区政府区长袁华兵召集区政府办、区委农工委、区目督办、发改局、财政局、规划建设局、交通运输局、农牧业局、林业局、水务局、环保局、旅游局、国土资源分局主要负责人和江陵镇、龙门街道党（工）委书记以及中法农业科技园工程建设指挥部负责人，会同凤仪湾农业开发有限公司相关人员，在江陵镇中法农业科技园项目部会议室召开会议，研究中法农业园项目建设推进工作。

3月1日，区政府区长袁华兵在区市政大楼二楼一会议室主持召开全区1—2月经济运行调度会，听取分析全区1—2月经济运行情况，研究部署2017年第一季度经济工作，确保实现"开门红"。区领导曹华光、敬健等参加会议。

3月7日，区政府区长袁华兵在区市政大楼二楼一会议室主持召开全区人感染H7N9禽流感疫情防控工作紧急会议。会上袁华兵同志传达3月7日上午全市防控H7N9紧急工作会议精神，通报了我区龙门街道高庙子村7组疑似出现H7N9疫情的小型养鸡场的处理情况，并就全区人感染H7N9禽流感疫情防控工作进行专题研究部署。区领导陈多平、郑莉、刘天灵、王宗坤及区人感染H7N9禽流感疫情防控领导小组成员单位和龙门街道主要负责人参加会议。

3月13日，区政府任贤明副区长在区市政大楼304会议室召开小龙镇螺溪河防洪治理工程变更增加量的审定工作专题会议。区政府办、水务局、审计局、发改局、项目管理中心、检察院、纪委、财政局等相关单位负责同志及有关工作人员出席了会议。

3月20日，区政府区长袁华兵召集区委办、区政府办、区发改局、区财政局、区国土分局、区规划建设局等负责同志在区市政大楼6楼常委会议室主持召开会议，专题研究全区重点工作。会议传达市委主要领导外出考察指示精神，研究一季度"开门红"工作、脱贫摘帽工作、重点城市建设项目推进工作等。区领导曹华光、赵亩、敬健、王宗坤参加会议。

3月24日，区政府区长袁华兵在区市政大楼六楼常委会议室，主持研究全区2017年拟实施城建项目，会议听取区建设局相关汇报，与会人员就2017年拟实施城建项目进行了充分论证。区领导曹华光、赵亩、敬健、王宗坤参加会议。

4月23日，区委常委、区政府常务副区长曹华光，区政府副区长王宗坤在区市政大楼518会议室召集区国土分局、城乡规划建设局、财政局、监察局等单位负责人，专题研究都京工业园3宗国有建设用地使用权公开挂牌相关事宜。

6月24日，区委副书记、区政府代区长陈多平在区人民医院急诊大楼二楼会议室召开专题会议，就全区道路交通安全事故应急处置相关工作及地址灾害防范相关工作进行专题研究和传达贯彻。

7月2日，区政府副区长敬健在区市政大楼403室主持召开南充三环六期项目推进会，区人大常委会原副主任蒋家荣、南充三环六期项目的有关人员参加会议。

7月4日，区政府副区长袁伟平在区文化馆四楼舞蹈教室主持召开解决区文化馆部分门面及非住宅出租造成相关遗留问题现场会，就区文化馆在2011—2016年出租的8间门面和4处非住宅相关遗留问题进行专题研究。区政府办党组成员、区科协主席谢汶峰、区文广体局局长张永艳、区城管局副局长彭世敏、区文广体局副局长王强、区发展投资（控股）有限责任公司副总经理袁武能、区文化馆馆长阳章凡及文化馆相关工作人员参加会议。

7月16日，区政府副区长敬建召集区政府办、区环保局、区发改局以及全区涉及有政府性投资项目的区级部门、乡镇（街道办事处）、重点平台建设指挥部、国有公司的负责人在区政府二楼报告厅召开政府性投资项目环保突出问题督查工作会议，专题研究2011—2016年政府性投资项目环评手续办理工作。

7月13日，区政府代区长陈多平在区市政大楼518会议室主持召开信访稳定工作约谈会。会议听取区监察局关于全区近期相关人员进京越级上访调查问责的情况通报，白塔街道办事处、龙门街道办事处、东观镇人民政府主要负责人作检讨汇报。

8月8日，区政府区长陈多平带队赴北京洽谈中铁联运项目推进有关事宜，并在中铁联运物流股份有限公司会议室举行座谈会。会上，与会人员回顾南充多式联运基地项目签约以来的工作进展情况，就共同关注的焦点问题进行详细研究。

8月9日，区政府副区长、区公安分局局长

刘天灵在区市政大楼201会议室召开专题会议，就全区黄标车综合治理工作进行安排部署。区级有关部门、交警直属二大队以及有淘汰任务的乡镇（街道）和企事业单位主要或分管负责同志参加会议。

8月13日，区政府区长陈多平现场调研柑桔旅游产业环线建设工作，区委副书记张青松，区政府副区长任贤明，区政府办、扶贫移民局等相关单位负责人陪同调研，并在阙家镇指挥村主持召开会议，专题研究近期脱贫攻坚工作。

9月1日，区政府副区长任贤明在区市政大楼二楼一会议室主持召开会议，专题研究凌云山国家森林公园功能分区编制工作。

9月10日上午，区政府区长陈多平现场调研万家乡谌家沟村脱贫攻坚工作，并主持召开座谈会议，专题研究万家乡脱贫攻坚工作。

9月10日，区政府区长陈多平在区政府201会议室主持召开会议，专题研究医药物流产业园建设工作。与会人员就医药物流产业园建设工作进行充分论证研判，形成一致意见。

9月21日，区政府区长陈多平在南充现代物流园主持召开现场会议，专题研究石油物流板块建设工作。与会人员就石油物流板块建设工作进行充分论证研判。

9月28日，区政府区长陈多平在区市政大楼二楼一会议室主持召开会议，专题研究下中坝区划调整社会公共事务管理工作。区政府副区长、区公安分局局长刘天灵及相关部门、街道办负责同志参加会议。

10月10日，区委常委、区政府副区长敬健召集区政府办、监察局、目督办、环保局、国土分局、规划办、航空港管委会、南充航空港投资开发有限公司相关负责人，现场查看航空港污水处理厂建设情况，随后在航空港管委会二楼会议室召开专题会议，研究建设推进工作。

10月17日上午，区委常委、区政府副区长敬健召集区政府办、财政局、环保局、国土分局、经科局、规划办、三环电子六期项目推进办（以下简称推进办）、航空港管委会、南充航空港投资开发有限公司、国网南充市高坪供电公司及南充三环电子有限公司（以下简称三环电子）相关负责人，召开专题会议研究南充三环电子项目及研究院建设推进工作。

10月17日，受区政府委托，区人大常委会副主任赵亩在区市政大楼五楼502会议室主持召开会议，专题研究龙江路风貌改造暨江陵镇风情小镇打造工作。

10月20日，区政府副区长任贤明在区市政大楼二楼一会议室主持召开会议，专题研究2017年脱贫资金支付保障相关事宜。

11月7日，区政府区长陈多平在区市政大楼二楼一会议室主持召开会议，专题研究南充现代物流园发展相关事宜，会议听取了南充现代物流园管委会工作情况汇报，与会人员就南充现代物流园的发展情况进行认真分析、充分讨论。

11月10日，区政府副区长王宗坤在区市政大楼502会议室，主持召开宏泰生化、飞龙化工拆除搬迁专题会。

11月16日，区政府副区长王宗坤在区市政府大楼502室，主持研究城镇人口密集区危化企业搬迁土地整治项目相关工作。区经科局、财政局、发改局、安监局、环保局、国土分局、规划建设局等相关人员参加会议。

11月28日，受区政府副区长任贤明委托，区政府办党组成员、纪检组长刘雨林在区市政大楼518会议室组织召开会议，专题研究拆除阳光水世界构建筑物工作推进会。区水务局、城管局、公安分局、信访局、白塔街道办、江东开发建设指挥部等相关单位负责同志及有关工作人员列席会议。

（供稿：黄俊辉）

南充市高坪区人民政府办公室

【概况】　2017年，高坪区人民政府办公室在区委、区政府的坚强领导下，在区人大、区政协的关怀监督下，紧紧围绕区委、区政府中心工作，坚决打赢"三场攻坚战、三场保卫战、三场持久战"。紧扣"155发展战略"高坪篇章不懈怠,充分发挥综合协调、参谋助手、政务服务、督查督办、应急处置等职能作用,切实转变工作作风,求真务实,砥砺奋进,有力保证区政府各项工作高效运转和各项决策部署的贯彻落实。机关内设秘书股、政工股、调研股、信息股、督办股、行政股、政研室、值班室等8个中层机构,管理应急办、金融办、人防办、外事台侨办、电子政务中心、地方志办公室、政务服务中心、公共资源交易中心、机关事务管理局、项目管理中心等10个挂靠单位。

【高质量参谋辅政】 坚持调研在领导决策之前、参谋在领导思考之中、督办在领导安排部署之后,抓住牵动全局的关键点、各级领导的关注点,紧扣"155发展战略"、脱贫攻坚、产业转型升级等领域开展现场调研32次,召开专题协调会议52次。实行信息工作目标责任制,文秘人员轮值督查,切实加强自然灾害、交通事故、群众上访、食物中毒和网络舆情等方面的信息报送,保证信息数量、质量"双达标",及时、准确、全面地为领导和部门提供大量有价值的政务信息。年内向国务院及省、市政府及其办公室上报各类信息542条,专报7篇,其中,被《国办专报》采用1期,《川政晨讯》采用3期、《要情专报》采用3期,《南充政务》采用信息67期、专报3期;印发《高坪政务》26期,《政务大事记》12期。

【高水平办文办会办事】 办文方面,坚持"办文见水平、办会见作风、办事见精神"的原则,办文言之有理、言之有物、言之有据。进一步规范行政公文审核流程,避免文件制发拖延、差错现象发生。全年共起草区政府领导重要讲话、工作汇报、专题报告等综合文稿860余篇,制发各类文件1200余件,登记处理各类文件8000余份,公文处理规范高效。办会方面,秉承"三规"、抓好"三环"、细致排查。严格按照区委相关文件要求,规范会议请假制度、纪律秩序和发言要求,狠抓会前准备、会中服务、会后落实三个环节,认真做好各类会议的组织服务及会议记录、纪要的制发工作,全年共承办区政府常务会27次、各类专题会议500余次,以及重大项目推介等大型会议20余次,真正做到办会零差错、零失误。办事方面,事前周密准备、事中细致利落、事后总结补缺。坚持谋划在先、统筹在先、保障在先,紧盯大事要事打好攻坚战,紧盯急事难事打好歼灭战,紧盯小事杂事打好持久战,有效保障了凡事有交代、件件有着落、事事有回音。全年共承办全省第二届农民艺术节群星奖比赛等重大活动20余次,成功处置涉及校园安全等突发性事件10余起。

【督查督办落地见效】 始终把抓督办、抓落实作为工作重要职能,在督办工作中坚持四条原则:一是"领导抓,抓领导"的原则,形成谁决策谁落实,谁主管谁负责的督办运行机制。二是"分级负责、归口督办"的原则,形成级级联动、齐抓并进的格局。三是"主办协办"的原则,分清主场次场,按照职责分工,相互协调、共同配合、及时办理。四是注重实效,加大对机构人员方面的配置投入。紧紧围绕中法农业科技园、南充现代物流园、都京丝绸文化产业园等全区重点工作开展情况追踪进度,综合运用压力传导、目标倒逼、现场督查等多种方式,加大督查力度,创新督查机制,对重大项目(工程)实行周通报,重点工作和政府领导重要批示落实情况实行月通报。对区委、政府重大决策部署和会议议定事项督促相关责任单位在7天内上报贯彻落实情况,重大突发事件、重大灾情等重大要情发生时,督导各责任单位20分钟内按程序上报,40分之内形成初步情况书面材料报我办,确保各项工作高效有序开展。全年共办理人大议案、建议以及政协提案292件,办复率达100%;通过召开协调会议400余次,协调解决单、专项工作难题300余件次;围绕常务会议议定事项、区长批交办事项等内容印发《政务督办》26期,下发《督办通知》、《工作清单》8期,参与各类督查活动100余次。

【项目攻坚扎实推进】 办公室建立重点工作调度机制，各党组成员对办公室分管联系线的重点工作每周组织调度一次，全程跟踪进度、查找问题，及时提出工作建议供政府领导决策。115个重点项目推进顺利，全区对接市委"155发展战略"的130个项目收集整理工作如期完成。

【脱贫攻坚务实高效】 按照中、省、市脱贫攻坚工作的安排部署，办公室成立3个驻村工作组，工作组长进驻所联系的隆兴乡的三个贫困村，干部职工分村分片联系贫困户181户。在工作中坚持以问题为导向，以"一超六有"、"两不愁、三保障、四个好"为标准，以贫困户实际致贫原因和个人需求为靶向，科学建立"一户一策"台账，精准帮扶，在2017年省级验收工作中获得上级检查组的肯定。全年投入扶贫资金9.6万元，协助引进生猪规模化养殖产业50亩；全体干部职工进村入户1132人次，为贫困户送去各类帮扶资金、物资等折合2万余元，帮助解决贫困户生产、生活具体困难17件次。

【政务公开卓有成效】 坚持大力度、快节奏推进政务公开工作。加强政府门户网站建设，投资10万元，完成区政府门户网站改版升级阶段性任务。全年累计发布各类信息5000余条，处理区长网上信箱信件344件，咨询投诉195件，市长短信170件，回复率均为100%，网站点击量达2500余万次。区政府门户网站自2012年以来连续六年在全市政府门户网站绩效评估中位列九县（市、区）第1名。稳步推进政务公开标准化建设，投入资金30余万元，完成政务公开标准化点位建设20个。先后接待浙江省考察团2次、内蒙古考察团1次、绵阳市考察团1次、嘉陵区考察团1次。在全区399个村（社）全面推行党务公开、村（居）务公开、财务公开，受到社会各届的充分肯定和一致好评。

【人防工作不断加强】 建立区应急管理工作委员会，要求各乡镇（街道）也建立相应的组织机构，完善统一指挥、协调有序、反应灵敏、运转高效的应急联动体系；完善应急预案体系，组织相关职能部门研究会商，对《高坪区突发公共事件总体应急预案》进行修订完善。结合市政府办印发的《南充市应急预案管理办法》，配套出台相应的预案管理办法，组织相关部门及单位修订全区各类专项预案及部门预案；重点针对自然灾害、防汛抢险、消防救援等内容开展应急演练，提升各单位的协同作战和处置能力。以"5·12"防灾减灾日为契机，各部门结合行业实际，有针对性适时开展应急演练。年内共开展各类应急演练50余场次，群众应急自救意识显著增强，各部门联动协作、应急处置能力明显提升；畅通应急信息，通过各种渠道及时向社会公布值班电话，制订并完善《应急值守制度》，建立领导带班制度，落实专人24小时值班。各乡镇、街道、部门均要求安排1名专职信息员，专门负责单位突发事件的信息报送。

【领导名录】 区政府办主任：徐洪伟，副主任：何爱平、林益民（12月起），纪检员：刘雨林（11月止）、王伟（11月起）。

区政务服务工作

【概况】 2017年，区政务服务工作在区委、区政府的领导下，在市政务服务中心的指导下，坚持"便民、高效、廉洁、规范"的工作原则，实行"一门受理、并联审批、统一收费、限时办结"的"一站式办理、一条龙服务"行政审批运行模式，进一步规范行政行为，为群众与企业提供优质、高效、便捷的服务，切实提高政府工作效率。高坪区政务服务中心为区政府办公室管理的正科级行政机构，内设综合股、行政审批综合服务股和12345热线办公室三个中层机构，有干部职工10名（在编9人，借用人员1名）。中心是区人民政府深化行政审批制度改革，转变政府职能，推进政务公开，为行政对象公开、快速办理申请事项的服务平台。中心集中21个区级部门113项行政许可项目，设有15个独立窗口、1个综合窗口，窗口工作人员共计22人。

【规章制度】 2017年，区政务服务中心为强化管理，提高窗口服务质量，修订出台《南充市高坪区人民政府政务服务中心管理制度》《南充市高坪区人民政府政务服务中心窗口工作人员行为规范》《南充市高坪区政务服务中心行政审批事项办理管理办法》。代区政府草拟《关于优化政务服务环境的十条措施》《南充市高坪区人民政府办公室关于印发〈南充市高坪区行政审批事项办理管理办法〉、〈南充市高坪区行政权力依法规范公开运行平台建设和使用管理办法〉、〈南充市高坪区农村产权交易管理办法〉和〈南充市高坪区人民政府政务服务中心部门窗口工作人员管理办法〉》等文件。中心实行"一日四签到两查岗、周公布、月考评、年总结"的窗口管理模式，推行首问责任制、服务承诺制、定期谈心谈话制和责任追究制。通过制度文件精神的落实，政务服务工作进一步完善和规范。

【政务办理】 区政务服务中心通过开展一站式服务，实行"一门受理，并联审批，一窗收费，随时办结"的行政审批运行机制，办事效率得到进一步提高。全区中心共办理各类行政审批许可和公共服务事项10万余件，按时办结率100%，现场办结率85%以上，工作提速65%以上，群众满意度99%以上。受理12345市民热线3292件，实际办理3146件。受理书记区长信箱来信375件，办结369件。

【政务服务】 认真履行监督、指导乡镇（街道）便民服务中心工作职责，确保乡镇（街道）便民服务中心功能完善、执法严格、办事公开、程序规范、群众满意，进一步强化乡镇（街道）便民服务中心业务指导及监督检查，加强与区纪委（监察局）、区目督办、区效能办等部门协调配合，定期或不定期地检查便民服务中心运行情况、规章制度执行情况、业务软件使用情况、视频监控系统管理情况等。

【硬件建设】 为推进政务服务标准化建设，按照省、市建设要求，完成政务服务中心业务用房改建工程及附属设施建设。6月，约3800平方米的业务用房将投入使用，全区具有审批职能的单位和部门要求应驻尽驻，为群众办事提供方便、快捷的优质服务。投入资金300余万元进行乡镇（街道）便民服务中心脱贫"摘帽"达标建设，32个乡镇（街道）便民服务中心大厅环境、制度等全面更新。

【行权运行】 对接全省一体化政务服务平台建设，推进"互联网+政务服务"，实现政务服务事项"一号申请、一窗受理、一网通办"，大幅提升政务服务智慧化水平，让企业和群众办事更方便、更快捷、更有效。加强对行政许可项目的动态管理，明确职能部门责任，理清权力清单、责任清单、负面清单。

【脱贫攻坚】 按照区委、区政府关于扶贫工作的安排，抓好扶贫攻坚工作，定期下乡督促扶贫计划落实，加强与贫困户的沟通，了解贫困户的生产生活状况，听取贫困户的意见建议，为帮助东观镇潘家村贫困户脱贫。帮扶干部每周进村入户3次以上，举办坝坝宴2次，分组到贫困户家中煮饭4次，节假日慰问5次，清洁卫生评比活动3次，扶贫知识有奖竞答活动2次，为村活动室购买3台电脑、1台多功能打印复印机，购买生产生活物质若干，全年利用自有资金约15万元进行慰问帮扶。至年底，东观镇潘家村34户贫困户人均收入在3600元以上，超过最低贫困线2785元的最低标准。

【入驻单位】 工质局、卫计局、人力资源和社会保障局、民政局、城乡规划建设局、气象局、林业局、食品药品监督管理局、交通局、环境保护局、水务局、文广体局、农牧业局、安全生产监督管理局、发展和改革局设立独立窗口，地税局、商务局、司法局、经科局、粮食局、教育局设立综合服务窗口。

【领导名录】 区政务服务中心主任：刘长春，副主任：王燕霞（女、1月起），纪检员：杨麟（女）。

（供稿：马丽）

政府法制工作

【概况】 2017年区人民政府法制办公室有行政编制4人，挂区人民政府行政复议办公室牌子，年内在岗干部3人。

【贯彻落实纲要】 为贯彻落实国务院《法治政府建设实施纲要（2015—2020年）》和《四川省法治政府建设实施方案（2016—2020年）》，高坪区人民政府召开区政府常务会议组织学习并开展讨论，要求各部门着眼当前社会改革发展稳定大局，充分认识依法治区的重要性和紧迫性，准确把握《纲要》的关键和重点，结合市政府工作安排部署，将高坪依法行政和建设法治政府工作切实推向深入，为全区经济社会健康协调发展提供优良的法治保障。

【推进放管服改革】 为深化行政体制改革，进一步转变政府职能，推进全区简政放权放管结合优化服务改革工作，组织专门力量对各行政主体报送的行政许可事项逐项逐条审定，完成区本级权力清单初稿，形成《南充市高坪区区本级行政许可项目目录》，并交全区各部门核对无误后报送区政府常务会审批通过，已印发全区并在法治政府建设专栏向社会全面公开。

【行政决策合法性审查】 落实法律顾问制度，修改、完善《区委、区政府外聘法律顾问管理办法》。印发《关于进一步落实各单位合法性内审责任的通知》，严格规范各乡镇（街道办）、区级各部门等相关单位合法性审查责任；严格执行合法性审查规定，除法定事项外，所有的行政决策事项均须经过法制办合法性审查后，再提交政府常务会做决定；全年合法性审查中铁联运、三环电子等重大合同协议258件，审查中法农业科技园征地拆迁补偿方案、江东大道标美化改建、国企改革等行政决策150件，提出修改意见1209条，涉及经济合同标的金额400.8亿元，做到应审尽审、严格把关。

【规范性文件管理】 严格落实《四川省行政规范性文件制定和备案规定》，按程序经合法性审查后，集体讨论决定行政规范性文件的制定。坚持规范性文件"三统一"制度，区法制办代表区政府完成5份规范性文件在市政府的备案审查。开展规范性文件清理工作，紧密配合区政府办，基本完成1993年建区以来的5000多份文件清理，拟定1500余件规范性文件目录，发放各单位进行核实，初步完成高坪建区以来的规范性文件清理及备案工作。

【动态调整权力清单】 印发《南充市高坪区人民政府办公室关于印发〈南充市高坪区本级权力清单（2017年本）〉的通知》（高府办发〔2017〕223号），通过南充市高坪区人民政府门户网站予以公布。经此次动态调整，全区共有行权事项4774项，其中行政许可137项、行政处罚3974项、行政征收30项、行政强制177项、行政确认27项、行政裁决3项、行政给付25项、行政检查185项、行政奖励51项、其他权力165项。

【规范行政执法】 注重行政执法人员清理，禁止无执法证件的人员行使行政执法权，印发《关于开展行政执法人员专项清理工作的紧急通知》，对全区的执法主体进行全面清理。经过清查，全区共有行政执法主体36个，其中法定行政机关35个、法律法规授权组织1个；共有行政执法人员657人，其中行政编制334人、事业编制298人、其他（工勤）编制25人，没有临时工执法的行为发生。在高坪会展中心，设立6个考场，组织2017年度行政执法资格考试，共170名考生参加考试。严格按照《四川省行政执法证管理办法》相关规定，严格考场纪律，规范考场秩序，严肃考风考纪，增强执法人员遵纪守法的自觉性，确保行政执法考试的公平公正。

【行政复议应诉】 建立行政复议案卷评查制度和行政复议、应诉案件分析制度，认真履行应诉职责。以高府办发〔2017〕89号文件转发《南充市人民政府关于加强和改进行政应诉工作认真履行行政机关负责人出庭应诉职责的通知》，落实以区委、政府法律顾问和部门法律顾问为主，区法制办、各部门法制股（室）工作人员为辅的专、兼职行政应诉工作人员。区政府共受理行政复议案件8件，没有一件出现再次复议、提起诉讼的情况；承办行政应诉案件18件，被诉行政机关出庭18件，做到有诉必应；坚决履行人民法院生效判决书、裁定书或调解书，执行率100%。

【推进政务公开】 在区政府门户网站设立"法治政府建设"专栏，采用每2周通报一次的形式，督促各乡镇（街道办）、区级各部门，在"法治政府建设"专栏公开行政执法、工作动态等相关信息，10月上旬顺利通过中国政法大学评估。出台《关于改变依法行政年度考核方式加强政务信息网上公开的通知》，发布《关于印发高坪区法治政府建设工作整改清单的紧急通知》，要求各单位按法治政府评估指标要求，落实网上公开责任。

【通过第三方评估】 2017年，南充市人民政府委托中国政法大学法治政府研究院对全市9个县市区和36个市级部门进行法治政府建设评估。评估设置一级指标9项、二级指标30个、三级指标67个，总分1000分，600分及格。高坪区在依法行政考核、行政机关负责人出庭应诉、应急管理、网上审批、满意度测评4个指标得分较低，在组织领导、体系建设、行政决策、行政执法、政务公开5个指标中得分较高，取得797.72的总分，位列三区第一名、全市第二名，被市依法治区领导小组表彰为"2017年度法治政府建设先进集体"。

【领导名录】 区政府法制办主任：王跃平，副主任：唐添。

（供稿：王静婷）

地方志工作

【概况】 2017年，区地方志工作以国务院地方志工作条例和省地方志工作实施办法为指针，积极服务中心工作，组织编纂《高坪年鉴》（2017），出版发行《高坪年鉴》2016卷，积极为省、市年鉴提供高坪区条目资料；搜集整理高坪区乡镇资料，完成《四川乡镇简志·南充篇·高坪章》书稿，发开地情资源，助力高坪经济社会发展。区地方志编纂委员会办公室为区政府派出负责组织开展全区地方志工作的正科级参公事业单位，编制3人，年末实有职工3人。

【编纂业务培训】 针对全区年鉴编纂工作实际，在区政府二楼报告厅举办了《高坪年鉴》撰稿人员培训班，邀请市地方志编纂权威进行专题授课，150多名《高坪年鉴》2017卷撰稿人员得到专业培训。加强对撰稿人员的业务指导，强调年鉴稿件撰写要求和注意事项，切实提高全区年鉴撰稿人员的写作水平。

【年鉴编纂出版】 根据市地方志工作会议精神，制订2017年工作计划工作，以区政府台名义下发文件，提出全区各单位高坪年鉴的编纂任务。完成《高坪年鉴》2016卷校对出版，发放区内相关单位。组织《高坪年鉴》2017卷编纂，指导区属党政、企业事业共130余个单位撰写年鉴初稿，安排人员完成一审、复审和终审，至年底交付排印。

【乡镇简志编纂】 根据省、市地方志办关于编纂《四川省乡镇简志》要求，制订工作方案，落实编纂人员，通过区政府办下发文件对工作进行安排部署。在乡镇街道初稿基础上，外聘4名同志初撰，然后总纂成《四川乡镇简志·南充篇·高坪章》书稿。该书概述高坪历史，记录各乡镇街道建制沿革、位置境域、环境人口、经济发展、社会状况、名胜古迹等内容，全书编排规整，图文并茂，共5.5万余字。

【为省市年鉴供稿】 按照省、市年鉴编纂大纲和上级编辑部交稿时间要求，积极联系各有关单位提供资料及数据，撰写校对，按时上报了稿件和相关照片，其中报送省年鉴材料总字数5500多字，上报市年鉴材料总字数8000余字。同时，4月中旬，还根据省地志办要求，及时撰写《治川史鉴》高坪部分的稿件。

【地情资料服务】 认真做好高坪地情资料的提供工作。先后为区旅游局拍摄宣传片、区党史办编写《执政实录》、汉巴南铁路可研工作、南充金融中心建设等提供了相关的地情信息。

【领导名录】 区地志办主任：李林森。

（供稿：区地志办）

档案工作

【概况】 高坪区档案局负责全区档案事业行政管理和对本行政区域机关、团体、企事业单位和其他组织的档案工作监督和指导，负责接收、收集、整理、保管和提供利用辖管范围内的档案资料，依法为公民、法人或者其他组织获取政府信息提供便利。区档案局实行局馆合一，为区政府直属事业机构，一套机构两块牌子，局（馆）编制9人，在职干部职工8人（其中领导4人，干部职工4人）。

【档案馆藏概况】 至2017年末，高坪区档案馆有馆藏档案212个全宗，92713卷，馆藏资料9244册，照片档案807张。

【档案法制宣传】 大力加强档案法制宣传，重点抓好"国际档案日"档案法制宣传工作，通过横幅、标语、板报等形式，利用LED显示屏发布宣传标语10条。张贴宣传挂图5张，发放宣传资料、画册100多份，接受群众咨询80多人次。平时向档案利用者发放档案宣传小画册。

【档案执法】 不定期开展档案执法检查，重点检查档案的收集、整理、归档、保管、利用、档案室的安全和对《档案法》等档案法律法规的学习贯彻和执行情况。采取以执法检查促业务办法，多次到部门、乡镇开展检查和指导，督促按《规则》、国家档案局8号令等有关档案业务的规范性文件要求收集材料、立卷归档，对收集不齐全，整理不规范，管理不到位，零散、乱放的种种现象予以纠正，并出具《限期整改通知书》。配合市档案局检查区环保局、东观镇、航空港投资开发有限公司等单位档案室和档案案卷质量，对检查存在的问题，及时下发《整改通知书》，督促限期整改，全面推动全区档案工作可持续发展。

【档案接收】 全年接收档案移交进馆单位有：区统战部、文广体局、国土局、组织部、发改局、区委办、政府办等单位的1000余卷（件），接收目录1万余条。

【档案利用】 更新服务理念，创新服务机制，转变重管轻用的观念，改变工作作风，积极主动地为区委、区政府中心工作、社会各项事业、人民群众查阅档案提供优质、高效服务，做到工作岗位不离人，节假日随叫随到，平均每月接待利用者80多人次，提供利用档案资料950人次。

【档案管理】 按照《高坪区人民政府办公室关于印发高坪区档案基础管理工作方案的通知》文件规定，对照档案工作规范化管理标准要求，开展业务培训和现场业务指导2次，在区国土局进行现场档案业务培训，组织全区档案工作人员到雅安进行文书档案、科技档案整理、装订培训，提高业务人员工作水平。与区扶贫移民局联合出台《进一步规范脱贫攻坚档案工作意见的通知》《会计档案管理办法》《档案工作规范化管理办法》《脱贫攻坚档案整理细则的通知》等文件，规范脱贫攻坚各类档案收集、整理、归类工作。

【安全工作】 高度重视档案的保管保护工作，安排专人进行管理，按照综合档案馆要求，对部分库存档案进行抢救性保护整理，至11月底对4000卷档案进行翻整、冷冻、杀虫；抢救老档案300件，保证库存档案安全。耗资5万元，整治办公楼旁滑坡山体，消除安全隐患。

【档案信息化建设】 2017年，区档案局加大档案信息资源建设力度，馆藏传统载体档案数字化率稳步提升。开展馆藏档案信息化、数字化工作，完成馆藏20万页纸质档案数字化加工。通过政府公开统一平台发布政府公开信息33条，其中工作动态信息22条，财政信息2条，行政执法信息1条，其他信息8条。

【"两学一做"】 认真贯彻落实党的十九大会议精神，以推进"两学一做"学习教育常态化制度化为载体，不断提升党组织服务水平。成立了由局长任组长，两名副局长任副组长，各股室负责人为组员的领导小组，具体负责局"两学一做"学习教育常态化制度化相关事项。认真贯彻落实习近平总书记关于推进"两学一做"学习教育常态化制度化重要指示精神，制定《高坪区档案局关于推进"两学一做"学习教育常态化制度化的实施方案》，把推进学习教育常态化制度化自觉融入到全区档案工作中。坚持把机关党建规范化建设与"两学一做"学习教育紧密结合起来，着力发挥支部战斗堡垒作用和党员先锋模范作用。建立党员活动室，确定了每月20日为党员固定活动日。在春节、"七·一"前夕，支部组织党员干部对马家乡鱼家庵村开展"送温暖"活动，慰问24户贫困户，送慰问金5000余元。

【驻村扶贫】 充分调动单位职工的主观能动性，积极主动与相关单位配合，参与帮扶村基础设施建设项目，完成C级危房改造2户，D级重建10户，异地搬迁3户9人，五改三建35户。扩宽村道公路2公里，硬化社道公路3.1公里，产业道路600米。整治山坪塘3口，新建渠系共500米，整治石河堰1处（2社），新修蓄水池5口。建集中供水设施1处，分散打井20口，解决贫困户饮水安全。改造低压线路，新安装变压器1台。支持培育增收产业项目，栽植花椒300亩，规划经果林栽植资金6万元，到户产业6.5万元。支持贫困户养殖490只小家禽和51头大牲畜。设立好人榜、道德讲堂、文化长廊，制定村规民约，定期开办农民夜校。对扶贫档案资料规范化管理，指导整理鱼家庵村扶贫档案资料，成为全区学习的模板。

【领导名录】 区档案局局长：何刚，副局长：刘新春（1月止）、谭玉蓉（女、7月起）、徐强，纪检员：杨彬（女、7月起）。

（供稿：张清华）

政协南充市高坪区委员会

概 述

2017年，区政协在市政协的精心指导下，在中共高坪区委的坚强领导下，在履职尽责中服务大局，在继承创新中推进事业，各项工作取得明显成效，实现本届政协铿锵起步、精彩开局，为"绿色高坪·幸福家园"建设做出积极贡献。全年围绕高坪重点工作、重点项目和群众关心的热点难点问题，开展扎实有效的各类履职活动，圆满完成全年目标任务。机关内设七委一室（办公室、提案工作委员会、经济工作委员会、教科文卫委员会、社会工作委员会、学习文史委员会、农业委员会、人资环委员会），有在职职工52人，有政协委员213人，其中政协常委38人。

重要会议

当年区政协共召开5次常委（扩大）会议，10次主席会议。

【常委会议】 当年区政协共召开5次常委（扩大）会。根据会议议题，邀请区委、区政府及相关部门主要负责人出席，邀请政协机关不是政协常委的各委室主任和纪检员列席会议。

区政协第六届第一次常委（扩大）会议 1月20日在区政协五楼会议室召开。区政协主席傅天贵主持会议。会议传达省政协第十一届五次会议精神；传达市政协六届一次会议精神；听取区委组织部宣布政协各委室主任、副主任人事任免文件，经表决全票通过；通报各专委会联系委员情况；审议通过《政协南充市高坪区委员会委员管理办法》；审议通过《政协南充市高坪区委员会常务委员会工作规则》；审议通过《政协南充市高坪区委员会2017年工作要点》；对区政协党组（班子）民主生活会征求意见。

区政协第六届第二次常委（扩大）会议 3月22日在区政协五楼会议室召开。区政协主席傅天贵主持会议。听取区委组织部对政协经济工作委员会副主任人事任免的文件，经表决全票通过；传达高政协发〔2017〕4号文件《关于持续深化脱贫攻坚"三帮"活动的实施意见》和高政协党组〔2017〕3号文件《关于确定六届区政协界别召集人的通知》精神；传达南政协〔2014〕2号《关于在市政协委员中深入开展"五个一"活动的意见》、介绍下中坝区划调整实施方案的相关情况；区政协主席傅天贵作讲话，要求政协委员把思想认识，统一到区委、政府的决策上，对区政协脱贫攻坚工作作出部署。

区政协第六届第三次常委（扩大）会议 7月26日在区政协五楼会议室召开。区政协主席傅天贵主持会议，西华师范大学教授康大寿、区人民政府副区长敬健应邀出席。康大寿教授作《发挥政协职能作用，促进社会全面发展》的讲座；敬健副区长通报区政府半年经济工作运行情况；通报区政协半年工作情况；傅天贵主席就政协委员如何围绕中心服务大局履职作出安排和要求。

区政协第六届第四次常委（扩大）会议 10

月23日在区政协五楼会议室召开。区政协主席傅天贵主持会议。会议主要听取区扶贫移民局局长陈伟对我区脱贫攻坚情况通报；听取区财政局局长青凌波对2016年度和2017年上半年财政预算执行情况的通报；通报对区文体广局、区环保局民主评议的情况，经测评，参会常委以100%满意率通过，授予区文体广局、区环保局区政协委员满意单位称号；听取区委组织部宣布政协办公室副主任、人资环委主任人事任免文件。区政协主席傅天贵讲话，要求精心组织学习贯彻党的十九大精神、加强脱贫攻坚工作、抓好党风廉政建设。

区政协第六届第五次常委（扩大）会议　10月31日在区政协五楼会议室召开。区政协主席傅天贵主持会议。驻区市政协委员、界别代表应邀列席大会。会议学习中国共产党第十九届中央委员会第一次全体会议精神；学习中国共产党第十九次全国代表大会关于十八届中央委员会报告的决议；分别学习省委、市委、区委关于学习宣传贯彻党的十九大精神的要求；区政协主席傅天贵讲话，要求对十九大精神的学习要原原本本学文件、扎扎实实抓贯彻、认认真真掀高潮。

【主席会议】　全年区政协共召开10次主席办公会议，机关委室主任列席会议。

区政协第六届第三次主席会议　1月9日在区政协二楼会议室召开。区政协主席傅天贵主持会议。会议主要讨论确定区政协2016年职工年度考核办法；区政协六届一次全体会议议程。

区政协第六届第四次主席会议　2月13日在区政协二楼会议室召开。区政协主席傅天贵主持会议。会议讨论确定区政协机关党委组成人员；持续深化"三帮"活动实施意见；六届区政协界别召集人。

区政协第六届第五次主席会议　2月27日在区政协二楼会议室召开。区政协主席傅天贵主持会议。会议讨论确定政协评议工作准备事项；开展委员活动要求；考察康养产业方案。

区政协第六届第六次主席会议　3月31日在区政协二楼会议室召开。区政协主席傅天贵主持会议。会议主要学习传达市政协六届二次常委会议精神；全国政协十二届五次全会决议；中办发〔2017〕13号《关于加强和改进人民政协民主监督工作的意见》文件精神；学习传达省纪委《关于去除繁文缛节加强委厅机关文化建设的措施》文件精神；审议关于印发《中共政协南充市高坪区委员会党组2017年党风廉政建设和反腐败工作要点》的通知和《政协南充市高坪区委员会机关管理制度》的通知；通过年度协商计划。

区政协第六届第七次主席会议　6月30日在区政协二楼会议室召开。区政协主席傅天贵主持会议。会议主要审议对区文体广局、区环保局的初评意见；通报政协半年经费运行情况；讨论确定区政协第六届第三次常委（扩大）会议召开的时间和议程。

区政协第六届第八次主席会议　8月30日在区政协二楼会议室召开。专职常委，市、区部分政协委员列席，区政协主席傅天贵主持会议。会议对国投公司增资控股并购嘉隆酒店股份有限公司进行专题协商，会议一致同意赞成并购。

区政协第六届第九次主席会议　9月8日在区政协二楼会议室召开。区政协主席傅天贵主持会议。会议主要传达区委脱贫攻坚会议精神，安排区政协"百日攻坚"具体工作。

区政协第六届第十次主席会议　10月17日在区政协二楼会议室召开。区政协主席傅天贵主持会议。会议审议《关于评议区文广体局工作情况的报告》《关于评议区环保局工作情况的报告》；传达全区脱贫攻坚工作安排和党风廉政建设社会评价工作要求；审议区政协第六届第四次常委（扩大）会议筹备方案。

区政协第六届第十一次主席会议　11月17日在区政协二楼会议室召开。区政协主席傅天贵主持会议。会议传达区委脱贫攻坚推进会精神；强调重视政协帮扶贫困村的脱贫攻坚验收工作，并做工作安排。

区政协第六届第十二次主席会议　11月20日在区政协二楼会议室召开。区政协主席傅天贵主持会议。会议审定《脱贫攻坚之路》一书初稿；审定区政协六届二次会议分工。

主要工作

【专题协商】 全年围绕高坪发展的重点问题和群众关注的热点问题开展专题协商,形成协商意见4件,均得到区委、区政府采纳。3月22日,就调整下中坝行政区划进行专题协商,一致认为,下中坝行政区划调整政策依据充分、调整理由充实,表示积极支持下中坝行政区划调整;7月19日,就《关于依托航空港汽车市场优势,全速构建成渝"汽车第二城"的建议》和《关于以"互联网+"为驱动,加快我区电子商务发展的建议》两份提案进行专题讨论协商,形成协商意见7条;10月18日专题讨论协商高坪区师德师风建设相关工作,形成协商意见3条;12月8日下午,就高坪区拟实施的"十件大事"进行专题协商,会议就"十件大事"推进计划和内容完善方面提出8条建议。

【视察与调研】 始终把调查研究作为议政建言的重要基础,紧跟全区中心,聚焦关键领域,精选专题,制定方案,撰好报告。按照区委安排,承担"绿色高坪"课题研究,多方走访、深度探析,研究成果得到区委主要领导肯定性批示。围绕全区乡村旅游发展,组织委员72人次,深入溪头柑橘产业园、东观巴国田园、阙家火烽村等地视察,提出拓展旅游品牌效益、提升精品旅游实效等建议;组织委员对推进建设都京丝绸特色小镇进行专题调研,从全面完善总体规划、加强土地利用协调、探索投资建设方式、拓展招商引资渠道完善基础管理工作系等方面提出多条建议;组织委员对高坪友豪国际的电商产业园、家居博览中心、红星美凯龙商场以及南充金汇时代广场等重点三产项目建设与发展情况进行专项视察,提出6条建议;组织委员深入各乡镇对全区文物保护情况进行视察,提出加强文物保护队伍建设、加强不可移动文物保护等5条建议;对全区养老服务体系建设情况进行专项视察,提出引导市场调节,实现养老服务运作市场化、开展认证评估,实现养老服务管理规范化等4条建议;对中法农业科技园建设情况进行视察,提出加大园区宣传力度,主动谋求上级支持,搞好各方沟通协调,采取有效措施治理施工环境等4条建议;对城管执法、环卫管理、城市绿化、城市项目建设等重点工作进行调研,从城市规划、队伍建设、改善城市风貌等方面提出4条建议。

【提案工作】 2017年,区政协委员及政协各参加单位紧紧围绕区委、区政府中心工作,聚焦社会热点问题,深入开展调研,积极建言献策。共提出提案185件,经审查立案168件,未立案的17件作为社情民意和委员意见交相关部门处理。在立案的提案中,经济建设方面46件,占27%;教科文卫方面39件,占23%;城市建设及管理方面38件,占23%;交通建设方面9件,占5%;环境保护方面6件,占4%;统战、民族宗教、政法、财政金融等其它方面30件,占18%。这些提案由区政府召开提案交办会,分别交有关单位办理,办复率100%。在立案的168件提案中,全部建议被采纳落实的122件,占73%;部分建议被采纳落实的34件,占20%;因条件限制或其它原因待以后解决的12件,占7%。从反馈意见看,委员对提案办理的满意率达99.3%。

【委员工作】 以建设"敢于担当、勇于奋斗、善于落实"的委员队伍为目标,完善委员履职服务管理办法,制订委员走访、请销假、考勤、约谈、惩处、考核、辞职、奖励等制度。建立委员履职信息库,对委员会议参加、活动参与、提案提交、信息报送等情况,精准统计、全面记录,队伍活力充分激发。坚持把理论学习、思想引领放在首位,通过会议学习、专题辅导、座谈研讨等形式,组织委员认真学习中共中央治国理政新理念、新思想、新战略,及时学习中共十九大、省委全会、市区党代会等重要会议精神。全年共组织各种学习活动76次,累计参加4500余人次。持续开展脱贫攻坚"委员帮户"活动,全区213名委员不畏艰辛,深入一线,勇当脱贫尖兵,对口帮扶479户贫困户,涌现出许多感人事迹。

着力化解矛盾维护和谐，探索委员参与社会矛盾纠纷化解机制，每月选派1名委员，进驻区信访大厅，接待来访群众。

【界别工作】 全区213名政协委员代表23个界别，分布合理。区政协常委会始终把界别工作列为重要议事日程，主动征求各界别对政协年度工作安排和机关建设的意见和建议，充分发挥界别在政协工作中的特色和优势。积极搭建委员履职平台，在23个界别中确定31名召集人，明确召集人职责，组建委员活动小组，确保界别活动组织有力、开展有序。在脱贫攻坚"三帮"活动中，"界别帮点"示范性好，23个界别，发挥各自优势，助力13个联系村脱贫摘帽，共投入资金50余万元；医卫、教育、科技等界别，组织送医、送法、送教、送技等下乡活动40余次；各民主党派落实区委部署，牵头组建8个脱贫攻坚督查组，驻区联片，跟踪督导。针对专业性较强的医患纠纷、劳动纠纷、房屋产权纠纷，发挥界别优势，邀请名医生、名律师，精心把脉、会诊开方，促进社会和谐。

【反映社情民意信息】 始终秉承"人民政协为人民"理念，时刻关注民生诉求，敏锐把握民生脉动。以联系服务群众全覆盖、调研视察等活动为契机，深入搜集反映社情民意，对反映问题认真总结、归类梳理。全年搜集社情民意645条，编发《社情民意信息》23期，《加快丝绸特色小镇建设》被省政协网站采用。

【领导名录】 区政协秘书长：冯德刚；办公室主任：任春雷，副主任：屈伟文（10月起）；提案委主任：蒋晓光，副主任：文潇涓（女）；经工委主任胡红强，副主任：王燕霞（女、1月止）、唐安伟（1月起）；教科文卫委主任：李果，副主任：杨淑（女）；社工委主任：张选文，副主任：龚红英（女）；学习文史委主任：滕晓燕（女），副主任：冯政；人资环委主任：青超（10月止）、杨琴（女）（11月起），副主任：彭秀权；农业委主任：何朝坤，副主任：李京城。

（供稿：冯政）

纪律检查与行政监察

【概况】 2017年，区纪检监察工作在市纪委和区委的坚强领导下，以习近平新时代中国特色社会主义思想统揽工作全局，深入学习贯彻党的十九大精神、省第十一次党代会精神和市委六届六次全会精神，认真落实上级纪委全会工作要求，紧扣中心、服务大局，履职尽责、主动作为，为开创"南充新未来·成渝第二城"高坪篇章提供了坚强的纪律保证。

【纪检监察重要会议】 2月20日，区纪委六届二次全会在区文化中心召开，区委书记韩伦红出席会议并作重要讲话，区委常委、纪委书记蒲仕钊传达中、省、市纪委全会精神并向大会作题为《忠诚履责 挺纪在前 为建设绿色高坪幸福家园提供坚强纪律保障》的工作报告。

【反腐倡廉建设】 健全完善定责、亮责、述责、督责、追责"五责一体"工作体系，推动"两个责任"落地生根。清单化明责，制定出台《关于2017年党风廉政建设和反腐败工作的意见》，将全年目标任务分解细化为6个大项、41个小项，同时将责任落实到20余名区级领导、17个牵头单位和30余个协办单位，压实领导责任、传导压力，形成区、乡、村三级"全覆盖、无缝隙"责任网络；出台《高坪区党风廉政建设"两个责任"清单制度》，明确14项党委（组）责任、8项主要负责人责任、7项班子其他成员责任和15项纪委（纪检组）监督责任，同步记录履责情况，实行记实留痕管理。制度化督责，出台《南充市高坪区乡镇（街道）党（工）委、政府（办事处）和区级部门主要负责人向区纪委全会述责述廉办法》，组织14个督查组分别对32个乡镇（街道）和84个区级部门、项目平台指挥部落实党风廉政建设主体责任情况进行督查，发点球督促整改问题；认真落实《高坪区约谈实施办法》，区委主要领导对116名"一把手"集中约谈2次，不断固牢责任、压实任务。常态化追责，出台《关于党风廉政建设党委主体责任追究实施办法》，明确追究党委领导班子集体责任的13种情形，追究党委主要负责人责任的12种情形，追究党委领导班子其他成员责任的6种情形；严格"一案双查"，23个单位因落实党风廉政建设"两个责任"不力被问责，以责任追究倒逼责任落实。

【重大决策部署监督检查】 坚持党委政府中心工作部署推进到哪里，纪律监督就跟进保障到哪里，着力清障除碍、确保政令畅通。聚力脱贫摘帽再督查，制定并下发《南充市高坪区脱贫攻坚工作问责实施方案》，建立督查、整改、问责三大台账。全年全区共查处涉及扶贫领域问题线索35件，立案12件，给予党政纪处分11人，诫勉谈话8人，约谈39人，通报批评16人，大会检讨12人，黄牌警告单位12个。聚力项目建设再督查，重点围绕项目建设进度、审批程序、工程变更、资金管理使用等关键环节实施精准督查，至年末共开展项目督查16次，发现问题36个，整改32个，立案调查5件，诫勉谈话10人，约谈8人，行政处罚1起。聚力优化环境再督查，在全区开展"不作为、慢作为、乱作为"专项治理中，共追责问责25人，46人作出书面检查；发现问题单位32个，10个单位在全区通报批评，

8个单位主要负责人被集体约谈，5个单位向区委作出深刻检查，2个单位向区纪委作出书面检查。在中央环保督察期间，全区共收到交办案件33批47件，现已全部办结，给予党内警告处分3人，行政警告1人，诫勉9人，提醒谈话3人，书面检查5人，批评教育7人。开展防汛减灾、安全生产、信访维稳等专项督查，发出通报5期，47人受到党政纪处分。

【坚持践行"四种形态"】 始终坚持惩贪治腐零容忍、无禁区、全覆盖，始终坚持挺纪在前、纪在法前。强力开展办信查案，扎实开展"服务下沉、干部下访、政策下乡"主题活动，畅通"来信、来访、电话、网络"四位一体信访举报受理体系，全年纪检监察组织共处置问题线索219件，立案111件，结案111件，给予党政纪处分106人，移送司法机关处理3人。其中，涉及扶贫领域问题线索45件，给予党政纪处分11人，免于党纪处分1人；约谈34人，诫勉谈话7人。严肃查处区民政局原优抚股股长刘某索贿案，区财政局原综合股股长喻某受贿案等典型案件，不断彰显全面从严治党的毅力和决心。积极践行"四种形态"，坚持以"六大纪律"为标尺，积极实践运用"四种形态"，严格分类处置问题线索，准确把握政策界线，实事求是、宽严相济，不断增强监督执纪的精准化、科学化和程序化。全年谈话函询118件，党纪轻处分118人，党纪重处分13人，开除党籍并移送司法机关5人，分别占"四种形态"的57%、35%、2%和13%。坚持查处与保护并重，严肃查处诬告行为，及时为23名党员干部澄清了是非。着力开展巡察整改，区委巡察办通过对东观镇、区民政局、高坪燃气公司、青莲街道办、龙门街道办、龙门古镇开发建设有限公司、航空港管委会7个单位的两轮驻点巡察，共发现各类问题117项，发现线索38项，向被巡察单位反馈即知即改问题14项；汇总形成《成果运用分类落实建议清单》，移送区纪委进一步调查处理46项，区委组织部进一步调查处理3项。

【行政效能监察】 全年共开展行权平台督查32次，督促整改问题10个，通报单位24个，约谈13人。全区行政权力依法规范运行平台运行事项共5929项，累计录入案件总数96022件。加强"三务公开"工作，督促各地各部门、村（社区）详细公开公示涉及财务收支、固定资产管理、工程项目实施、涉农惠农政策落实等群众切身利益、群众关心关注事项，建立村QQ群、微信群，对群众关心的热点问题进行公开公示，进群人数全区约8万余人。

【"四风"督查】 坚持把解决群众身边的不正之风和腐败问题作为重中之重，强力正风肃纪，坚决防止"四风"反弹，不断提升人民群众"获得感"。抓住关键节点，在元旦、春节、五一、国庆等重要节日节点，组成专项督查组，对节日期间公款吃喝、公车私用、值班值守、信访稳定等情况进行明察暗访，共发出节日督查通报4期，对14个单位在全区通报批评，6个单位主要领导进行集体约谈，5个单位带班领导进行诫勉谈话，责成8个单位向区委作出深刻检查。强力整治"微腐败"，开展低保清理、"涉医""涉学"等领域专项整治，全区低保新增1107户、1760人，取消342户、530人，提高和降低保障金272户、489人，"涉医"领域专项整治给予警告处分2人，约谈8人；深入开展侵害群众利益问题专项整治，全年查办"微腐败"案件19件、处理22人。深入开展专项整治，强化"三公经费"监督，及时发现使用过程中存在的问题和薄弱环节，防止隐匿、转移"三公经费"支出，切实严控"三公经费"，不断推进作风建设；查处违反中央八项规定的典型案例4件，给予党政纪处分4人；查处违规操办婚宴案2件，给予党政纪处分2人。

【纪检队伍建设】 抓实作风提升"精气神"，以纪检监察干部"周末进课堂"为载体，通过不定期开展谈心谈话活动，进一步落实民主生活会、"三会一课"等制度。召开领导班子民主生活会2次，机关党支部召开党员大会4次，全区参与"进村居入户活动"的纪检监察干部483人，收集问题520余件，解决问题390余件。抓细培训增强"战斗力"，全区纪检监察干部共21人（次）到外地学习培训，视频培训纪检监察干部200余人（次）；各乡镇（街道）纪（工）委通过专题培训、以会代训等方式，对全区391名村级纪检员开展业务培训。选调23名区级部门、乡镇（街道）纪检监察干部到委局挂职锻炼，进一步提升监督执纪问责的能力。抓严监督解决"灯下黑"，坚持刀刃向内，有案必查、有腐必惩，坚决查办纪检监察干部违纪行为，对涉及纪检监察干部的信访举报实行"零暂存"。年内谈话函询纪检干部3人，立案调查纪检干部1人，1名纪检监察干部被建议免职处理，1名纪检干部因违反八项规定被给予党纪处分。

【纪检宣传工作】 全年共印发张贴党风廉政建设宣传海报3万余份，散发宣传单10万余份，悬挂标语横幅1650余幅，制作大型广告牌12张，展板20张，在全区城乡开展廉政建设成果展6次，观展5万余人；开展"清风扬大地 正气满高坪"文艺汇演，党风廉政建设"大家评"，致"两代表一委员"、离退休老干部、私营企业和个体工商户的一封信等，不断丰富社会评价宣传载体，构建全员参与的社会评价大宣传格局。借助高坪区政府门户网站、微信公众号、手机短信、电视广播、QQ微信群、报刊杂志等各类媒体立体宣传，向区内移动用户发送廉洁短信35万余条，在南充电视台上播放宣传新闻2次，南充日报上刊发新闻5条，各级各类网站上宣传报道18篇。

【预防腐败工作】 健全党委（党组）中心组学规学纪、领导干部上廉政党课、领导干部法纪教育、拟提拔干部任前廉政谈话系列制度，印发《警示录》5000册，强化党风党纪教育；组织实施村（社区）"廉洁课堂"村村播，对党员、群众开展普规普纪教育；及时更新"廉洁高坪"微信信息55期，编发纪检监察信息15期，全区订阅"廉洁高坪"已达8300人，形成加强党员干部廉政教育新载体。

【领导名录】 区纪委书记：蒲仕钊（9月止）、洪峰（9月起）；副书记：陈晓明（兼区监察局局长）、胡长军。

（供稿：陈 伟）

军 事

高坪区人民武装部

【概述】 2017年，高坪区人民武装部内设机构和人员无变化。当年，坚持以党的十九大和习主席系列讲话精神为指导，以新形势下的军事战略方针为统揽，牢记强军目标，积极投身强军实践，切实按照"六部"职能要求，全力推进各项工作迈上新台阶。

【思想政治建设】 坚持高度的思想自觉、政治自觉和行动自觉，把学习好、宣传好、贯彻好十九大精神和习近平新时代中国特色社会主义思想作为首要政治任务抓紧、抓实、抓好。以党委中心组学习为载体，以干部职工学习为重点，推动全区民兵预备役人员学习全覆盖。广泛采取领导干部带头学、党委（支部）会专题学、学原著、写心得、谈体会等方式方法。在收集汇总的基础上自印了《学习十九大精神资料汇编》，组织干部职工观看了《巡视利剑》《强军》等电视专题片，迅速掀起了学习十九大精神的热潮。扎实开展"两项"教育，坚持把学习习主席系列重要讲话作为基础和统领，大力开展"拥护核心听党指挥"主题教育活动和推进"两学一做"常态化制度化专题教育活动，认真组织学习《党员领导干部参加党的组织生活若干规定》和十九大新修订的《党章》，重温入党誓词，强化了党员意识，提高党员领导干部参加双重组织生活，公示学费交纳情况，引导干部职工紧跟习主席思想步伐，坚定强军信念，自觉看齐追随，投身改革实践。重视意识形态领域斗争，占领思想文化舆论阵地，抓好隐蔽斗争和"四反"工作，严格保密规定，严防政治性问题和失密问题。创新开展全民国防教育，定期为全区副科级以上干部宣讲国防知识；组织开展国防教育"五进"活动；6—7月结合征兵宣传开展国防教育，宣传效果明显；8—9月协调组织全区学生军训，进一步增强全民国防意识。

【班子队伍建设】 2017年，紧紧围绕习主席新时期强军目标，结合单位实际，加强和改进思想、组织和作风建设。严格落实各项组织生活制度，认真学习贯彻《党委工作条例》《党内监督条例》，修订完善《党委议事规则》，制订了进一步加强班子建设的措施。认真贯彻执行民主集中制原则，注重发挥每一个党委成员的主观能动性，坚持民主决策，议事程序正规，确保党委统一的集体领导下的首长分工负责制落到实处。认真落实党中央、中央军委关于改进作风的规定。认真组织学习党中央、中央军委关于改进作风的规定，按照各项规定查摆问题，征求改进作风的意见建议，订实改进作风的具体措施。针对奢靡之风，狠批享乐思想，从严控制经费支出，降低接待标准，严格区分公私差别。针对浪费问题，认真开展节约一滴水、一度电、一张纸活动，并加强督促检查，取得了积极效果。针对党性观念弱化的问题，积极开展各种形式的党性锻炼活动，提高干部队伍廉洁自律意识。在发票报销、征兵等敏感事务中，加强审查、检查、监督，较好做到了以制度管干部。严格纪律约束，加强干部培养管理。严格落实考勤、请销假、跟班作业、值班、讲评等管理制度，强化干部干事创业的自信心、责任感，努力营造积极上进的深厚氛围。在日常工作中及重大活动中，着眼年轻干部素质提高，敢于交任务、压担子，实施换岗锻炼，发挥他们的主观能动性和创造力，给他们提供施展才华的空间和舞台。

【新体制下管理工作】　扎实抓好国防动员中心工作，开展国防动员基础理论学习和组织指挥训练，组织高坪区国防动员委员会各办公室核查国防动员潜力，加强转型建设、潜力调查、大学生征兵等重大课题研究，积极探索民兵组织转型建设方法路子，提升国防动员质量效益。协助区委、区政府将武装工作纳入目标考核，与地方经济工作、社会事业等一同考核，极大地提高了武装工作地位。高度重视安全稳定工作，严格按照上级指示开展安全大检查活动，及时建立健全领导机构，研究制定活动方案，对照军委明确的"13项自查普查内容"和军委国防动员部提出的"7个方面45项内容"进行拉网式清理，并对排查出来的问题隐患，明确整改时限。组织观看《不能轻视的代价》，学习《血与泪的警示》读本，并开展深入讨论。在日常的管理教育中，坚持每月进行一次安全形势分析，每月开展一次安全大检查。利用干部职工大会、交班会、行政办公会进行安全教育，每逢节假日和敏感时节进行一次安顿教育和安全检查，帮助干部职工树立安全意识，划定安全"红线"。连续16年被上级评为安全工作先进单位。

【党风廉政建设】　强化班子和干部队伍建设。部党委一班人坚持民主集中制原则，主官带着发扬民主，重大事情都经过集体研究，班子成员心齐风正，事业心强。同时，注重利用经常性思想教育凝心聚气，在干部职工队伍中营造爱岗敬业激励机制，通过适时引导、岗位调整、选送参加培训学习、交工作、压担子等办法，加强对干部、职工的培养和锻炼，干部、职工队伍的综合能力素质得到进一步提高。积极推动基层作风建设。认真学习贯彻中央八项规定、军委十项规定和省军区改进作风的规定，持续开展党风廉政建设和专项清理整治，下大力抓好党性党风党纪和警示教育，查找自身存在的问题、开展批评与自我批评、狠刹奢侈浪费等"四风"，单位风清气正，干部职工凝心聚气。

【战备动员】　始终围绕有效履行使命任务这个根本，扎实做好遂行任务各项准备。7月，在编制体制改革落实，人员逐步到位后，及时组织人员修订完善了各种行动方案预案，并强化训练演练。结合工作交接，对各类战备物资进行了逐一清理，及时补充完善消耗性物资器材，规范了归类摆放。狠抓战备值班，对照上级要求对值班制度、值班人员、值班设施进行了规范，组织营门班和人武部干部职工开展营门防暴（恐）演练，效果良好。组织应急民兵点验和拉动。通过训练，全区民兵综合应急连可实现60分钟集结完毕，90分钟携带装备拉动到城区各任务点。5月，完成了全区国防潜力数据调查、民兵整组和兵要地志数据调查统计，9月顺利通过市军分区数据验收。

【军事训练】　认真履行议训、管训的各项职责。2—3月，组织开展了3期共15天的首长机关训练。5月，以参加区地质灾害演练为契机，组织区民兵综合应急连进行了预防地质灾害及灾害救援为主要内容的军事训练，提高了应急民兵集结机动和遂行任务能力。8—9月，出动民兵160人次参加南充市政府组织的"迎接十九大忠诚保平安"南充市安保誓师大会暨应急处突演练。制定专武干部业务培训计划方案。12月，组织全区专武干部进行封闭训练，以提高专武干部队伍军事素质和业务能力。指导区级编兵单位开展支援分队专业训练，指导基层武装部完成训练科目，达到了"四落实"。

【抢险救灾】　十九大期间，组织全区32个基层武装部以勤代练，出动民兵1500人次开展巡逻、维稳演练。全年出动民兵3000余人次参加治安巡逻、应急维稳，重大节假日均组织民兵在人员聚焦的架站、凌云山风景区、高速路口等开展巡逻。根据2017年降雨量偏大的实际，组织沿江乡镇、街道武装部进行现场勘查，调整防汛预案，开展汛情监控，积极做好了抢险应急准备。

【征兵工作】 全力抓好兵役登记工作，全年全区兵役登记率达98.5%。通过将国防教育暨征兵宣传点开设在高考点、大学校园和毕业生双选会现场，利用城市广场大型LED屏、流动宣传车、传单海报、微信短信等多种形式，打出征兵宣传"组合拳"，实现了征兵宣传全覆盖。从严开展体格检查、政治考核、预定新兵役前训练和廉洁征兵工作，不断提高征兵工作质量，役前训练被人民日报刊发。全年全区完成征兵工作。

【后勤保障工作】 2017年，坚持党委当家理财，落实经济民主制度，严格财经纪律，加强经纲物资管理，保证资金安全。紧紧围绕遂行多样化军事任务，积极做好各种训练保障工作。年初制定了财务管理规定、营院管理规定，做到管理工作有章有循。进一步按有关规定加强军车交通安全整治，确保车辆使用安全。在经费使用管理上，杜绝"三超"。进一步巩固"三项"清理专项整治成果，规范资金合理化分配使用。提高经费使用交通，堵塞了各种漏洞。坚持艰苦奋斗，勤俭办事，立足现有条件搞保障。结合正规化建设清理整治活动，整修了办公楼、干部宿舍、食堂，新栽种了苗木，完成了路灯，营区光亮工程上档升级。

【精准扶贫工作】 强力推进精准扶贫，积极推进扶贫帮困工程。结对帮扶鄢家乡石坝子村，采取"5+2"、白加黑工作法，部领导带领干部职工进村入户每周不少于3天，深入贫困户家中和田间地头，和他们一起搞卫生、拉家常、干农活。结合调研情况和贫困户家庭实际，采取宣读医保、金融、教育扶贫政策，送小牲畜、小家禽、家具、化肥等生产物资到户，为3户特困户住房进行"五改三建"等方法为贫困户解危帮困。此项活动被《国防时报》、南充电视台等新闻媒体宣传报道，产生了积极的社会效应。

【拥政爱民工作】 协调做好拥军优属，全年安置转业士官22人，全部安置在区属事业单位。不符合工作安排的249名退役士官和士兵全部执行货币补偿，发放补偿金777余万元。组织开展大学生士兵一次性奖励金发放仪式，共计发放奖金86.8万元。协同民政部门开展给立功军人家属"送喜报、挂匾额、贴春联"活动，极大地鼓舞了军心士气。积极稳妥处理涉军维权事宜，与区法院、区司法局建立长期协作关系，努力协调解决涉军案件，全年共协调处理涉军维权案件2起，提供涉军法律援助1次，帮助协调解决涉军问题2件，确保了军人军属、地方单位双满意。

【领导名录】 部长：顾东辉。

(供稿：区人武部)

空军西安飞行学院第五训练旅

【概述】 空军西安飞行学院第五训练旅前身为空军第二飞行学院第三训练团，是一支有着光荣历史和优良传统的部队，1953年2月组建于吉林长春大房身机场，1966年6月迁驻四川彭山，2014年12月迁驻四川南充，担负着轰炸运输机飞行、领航学员的培训任务。

2017年，隶属关系调整、新大纲试训、运-8进院校等改革任务相对集中，工作头绪繁杂，骨干力量分散，矛盾困难突出。面对新任务新形势新特点，旅党委认真贯彻落实空军、学院有关军事训练的一系列指示要求，紧紧围绕旅"两个一流"建设目标，始终稳住心神，保持定力，依法治军，从严治训，积极推进军事训练向部队靠拢、向实战聚焦，较好完成了年度教育训练任务。

【思想政治建设】 深入学习贯彻党的十九大精神，充分运用"政工网+移动终端"模式，政工网开设"十九大精神学习""学系列讲话"专栏，开辟讨论交流、优秀体会展评专区等手段，较好地凝聚了全旅官兵的意志力量。通过积极打造"西部育鹰"文化品牌，广泛开展"弘扬优良传统，传承红色基因"活动。在全体基层政治干部中推行经常性思想政治教育"精品课"，组织"四会"教员讲课比赛，持续开展"专家教授进军营"活动。在学员中开展"不忘初心、追梦空天""八个一"活动，举办纪念建军、建党系列签名宣誓活动和主题演讲比赛，充分发挥政治工作生命线作用，有效激发了广大官兵工作热情。深入发掘驻地红色资源，组织教学员、普通官兵到邓小平故居、朱德故里参观见学，强化战斗精神、培育战斗作风。大力推进"两学一做"学习教育常态化制度化，突出抓好"三会一课"基本制度和党员承诺践诺、"四个检查"等规定动作，党员身份意识和组织意识得到强化。

【教育训练情况】 积极推进军事训练向部队靠拢、向实战聚焦，持续深入组织轰运教-7新大纲试训，稳步推进运-8进院校，较好完成了年度教育训练任务。全年共组织303个场次，飞行7247小时27分钟，按期毕业2016期55名飞行、领航学员。坚持以"双学""两训"活动为抓手，深入推进实战化训练，加大战术、高难课目的训练难度和教学比重，转场外降16个机场，跨越四大战区，最远行程3000公里，迈出了"紧贴部队、紧贴实战"的关键一步。积极组织两种机型到户县、武威驻训，结合训练任务科学调配运-8进行轰运教-7、直-9飞机送装任务伴随保障，有效提升部队实战机动能力和伴随保障能力。后勤保障扭住"五个后勤"要求，严格落实"十防"措施，加强和改进场道维护、鸟害防治、特情演练等工作；装备保障认真落实"七项基础性工作"和"四个基本"，积极推行"站位检查法"，人员能力素质和整体保障水平进一步提高，为保障实战化训练筑牢安全基础。

【基层基础建设】 牢固树立按纲抓建理念，严格落实"三级责任制、三个全覆盖"工作机制，突出以党支部为核心的组织建设，持续开展常态化党务能力提高培训，进一步规范七项组织生活制度、严肃党内生活，增强基层造血功能和自建能力。严格党员发展标准和程序，定期组织民主评议，促进党员队伍模范作用发挥。持续开展基层建设量化考评，不断激发基层创先争优活力动力。扎实做好暖心惠兵工作，年度为基层办实事计划26项，利用节日时机看望慰问空勤家属、特困官兵和困难党员52人次，合理运用大病医疗救助基金，建立法律咨询点，切实帮助官兵解决后顾之忧。常态化开展明查暗访和检查巡查，大力纠治"微腐败"，设立基层风气联系点，进一步纯正部队风气。

【后勤装备保障】 采取以质量控制进程、以考带训、以点带面、全员渗透等方法，扎实开展"双一"训练，提升保障人员综合保障技能。坚持定期对人员上岗资格进行认证，对装备技术状况进行鉴定；完成了飞行管制分区改革交接任务，与民航机场签订了《南充高坪机场军民融合保障协议》，组织召开防鸟撞联席会议2次，理顺了各项保障关系。组织综合特情处置演练9次，较好地满足了两种机型训练保障所需，季度飞行保障质量均被学院评定为"优质"；积极与西部战区空军、兄弟单位和民航沟通协调，确定了符合大纲要求的训练航线空域和飞行实施方法；多方筹措资金购买GPS、训练资料掌上电脑，申请并正在印制南充基地图，目前基本满足教学需求。

【党的建设】 严格落实党委中心组理论学习制度，突出民主集中制学习和运用，重温《党委会的工作方法》，严格按原则、按规矩、按程序研究决定重大事项。突出"关键少数"加大党管党员、党管干部力度，严格落实报告个人事项、参加双重组织生活等制度。坚持开展"两课两讲评"，每月召开军人大会讲评党员干部。加强干部队伍建设，广泛开展飞行人员队伍建设《意见》教育宣讲，选送33人到院校培训，组织22名新毕业干部集中培训，全年调整使用88名干部，官兵反映较好。

（供稿：阳奕帆）

武警南充市支队教导队

【概述】 武警南充市支队教导队位于南充市高坪区小龙镇。承担武警勤训轮换集训、预提指挥士官集训、政工集训、厨师集训、军械员集训等任务。

【军事训练与教学集训】 2017年，在支队党委、直属党委的正确指导下，坚持以学习贯彻习主席一系列重要指示为主线，以三级党委扩大会议精神为指导，以"三严三实"教育整顿为抓手，精心筹划，狠抓落实，组织功能作用发挥进一步加强、思想政治工作效能有效发挥、"随营军校"作用逐渐提升、精细化建设质量稳中有进、综合保障能力得到改善，基地作用、先导作用和酵母示范作用发挥明显，圆满完成了支队党委和高坪区委交给的各项任务。教导队先后举办了四个季度的"魔鬼周"集训、勤训轮换集训、预提指挥士官集训、政工集训、厨师集训、军械员集训等保障任务，教导队被支队评为安全工作先进单位。

【软硬件建设】 教导队设计容量200人。建有一幢集训人员住宿楼、一幢警官宿舍兼办公楼、一幢库室楼、一幢攀登楼、一幢多媒体教室、一幢厨房、一幢洗澡堂、一幢射击场、一幢食堂。训练保障实现了10场（投弹训练场、战术训练场、400米障碍场、勤务训练场、射击训练场、攀登训练场、擒敌训练场、队列训练场、心理行为训练场、器械训练场）、5室（备课室、勤务专修室、多媒体教室、网格教室、图书资料室）、1库（训练器材库）的标准。建立了数字资料库和教案库，实现了教学资料信息共享和远程网上教学。

【完成急难险重任务】 2017年，教导队出色完成了春节、国庆节战备执勤、抗洪抢险演练等重大临时勤务，实现了部队安全发展。

（供稿：武警南充市支队教导队）

武警南充支队执勤二大队执勤二中队

【概述】 2017年，全面深入持续践行内涵式发展。在支队党委和高坪区政府的正确领导下，围绕建设现代化武警目标，坚持以"创先梦"为引领，注重经常，提高标准，重抓落实，较好地实现了"两个确保"，部队精神面貌明显改进，争先创优氛围浓厚，赶队补课步伐加快，全面建设持续进步，呈现出自我发展有序推进，自力更生有效拓展，自强不息有力传承的内容式发展特点，南充市监狱实现了连续33年执勤安全无事故。

【党支部建设】 始终把讲学习、讲政治、弘正气，树形象，作为提升部队内涵和凝聚力量的基本要求，用心打造一支"学习型、团结型、廉洁型、务实型、作为型"的党支部，深化创新理论武装，党支部严格落实理念学习，组织"一线战斗堡垒"建设专题研讨，把方向、抓大事能力有效提升。认真贯彻民主集中制，在经费开支、工程建设、骨干选拔任用等方面，严格程序，注重公论，决策水平不断提高，深入开展"学习践行强军目标，做新一代革命军人"主题教育活动，贯彻上级决策指示和制度规定坚决有力。深入开展"中国梦·我的创先"学习实践活动，确立坚持抓经常打"坚持抓经常打基础不动摇，坚持强力量保中心不动摇，坚持抓安全保稳定不动摇、坚持鼓士气正风气不动摇"建队思路，牢固树立"勇于担当"的使用意识、"主动作为"的责任意识"赶队补课"的紧迫意识和"自我发展"的开拓意识，着力在破解难题，解决现实问题，推动发展上使劲用力，为实现"创先梦"奠定了坚实的思想基础、实践基础和发展基础。

【思想政治建设】 以学习贯彻党的十九大精神为红线，狠抓理论武装，扎实抓好主题教育，深入开展谈心活动和经常性思想工作，官兵听党指挥信念进一步坚定积极筹办以"传承红色基因，担当强军重任"为主题系列活动，培育官兵的青春朝气、英勇虎气、昂扬士气，提振了部队的精气神。

【军民共建】 大力开展"手牵手·一起走"献爱心活动，募捐3000余元物资资助区内留守儿童和贫困学生，传承了中队扶贫助学、拥政爱民优良传统，增强了官兵责任心和光荣感，传承了优良的"红色基因"执勤处突训练。按照能打胜仗的标准，强力推进"五防一体化"、"五种力量"建设，有效提升了履行职责使命能力，固定勤务连续33年安全无事故。广泛开展"践行'创先梦'，争当执勤标兵"等活动。重点围绕形势、任务、敌社情等6个专题，增强执法育的时效性。同时，扎实开展"每天两次领班带哨；每周组织一次方案演练"：并将落实情况纳入干部经常性考评内容，切实提高了干部组勤能力。当年，在支队应急班比武获得团体第二，运动会团体第三的好成绩。出动兵力500人（次），先后提负南充市"两会一节"和重大节日等敏感时期城市武装巡逻，武装押解临时勤务21起，以及方案"领水事件"完成任各圆满，充分树立了军人的良好形象。

【行政管理】 深入开展"条令学习日""群众性创安活动"、"五个一遍"活动，从严落实两个《规定》、"六个严禁""六个坚决不能发生"要求，突出抓好官兵作风养成，采取部队严格管控，官兵自控互控，家庭社会联控管理模式，注重强化安全意识，积极防范重大安全问题。

【基础建设】 2017年，投入20余万元，对中队围墙、浴室、梯步等基础设施进行改造。当年，特别重视抓好隐蔽战线斗争工作，狠抓任务中政治工作落实，积极开展心理和法律服务活动，部队无政治性问题发生。

（供稿：武警南充市支队执勤二大队执勤二中队）

武警南充支队执勤二大队执勤三中队

【概述】 中国人民武装警察部队四川省总队南充支队执勤二大队执勤三中队，是一支具有光荣传统和辉煌战绩的部队。中队主要担负四川省川中监狱的外围武装警戒任务，协助公安机关维护社会稳定，执行武装拘捕、武装押解、武装追捕和抢险救援等任务。2017年，中队深入学习贯彻习主席系列讲话重要讲话精神，以强军目标为引领，按照"建好班子强能力、带队伍提素质、抓执勤立标杆、强训练出尖子、严管理铸精品、保安全促发展、聚全力创标兵"的工作思路，围绕"不忘初心、敢于担当、实干争先创标兵"这个目标，以"维护高坪社会稳定、服务驻地经济发展、建设三高新区"为己任，着力在内涵建队、精细管理、革弊鼎新上下功夫，积极推进年度工作落实，部队建设取得了丰硕成果，中队连续9年被总队表彰为"基层建设先进中队"。

【军事训练】 中队着眼新形势下处突反恐维稳需要，立足下好先手棋、打好主动仗，狠抓部队实战化军事训练，牢固树立战斗力标准，一切向能打胜仗聚焦用力，不断稳固"主战场"，按照"严于部队、高于部队"的要求，积极开展反恐专业训练，先后选派20余名军事技能过硬的战士参加总队、支队反恐集训，积极参加武警部队"卫士-17演习"和高坪区防汛抢险应急演练，不断加强应急班实战化训练演练，落实常态化维稳部署要求，努力做到敌未动我先知、敌欲动我已知、敌行动我歼之，进一步锤炼了部队完成"急难险重"任务的能力。

【军民共建】 中队坚持以中央军委关于加强军政

军民团结的一系列指示为依据,认真贯彻人民军队要和各族人民"同呼吸、共命运、心连心"的总要求,全体官兵始终坚持为人民服务的根本宗旨,自觉把驻地当故乡,视人民为父母,积极参与军民共建活动,先后组织开展了"学雷锋活动日",组织官兵到驻地敬老院开展尊老、爱老、敬老活动;在元旦期间积极参与高坪区的元旦文艺演出;开展了警营开放日邀请中小学生进军营等活动,使广大学生接受国防教育和爱国主义教育。

【完成急难险重任务】 2017年,中队围绕打赢"三场战役",开展形势任务、职责使命等教育,引导官兵正确认识国际国内形势,牢固树立战备意识。出动兵力出色完成了春节、国庆等重大节日活动的巡逻、设卡、安保各类临时勤务共40余起,特别是协助川中监狱圆满完成了"筑安—2017"大型押解勤务,为高坪社会和谐稳定做出了积极的贡献。

(供稿:青龙平)

区消防大队

【概述】 高坪区公安消防大队,由大队机关和下属江东大道中队(高坪中队)、特勤中队组成,担负着全区813平方公里、32个乡镇(街道办事处)的防火、灭火和抢险救援任务。2017年,全区消防部队有高喷车、举高车、抢险救援车、大功率水罐(泡沫)车等各类消防车15辆,包括灭火消防机器人在内的各类灭火、抢险、破拆、防护装备2000余件套。

【消防宣传】 当年,多次承担全市消防产品质量监督、119启动仪式、微型消防站比武、"人大代表、政协委员进警营"等市级专项行动,共发放消防资料5万余份,编发消防公益短信1万余条,发放宣传资料万余份,受众达到7万余人次,受到地方党委政府的高度评价和人民群众的广泛好评,消防官兵为党政分忧、为民解难的形象得到不断巩固和提升。

【灭火救援】 当年,大中队共接警出动571次,其中,火灾扑救246次,抢险救援158次,社会救助187次,剿灭马蜂窝近200余个;挽救财产近2200万元,圆满完成了以灭火抢险救援为中心的各项任务,为保护辖区人民群众生命财产安全做出了应有的贡献。

(供稿:赵 一)

审判·检察

审判工作

【概况】 2017年，区法院忠实履行职责，服务中心大局，狠抓执法办案，推进司法改革，圆满完成各项目标任务。坚决打赢"三场攻坚战""三场保卫战""三场持久战"，为推进建设"绿色高坪·幸福家园"提供有力的司法保障。全年受理各类案件6227件，较上年度案件数量增加2462件，增幅比例40%；全年审、执结各类案件5922件，结案率达到95.5%，审判质效各项指标进入全省法院一流方阵。年内获省法院、省人社厅表彰全省法院先进集体，获全省法院"执行大会战"先进法院。共有4个集体获省、市级表彰，8人荣立个人三等功。

【刑事审判】 全年受理刑事案件271件，审结265件，结案率97.8%。判处十年以上有期徒刑的4件4人，五年以上十年以下有期徒刑的10件10人，五年以下有期徒刑249件266人。

【民事审判】 全年受理各类民商事案件3763件，结案3597件，结案率95.6%。其中审结婚姻家庭案件642件；审结人身损害、劳动就业、教育、医疗、消费等案件446件；审结"三农"案件982件；审结建设施工合同、商品房买卖等案件667件；审结企业生产经营、民间借贷、租赁、金融借款等案件842件。

【行政诉讼】 2017年是全市法院行政案件集中管辖试点法院，管辖顺庆等五县（区）的行政诉讼案件，受理劳动保障、城建、公安和环境资源类等行政案件241件，法定审限结案率100%，案件数量同比增幅提高5倍。

【案件执行工作】 全年受理各类执行案件1952件，同比案件数量增加86.2%，结案1892件，同比增加85.5%，结案率97.7%，法定执限内结案率100%，实际执行到位标的1.88亿元。开展"强制执行月"、"涉民生案件"、"涉金融案件"、"执行大会战"四大专项执行活动，查控被执行人金融帐户1028笔、房产55处、车辆28台，实施司法拘留56人次，公开暴光失信被执行人名单827人。

【服务中心工作】 建立"府院"、"院企"联系制度，助力全区经济发展。开展院长庭长重大项目、规模企业涉诉涉法调研25次，为项目及企业提供法律政策咨询18次；参与区委、区政府涉项目重大决策调研论证12次，提供司法建议对策8条；参与区重点项目法律风险评估14次。依法审理"宏泰生化"等一批全市工业转型升级、中央环保督查交办的重点项目涉诉系列案件600余件，稳妥解决"东岸十九座"等群体涉信访历史遗留问题11件。

【参与社会治理】 积极参与依法治区、平安高坪建设，通过审判和执行，针对社会管理中发现的问题，主动向有关部门、企事业单位通报并提出建议。开展影响社会稳定矛盾问题摸排调研，找准影响社会稳定的矛盾纠纷缘由，结合审判工作，寻求解决良方。畅通申诉信访渠道，完善"领导接访、带案下访、包案化解"等信访调处机制，协同基层组织做好信访人的解释疏导、困难帮扶、教育稳控等工作，为实施"155"发展战略，维护区域经济社会平稳健康发展营造良好的法治环境。

【化解矛盾纠纷】 积极开展诉调对接，着力推动多元矛盾纠纷解决机制，在各法庭辖区设立便民诉讼点，完善与区级相关部门联调联动，推进司法调解、人民调解的良性互动。选取典型案件开展巡回审判，为群众提供咨询，解惑答疑。全年成功调解各类案件1508件，指导、协助行业调处纠纷208起，为群众提供法律咨询和服务8000余人次。

【司法责任改革】 稳步推进司法责任制改革，科学编配、组建审判团队，员额法官成为审判主体。健全院（庭）长办案机制、专业法官会议制度、审判权运行监督制约机制、违法审判责任追究机制。建立完善人员分类管理、法官职业保障、绩效考核等审判配套辅助机制，细化司法权力、责任清单，强化审判监督、管理，确保放权不放任，放手又放心。

区人民法院举行入额法官宣誓仪式

【庭审质化改革】 加强与公安、检察等部门的协调配合，共同推进以审判为中心的刑事审判实质化改革步伐，划定证人出庭案件范围，充分发挥刑事庭审在查明事实、认定证据、保护诉权、公正裁判中的决定性作用。全年刑事案件证人出庭28人次，侦察员、鉴定人出庭6人次，委托或指定辩护案件达152件、当庭宣判214件。

【升级诉讼服务中心】 全面推进诉讼服务中心、诉讼服务网、12368热线"三位一体"的新型诉讼服务中心建设，设立律师调解工作室，确保有案必立、有诉必理。全年网上立案68件，诉前调解439件，律师参与案件调解840余件。

【诉讼权益保障】 加大司法救助力度，依法保护当事人全益。对79名当事人减、缓、免诉讼费34万元，对58名申请执行人司法救助70万元，为15名刑事案件被告人，申请法律援助律师出庭辩护。

【思想政治建设】 认真贯彻执行党的路线、方针、政策和上级党委决议决定，以"两学一做"常态化制度化不断创新、丰富党建工作内容，深入开展"四对照四提升"专题教育，强化干警思想政治建设和理想信念。组织党员干警积极参与脱贫攻坚、联系服务群众全覆盖、基层大走访等实践活动，以务实态度深入农村探寻脱贫致富的方法，以主动作为在统筹协调中破解难题，以温情关怀在精准帮扶中雪中送炭。全年深入村、社指导村级产业规划、村民庭院经济发展、督导脱贫工作开展，进村入户干警达到1800余人次，组织捐赠活动2次，捐款1.4万元、衣物400余件（套），帮助解决群众生产生活困难和问题18个。

【司法能力提升】 坚持把司法能力建设作为法官职业化建设的核心内容，注重实践锻炼和教育培训相结合。通过开展"院庭长办案月"、"集中清理长期未结案"、"庭审技能大比武"、"十佳庭审"等评比评选活动，健全法官及司法辅助人员锻炼培养机制。全年常规评查和重点评查案件5822件，组织干警参加各类业务培训16场次，10名干警成为"五个十佳"标兵。

【党风廉政建设】 严格落实党风廉政建设两个

责任,通过层级签订党风廉政建设责任书、承诺书、举办廉洁司法教育专题报告会等形式,做到警钟长鸣。开展"不作为慢作为乱作为"专项整治,深入开展"司法作风建设年"、"纪律作风巩固提升月"活动,促进干警业内业外行为的规范。

【领导名录】 区人民法院院长:熊营生,常务副院长:蔡晓云,副院长:冯学龙、何斌,执行局长刘云,纪检组长:李长军(4月止)、梁岱(4月起),政治处主任:冯燕(女、4月止)、陆国忠(4月起)。

(供稿:伍胜宪)

检察工作

【概况】 2017年,高坪区人民检察院在区委和上级检察机关的领导下,在区人大及其常委会的法律监督和工作监督,在政府的大力支持和政协的民主监督下,主动融入"155"发展战略和"绿色高坪·幸福家园"建设,充分发挥检察职能,为全区经济社会发展提供有力法治保障。全年共批准逮捕200件318人,不捕21人;提起公诉269件428人,作出不起诉决定12人,移送上级院和其他院管辖29件42人;查办职务犯罪16人,挽回经济损失1000余万元;建议行政机关移送犯罪案件6件,开展司法救助6人;按二审程序提起抗诉7件,按审判监督程序提请抗诉1件,发出纠正违法通知书2件;办理上级交办的民事诉讼生效判决、裁定、调解监督案件14件、民事执行监督案件4件、民事审判活动监督案件2件;办理支持起诉案件2件,对5名造成嘉陵江水资源和生态矿产资源损害犯罪嫌疑人开展公益诉讼;稳步推进司法体制改革,遴选出入额检察官26名,先后有8个集体和25名个人被上级记功和表彰,信访大厅被最高人民检察院授予"全国文明接待室"荣誉称号;首创的检企服务机制受到最高人民检察院、四川省深化改革领导小组、市委政法委推广,被华西都市报、四川法制报、南充日报、香港卫视、凤凰卫视等50余家主流新闻媒体报道。

【营造法治经济环境】 积极服务三大产业发展,创建检企服务工作机制,被市委政法委和上级检察机关转发推广,并由四川省深化改革领导小组上报至中央深改办。惩治涉企犯罪24起,涉及企业15家,挽回经济损失1054.95万元,为11家企业消除在高坪发展的疑虑,帮助76家企业堵塞管理漏洞,解决26家企业租赁合同纠纷,同时开展送法进企活动,促进企业守法经营。

区人民检察院领导班子成员出席助力155护航企业行新闻发布会

【强化司法职能保障】 出台《关于服务保障全区经济健康发展的若干意见》,为加快经济转型升级提供司法保障。着力优化投资环境,提供行贿档案查询280件、涉及单位28家;严厉打击合同诈骗、虚假出资等犯罪,批捕起诉21人;同步介入安全生产责任事故调查,督促处理。注重服务绿色发展,审查起诉破坏生态环境、矿产资源类犯罪7人;对5名造成嘉陵江水资源和生态矿产资源损害的犯罪嫌疑人进行立案调查,开展公益诉讼;依法办理合同纠纷、股权转让纠纷等民事申请监督案件34起。

【维护人民群众利益】 强化民生检察,批捕起诉制假售假犯罪3起;打掉办理带病回乡退伍军人生活补贴中的索贿、受贿、伪造公文、印章等团伙犯罪。批捕起诉电信网络诈骗、窃取公民个人信息犯罪18人。推动健全行政执法与刑事司法信息共享机制,建议行政机关移送犯罪案件6件。

【营造法治经济环境】 制定《关于开展检察约谈的暂行办法》并提请区委转发实施,对出现问题和存在法律风险点的地方相关人员进行约谈;对工作中需要注意的相关法律规定进行提醒;对被诬告、错告的干部及时澄清是非,还以清白。

【依法惩治刑事犯罪】 依法严厉打击各类刑事犯罪,受理提请逮捕案件253件424人,审结253件424人,批捕200件318人,受理审查起诉案件329件544人,审结310件497人,提起公诉269件428人,移送上级院和其他院管辖29件42人。加大对严重刑事犯罪、暴力犯罪和多发性财产犯罪的打击力度,依法批捕、起诉杀人、强奸、涉枪等犯罪55人,依法批捕、起诉黄赌毒犯罪114人,依法批捕、起诉两抢一盗犯罪345人。加强对侦查活动中证据收集和固定的指引,构筑完善证据体系,防止逃脱惩罚。强化侦、捕、诉、审的有效衔接,增强惩治力度,维护社会安全稳定。

【理性修复社会关系】 积极推进社会善治,注重体现司法温度,努力弥合犯罪造成的伤痕,减少社会对抗。对罪行较轻且无社会危险性的,不捕21人;对犯罪情节轻微的初犯、偶犯,作出不起诉决定12人;开展司法救助6人。批捕起诉未成年人犯罪25人,依法封存未成年人犯罪记录13件。办理的"李某某等强奸、妨害作证、包庇案"入选四川省十大优秀案例并获表彰。对未成年人案件实行双向保护,宽而不纵,帮助受害人解决就医求学等实际困难。向社会发布《高坪区未成年人检察工作白皮书》,让全社会关心关注未成年人工作。

【积极开展综合治理】 加快推进社会治理法治化、专业化进程;认真落实"七五"普法各项任务,扎实开展法律七进活动;积极投身平安高坪建设,将"枫桥经验"融入办案全过程;注重发挥检察机关在信访大格局中的职能,开展矛盾纠纷大排查、大化解;妥善处理群众诉求,依法处理信访案件117件。建立重大活动节点安保维稳常态化机制,组织专门队伍防范、应对敏感时段、重要节点的突发事件。加强法律宣传,实现检察"两微一端"全覆盖。

【严查职务犯罪】 坚决贯彻上级党委关于反腐败斗争的决策部署,坚持有腐必反、有贪必肃,从问题集中、人民群众反应强烈的问题入手,既大力查办危害严重的大案要案,又集中查办啃噬群众利益、社会影响恶劣的"蚁贪"案件。全年共立案查办16人,其中大要案占90%,县处级干部2人,科级干部5人。坚决查办优抚领域侵害弱势群体利益的索贿、受贿重大窝案;根据上级安排,组织专案组,挖出了市农业担保公司董事长、副董事长特大索贿、受贿窝案;接受指定管辖,依法查办仪陇县教育局教仪站站长唐某侵害学校、学生利益重大受贿案。注重惩治拉拢腐蚀干部、谋取非法利益行贿犯罪,用实际成效回报群众对反腐败要求和期待。

【预防职务犯罪】 坚持惩治与预防同步进行,加强警示教育,举办专题预防警示会12场;加强犯罪分析,及时向发案单位发出检察建议并跟踪回访;深化工程领域专项预防,对15个重点工程进行挂牌预防;巩固预防网络建设,全面落实与20个区级部门签订的预防共建协议;牵头召开联席会议,深入乡镇、街道开展巡回预防36次;深刻剖析发案背后的原因、制约机制缺陷漏洞,发布《高坪区惩防职务犯罪年度报告》,撰写的《南充高坪农村医保现状分析》和检察建议分别荣获省、市一、二等奖。

【强化侦查活动监督】 持续加强立案监督,对应当立案而未立案的,发出要求说明不立案理由通知书10件,侦查机关主动立案10件;对不应当立案而立案的,发出要求说明立案理由通知书7件,侦查机关主动撤案7件;发出纠正违法通知书14件，侦查机关纠正14件；对事实不清、证据不足不予批捕83人；对重、特大案件主动提前介入，实行侦查引导；追捕3人，追诉漏犯6人，追诉漏罪26人。同公安机关互相配合、互相制约，做到稳、准、狠地惩治犯罪，保障法律正确统一实施。

【强化审判活动监督】 以公平公正为出发点，对刑事案件判决逐一审查，纠正定罪不当、量刑畸轻畸重、审判程序不合法等问题。按二审程序提起抗诉7件，按审判监督程序提请抗诉1件，改判6件；发出纠正违法通知书2件。办理上级交办民事诉讼生效判决、裁定、调解监督案件14件，办理民事执行监督案件4件，办理民事审判活动监督案件2件，办理支持起诉案件2件。对于裁判正确的案件，努力做好申诉人服判息诉工作，维护司法权威。

【强化刑事执行监督】 狠抓监管场所安全防范，定期督查安全措施24次；严格羁押人员审查，确保在押人员合法权益；开展羁押必要性审查，变更强制措施16件16人。审查减刑、假释、暂予监外执行案326件，确保适用准确。加强刑罚交付执行监督，对社区矫正各执法环节监督全覆盖，立案监督19件19人，推动定期监督向常态化监督转化，社区服刑人员脱管、漏管问题显著减少，又犯罪人员基本杜绝。探索开展指定居所监视居住、财产刑执行监督，取得良好效果。

【全面落实改革措施】 统筹推进以司法责任制为核心的四项改革，确保改革任务落地生根。遴选员额检察官26名，设置独任办案组21个，固定办案组4个，均配置在办案一线；制定并实施履职监督、案件质量评查等20余项配套规定，打造案件办理、决定、管理一体化平台；推进庭审实质化改革，切实发挥诉前主导、审前过滤作用；强化庭审指控，推动证人、鉴定人、侦查人员出庭作证，为查明事实、认定证据、保障诉权、公正裁判起到关键作用。

【自觉接受外部监督】 认真接受人大、政协监督，主动汇报工作，认真落实决议、决定，依法保障律师执业权利，同时接受制约；广泛听取代表、委员的意见和建议，切实改进工作；大力实施阳光检务，公布重要案件信息323条，公开程序性信息1446条，公开法律文书1274件。积极做好群众来访接待，切实为人民群众办好事、办实事，信访大厅被最高检授予"全国文明接待室"荣誉称号。

【大力提升队伍素能】 坚持把思想政治工作放在首位，深入开展"两学一做""四对照四提升·做忠诚卫士"等专题教育活动。持续开展党风廉政建设，严格落实"八项规定"，始终在思想上、政治上同党中央保持高度一致。着力抓好人才培养，实行全员轮训，选送17批次干警到浙江大学、中山大学、检察官学院参加培训；在全省检察官遴选统一笔试中，平均成绩名列全市第一；12名干警入选上级检察机关人才库。

【领导名录】 区检察院检察长：石耀中；副检察长：陈克明、张勇、王晓丹（女、挂职、7月起）；纪检组长：张远军；政治处主任：杨晓华；反贪局长：甘晓涛；反渎局长：曾先博。

（供稿：任楚寒）

民主党派·工商联

民革高坪区基层委员会

【概况】 高坪民革基层委员会下辖5个支部，党员72人。有市政协委员4人，区政协委员12人，区人大代表4人。

【强化思想教育，狠抓组织建设】 学习中共十九大精神，重温党章、回顾党史，进行交流讨论，并给部分党员订阅《团结报》。3月，在凌云山"中山林"组织开展了纪念孙中山先生植树活动。民革党员谢德平、杨纲、杨晓松选送的四篇论文分别获得民革南充市委员会纪念孙中山先生诞辰151周年二、三等奖。在区委统战部组织的征文、演讲比赛中，彭琬获演讲比赛优秀奖；郑玲娟编导的舞蹈《编·绿》荣获全市文艺调演一等奖，双语情景剧《我是中国人》荣获顺庆区中小学生文艺调演一等奖。马长清主编的《高考英语阅读短文七体裁高效训练》荣获市第二届优秀校本课程成果一等奖。杨琴、罗毅、陈晓玲、王琅、吕竹、杨晓松6位同志分别被授聘为特约审计员、特约国税监察员、特约地税监察员、特约国土资源监察员、特约检查员。吕竹荣获2016年度政法工作"先进个人"、"六五"普法先进个人和"三八"红旗手称号；杨纲、张倩分别被评为"优秀教师"和"优秀教育工作者"；郑根、张倩被评为脱贫攻坚"先进个人"。

【建言献策，积极参政议政】 全区"两会"期间，民革界别的人大代表、政协委员们围绕中心工作撰写优质议案、提案23件。如《关于加强嘉陵江南充城区段砂石资源保护工作的建议》、《关于清理整治城市街道地面不法广告的建议》、《关于启动将军路大桥及延长线道路建设的建议》、《关于合理布局城市校点的建议》、《关于解决停车难问题的几点建议》、《关于做好农村土地流转中相关问题的议案》等。对提案、议案，委员们认真追踪督查，力争问题落地。如《关于加强嘉陵江南充城区段砂石资源保护工作的建议》，列为市政协主席亲自督办的提案。

【积极作为，服务地方经济】 积极参与全区的"农业扶贫"活动，多次组织教育、农业、医疗卫生界等相关同志，采取入户走访、实地查看、查阅资料、座谈交流等方式，分别对鄢家乡、胜观镇、长乐镇、斑竹乡、白塔街道进行了深入的调查研究，全面掌握了扶贫攻坚的相关问题，并将群众反映的实际问题及建议上报区委统战部。组织民革党员多次奔赴精准扶贫对象胜观镇矮子桥村开展帮扶活动。组织召开扶贫感恩教育座谈会，与贫困户拉手叙家常，收集贫困户生产、生活中的困难情况以及对脱贫攻坚工作最真实的想法看法，对该村进行技术和资金扶持。组织党员开展"对高坪区全域旅游开发情况的调研与思考"的专题调查。

【领导名录】 主任委员：张萍（女），副主任委员：王晓燕（女）、罗毅、杨琴（女）、李玉兰（女）。

（供稿：民革高坪区基层委员会）

民盟高坪总支

【概述】 2017年末，民盟高坪总支盟员共139人，新成立综合支部，下辖共七个支部。12月，在区政协六届二次全会上，民盟高坪总支集体提案1件，民盟政协委员个人提案17件，共18件。本年度，民盟高坪总支帮扶阙家镇新祠堂村贫困户19户，送春耕生产化肥21袋，为其村小送去大型电饭锅一口、文具书包一批，下乡开展农技培训，送种子、送种养殖技术书籍和各种农技资料活动。5月，与民盟营山总支联合到营山县绿水镇锁口村送文艺演出一场。1月，徐涛被评为民盟南充市优秀盟员。

【进一步加强组织建设】 12月，经总支研究决定，成立民盟高坪总支综合支部，张敏任综合支部主委，赵明任综合支部副主委，主要成员是新社会阶层和企业盟员。截止12月，民盟高坪总支盟员139人中，机关支部28人，农业支部9人，白塔中学支部33人，高坪中学支部14人，医卫支部22人，龙门支部29人，综合支部4人。该年度发展唐虹、唐青青等7人为新盟员；盟员任海娟受聘为高坪区特约地税监察员；鲜雅竹、张敏受聘为高坪区特约教育督导员；吴全明受聘为高坪区特约国土资源监察员。雷震、吴全明当选为南充市第六届人大代表，袁伟平、雷震、陆俊杰、梁小琴当选为高坪区第六届人大代表。滕晓燕、袁伟平、邓小明、唐明当选为南充市第六届政协委员；滕晓燕、袁伟平、邓小明、周芳、肖佳、鲜雅竹、曹露丹、肖兴国、李春梅、蒲红梅、张敏、杨小梅、侯七零、赵建华、蒲丽、唐明、熊永年、孙敏、徐涛、王芳、吴全民、杜道远当选为高坪区六届政协委员。

【不断强化思想建设】 将"大学习、大讨论、大调研"活动贯穿全年的工作。年初，总支被盟市委表彰为"组织发展工作先进集体"、"思想宣传工作先进集体"、"参政议政工作优秀集体"、"社会服务工作先进集体"。梁小琴获区委统战部组织的"不忘合作初心·继续携手前行"主题演讲比赛第一名。3月，"不忘合作初心·传承先辈精神"暨纪念张澜先生诞辰145周年征文活动中，总支提交18篇征文稿，盟员张维刚参加了盟市委座谈发言；4月派出盟员参加了民盟市委组织的《川盟课堂——盟史与中国文化》的学习。组织全体盟员收看党的十九大开幕式报告、组织全文学习并讨论党的十九大工作报告和四川省委第十一次党代会报告。

【积极开展参政议政】 1月，在区政协六届二次会议上，民盟高坪总支集体提案立案1件，民盟政协委员提案立案17件，共18件，其中经济类1件，教科文类2件，社会建设类14件，环境生态类1件。总支集体提案为《关于解决无人管理小区存在问题的建议》；委员滕晓燕提出《关于华诺国际烂尾项目整顿，进入司法破产程序的建议》，张敏提出《关于调整凌云山旅游景区门票价格的建议》；邓小明、蒲丽、赵建华等10人提出涉及全区经济社会各方面的提案及建议，受到大会的高度重视。滕晓燕在市政协六届二次会议期间提出《关于解决金城山生态旅游度假区交通问题的建议》，市交通局已经答复。任海娟撰写的调研《依托农村电商，打响区域品牌》，得到陈多平区长的批示，商务局正在主抓落实。

【认真实施民主监督】 盟总支组织人员撰写专题调研报告《发展蚕桑产业，培育精准扶贫新主力》，提出建议：加大扶贫政策、资金向蚕桑产业的倾斜力度，调动栽桑养蚕的积极性；依托龙头企业，构建产业发展体系；延长蚕桑产业链条，推广蚕桑产业多元化；打造蚕桑观光产业链条。

【科技扶贫发展经济】 2017年，民盟高坪总支具体联系阙家镇新祠堂村贫困户19户，下乡搞技术培训134人次，培训人员4200人次，送种子1000余袋、种养殖技术书籍100册，各种农技资料1300余册（份）。李应平带领农广校的同志开展脱贫培训3028人次；吴全明在阙家火峰村新建了1100亩的果树基地；敬永周完成了四川省水稻新品种比对实验77个，在老君李子坝村完成了省水稻新品种种殖试验和鉴定工作；唐虹完成了水稻、蔬菜种子合格性筛选、送检，与执法大队一起查处了假种子案件三件。农业支部盟员在胜观镇指导推广"高坪120号"100亩，创建了本地农业品牌"果城香米"，获16届西部农产品交易消费者喜爱产品。

【光彩事业造福百姓】 总支联系帮扶阙家镇新祠堂村，为该村捐资7000多元，支持帮扶该村小学；组织盟员中的优秀艺体教师，定期为该村小送去优质艺体课；免费为村民体检身体和诊断病情；送去农技资料300多份，赠送蔬菜种子600多袋。在扶贫日系列活动中，龙门支部赵建华、蒲丽、唐民、武温艳到南部驷马村看望贫困户，并送去慰问金和日常生活用品；滕晓燕、陈瑞荣、周芳、邓小明、徐涛、蒲志勇、李丹等盟员，一直战斗在全区扶贫第一线，特别是在扶贫百日攻坚战中，不分昼夜，不分节假日，和老百姓打成一片，帮助他们办实事，解难题。孙敏盟员，8月中旬参加高坪区扶贫工作农村危房改造，在青居、马家、南江等地，为贫困户D、C级危房改造或异地搬迁共计200多户。盟员周芳为贫困户修入户路2公里，打井6口，危房改造6户，新修房屋争取D级指标7个。

【社会服务惠及民生】 民盟医卫支部组织盟员邓小明、徐涛、何江蓉、许乙支、李平非、李建全、蒲志勇、邱小燕、李丹等参加社区和乡镇义诊500余人次，免费做心电图及查血糖350余人。6月，医卫支部盟员邓小明组织妇科医护人员接受高坪区政府及妇联2017年高坪区免费为年产妇女《两癌》筛查任务，圆满完成1900人体检任务，受到医院及区政府妇联的好评。

【领导名录】 主委：滕晓燕（女），副主委：袁伟平（女）、陈瑞荣、肖兴国、邓小明，科技经济委员：杜道远，组织委员：周芳（女），妇女委员：蒲红梅（女），农业技术委员：王芳（女），宣传委员：蒲丽（女），联谊委员：张敏（女）。

（供稿：民盟高坪总支）

民建高坪区基层委员会

【概况】 2017年，民建高坪区基层委员会内设机关支部、企业支部、综合支部、工商支部、文卫支部，共有会员64名，其中新发展会员5名。基层委继续加强组织建设、加强会员学习教育，在参政议政、组织建设、服务社会等方面再上台阶。

【强化组织建设】 加强班子建设是凝聚会员活力，增强民建队伍战斗力的保障。进一步强化组织培养任用工作，对班子后备人选、后备干部进行了梳理备案，拟定培训计划，编制后备干部档案，加强在年轻公务员、优秀企业界人士和三高人员中发展和培养会员的工作，实现新发展会员年轻化。向市、区推荐了市政协委员4名、市人大代表1名，区政协委员14名、区人大代表9名，推荐特邀"七员"6名，为发挥会员作用，促进会员成长搭建良好的平台。不断锤炼干部素质，时刻不放松对基层委、支部班子成员和会员的学习和教育工作，通过外派学习、学校培训、内外交流等形式不断提升会员的"五种能力"。继续强化舆论宣传工作，对每次活动进行了及时报道，做到报上有条、网上有帖、电视有影、电台有声，全年出民建简讯6期，被民讯四川、省新闻网、市政协、市委统战部网和市电视台等新闻媒体刊载、报道信息110篇条次，对外增添了民建的影响力，对内增强了民建会员的凝聚力。

【抓好学习教育】 基层委员会始终将加强思想政治学习作为基层委员会工作的灵魂与向导，以思想建设为核心，加强会员理论修养和意识的培养，将提高会员政治素质和道德水平放在首位，积极组织会员参加政治、业务学习、培训。积极组织5名新会员到遂宁参加民建省委组织的学习十九大精神培训学习;选派骨干会员深造。10月,派基层委委员邓学文到省社会主义学院参加支部骨干会员培训学习。持续拓宽领导层面视野,提高综合素质,5月,基层委与顺庆花鸟园林支部赴广元剑阁县开展联谊、调研工作;8月,会员张志明、杨波赴河北参加党外干部培训学习;9月,吴长春赴江西南昌参加民建中央非公经济论坛,到休宁共产党红色教育基地、前民建中央主席孙起孟故居瞻仰、接受革命传统教育。广泛参与市、区活动。7月组织、参加了民革、民建市委举办的庆祝抗战70周年纪念活动暨文艺汇演,基层委组织了诗歌朗诵《风雨同舟民建心》和男声独唱《红旗飘飘》两个节目,得到好评;组织会员参加了区委统战部举行的"不忘合作初心继续携手前行"主题征文、演讲比赛,准会员王怡曦代表基层委参赛获得一等奖,并代表高坪区参加全市统战系统的主题演讲比赛,获二等奖。

【积极参政议政】 发挥会员中市、区人大代表和市、区政协委员、特约"七员"的作用,为高坪经济发展、和谐社会建设等方面建言献策。1月,高坪基层委市区政协委员、人大代表23人次参加市区六届人大代表、政协委员大会,提提案38件,议案(或意见)16件,全部办复。其中会员吴长春撰写的《依托航空港汽车城优势全速构建成渝汽车第二城》提案,列为区政协2017年政协主席重点督办1号提案。推荐6名会员为区特约地税、国税、国土、教育、检察员。7月接待民建市委调研组赴航空港工业集中区、区丝绸工业园区指挥部调研,筹办丝绸纺织发展集体提案回放调研会;12月,与区工商联到商务局、物流园等单位开展调研,形成了调研报告《如何加快我区高端服务产业的建议》,为推动高端服务产业发展积极谏言、出谋划策。

【服务精准扶贫】 成立由基层委主委吴长春任组长,基层委副主委任副组长,各支部主委为小组成员的脱贫攻坚专项工作领导小组,并将脱贫攻坚专项工作纳入年度工作目标,作为支部、优秀会员评选先进的重要内容,作为发展新会员的重要条件。年初召开民建会员助农脱贫启动会,新会员、华欣公司董事长与永安镇永兴村签订脱贫攻坚帮扶协议书,该企业现场为该村10户贫困户送去了价值2000余元的慰问物资,该活动简讯在中国网、南充电视台等新闻媒体刊载、播出。9名企业会员参加"万企帮万村"村企帮扶结对活动,投资项目3个,为斑竹倒马坎村、老君凌云山村捐资捐物14万余元,为修缮车站、交通、帮扶贫困户脱贫等方面做出了应有的贡献。会员企业解决就业300余人,带动20多名贫困户脱贫。会员吴长春于2017年3月荣获省扶贫移民局、省工商联、省光彩促进会"万企帮万村先进个人",为全面完成全区脱贫计划不遗余力。民建会员、南充市金品质职业技术培训中心校长余细基举办了"高坪区2017年脱贫攻坚农业实用技术培训班"培训学习,来自下徐村、麻柳湾村、五马岭等村的49名建档立卡贫困户参加了培训,培训接地气、增长了知识,为贫困农民脱贫奔康打下基础。企业支部主委强世勇个人为贫困大学生捐款5万元,其企业——四川鸿升建筑投资集团公司连续五年,每年为白塔中学、南充高中优秀贫困学生上大学捐款12万元;会员张宏标、刘武林为黄溪乡3名贫困学生上大学捐款4000元,主委、区总工会副主席吴长春通过工会组织渠道为黄溪、溪头乡等20名贫困学生就读大学、高中解决帮扶资金5000元,基层委还从宝贵的经费中挤出3600元为留守贫困学生购买《我的脚印我的梦》励志作文集300本。文卫支部积极动员会员、富达竹业老总何征相继为龙门、小龙和白塔街道的60名残疾人捐款、捐物5.4万元,受到当地干群的好评。8月、9月两次聘请心理师、康复专家、理发师等为物流园农民工、马家浸水湾村老村民开展了送健康、助脱贫咨询和义务理发、体检和就诊活动,9—10月民建会员、文化馆副馆长罗彩蓉深入各乡镇村组织、参加了30多场脱贫攻坚文艺汇演活动,文卫支部与北塔街道办开展中秋精准扶贫、送医下乡活动。为22名贫困户发慰问品计3000元，义务就诊50人次。"三下乡"助摘帽成绩斐然。基层委连续4年做好精准扶贫村、黄溪乡白岩店村扶贫工作，本年度还新添加永安镇永兴村为党派扶贫联系示范基地。除动员会员、华中集团公司董事长张宏标捐资22万义建一座"华中"桥外，成功争取民建市委将黄溪村作为民建市委扶贫点。全年为联系帮扶村2名大学生、15名贫困学生实施援助，为13名贫困群众送物捐款6000余元。

【领导名录】　主委：吴长春，副主委：林丽（女）、唐贵阳、陈小燕（女）。

（供稿：民建高坪基层委）

民进高坪区总支

【概述】　2017年，民进高坪区总支在中共高坪区委和民进南充市委的领导下，全体会员坚决拥护中国共产党的领导，高举中国特色社会主义伟大旗帜，以中共十八大、十九大精神为指导，围绕中心，服务大局，在各自的岗位上积极进取，认真学习，勤奋工作，参政议政，为高坪经济发展贡献力量。

【思想组织建设不断强化】　举办专题学习会、印发学习资料、举行知识竞答等形式引导广大会员自觉树立社会主义核心价值观，与中国共产党保持"思想上同心同德、目标上同心同向、行动上同心同行"。深入学习了十九大和习总书记系列重要讲话精神和治国理政新理念新思想新战略、市区两会精神、党风廉政建设知识。还学习了中共市委六届六次全会电视电话会议精神，传达宋朝华书记关于坚决打赢"三场攻坚战、三场保卫战、三场持久战"的要求。会员代表参加了民进省委第八次代表大会，选举出了民进四川省委新一届的领导班子；组织会员学习张雨东主委在大会作的工作报告。组织会员赴武胜县考察调研四川省坚持和发展中国特色社会主义学习实践活动武胜基地建设情况。考察调研白坪——飞龙新农村建设示范基地。充分利用会刊网站，加强学习，支部始终坚持订阅《民主》、《四川民进》、《中国统一战线》、《四川统一战线》等学习材料，让会员从中汲取营养；始终坚持每两个月一次集中学习制度不动摇。建立了高坪民进微信群、组织会员关注四川民进微信公众号、加入高坪统一战线微信群、南充民进微信群。本年度新增会员两名，分别来自法律界和教育界。注重推荐新会员、骨干会员到人大代表、政协委员岗位。年内人大、政协换届，会员中新增市、区人大代表、政协委员9人，其中：区人大代表3人，区政协委员6人（政协常委1人），市政协委员1人。12月，袁才钧同志被民进四川省委表彰为坚持和发展中国特色社会主义学习实践活动"先进个人"。

【参政议政职能进一步增强】　总支的市、区人大代表、政协委员在"两会"上，认真审议一府两院的工作报告，认真行使民主监督权利，当年全区民进会员共提交个人或联名议案、提案15件。袁才钧在区政协六届一次会议上提出的《以"互联网+"为驱动，加快电子商务发展的建议》作为区政协主席会议督办的重点提案。积极参与脱贫攻坚工作的民主监督。按照高委统发[2017]6号文件精神，8月中旬，到青居片区开展脱贫攻坚民主监督工作，以书面形式向区委专题报告监督结果，并提出建议。民进高坪总支被民进南充市委表彰为"参议议政工作先进集体"。

【服务经济建设取得成效】　区总支委员会6位委员分别与所联系村的困难群众结成对子予以帮扶，给帮扶对象送去了小猪仔5头、猪饲料10袋，7月份为贫困对象送去了防暑降温物资，全年物资折款1万余元。参加区委统战部在万家乡开展的"同心共筑中国梦"统一战线定点帮扶行动，为万家乡谌家沟村的村民捐赠了户外健身器材，专门捐建了"留守儿童之家"，为该村的留守儿童之家捐赠了图书、阅读桌椅、电脑、小黑板等物品，并开展留守儿童心理辅导、学习辅导和慰问活动。12月20日，市委统战部符建明副部长查看了民进在湛家沟村的脱贫攻坚项目建设情况，给予了高度赞扬。12月23日，市政协副主席、民进南充市委主委傅宗洪视察了万家乡湛家沟村"留守儿童之家"、村民健身活动设施等民进捐建项目，给予了高度评价，并代表民进南充市委为湛家沟村"留守儿童之家"捐赠电脑一台，还慰问了留守儿童，为他们送去了棉衣被、书包和文具用品。民进高坪总支被民进南充市委表彰为"社会服务工作先进集体"。

【领导名录】 主委：袁才钧，副主委：刘俊、宁秀梅、袁斌。

（供稿：民进高坪总支）

农工民主党高坪区支部

【概述】 2017年，区农工民主党有党员11人，都是大专以上学历，分别来自医卫、教育、行政单位，其中市政协委员2人、区人大代表1人、区政协委员3人、区政协常委2人。

【加强思想建设】 认真践行"思想上同心同德、目标上同心同向、行动上同心同行"的"同心"思想；把"中国梦"和人民对美好生活的向往，作为共同的奋斗目标。3月15日以农工党成立87周年为契机，开展了《学党史·感党恩》活动，组织党员观看了《中国农工民主党》影像史料，重温了农工民主党与中国共产党"肝胆相照，荣辱与共"的光辉历史；支部还在5月1日带领全支部党员到华蓥进行革命主义传统教育，年内经常组织党员参加各种培训学习，通过学习，增强了自觉履行参政党职能的使命感和责任感，为在各自的工作岗位上尽责出力提供了强大的精神动力。2017年8月，党员孙红参加市、区统战系统组织的"不忘初心携手同行"演讲比赛，均获二等奖。2017年共撰写5篇信息在南充市委统战网上发表、3篇信息在农工党省委网站发表、1篇在农工党中央网站发表。

【强化组织建设】 2017年领导班子建设和后备干部队伍建设进一步加强。新增1名新党员，有2位同志参加了中山大学《提升党外干部履职能力的培训》。有2名党员参加高坪组织部在高坪党校举办的"党外干部培训班"不断提高骨干党员的政治理论素养和工作能力。2017年支部还被农工党市基层委员会评为优秀支部，徐强、孙红被农工党市基层委员会评为优秀党员。

【积极参政议政】 农工民主党高坪支部主要领导积极参加高坪区委、区政府召开的协商会、通报会，就事关高坪经济与社会发展的重大问题提出意见和建议。支部还向大会提交书面发言3件，集体提案1件。

【开展社会服务】 社会服务工作是民主党派的形象工作，也是参政议政的延伸。2017年支部继续拓展送医、送对联下乡的两大特色工作，全年医疗小分队到万家、马家进行义诊活动；1月25日支部邀请市区著名书法家到都京街道为群众义务送春联。2017年1月20日支部党员为马家乡贫困户送去8套棉被、毛毯，5月6日为万家乡小学捐赠了500册青少年读物，6月6日为万家乡湛家沟村10位困难群众送去了2000元的慰问品，送去了端午节的慰问与祝福。2017年12月15日，为贫困儿童送去"壹基金"温暖包200个。

【领导名录】 主委：钟仕敏，副主委：姜勇、徐强；委员：魏琳娟（女）、陈晓娅（女）。

（供稿：钟仕敏）

致公党高坪总支

【概况】 2017年末，致公党高坪总支委员会

（简称致公党高坪总支）有正式党员52名；其中：市人大代表1名、市政协委员2名、区人大代表2名（常务委员1名）、区政协委员23名（常务委员3名）、特约"十员"6名。总支下设三个支部，分别是综合支部、教育支部和卫生支部。

【进一步加强组织建设】　致公党高坪总支全年认真学习领会习近平新时代中国特色社会主义思想，坚决贯彻落实中共中央以及致公党中央、省、市相关文件精神，不断增强坚持中国共产党领导的自觉性与坚定性。同时，加强领导班子思想建设，全年定期开展集体学习，不断地吸收新生力量，总支全年发展新党员5名，扩大党派队伍，对党派的发展和建设起到积极作用。

【积极履行参政议政职能】　年内积极参加区委、区政府召开的各类协商会、情况通报会和座谈会，围绕高坪经济和社会发展中的重大问题献言献策，履行好民主监督等参政党职能，针对区内政治、经济、文化、教育、卫生、城市建设等方面的问题进行协商、讨论。2017年，高坪总支新当选政协委员1名。高坪"两会"期间政协委员和人大代表共撰写议案、提案及建议11份。6名党员分别被区国税局、区检察院、区国土分局、区审计局等单位聘请为特约监督员。7名党员当选致公党四川第七届专门委员会委员。

【认真开展社会服务活动】　全年积极开展社会服务活动，成效良好，获得社会一致好评。引入台商莅临致公党界别帮扶点万家乡谌家沟村，考察调研万家乡"凌云四季"花海、樱花园、玫瑰园、脆李园等项目并与台商初步达成合作意向。通过募捐活动，向凤凰乡桂花沟扶贫协会和桂花沟村贫困村民捐赠帮扶资金和电视机共计价值5000元。积极参与保障性安居工程建设调研，推动建设进度，改善群众住房条件，促进民生发展。总支党员放弃节假日，利用空闲时间，进村落、入社区，与所联系的群众拉家常、结对子，收集整理问题、意见和建议，掌握群众的思想动态、家庭状况、惠民资金落实情况以及需要解决的问题等。

【领导名录】　主委：田蓬南，副主委：岳小林、邓颖晴（女）、王垚力（女）、易维明。

（供稿：张鹏）

九三学社高坪基层委员会

【概况】　2017年，九三学社高坪基层委员会有社员24人。基层委员会深入学习贯彻中共十九大精神和习近平总书记系列重要讲话精神，自觉提高政治站位，增强"四个意识"，坚定"四个自信"，围绕建设"绿色高坪·幸福家园"贡献力量。

【切实加强思想组织建设】　基层委员会全体成员积极参加市、区两级中共十九大精神专题学习会，统一思想，进一步增强执行党的路线、方针、政策的自觉性和坚定性。组织新社员参加社市委组织的培训班，深入了解社章、社史、我国的政党制度及中国特色社会主义理论，增强道路自信、理论自信和制度自信。组织市区两级人大代表、政协委员参加社市委召开的参政议政工作会。

【认真履行参政议政职能】　基层委员会认真履行参政议政职能，联合民革、民进两个党派的高坪基层组织，围绕全区中心工作开展专题调研，撰写《关于全域旅游开发情况的调研报告》，为区委区政府提供参考意见。人大代表、政协委员在市区"两会"上提出了涉及经济建设、城市管理、医疗卫生、教育、扶贫等方面的议案、提案共计14件，为高坪各项事业建言献策。

【扎实搞好社会服务活动】　为了贯彻落实《政协南充市高坪区委员会关于持续深化脱贫攻坚"三帮"活动的实施意见》（高政协发〔2017〕4

号）精神，5月区政协教科文卫委、九三学社高坪基层委员会组织部分政协委员和社员到南江乡老元观村开展义诊活动。本次活动以为村民送健康为核心，主题为"助力脱贫·健康行动"，为100多位群众进行了诊治和测量，受到当地群众的热烈欢迎。

【领导名录】 主委：陈钰；副主委：吴晓松、曹兴田、刘佐林。

（供稿：陈 钰）

高坪区工商业联合会

【概况】 2017年，高坪区工商联在区委、政府和区委统战部的领导下，在市工商联的精心指导和有关部门的大力支持下，以科学发展观为统领，深入学习习近平新时代中国特色社会主义思想，全面落实党的十八大、党的十九大、省第十一次党代会和省委十一届二次全会精神以及市、区委第六次党代会等系列会议精神，团结带领全区非公经济人士，主动适应经济新常态，紧扣全区中心工作，牢牢把握"团结、服务、引导、教育"的工作方针，突出"两个健康"工作主题，凝心聚力，开拓创新，扎实推进各项工作，取得了显著成绩。5月，被省工商联、省扶贫和移民工作局、省光彩事业促进会联合评为"四川省'万企帮万村'精准扶贫行动先进单位"；8月，荣获区委、区政府授予的"脱贫攻坚现场验靶流动红旗"；同月，会员企业本味农业荣获"四川省带动脱贫攻坚明星农业产业化龙头企业"殊荣；12月，获全国工商联授予的"五好"县级工商联荣誉称号，荣获南充市工商联授予的"2017年度全市工商联综合先进单位、扶贫工作工作先进单位、组织工作先进单位、宣教工作先进单位、参政议政工作先进单位"。截至年末，区工商联核定编制4人，在职职工5人（其中：1人编制在区委统战部）；退休干部3人。内设办公室和会员股。第六届高坪区工商联（总商会）有正式会员代表110名；有执行委员委员58名，暂缺7名，待届中增补。其中主席（会长）1名、副主席14名（非公经济人士兼职12名）、副会长14名（非公经济人士兼职12名）、工商联（商会）秘书长1名、常务委员3名。区工商联党组1个，党组书记1名，党组成员1名；纪检员1名。

【建强两支队伍，促进非公经济健康发展】 坚持"两个健康"主题，始终把加强非公有制经济人士思想政治工作放在首位。组织干部职工深入学习领会党的十八大、十九大精神和习近平总书记系列重要讲话精神以及省第十一次党代会、市委、区委第六次党代会等系列会议精神，组织会员参加省社会主义学院、上海交大等培训8人次，区内经济培训103人次。2017年8月，圆满地完成了区工商联（总商会）换届选举工作，在社会新阶层、第二代创业者、大学生创业者和经济专家学者中大力吸收会员100余名。

【拓展商会建设，推进商会事业蓬勃发展】 2017年，在拓展商会建设上下足功夫，经过前期调研，区农业商会及北京南充高坪商会筹备工作就绪。依托商会平台，开展商会招商、会员招商、以商招商，为更多优秀企业、优质项目落户高坪搭桥、提供服务，2017年搜集上报项目信息8条。

【抓好参政议政，履行区工商联职能职责】 紧扣区委、区政府中心工作，注重重点课题调研和议案提案办理的有机结合，引领广大非公经济人士深入调查研究，积极参政议政，撰写调研报告2篇，提交人大议案、建议和意见6件，政协提案11件，社情民意9条。区工商联提出的《依托航空港汽车市场优势全速构建成渝"汽车第二城"》的提案作为政协重点1号提案进行督办，得到各级领导的关注重视，相关建议被采纳实施。

【开展服务活动，增强工商联组织凝聚力】 创建了《高坪工商联》微信公众平台；组织会员企业参与各类银政企对话活动,支持有会员参与的小额担保公司成立,引导会员企业和商协会组织,建立和完善会员互助联保机制;力促农商行、邮储行以及小额贷款公司等金融机构合作,直接或间接为会员企业融资2800万元。建立健全工商联、劳动仲裁和企业三方维权机制。通过协调工商、税务、城管等职能部门,参与劳务、经济、合同、工资等各类纠纷调解2次,为企业挽回直接经济损失50余万元。

【弘扬光彩事业,推进众企帮村精准扶贫】 牵头开展"万企帮万村"活动。截止2017年10月底,建立"万企帮万村"示范点2个;4个直属商会和49个会员企业结对帮扶了21个贫困村,解决贫困户就业1600人次,并多方筹集社会资金500余万元投入社会扶贫活动中。继续动员民营企业积极投身扶贫济困光彩行动,组织会员在"扶贫日"当天捐赠170余万元。对照"五个一"主体责任要求,抓好了溪头乡鲜江村的帮扶联系工作,筹集资金5万元,为鲜江村维修水渠,切实解决群众的安全问题。

2017年6月23日,区工商联组织"万企帮万村"活动,区内企业家在江陵镇元宝山村开展捐赠活动

【领导名录】 主席:黄新(女、区总商会会长);党组书记(副主席):青春(区总商会副会长);副主席:杨帆(女、区总商会副会长);秘书长:青述全(区总商会秘书长);纪检员:李文淑(女)。

(供稿:青述全)

群众团体

高坪区总工会

【概况】 2017年,高坪区总工会在区委区政府和市总的正确领导下,认真贯彻落实中央、省委、市委党的群团工作会议和市第六次党代会精神,突出"以发展为主题,以职工为根本,以维权为主线,以改革为动力"的工作思路,夯实基层工会基础,服务发展、服务企业、服务职工,以更加务实的举措,狠抓工会各项重点工作的开展,为推动高坪经济社会发展充分发挥工人阶级主力军作用。3月被中共南充市高坪区委、南充市高坪区人民政府评为"2016年脱贫攻坚帮扶工作先进单位一等奖",5月,被中共南充市委、南充市人民政府评为"2016年脱贫攻坚帮扶工作先进单位"。单位内设办公室、组织部、生产生活保障部、经济技术部、财务部、经审办等6个职能部室,辖一个文化宫(事业单位)。

【劳动竞赛丰富多彩】 区总工会指导全区各行各业工会组织根据各自特点,将各项竞赛活动开展得有声有色,依托工会组建平台,针对不同群体的职工组织全区开展工会杯足球赛、篮球赛、演出、摄影赛等劳动竞赛活动。联合区疾控中心等部门组织全区职工开展"万步有约"健步走活动,5月25日,承办"嘉英荟"南充青年创客汇高坪分场的活动,确保全区"双创"宣传活动圆满完成。6月7日协办首届"工匠杯"百万产业工人技能大赛。分别在三环电子、建国汽车建立技改工作室和职工创新工作室。

【脱贫攻坚工作成效显著】 坚持脱贫不脱钩,帮扶力度不减,筹集资金10万元,对2014年脱贫的贫困户进行危房改建。对体弱多病和有子女上学的困难户分别进行医疗救助和助学救助。根

区总工会组织南充市首届工匠杯百万产业工人技能大赛高坪赛区比赛

竹编比赛

据各困难户的要求和能力分别制定新的年度脱贫规划,并进行养殖技术培训。在帮扶村积极开展环境卫生整治工作,对村民进行政策宣传,辅导问答,帮助贫困户算脱贫账,引导宣传扶贫政策。大搞庭院经济,为帮扶村贫困户购买1万多

棵果树、2千多棵花树，集中整治村貌，实现环境美化与经济效益双丰收。在浸水湾举办欢度重阳节活动，为村民免费理发、体检和健康咨询，进一步加强老年人的健康意识和个人卫生习惯。

【职工关爱活动形式多样】 春节期间，抓住外地务工人员大量返乡的有利时机，与区人社局、区就业局等联合举办"春风行动暨工业园区企业现场招聘会"大型招聘活动，共吸引2万余名群众前来咨询，发放宣传资料2万余份。意向登记就业达3000余人，其中解决下岗失业人员再就业240人。开展夏日"送清凉"活动，共采购10万余元防暑降温物资，走访慰问武警官兵及环卫工人，三环、龙运、富安娜、龙运等19家企业，慰问职工1万余人。实施教育助学工程，全区各级工会组织以"金秋助学"活动为载体，资助困难职工群众家庭子女240人，资助金额达52.94万余元。开展"送温暖"活动，春节期间筹集资金80万元，先后对650名建档困难职工和劳动模范进行慰问。为重大疾病、重大灾害等原因导致家庭困难的职工、农民工群众实施生活救助、医疗救助共550人，救助资金30万元。促进1060名职工参加职工住院医疗互助保险、女职工大病互助保险。对全区60名区级劳模进行健康体检，在元旦、春节分别对113名省、市、区级劳模进行荣誉津贴发放，共计17万元，帮扶困难劳模15名，金额9.96万元。

【工资集体协商深入开展】 认真贯彻落实《四川省企业工资集体协商办法》，推进全区工资集体协商深入开展。区总工会建立了由55人组成的工资集体协商专职指导员队伍，形成区上有专职指导员在岗指导，乡镇（街道）、行业、工业园区和重点企业有兼职指导员具体负责的工资集体协商工作体系。大力开展宣传活动，发放《四川省企业工资集体协商办法》宣传资料500余套和相关法律法规等宣传资料10000余份，接受职工群众法律咨询2000余人次，为全区企业有效开展工资集体协商营造浓厚氛围。截止年末，全区共计签订工资集体合同310份，其中区域性工资集体合同22份，行业性工资集体合同9份，企业工资集体合同302份。

【积极筹备群团服务工作】 根据市总工会和区委工作要求，积极筹备群团服务工作建设。3月10日下午，区总工会党组书记刘绍林在航空港工业集中区管委会会议室主持召开区总工会领导班子办公会议，深入开展全区职工普惠工作调研。年内组织团区委、区妇联等单位，进行2次专题研究，达成一致打造区群团服务中心意见，并形成材料报区委领导审批。

【有效开展职工维权活动】 借用务工人员回乡返程之机，在车站等地开展农民工维权法律法规免费宣传，赠送《农民工维权手册》。积极发挥区职工维权中心和乡镇（街道）职工维权工作站职能作用，通过微博、博客等形式宣传职工维权、收集反馈职工诉求和信息，共处理网络舆情4件，充分维护职工和农民工合法权益。实施女职工维权行动月活动，120余家企业参加，1800名职工参与，其中女职工360人。在安汉广场开展《女职工特殊劳动保护条例》宣传活动，发放资料2000余份，接待咨询200余人。签订女职工特殊权益保护专项集体合同120份，切实维护妇女职工的合法权益。

【扎实推进工会自身建设】 在财务管理上坚持财务规范和科学理财的原则，严格支出审批程序，强化预、决算管理，促进收、管、用好工会经费。在经费审计上重视加强工会资产和专项资金管理，严格按规程审计区工会本级财务运行情况和下级工会经费收、管、用情况，不定期对各级基层工会的经费使用情况实施审计，真正确保工会经费更多地用在解决职工群众困难上，用在工会工作最急需的地方，用在工运事业上。进一步贯彻落实党风廉政建设责任制，坚持厉行节约，保持廉洁本色，反对铺张浪费，坚持讲党性、讲原则、讲形象，时时处处牢记全心全意为人民服务的宗旨，严格自律，依法行政，秉公办事，清廉从政，以廉洁的行为从事全心全意为职工群众服务的事业。切实树立工会干部新形象，打造整洁、卫生、优美的办公环境。继续加强工会统计和信息收集整理工作，安排专人负责落实，均圆满完成任务。

【领导名录】 党组书记、常务副主席：刘绍林；党组成员、副主席：姚国轩，副主席：吴长春；党组成员、纪检员：杨奎。

（供稿：陈 斌）

共青团南充市高坪区委

【概况】 2017年，在区委、区政府和团市委的坚强领导下，团区委坚持以党的十九大精神为指引，紧紧围绕"成渝第二城"和"绿色高坪·幸福家园"建设宏伟目标，全力聚焦全区打赢"九场战役"工作大局，团结带领全区广大团员青年争当发展的主力、改革的先锋、脱贫的中坚，在全区抓大开放、抓大产业、抓大建设的伟大实践中施展才华、建功立业，全区团的工作深入开展，团的建设稳步推进，团的事业不断拓展，呈现良好的发展态势。年内荣获四川省2017年五四红旗团委称号。年内，团区委机关内设机构和人员没变化。

【青春育人结硕果】 在全区共青团组织中部署开展"怎样做一名合格团员"主题团课、"我的青春我的梦——学习总书记讲话做合格共青团员"主题征文活动、"不忘初心跟党走"网络主题团日等系列活动6个，活动覆盖团员青年20000余人。在全区各级团组织、少先队组织中广泛开展"喜迎十九大·坚定跟党走""我们是共产主义接班人""奋斗的青春最美丽""红领巾相约中国梦"等主题教育活动，引导广大青少年学生听党话、跟党走。在3月5日"雷锋日"，组织开展"学习雷锋好榜样，青春护卫嘉陵江"志愿服务活动，来自川北医学院、高坪消防、白塔中学等12个单位、近300余名青年志愿者参加活动；3月10日，组织8家单位、150余名青少年志愿者开展"相约春天，播种绿色"义务植树活动；3月31日，联合区关工委、区文广体局等单位，组织1000余名学生举行了"我们的节日·清明——千人经典诵读活动"；5月14日，配合市科协、区科协，举办"南充市第二届机器人挑战赛暨2017第七届中国城际机器人挑战赛南充区域赛"；5月16日，联合区教育系统举办新华文轩杯"阳光校园·我们是好伙伴"主题教育演讲比赛；6月1日前，在全区中小学全面开展"红领巾心向党"主题活动和"六一"儿童节慰问活动。5月31日，副区长袁伟平亲赴江陵小学、黄溪小学等学校慰问，为近2000名少年儿童送上了节日慰问品；6月18日、19日，举办了"中科院博士陈卫英智慧人生公益讲座"，邀请了中科院博士、西华师范大学副教授陈卫英博士为12000余名师生和家长讲授生命安全教育和心灵健康教育。9—10月，部署开展"送文具进校园"活动，为鄢家、南江、青居等9所中小学共4000余名学生赠送文具达12000余份，团省委少年部副部长王源源亲临黄溪、胜观等学校参加活动。以团干部直接联青年"1+100"行动为契机，花大力气打造高坪共青团微博、微信、腾讯QQ群等新媒体平台，建立高坪团委工作群（QQ群、微信群）、学校共青团工作群、青年志愿者工作群等3类工作平台，直接联系覆盖人数达20000余人，坚持每周发布信息5条以上，有效增强了共青团联系、引领青年工作的主动性和实效性，进一步增强了团工作的覆盖面和影响力。

【青春建功展风采】 围绕全区"三场攻坚战"主战场，团区委部署开展了"青年文明号""青年突击队""青年岗位能手""青年技术创新带头人"为主要内容的"双争双创"活动，经过组织评审，全区5个单位（组织）成功创建区级"青年文明号"、5个集体成功创建"青年突击队"、10名个人被评为"青年岗位能手"、3名个人被评为"青年技术创新带头人"。5月25日，成功承办首届高坪创新创业成果展，全区创业青年代表共计1000余人参加活动，反响良好。率先在南充电商产业园、高坪创新创业园联建了2个青年创业孵化基地，成功推荐了印象万家、东方视界等6家青年创客项目入驻园区平台。成功为马家乡创业青年吴伟、会龙镇创业青年梁进等6个创业团队申报资金50万元，SYE工作排名全市第一；6月上旬，联合区人社局、就业局，成功举办了首届"工匠杯"百万产业工人技能大赛；6月中旬，成功举办高坪青年创新创业训练营活动，成功吸引200余名创客青年和大学生参加活动。6—7月，积极争取到120名"逐梦计划"大学生参加随岗见习；8月28—30日，配合团市委、区政府成功承办"四川省第四届青年创新创业大赛暨第八届高校毕业生创业大赛"，成功吸引全省120件优秀双创项目、300余名创业青年、30余家创投机构以及60余位创业导师参加，团中央办公厅副主任李骥，团省委书记刘会英，市委副书记、市长吴群刚，省经信委副主任邓群伟、团省委副书记、省青联主席张荣等省、市相关单位领导和嘉宾出席全程参加活动，并对活动给予了高度评价。8月29日，联合区人社局、财政局、教育局、高坪就业局等单位，成功举办了四川省第一届"天府杯"创业大赛（高坪赛区）活动。

【青春关爱育壮苗】 成功向中国扶贫基金会、团省委争取到省级留守儿童关爱项目——"童伴计划"，成为全省首批10个试点县之一，在东观镇、佛门乡建成"童伴之家"10个，聘请"童伴妈妈"10名，并在项目村精心部署开展了"向日葵快快长"、"感恩母亲节"、"童伴同行城乡亲子体验营"、"挑战自我风采，快乐童年过六一"、"绿色发展，健康成长"留守儿童公益成长夏令营活动、"儿童身体预防伤害"等主题活动15个，全年累计服务儿童22366人次，服务家长4900人次，服务农村留守儿童10933人次，并协助返校儿童8名，协助为10名儿童办理新农合，协助4名孤儿落实了生活保障，协助9名儿童办理了户籍，协助41人次儿童办理了大病救助，协助16名儿童办理了低保保障，协助申

团区委积极争取"送文具到西部校园"活动，为全区农村留守儿童募集文具一万余套

请临时救助儿童133人次，协助帮教服刑人员子女28人次，并为549名儿童提供了其他服务。该项目多次代表全省接受清华大学、中国扶贫基金会、南方周末、腾讯网、四川电视台等团队的调研和采访，并承办了团省委"童伴计划"项目办开展的2017年"童伴计划"秋季督导和技能培训会，省项目办和社会各界对我区项目运行成效均给予了高度评价。先后5次邀请陈卫英博士深入白塔中学、高坪六小等，先后举办了大型讲座5场次，并通过在线咨询等方式，直接服务师生和家长20000余人。开通了青少年学生"法律咨询热线12348"、"青少年服务平台12355"、"法律援助热线0817—3350074"，制定了各学校青少年维权服务站与法律援助工作站对接联系卡，全方位加强了青少年学生法制教育和心理健康教育工作的工作力量。

【青春扶贫建功业】 成功争取到20名优秀应届毕业大学生充实全区"脱贫攻坚"一线，全年积极争取中国银行南充分行、南充传化、高坪电力等20余个单位的大力支持，积极组织青年志愿者200余人次，深入开展了助农增收、扶贫济困、医疗卫生等青春扶贫行动30余场次。年内，团区委与区燃气公司为联系村半坡龙村争取各类资金达40万元，为30户贫困户新建猪（牛）圈27座、维修房屋3座；为半坡龙等2个村发展紫薯、黄姜特色经济植物种植达120亩；投入资金10万元，为68户贫困户送去柑桔苗、柚子苗5000余株；争取到社会力量捐赠农用物资、生活

物资等价值5万余元；为全村68户贫困户购买了扶贫保，为60岁以上的老人购买了夕阳红保险。4月中下旬，积极链接"电商扶贫"相关资源，举办了南充（高坪）樱桃采摘节，江陵镇三房沟村（精准贫困村）5天实现10万元销售额。4月下旬，团区委联合团市委、区审计局等单位，组织川北医学院、高坪电力等12个单位近50名志愿者，深入溪头乡精准贫困村利光村，为200余名群众送去了义诊、义剪、免费照相等志愿服务。6月1日儿童节期间，团区委积极争取到美女会南充分会的大力支持，组织志愿者深入斑竹乡麻柳山村小、鄢家乡小学慰问看望乡村贫困儿童，为300余名乡村小学生送去节日礼物；8月23日，联合区总工会、区教育局等单位，成功举办了南充市高坪区"圆梦·感恩—金秋助学"活动，帮扶60名学子圆了大学梦。

团区委联合相关单位，开展"青春扶贫"系列活动

【强基固本树形象】 切实加强团的班子和干部队伍建设，努力锻造"五好"干部，教育引导全体团干部坚定信念、心系广大青年、提高工作能力、锤炼优良作风。扎实做好团费收缴、团情统计、团组织关系转接等基础团务工作，努力推进"8+4"、"4+1"、"1+100"等工作，全年共收缴团费11550元，并按规定上缴团市委5775元。严格按上级配额2000名指标做好新团员发展工作，对入团志愿书进行编号管理，全面严控初中、高中毕业班"团学比"，确保初中毕业班团员人数控制在规定的30%以内、高中控制在60%以内。

【领导名录】 书记：张菁山，副书记：赵贞（女、9月起），纪检员：陈丽君（女）；关工委秘书长：杨彬（女、8月止）；青少年校外教育活动中心主任：吴建宏。

（供稿：周真卫）

区妇女联合会

【概况】 2017年，区妇女联合会全面贯彻落实党的十九大、十八届六中全会、第六次全国妇女儿童工作会议、省第十一次党代会、市区第六次党代会精神和国、省、市妇联改革工作要求，紧紧围绕区委区政府建设"绿色高坪·幸福家园"战略部署，高水平推进妇女思想引领、创新创业、巾帼脱贫、法治维权、幸福家庭和自身建设等重点工作，获评省妇联基层组织建设示范县、市基层组织建设示范县（市、区）；区妇联获市关爱女性保障计划工作先进单位。年内内设机构未变，有在职干部3人。

【提高政治站位，强化思想建设】 认真学习贯彻习近平总书记系列重要讲话精神，特别是关于新时期妇女工作的重要指示精神，扎实开展"两学一做"学习教育，将习近平总书记系列重要讲话精神、《准则》和《条例》作为学习宣传的重要内容，推进"两学一做"学习教育常态化制度化。在单位开展"不作为、慢作为、乱作为"专项整治工作和"三项整改"回头看，推动落实改进工作作风，加强干部廉政意识。充分发挥新媒体的传播优势，深入宣传十九大及习近平总书记系列重要讲话精神的科学内涵，深化习近平中国特色社会主义思想和中国梦的宣传教育，创新开展"巾帼心向党·唱支红歌给党听"主题红歌会、"十九大大家谈"、党风廉政建设社会评价和平安建设宣讲工作，引导广大妇女群众领会精神实质，真正做到听党话、跟党走。

【树立先进典型，发挥引领作用】 创新妇女典型培育和评选表彰工作机制，提升优秀妇女典型示范效果。组织开展2017年"三八"国际劳动妇女节纪念活动，对高坪区审计局等10个三八红旗集体，南充三环电子有限公司等10个巾帼建功先进集体，吴佑萍等35名三八红旗手，万学等35名巾帼建功标兵予以表彰。培树国、省、市各类先进典型27名，其中：小康竹编农民专业合作社获全国巾帼文明岗称号，陈小琴获全国巾帼建功标兵；获省妇联表彰先进集体个人4名；获市政府妇儿工委、市妇联表彰先进集体个人23个；推选高敏、吕鸿雁等12人为第四届南充市道德模范，切实发挥了先进示范引领作用。

【创新宣传方式，扩大网络覆盖】 全年先后有新华社、中央人民广播电台、光明日报、央视网、四川日报等25家中省主要媒体"走基层、访妇情"活动来区采访调研，多角度聚焦基层妇联改革、巾帼脱贫行动、妇女居家灵活就业等方面工作，新华网、央视网等媒体对全区妇女居家灵活就业、巾帼脱贫行动等进行了专题报道，其他各媒体、相关网站原创或转载20余条相关稿件，吸引了上万人次点击，上千人参与讨论，形成了强大的宣传声势。

【实施民生工程，惠及弱势群体】 召开"两癌"筛查和贫困妇女"两癌"救助工作培训会，为1000名贫困妇女进行了"两癌"免费筛查，为杨碧珍等3名"两癌"患者争取到救助金3万元。发放妇女创业贷款220万元，为13名女大学生申请创业补贴13万元。争取省妇联项目，在万家乡谌家沟村、白塔街道小龙门村、江陵镇为133名贫困妇女开展了种养殖、家政等技能培训。联合区就业局、斑竹竹艺公司为97名妇女开展了SYB和竹编培训。在石圭镇壁山村、白塔街道元宝山社区、走马乡金凤山村、江陵镇三房沟村和元宝山村新建示范家长学校5所。

【深化"巾帼建功"活动，鼓励女性岗位成才】
继续深化"百·千·万巾帼建功品牌"活动。在区国税局举行"岗位大练兵、业务大比武"演讲比赛，在斑竹乡开展竹编技能大赛，在龙运鞋业开展了针车鞋面女职工技能大赛，组织斑竹竹编、"辣妈仔"月嫂参加全市妇女创业就业技能展示和天府杯创新创业大赛，获南充赛区第一名。举办高坪区"2017年春风行动现场招聘会"，促成多名女性达成用工协议。新建创新创业示范基地2个，居家灵活就业基地5个，实施"企业+产业项目+妇女"的发展模式，帮助妇女在现代农业、乡村旅游、手工制作、电子商务等特色产业中，实现居家灵活创业就业。联合区发改局向省、市发改、妇联申报了南充市高坪区妇女创业创新孵化园项目。承办全市妇女创新创业助力脱贫攻坚流动现场会，接受市人大视察全区巾帼创新创业工作。

【助力"巾帼脱贫"行动，引导妇女勤劳致富】
围绕精准脱贫村乡风文明建设总体要求，成立科学家教、文明礼仪、卫生健康、孝爱亲和廉、法律法规和致富技能六支宣讲队，印制宣传环保袋，在全区范围内开展"脱贫攻坚·巾帼先行——好习惯好风气进乡村"巡讲活动30余场次，5000余人参加。开展种养殖、家政月嫂、竹编等技能培训4场次，230名妇女参训，切实提高了妇女的脱贫能力。开展慰问贫困农村妇女儿童活动。为何汶景等12贫困女学生争取到助学金2万元。为170名贫困母亲发放"母亲邮包"，为高坪特校、石圭镇壁山村、白塔街道小龙门村、东观镇吴家沟村等捐赠李宁牌运动服装，价值27.5万元。开展"关爱女性保障计划"，3486人参保，保额30万元。省妇联主席吴旭、省纪委驻省总工会纪检组组长李启兵来区专题调研巾帼脱贫攻坚和妇联改革工作，区妇联扶贫帮扶事迹入选省妇联《巾帼扶贫在行动》一书。

【实施幸福家庭行动，深化家庭文明建设】 按照习总书记关于"注重家庭、注重家教、注重家风"的要求，深入推进家庭文明建设，实施幸福家庭行动。联合区农工委、区精神文明办开展了向上向前向善·弘扬高坪好家风—寻找"最美农家"活动，对向良华家庭等35户最美农家进行了表扬。开展了"生态文明进家庭"创建、"科学家教进万家"巡讲、"农村儿童防溺水安全教育"、义务植树、"快乐挖红薯·亲近大自然"亲子农耕文化主题活动和"品华夏之美，看礼仪之邦"中华传统文化主题活动等，切实将社会主义核心价值观融入了家庭教育。同时结合"好风气、好习惯"巡讲在全区开展各类活动20场次，2000余人参加，宣传普及了环保、科技、金融、卫生保健、法律、禁毒、防艾、家庭教育等知识，提高家庭成员素质。

【履行维权职能，优化发展环境】 以"三下乡""三八维权月""综治宣传月""春风送岗位""12·4国家宪法日"等活动为载体，进行"禁毒""反家暴法""艾滋病预防""净化青少年成长环境"等法治宣传活动7场次，发放宣传手册5100余份。规范信访登记制度、信访分析制度、"四个一"接待制度，全年接待来信来访68起，结访率为100%。按照"预防为主、调处结合"的工作方针，深化"果城和事姐"工作，打造石圭镇璧山村"时大妈调解室"、长乐镇永康婚姻家庭纠纷人民调解室和小龙婚姻家庭纠纷人民调解室等为代表的婚姻家庭纠纷调解示范点并顺利通过市级示范点验收。"未成年少女遭亲属强奸、包庇案"获评四川省第二届维护妇女儿童合法权益十大优秀案例。

【抓好协调配合，推进两纲实施】 组织协调妇儿工委成员单位，大力推进纲要实施、监测评估和督导调研工作。争取到省妇联示范妇女儿童之家项目落户江陵镇三房沟村，坚持每月开展一次特色活动，8月顺利通过省妇联对该项目的中期督导。成立"青苹果"巾帼志愿服务队，吸纳社会组织围绕儿童安全防范、食品安全教育开展志愿服务。协办了"童心向党·逐梦起航"、南充市庆祝"六一"国际儿童节暨"国家情"经典吟诵活动，组织高坪七小30名小学生参加入队宣誓仪式。

【创新组织形态，夯实基层基础】 与区委组织部、区民政局联合发出了《关于在村（社区）党组织和村（居）民委员会换届选举中全面推进妇女进"两委"和加强基层妇女组织建设的通知》，编印《南充市高坪区村（社区）妇代会改建妇联工作参考资料》，明确改建工作流程和操作细则，指导乡镇（街道）开展改建工作。召开区、乡镇（街道）、村（社区）妇代会改建妇联工作三级培训会，进行政策解读和业务培训。3月，借村、社区"两委"换届的有利时机，全区398个村（社区）全面完成改建，共选举产生村（社区）妇联主席398人，副主席747人，执委2674人，村（社区）妇联主席100%进"两委"。石圭镇璧山村妇联作为基层妇联改建工作代表在全国人大常委会副委员长、全国妇联主席沈跃跃来川调研工作座谈会进行了交流发言。10月19日下午，省妇联主席吴旭、省纪委驻省总工会纪检组组长李启兵一行，到石圭镇璧山村调研妇联改革工作。吴旭主席对基层妇联组织改革后在脱贫奔康、产业发展、家庭建设等方面发挥的作用给予了充分肯定。坚持党建带妇建，下发《关于开展非公有制经济组织中妇女组织全覆盖建设工作的实施意见》和《关于落实"产业园区红色竞争力提升行动"的活动方案》，在航空港工业集中区召开了工作联系会，在传化公路港设置了群团服务中心，在高坪创新创业园成立了妇联组织，龙运鞋业、富安娜等10余个企业成立了妇委会，有序推进了非公有制经济组织中妇女组织全覆盖建设工作。

【领导名录】 主席：周铧（女），副主席：龚小琳（女）；纪检员：童莉（女）。

(供稿：区妇联)

区科学技术协会

【概况】 2017年，区科协立足"四服务一加强"职能，紧扣"科协助力绿色高坪·幸福家园"的主题，凝心聚力、砥砺前行，为高坪经济社会发展贡献科协力量。被中国科协办公厅授予"2017年全国科普日活动优秀组织单位"称号。区科协内设机构、人员无变化。

【扎实开展全民科学素质工作】 着力提升社区居民科学素质，开展科学健康生活讲座、全国科普日宣传活动进祖师庙社区；联合南充市阳光家园社区服务中心开展"爱在细微处-看见孩子问题背后的需要"的家庭教育讲座活动，提升社区居民的科学素质。着力提升青少年科学素质，联合团区委、区关工委、区总工会等全民科学素质工作领导小组成员单位及南充坦坦国学教育学校，组织包括童伴计划项目留守儿童在内的约60对亲子组合，开展"童伴同行"亲子公益体验营活动；组织学龄前儿童参加第32届四川省青少年科技创新大赛，作品主要以科幻画为主，取得不错的成绩，填补了全区学前教育段参赛的空白。同时还组织全区20余名科技辅导员骨干到阆中市参加全市中小学科技辅导员培训，逐步提升师生的科学素质。着力提升农民科学素质，依托脱贫攻坚工作，到区精准贫困村开展技术培训、科普知识竞赛、扶贫政策宣传、新品种新技术推广等系列活动，重点提升贫困农户的科学素质。着力提升领导干部和公务员、城镇劳动者素质，联系农牧业局、水务局、教育局等各行各业的专家，筹备建立科技智库，举办学术活动为科技工作者搭建学术交流平台；开展"讲理想、比贡献"活动、实施金桥工程，提升了企业劳动者的科学素质，2名企业管理者荣获四川省"讲理想、比贡献"活动创新标兵。

【积极推进基层科普行动计划及科普专项】 2017年，培育并申报的白塔街道梨树街社区获四川省科协和财政厅联合表彰为省级"社区科普益民计划"先进集体，获奖补资金10万元；王玉花被四川省科协和财政厅联合表彰为省级"科普惠农兴村计划"农村科普带头人，获奖补资金2万元；成功申报市级科普专项1个：获"科普三进"活动专项经费6万元；"南充市高坪区三条产业环线技术培训及服务指导"成功申报国家级2017年基层科普行动计划项目，获经费33万元。

【深入实施科普信息化建设】 积极用好门户网站，全年更新各类科普信息内容100余条，其中最受大众欢迎的是科普天地版块，涵盖了涉及生活方方面面的小知识，通俗易懂。创新用好微信公众号，创建微信公众号，利用开展大型科普宣传活动的机会大力推广，微信公众号的关注人数达到近300人。加强科普资源开发开放，有效利用科普经费，发挥各自专业资源优势，组织编印科普出版类作品：《科普集锦》《多媒体技术的简单运用》《白塔医苑》等，创作科普展览、展品开发制作类作品：《雾霾的成因和应对措施》电子视频，制作科普教育类展品：《电的秘密》《舞动的光影》《流水竹韵》《红绿灯》等科普展教具，在区内免费发放和推广，受到热烈欢迎。

【大力促进创新驱动发展】 培育乡土创新创业人才，在全区农技协、基地、科普带头人内筛选挖掘有代表性、典型性、特色性的创新创业人才7名，组织到2017年全国大众创业万众创新活动周南充活动启动仪式暨高校创新成果集中转化对接活动现场进行观摩学习，动员参加南充市、四川省第二届乡土人才创新创业大赛。区大唐农业公司唐俊在四川省首届乡土人才创新创业大赛获优胜奖；区竹编技艺传承人万学在南充市第二届农村乡土人才创新创业大赛暨"四川省第二届农村乡土人才创新创业大赛南充选拔赛"荣获一等奖、在四川省第二届农村乡土人才创新创业大赛中荣获银奖。5月14日，在王府井商场成功承办了"南充市第二届机器人挑战赛暨2017第七届中国城际机器人挑战赛南充区域赛"，活动吸引了全市13支代表队300余名学生参加，经过近10个小时的激烈竞技，最终53名选手分获各类比赛一等奖。开展送职业规划进高校活动，邀请职业生涯规划师到南充职业技术学院等驻区高校为大学生开展职业规划讲座，切实帮助大学生尽早立足自身特长和兴趣爱好，对接市场需求科学谋划就业创业思路。

【强势助力脱贫攻坚工作】 全年邀请高级农艺师陈武全等8名专家到青居镇烟山村、斑竹乡麻柳山村等开展科技扶贫实用技术培训会11期。发放养殖业技术、蔬菜栽培技术等相关技术手册10000余册，引导农户争当新型环保农民。联合第五人民医院，组织医疗巡诊小分队的科普志愿者走进斑竹乡滩头坝和倒马坎等5个村，开展科学健康生活习惯养成暨知识普及巡回宣讲活动，进行免费健康体检，发放生活用品，引导农户养成生活好习惯。结合学习贯彻党的十九大精神，落实习近平总书记"建设知识型、技能型、创新性劳动大军"的指示精神，全年组织4名科普志愿者到青居镇烟山村、团结村等6个精准贫困村开展"贯彻十九大科普助力脱贫攻坚"之科普知识暨脱贫攻坚有奖知识竞答活动，将宣传科普知识和精准扶贫、感恩教育紧密结合，坚定贫困户依靠科技脱贫的信心。充实科普示范宣传阵地，全年共打造4个科普示范村、2个科普示范协会、3个科普示范基地，新建科普长廊60米，更换宣传内容12次。完善农技协的管理运作情况，鼓励他们主导一个村乃至一个乡镇产业的协会组织协会专家、科普志愿者积极投入扶贫工作中，与贫困户做好结对帮扶工作，开展科技培训、技术推广等科技服务，为贫困户的脱贫之路添砖加瓦。

【领导名录】 区科协主席：谢汶峰（女）。

（供稿：张 婷）

区残疾人联合会

【概况】 2017年，区残联始终坚持以党的十八大、十九大精神为指导，深入学习贯彻落实习近平总书记系列讲话精神，按照中、省、市、区残联统一部署，决胜脱贫攻坚，进一步深化了"量体裁衣"式个性化服务工作，全区残疾人"获得感·幸福感"明显提升。年内，内设机构人员无变化。

【不断改善残疾人民生状况】 深入开展残疾人居家灵活就业，通过技术培训、就业辅导、职业指导、大户带动、企业用工等手段，投入资金32万元，使全区4000名残疾人实现了就业。扶持农村贫困残疾人发展生产，投入28万元，对800名残疾人进行了蔬菜种植、生猪、家禽养殖培训。累计投入资金25万元，为残疾人免费发放辅助器具600件。投入资金84万元，开展脑瘫儿童康复训练、家长训练，为全区43名贫困脑瘫儿童实施了救助服务。投入资金6万元，为5名听力残疾儿童提供康复服务。投入20万元，为50户残疾人提供了家庭无障碍改造。投入资金546万元，为7628名重度一、二级残疾人提供护理补贴。投入资金20万元，为167名建档立卡的贫困残疾人提供扶贫对象生活费补贴。

【为残疾人提供"量体裁衣"式个性化服务工作】 2017年，全区智慧量服共为全区18738名残疾人实施了个性化服务，其中为18714人提供社会保障服务，为18666人提供社会保险服务，为16584人提供社会救助和福利补贴服务，为205人提供托养服务，为16778人提供康复服务，为93人提供家庭无障碍改造服务，为4427人提供就业创业及培训服务。

【让更多残疾人享受康复服务】 年内在白塔街道小龙门社区和白塔康复医院建立了残疾人康复示范点，使社区残疾人就近、就便得到康复训练。投入7.95万元，为肢体残疾人安装大腿假肢7例、小腿假肢10例。投入12万元，为150名贫困精神病患者免费服药实施了每人每年800元的服药补助。投入14万元，为175名残疾人实施了白内障免费复明手术。投入资金69万元，实施智力儿童康复训练42例。

【全力决战残疾人脱贫攻坚】 全面贯彻中、省、市、区关于脱贫攻坚工作的系列会议精神，制定了残疾人精准扶贫行业方案，并上报核实残疾人扶助人数、资金。按照省、市残联的统一部署，先后落实了重度残疾人护理补贴制度、扶贫对象残疾人生活补贴制度和0—6岁残疾儿童康复性救助制度。配合喻家乡党委、政府，开展对口帮扶，为喻家乡十圣村贫困群众办好事、做实事、送政策、讲感恩，帮扶成效明显。开展了"温暖万家行"活动，在元旦、春节期间，走访慰问残疾人1050多户，发放慰问金、慰问品折合人民币约40余万元。为2100名城乡残疾人提供医疗保险代缴。

【全面深化残疾人事业宣传】 充分利用广播、电视、报刊、墙报、板报、网络等各种新闻媒体，广泛宣传全区残疾人工作进展、残疾人自强典型事迹、扶残助残先进事迹，先后印发《残疾人保障法》《四川省〈残保法〉实施办法》《残疾人就业条例》等法律法规宣传册10万余份，全区助残氛围日趋浓厚。

【进一步夯实残疾人基层组织】 全区所有乡镇（街道）均成立了残疾人联合会，做到了分管领导、工作人员、办公场所、办公设备、办公经费、工作职责"六落实"。全区398个行政村（社区）均成立了残协，全面配备了村（社区）残协主席和残协委员，落实了乡镇（街道）残疾人专职委员每人每月120元、村（社区）残疾人专职委员每人每月80元的人员待遇。全面加强助残志愿者队伍建设，助残志愿者队伍不断壮大，全区助残志愿者队伍已达到600多人。

【不断丰富残疾人文化体育活动】 开展了"爱耳日"活动，发放宣传资料1000余份。组织了全国助残日活动，盲人协会、助残志愿者一起在白塔公园开展了免费按摩活动，深受群众好评。组队参加了市残联第五届残疾人运动会。

【领导名录】 区残联理事长：王耀德，副理事长：李阳、肖润清（女）；纪检员：潘大冬。

（供稿：蒋启明）

区红十字会

【概况】 高坪区红十字会是从事人道主义工作的社会救助团体，2017年按照《中华人民共和国红十字会法》、《中国红十字会章程》，秉承"人道、博爱、奉献"的红十字精神，全面履行应急救援、应急救护、人道救助职责，广泛开展无偿献血、造血干细胞捐献、遗体和人体组织器官捐献活动，大力推进减灾项目建设。年末，共建立红十字基层组织11个，发展团体会员单位42个、个人会员300人、志愿者195人。区红十字会机关为正科级参公事业单位，在编在岗工作人员2名。

【大力开展宣传培训】 在世界红十字日、中国青年志愿者服务日、世界艾滋病日等重大纪念日组织医疗卫生机构、学校、社区的红十字志愿者，走上街头传播国际人道主义，宣讲红十字精神，宣传传染病防治、无偿献血、造血干细胞捐献等知识，深入社区、农村、学校开展义诊、健康咨询活动。在学校、社区进行应急救护知识宣传，提升了广大师生、群众的防灾减灾意识和逃生避险能力，推动红十字救护、消防培训进社区、进农村、进学校、进企业、进机关，不断提高应急救护知识在人民群众中的普及率，增强群众在突发事件中的自救、互救意识和应急救护技能。

【积极开展社会救助】 积极开展"博爱送万家"活动，在传统节日期间到白塔计生办、龙门街道办、清莲街道办、区卫计局、江陵镇、溪头乡、喻家乡、阙家镇、区保健院等地慰问送温暖，为困难群众及相关单位送去冬季家庭包8个、夏季家庭包50个、棉被100床、冬袜1000双、衬衫6箱、大急救包10个、小急救包13个、成人心肺复苏模拟人2套、婴儿心肺复苏模拟人2套。人道救助袁秀清（左舌鳞癌）、杨永熙（肺癌）、蔡小庆（复杂心脏病）共三名特困家庭患者，共发放人道救助金3000元。进行先心病患儿登记1例。

【扎实开展三献工作】 充分利用"5·8世界红十字日""6·14世界献血者日"等纪念日，通过发放宣传单、宣传册和拉横幅的方式大力宣传无偿献血、造血干细胞捐献、遗体和人体组织器官捐献，先后在阙家镇、小龙物流园以及龙门镇、长乐镇、东观镇等乡镇组织开展无偿献血宣传活动，共发放宣传资料5000余份，宣传活动取得了显著的成效，共有3名群众咨询了造血干细胞捐献相关事宜。在区内固定常态化开设的"爱心献血屋"运转良好，确保了区域内临床医疗用血的需求，保障了急危重病员的抢救和治疗，进一步推动了无偿献血事业的健康发展。

【持续推进项目建设】 4月香港红十字会援助的"博爱家园——社区为本"减灾项目在阙家镇正式启动实施，该项目旨在通过社区教育培训和减灾工程在软件和硬件两方面提高基层社区的灾害防范能力，减轻灾害影响，开展红十字特色的防灾减灾、应急救护、逃生避险、自救互救、卫生健康等工作。项目地点为阙家镇和光村、火烽村，项目援建资金42.49505万元，其中和光村23.31937万元，火烽村19.17568万元，项目周期为18个月。从2016年2月项目启动至2017年8月项目结束，分别在两村发放宣传品1100份，对村民开展红十字运动、卫生健康、种养殖技术、应急救护、防灾减灾及项目理念等专题培训5次和应急演练、义诊各1次。开展减灾小组及志愿者培训活动共计6次。在组织村民开展应急演练的同时，协助两村完善了防洪、防灾预案。帮助和光村实施硬化、加宽加深排水渠287米和火烽村新建两口蓄水池等主体工程建设，2017年8月14日经过了竣工验收。通过实施香港博爱家园社区为本-防灾减灾项目，努力实现了村民参与，社区为本，共建安全社区的美好局面。

【领导名录】 区红十字会常务副会长兼秘书长：郑晓东。

（供稿：刘潇蔚）

发展改革·投资促进

发展和改革

【概况】 2017年,全区发展改革工作深入贯彻落实区委工作会议和全区经济工作会议精神,紧紧围绕市委"155"发展战略和区委建设"绿色高坪·幸福家园"的决策部署,牢牢把握稳中求进、加快发展的工作基调,坚持以项目工作组织经济工作、统揽全局工作,主动适应经济发展新常态,推动发展改革工作取得实效。内设机构高坪区政府和社会资本合作项目中心升级为副科级事业单位;区价格认证中心获得省级"先进单位"表彰。

【项目编制与资金争取】 充分对接国家宏观经济政策,敏锐捕捉项目信息和投资动向,突出产业培育、基础建设、民生改善三大重点,按照省委"稳增长、调结构"储备项目的要求,全区2017年计划实施项目104个,总投资603亿元,年度计划投资168.5亿元,其中:20个省市重点项目总投资564.2亿元,年度计划投资89亿元。加强与中、省、市发改委及相关部门沟通衔接,做好项目的筛选和申报,密切跟踪已申报项目审批进度,突破关键环节,努力促成一批重大项目成功立项。积极协调相关部门向上争取资金。全年共争取全社会及国省项目470个,到位资金36亿元,占年度计划的141.3%,其中发改争取国省项目23个,到位资金3.25亿元。

【项目建设与管理】 坚持"管理严格化、查处规范化"原则,强化项目倒逼制、现场督查制、项目通报制,以目标倒逼速度,时间倒逼程序,督查倒逼落实的方式,营造出逼着干、督着动、驱着走的高压态势,促进项目建设快速推进。全年全区实施重大项目104个,总投资603亿元,年度计划投资168.5亿元,完成投资231.2亿元,占年度计划137.2%,超额完成全年目标任务,其中承接省市重点项目20个,总投资564.2亿元,年度计划投资89亿元,全年完成投资151.4亿元,占年度目标的170.1%。步建立健全科学、民主的政府投资项目决策程序、组织程序和实施程序,完善重大项目绿色通道,优化审批流程,提高审批效率,形成有利于项目争引、有利于企业投资、有利于项目建设的发展环境。全年全区政府投资项目审批351个,项目概算总投资65.25亿元,社会投资备案63个,项目概算总投资95.75亿元。

【深化体制改革】 认真贯彻落实中央、省、市关于全面深化经济体制改革工作的阶段性部署,围绕十二个方面的改革任务,积极向上对接,分解细化目标,加强指导督察各项工作有序推进。大力推进供给侧结构性改革,圆满完成"三去一降一补"、"一提一培一创"的年度目标任务;全面深化投融资体制、地方金融创新、财税体制及"放管服"改革,持提高金融资源配置效率,创新政务服务方式,提升服务质量;续推进商事制度、联网审计改革,实行"二十八证合一、一照一码"登记及电子数据定期报送,逐步实现公共资金审计全覆盖。

【经济监测与调控】 深入调查研究，在综合分析有利条件和不利因素的基础上，形成《关于南充市高坪区2017年国民经济和社会发展计划执行情况及2018年国民经济和社会发展计划（草案）的报告》，经区人代会审议通过。全区实现地区生产总值157.05亿元，同比增长8.9%；实现社会消费品零售总额90.2亿元，同比增长13.5%；实现农村居民人均可支配收入11986元，同比增长9%；实现城镇居民人均可支配收入25152元，同比增长10.2%；实现地方一般公共预算收入6.43亿元，同比增长18.3%；全社会固定资产投资完成219.1亿元，同比增长18.1%。

【以工代赈】 根据《四川省发展和改革委员会关于提前下达2017年度部分财政预算内以工代赈计划的通知》（川发改投〔2016〕628号）、《四川省发展和改革委员会关于转下达2017年第二批财政预算内以工代赈计划的通知》（川发改赈〔2017〕384号）下达全区2017年度财政预算内以工代赈项目288万元；《四川省发展和改革委员会关于分解下达易地扶贫搬迁工程2017年中央预算内投资计划的通知》（川发改赈〔2017〕141号）、《南充市发展和改革委员会关于分解下达易地扶贫搬迁工程2017年中央预算内投资计划的通知》（南发改赈〔2017〕197号）精神，下达全区2017年度易地扶贫搬迁建档立卡贫困人口1188人，中央预算内投资950.4万元。

【扶贫攻坚】 机关调整帮扶阙家镇火烽村，制定巩固帮扶规划，因地制宜发展富民产业，大力实施富民项目。以扶贫帮困为基础，着力提升高坪经济实力，改善民生、促进民和。为阙家镇火烽村争取财政预算内以工代赈乡村公路项目投资资金35万元。

【民生工程】 围绕关系群众切身利益的问题，不断加强易地扶贫搬迁工作，积极配合做好棚户区改造、公路改造等民生工程的审批备案，确保各项惠民政策落到实处。

【节能减排】 广泛开展"节能攻坚、全民行动"、"节约能源，促进人与自然协调发展"等为主题的一系列节能降耗宣传活动，大力推广节能照明灯具，提升全民的节能意识。严把节能报告关，严控高耗能企业发展，切实提高人居环境。

【价格管理与监督】 加强价格调控监管，整顿价格秩序，疏导价格矛盾，清费治乱减负，保持价格总水平平稳。加强对粮食、食品油、肉蛋菜、石油液化气等重要商品和服务价格走势价格监测、预测分析和信息公开工作。全面实施定调价项目成本监审，为政府定价提供成本依据。根据国家相关规定，放开非居民天然气销售价格；建立和完善居民生活用管道天然气、用水阶梯价格制度；取消城区临时占道停车泊位收费制度。开展节假日期间市场明码标价为重点的价格行为监督检查，宣传价格政策，引导商家、经营人诚信依法经营。对大型超市、旅游消费中的价格欺诈行为进行监管，营造健康的市场价格。做到检查与服务相结合，畅通12358价格监督举报电话，接受群众价格监督。

【机场建设】 南充机场航站区改扩建工程于2016年12月开始施工，项目建设规模为新建航站楼10000平方米、扩建2个C类机位站坪；新建旅客停车场7500平方米、货运站1200平方米；改造现有航站楼为现场业务用房和飞行训练业务用房及商务候机室，并配套建设相应设施设备。项目总投资27198万元；预计2018年11月竣工。继续做好机场建设拆迁安置维稳工作，处理相关信访件2起，切实化解矛盾纠纷。

【铁路建设】 新建南鑫铁路专用线，由南充现代物流园投资建设开发责任有限公司投资，中铁十八局承建的EPC项目，占地面积约90亩，项目总投资8000万元，新建铁路专用线1.29千米，含照明、通信、综合楼、大宗货物与集装箱货场等工程。项目于8月竣工，建成后，预计年货物吞吐量达300万吨，将成为川东北重要的物资集散基地。

【领导名录】 区发展和改革局局长：任凤华（女），副局长：唐安伟（1月止）、杨奎（1月止）、吴岚（女、2月起）、于刚浩（2月起），纪检组长：任慧（女、7月止）、朱建国（7月起），区以工代赈办主任：青正茂，区项目管理中心主任：任帆（2月起），区政府和社会资本合作项目中心主任：梁凡（11月起），区能源办主任：吴岚（女、2月止）。

（供稿：区发改局）

投资促进合作

【概况】 2017年，区投资促进合作工作在区委、区政府坚强领导下，在市委、市政府的关心、指导和帮助下，按照"南充新未来·成渝第二城"的总体部署，以招引央企、国企、三类500强，大型龙头企业为目标，扎实开展了各项工作，取得一定成效，投促系统省网入库110亿元，完成目标169%。新签约项目35个，完成目标任务184%；新开工项目29个，完成目标任务193%；新竣工投产项目16个，完成目标任务178%。高坪区投资促进合作局是主管全区投资促进工作的政府职能部门，内设办公室、项目股、信息股3个职能股室，下事业单位企业服务中心。机关有行政编制4名，纪检监察单列行政编制1名，行政工勤编制2名，事业单位编制7名，年末在职14人。

【全区联动招商见成效】 春节后，区委、区政府组织召开了全区"大开放、大招商"工作会，对新形势下全区投资促进工作进行分析研判，出台《关于对外开放暨投资促进工作的实施意见》《2017年高坪区签约项目、到位资金及信息搜集任务分解表》及各行业优惠政策等多个文件，为全区合力开展投促工作打下坚实基础。全年区委、区政府主要领导70余次带领投促局及相关单位，到北京、广东、浙江、上海、福建等地对接洽谈项目。特别是中铁联运和三环电子项目，多次前往对接。在区主要领导带动下，各部门积极主动挖掘信息，对接项目，商务局、经科局、物流园、航空港等部门先后派出百余人次到各地对接洽谈项目。至年末成功引进大型央企2户（其中世界500强1户），中国500强1户，上市公司1户，知名企业1户，总投资额达到261亿元。分别有中铁联运物流股份有限公司投资200亿元，在现代物流园占地2600余亩新建中铁联运（四川）多式联运示范基地项目，该项目成为南充投资最大的项目，创造南充历史。央企、世界500强中国十九冶投资10亿元以PPP模式打造东顺路及安汉广场，央企中国十七冶投资6.2亿元在以PPP模式打造江东大道，上市公司潮州三环集团增资40亿元新建六期、七期及研究院项目，同时八期正在洽谈，拟用地2000亩。中国500强广发银行投资5亿元在南充新建分行及川东北业务结算中心。

【规范程序部门协同抓招商】 改变投促局"大包大揽"搞招商工作局面，以项目类别为区分，成立八大行业招商组，将不同项目划分到各行业组，由行业组牵头单位负责，从项目信息研判、洽谈、考察到签约、入驻、建设、投产实行一条龙服务。区投促局会同区委办、政府办、目标办加强项目分流、督办，有效提高行业部门的招商引资效率。

【创新举措科学研判招商项目】 2017年，率先在全市启动了项目专家评审制，邀请市级行业专家对每一个项目对可行性、国土、环保等方面进行论证。增进部门对项目的了解程度，增强项目的科学研判力度，取得良好效果，得到社会各界的认可。

【领导名录】 区投资促进合作局局长：张德兵，副局长：张莉（女）、纪检组长：李俊（女、1月起）。

（供稿：区投促局）

公安·司法

公安工作

【概况】 2017年，全区公安机关不忘初心、牢记使命，圆满完成了十九大安保工作和"脱贫攻坚"任务，扎实有效地推动各项业务工作完美收官，为建设"三高新区"提供优服务保障。南充市公安局高坪区分局机关内设指挥中心、政工监督室、纪检监察室、督察大队、机关党委、警务保障室、法制大队、国保大队、经侦大队、刑侦大队、治安大队、禁毒大队、网安大队、特警大队、情报大队、视频侦查大队、行政审批室、出入境管理大队、警务辅助中心、消防大队20个中层机构，下辖白塔、安汉、江东（水上）、航空港4个城区派出所，龙门、小龙、江陵、东观、长乐、胜观、老君、都京、青居、阙家、物流园11个乡镇派出所，共有民警354人、职工19人。2017年，分局荣获市公安局目标绩效考核一等奖，跻身全市一流方阵，得到市公安局党委和高坪区委、区政府的充分肯定。

【安全维稳】 全区没有发生政治事件、暴力恐怖和个人极端案事件，以及有影响的群体性事件，十九大、"17—32"、"05·16"等警卫安保工作坚强有力。完成处突演练12次，执行安保任务165次；确保全国"两会"、"十九大"期间等重点时段大局稳定，实现"三个不发生"、"五个坚决防止"和"六个零发生"目标。公安机关预知预警、人头稳控、专案侦察、应急处突能力得到明显提升，维护政治安全和社会稳定的底线守得牢、效果好。公安分局国保大队因十九大安保维稳工作成效突出，被南充市公安局荣记集体三等功。

【经济侦察】 全年共受理各类经济案件线索28起，立案23起，破获20起，刑事拘留14人，逮捕14人，取保28人，起诉42人，挽回经济损8000余万元。深入开展"打侵财、扫毒害、护民生"和"打击非法集资、维护群众利益"专项行动，快速侦破"6·13"生产、销售伪劣产品案，先后成功处置"四川省银证嘉华股权投资基金管理有限公司"和"桥达投资理财公司"无法退还到期借款引发的聚众上访等涉稳事件。

【刑事侦察】 全年刑事案件立案1320起，破获刑事案件980起、刑事拘留391人、逮捕303人、起诉490人。其中破现行命案4起，实现命案全破；历经40余小时，破获全市首起人体运毒、跨国运毒案，查获海洛因65块、净重350克；打掉团伙25个，侦破"7·10"跨省特大电信诈骗案。共行政拘留685人、强制戒毒69人，分别同比上升49.9%、13.1%。全区公安机关打处质态持续向好，进攻主动性明显增强，涉及民生、群众关注的多发性侵财案件打处格局和侦查手段融合应用展现出新的战斗力。

【治安管理】 严厉打击治安领域违法犯罪，深化治安专项整治。侦办非法持有枪弹、爆炸物案件22件，同比上升144%，位列全市第一；严厉打击涉黄涉赌违法犯罪行为，起诉34人，同比上升70%；严打食药、环保违法犯罪行为，起诉

10人，同比上升233%，位列全市第一。有序推进基层基础工作，夯实公安工作根基。全面深化公安改革，在全省深化公安改革暨南充"两个运行机制改革"现场会上，江东派出所成为现场会的特色和亮点之一，省委常委、政法委书记、公安厅长邓勇亲临检阅，全国各地40余个公安机关前来考察学习。全面深化基础信息采集工作，采集率位列全市第一，户籍人口信息清理率达

2017年5月23日，全市公安改革推进会观摩团到江东派出所参观

92.88%，标准地址安装上墙率达100%，重点群体、重点单位的信息检查备注、动态管控率分别达90.60%和96.53%。强化安全监管工作，加强公共安全管理。严格大型活动审批和安保工作，未发生一起安全责任事故。易制爆和寄递物流专项整治行动获得市公安局通报表扬。加强对民爆物品、公务用枪的检查，共检查枪支26次、剧毒化学品100余次，配合安监部门进行烟花爆竹安全检查56次，配合水务部门对嘉陵江河道进行整治检查48次。加强散装汽油购销的安全监管，未发生被盗、丢失等安全责任事故。加强对宾旅馆、酒店、歌城和具有留宿项目的洗浴场所等行业场所依法经营、坚持实名制和消防设施安全等情况的检查，共检查596家次，发现整改隐患33处。加强对内保重点单位日常检查，深入开展"护校安园"、"平安医院"、指导警务室建设以及安全大检查等工作，动态管控率在"一标三实"平台达100%。加强无人机管控，未发生因无人机管控不到位，造成航空器绕行、备降、返航、机场关闭等情况。进一步加强对刑满释放

人员、扬言报复社会、非正常信访等治安重点人员以及吸毒人员、肇事肇祸精神病人等重点人群的分级分类管控，未发生重点人员漏管失控造成现实危害现象。深入开展社会治安风险研判评估工作，未发生重大群体性事件或其他严重隐患苗头未提前上报预警或因防范、处置不力造成严重影响的情况。

【治安防范】 坚持情报导巡，将警力精准投放到警情多发区域、高发时段，切实把警力摆上街面，精确做到"猫鼠同步"，有效压降各类案件发生，全区治安状况明显好转，刑事、治安发案数分别同比下降32.2%和8.8%，抢劫、抢夺、入室盗窃、盗窃摩托（电瓶）车、诈骗等群众关注的侵财类案件同比下降25.1%。社区警务、"一标三实"等基础工作扎实有效，群众防范意识增强，群众安全感得到新提升。

【禁毒工作】 坚持"打团伙、摧网络、抓毒枭"的办案思路，积极开展禁毒执法，强力推进社区戒毒社区康复"8·31"、"6·27"工程，有效遏制毒品蔓延，净化社会环境。共破获毒品刑事案件42件，查处犯罪嫌疑人65人，协助山东警方破获公安部督办案件1件、自主侦破四川省公安厅督办案件1件，摧毁毒品犯罪团伙5个；抓获吸毒违法人员344人，强制隔离戒毒74人，收缴各类毒品约2000余克。开展"新春返乡农民工禁毒宣传"、"6月全民禁毒集中宣传月"、"12·1"国际禁毒防艾宣传日、"秋季新生入学禁毒宣传"和禁毒常态化宣传活动20余次，发放禁毒宣传资料6万余份。持续深入推进无毒社区（乡镇）创建工作和社区戒毒（康复）工作，加强对吸毒人员的监管力度，最大限度发现隐性吸毒人员，规范落实吸毒人员网格化管理，强化帮扶保障措施，在长乐镇建立吸毒人员再就业基地，定期对吸毒人员进行再就业培训。

【改革创新】 全区"行车卫士"推广安装项目持续发力，新增安装"行车卫士"2532套，总量全市第一，利用"行车卫士"反盗车机制共成

功追回被盗车辆74辆，追回率高达100%；合成作战机制成效突显，合成作战室高效运转，产生强大的聚合力、战斗力和裂变力，共向办案部门推送嫌疑人167人、团伙18个，协助破案265起，已成为侦查破案的"最强大脑"、寻求突破的"尖刃利器"和输送线索的"量产车间"。成功复制江东派出所改革经验，城区所执行"一级处警"模式后，白塔、安汉、江东三所接警7201件，日均7件，日均接警量比2016年下降22%；在实施"侦查专工作业化"后，派出所只办理简单易办的小案，研判成果由合成作战室推送，及时解决破案和抓捕难题；派驻"警务室"只做情报收集和劝解等工作，在主动引入"公调对接机制"后，部分民事纠纷已流转到司法驻所调解室化解，减轻基层派出所维稳压力。省公安厅通过"一网考"平台对全省派出所进行预考核，江东和安汉派出所在全省344个二类派出所中排名分列11位和36位，小龙派出所在全省551个三类派出所中排名47位。

【安全监管】 全年没有发生重大公共安全事故，4场大型活动安保万无一失。消防安全监管到位，无伤亡事故发生，督促整改火灾隐患2939处，行政处罚73起，责令"三停"23家；道路管理良性发展，农村道路共发生4起死亡事故、死亡4人，与去年同比下降20%；深入开展"护校安园"等专项行动，未发生一起安全责任事故；开展危爆品安全检查20次，确保危爆品不流出、不炸响。火灾防控、文明交通、危爆品监管等工作扎实有效，公共安全监管的能力不断提升。

【法制建设】 严把案件审核关，狠抓办案质量。全年共审核刑事案件183件，刑事拘留364人；审核取保候审案件85件，取保候审111人；审核监视居住案件38件，监视居住52人；审核提请批准逮捕案件211件，提捕353人，逮捕284人，批捕率80%；移送起诉501人。审核行政案件377件，行政处罚663人，强制隔离戒毒52人。所有案件均做到事实清楚、证据确凿、适用法律正确。努力营造"学好法、守好法、用好法"的浓厚法制学习氛围，增强民警法治理念和思维，切实提高民警执法水平和能力。

【队伍建设】 深入学习宣传贯彻十九大精神，持续推进"两学一做"学习教育常态化制度化，将"四对照四提升，做忠诚卫士"、"三强一创"等主题活动融入日常、抓在经常；严格落实全面从严治党要求，履行党建工作责任；持续开展"双十佳"等创先争优活动，全年荣立集体三等功3次、个人三等功27人次，10人被市局嘉奖，17个集体、33人被分局嘉奖，43个集体、16人受到省、市、区各级相关表彰。创新管理、活力迸发，队伍管理迈上新台阶。严格落实省厅从严管理队伍六项规定、队伍风险防控评估、"六必访六必谈"等举措，队伍实现"三零"目标；纵深推进党风廉政建设，以队伍纪律作风教育整顿、"不作为、慢作为、乱作为"专项整治、"微腐败"专项治理等为载体，进一步纠正"四风"，扎实整改突出问题，构建起全方位、立体化的队伍惩防体系。强筋健体、磨砺精兵，教育训练实现新发展。先后组织13批次，128人参加上级培训，合格率达100%，10人荣获"战训合一"优秀学员；先后选派4人参加全省理论官、实战教官培训，提升教官队伍能力水平，荣获首届全市公安机关教官教学能力大比武"县级公安序列团体第三名"、综合情报部门大比武集体第三名，2名教官被评为全市"十大优秀教官"。弘扬正气、彰显魅力，公安宣传文化开创新局面。组织各部门在各级媒体刊播稿件1100余篇，其中，中央电视台、人民公安报等中央级媒体8篇，四川电视台、四川法制报、华西都市报等省级媒体50余篇，加强微博、微信、短信服务平台的管理，密切警民联系。深入开展"三提升"工程、"五型"创建、精准扶贫、联系服务群众全覆盖等，强化警民互动，共募捐3.9万余元，帮扶走马乡8个村308户702名困难群众，133户343人脱贫户顺利摘帽，增进警民和谐关系。

【领导名录】 副区长、公安分局局长：刘天灵，政委：何跃，副局长：何红佶、杜奂宏、杜黎明、宋建波、卫华明、唐环宇（7月起），政治处主任：李黄建，纪委书记：谯明云。

（供稿：龙林潇）

司法行政

【概况】 2017年，高坪区司法局内设办公室、政治处、法制宣传股、基层工作股（社区矫正工作股）、律师公证工作股（法律援助工作股）、行政审批股、信访与群众工作股，下设区法律援助中心、高坪公证处及9个司法所。在编干部职工59人。

【深入开展"法律七进"】 继续深入开展法律进机关、进单位、进学校、进乡村、进社区、进企业、进宗教，有重点、分层次地推进全民法律素质提升。紧紧抓住领导干部"关键少数"，开展专题学法240余次，建立干部法纪知识考试制度和全区法纪知识考试题库。配齐配强各中小学66名法制副校长和66名法制辅导员，开辟法治宣传教育第二课堂1320次，参与人数70000余人。大力实施乡村（社区）普法宣传"六个一"工程，开展"法律服务小分队基层行"活动，走村入户89次，设点宣传76次，受教群众33000余人。24名顾问律师定期上门为企业、单位提供法律咨询、法律服务和法律宣传，建立健全宗教活动场所常态化学法制度。

【推动普法工作】 以目标责任书的形式明确党政主要负责人履行法治建设第一责任人职责；下发《南充市高坪区法治宣传教育第七个五年规划（2016—2020年）》、《关于开展第七个五年法治宣传教育的决议》，明确各地各部门的法定职责和义务；印制《依法治访》、《高坪区实用法律知识手册》等法治宣传读物30000余册，制作2万余份法治宣传帽子、口袋、围裙等宣传用品，免费发放到老百姓手中；拍摄"法治扶贫"主题微电影《田野里的法治灯塔》，并在学校、广场、公园等场所推送展播136次；探索和运用"互联网+"手段，借助主流媒体和网络、微博、微信等新兴媒体开展法制宣传，丰富普法载体和形式，让公众在休闲娱乐中接受法治熏陶，增强普法效应。

【化解基层矛盾】 创新高坪区矛盾纠纷多元化解"公调对接"新模板，完成城区8个派出所的人民调解员驻公安派出所调解室，实现了"情、理、法"三种调解方法的有效结合，调解率达100%。以平安建设为抓手，充分发挥医调委等行业性专业性调委会作用，开展矛盾纠纷排查化解工作，从源头上预防和减少矛盾纠纷发生。加强人民调解员队伍建设，完善人民调解组织56个，充实人民调解员92人。采取多种形式对调解员进行业务培训18次，调解员素质得到有效提升。全年共调解纠纷1011件，调解成功1000件，调解率100%，调解成功率98.9%，成功防止民转刑7件，有效确保国庆中秋等重大节日和"十九大"期间全区安全稳定。

【社区矫正管理】 建成占地2亩，建筑面积600平方米，集刑罚执行、监督管理、教育帮扶、心理矫治等功能于一体，设施完善、功能分区明确的社区矫正中心，社区矫正工作逐渐迈向专业化。加强社区服刑人员管理教育，严密监控，严格网格化签收回复，确保重点时段、重要区域、

7月6日，全区举行法纪知识考试

重点人员不发生任何影响社会稳定的事件。截至年末，在矫社区服刑人员269人，其中缓刑262人，假释5人，暂予监外执行2人，累计警告44人，重新犯罪率为零，无重大恶性案件发生。强化安置帮教工作，开展集中教育和社区服务各36次，帮教率达到90%，安置率达到95%，教育覆盖率达到98%。

【安置帮教基地建设】 依托司法所、法律援助工作站、法律服务中心、安置帮教基地，充分调动法律服务工作者、社会志愿者工作积极性，不断健全安置帮教工作网络，形成纵到底、横到边、责任到人的安置帮教网络。积极与法院、监所等部门建立紧密联系，严格落实刑满释放人员衔接工作制度，对"三无"、"三假"等重点刑满释放人员，实行必接必送制度，并给予过渡性安置和重点帮教，实现"无缝对接"。开展法律、心理辅导帮教，排查走访，及时掌握情况，做到"五清楚"，最大限度减少重新违法犯罪的发生。组织司法干警、社会志愿者80余人次，采取听（听群众反映）、查（查资料档案）、问（问回归状况）、看（看现实表现）、帮（帮就业安置）等形式，全覆盖走访安置帮教对象。全年刑满释放人员全部进行有效衔接，落实"三帮一"帮教措施，帮教率达到100%，安置率达到99%，无重新犯罪。

【法律援助服务】 不断完善"1小时"法律援助服务圈，为特殊人群开辟法律援助"绿色通道"；积极开展为驻地军队法律服务活动，建立95437军人军属法律援助工作点。全面推开律师参与化解和代理涉法涉诉信访案件工作，在区政务大厅、区信访大厅设立律师、法律服务工作者窗口，为群众提供一站式法律服务。建立健全区、乡、村三级法律顾问制度，实现"村村有法律顾问"目标。全年办理法律援助案件260件，提供法律咨询、代写法律文书等法律服务1903人次，其中涉及农民工维权案件117件，老年人赡养、妇女儿童权益保障案件27件，土地承包、流转、遗产继承等纠纷56件，为受援人挽回经济损失230余万元，其中为黄某追回经济损失高达23万元。

【队伍建设】 深入开展省、市、区政法系统"三提升"、"五型政法机关"、"四对照四提升做忠诚卫士"主题教育活动和"作风建设五项活动和建功立业五项结合"主题活动，着力营造和谐稳定的社会环境、依法行政的法治环境和优质高效的法律服务环境，全力为"155"发展战略的顺利推进保驾护航。组织干部职工开展"司法所长业务讲坛"、"PPT技能比赛"、"论文竞赛"等活动，不断增强队伍凝聚力，提升工作效率，让职工在工作中学习，在学习中成长，年内有3名司法助理员被区委提拔为副科级领导干部，1名副科级领导干部向外交流任职。

【实施帮困扶贫】 充分利用区司法局东观法律服务中心、南江乡老元观村法治扶贫"法律服务工作室"，为群众提供"零距离"规范化法律服务；开辟贫困地区产业发展法律服务"绿色通道"，开展优先接待、优先受理、优先指派"三优先"服务，为打赢"脱贫攻坚战"提供法治保障。定期研究脱贫工作，组织党员干部开展帮扶结对贫困户工作，积极开展走访调查，问题排查，矛盾纠纷解决。督促危房改造、道路硬化、五改三建、村级文化活动室建设进度，协助开展农民夜校、致富带头人培训、群众感恩教育、爱卫教育，扎实开展党风廉政建设社会评价宣传和平安建设宣传，对照"五个一"帮扶机制，聚焦"两不愁、三保障"、"一超六有四个好"目标，算好贫困户收支账，为贫困户顺利如期脱贫打下坚实基础。

【信息化建设】 印发《高坪区司法局关于成立信息化建设领导小组的通知》以及信息化建设考核办法，明确责任单位和目标任务。加强四川省司法行政工作平台系统培训，确保人人熟练操作运用社区矫正、人民调解、法律援助三大系统和公共法律服务平台。系统内部所有不涉密文件资料均通过系统运行，逐步实现无纸化办公。年内完成三大系统原始数据补录和实时数据更新工作，其中社区矫正系统录入1009人，法律援助260件，法律咨询案件1907件，人民调解491件。

【领导名录】 局长：陈学明，副局长：胡忠、赵成，纪检组组长：李金红（女、1月止）、沈志刚（9月起）。

（供稿：区司法局）

监狱工作

【概况】 2017年，区辖区内有四川省川中监狱和四川省南充市监狱。两所监狱党委引领全体干警服从大局，服务大局，以平安、法治、信息、文化建设为目标，成功教育改造一批危害国家安全、破坏社会秩序的涉暴、涉黑、涉毒、涉黄等刑事案犯，为南充经济社会的和谐稳定作出贡献，多项工作得到省、市表彰奖励。

【川中监狱】 2017年，川中监狱紧紧围绕年度各项决策部署，牢固树立和践行治本安全观，牢记使命，全力以赴，全面发力，多点突破，纵深推进"五型监狱"建设。监狱医院成功通过"部颁标准达标医院"验收，配餐中心被省局授予"三精食堂"称号，民警夏成怀同志被省政府评选为"基层最负责的安全管理者"，市委市政府授予川中监狱"南充市扶贫先进集体"称号，"法治监狱建设目标考核"顺利通过省局检查。

以责任捍卫平安，监管安全持续稳定。顺利完成"筑安行动"，深入开展"坚强防线"、"守监规、治陋习、促规范"等专项活动，大力推进"惩戒中心"建设和"三区六色"管理，全面推行《罪犯改造一日规范》，创新"一分两用三挂钩"考核模式；深化三级狱情分析，加强危险性评估和信息数据库建设，提升狱情预警能力，成功侦破重大预谋脱逃案件1起，成功阻止罪犯自杀2起。应急处突成功纳入南充市应急处突工作体系。推行罪犯"教育日"制度，完善电教系统，开通教育频道，"三课"教育实现民警教学和网络教学相结合，出入监教育罪犯864名，心理健康教育罪犯2952名，成功开展"治本塑新、感恩前行"社会帮教活动和"感恩归途"离监探亲专项活动，讲好改造故事，《摆渡》成功入列省局十大经典教转案例。以系民之心维护安全，队伍安全持续保障。树立从严治警是最高的从优待警，严防民警违法违纪案件的发生是对民警的最大关爱、最大维护的理念，全年看望慰问民警职工及离退休老同志等210余人次，开展金秋助学活动，完成1000余人健康体检，续保医疗互助保险，家属区门禁系统安装工作全面启动；精准扶贫牛尾村，获得好评。接待来信来访群众8人次，成功处理信访隐患案4件；上调在岗工人工资10.7%，完成工人待遇发放及养保扣缴。加强八小时内外管理，强化舆情引导，无一例民警职工违法、涉狱负面舆情发生。强化保密管理，协助省厅承办"司法行政系统片区保密工作培训"，无一例失泄密事件发生。

推进监狱法治建设，实现规范化管理。深入落实法治监狱建设推进会议精神，建立重大决策合法性审查、执法管理审议、规范性文件形成、合同风险评估四大机制，初步实现清单化管理。刑罚执行公正严明，全年依法收押罪犯132人，释放263人，办理减刑案件137件，制定《办理减刑假释案件实施细则》，开展"减假暂"专项检查，无一例违法违纪案件。邀请200余名罪犯亲属参加执法工作恳谈会；深推执法公开平台建设，互联网门户网站正式上线运行，公开公示呈报减刑假释案件11批次，提供法律咨询6人次，提供法律援助11人次；监狱执法透明度和公信力大力提升。

加强监狱信息化建设，打造安防系统。视频监控启用移动侦测、虚拟判线功能，配套数字化安防系统项目全面投入运行。应用平台加快建设，开设"远程法庭"，刑罚执行远程审理系统完成部署；加快云建设，提供云桌面终端80多台；启动网络云平台监测，圆满完成门户网站、生命探测仪、执法记录仪、执法公开查询、罪犯超市购物系统项目线路铺设、设备安装；移动办公执法平台正加紧布建。

推进监狱文化建设。全面确立"熔岩铸魂化茧成绸"文化监狱建设主题。警营文化持续升华，举办"放飞梦想舞动川中"迎新春文艺演出；开展警体趣味运动会4次，摄制文化视频7部，完成监狱"三个一"（简介、画册、宣传片）制作；成功举办政研会片区会员单位理论交流座谈会，监狱学理论研究获一等奖。监区文化形式多样，举行"崇德尚法、守规新生"法制主题演讲，组建"太极操"队，成立"融冰"艺术团，举办监区"春晚"；举行改造歌曲创作大赛，一首入选全省罪犯必唱曲目；开展"变废为宝"创意活动，一作品获省总工会优胜奖；开展"沁心读书月""送书进监"活动，改版《铸魂》小报，罪犯思想文化生活不断丰富。廉政文化不断深化，完成廉政文化园区前期规划设计；制定《廉政文化建设实施方案》，编印警示教育资料3期；签订《廉洁承诺书》《8小时以外承诺书》；监狱领导上廉政专题党课14次；开展"家庭助廉"活动，全年接待警示教育人员3700人次，廉政教育品牌深入打造。

推进特色监狱建设，实施"双向"战略。深入推进"三攻四防五建"体系建设，危险性评估和认罪悔改教育评定全面推进，循证矫正试点全面深化。改造调整精神病犯关押点，管理实现上档升级，重刑犯监狱管理特色不断丰富。强化精细管理，规范化内容拓展至"十四大类"，内部管理规范实现"全覆盖"，实现规范化向精细化纵深推进。

加强党的建设。深入贯彻党的十九大精神和习近平中国特色社会主义新思想，深入推进"两学一做"学习教育制度化常态化，扎实开展"四对照四提升"、"学政法英模"专题教育和十九大精神、"砥砺奋进的五年"主题宣讲，牢固树立"四个意识"，不断坚定"四个自信"；持续开展党委书记上党课、支部书记述党建活动；加强党支部"十个标准化"建设，组织70余人赴赵一曼学院开展党务培训和党性教育；两级班子建设大力加强，认真落实"两准则三条例一决定"和"党内政治生活十一项举措"，强化中心组学习，完善民主集中制，"学习、团结、勤政、务实、为民、清廉"型班子建设持续加强；严格落实"一岗双责"，认真践行"一线工作法"，以身作则，谋在先、干在前的表率作用充分发挥；强化梯队建设，鲜明用人导向，提任副调研员4名，副科级领导3名，选升科级非领导职务110名。民警队伍建设大力加强，常态化开展升旗仪式，举行从警宣誓、荣誉退休仪式，提振职业荣誉和奉献精神；严格"应当做到""力争做到"，开展讲好改造故事演讲比赛和信息化操作、消防安全、职业健康等知识培训5期，开展政法大讲堂4期，治本安全观讲座2期，川中讲坛3期；赴清华、厦大、川大等高校外出培训20人次；强力推进"精简机关定编定员"工作，优化机关民警岗位职数，清理压缩机关民警近100余名充实一线；开展"强管理、严作风、提能力"专项教育整顿，深化主管警官制和警长制，强化警务督察，计分考核148人次，停岗学习处理2人，作风更加严明；选派3名民警援疆半年，2人被授予"援疆之星"；荣获全省"勤廉双优"先进个人1人，"百名示范"先进个人2人，"百优工人"3人，"最美老干部"1人，荣立三等功30人。党风廉政建设大力加强，深入落实党委主体责任、纪委监督责任和"一岗双责"，制定《惩防工作任务台账》，开展"微腐败和不正之风"专项治理，廉政谈话173人次；强化正风肃纪，驰而不息反"四风"，蹄疾步稳改作风，全年未发生违反八项规定精神情况；严格监督罪犯减假暂、大宗物资采购、招标合同、干部选任，党风政风行风警风更加风清气正。

【领导名录】　川中监狱党委书记、监狱长：曹大东，党委副书记、政委：王兴平，党委副书记、纪委书记：张成建，党委委员、副监区长：庞雪原，党委委员、副监狱长：孙红林、李爱成、罗建国，党委委员、工会主席：蒲红斌，党委委员、政治处主任：罗健，总会计师：陈明伟，刑罚执行监督专员：黄麟、许文斌

（供稿：冯东林）

【南充市监狱】 2017年，南充市监狱党委引领全狱民警职工服从大局、服务大局，以"平安、法治、信息、文化"监狱建设为目标，按照"抓班子、带队伍、强整治、保安全、促发展"的工作思路，团结带领全狱民警职工聚精会神干事创业，重作风抓能力，全面加强队伍建设；重基础抓建设，有效提升保障能力；重排查抓管控，大力规范改造秩序；重质量抓创新，不断提高教育成效；重管理抓落实，稳步推进安全生产。取得连续15年无罪犯脱逃、无重特大安全事故发生的良好成绩，为维护社会安全稳定、促进社会公平正义、保障人民安居乐业做出了积极贡献，得到了市委市政府和省厅局领导的肯定。市委常委、政法委书记单木真高度评价：南充市监狱在市委、市政府的坚强领导下，监狱党委抓班子、带队伍、保安全、促发展，取得了很好的成绩，值得充分肯定。希望你们再接再厉，把队伍带好，不出安全事故，把罪犯改造好不出现罪犯脱逃。省司法厅党委书记、厅长陈明国评价：南充市监狱在监管条件差，警力严重不足的情况下，确保了监管、生产、队伍的稳定，实属不易，应予充分肯定，望继续努力！

队伍建设。以班子建设为龙头、以作风建设为突破口、以素质提升为着力点，认真学习党的十九大精神，贯彻落实中央"八项规定"、省委"十项规定"和市委"九条规定"，深入开展"四对照四提升做忠诚卫士"专项活动，队伍综合素质、执法能力稳步提升。对焦民警职务晋升，全程公开公平公正，完成四级警长以上20人的晋升工作。全年先后有4个集体获各级表彰，40人次获得省监狱管理局、市委政法委等表彰奖励和记功嘉奖。

法治建设。以"南充市青少年法制教育基地"和"南充银行业金融机构反腐倡廉警示教育基地"为依托，通过实地参观、现身说法、法制报告等多种形式，服务"法治南充"建设。全年接待农商银行等单位进行警示教育22次，达2000人次，充分发挥监狱的社会警示教育职能，展示监狱民警良好的工作风貌，受到社会各界称赞。

【领导名录】 南充市监狱党委书记、监狱长：李全林（4月起），政委：李全林（4月止），副政委：周辉，副监狱长：王昌文（4月起）、明思伟，纪律书记：罗家胜，政治处主任：赵宏

（供稿：南充市监狱）

民生保障

民 政

【概况】 2017年,区民政工作严格按照中央、省、市、区工作安排部署,坚持"上为党政分忧,下为百姓解愁"的民政宗旨,紧紧围绕全区工作大局,以保障和改善民生为重点,全面加强社会救助、养老服务、优抚安置、基层民主政治和专项社会事务管理五个体系建设,圆满完成了全年各项目标任务。年内,区民政局内设办公室(含规划财务股、信访和群众工作股)、救灾救助股、优抚安置股(含双拥办公室)、基层政权和社区建设股(含区地名办)、社会福利和社会事务股(含行政审批股、老龄办)5个中层机构,管理副科级事业单位区低保局、军休所和股级事业单位救助站、婚姻登记处、综合福利中心,共有职工46人。业务涉及救灾救济、最低生活保障、优待抚恤、退伍安置、基层政权建设、社会事务、社会福利、区划地名、民间组织管理等九个方面近100余项工作。当年,区民政局荣获民政部国家减灾中心"第三届'中国减灾杯'(2017)减灾救灾摄影大赛集体奖";高坪区龙门街道嘉龙社区被民政部、司法部授予"全国民主法治示范社区"荣誉称号;江陵镇曹家沟村驻村工作组组长曹振明被四川省人民政府评为"全省脱贫攻坚'五个一'驻村帮扶先进个人";万家乡谌家沟村、白塔街道白塔社区、御史乡杉树沟村被市民政局、市依法治市办授予"市级民主法治示范村(社区)"荣誉称号;清溪街道办事处、喻家乡人民政府、老君镇凌云山村被市民政局、市人社局表彰为"市级村民自治模范单位"称号;区民政局被南充市双拥工作领导小组授予"拥军优属拥政爱民先进集体";被南充市老龄工作委员会评为"2017年度老龄保险工作模范单位";荣获南充市民政局"2017年度工作目标绩效考评特等奖"等荣誉。

【精准扶贫】 局机关借力、助力、用力做好江陵镇曹家沟、唐家堰和三房沟村的脱贫攻坚工作。积极向上级争取资金60万元,用于贫困村日间照料中心和基础设施建设;成立3个驻村工作组分别到帮扶的3个村,协助村上完成公路建设、产业发展等工作;下派帮扶干部37名,结对帮扶贫困户156户,帮扶干部针对贫困户贫困原因,制定切实可行帮扶措施和规划,坚持每周至少入户帮扶贫困户3次以上,按"四好标准"做好帮扶工作。切实做好行业扶贫工作,对全区低保兜底对象和建档立卡贫困人口进行全面分类核实,以推进农村低保制度与扶贫开发政策有效衔接,坚持科学管理、分类扶持、按照实事求是原则,做到建档立卡贫困人口的低保对象识别精准、应纳尽纳、动态管理,确保应补尽补、应尽保。

【深化改革】 加快推进全面深化改革工作,加强基层群众自治和创新社区治理,推动社区阵地建设,稳步落实村居建制调整和基层群众自治制度建设;转变政府职能,开展公办养老机构改革试点、大力发展居家养老和社区养老相结合的养老模式,逐步提升全区养老服务质量;建立城乡统筹最低生活保障标准动态增长机制。3所敬老院，3个日间照料中心以及区福利中心纳入公办养老机构试点。开展全区敬老院及民办养老机构服务质量建设大检查的专项行动，成功迎接省民政厅检查组检查。

【规范行政行为】 按照政务"应公开、尽公开"的要求，全面梳理公开事项，细化公开内容。坚持行政审批在线办理，权力清单动态管理，及时取消村（社区）证明，加强救灾应急预体系建设，清理规范性文件38个，及时办理人大政协议案提案8件，积极开展民主法治示范村（社区）创建工作，完成白塔街道白塔社区、清溪街道航空家园社区、御史乡杉树沟村、江陵镇元宝山村、万家乡堪家沟村、石圭镇华荣村创建2017年度市级民主法治示范村（社区）申报工作。

【城乡低保清理核查】 以《关于全市城乡低保工作情况的通报》（南民发〔2017〕78号）文件精神为指导，为进一步加强和规范城乡低保工作，杜绝和纠正错保、漏保、人情保、关系保及弄虚作假骗保等违纪违规现象，按照"标准科学、对象准确、待遇公正、进出有序"的总体要求，坚持"应保尽保、公平公正、动态管理"的原则，以推倒重来、重新洗牌为主线，对全区城乡低保进行清理核查。核查分为宣传发动、重新申报、调查核实、分类评议、审核公示、复核复审、公示审批七个阶段；采用动员会、推进会，分片指导，重点突击，检查督促等方式进行。清理核查期间，制定《南充市高坪区人民政府办公室关于印发〈南充市高坪区最低生活保障审核审批办法〉的通知》（南府办发〔2017〕205号）、《南充市高坪区民政局关于印发〈低保兜底"回头看"专项行动实施方案〉的通知》（南高民发〔2017〕41号），以规范和指导全区城乡低保工作的审核审批和清理核查工作；印刷《城乡最低生活保障政策30问》10万余份，在村（社区）、组（居）、小区和楼栋等地进行张贴和发放，区、乡镇（街道）、村（社区）、组（居）组织干部群众召开会议400余次。通过大力宣传，做到低保政策家喻户晓，人人皆知。5月1日到6月底，通过开展低保兜底"回头看"专项行动，进一步做好与扶贫衔接工作，加强动态管理，规范低保申办程序，确保低保公开、公平、公正，做到"应保尽保、应退尽退"。通过清理，城市低保新增185户、329人；取消79户、138人；对29户家庭成员和收入发生变化的家庭进行保障金额调整。农村低保新增922户、1431人；取消263户、392人；提高和降低保障金的家庭有272户、489人。截至年底，全区低保共27893户58168人（其中城市低保10671户、18943人；农村低保17222户、39225人），全年累计保障658185人，累计支出12650.9万元。健全救助水平与物价上涨挂钩联动机制，当物价指数上涨达到3%时，启动该机制，1月1日起全区城市低保居民最低生活保障标准调整为460元/月，农村居民最低生活保障标准调整为280元/月。

【医疗救助】 建立健全以大病医疗救助、资助"参保"为基础，门诊医疗救助、重特大疾病医疗救助、贫困精神病医疗救助为重点，社会捐助、慈善救助、结对帮扶为补充的医疗救助体系，明确医疗救助对象、救助方式、救助标准和救助程序，加强医疗救助的监督管理，规范城乡医疗救助的管理和使用，提高使用效益，解决城乡困难群众就医难问题。全额资助城乡特困人员、孤儿、重点优抚对象参加基本医疗保险；定额补助城乡低保对象参加基本医疗保险。实施"一站式"即时结算服务救助，将城乡特困人员、孤儿及困难重度精神病患者纳入"一站式"服务范围，实行医院垫支、出院结算。针对原救助起付线过高，救助标准低，使一些医疗救助对象得不到应有救助，导致贫困患者小病不能及时治疗而发展成大病的现象，大幅度提高救助标准，城乡低保对象每人每年最高救助总额不超过9000元，20种重特大疾病每人每年最高救助总额不得超过6万元。全年共解决医疗救助52211人次2009.14万元，其中资助参合35492人390.34元，直接救助16719人1618.8万元。

【特困人员供养】 全区有特困人员3727人，其中散居农村特困2809人，散居城市特困505人，集中居住农村特困415人，新增特困人员98人，实现"应保尽保"。在认真调查研究的基础上，合理配备管理人员，大力扶持敬老院开展院办经济。按照省、市要求和全区农村经济社会发展整体水平，合理调整供养标准，城市特困人员分散和集中供养月基本生活标准分别调整为500元和600元。农村特困人员分散和集中供养月基本生活标准分别调整为400元和500元。根据特困人员生活自理能力和护理需求，城乡特困人员照料护理标准分失能和半失能二档，月照料护理补助标准低限分别为80元和50元，特困人员供养水平达到全省平均水平。

【自然灾害救援】 完善灾害管理体制机制和预案体系。形成区、乡（镇）、村（社区）三级应急预案体系，坚持落实预案修订机制和演练制度，不断提高整体预案的实用性和可操作性。强化灾害应急救助队伍建设，制定相应的管理制度和培训制度，提高灾害救援的专业化、职业化水平。持续开展以灾民紧急转移安置、灾区民房恢复重建、受灾群众生活救助为主要内容的灾民生活救助工作。确保灾民"有饭吃、有衣穿、有干净水喝、有临时住所、有病能够及时救治"。当年高坪区频受强暴雨袭击，10余乡镇（街道）遭受暴雨洪涝灾害，全区受灾人口12000余人次，紧急转移安置人员453人；农作物受灾面积982公顷，成灾面积636公顷，绝收面积259公顷；共造成直接经济损失2288.94万元，其中农业损失770.8万元、基础设施损失1158.5万元、家庭财产损失184.9万元。在暴雨洪涝灾害发生后，各乡镇组织抢险队，现场察看，排查险情，村民需紧急转移安置的，转移安置，同时提醒住户安全出行。暴雨灾害对农业及基础设施造成很大损失，为减少损失以及让受灾群众生产生活有序进行，采取洪涝灾害造成饮水困难人口，由乡镇村、社干部协调，解决吃水问题；组织有关部门备足救灾农用物资，如排水机械设备、防病农药、补播作物种子、化肥等，一旦出现农田受涝，灾后及早采取排水、洗苗、补肥强根、喷药防病等措施，促进植株恢复生长机能。对不同类型田块，要视具体情况采取针对性措施；发动群众开展自救，准备播种秋粮秋菜，把损失夺回来；下拨救灾资金226万元。

【关心下一代工作】 在江陵镇江陵小学开展农村留守儿童关爱试点工作。在市慈善会的组织与领导下，开展"合力监护、相伴成长"留守儿童专项行动，组织捐赠活动，为200余名儿童发放书包、书本等学习、生活用具。开展"圆梦助学"活动，资助贫困大学生83名，发放资金29.5万元。

【养老敬老设施建设与服务】 2017年，严格按照年初计划，挂图作战，如期完成4个项目建设任务（南充友豪颐养院一期300张床位项目于9月开业运行、南充乐得乐老年公寓项目第二期400张床位建设全面完成、长乐长鑫老年公寓项目主体工程修建完工、东观镇中心敬老院建设项目开工）。引进洽谈的项目3个（鹤鸣山老年养护中心项目、都京社区养老院建设项目、高坪区老年中心养护院项目）。超额完成固定资产投资任务1亿元的目标。全年新增东观敬老院等3个公办养老机构，共计床位180张；新增友民办养老机构豪颐养院，共计床位340张；维修公办养老机构床位400张；修建日间照料中心8个。完成30730人的居家养老服务，年度目标任务完成率100%。对全区41家养老机构开展养老服务质量专项行动，联合区消防大队、区安监局、区质监局、区卫计局、食药局等部门对全区养老机构进行安全、食品等领域的联合大检查，顺利通过省养老服务质量专项行动检查组对高坪进行的检查。全区60062名老年人参加老龄意外伤害保险，参保比例居全市第一，区民政局成为全市老龄保险工作模范单位。为90岁至99岁老年人高龄津贴提标，从50元/月提标到100元/月。全年共为12695名80岁以上高龄老人打卡发放高龄津贴473.34万元。

【村（居）换届选举】 全区第十届村（居）民委员会换届选举工作圆满完成，对第十届村（居）民委员会新当选的村（居）主任、副主任、监督委员会主任共计1194人进行专门业务培训。指导村（居）进一步修订完善村规民约（居民公约），万家乡邵家坪村制定的村规民约得到市民政局高度表扬，在全市进行经验交流。指导村（居）民委员会进一步完善村（居）务公开工作制度，指导各村居严格实施形成常态，高坪区的"三务"公开工作得到市纪委、市民政局以及阳光问政栏目工作组人员的高度赞扬和认可，在全市进行经验交流发言。按照省、市、区关于《深入开展民主法治示范村（社区）创建活动实施方案》精神，积极做好民主法治示范村（社区）的申报工作，按照创建检查验收考评标准进行打造。

【社区规范化建设】 在白塔街道元宝山社区实施"三社联动"试点工作得到市局肯定和较高评价。积极开展城区社区标准化建设，青莲街道牛市坝社区、清溪街道兴安路社区、会龙镇兴康社区按照三星级社区标准建设完成建设。按照省、市要求，结合区情实际，东观镇、长乐镇等7个农村社区改革试点工作有序推进。

【区划地名工作】 与嘉陵、顺庆第三轮界线联合检查和平安边界创建工作顺利开展。组织区第二次全国地名普查工作，完善相关数据的录入，通过省、市的检查验收。在区委区政府领导下，省人民政府批复同意将下中坝片区属于顺庆区、嘉陵区部分行政区域调整到高坪区管辖。

【优抚安置工作】 多次对各类重点优抚对象进行走访慰问，下拨优抚对象"解三难"资金180万元。按时足额发放抚恤金，认真贯彻落实各类重点优抚对象的抚恤补助政策，做好抚恤定补对象动态管理，抚恤标准及时公示接受社会监督严格做到专款专用。截止12月共发放优抚金约3100万元。积极解决重点优抚对象"住房难、医疗难"问题。为5户重点特困优抚对象维修住房，为120名优抚对象解决困难救助资金24万元。认真落实退役士兵安置政策，全面完成2016年冬季退役士兵接收安置工作，接收安置率100%，共发放一次性地方经济补助777.26万元。对符合政府安排条件的转业士官全部进行工作岗位安置。做好2017年度冬季退役士兵档案接收和审查工作。做好2017年退役士兵技能培训工作，知晓率100%，确保有技能需求意愿退役士兵参训率100%，毕业证书获取率100%。同时积极扶持退役士兵自主创业就业。继续做好涉军维稳工作，完成信访回复40件，共接待上访和咨询政策人数达3500余人次。落实重点涉军人员包案责任制，同时整合民政政策对少数家庭生活特别困难人员实施关爱行动、临时救助等措施，为生活困难的涉军群体解决困难补助资金7万余元惠及37人。继续推进双拥工作，开展"双拥在基层"拥军优属走访慰问活动。春节前下拨各乡镇、街道优抚对象慰问资金用于走访慰问各类优抚对象，送去慰问金和物资。实施"关爱功臣活动"，在八一慰问2016年8月至2017年8月间立功受奖的现役军人家属，送去慰问品。开展纪念建军90周年庆祝活动，召开大会表彰30个双拥先进集体和32先进个人。开展"三送一挂"活动，在春节、八一前夕为现役军人、优抚对象送慰问品、对联、慰问信。为优抚家庭挂"光荣之家"牌匾。春节、八一前慰问驻区部队（含军休所）11个，解决实际困难，给部队官兵送慰问金和物资。

【社会专项事务】 进一步落实孤儿保障政策，全区截至年末有孤儿261人，其中当年新增孤儿2人，将孤儿月补助标准从748元提高到810元，累计发放资金254万元。年初开展"冬送温暖"专项救助活动，区救助站共救助131人次，劝导返乡31人，联系上家人后护送返乡67人次，其中未成年人6人，走失老人7人，精神病人8人，送医院治疗流浪病人12人。给受助人员发放棉衣、棉裤82套，以及一批快餐面、矿泉水、面包，保证流浪乞讨人员在寒冬中有衣穿、有饭吃、有干净水喝，让他们感到党和政府的温暖。

年中开展"夏送清凉"专项救助活动发放饮用水8件,宣传资料1000余份、食品50余份、服装30套,救助150人,劝导返乡7人,联系上家人后护送返乡2人次,其中未成年人1人,走失老人5人,精神病人3人。送医院治疗的流浪病人7人。启用全国救助管理信息系统,录入信息758条,其中站内救助312人次,站外救助446人次,通过全国救助管理信息系统发布寻亲公告32条,成功查找到7名长期滞留的精神病人和4名走失老人的信息并护送返乡。为长期滞留高坪区安置点无任何信息的精神异常和智障流浪乞讨人员争取上户,通过区公安局为长期滞留区求助站精神病人完成DNA数据采集,数据对比后,与公安局协商解决上户一事。

【社会组织管理】 对239家社会组织(社会团体)进行年检。对年底未年检的120家将按相关规定做自动注销处理。对全区156家行业协会商会开展与行政机关脱钩工作,已确定脱钩行业名称,制定脱钩实施方案(初稿)。当年发放养老设立许可证书1份,发放民办非证书6份。

【婚姻登记服务】 组织全区民政干部将1990年—2003年的36145份历史婚姻档案补录到婚姻登记系统。全年办理结婚登记(含补办)5373对,办理离婚1495对。

【领导名录】 区民政局局长:易小艳(女),副局长:邱贵田(9月止)、陈洪、李晓容(女、1月起),纪检组长:青文斌(1月止)、张勇(1月起),低保局党支部书记:郭海。

(供稿:林红春)

人力资源和社会保障

【概况】 2017年,区人力资源和社会保障工作在区委、区政府的坚强领导下,在区人大、政协的关心监督下,在市局的悉心指导下,聚力深化改革创新,主动适应新常态,各项工作不断取得新突破,全面完成目标任务。被市委、市政府授予"2016年度脱贫攻坚帮扶工作先进单位"称号;刘琼被省人社厅授予"全省人力资源和社会保障系统优秀服务标兵"称号;单位撰写论文《以党建工作信息化推进基层服务型党组织建设》在中央国家机关工委信息中心主办的2017年度机关党建信息化理论征文和案例征集活动中荣获优秀奖。年内,机关内设机构及管理单位无变化。

人力资源管理

【人才引进】 依托"人才兴区"和"江东人才计划",围绕服务全区经济发展规划和产业结构调整的要求,有针对性的引进人才,先后赴清华大学、四川大学、西安交大等名校,引进紧缺专业人才3名。注重人才引进质量,为区内各部门考核招聘研究生以上学历人才33人,新进人员学历高层化、专业多样化的特点已基本呈现。依托成都、重庆两地,建立成、渝"人才基地",对新引进人才由全区统筹安排到成、渝经济开发区学习锻炼,锻炼结束后,按照"专业对口,人岗相适"的原则妥善安排工作岗位,培养各类优秀人才200余名。

【人事管理】 出台《高坪区干部职工工作考核指导意见》,将考核结果与干部职工绩效工资、评优评先、晋职晋级相结合,逗硬奖惩,体现奖优罚劣,充分调动干部职工的积极性;出台《高坪区人事调配工作议事规则》,严格调配工作原则,规范调配审批程序;出台《关于进一步规范机关事业单位工作人员办理退休手续有关事宜的通知》,规范退休办理程序,强化退休管理,对单位出现的到龄未退休人员实行问责机制;出台《高坪区关于深化区属国有企业负责人薪酬制度改革的实施办法》,严格规范薪酬管理,健全监管机制,促进企业健康发展。将机关事业单位工作人员年度考核、工资待遇审核、退休管理、职务职级晋升等人事管理工作纳入区委、区政府目标考核，实行量化打分。开展借用人员和"吃空饷"人员清理工作，清理违规借用人员18人、"吃空饷"人员24人，全部按规定进行妥善处理。

【创新创业】 进一步加强创业园（孵化基地）建设，新创建南充职业技术学院创业孵化基地、南江乡返乡农民工创业园区2个创业孵化基地，申报东观镇为创业型乡镇。充分利用四川省就业服务管理信息系统查询个人就业创业综合信息，取消省内户籍地未享受贷款、补贴等证明材料，解决群众办事手续繁杂、证明繁多等顽症痼疾。在承贷金融机构业务办理方面引入新的竞争机制，新增邮政银行作为贫困劳动力和返乡农民工创业担保贷款的承贷金融机构，加快放贷速度，增加创业担保贷款总量。创新创业活力明显增强，扶持108人成功创业，高校毕业生创业较2016年增长15.67%，创业培训人数增长37.5%，进一步带动就业。成功举办"乐居高坪，创享未来"创新创业大赛，选拔斑竹竹编厂、安朵怡佳文化创意有限公司晋级四川省天府杯创新创业大赛决赛；在创业培训讲师大赛中，荣获"优秀组织单位"称号；推荐四川六立食品有限公司参加南充六类创业群体项目挂牌融资训练营及对接活动，获得100万元风投融资。

【技能培训】 坚持从学员实际情况出发，突出培训机构的主导培训专业，分类开展职业技能培训，对青壮年男性劳动力以培训电工、焊工、厨师等专业为主；对年龄偏大的女性劳动力侧重培训保健按摩、家政服务等专业；对"两后生"及青年劳动力主要培训电脑应用、美容美发等专业。采用校企结合、城乡结合等培训方式，对有到园区企业、扶贫基地就业意愿和能力的，实行"师带徒"岗前培训，合格后直接上岗，实现培训就业无缝对接，全年开展各类职业技能培训29期，培训学员1936人。

【公共就业服务】 建立"企业用工，我来帮助"的企业用工服务联系机制，带领三环电子、龙运鞋业、嘉美印染等龙头企业开展"送岗位下乡活动"，到各场镇开展专场招聘活动9场，集中开展"春风行动"、"百企千岗"等大型招聘活动5场，发放宣传资料8000余份，提供就业岗位13000余个，实现就近就业8200余人。推行高校毕业生就业见习基地建设，优化见习单位结构，拓展优质见习基地，扩大见习规模，年内新增见习基地7个。开设见习登记窗口，与航空港园区企业、团委、五医院等联合发布就业见习岗位信息，为86名离校未就业高校毕业生提供了见习岗位。

社会保障

【五险统征与保费收支】 在全区32个乡镇（街道）做到了全民参保宣传全覆盖。实行每周一督查、每月一通报的工作机制，督促乡镇完成信息比对和录入，全民参保登记覆盖率达到100%。在社保大厅设立综合窗口，全面实现养老、医疗、工伤、失业、生育保险"五险统征"，既让参保百姓少跑路，又避免用人单位选择性参加社会保险。养老、医疗、工伤、失业、生育保险参保人数分别达到25.75万人、50.44万人、2.06万人、1.25万人和1.07万人。全年征收基金16.15亿元，上级转移支持5.23亿元，基金总收入21.38亿元。养老待遇支出11.12亿元，医疗支出4.91亿元，其他待遇支出0.42亿元，社会保险基金实现收支平衡、略有结余。

【基金监督】 建立社保基金支付风险预测预警机制，对社保基金运行实行"事前预控、事中控制、事后处理"的全过程动态管理，处理社保基金监管预警信息23条。开展医疗机构专项整治行动，累计现场监督检查协议医疗机构60家，定点药店110家，暂停协议4家，责令整改违规单位共计60家，累计拒付违规费用327.96万元。

【劳动保障监察】 积极协调建设局、公安局、检察院、工质局、工会等部门，初步掌握区内用人单位社会保险参保情况，为劳动保障监察信息管理系统的启用奠定数据基础。全年开展各类专项检查3次，受理举报投诉案件91件，参与处理被拖欠工资引发的群体性案件11件，向项目主管部门移送源头性案件1件，向公安机关移送涉嫌拒不支付劳动报酬罪案件10件，向违反劳动保障法律法规的用人单位和个人发出劳动保障监察限期改正指令书26份，为1128名劳动者挽回损失2300余万元。

【劳动人事争议仲裁】　稳步推进劳动人事争议调解仲裁信息化建设。推进"三方驻会"制度和法律援助站工作常态化、规范化、制度化，实行"三方"参与、监督仲裁办案和法律援助案件台账化管理。全年接待劳动人事争议来人来访500余人次，接待劳动仲裁申请121件，受理102件，结案101件，涉案金额403.86万元。

【行业扶贫】　主动对接各乡镇（街道）和扶贫移民局，完善"一库五名单"，摸清贫困人口的区域分布、年龄结构、劳动力状况、培训需求和就业意愿等基本情况。在91个贫困村建立就业扶贫工作站，对14962名贫困劳动力进行动态管理。打造就业扶贫示范村10个，其中万家乡湛家沟村被评为2017年度省级就业扶贫示范村。农村贫困劳动力技能培训1648人次，实现区内贫困劳动力转移就业8133人。按照"因岗用人、因人置岗"原则，开发就业扶贫专岗共计821个，实现就业政策兜底。积极培育创业致富带头人，发挥"扶一个、带一片"辐射带动作用。积极推进创业园建设，升级打造溪头返乡农民工创业园，带动182户贫困劳动力入股创业。对48385名贫困人员全部在医疗保险系统中标注，由政府全额代缴医疗保险参保费用，区内住院自付比例不超过10%；采取个人缴费和政府补贴相结合的方式引导、鼓励贫困人员参加养老保险，符合参保条件的23927名贫困人员全部参加了城乡居民养老保险，所有贫困人员均实现老有所养、病有所医的目标。

【领导名录】　区人力资源和社会保障局局长：曾长权；副局长：明成兵、杨东；纪检组长：任慧（女、8月起）。社保局局长：青捍东；就业局局长王体乾；医保局局长：李国方（1月起）；居保局局长：钟顺勇（8月起）；机保局局长：刘兵；监察大队大队长：易东升；军转中心主任：刘昕（女、1月起）；人才交流中心主任：姜萍（女）。

（供稿：万　超）

财政·税务

财 政

【概述】 2017年,全区财政工作面对严峻复杂的宏观经济形势,把握稳中求进的工作基调,围绕"保工资、保运转、保民生、保信用、保重点"的工作思路,主动适应经济发展新常态,积极应对经济下行带来的减收增支压力,深化财税改革,大力培植财源,加强收入征管,科学运作财政资金,全力保障机构运行及民生支出,财政预算执行情况运行平稳。年末,全区一般公共预算收入实现64317万元,为预算的104.84%,同比增长18.34%;全区一般公共预算支出完成332248万元,为预算的97.6%;全区政府性基金收入完成180978万元,为预算的89.59%,同比增长699.8%;全区政府性基金支出完成160520万元(不含专项债务还本支出和上解支出),为预算的74.6%,主要用于征拆安补、到期债务本息、失地农民保险等支出。区财政局机关内设办公室、财税法规制度股、预算股、国库股、经济建设股、行财股、农业股、社会保障股、投资管理股、国有资产管理办公室10个中层机构,公务员24人,行政工勤人员3人。下辖财政监督局、国库集中支付中心和收费票据监管中心3个参公事业单位,参公事业人员55人;政府采购中心、财政投资评审中心和国有资产管理中心3个事业单位,事业人员16人。年末,在职职工98人。

【财政收入】 2017年,面对结构性减税和税源结构不合理等因素影响,执收部门通过深化税源调研,加大税源监控,实行"一网双系统"等方式,当年税收收入实现34138万元,同比下降3.67%(若剔除"营改增"政策因素影响,同口径增长2.53%)。通过"单位开单、银行代收、财政统管"的模式,加强非税收入管理,确保应收尽收。当年非税收入实现30179万元,同比增长59.57%。

【财政支出】 2017年,财政部门积极调整支出结构,在保运转的基础上,持续加大民生投入,民生支出实现238000万元,占一般公共预算支出的比重达71.65%。其中:教育69307万元,同比增长0.04%;社会保障和就业45911万元,同比增长7.96%;医疗卫生与计划生育31145万元,同比下降14.71%(主要是支出口径变化,医保有关支出从2017年起列入市级支出);城乡社区12387万元,同比增长2.87%;农林水67744万元,同比增长22.62%。

【财政监督】 为进一步建立健全财政内控机制,制定《高坪区财政局内部控制基本制度(试行)》及《高坪区财政局法律风险防控管理办法(试行)》等八个专项风险防控管理办法,成立了以区财政局局长为组长的内部控制工作领导小组,领导小组下设办公室于财政监督局,进一步加强财政内部控制。根据《四川省财政厅关于开展2017年度预决算公开情况专项检查的通知》(川财监督〔2017〕21号)精神,对全区负责编制政府和部门预决算公开信息情况的单位进行了全覆盖督查,并对区级15个部门和6个乡镇2016年度决算和2017年度预算公开的及时性、完整性、细化程度、公式方式等进行了抽查。对区统计局、区供销社、长乐中学、天峰小学、东观幼儿园等单位2016年度财务会计信息质量进行了专项检查，共查处违规资金223.55万元，罚款及收缴金库共计8.23万元。对区水务局、区林业局、区供销社、隆兴乡、长乐中学等21个单位非税收入进行了专项检查，共查处违规资金16万元，收缴金库1.29万元。对区林业局、区卫生执法大队、青松街道办事处、都京街道办事处等15个单位的预算收入管理、预算支出管理、政府采购管理、资产管理、财务会计管理、财政票据管理、设立"小金库"情况等七个方面进行了专项检查。根据《南充市高坪区财政局2017年财政监督检查工作计划》（高财发〔2017〕418号）要求，对区工商联、区林业局、青松街道办事处、隆兴乡等14个单位开展日常监督检查，共查处违规资金674万元，收缴金库10.64万元。

【财政评审】 2017年，区财政投资评审中心评审项目1713个，送审金额23.87亿元，审定金额20.90亿元，审减金额2.97亿元，审减率12.43%。通过加强财政评审，有效遏制了变估冒算和核算超预算、预算超概算、决算超预算的"三超"损失浪费现象。

【政府采购】 2017年，严格执行《政府采购法》，认真履行政府采购监管职责。逐步扩大政府采购范围和规模，将各单位的采购资金纳入年初预算，严禁无预算、无来源的项目进行采购，政府采购日益规范。全年组织实施政府集中采购120项，成功完成84项，预算金额68104万元，采购金额67739万元，节约财政资金365万元。

【财务管理】 2017年，严格按照《南充市高坪区财政资金审批拨付办法》（高委办发〔2016〕129号）、《南充市高坪区临时机构财务管理办法》（高委办发〔2016〕111号）、《南充市高坪区财政资金管理办法》（高委办发〔2016〕116号）、《关于进一步加强财政管理的意见》（高府办发〔2016〕158号）等文件要求，进一步强化预算约束，简化、规范和完善财政审批拨付流程，加强财政资金管理，重点规范会计核算行为，加强了全区临时机构财务管理，提高财政资金使用效益。

【债务管理】 制定《南充市高坪区政府性债务管理办法》《南充市高坪区财政资金管理办法》《南充市高坪区财政资金审批拨付办法》等一系列制度，并严格执行。不断健全政府性债务统计、分析、预警等常态机制。严格控制新增政府债务，按规定处置到期债务，合理控制债务规模。积极争取新增债券，全年共争取新增政府债券16293万元，争取额度较2016年增长193%。妥善化解存量债务，严格测算到期债务并安排资金还本付息，如还本资金存在缺口，通过争取置换债券资金予以偿还，2017年共争取置换债券96400万元，用于置换政府债务，其中，提前置换金融机构贷款达36552万元。规范整改政府融资担保行为，剥离政府融资平台为政府融资职能。

【财政扶贫】 坚持把脱贫攻坚作为重要的政治任务来完成，全力抓好脱贫攻坚头等大事，通过盘活存量、统筹增量，多渠道筹集资金，为脱贫攻坚提供有力支持。2017年，全区脱贫攻坚总投入10.84亿元。新建乡村公路668.8公里、社道路和入户路748公里、乡村公路桥24座，改造农村断头公路78.8公里，352个行政村道路通畅率100%；新建、维修山坪塘408口，新建、维修石河堰84处，新建、整治渠系255.8公里，新建、维修蓄水池702处，新建、维修提灌站及水库4处，建设集中供水工程130处、分散供水工程1535处，并全覆盖开展水质检测，农村安全饮水达标率100%；完成标准中心校、达标卫生院、便民服务中心和54个村级文化活动室、54个村级卫生室建设；注入小额信贷分险基金2200万元；完成易地扶贫搬迁910户3075人、C级危房改造2671户，D级危房改造2247户、地灾避险安置25户、"五改三建"4066户；采取财政全额代缴方式，实现贫困人口参加养老保险全覆盖；并为贫困群众设置公益性岗位671个，按每岗每月300元的标准支付岗位补贴；按照3300元的标准，足额及时发放特殊生活补贴补差资金；安排资金5100万元，在住房安全、产业发展、安全饮水等方面进行持续帮扶，确保政策不变、力度不减、贫困问题不反弹。

【国有资产管理】 2017年出台《南充市高坪区区属企业国有资产监督管理暂行规定》（高府办发〔2017〕44号），国有资产监管进一步规范。开展全区国有资产的清理、核查工作，并开展全区国有资产划转工作，将估价327.1亿元的国有资产有偿划转至区属各国有企业，其中通过评估入账的经营性资产达143.01亿元，区属国有及国有控股企业资产共计达到506.62亿元。完成对全区违法开采砂石和没收黄金的公开拍卖，拍卖2起，金额19万元。完成区人民医院白塔康复医院公开招租和区第二人民医院（龙门中医院）国有股份移交工作。完成全区行政事业单位资产报废报损工作，资产移交36次，资产报废16次，报废金额共计1048.37万元。

【国有企业管理】 积极推进国资国企改革，全面梳理相关法律法规和政策要求，研究建立我区国资监管国企改革"1+N"制度体系。（"1"即《关于坚持党的领导加强区属国有企业党的建设的实施意见》，"N"即《南充市高坪区国有资产监督管理机构设置和人员配置方案》等一系列配套文件。）提出"财政保运转、企业促发展"的基本思路，作为新时期我国资国企改革发展的行动总纲，为新时期国有企业改革指明方向、确立原则、明确路径、制定举措。根据剥离融资平台公司政府融资职能的政策要求，按照"资随债走"原则，对实施公益性项目形成的资产和债务同步划转企业。对航投公司、燃气公司进行混合所有制改革，以增强企业的发展能力。

【领导名录】 区财政局党组书记、局长：青凌波；党组成员、副局长：田时伟、胡雯（女）；党组成员、总会计师：李霞（女）；党组成员、纪检组长：肖光强；党组成员：覃朝良；党组成员、采购中心主任：冯学全；党组成员、支付中心主任：蒋国林；党组成员、票据监管中心主任：钟展；财政监督局局长：彭静（女）。

（供稿：杨　川）

高坪区国税局

【概述】 2017年，高坪区国税局内设机构和人员无变化。当年，深入贯彻落实党的十九大精神，认真学习习近平新时代中国特色社会主义思想，按照中省市税务系统和各级党委人民政府要求，紧盯税收收入，加强各税种管理，推进依法行政，税收征管质量和效率不断提高，全年收入规模达到79271.47万元，获得"全市绩效管理先进单位""党风廉政建设先进单位""省级文明单位""全国五四红旗团支部"等多项荣誉。

【税收收入】 全年共取得各项税收收入79271.47万元，同比增长64.87%，增收31189.53万元，完成市局年度计划的119.4%。其中增值税71473.74万元，同比增收32255.19万元，增幅为82.2%，企业所得税7426.57万元，同比减收1192.35万元，减幅为13.8%。实现区本级一般预算收入12000.98万元，同比增长78.8%，增收5290.5万元。

【征管服务】 保质保量完成上级部署的"基础事项规范、税户普查、走逃企业虚开发票治理"三大专项工作，征管基础事项管理更加规范。全面推行实名办税，完成7308户纳税人的实名采集，采集率92.84%。对商业综合体实行团队化管理，办证率、达点率创新高。征管基础数据不断夯实，财务制度备案率、财务报表总采集率和银行存款账户备案率分别为100%、84.94%和65.06%。国地税合作深入推进，与区地税联合举办电子办税培训会，2000余名纳税人参加培训。完善信息交换机制，每月定期对开展信息互换共享。认真开展执法大督查，124个问题全部整改到位。大力推进非接触式办税，"非接触式"推行比例达32.11%，位居全市第一。便民办税春风行动持续开展，20种表证单书均实现无纸化办理。深入开展银税互动，助力企业申请到"税易贷"300万元。

【党的建设】 认真贯彻党中央关于全面从严治党的决策部署，深入学习贯彻党的十九大精神及习近平新时代中国特色社会主义思想，组织干部职工听取省、市、区宣讲团以及市局领导宣讲报告，召开学习动员会，切实将思想统一到党的十九大精神上来，把力量凝聚到工作落实上来。与省局办公室党支部开展"支部共建"活动，围绕"爱国·圆梦"主题举办道德讲堂，得到省局和市局的充分肯定。深入推进"两学一做"学习教育常态化制度化，积极探索"1234"党建品牌创建模式，系列举措获总局税务党建网和省局行业网宣传报道。设立共产党员示范岗，对24名优秀党员和2个党组织示范团队进行通报表彰，党员干部先锋模范作用进一步彰显。

【绩效管理】 遵循"横向到边-纵向到底-任务到岗-责任到人"工作思路，层层明确一把手、分管领导、部门负责人、一般干部的绩效管理责任。大力推进绩效队伍建设。借助师资培训、全员培训、跟班作业、观摩交流等手段，不断提升干部绩效管理的能力。认真落实以周、月、季、年为时间节点的过程控制制度，严格控制扣减分。绩效管理"指挥棒"作用充分显现。

【干部管理】 认真落实大学生公务员培育办法，在外出学习、岗位锻炼、提拔任用等方面向大学生进行了倾斜。加大干部送培训力度，全年送培初级会计培训4人，财会知识培训4人，50人员培训3人，其他能力培训23人。鼓励干部积极报考"三师"，1人通过司法考试，1人通过税务师考试。积极参加"岗位大练兵、业务大比武"活动，2人入围全省业务大比武名单。认真备赛"自信国税"文化周三项活动，文艺汇演斩获全市一等奖，气排球比赛进入决赛。以"践行核心价值观·志愿服务我先行"为主题，先后组织看望慰问孤残儿童、关爱贫困留守儿童等活动，凝聚了队伍力量，提升了队伍形象。举办"凝心聚力'155'建设成渝第二城"主题演讲比赛，选派优秀选手参加市局比赛，获得了二等奖的好成绩。抓好"两个责任"落实，将党风廉政建设和反腐败工作常抓不懈，营造人心向廉、人性向善的良好风尚。

【脱贫攻坚】 2017年区地税局派出21名党员干部与会龙镇关财沟村65户困难群众开展结对帮扶，同时开展"回头帮""回头看"。对21名帮扶干部进行分组，由班子成员任组长，每个组联系一个村民小组，共同承担帮扶任务，分批深入基层和群众，定岗定责，严格考核。建立起民生诉求、困难群众、稳定工作"三本台帐"，排查摸清群众诉求，化解矛盾纠纷，落实好惠农政策，解决群众生产生活困难，组织单位职工开展扶贫捐款万余元，完成5户贫困户异地搬迁，并为他们购置家具用具，14户贫困户C、D级危房改造和三建五改工作，为贫困户购买并发放电视机39台，切实解决群众"两不愁、三保障"，扎实开展"四好村建设"。制定了以精品花椒、蔬菜种植、奶山羊养殖为主导的产业增收扶贫攻坚帮扶措施，完成了600亩精品花椒基地、300亩蔬菜种植基地建设，实现了村集体经济零的突破，培育了1户山羊养殖大户，目前已有圈养成羊300头，预计可带动该村88户100人就业增收，人均年增收1000元。2017年累计为该村提供帮扶资金30万元，9户贫困户实现脱贫，《今日头条》以《别样的幸福》为题报道了高坪国税驻村帮扶干部赵智星的事迹，为高坪国税扶贫工作取得的成绩点赞。

【领导名录】 党组书记、局长余游（女）；党组成员、副局长：聂小强（10月起）、冯涛、刘长青、贾忠；党组成员、纪检组长：唐鹏。

（撰稿人：张 亮）

地方税务

【概述】 2017年，区地方税务局，认真学习贯彻党的十九大会议精神和十九届一中全会精神，坚决落实上级各项决策部署，坚持以"倾力打造规范、温情、高效的地税机关"战略，真抓实干，共克时艰，围绕税收中心工作，以依法治税、强化征管为主线，大力实施税收科学化、专业化、精细化管理，努力提升纳税服务水平，强化队伍建设，各项工作取得可喜的成绩，推进高坪区税收事业的进一步发展。获得各级表彰表扬共61项。当年，区地方税务局内设机构无变化。在职职工123人，公务员105人，女职工45人，中共党员86人，研究生1人，大学本科84人，大学专科39人；在职人员平均年龄43.65岁。年末，全区管理业户总数11350户，其中：正常业户4806户（企业事单位1675户，个体工商户3131户），非正常业户1951户，临时业户273户，纯扣缴义务人191户，外来报验单位720户，跨区税源登记76户。

【税收收入】 2017年，全年累计组织各项地税收入65174万元，入库税收收入60054万元，完成市局年计划的110.6%，入库税收剔除耕占税和营业税同口径增长21.7%；累计入库区本级一般预算收入22,201万元，完成区本级年计划的105.7%，剔除耕占税和营业税的同口径增长32.7%。其中：累计入库基金附加收入5120万元，同比增长18.4%，完成市局年计划的110.1%。累计入库省级税收收入5046万元，完成市局年计划的102.9%。税收规模居全市第二位，税收增幅居全市第五位。

【税收法治】 不断完善和加强依法治区工作的组织领导和制度建设，严格落实"三重一大"科学决策制度，对未经集体研究、专家论证、合法性审查的决策绝不组织实施；坚持落实领导干部会前学法制度，开展党组会、局长办公会会前学法5次；进一步完善法律顾问制度，成立由业务骨干、法律顾问和班子成员组成法律顾问团，明确法律顾问团的议事规则、职责纪律等事项，集体开展案例研讨，提升科学决策的能力和水平。成功创建法制示范单位。在市局的大力支持下，以"突出重点、打造精品、示范引领"为指导思想，成功推荐第二税务所入围省地税局、省法制办公布的"四川省地税系统依法行政示范单位"名单，这是全市地税系统唯一一个获此殊荣的基层税务所。大力开展依法治税行动。严格实施"依法行政，依法治税"，对违反税收法规的纳税人坚决予以处罚，对欠税纳税人依法实施强制扣款、查封扣押等强制措施，坚决纠正纳税人的税收违法行为，全年依法对128户次的税收违法行为实施了行政处罚，共处罚金19.62万元，对纳税人依法实施税收强制措施9户次，累计入库税款80多万元；对3户企业的欠税行为，依法实施了查封扣押财产，并依法进入查封扣押资产拍卖程序。

【纳税服务】 2017年，严格落实优化纳税服务的各项制度，公开投诉电话，设置意见箱、举报箱，接受纳税人的监督，顺利完在网上申报、CA认证、纳税终端使用的任务，广泛推广宣传"天府e税"手机APP的下载使用；增设房管办税窗口，分流办理增量房、二手房涉税业务，有效缓解纳税人排队压力。持续构建和谐征纳关系，维护高坪地税良好形象。

税收宣传活动

【精准扶贫】 2017年，在扶贫攻坚工作中，通过了解村情民意，掌握实际情况，切实落实帮扶政策，进一步强化最关心的事、最后的堡垒、冲在最前方"三大意识"，做到逢会必讲脱贫攻坚，逢会必问情况进度，逢会必提要求希望，派出26名帮扶干部，帮扶石圭镇6个村共计109户353人。2017年，华荣村、壁山村、凤鸣村等贫困及非贫困村贫困户81户256人脱贫；全年，局党组共召开精准扶贫专题会议3次，日常工作会及工作推进会10次，参加镇村帮扶工作会议20次，帮扶专题培训会3次。全年利用有限资金投入10余万元，为村委捐赠了23张桌椅，通过帮扶干部入户帮扶、走访调研，收集并解决贫困户的诉求和困难。帮扶工作纪实被《四川日报》、《南充日报》等多家媒体报道。分管帮扶工作的唐兴忠同志接受中国人民网记者的采访。年底，贫困户王新海、林桂英分别送来感谢信与锦旗，表达帮扶村全体村民对帮扶工作的感激之情。

【强化征管】 推行税源专业化管理新模式。遵循"科学效能、风险导向、统筹兼顾、税收共治"的原则，因地制宜，创新思路，按照"重点税源精细化管理、一般税源规范化管理、自然人税源多元化管理"的思路，调整机构职责，优化资源配置，合理划分不同部门和不同岗位的税源管理职能，依托现代信息技术手段对税源实施规范化、专业化、差异化管理，建立纵向互动、横向联动、内外协作、运行顺畅的税源管理机制，提升了税源管控能力，提高了税收征管质量和效率。深化税收风险应对工作。对上级推送的税收风险及时应对反馈，搞好国地税风险联合应对，对重点行业、重点企业按季选取纳税人结合第三方信息进行风险排查，防范执法风险。成功应对上级下发风险任务1252条，共计查补税款241.53万，入库滞纳金15.83万。全面加强欠税管理。制定下发《高坪区地方税务局欠税管理工作方案》，对新增欠税的纳税人，及时送达限期缴纳税款通知书进行催缴处理；对已催缴但仍未在限期内缴纳欠税的纳税人，调查核实后，及时采取强制执行措施；对无法采取强制执行措施或强制执行后仍未缴清欠税的，进行约谈并督促纳税人限期缴纳欠税。全年清缴往年陈欠及本年新欠共计1960.07万元，阻止出境纳税人23户。深化国地税合作，规范征管业务流程。不断改进联合办税机制，通过召开业务研讨会的形式，收集意见，解决疑难，根据纳服规范与本地实际，对"国地税联合登记、注销"等业务流程、内部流转、责任划分、接件、出件等的办理环节进行重新规范和细化，重点强调了办理时限、风险管控等内容；与区国税局共建纳税人学堂，开展纳税人免费培训4期。

【党风廉政】 始终坚持标本兼治、综合治理、惩防并举、注重预防的方针，完善惩防体系，强化监督制约，深化党风廉政建设，推进风险防控，加强行风建设，围绕中心、服务大局，充分发挥执纪监督为税收工作保驾护航的职能作用。坚定不移加强党的建设。严守政治纪律，严肃党内生活，坚持把纪律和规矩挺在前面、放在首位，在思想上、政治上、行动上同党中央保持高度一致。认真践行"三严三实"和"两学一做"要求，加强班子建设，努力查找自身存在的不足和问题，力求做到政治坚定、精诚团结、求真务实。持续健全监督机制。严格监督"三重一大"决策事项，对组织收入、税收优惠执行、政治纪律执行等重要事项进行督促检查，规范行权平台运行，积极推动行政权力公开。构建起覆盖全领域、各环节的内控制度体系。强化执纪问责。继续深入开展"不作为、慢作为、乱作为"专项整治，积极开展纳税服务制度、文明办税公开制度等落实情况督导检查，继续开展廉政警示教育，切实加大税务人员依法行政、廉洁自律、文明服务的监管力度，大力营造风清气正、廉洁高效的办税环境。

【队伍管理】 全面开展学习十九大精神。全局上下深入领会把握党的十九大精神，把传达学习宣传十九大精神作为首要政治任务，列为重要议事日程，作为2017年党建工作的首要内容。通过各项会议、集中学习讨论、自学等方式，迅速掀起学习热潮，切实将这一思想贯彻落实到高坪地税工作的全过程和全方面，切实做到第一时间传达学习，第一时间宣传发动，第一时间检验成效。科学配置人力资源。10月，以征管范围调整为契机，对全局人力资源进行大规模的调整，免去、交流、任命26名中层正副职，调整45人的工作岗位，消化超职数配备的科级非领导职务干部47名。开展"传播正能量大型系列读书活动"，推进地税文化建设。积极响应党中央"开展全民阅读活动"的号召，以"传播正能量"为主旨，以"品读经典、品味书香、修身立德、诗意人生"为口号，于2017年5月正式启动开展"传播正能量大型系列读书活动"，让大家在书中感知正能量、汲取正能量、传播正能量，2017年，共进行了6期分享活动，1期读书之星精英赛，评选出7名读书之星。该活动情况被《南充日报》、《南充晚报》、《天府地税》等多家媒体报道。"练兵比武"强化人才建设。积极组织参加"大比武"考试，获得好成绩，4名选手入围市局培训，1名选手入选省局考试，获得市局业务大比武集体三等奖，张川同志获得四川省地税系统练兵比武专业骨干称号。全年，各业务股室分别组织了各类业务培训共计17次，有力促进了全局干部职工业务。

（供稿：高坪区地方税务局）

农　业

农业和农村工作综述

【概况】 2017年，高坪区遵循绿色发展理念，积极对接市委"155发展战略"，农业和农村工作以重点项目为抓手，以改革创新为动力，在三百示范工程、深化农村改革、幸福美丽新村、基础设施建设等方面取得了较好的成绩。区委农工委是区委负责全区农业和农村工作的综合职能机构，行使区委农村工作的主要职能，设有综合股、产业建设股、政策调研股3个中层结构，有在职职工11人。

【实施三百工程，促进农业提质增效】 全区着力抓了三项工作：推进现代循环农业建设，实施万亩现代循环农业柑桔园区项目建设，涉及永安镇、阙家镇、青居镇、溪头乡、石圭镇的20个村，建成标准化柑桔基地1.2万亩、养殖基地200亩，在青居烟山和阙家新栽柑桔7000亩；积极培育亿元龙头企业，新培育农业龙头企业6家，其中亿元龙头企业2家（本味农业、荣生农业），全区各级农业龙头企业已达180家，比上年增加20家。其中亿元龙头企业四川本味农业产业有限公司流转土地面积1.1万亩进行绿色高端柑橘生产，并采用猪—沼—果发展模式，建成标准化生猪养殖场1.4万平方米，建成了部级示范万头生猪养殖场，年出栏生猪3万头。2017年该公司争取到了农产品产地集配中心建设项目，建成了金融互助社、电商平台、专家大院、冷链仓库、加工车间，公司年内实现销售收入1.08亿元。四川荣生农业集团有限公司，以优质花椒、柑桔、蔬菜、花卉、特色水产养殖、生猪研发、加工和市场营销为主体，将种植、养殖与休闲旅游融为一体，该公司积极筹备通过证券市场上市。2017年全区新发展农民专业合作社75个，新培育省级示范社2个、市级示范社5个。全区农民专合组织达到430个，充分发挥了连基地、带农户、闯市场的引领作用。积极打造农业新业态示范样板，2017年农业新业态示范样板以中法农业科技园区为核心打造，全年完成各项投资10.3亿，占年计划129%。修建生态湿地农业园道路22km、桥梁和码头各11座、旅游配套房屋建筑12栋和服务区9个。循环农业园路基和桥梁主体已完工，世界一流、亚洲唯一、占地50亩的全气候智能温室已开工建设，水上与露地景观蔬菜和伏季水果启动栽植，脱贫奔康产业园的鲜花谷完成梅花栽植450亩。加大力量构建传化运宝网、友信龙冷冻食品交易网、惠生活微信商城、南鑫商城、当当高坪特产馆等电商本土平台，建成会龙、御史、斑竹、溪头、长乐、青居、东观、佛门、万家、隆兴、黄溪等11个农村电商服务站点；招引当当网、北京国联、浙江颐高、众友东方、福天下等一系列知名电商企业入驻高坪。截至年末，全区电子商务协会拥有成员单位61家，运用电子商务企业超500家，电商从业人员近4000人，30余种地方特色品牌和200余种工业产品实现在线销售。

【深化农村改革，激发农业发展活力】 深化农村产权制度改革，完成"七权"的纠错和整改，完成农村土地承包经营权数据、资料汇交工作，农村土地承包经营权颁证工作得到上级充分肯定。探索发展村级集体经济,2017年拟脱贫摘帽贫困村36个,脱贫人口6117人,村集体经济成员人数40127人,每个村都做到村集体有经济收入来源,并达人均6元的最低标准(最高达到39元/人,为溪头乡利光村、江陵镇三房沟村;最低的6.5元/人,为青居镇烟山村),集体经济达标率100%。推进综合改革试验示范,全面推进供销社综合改革,在长乐、马家等地新建新型惠农供销社4个,在凤凰乡凉亭桥村等地建成便民实用的综合服务社3个,新改建电商服务网点6个。2月16日成立高坪区农民合作经济组织联合会,为推动全区农民专业合作社健康规范发展奠定坚实基础。继续实施2016年度申报的四川省级供销社综合改革及发展项目,利用阙家镇水果站20多亩闲置土地,打造集电商中心、冷链物流等为一体的为农服务综合体,完成预算、财评,进行招投标。开展股权量化改革试点。2017年投入财政资金350万元,开展股权量化改革试点工作,让部分贫困户及贫困人口优先享受到财政支农资金带来的实惠;通过股权量化,盘活了农村资源,推动"资源变资产、资金变股金、农民变股东",进一步拓展群众的增收渠道,促进新型农业经营主体健康、规范发展。推进农村土地流转。全区新增土地流转面积8000亩,农村土地流转面积达到11.6万亩,规模经营面积达8万亩。

【推进新村建设,改善农村居住环境】 全面实施"四好村"建设,全区创建省、市、区级"四好村"100个。统筹推进幸福美丽新村建设,全区统筹涉农资金和过桥贷款近3个亿,新建幸福美丽新村40个(其中36个为2017年摘帽的精准贫困村)。新建农房461户、5.53万平方米,完成危房改造572户、7.11万平方米,完成风貌整治3139户、50.25万平方米;配套建设雨污处理设施、强弱电设施和燃气供给设施;建成村级公共服务中心5个,建筑面积5053平方米。其中,依托中法农业科技园建设元宝山新村聚居点;依托凌云山旅游景区建设谌家沟新村聚居点;结合柑橘主题公园建设利光新村聚居点;利用土地整理挂钩项目建设隆兴混元寺新村聚居点。积极推进农村公共服务设施建设。建成村民活动广场3000平方米、停车场5000平方米。

【推进基础建设,确保农民持续增收】 以水利、道路建设为重点,以促进农民持续稳定增收为目标,着力抓好四项工作:推进水利设施建设,2017年小农水重点县建设项目在东观镇吴家沟村等10个贫困村实施,共整治山坪塘25座,新建蓄水池61口,新建维修渠道3.93公里,新建堤灌站3处;小型农田水利建设在36个退出贫困村规划新建山平塘21座,整治山平塘87座,新建蓄水池156口,维修蓄水池15口,新建渠道24.7千米,维修渠道20千米,新建提灌站4处,新建石河堰11座,维修石河堰12座。2017年,全区新建、整治渠道48.63公里,新建、整治山坪塘112口,新建、整治石河堰23处,新建、整治小型泵站7处,新建、整治蓄水池232口,新增和改善灌面0.78万亩。农村安全饮水工程共建设集中供水工程84处,分散供水工程1125处,改造及管网延伸工程5处,解决了1.4352万人的饮水不安全问题,其中农村贫困人口0.9532万人。推进农村道路建设,完成了130公里村道路改善提升工程,完成了36个贫困村的123公里村社道路改造工程。完成了S206阙家至高坪段17公里公路改造工程、中法农业科技园14.97公里连接线道路建设工程,完成了S206线永安桥、胜观镇龙王塘村危桥、阙家镇火峰村双河桥等危桥改造工程,建成柑橘、花椒产业道路78公里。推进高标准农田建设。在隆兴乡、胜观镇、马家乡、斑竹乡实施了4个土地整理项目。推进生态绿化建设,嘉陵江绿色生态走廊建设完成绿化总里程15公里,在江陵、都京等地栽植垂柳、芦苇、桂花3.5万株;完成了螺溪河15公里绿化任务,栽植柳树和红枫2.2万株;江陵坝国家级湿地公园完成4500亩湿地公园景观造型建设,栽植景观树6500株,种植草坪4万平方米;在擦耳、会龙、御史、凤凰、喻家、龙门等乡镇(街道)连片建成花椒基地2万亩;在斑竹、胜观、鄢家、隆兴等金城山沿线传统林下种、养重点乡镇新拓展林下种养规模2万亩，新增竹编加工点10处；新一轮退耕还林在江陵、隆兴、鄢家、喻家等乡镇完成栽植面积1200亩，在斑竹、胜观、鄢家、隆兴、长乐等乡镇实施楠竹抚育1万亩、柏木5万亩，对核桃、楠竹、柏木等低效林地实施低改2万亩；成功引进四川省玉润木泽农业科技有限公司，在擦耳镇投资2亿元，打造1.1万亩的青花椒种植、林下套种、生态养殖规模化循环立体农业，以及农产品加工为一体的现代生态林业产业园。

【领导名录】 区委农工委主任：袁军，副主任：王栋、任小华，纪检员：唐灏。

（供稿：区委农村工作委员会）

农村经济管理

【概况】 2017年，全区紧扣农业农村发展改革主题，以改革促发展，以创新增活力，在农村土地经营权流转、农村产权制度改革、新型农业经营体系、村（居）财务指导和农民负担监督管理、精准扶贫等方面进行了探索和突破，为全区"三农"工作再上新台阶做出了贡献。

【产权制度改革】 搭建了区、乡农村集体产权交易管理服务平台，实现农村土地确权登记与集体产权制度改革有效联动和对接。在坚持农村基本经济制度、农村基本经营制度不动摇的前提下，推进财政支农资金形成资产股权量化改革试点，盘活资产量化股权，开展多种形式经营，探索财政支农资金促进农民财产性收入增加的有效途径，培育农民收入新的增长方式。通过股权量化改革试点，破解了"重建轻管"这一财政支农项目管理的老大难，建立"措施有保障，经费有来源"的管护机制。将部分股权优先量化给贫困户，确保了贫困户收益保底和持续增收。完成了阙家镇火烽村洋源养殖合作社股权量化工作。溪头乡利光村村集体资产清产核资股权量化试点工作顺利推进，正在清产核资、确定成员、收集成员户籍信息资料。开展壮大发展农村集体经济试点工作，在全区选定10个村，充分利用上级专项资金，因地制宜发展种植业，农旅结合，乡村旅游等产业，壮大和发展村集体经济，增强村集体经济实力。

【土地承包经营权流转】 认真落实和明晰土地承包经营权，全区推进农村土地"三权分置"，以建立流转合同制和备案制为重点，探索土地流转的有效措施，完善配套服务，规范流转程序，积极促进土地承包经营权流转工作。完善乡、村二级服务和管理网络，建立农村土地流转服务平台，全区成立乡级农村土地流转服务中心26个。2017年，全区新增土地流转面积8000多亩，农村土地流转面积达到11.6万多亩，规模经营面积达到8万多亩。

【新型经营主体培育】 积极鼓励业主大户发展新型经营主体，2017年，全区新增家庭农场17家，总数达81家，新增农民专业合作社85家，总数达444家。成功申报省级示范家庭农场3家，省级示范社1个，市级示范合作社8个。指导新型经营主体实现财务规范化、管理规范化、运营规范化、生产操作规范化。

【农村财务管理】 2017年，对全区32个乡镇（街道办）村级财务管理工作进行了两次督查，对各村存在的问题形成书面整改通知，要求各乡镇（街道办）督促各村整改落实。通过监督检查，进一步加强村（居）财务管理，形成制度健全、管理规范、监督有力的财务管理机制，有效防止村（居）集体资产流失，维护广大农民群众的利益，促进农村经济社会发展。

【规范产业扶持基金】 2017年，全区贫困村产业扶持基金规模为4550万元，全年发放借款2459.09万元，借款贫困户5352户。在保障贫困户借款的前提下，村集体经济组织投入244万元用于村集体产业发展或投入到专业合作社，以壮大村集体经济，村集体基金专户余额2459.09万元。加强对产业扶持基金的监督管理，确保资金发放使用过程的规范化和科学化，充分发挥产业扶持基金对增加贫困户收入、壮大村集体经济的促进作用。

【农民科技培训】 2017年，全区以农业增产、农民增收为目标，大力实施中、省、市高产创建项目以及各项农业技术推广工作。组织农业相关部门，搞科技赶场3次，发放农业实用技术资料1.8万份，接受群众现场咨询280人次，参与培训和宣传人员4万人次，发放技术资料5万余份；强化对科技示范户的技术帮扶，发挥示范带动作用，培育科技示范户640人；完成省、市级知识更新培训共计291人次，扩大了科技推广的社会效应；实施基层农技人员"特聘计划"，从高校选聘1名"特岗专家"，落实到乡镇从事畜牧养殖业技术推广工作；开展新品种的推广、标准化生产技术的引进、试验示范面积1800亩；以高坪区农广校和南充职业技术学院为培训单位，分专业办班完成新型职业农民培训（生产经营型、专业技能型和社会服务型）350人；开展驻村农技人员对贫困户的技术培训，通过院坝会、现场示范、田间教学、举办夜校等方式开展对贫困户的农村实用技术培训（种植、养殖、水产、农机）3000余人次。

【农田水利建设】 紧紧围绕国家农业综合开发土地治理项目、省财政现代农业建设项目、巩固退耕还林成果基本口粮田建设项目，配套建设"田网、渠网、路网"，建设旱涝保收高标准农田2.4万亩；抓耕地质量建设，提升土壤肥力水平，完成了测土配方施肥推广任务70万亩；建成现代农业生产发展水稻高产高效基地面积6500亩。项目区实施"田网"建设田型调整6500亩，耕地平整1492154立方米，砌筑地埂31.704千米，培肥地力6500亩；"渠网"建设修建排灌渠系17.153千米、渠系配套建筑物587座（其中农田制口342处、人行板桥245个）；整治山坪塘2口，"路网"建设修建田间生产便道119千米；推广新技术、新品种6500亩，病虫害防治6500亩，培训农民2000人次，购置农具装备90台套。完成2015年度巩固退耕还林成果基本口粮田建设任务，在胜观镇、鄢家乡建设基本口粮田面积6353亩，其中：中低产田土改造1000亩，改土培肥2556亩，坡改梯2797亩，修建蓄水池16口、山坪塘7口、田间作业便道8.18千米、渠道60284千米。

【沼气建设】 2017年，完成"以电代柴"项目2598户，先后在溪头、佛门、胜观及御史配套大型沼气项目3个（南充市高坪区溪头狮子山生猪养殖专业合作社大型沼气工程、南充市高坪区旭友畜禽养殖专业合作社大型沼气工程、南充市胜百金蛋鸡养殖农民专业合作社大型沼气工程）、集中供气项目1个（高坪区2017年省级新村御史乡杉树沟村集中供气项目）。结合各乡镇、街道办农业"春训"和逢场之机，举办沼气安全生产及使用知识讲座11场次，参训人员2000余人次。定期和不定期排查沼气用户使用情况，对安全隐患提出整改意见。并编印发放安全知识宣传单1万余份，沼气安全知识宣传单发放率、安全宣传教育履盖面达到了100%。

农产品质量安全

【标准化生产】 严格执行农产品"五有一可"（即：操作有规范，过程有记录，产品有标识，基地有监控，市场有监管，质量可追溯）生产标准。制定了高坪区柑桔、蔬菜等6个地方生产标准，编印了《高坪区农产品标准化生产技术手册》和《高坪区农产品标准化生产技术明白纸》，积极开展阳光培训、新型农民培训和实用技术培训，培训种植业专业技术管理及从业人员200余人。建立生产档案，目前实行档案管理的企业达74个。大力推广绿色防控技术，安装太阳能杀虫灯220盏、性诱剂4000套、捕食螨5

万袋、黄板3万张，做到现代农业园区绿色防控全覆盖，全区绿色防控面积21.4万亩，达到70.2%，主要生产基地推行测土配方肥技术面积59.15万亩，占84.5%，主要优势农产品标准化生产覆盖率到达90%以上。

【农产品质量安全检测】 2017年，加快农产品质量安全检测体系建设，完成改扩建检测站用房面积565平方米，采购检测设备32台（套）。加大业主、种植大户、专业合作社和市场全覆盖抽检力，全年抽检度830个（其中省农业厅62个，区农牧业局抽检768个），经检测，合格率达98.6%。建立农产品质量安全追溯体系和可视农业建设，已经建成8家，做到农产品生产记录可存储、产品流向可追踪、储运信息可查询，实现生产者、消费者、管理者之间有效的信息沟通，全区农产品质量安全监管工作上档升级，全年全区未发生重大农产品安全事件。

【三品一标】 积极开展"无公害""绿色""有机"食品的申报复核工作，新认证无公害产品2个；完成"绿色食品"复查换证5个；新申报柑桔产品有机认证6个，新认证柑橘有机基地面积1800亩；大米产品有机认证1个，新认证大米有机基地面积2000亩；推介四川省优质品牌农产品1个。

【农产品质量安全专项整治】 2017年，高坪区结合农业执法在农事关键时节和法定节假日前等，深入开展禁限用农药、兽用抗菌药、"三鱼两药"、生猪屠宰"扫雷"、"瘦肉精"、生鲜乳、农资打假等专项行动，全年出动执法车辆139台次、执法人员478人次，检查农资经营点427个次，受理违规违法案件15起，责令整改7起，立案查处15起。确保了全区种植业和养殖业等农业投入品达到100%的可追溯监管。

农机管理

【概况】 2017年，全区农机工作紧紧围绕农机大发展、助农增收等目标，继续加强农机安全监理、农机质量监督、农机从业人员培训，不断提高农机装备、作业、安全、服务水平，推动全区农机化发展进程，提高全区机械化水平。全区农业综合机械水平达55.6%，农用拖拉机年检率达63.76%，农用拖拉机交强险投保率100%。新培育农机大户2户、专合社1个。

【提灌站建设】 机电提灌是高坪重要的农业基层设施，是现代农业的重要标志。新建和改造机电提灌站18座，维修机电提灌站3座，机电提灌保灌面积11.5万亩。

【基建设施】 新建硬化农机化生产道路48公里。全区农机专合社达到18个，农机合作社作业面积同比增长5%，达11.9万亩。

【农机推广】 2017年，推广农业机械703台套，完成中央补贴53.4万元，农机购置补贴中央资金结算进度达到100%。全区农机总动力达到20万千瓦。

【农机监理】 在籍农用拖拉机年检640台，年检率为65%。注销拖拉机200台，拖拉机驾驶证58本。驾驶员审验换证17人，全年在检农用拖拉机交强险投保率100%。

种植业

【概况】 2017年，全区粮食作物播种面积为54.06万亩，建设水稻、玉米万亩高产示范片4个，小春粮食产量为5.83万吨，粮食总产量21.05万吨。

【粮油作物生产】 2017年，高坪区结合脱贫攻坚，积极开展粮油高产创建活动，依靠科技实现了"粮食增产、农民增收"。全年完成：粮食总播面积54.06万亩，总产量21.05万吨，其中优质粮油基地7.2万亩，新增粮食规模化经营面积3000亩；农膜回收利用率达76%，较去年增加2%；供给侧结构性改革优质水稻面积7.2万亩，青贮饲用玉米面积1.04万亩。以高产创建活动为载体，以推广主导品种、关键栽培技术为重点，在全区范围内大力开展高产创建活动。先后在斑竹、南江、黄溪、东观、马家、长乐、走马、隆兴、御史、佛门、万家等十余个乡镇创建了水稻、玉米的高产示范片4个，面积4.2万余亩。通过高产创建，在示范区进一步推广优良品种，重点推广普及1—2项高产高效栽培技术，辐射带动全区粮食作物平衡增产。经实地测产验收，全区高产示范片的水稻亩产达到610.2公斤，玉米亩产达到611.8公斤。

【种子生产与管理】 2017年，重点抓住水稻新品种引进、试验及展示工作，全面贯彻落实《新种子法》及《农业部种子标签管理办法》相关规定，开展种子市场监管工作，进一步规范种子市场秩序，保障农民合法利益。每季度集中开展一次种子打假专项治理行动，根据大春种子经营特点，采取重点检查与面上检查相结合，突击性检查与经常性监管相结合，市场监督与引导企业自律相结合的方式，有计划、分阶段、有针对性地对种子质量和市场开展执法监督检查和重点案件的跟踪查处工作。出动车辆60台次，出动人员180人次，对全区27个乡镇种子市场检查90余次，重点检查3次，抽取样品80个，责令召回不合格及未审定种子50公斤，净化全区种子市场秩序。承担省级水稻品比试验3组，75个组合、26个对照。开展2017年优质水稻新品种展示工作，引进省内外国家一、二级稻米新品种12个，集中规范种植150余亩，对表现好的品种统一收购、统一加工，稻米样品分送市区有关人员品尝鉴定，选出特优品种2个，重点打造的螺溪河香米，成功注册商标。

【病虫害综合防治】 2017年，完成农作物病虫草鼠防治面积176.59万亩次，挽回粮食损失15040.44吨。坚持科学预测预报，在全区设立10个群众测报点，全年发布《植保情报》15期，预报准确率达到90%以上，为全区病虫害防控提供了科学的依据。建立农作物重大病虫防控示范片2个3万亩。在走马、南江、东观、长乐等乡镇建设水稻绿色防控示范片1个12000亩，核心示范区面积2000亩，辐射带动8.5万亩，实施水稻带药移栽12000亩，释放生物导弹20000枚5000亩，稻鸭共育1000亩，杂糯间栽等生物多样性技术10000亩，安装太阳能杀虫灯50台，应用激健减量控害12000亩，推广井冈霉素、纹曲宁等生物农药1200公斤；在青居、溪头、石圭、永安等乡镇建设柑桔绿色防控示范片1个10000亩，心示范区面积2700亩，辐射带动10.0万亩。释放捕食螨10万袋，安装太阳能杀虫灯22台，悬挂黄板30万张，投放潜叶蛾性诱剂1000套、食诱剂1200套、喷施海岛素6000亩，应用激健减量控害6000亩，示范推广印楝素、苦参碱、几丁聚糖、藜芦碱、苏云菌等8种生物农药1500公斤，果园生草栽培10000亩，覆盖LS地布面积10000亩，冬季修剪、翻园、喷石硫合剂等冬防冬管措施10000亩，实现绿色防控覆盖率33.4%，取得了较好的社会效益和经济效益；大大推动了全区IPM绿色防控农产品生产，确保农产品生产质量安全。大力实施农作物病虫害统防统治。全年累计开展水稻、小麦、玉米专业化统防统治面积25.5万亩次，主要粮经作物统防统治覆盖率43.3%。在东观、南江、走马、溪头、青居等乡镇建立水稻、柑桔等农作物病虫害专业化统防统治示范区4.5万亩。调查统计亩平减少施药2次，降低农药用量19.4%，增加产值218.5元，提升了经济效益和社会生态效益。

【植物检疫工作】 认真贯彻落实农作物产地检疫工作，对种子种苗繁育基地的小麦、玉米、水稻、油菜、柑桔苗木等作物田进行了实地检疫，共发放种子产地检疫8批次，粮谷类1950亩，种子58万余公斤，经作类410亩，苗木768万余株。针对种子、苗木等调运频繁，有害生物随之传播扩散的危险性大等新特点，按照法规认真做好调运检疫。凡外调种苗都严格按照规定办理调运检疫手续。全区共检疫调运种子21万余公斤，苗木66万余株。开展农业检疫性有害生物普查。全年共派出专职植物检疫员132人次，对稻水象甲、柑桔溃疡病、柑桔黄龙病等植物检疫对象进行普查，设置监测点20个，调查面积0.475万亩次，覆盖面积3.72万亩。实施调入种苗复检。对调入高坪境内的种子、苗木等应施检疫的产品认真进行复检，合格后才允许调运或栽植，全年共复检63批次，涉及种子40万余公斤，苗木92万余株。

柑桔业

【生产概况】 2017年，高坪区以脱贫攻坚为抓手，农民增收为目标，将柑桔产业作为扶贫增收的抓手和载体，在嘉陵江沿岸乡镇扎实推进柑桔产业基地建设，集中连片发展甜橙产业，重点建设嘉陵江流域百公里柑桔旅游产业带，倾力打造"中国甜橙之乡"。按照标准化基地建设要求进行柑桔产业规划，以阙家、溪头、江陵为重点，进一步做大柑桔产业基地，坚持新建与巩固提升相结合，着力发展优势特色产业，夯实增收基础。全年建设柑桔基地17000亩，全区柑桔总面积达30万亩，年产量达20万吨，总产值10.5亿元。

【社会化管护】 在阙家镇、青居镇、石圭镇、江陵镇柑桔幼龄果园实施社会化管护3000亩，加强新老果园管护，广泛使用有机肥、生物农药，推广果园绿色防控技术，提高了果品品质及质量安全。在青居镇、溪头乡抓好柑桔采摘基地乡村旅游开发项目建设，改造提升挂果园3000亩，在本味农业建成了柑桔产业电商服务中心，引进四川橙之源农业科技有限公司在利光村、金凤村流建成3000亩柑桔基地，发展以柑桔采摘为主的乡村休闲旅游农业，促进园区提档升级。

蔬菜业

【概况】 2017年，全区完成播栽蔬菜面积33.6万亩，产量58.6万吨，实现蔬菜总产值8.5亿元。新改建专业蔬菜基地5000亩，引进蔬菜新优品种48个，培育具有100亩以上生产规模的主体达到15个，培育蔬菜产销主体达5个。

【技术培训】 围绕番茄、西瓜抗病品种技术应用、蔬菜新品种技术应用及推介等方面内容进行了现场指导和培训，累计参训1000余人，印发技术资料10000余份。

【引进优良品种与技术】 由于近几年连作障碍影响，西瓜枯萎病的发生越来越严重，为控制或减轻病害造成的损失，提高西瓜种植效益和稳定种植面积，引进示范了抗病品种"8424精品西瓜"，通过应用大棚西瓜套四季豆（红扁豆）、早春西瓜+小白菜+秋辣椒、早春番茄+伏缺青菜+秋大椒（秋莴苣）等高效反季种植模式，来提高复种指数，增加了土地产出率。同时与四川省农科院紧密合作，将最新科研成果应用于蔬菜产业发展，引进茄果类、瓜类、豆类等主要蔬菜新品种40余个。目前，如金童南瓜等品种显现优良特性，品质好，产量高，经济效益明显，为来年扩充推广面积奠定了坚实基础。

畜牧业

【生产概况】 2017年，全区大力引进畜禽良种，依托生猪标准化规模养殖场建设、肉羊标准化生产基地县建设、现代畜牧业基地建设、生猪调出大县奖励资金、基层农技推广体系建设等项目，推动全区畜牧产业快速发展。全区生猪良种推广达99%以上，已建成年出栏万头生猪规模养殖场（小区）1个，生猪规模养殖比例已达到65.8%，畜禽规模养殖场（养殖专业户）达到2645个。全年生猪出栏60.3万头，肉牛出栏0.3万头，肉羊出栏19.7万只，家禽出栏613万只，肉兔出栏48.9万只，肉类总产量60300吨，禽蛋产量13933吨，产值达17.43亿。

【畜禽良种推广】 2017年，以市场为导向，以科技为动力，加大工作力度，强化各项扶持机制，使畜禽品种改良工作取得了阶段性的成果。其中生猪产业作为区畜牧主导产业，抓好生猪品种改良工作，是提高生猪品质和增强养殖户市场竞争力的重要举措。全区生猪良种推广达99%以上，人工配种3.51万窝，二杂母猪推广面达78%，LY母猪存栏4.78万头，DLY肉猪出栏39.6万头，生猪三杂面已达86%，生猪规模养殖比例已达到65.8%，畜禽规模养殖场（养殖专业户）达到2645个。积极做好肉羊优良品种引进工作，共引进南江黄羊1800余只，乐至黑山羊700余只，波尔山羊400余只，为高坪区肉羊改良工作打下坚实基础。

【动物卫生监管】 全面落实产地检疫和屠宰检疫"四到位"，确保产地检疫和屠宰检疫达100%。采取定期与不定期进行"瘦肉精"监测，合格率100%。对全区饲料生产企业、兽药经营企业、乡村兽医药房、规模养殖场兽药房进行抽检，送省检测全部合格。加强对屠宰企业病死生猪无害化处理的管理，认真监督屠宰企业做好病死生猪数量的收集、审核和上报及资料保存备案等工作。确保入市畜禽及产品质量安全，实现了全区无"畜产品质量安全事件"目标。

【动物疫病防控】 扎实做好基础免疫和H7N9病毒防控工作。全区免疫猪瘟、高致病性猪蓝耳疫苗共计61万头份（毫升）；免疫口蹄疫疫苗54.2万毫升；免疫高致病性禽流感疫苗207万毫升；免疫小反刍兽疫疫苗3.1万头份；免疫狂犬疫苗2.4万头份；强制免疫密度常年保持在95%以上，免疫抗体合格率常年保持在75%以上。扎实做好人畜共患传染病防控。采集样品6200份，开展布病、结核病、H5和H7流感病原监测，全面普查15287户，紧急免疫家禽42万羽，应急临时关闭活禽交易市场36个、屠宰点16个。全区重大动物疫情保持稳定可控，维护了公共卫生安全。

渔 业

【概况】 2017年，繁育各种水花鱼苗28000万尾，水产品总产量9800吨，比去年同期增加430吨，产量增幅达4.59%，产值达1.62亿元。

【增殖放流】 2017年，在嘉陵江大桥附近上游和龙门码头处开展增殖放流，共放流长吻鮠、南方鲶、鳜、黄颡鱼4个品种16.33万尾。

【执法宣传】 狠抓水产品质量安全监管，全年出动宣传车30余次，现场监督检查80余场次，检查单位80余家。发放《中华人民共和国渔业法》、《农产品质量安全法》、《食品安全法》等资料3000余份，制作横幅6条。发放《食品动物禁用药物及其化合物清单》、《关于禁用药物的说明》、《渔用药物使用准则》等宣传资料达2500余份。大力开展水产品质量安全专项执法检查和水产品质量抽检工作，参与省、市、区集中整治活动3次，与全区养殖业主签订了《安全生产责任书》、《水产品质量安全承诺书》206套。

【渔政安全监管】 禁渔期间共出动渔政执法人员350人次，嘉陵江巡查60余次，夜巡嘉陵江20余次，与区公安分局和上级主管部门联合执法10余次，共查处违法捕捞作业10起，收缴捕捞网具10条，电捕鱼器6台，电瓶6个，地笼网100条共计8000米、渔船3艘，查获违法捕捞渔获物150余公斤。全面完成渔业船舶"三证合一"核查工作，为渔业生产保驾护航。

【领导名录】 局长：马长清，副局长：李玉兰（女）、曾容萍（女），纪检组长：石宇，总农艺师：张麟，总兽医师：许丽（女），党组成员：雍洪俊。

蚕 桑

【概况】 2017年，区蚕桑工作以建设"绿色高坪，幸福家园"为总体目标，围绕区委区政府关于实施"三百示范工程"、培育新型经营主体等工作思路，以加快蚕业产业结构调整为手段，以强化基地建设和培育业主大户为重点，推进高坪区蚕桑产业转型升级，促进蚕桑事业持续健康稳步向前发展。年末，区蚕桑局共有职工12人。

【蚕桑生产】 重点抓好东观、会龙、江陵等市级优质桑园基地建设，抓好生态养蚕各项工作。区蚕桑局组织技术干部下乡镇、到村组、入农户，督促指导各乡镇对公路沿线桑树修枝刷白示范，引导、动员养蚕农户抓好蚕房、省力化蚕台等养蚕设施建设，大力推广普及小蚕薄膜覆盖育、大蚕蚕台育、纸板方格蔟上蔟技术，同时指导蚕农做好养蚕消毒防病等工作，确保蚕农养蚕单产质量提高。全年养蚕2380张，完成年计划的108%；产茧9.5万公斤，完成年计划的108%。在江陵镇栽植果桑1000亩，以点带面启动全区蚕桑产业转型升级工作。按照区域集约、零整结合、连接成片的思路，采取"建""改""管"并举的方式，通过推广"分户栽桑、分户管桑、集中养蚕""以桑入股、按股分红"等多种桑园流转方式狠抓桑园建设，培育新型养蚕大户，全年新培育有桑园10亩以上的大户6户，建省力化大蚕室2处。

【技术培训】 鉴于全区蚕农养蚕技术差、蚕茧单产低、效益差的客观现状，为真正调动其养蚕积极性，区蚕桑局从加强养蚕技术培训、推广养蚕适用技术，组织蚕桑技术培训15场次，参加培训人员800多人次，让蚕农真正从养蚕中尝到甜头。以"送科技三下乡"为契机，抽调专业技术干部，分成3个科技服务小组，深入到每个蚕桑基地乡镇和蚕桑重点村社开展科技培训和讲座。挤出专项资金，印发宣传资料和科学养蚕手册等，受训蚕农达1100余人次，完成计划的110%，整个活动深受广大蚕农欢迎。

【调研工作】 2017年上半年，区蚕桑局干部分片到会龙、石圭、江陵、凤凰、东观、阙家、南江和隆兴等蚕桑生产基地乡镇及蚕业合作社和茧丝绸企业等进行调研，与28个重点村社、企业召开养蚕大户、丝绸企业业主座谈会18场次，130余人次镇村干部、养蚕大户、业主代表参加座谈会，通过深入调研，掌握了全区蚕桑生产发展、经营加工及管理体制面临的问题，并撰写了专题报告及政策请示，供区政府决策参考。

区蚕桑局到乡镇调研全区蚕桑生产现状

【脱贫攻坚】 区蚕桑局对帮扶凤凰乡桂花沟村，注意突出目标导向、精准导向和严实导向，多渠道想办法帮助贫困户增收致富，扎实推进村风文明建设。全局干部每月下乡帮扶不少于12天，每人联系不少于3户的困难群众，做到全村53户贫困户，户户有帮扶联系对象，并为购买化肥等农资，筹集资金购买30台电视机、10个衣柜、15张床送给特困户，切切实实地真扶贫，扶真贫。

【领导名录】 区蚕桑局局长：田蓬南，书记：罗健灵，副局长：刘俊，纪检组长：冯春城。

（供稿：吴娱）

水 务

【概况】 2017年，全区水务工作深入学习贯彻党的十九大和中、省、市、区各项文件和会议精神，以脱贫攻坚为统揽，以项目为支撑，坚持把水项目、水生态、水安全作为战略，突出抓好安全饮水建设、小微水利工程建设、高效节水灌溉工程和节水型社会建设、堤防工程建设、病险水库除险加固建设，积极谋划全面实施河长制等主要工作，取得了较好成效。全年纳入市、区考核的5个项目完成了既定目标任务和形象进度。至年末，投资5047万元的小微水利基础设施建设基本完工；投资2110.5万元的安全饮水巩固提升工程已完成；投资2000万元的高效节水灌溉工程和节水型社会建设项目已动工实施；投资4889万元的嘉陵江小龙鲢鱼滩堤防工程已完成45%；投资4285万元的龙门上中坝堤防工程已完成75%；投资480万元的御史乡王家沟等6座小（二）型病险水库除险加固工程已开展整治。项目建设获项目推进表彰流动红旗。2017年，区水务工作主管部门区水务局机关内设机构和人员无变化。

【行业扶贫】 完成水利扶贫投资1.02亿元，做到了"饮水安全到人头，产水配套到地块，水源保障到村组，生态工程到水系"。投资1610.5万元，建设集中供水工程84处，分散供水工程1125处，改造及管网延伸工程5处，全面完成了年度13229人减贫人口安全饮水达标任务，全面解决2014年、2015年"回头看、回头帮"3398名贫困人口安全饮水问题，获区行业扶贫表彰流动红旗。

【防汛保安全】 建立健全防汛领导机构，汛期严格实行24小时值班制度。开展宣传培训，印发山洪灾害防御知识手册和群众转移明白卡20000余份，山洪灾害防御知识培训人员450人次。落实防汛物资储备，全区落实救生船只20艘，指挥船1艘，客货车各15辆，汽柴油20吨，编织袋4万条，救生衣2000余件，砂石2万方。组织抢险队伍180支，共4594人。认真开展汛前检查，修订完善发布区级防汛预案，投入45万元对全区129个山洪灾害防御站点进行维护，设备报汛率在全市位居前列。

【依法管水治水】 开展汛前、汛后的安全培训检查，向砂石业主、沿江乡镇村民，发放通知600余份，短信及电话通知500余次。开展全区砂石业主培训会3次，签定安全生产责任书，健全安全制度，未发生一起伤、亡、沉船事故。加大执法力度，独立完成执法案件28件，罚款49万元，协助配合执法7件。取缔非法砂石码头35个，完成全区100余个砂石码头的前期调查工作，办结中央环保督察信访件4件，办理群众来电来信30余件。

【水生态建设管控】 强力推进河长制工作，建立全区河长体系，完成《河长制工作方案》、一江六河的调查摸底、河湖名录信息采集、《一河一策管理保护方案》，落实巡河制度、专项资金、37个保洁员公益性岗位。强力整治污染源，取缔禁养区范围内养殖场300户，全面排查生产生活用水污染源和污水直排点50个，在22个乡镇启动新、改建污水处理厂。加强水环境保护，取缔水库肥水养鱼3处；配合完成5件省环保督察案件办理及问题整改。

【精准扶贫】 联系帮扶溪头乡红光村、火星村精准脱贫，局党委召开脱贫攻坚专题会36次，进行业务培训10余次。结合帮扶实际，制订帮扶方案、工作台帐，区水务局帮扶干部进村入户，宣传政策，引导良好风气，排查解决问题。全年已组织扶贫捐款14300元，筹资13740元用以发展小家禽养殖，投入31816元为村民送上节日慰问物资。

【领导名录】 局长：陈君，副局长：蒋烨懋、王伟，纪委书记：张容若（女），党委委员：杨秀礼、王艳（女）、明清泉、杨明，总工程师：王艳（女）。

（供稿：区水务局）

林 业

【概况】 2017年，高坪林业工作荣获四川省打击破坏生态资源违法犯罪工作先进集体，4月在全省林业产业扶贫现场会上进行经验交流，被省林业厅及省人事厅推荐为四川省建设长江上游生态屏障先进集体、嘉陵江生态屏障先进集体。鄢家乡土巴寨花椒荣获四川省生态旅游博览会铜奖，凌云山国家森林公园被评为四川省首批国家级森林氧吧，成功承办了中国·四川第二届森林自然教育大会。区林业局是全区林业行业行政主管单位，内设办公室、计财股、造林股、林政资源股、行政审批股、森防站、林技站、苗木培育站、森林派出所、生态办等10个站、股（室），7月区生态建设领导小组办公室由区农牧业局划转至区林业局进行归口管理。

【争引项目工作】 2017年，争取造林补贴、天保公益林、新一轮退耕还林、植被恢复、森林抚育、生态功能区转移支付、生态护林员、绿化全川等项目15个，实际到位资金3092.46万元，全面完成年度目标任务。

【林业产业建设】 推进木本油料基地建设，在搽耳、会龙、御史、凤凰、喻家、龙门等乡镇（街道）连片发展花椒基地2万亩，完成投资2亿元，并在四月成功举办高坪区第五届花椒节，吸引省内外客户现场签约，现场交易金额较2016年同期增长47%。林下种养殖示范基地建设，坚持因地制宜、以点带面、以林养林、以长补短，立体开发林下资源。在斑竹、胜观、鄢家、隆兴等金城山沿线传统林下种养殖重点乡镇新拓展林下种养殖规模2万亩、完成投资2000万元。新增竹编加工点10处。

【全面实施全域绿化】 围绕南充市全力打造嘉陵江绿色生态走廊建设规划，市区共建，全力构建嘉陵江生态绿化林带。全年完成绿化总里程15km，在江陵、都京等地栽植垂柳、芦苇、桂花3.5万株，全面完成年度目标任务。完成螺溪河15km绿化任务，栽植柳树和红枫2.2万株，获全区五月份项目拉练检查流动红旗。大力推进江陵坝国家级湿地公园建设，投入资金1亿元完成4500亩湿地公园景观造型建设，栽植景观树6500株，种植草坪4万平方米。

【低效林改造工作】 在斑竹、胜观、鄢家、隆兴、长乐等乡镇实施楠竹抚育1万亩、柏木5万亩，对核桃、楠竹、柏木等低效林地实施低改2万亩。

【林业行业扶贫】 年初，围绕全区26个乡镇、38个贫困村的产业发展和生态扶贫需求，千方百计筹措林业产业扶贫资金1008.96万元，用于贫困村林业产业发展。新增栽植花椒8764.5亩（525.87万），完成丰产管护4084亩（40.84万元），新增林下种养4180亩（209万），新栽植行道树49公里（98万元），新栽植核桃870亩（52.25万元），新增栽植中药材1100亩（33万元），新增竹编加工10处（50万元）。结合退耕还林政策补贴、生态效益补偿、生态护林员工作的全面落实，真正确保了全区所有贫困村村村有产业。

【森林管护】 加强森林病虫害防治，投资59万元用于疑似松材线虫病防治、松墨天牛防治、蜀柏毒蛾防治、蛀干害虫及枝梢害虫防治、突发检疫性防治菟丝子及其他病害工作。全年完成国有林管护4438亩，新栽短周期工业原料林4750亩，实施丰产措施11893亩，生态效益补偿资金

158.93万元全部如期打卡到农户。实施景区保护工程，完成保护建设205万元，基础设施建设52万元，生态建设60万元，管理能力建设13万元。

【森林防火】 认真贯彻"预防为主、积极消灭"的工作方针，全面推行森林防火"两项制度"，积极落实各项措施。全年共发生森林火情13次；过火面积37.2亩、受灾面积15.1亩；森林火灾发生率低于省控标准0.3‰，火案查处率为100%。与2016年同期相比，火场面积下降19.1%，全年没有发生重大森林火灾和人员伤亡事件。通过专题会议、广播、标语、宣传车等多种形式，广泛开展森林防火宣传教育活动，不断拓宽森林防火工作宣传教育面，浓厚森林防火工作氛围。进一步强化乡村森林防火工作基础，在全区每个行政村建立森林防火"两项制度"，层层落实森林防火责任制。认真做好确保无线电通讯畅通，坚持24小时值班制度，做到无脱岗、有记录、有日志；严格执行火情处理程序，及时上传下达信息。抓好预防和扑火救灾的组织准备，深入林区巡护检查，查改隐患。全面推进森林防火基础设施建设。添置了扑火基本装备，落实了人身意外伤害保险。加大对森林消防队员的培训力度，对乡镇、村森林打火队员进行了全面的培训，进一步提高了全区森林火灾的应急处置水平和扑救能力。

【林业执法】 推行日常巡逻常态化机制，采取"5+2"、"白+黑"工作法，结合市森林公安局提倡的"亮剑行动"、"春秋攻势"等活动，利用春节、清明、元旦、中秋、国庆等法定节假日重点对凌云山国家森林公园、金城山景区、横达山林场、青松林海等重点林区进行布防；推行公开举报奖励制度，采取举报有奖、毁林重罚等方式，从严筑牢全区林业资源边防线。从严筑牢全区林业资源边防线。全年共办理永久征占用林地项目6起，涉及征占用林地面积为24.81公顷，上交森林植被恢复511.6万元。办结行政案件43起，受理各类涉林行政案件40起、野生动物案件3起，处理违法犯罪人员50人次。林业行政罚款20.48万元。为国家挽回经济损失70余万元。案件综合查处率为100%。

【领导名录】 局长：冉玲瑛（女），副局长：何建新、谭敏（女），纪检组长：罗春燕（女）。

（供稿：邓　芳）

扶贫与移民工作

【概况】 2017年，全区扶贫移民工作认真贯彻落实中央、省、市各项决策部署，始终把脱贫摘帽作为最大的政治任务、最大的民生工程，紧紧围绕"全区整体摘帽、33个贫困村退出、13229名贫困人口脱贫"的目标任务，坚持问题导向、倾注"工匠精神"、下足"绣花功夫"，推动全区脱贫攻坚各项工作有力有序有效。区扶贫和移民工作局为全区扶贫移民工作行政主管单位，内设办公室、移民后扶股、社扶股、项目股，下设事业单位扶贫互助社管理中心，年末有在职职工20人。

【精准脱贫】 2017年，为迎接省上精准脱贫验收，确保区摘帽，在工作推进中建立"五大体系"：建立指挥体系，强化组织领导；建立目标体系，细化攻坚方案；建立责任体系，细化工作任务；建立监督体系，保障脱贫实效；建立考核体系，实现有序退出。实施了"三场攻势"：抢抓时令节气，打好"突击战"；抢占思想高地，打好"阵地战"；抢夺决胜机遇，打好"攻坚战"。工作推进中突出"八个重点"：建档立卡突出"精准识别"；规划编制坚持"量体裁衣"；政策扶持确保"精准落地"；基础建设突出"缺啥补啥"；产业发展凸显"带动效益"；帮扶群众做到"真心实意"；乡风文明强化"教育引导"；督查督办遵循"从严从实"。全年实现13229名贫困人口脱贫，33个贫困村摘帽退出，12月顺利通过了省级验收考核评估。

【资金争取】 全年争取到位资金16353.06万元。其中：中省扶贫资金5484万元，市级财政扶贫资金2685万元，区本级财政扶贫资金6720万元，移民后扶资金1464.06万元。

【项目实施】 2017年，紧紧围绕"33个贫困村摘帽、13229名贫困人口脱贫"的目标任务，确保全年拟脱贫的贫困户户户有支持，33个摘帽村村村都有项目支撑。全年投入贫困户产业发展资金811.87万元、贫困户住房改造资金11539.29万元、贫困村基础设施建设资金7888.7万元，实施了25个村卫生室、36个村文化室活动室建设，并加快了项目推进力度，确保了当年项目当年完成。加强扶贫资金专户专账管理，构建了纵到底、横到边的新型监管网络，严格执行项目申报、工程招投标、财政报账、检查验收、公告公示等制度，确保了项目资金在阳光下规范运行。

【精准识别】 充分发挥区脱贫办职能职责，对全国扶贫开发信息系统及四川省"六有"大数据平台信息录入进行了周密安排，举办了建档立卡贫困户信息录入培训会，并严格坚持"申请、评议、两公示、一比对一公告"的程序，先后开展了数据比对，精准识别贫困人口15357户48385人，做到全程公开、全程监督，确保了结果公正及群众对识别结果全知晓、全认账。

【社会扶贫】 充分利用传统节日、"10·17"扶贫日等时间节点，发动社会各界人士通过捐助项目、捐献资金、赠送物资等方式，参与扶贫攻坚。全年共募捐善款375万元。

【机制创新】 指导建成脱贫示范村15个，脱贫奔康产业园36个，实现贫困村村村有园、贫困户户户入园，贫困户以土地、到户资金、小额信贷资金等入股的方式与农业企业、专合组织合作，建立"飞地"扶贫模式，积极探索土地流转、返租倒包、劳务承包、赊养、托养、入股分红等机制模式，大力发展种养结合、长短结合、农旅结合的脱贫奔康农民产业园，以此带动贫困户长效增收；创新建立投入增长机制，实现区本级财政投入翻番增长；创新建立产业发展风险基金，切实增强了贫困群众在产业发展中的抗风险能力；创新建立"五型"集体经济发展模式，全区大力探索产业带动型、服务创收型、资源开发型、租赁经营型、项目带动型"五型"集体经济模式，切实解决了贫困村集体经济薄弱，增收渠道单一、总量偏小的问题。

【移民后扶】 认真做好移民后扶人口动态管理，共核减1775人，其中死亡核减11人，农转非核减1764人。共为10294名移民直发直补459.15万元，其中贫困移民10人，无截留挪用、错领、冒领现象发生；安排了1599万移民后扶资金和200万产业发展资金，移民项目扶持1251人，共计拨付移民项目资金2306.97万元，其中，基础设施建设项目拨付，1530.7万元，基本口粮田及水利设施配套建设项目拨付资金273.9万元，生产开发项目拨付资金344.76万元，五改三建和移民困难补助等项目拨付资金137.01万元，有效的改善了移民区基础设施条件，解决了群众生产生活难题。

【驻村帮扶】 根据"五个一"帮扶力量工作要求，区扶贫移民局选派了解农村、熟悉农村、工作能力较强的干部，特别是有培养前途的年轻干部驻村帮扶喻家乡小武场村，开展了送文化下乡、义诊、义剪、道德讲堂、艾滋病防疫及电力知识宣传等活动，帮助帮扶联系村规划脱贫增收产业，改造危房，解决贫困群众安全饮水等实际困难。

【成果宣传】 为全力推进扶贫工作，提升群众知晓率，建立了扶贫开发工作QQ群、高坪区扶贫移民局微信公众号、高坪区脱贫攻坚微信群，通过广播、网络、LED、标语、专栏、展板、会议等形式，集中宣传脱贫攻坚相关政策。同时，通过各种报刊杂志，大力宣传高坪区脱贫攻坚工作，推广工作经验。

【领导名录】 区扶贫移民局局长：陈伟，副局长：郑帮学、邓明凯（8月起），纪检组长：王军，总工程师：杨西军。

（供稿：马海燕）

气象工作

【概况】 南充市高坪区气象局设有办公室、气象台、防灾减灾科、防雷中心、人工降雨办公室、科技服务中心。2017年在职职工13人，退休职工5人。

【气象预报】 2017年，区气象局改造升级预报预警系统及加密气象观测站的建设，升级改造佛门、青居、长乐区域自动站。对4个区域站的安装完成了前期选址、采购申报工作。全年，区气象局取得国家级自动站传输质量达99.93%；自动站疑误数据反馈率全部达100%；农气观测全年无错情；自动土壤水分站传输质量达99.9%以上；域自动站数据及时率为98.19%。全年共发布暴雨大风等预警信息54期、专题预报67期、农用预报13期、气象信息快报53期、中期重要天气趋势14期、特色农业气象服务3期、农用天气预报18期，各类气象服务短信355705人次。

【灾害性天气】 全年共出现1次寒潮天气过程，4次大风天气，2次暴雨天气过程：2月19日—22日达寒潮天气，过程降温6.6℃。5月3日、7月28日、7月29日、8月6日出现大风，极大风速分别为18.5米/秒，26.1米/秒、18.1米/秒、19.0米/秒，均对工农业生产无影响。5月3日出现暴雨天气，过程降水量为51.5毫米，对工农业生产无影响；7月6日出现大暴雨天气，过程降水量为219.3毫米，对工农业生产造成灾害性影响。受灾情况：整个高坪区受灾人口达430人；转移人口281人，农作物受灾面积250.3公顷；农作物成灾面积120.3公顷；农作物绝收面积57.4公顷。共造成我区直接经济损失453.14万元。7月7日到8月7日连续32天降水量为30.5毫米，低于35.0毫米，达到伏旱标准；10月10—18日出现严重的秋棉雨天气，均对工农业生产无影响。

【基础建设】 区气象局将原人工影响天气火箭发射装置和作业车辆报废，通过政府公开招标的方式，采购了一台火箭作业车辆和一套人工影响天气火箭作业装备。积极开展"基础业务质量提升年"活动；完成了降水现象仪、串口服务器、大气电场仪的安装。

【政务服务和行政执法】 按照《南充市高坪区2017年政务公开工作要点》的要求，全面推进决策、执行、管理、服务、结果"五公开"；加强政务公开平台建设，及时准确刊登区气象局的政务动态和发布的规章和规范性文件。制定发布了《政务公开监督考核制度》、《政府信息公开责任追究制度》、《网上已发布信息巡查制度》。3月和9月两次向区法制办报告权力清单的清理工作，审核后的行政权力有40项，在政务公开网上公开。11月向区编办上报行政权力责任清单。行政权力公开运行平台共录入案件39件，均为行政检查。11月，根据区政府工作安排，停止行权平台的运行，着手建设全省一体化服务平台，目前已完成40项行政权力的认领、编辑、上报工作。对全区内12家民营加油站、2家化工企业、2家危化品存储企业和烟花爆竹公司进行了全覆盖式防雷安全生产大检查。

【领导名录】 局长：孙长荣（12月止）、刘延春（12月起），副局长：许川、黎强民。

（供稿：奉柏林）

工业和信息产业

工业信息产业综述

【概况】 2017年,全区规模以上工业企业完成产值2893548.70万元,实现销售收入2958277.40万元,利润116488.90万元,入库税金21205.70万元。完成工业投资188155万元;技改投资41200万元。争取国、省、市项目资金1382万元;争取国、省、市科技项目资金1171万元;为工业企业协调融资余额60000万元。2017年,新开工项目10个,总投资520000万元,其中2017年投资217500万元;续建项目8个,投资47877万元;竣工项目4个,总投资22778万元。年内,名扬软木科技、重交再生资源、浩宇建材、永均建筑、鹤鸣堂药业、联创建材等6户企业升规入统,全区规模以上工业企业达96个。区工业信息化综合管理部门是高坪区经济信息化和科技局,内设机构7股1室:办公室(信访股)、安全环境与资源利用股(区节能监察中心)、经济运行保障股(行政审批股)、技术与投资股、规划发展综合股(减贫办)、信息化推进与无线电管理股、科学发展和知识产权股。在编人数27人,其中工勤人员4人;事业人员3人;公务员20人。

【全区工业企业主要经济指标】 2017年,全区工业企业925个,工业总产值2987904.70万元,主营业务收入3055255.40万元,利润118644.90万元,入库税金24161.70万元,从业人员35042人。

【规模以下工业企业主要经济指标】 2017年,全区规模以下工业企业829个,工业总产值94356万元,主营业务收入96978万元,利润2156万元;入库税金946万元,从业人员4947人。

【规模以上工业企业主要经济指标】 2017年,全区规模以上工业企业新增6个,共96个,工业总产值2893548.70万元,主营业务收入2958277.40万元,实现利润116488.90万元,入库税金21205.70万元;综合能源消耗491904吨标煤,平均每万元产值耗标准煤0.17吨。从业人员30095人,支付职工工资102896.70万元。

【工业发展要素保障】 争取国电及企业直购电和富裕电量消纳政策,将三环电子、嘉美印染、国栋林产、飞龙化工、兰天化工、嘉福纺织、美华尼龙、顶津饮业、同俊机械、龙运鞋业纳入四川省2017年度直购电用户,节约电费支出3000万元。全年为三环电子、富安娜、龙运鞋业兑现招商引资政策优惠资金1200万元;针对三环电子、龙运鞋业、嘉美印染、富安娜等12个工业企业用工需求,到各乡镇布点招工,并开展技能培训,共招工1092人。2017年,争取国、省、市各类工业发展资金1382万元;争取国、省、市各类科技项目资金1171万元;为全区规模以上工业企业固定资产进项税额抵扣4245.58万元;全年协调融资余额60000万元;全年工业用电量4.34亿千瓦。

【信息化建设】 2017年,高坪电信、高坪移动、高坪广电实施全区 36 个贫困村通信网络建设覆盖工程。工程实施综合运用 FTTH、光纤、3G、4G 等多种技术手段，乡镇到行政村中继光缆、村内固定接入网。该工程完成投资 845 万元，其中高坪电信 303 万元，高坪移动 362 万元，高坪广电 40 万元；光纤接入 H 箱体完成 1025 个，其中高坪电信 665 个，高坪移动 282 个，高坪广电 78 个；高坪移动投资 298 万元，完成 4G 基站 16 座，纳入 2017 年度脱贫攻坚计划的贫困村全部达到国家信息脱贫验收标准。2017 年，新建及改造光纤到户建设符合各通信和广电网络营运企业平等接入的国家标准；新建住宅区和住宅建筑光纤到户率达 100%；既有住宅建筑光纤到户率达 90%；信息基础设施共建率：基站 100%、杆路 60%、管道 80%、住宅系统 40%；信息基础设施共享率：基站 80%、杆路 75%；行政村通宽带达到 98%，完成目标任务 100%。2017 年，邀请南充市生产力促进中心信息专家进行 6 期"四川科技扶贫在线信息员培训"。

【主城区化工企业关闭搬迁】 顺城盐化搬迁改造工作实施方案和搬迁改造补偿实施方案已经制定；根据搬迁改造实施方案，企业制定《限产减排方案》，降低燃煤锅炉负荷 20%，2017 年 8 月 12 日减少工业盐产量 13000 吨，2018 年全年减少工业盐产量 25000 吨。宏泰生化和飞龙化工分别于 2016 年 5 月 31 日和 2017 年 7 月 23 日全面停产，并与嘉东指挥部签订搬迁协议。

【规模以上工业企业产值减量情况】 因退城入园搬迁改造，2017 年宏泰生化减少产值 15300 万元，飞龙化工减少产值 5500 万元；预计 2018 年宏泰生产减少产值 30600 万元，飞龙化工减少产值 11000 万元。因环保关停，2017 年华宝玻璃减少产值 4700 万元，景渤石油减少产值 33600 万元，汇龙食品减少产值 35600 万元；预计 2018 年华宝玻璃减少产值 3400 万元，景渤石油减少产值 37200 万元，汇龙食品减少产值 71200 万元。因环保整顿停产 2 个月，2017 年，兰天化工减少产值 11000 万元，嘉瑞源实业（国栋林产）减少产值 3500 万元，鸿大管桩减少产值 2200 万元，新百乐饮品减少产值 16000 万元，信德力减少产值 2200 万元，春飞纳米减少产值 10500 万元，嘉美印染减少产值 11000 万元，飞龙电子减少产值 13000 万元，六合制丝减少产值 19000 万元，贵冠时装减少产值 3100 万元。鑫镁建材减少产值 2000 万元，宏兴丝绸减少产值 7800 万元，京华丝绸减少产值 2000 万元，华全醪糟减少产值 3100 万元，建伟丝绸减少产值 11000 万元，恒德建材减少产值 1800 万元。

【工业企业项目推进情况】 2017 年，新开工项目 10 个，总投资 520000 万元，其中 2017 年投资 217500 万元；续建项目 8 个，投资 47877 万元；竣工项目 4 个，总投资 22778 万元。技改项目 10 个，投资 41200 万元。

新建项目 2017 年，新开工项目 10 个，总投资 520000 万元，其中 2017 年投资 217500 万元。顺城盐化环保节能搬迁技改工程、三环电子年产 2 亿只光通信陶瓷棒插芯产品扩产项目、三环电子三环研究院项目、航空港投资开发有限公司航空港科技创新中心项目、航空港投资开发有限公司航空港机器人成套装备生产及机器人产业园建设项目、锦辰食品 A 级生猪定点屠宰厂建设项目、南充航空港投资开发有限公司园区集中式工业污水处理厂建设项目、金雅顺家私建设项目、蓝翔建材建材生产线建设项目、旭宇建材建材企业建设项目、三环电子高性能电子陶瓷粉体和手机陶瓷后盖板生产项目（六期）、三环电子氧化铝陶瓷基板生产项目（七期）。

续建项目 2018 年续建项目 8 个，总投资 47877 万元。富安娜南充工业园二期项目、嘉福纺织利用再生纤维开发及生产免印染工装面料项目、美华尼龙年产 10000 吨高新技术聚酰胺纤维及尼龙新材料项目、燎原机械枪弹生产线扩建项目、敬业化纤织带抽纱生产线项目、福特公司福特 6S 店建设项目、嘉都服饰服装制品现代化生产线建设项目。

竣工项目 2017 年竣工项目 4 个，总投资

22778万元。三环电子3亿只/年光通信用特种陶瓷套筒生产项目、龙运鞋业女式皮鞋聚氨酯产品生产线建设项目、海隆石油油田化工管件管汇粉末内涂层研发项目、嘉粮油脂油指综合加工配送生产线建设项目。

技改项目　2017年全区工业企业技改投资41200万元。嘉粮油脂综合加工配送生产线建设项目、嘉都服饰现代化生产线建设项目、、三环电子高性能氮化铝陶瓷粉体及基板产业化技术改造项目、燎原机械枪弹生产线扩建项目、顺城盐化环保节能搬迁技改工程项目、富安娜南充定制家具制造项目、嘉陵泵业建设项目、金雅顺家私建设项目、华巍机器人项目。

石油化工

2017年，石油化工产业实现产值60762.70万元，主营业务收入61563.20万元，利润2840万元，入库税金64.39万元；综合能源消耗139754吨标准煤，平均每万元产值消耗标准煤2.3吨，从业人员610人，支付职工工资1640万元。

汽车汽配

2017年，汽车汽配实现产值724684.60万元，主营业务收入765354.10万元，利润40931.50万元，入库税金6397.50万元；综合能源消耗标准煤115950吨，平均每万元产值消耗标准煤0.16吨。从业人员9434人，支付职工工资33446.80万元。

能源产业

2017年，能源产业实现产值26000.80万元；主营业务收入27088.40万元，利润-612.90万元，入库税金501.90万元；综合能源消耗标准煤5980吨，平均每万元产值消耗标准煤0.23吨，从业人员1294人，支付职工工资3498.20万元。

轻工食品

2017年，轻工食品产业实现产值1537967.30万元，主营业务收入1567907.50万元，利润54667.90万元，入库税金9252.60万元；综合能源消耗标准煤170364吨，平均每万元产值消耗标准煤0.11吨，从业人员12588人，支付职工工资40018.50万元。

丝纺服装

2017年，丝纺服装产业实现产值54413.30万元；主营业务收入536364.20万元，利润18662.40万元，入库税金4989.40万元；综合能源消耗标准煤59856吨，平均每万元产值消耗标准煤0.11吨，从业人员6269人，支付职工工资24293.20万元。

【领导名录】　区经济信息化和科技局局长：韩惕；副局长：罗红秋（女）、周宇翔；纪检组长：陈莉蓉（女）；工会主席：王素敏（女）；总经济师：任建华。

（供稿：张维刚）

邮　政

【概况】　2017年，区邮政分公司内设综合办公室、市场经营部两个主要职能部门；金融业务、渠道平台部、集邮与文化传媒部、包裹快递业务部4个专业中心；网运组、车队2个生产班组；辖24个储蓄网点，2个纯邮政网点，9个邮政代办网点。2017年末共有职工175人，其中：合同用工A类55人，合同用工B类69人，劳务派遣类34人，劳务承揽类17人。

【业务经营】 2017年，实现业务收入4662.46万元。其中：代理金融类业务实现业务收入3901.05万元；文化传媒类业务实现业务收入350.2万元；包裹快递类业务实现业务收入163.92万元；电商分销类业务实现业务收入247.1万元。

【内部管控】 开展了"平安南充邮政"建设，落实了人防、物防、技防措施。在春节、中秋国庆等节点，开展了夜间值守情况抽查和在岗情况抽查，对擅自离岗和未到岗的人员进行了严肃处理。开展了"百日大行动"排查活动，区分公司成立领导小组，对24个网点的金融从业人员进行"背对背"、"家访"式排查，保证了资金案件及隐患事件"零"苗头。严格按照规章制度做好了邮件寄递安全工作，持续提升服务质量水平，强化邮件时限管理，全年各类工单处理质量明显提升，未发生邮递安全问题。对区分公司85名金融人员进行了轮岗，有效规避了经营风险。

【基础建设】 按照"十二五普服"工作要求，12月底前完成了东观职工小家装修，龙门邮政所房屋维修，投递组现场改造工作，按照网点优化布局工作安排，按期完成了搽耳营业所的装修及搬迁工作。新增邮运车辆2台，解决运力不足问题。为全区邮政网点和区分公司白塔路宿舍补充配置了消防灭火器244支。11月，顺利通过由公安组织的银行业第五轮安全评估检验收工作。

【领导名录】 总经理：冯林（3月止），胡菁华（女、3月起）；副总经理：王超。

（供稿：吕 茜）

电 信

【概述】 2017年，高坪电信下设综合支撑部、渠道部、政企分局、城区分局、农村分局、网运分局，在职职工69人。以"本地最大、行业最优、员工幸福"为目标，做好高坪本地电信业服务，全年上缴税收约600万元。

【党建】 2017年高坪电信在夯实基层党建日常工作认真落实"三会一课"制度。组织开展高坪支部党员"天翼先锋队"活动及"主题党日"活动。组织全体党员及入党积极分子学习"十八大"、"十九大"精神及习近平总书记系列重要讲话精神，抓好贯彻落实中、省、市及地方党委各类党建工作。

【客户经营】 手机、宽带、ITV用户持续保持高速增长，用户净增量在全市前列。营销厅店进社区、小区方便用户了解使用。

【服务质量】 以提升客户感知为核心，全力打造厅店用户体验，装维一站式服务，投诉首问负责。用户综合满意度本地排名第一。

【网络能力】 在本地运营商中全面建成光网城市，光网全区乡镇100%覆盖，省内率先建成全光网区县，4G网络全区100%覆盖，提前布局5G网络建设。

【风险防控】 认真推行党政廉政建设、完成领导人员办公用房、公务车整改，对"小金库"开展专项治理清查。聚焦收入分成、物资采购、跨期成本、工号管理、佣金支付等重点，通过防范体系建设、重点风险整治、主体监督责任落实，有效遏制关键风险。安全保卫工作按照"依法治安、科技强安、价值兴安、文化助安"的总体思路，切实落实安全生产主体责任，全面提升标准化、专业化管理水平，有效防范安全生产事故，大力遏止各类案件发生，持续有效推进安全生产基础管理规范化工作，确保员工人身安全和企业平稳发展。

【领导名录】 总经理：何为智，副总经理：贾云、钟岐林。

(供稿：奉永新)

移动通信

【概况】 2017年，南充移动高坪分公司在职人员共67人，人均年龄33岁；其中党员32人，党员占比48%；主要设有四个职能部门：综合部、销售部、网络部、政企客户部。2017年年末手机用户数到达24余万户，宽带用户数4万余户，上缴税收300余万元。

【基础设施建设】 2017年，高坪移动分公司全面推进了移动4G建设及光纤宽带的建设，累计投资近两千万元建成面向社会通用、普遍覆盖、飞速高效的基础网络设施。以4G和光纤建设为核心，加快了城市及农村的无线、有线接入能力。根据客户对手机上网、家庭互联网及电视业务需求，灵活进行资源配置，提升后台设备容量，并引入高性能路由及高速链路，满足各种业务的承载需求。全年新建基站数增幅15%，基本实现网络无缝隙衔接、室内深度覆盖、连续覆盖，我们也将努力打造客户感知好、运行质量好、安全性能好的"三好网络"。年末城区光纤宽带小区覆盖率达100%，农村行政村宽带光纤覆盖率增幅达55%。

【网络信息安全保障能力建设】 2017年，高坪移动分公司根据《网络和信息安全管理制度》，从加强信息安全、互联网访问等专项业务着手，通过预防、自查、补救、完善，有效弥补网络漏洞，保障信息安全；同时配合公安等部门联合开展"手机用户实名制登记"工作，从新增、存量两部份客户同时入手，通过报纸、媒体、互联网等多种宣传形式，营业厅现场引导等，实现全区新增移动用户100%实名，存量用户100%实名登记，有效地保障了网络安全，同时遏制了网络诈骗的产生。

【改进提升服务能力】 2017年，高坪移动分公司采取精运营、重项目措施推出各类惠民政策。通过"流量不清零""流量不限量""提速降费"等举措，让更多的用户能够随时随地体验到6M/秒的4G无限畅快网速，更让客户敢用、放心用、大胆用。为提升全区信息化水平，满足人民日益增长的信息化需求，高坪移动利用"和小宝""蜀景畅游"等平台，对本味农业产品、凌云山风景区进行了全省、全国宣传，加强了与区农业、旅游等单位的合作，有效提升本地产品的知名度。开展网上电子渠道服务和查询，完善的"四川移动掌厅APP"，保障用户随时查询、了解、办理基础业务，降低用户顾虑，切实做好24小时不间断绿色服务。对于政府招商引资进驻的企业，配备10余名客户经理进行针对性服务。配合工商、质监等部门开展诚信、维权等活动，并在3.15期间开展"总经理服务日"活动，努力实现公开消费、透明消费、放心消费。

【全力履行社会责任】 配合区政府开展"12340"党风廉政建设社会评价、攻坚扶贫、贫困捐赠、捐资助学等活动。选派驻村干部积极参与"鲜江村"和"双河村"精准扶贫工作，集中优势力量加大对贫困村的通信投入，累计投资1700余万元用于基站与乡村宽带建设。同时，不断深化与高坪公安分局"行车卫士"合作，持续投资20余万元推动摩托车、电动车防抢防盗民生工程建设，全年共计安装"行车卫士"产品近2000台，成功追踪被盗车辆近100辆，并有效地控制了案件的发生。

【领导名录】 总经理：蒲铭。

(供稿：游祝)

联合通信

【概况】 2017年，南充联通高坪分公司围绕省市公司"再聚焦、真聚焦、懂聚焦、会聚焦，转作风、真落实、提效率"的工作要求，以"抓党建、促发展、控成本、转机制"为行动纲领，持续推动高坪联通迈上健康发展之路。高坪分公司下设高坪综合支撑中心、高坪建维支撑中心、高坪城区综合网格、高坪龙门综合网格、高坪东观综合网格。完善基层责任单元经营体系，管理上执行新的绩效考核办法，将员工个人的积分薪酬与基层单元的组织绩效挂钩。

【提升规模效益和强化服务维系】 2017年，围绕"抓党建、促发展、控成本、转机制"的行动纲领，以4G业务为核心，落实开展"三大战役"，4G网络用户渗透率达到65.81%，以智慧沃家为核心，实施精细化营销，智慧沃家渗透率达到35%，同比增长3%。以集团重点项目为核心，聚焦"互联网+"，实现集团收入增长贡献20%。围绕销售能力提升，推进发展模式转型打好五大战役"存量提质保卫战、空白区域渠道建设抢滩战、集团名单客户争夺战、2I2C地推围剿战、队伍建设和绩效考核攻坚战"并打造4支专业化队伍"核心渠道队伍""互联化地推队伍""营装维队伍""客户方案网络铁三角队伍"，实现分公司用户和收入规模双增长，收入规模上5000万台阶。

【网络支撑能力明显增强】 通过精准建设投资，开展网络运维"提质降本增效"重点工作，投资重点领域，保障移动、数据及信息化应用业务的发展；网络规模与主要竞争对手差距进一步缩小。移动网络累计建设移动基站739个，其中2G基站167个，3G基站221个，4G基站351个；新建光缆361皮长公里，完成全网成环网络保障。至年末，3G网络覆盖达到村通，4G网络覆盖已达到全部乡镇，固网光纤覆盖达到25个乡镇。通过持续完善网络运维成本管理体系，重点推进网络瘦身、动力专项以及铁塔成本优化降本增效。全年重要汇聚、结点机房运行正常，网络指标居全市前茅。

【领导名录】 总经理：吴疆成；副经理：许霞（女）。

（供稿：南充联通高坪分公司）

产业集中区

南充航空港工业集中区

【概况】 2017年，在高坪区委、区政府正确领导下，南充航空港工业集中区管委会紧紧扭住"155"发展战略这条主线，围绕"绿色高坪、幸福家园"五年发展战略，按照年初全区项目建设及经济工作会议要求，以工业提速增效为重点，以项目建设为载体，以园区转型升级发展为抓手，创新工作举措，努力拼搏，攻坚克难，全力推进本年度各项重点工作就是目标的实现和重点工作的完成。管委会在编职工29名（其中，行政13名、行政工勤1人、事业15名）。

【园区发展积极稳步】 2017年，围绕全区经济工作战略部署，持续深入开展"在建项目大会战、企业提质增效"等两大工作重点，对15个在建项目实行挂图作战，责任倒逼。对入驻企业以"扩能、增人、融资"为抓手，促进企业提质增效，三环电子、富安娜家居等企业完成生产扩能计划，三环电子、富安娜家居、龙运鞋业等扩能企业新招工4000余人。全年园区实现主营业务收入452.39亿元，同比增长20.67%，实现工业增加值81.14亿元，同比增长19.52%，实现利润18.44亿元，同比增长18.38%，应缴税金18.71亿元，增幅18.08%。

【重点项目挂图作战】 园区管委会坚持挂图作战，实行责任倒逼，对重点推进的15个项目逐一建立工作台账，明确责任领导和具体责任人，创造条件解决入驻项目用地、用工、融资、基础配套等问题，三环电子公司新项目建设、重庆中远工业（集团）有限公司新型复合材料项目、华巍机器人成套装备生产及机器人产业园建设项目、航空港科创中心项目、奔驰奥迪4S店项目、福特6S店项目等企业建设项目及打铁垭三期还房、三环电子四期南侧清溪河堤等民生工程建设项目完成了计划进度目标。

【招商工作卓有成效】 航空港管委会会同区投促局外出招商，积极发动企业自主招商，重点招引电子信息、航空航天、精密制造、新材料、生物工程等领域企业入驻园区。全年接待客商30余批次，引进落户企业11户，投资金额约56.4亿元。建成投产企业9家。

【软环境持续优化】 致力服务企业"零距离"，以服务高质量发展为目标，管委会在机关干部职工中开展"企业服务年活动"主题活动，落实了管委会领导包片、机关各部室包区、全体干部职工包企业的"全覆盖"、"零距离"企业服务机制，深入一线调研，强化服务指导，积极应对企业资金短缺，产品价格下滑，劳动用工成本上升等困难和问题，有效克服了安全生产及环境保护大排查、大整改对企业经营带来的不利影响，工业经济保持平稳较快发展。

【园区管理不断深化】 抓住全国环保督查、安全生产大检查的有力契机，补齐园区在安全生产、环境保护等方面的短板：完善园区安全生产、环境保护的硬件设施建设，投资1.4亿元开建了园区污水处理项目、引进有相关危化固废物处理资质的专业企业统一收集园区企业在生产经营过程中产生的危化固废物并进行集中处理；强化了安全生产、环境保护责任机制，明确规定，园区管委会党委、行政主要负责人是第一责任人，对辖区和本单位安全生产、环境保护工作负总责，分管领导是安全生产工作的直接责任人、包片部室负责人是具体监督管理责任人、企业负责人是本企业的执行责任人。层层签订安全生产目标责任书，压实安全生产、环境保护工作责任。建立了安全生产、环境保护控制指标体系，将安全生产、环境保护责任目标层层分解到各部室、各企业；三是强化安全生产、环境督查和整改。针对中、省组织的安全生产、环境督察发现的问题，配合区安监局、环保局等部门对园区企业安全生产、环保工作进行了全面排查，对发现的问题立即整改。

【领导名录】　党工委书记：胡柯；管委会主任：胡柯（10月止），邓颖晴（女、10月起）；纪工委书记：沈志刚（9月止），徐小平（9月起）；党工委副书记：徐小平；副主任：鲜义伟。

（撰稿人：邓　柯）

南充现代物流园

【概况】　南充现代物流园是《四川省西部物流中心建设规划》中重点打造的省内八大次区域物流中心之一，也是南充市打造现代物流千亿产业集群的核心，市委、市政府"1号工程"。园区规划面积11.6平方公里，概算总投资320亿元，布局进出口岸、公路集散、多式联运、城际配送四大物流平台，建设汽车汽配、粮油、建材、医药及医疗器械、油汽化工、装备制造、防灾应急等八大物流产业区，同时建设物流商务、物流生活、智慧物流三大物流服务中心。预计2025年全面建成时，年货物吞吐量达到4000万吨，实现交易额1000亿元，年创利税50亿元以上，带动8万人入园就业，将辐射川东北3700万人口，成为川东北物流中心和区域最大进出口基地。

【企业运营】　2017年，园区实现社会物流总值225亿元，物流企业交易额达29.14亿元，实现税收6990.8万元，入驻商家由2016年的600余户增至2017年的1700余户，商家入驻率由不到40%提高到85%以上。其中，南充传化公路港现有入驻企业及商户200余家，全年实现交易额12.99亿元，税收5571万元；南鑫国际商贸物流城入驻商家增至650户，全年实现交易额8300万元，税收1285万元；友信龙农产品交易中心签约商家760户，入驻经营450余户，日均交易量800余吨，日交易额达300余万元，全年实现交易额14.78亿元；保税物流中心EM生活集市于12月31日开业；粮食物流园全年收购余粮15万吨，仓储粮食量35万吨，园区进出粮食量达48万吨；铁路物流园板块（火车东站）年吞吐货运量达85万吨；油库区于3月投入使用，最大储油量1万吨，年进出油量达1.8万吨。

【招商引资】　2017年，在市、区两级党委、政府的大力支持下，园区强力推动招商引资工作，通过不懈努力，招商引资工作取得突破。4月14日，与3户中型企业（北京万里伟业物流有限公司、成都新成储物流有限公司、南充花都贸易有限责任公司）签署了投资合作协议，总投资7亿元，占地245亩，建设中型企业孵化园。6月12日，区政府与中铁联运公司签署投资合作协议，该项目总投资约200亿元，占地2690亩，建设多式联运物流园、智能托盘西南加工基地、集装箱西南加工基地、半挂车加工基地、冷藏车加工基地、西部结算中心6个项目。8月26日，与敦煌网正式签约入驻保税物流中心，打造跨境电商外贸平台。

【项目建设】　全年园区累计完成建设投资25亿元，8月，保税物流中心竣工，12月正式投入运营，填补了南充市跨境物流硬件设施的空白，打通境外商品生产到南充的流通、结算各环节，对南充外向贸易发展起到了极大的推动作用；保税中心连接线于12月28日正式通车，物流园打开了又一条对外快速通道，大型货车可直接由物流大道进入绕城高速驶往全国各地，车辆进出物流园更加便捷、高效；铁路专用线8月竣工，进一步完善了园区基础设施建设，大大提高物流园物资集散能力；二、三期还房项目分别完成主体工程40%和60%，超额完成了年终目标任务；物流大道、中粮大道、林海北路全长约13公里的道路绿化提档升级，改善了园区对外整体形象。川东北粮油中心加工配送A区、中国物流南充现代物流中心、南鑫钢材城与友信龙农产品交易中心均按照既定目标实现了跨越式推进。

【征拆安补】 园区管委会和乡镇（街道办）干部齐心协力，多措并举，全年共拆迁房屋183户，拆迁面积66537.27平方米，发放青苗林木补偿款452万元，过渡费1772.9万元；发放失地农民生活费1800余万元，解决7098名人员医保问题和5691名人员的社保问题；完成土总调规3000亩，组件报征土地750亩。

【领导名录】 南充现代物流园管理委员会专职副主任：何远彪；副主任：何刚、蒋勇涛；纪工委书记：向志。

（供稿：黄 立）

南充十里工业街经济技术开发区

【概况】 南充十里工业街经济技术开发区始终坚持以党的十八大、十九大、十八届六中全会、省第十一次党代会和习近平总书记系列重要讲话精神为指导，坚持稳重求进，服务中心大局。管理委员会根据区委区政府安排，抽调7名干部职工到区内重点建设项目指挥部工作，圆满完成各项工作任务。年内机关内设机构无变化，职工调进2人，调出2人，退休1人。

【强化思想建设】 突出抓好思想理论武装。聚焦学习贯彻党的十八大、十九大、十八届六中全会、省委十届九次全会、市第六次党代会、市委六届二次全会、区第六次党代会、区委六届二次全会、省第十一次党代会精神，切实增强各支部班子队伍履职尽责的政治觉悟、担当精神和专业素养，共举行了12次由领导干部主讲的专题学习党课。6次党员交流讲体会会议。着力推进"两学一做"学习教育常态化制度化。坚持以党支部为基本单元，以"三会一课"为基本制度，开展党委中心组学习、支部主题党日、党员活动日。制定推进了"两学一做"学习教育常态化制度化的实施意见。5月份，对整改情况开展"回头看"，对"两学一做"学习教育情况进行评估总结，确保融入日常、抓在经常。7月份，各支部党员重学《党章》、重温《入党誓词》，10月份，重学十九大修改的《党章》，对照自身表现进行检查的好经验、好做法，应当坚持下去，并不断探索新做法、拿出新成果。开展全覆盖谈心谈话。紧扣"新班子展示新形象、新一年再创新业绩"主题，分层分类对部门主要负责人、新任职干部、职务未调整干部开展"一对一"、全覆盖谈心谈话，党政主要负责人重点谈职责任务要求，新任职干部重点谈履职责任、努力方向，职务未调整干部重点进行勉励关怀，全方位掌握换届后领导干部思想动态，引导干部认清职责要求、明确工作方向，确保思想动态了解到位、问题不足提醒到位。

【加强队伍建设】 大规模开展干部教育培训。紧扣《2014—2018年四川省干部教育培训规划》和"三个精准"要求，对换届后各级领导班子成员全覆盖轮训一遍，加大帮扶干部的扶贫攻坚、项目建设、礼貌礼仪、商务谈判、组织建设、农业技术等方面培训，精准提升换届后各级领导班子的管理能力、公关能力和业务能力。从严从实抓好干部管理。扎实开展领导干部思想政治建设。着力解决"理想信念、政治方向、严明纪

产业集中区

律、严守规矩、坚守党性原则、严肃党内生活,为民宗旨、公仆情怀、廉洁从政、严于律己、勇于担当、勤政务实"六个方面问题。

【落实反腐倡廉】 落实中央"八项规定"精神。认真贯彻落实中央"八项规定"精神。主动发挥党组织监督职能,督促党员干部特别是领导干部严格贯彻执行《党政机关厉行节约反对浪费条例》和《党政机关国内公务接待管理规定》强化日常监督,建立长效机制,保证各项要求落到实处。深化反腐倡廉宣传教育。结合党的群众路线教育实践活动整改落实及回头看活动,深入开展"践行群众路线、争做勤廉表率"主题教育活动。有针对性地开展理想信念和宗旨教育、党风党纪和廉洁从政教育活动,适时开展反腐倡廉警示教育,提高廉政教育的针对性和实效性。强化党风廉政建设责任。严格贯彻落实区委党风廉政建设相关文件,健全完善反腐倡廉各项制度。加强以领导干部和重要业务、重点岗位为重点的廉政风险防控工作。认真推进党务公开工作,推进党风廉政建设和反腐败工作深入开展。

【全力精准扶贫】 对帮扶的佛门乡群山村及爱国村、莲花村的贫困户,帮扶干部以村为组进行集中走访、了解调整后的帮扶对象基本情况、致贫原因,听取帮扶对象诉求,与帮扶对象面对面拟定帮扶计划,做好各项脱贫攻坚政策的宣传引导,着力宣传发展竹编产业,全面激发广大群众的劳动力,引导贫困群众消除精神贫困,增强脱贫信心。严格考核考评。把精准扶贫工作纳入干部年度目标考核,与干部评先、评优相挂钩。对落实较差的干部进行诫勉谈话,提出限期整改意见或组织调整。

【领导名录】 管委会副主任:王建明(11月起);纪委书记:杨光明。

(供稿:开发区办公室)

商 贸

商务工作

【概况】 2017年,按照"三产超二产"的既定目标,高坪区完成服务业增加值63.19亿元,同比增长10.8%,位列全市第三、三区第一;实现社会消费品零售总额90.2亿元,同比增长13.2,位列三区第二、全市第三。全区外贸实现进出口总量140853万元,占全市总量的72%,完成年度目标任务的257.6%,进度排位全市第一,增幅157.6%。全年实现网络销售6.29亿元,全省88个贫困县中排位第四,全市排名第二;外商到位资金1.13亿元,完成年度目标任务。全区城乡市场商品供应充足,满足人民群众生产生活需要。区商务局设有市场运行股、政策法规股、政工人事股、行政审批股和办公室。年末有职工12人。

【重大项目建设】 2017年,坚持创新服务业重点项目推进机制,建立发展责任制,实行一对一跟踪负责,优化全程服务,及时协调解决建设中的矛盾和问题,助力重点项目建设快速推进。当当网农村电商全国总部项目推进顺利,实现运营;电子商务脱贫奔康示范县项目开始建设,迅速实施;金汇时代广场项目主体封顶,进展迅速。五大商圈功能更加完善,产业结构进一步优化,商圈经济逐步成型。

【电子商务】 完善电商产业园功能,加快完善友豪电商产业园基础设施,扩大规模,突出展示展览、培训孵化功能,推荐当当网、滴滴打车、车租宝等重点电商企业入园,成功承办嘉英荟活动,初步形成行业集聚的创意高地和产业硅谷,聚集效应出现,着力打造成川东北电商示范园区;夯实农村电子商务发展基础。完善农村电商物流网络体系建设,成功争取到省级电子商务脱贫奔康示范县项目,将重点打造一中心两通道三基地五体系,已建设完成溪头本味农业和青居烟山两个电商示范点;大力招引重点电商企业,成功落户当当网全国农村电商总部,开设了高坪特产馆,并实现全国特产馆高坪结算,建成本味农业、青居烟山等12个农村电商服务站点;福天下、敦煌网、我连网、全民合伙人等电商企业来区考察,部分电商企业正式进驻。至年末,区内有活跃电商企业83家,区电子商务协会拥有成员单位61家,运用电子商务企业超500家,电商从业人员近4000人,30余种地方特色品牌和200余种工业产品实现在线销售。

2017年8月26日,区政府与敦煌网、敦贸通网举行跨境电商项目签约仪式

【国内贸易】 培育消费热点。紧紧抓住元旦、春节、"五一""十一"和"双十一"契机，精心组织实施"迎春购物月""汽车嘉年华""美食盛宴""欢乐购物节""双11嗨购节"等让利促销活动，推出一系列各具特色的营销举措，拉动节日消费。元旦、春节等假期全区人均消费水平达到500元/人。打造消费亮点。成功举办车展6期、凌云山大庙会、家居产品专场展览会、丝纺服装现代农业博览会、木偶节等各类展会10余次，实现展会收入逾8000万元。完善城乡流通体系。完成佛门、龙门、螺溪三个农贸市场新改建工程，打造农村优良消费体验。

【外贸出口】 辖区企业积极参加"三大活动"，推动企业的外经贸业务发展，打造新的外贸地。斑竹竹艺、北京国联、当当网、惠生活等企业参加西博会；大唐食品参加西交会；北京国联、当当网参加绵阳电商峰会；恒一食品、嘉福纺织、丹浦电子、嘉美印染、扬迅电子等企业参加广交会，签约金额约5000万。支持企业扩大外经贸经营，支持四川南充首创科技开发有限公司、四川南充京华丝绸有限公司、四川南充六合（集团）有限责任公司申请中央外经贸资金茧丝绸项目；支持四川嘉福纺织有限公司申报中央外经贸资金参展补助项目；支持南充景民供应链管理有限公司、南充鸿冠农业有限公司申报2017年中央财政农产品冷链物流发展项目。积极兑现奖补资金，兑现2016年奖补资金300余万元。

【行政执法】 区商务局坚持以维护商贸秩序，打造和谐的商贸环境为目标，大力开展安全检查和执法活动。2017年做好防汛抗洪工作预案，落实汛期安全值班责任制，大力开展"安全生产月"等活动，重点做好十九大信访维稳工作，共进行安全检查10余次，其中联合执法3次，出动执法人员60余人次，出动执法车辆10台次，检查相关企业、工地共计50多个，立行整改企业3个，印制发放宣传资料2000余份，累计受教育群众达3000人次。通过开展未爆物品及寄递物流清理整顿专项行动，消除行业安全隐患；开展拉网式排查的联合执法，推动行业安全发展；落实好平安高坪专项整治行动，保证了重要节点的平稳过度。积极依法处置了原生猪定点屠宰临聘人员的解聘工作，维护系统稳定。依法依规打击制假贩假等经济犯罪。一系列活动有力地维护区商贸行业的运营秩序，促进了商贸经济的和谐发展。

【扶贫攻坚】 扎实开展精准扶贫，制定了脱贫规划，修改完善了佛门乡银花村脱贫规划，并落实了区商务局、市保密局年度帮村扶贫规划，分解帮扶任务；协助村两委按照乡党委的组织意图，顺利实现两委换届，提拔青年人和致富能人进入两委班子，更换两委成员三名、社长一名，新选拔年青女干部2人，提拔年轻党员2名；解决低保13户、医疗救助14人次、临时救助约8户、落实危房改造48户、走访了贫困户、老党员、老干部50户，送去价值约2万元的慰问品，发动商贸企业和退休老同志积极参与扶贫攻坚工作，传化公路港、友豪国际等企业为村上捐赠了价值2万元的办公桌椅、空调、文件柜等物品，退休支部为银花村组织捐扶贫款1800余元；开展五改三建，按照统一标准施工，实行挂图作战，倒排工期，全面完成贫困户异地搬迁建房4户、D级危房改造18户、C级危房改造24户。同时，启动非贫困户住房保障工作，对确实存在住房安全的16户非贫困户住房进行全面排危，新修入户路23公里、翻修院坝2000平方米、发放电视30台、发放家具46套、发放床上用品5套、帮非贫困户维修房子4座；引进南充世顺农业有限公司到村流转土地300亩，发展羊肚菌种植产业，已经完成第一年土地租金发放、土地开沟和生产房场平，正在培育菌种，将在近期下种；办好"农民夜校"，实现每月开展两次集中学习教育活动，年内组织党员干部、村民代表外出参观脱贫奔康产业园一次、考察产业一次，组织村社干部到仪陇接受红色教育一次，组织召开村民谈心谈话会、干群同吃坝坝宴活动一次，大力宣传讲解国家脱贫政策、法制建设、社会主义核心价值、和实用技术、生态环保、健康卫生等知识。

【领导名录】 局长：杨晓军，副局长：吴萍（女）、周林（2月起），纪检组长：赵珊娟（女）。

（供稿：谢力可）

粮 油

【概况】 2017，全区粮食系统以邓小平理论和"三个代表"重要思想、科学发展观为指导，深入贯彻学习习近平总书记系列重要讲话精神，紧紧围绕粮食安全这个主线，不断推进粮食仓储、现代物流体系、信息平台"三大体系"建设，着力提高粮食产业、企业规模、管理科学"三化"水平。全年全区纳入统计直报系统的粮油企业14户，从业人员309人，其中：国有粮食企业6户，从业人员99人；民营粮食企业8户，从业人员210人。全年区属国有粮食企业收购粮食1.44万吨，粮食仓储、物流项目累计投资1371万元，6个国有粮食企业共实现利润37万元。高坪区粮食局机关内设股室与上年相同，年末有职工18人。

【粮油收购】 2017年，按照中、省、市对粮食工作"抓收购、保供给、稳粮价"的要求，充分发挥国有粮食企业主渠道作用，积极主动抓好企业经营。全区粮食企业通过多种渠道筹措收购资金，严格执行收购政策，坚持常年敞开收购，当年收购商品粮食2.88万吨，其中国有粮食企业收购商品粮食0.32万吨；全区国有粮食企业按照托市价收购政策，收购稻谷1.12万吨。

【粮油销售】 2017年，全区粮食企业销售及转化粮食5.75万吨，销售油脂0.20万吨；全年轮换粮食0.30万吨，占任务100%。

【粮油价格】 2017年，国家出台的中晚籼稻收购指导价一级1.40元/斤、二级1.38元/斤、三级1.36元/斤、四级1.34元/斤、五级1.32元/斤。在托市收购前，中晚籼稻一直保持在每市斤1.25—1.29元之间。

【仓储建设】 严格执行《国有粮油仓储物流设施保护办法》、《四川省国有粮油仓储物流设施保护实施办法》，全区无擅自处理仓储设施行为。加强仓储设施维修，2017年全区投入资金10万元，其中：地方财政资金3.9万元、企业自筹1万元。维修仓房11间，仓容1.1万吨，通过维修提高了仓库的完好率，完好率达97%。高坪国库低温库改造年内完成，经过试运行，达到了预期效果。

【粮油保管】 为把粮油库存管好，不发生霉烂、霉变，切实降低储粮损失损耗，区粮食局与粮库（站）、粮库（站）与保管员层层签订了安全储粮目标责任书，明确了奖惩；对企业法人和保防人员进行了《粮油储存安全责任暂行规定》、《粮油安全储存守则》和《粮库安全生产守则》培训；开展了春、夏、冬三次储粮普查，累计清查粮食总数195391吨，账实相符率达到100%，确保了全区粮食库存数量真实，质量合格。积极推广应用计算机粮情测控系统、储粮机械通风、环流熏蒸、低温储粮"四项"新技术，有效提升了储粮品质，延缓了粮食陈化。全区有低温储粮54245吨，占储粮总数78%；机械通风储粮67657吨，占储粮总数100%；环流熏蒸储粮66653吨，占储粮总数96.1%；计算机测控储粮66848吨，占储粮总数96.3%，确保了库存粮食储藏安全。

【粮政执法】 2017年，共检查全区粮食企业96户（次）、个体收购点12家（次）、超市36家（次），放心粮油示范店加盟店27户，出动执法人员384人（次）。共办理执法案件7件，其中：注销粮食收购许可证4户，责令整改案件3件。通过强力监管，辖区内的粮食流通市场规范有序，粮油经营者做到了不合格原粮不入库、不进厂，不符合标准的粮油不出厂、不上柜销售，保证了人民群众"舌尖上的安全"。

【粮油工业】 2017年,全区粮油工业实现工业总产值3.49亿元,比上年增加6.08%;完成利税270万元。全年加工大米1.5679万吨、面粉0.6948万吨、饲料6.4441万吨、粮油食品0.2562万吨,全区粮油工业企业形成了以"龙头企业为骨干,中小企业为基础"的格局。民营加工企业成为全区粮油加工主力。辖区内有南充金谷粮米业有限公司、四川食为天粮油有限公司、南充鑫源米业有限公司、南充天源面粉厂、高坪区百斗福粮油有限公司、四川品信饲料有限公司等骨干粮油、饲料加工企业,全年总产值2亿元,占全区粮油工业企业总产值的57.3%,完成利税138万元,占全区粮油工业企业利税总值的51.1%。

【粮油质检】 加强粮食出入库质量监管,在最低收购价政策性原粮、地方储备等政策性粮油出入库、轮换中抽检样品60份,从源头上杜绝不合格粮食;开展产新粮食质量检测,在粮食收割时节,深入东观、长乐、南江等粮食主产乡镇,在田间地头抽取小麦样品30份、稻谷样品30份、玉米10份,并将检测数据上报省、市粮食主管部门,提供给区农牧等相关部门以及粮食收储、加工企业,为政府决策提供依据,为农户和企业生产经营提供真实、准确信息,做到优质优价、质价相符,杜绝压级压价的损农、坑农行为。加强省、市、区地方储备粮油质量监管,全年抽取储备粮30份样品,经检测宜存率达99%以上。加强放心粮油经营店质量监管。1—11月,对辖区内放心粮油配送中心、示范店、加盟连锁店的成品粮(含米、面、油)扦样220多份送市粮油监测中心检验。12月,按照省、市粮食主管部门的安排部署,深入全区27个放心粮油示范店、加盟店,对大米、干面、面粉、食用油、小杂粮、粮油副食品进行了全覆盖质量抽检,并将扦取的110份样品送到南充市粮油监测站进行质量检验。经检验,只有4份样品部分质量指标不合格,合格率达96%。

【政策助农】 在市场稻谷价格每市斤1.25—1.29元的低迷状况下,国家决定从2017年9月至2018年1月31日止,按每市斤中等价1.36元的价格启动2017年中晚籼稻稻谷最低收购价收购工作。2017年1月1日至1月31日、2017年9月28日至12月31日,取得最低收购价收储资格的高坪国粮库、长乐省粮库共收购最低收购价稻谷1.12万吨。

【放心粮油】 2017年按照南充市人民政府办公室《关于深入实施放心粮油工程的通知》(南府办发〔2015〕32号)和省、市粮食行政主管部门关于实施放心粮油工程的安排部署,完成粮油配送中心一个、粮油示范店四个、粮油加盟店23个,共投资91万元。

【粮食项目】 对接政策,申报储备项目。在国家重大项目建设库上报储备了9个项目,总投资规模达2.21亿元,分别是:黄溪贡米、南江香米粮食产业园区基地建设项目、高坪区粮食质量安全检验监测体系建设项目、"互联网+"高坪区粮油信息平台和粮油交易中心建设项目、新民粮食储备库南充粮食物流城低温库和智能库建设项目、高坪区粮食产后服务体系建设项目、粮食储备库智能化数字化建设项目、高坪区粮食基础设施提档升级建设项目、高坪国粮库续建项目—铁路站台线建设项目。向省粮食、省财政部门申报智能化粮库建设、粮食检验监测体系建设、粮食产后服务体系建设等3个项目,上报项目资金补助1060万元。编报项目,争取补助资金,全年争取项目到位资金782.97万元,超区政府目标任务600万元的130.5%,其中:高坪区粮食产后服务体系建设省级专项补助资金250万元;智能化粮库建设项目省级专项补助资金169.5万元;最低收购价粮食费用补贴193.6万元;中央储备粮保管费用补贴169.78万元。建设粮食物流项目,提升粮食物流能力,南充粮食物流城(一期)开工建设,该项目是高坪区粮食系统整合工程的重头戏,直接关系到高坪区区属国有粮食企业改革的成败。项目建设资金主要来源于政府投资,区政府投资3400万元,先行开工建设项目（一期）工程，要求在2019年6月竣工。2017年9月30日发布招标公告，10月底在南充市公共资源交易中心开标，四川中旺建设集团有限公司中标，2017年底该公司进场开始基础工程施工。实施粮食产后服务项目，服务种粮农民，投资453.25万元（其中：争取省财政专项资金250万元）在辖区内泓波粮油有限公司、盛世种植专业合作社、权舰水稻种植专业合作社、高坪国粮库、长乐省粮库等新建5个粮食烘干中心，9月先后竣工，在大春粮食收获中，该项目成效明显，不仅有效降低粮食产后损耗，保证粮食品质，提高粮食价格，还极大的激发农户和种粮大户的种粮热情，促进粮食产量增加，为保障"国家粮食安全"奠定基础。

【领导名录】 局长：何永浩；副局长：韩天霞、陈国伟；纪委书记：马华。

（供稿：何佳勇）

供销合作

【概况】 2017年，高坪区供销合作社联合社认真落实深化供销综合改革、全面推动供销社产业转型升级，以服务"三农"为宗旨，积极推进"三大体系"建设，努力打造"实力、和谐、创新、平安"四型供销，为建设"三高新区"发挥出积极作用。区供销社机关内设行政办公室、党委办公室、计财审计、综合业务、安全保卫、人事政工股，辖隆达贸易、高坪各商贸公司、隆翔再生资源和开元农业生产资料公司，主要经营市场摊位出租、农副产品、生活资料、废旧物资回收和农业生产资料经营业务。全年实现销售收入148672万元，实现利润430万元。机关在职干部职工23人，其中：干部10人，工人13人，机关退休干部职工42人。荣获2017年度全省供销系统基层组织建设、安全稳定工作先进单位称号。

【民生工程】 区供销社根据年初目标任务，认真实施十项民生工程及20件民生实事，筹措建设资金180万元，在扶贫解困工程中，新建农村社区综合服务社3个，完成全年目标任务150%；新建基层供销社4个，完成全年目标任务133.3%。在菜篮子工程中，新建农民专业合作社3个，完成全年目标任务150%；新建电子商务服务点6个，完成全年目标任务120%。

【项目工作】 继续实施省级供销社综合改革及发展项目，结合区政府实施的"百公里柑桔产业带"项目，区供销社所属隆达贸易公司继续实施2016年度申报的四川省级供销社综合改革及发展项目，在阙家镇水果站20多亩闲置土地，打造集电商中心、冷链物流等为一体的为农服务综合体，项目总投资1000万元，已完成预算、财评、招标等工作，预计2018年10月全面完工并交付使用。隆达贸易公司成功申报2017年国家农业综合发展土地托管项目，获得专项资金280万元，预计投资850万元，在马家、隆兴、鄢家等乡镇托管土地面积6000亩，项目的实施有利于解决谁来种地的难题，创新农业经营方式。

【业务经营】 农业生产资料、生活资料、再生资源回收等传统业务，利用"新网工程"、"产销对接"项目建设的销售网点，采用预约送肥、测土配方施肥，庄稼医生到田间查病、对症下药等方式，开展农业技术指导，方便农民生产，确保农民增产增收。配合职能部门打击"假、冒、伪、劣"的农资产品，净化了农资市场。全年销售尿素5700吨，碳铵8900吨，磷肥6800吨。江东、松林和航空港农贸市场销售农产品3.65亿元，再生资源回收交易额4010万元。

【扶贫攻坚】 2017年，区供销社帮扶凤凰乡凉亭桥村贫困户实现了"一超、六有""两不愁、三保障"的目标，达到"四个好"标准，贫困村达到"一低八有"指标，贫困率降至村脱贫线以下，如期实现104户283人贫困人口脱贫、村摘帽的目标。全年区供销社投资25万元为凉亭桥村建成了集村办公室、基层供销社、电子商务服务站、庄稼医院、农民夜校、卫生服务站、图书室、广播室、便民副食店为一体的社区综合服务社，方便了群众的生产生活，解决了群众购物难的问题。出资8万元余元，开展"元旦春节送温暖""送化肥助春耕""节假日慰问""夏日送清凉""助学"等活动，让群众得实惠，感受帮扶的温暖。切实做到精准把握，帮扶到位。

【领导名录】 主任：曾先伟，监事会主任：陈碧辉（女、2月止）、何扬（女、2月起），副主任：刘林、林丽（女），纪委书记：粟海燕（女）

（供稿：罗　敏）

烟草专卖

【概况】 2017年，高坪区局全体干部职工，坚持"稳中求进"工作总基调，着力打好四个硬仗，狠抓严格规范，全面从严治党，强化基础工作，提升队伍素质，努力推进区局工作再上新台阶。区烟草专卖局机关设三个科室，即：专卖管理科、办公室和综合科，下设四个稽查中队，共有在岗人员29名。

【专卖管理】 围绕"保发展"、"打要案"、"管市场"三个核心任务，全面夯实专卖工作基础，市场管控成效明显。全年区烟草专卖局共计查获卷烟经营违法案件414起，5万元以上案件64起；查扣涉案卷烟共计759.71万支，总案值919.02万元；全年结案403起，罚款共计9.85万元，刑拘10人，逮捕8人，判刑1人。为净化辖区卷烟市场环境起到了积极的作用，有力促进了高坪区经济发展。

【领导名录】 局长：李伟，副局长：杨肖李（1月起）。

（供稿：周春艳）

旅 游

旅游管理工作

【概况】 2017年7月,中共南充市高坪区委机构编制委员会下发《关于区旅游局及下属事业单位机构编制事项变动的通知》(高委编发〔2017〕7号),文件明确,撤销高坪区凌云山景区管理局,将原凌云山景区管理局职能职责划入区旅游局,在区旅游局加挂"高坪区凌云山景区管理局"牌子,同时设立"高坪区旅游服务中心",为区旅游局管理的财政全额拨款公益一类事业单位,机构规格为股级,核定事业编制10名。机构调整后,南充市高坪区旅游局内设办公室、党群工作部、产业发展股(环境保护办公室)、质量规范管理股(安全生产监督管理办公室)、市场促进股(市场营销中心)5个中层机构,管理股级事业单位旅游服务中心。年末,局机关在职职工8人,旅游服务中心在职职工10人。区内有旅游管理经营机构8家,旅行社3家,营业网点19家,星级农家乐77家,国家AAAA级景区1个,AAA级景区4个,AA级景区1个。当年,以全域旅游为引领、以脱贫摘帽为契机、以"旅游+"为抓手,攻坚破难、强势推进,夯基础,建体系,补短板,创精品,全区旅游工作取得良好成效。全区旅游接待人数达到503.5万人(次),同比增长12.9%;旅游总收入达到48.2亿元,同比增长33.4%。高坪区成功创建省级旅游扶贫示范区,擦耳镇新拱桥村成功创建省级旅游扶贫示范村,擦耳桃源、醉美橙香景区成功创建国家AAA级景区,橙香烟山景区成功创建国家AA级景区;创建乡村旅游合作社10个,新评定农家乐15家,其中,四星级5家、三星级10家。

【旅游规划】 按照区第六次党代会以及六届人大一次会议提出的培育"多彩文化、山水生态、风情小镇"三大特色旅游产品体系,全面构建"一江一线三组团"的全域旅游发展新格局的战略部署,邀请国、省级旅游专家对全区现有旅游资源进行了评估论证,梳理了包括凌云山、金城山、六合丝博园、嘉陵第一曲流、盐卤温泉小镇、中法农业公园、汽车主题乐园、大唐开心农场、醉美橙香、滑翔伞运动公园、淳祐故城等特色鲜明、风格各异的"高坪18景"。组织编制了《南充市高坪区全域旅游总体规划》、《南充市高坪区农旅结合转型发展规划》等区域发展规划3个;编制了《阙家凤凰故垒旅游景区规划》等景区景点专项规划17个。

【旅游产业建设】 为激发旅游产业全域辐射带动效应,推动旅游业与一二三产业深度融合,在"旅游+工业"方面,指导六合集团将工业与旅游融合,开发工业旅游,并鼓励六合集团启动六合丝博园国家AAAA级旅游景区创建。在"旅游+农业"方面,抓住全区脱贫摘帽有利时机,大力发展都市农业、观光农业,全力改善交通基础设施,努力完善游客中心、停车场、厕所等旅游基础设施,走农旅结合、转型发展之路,开展柑橘产业农旅结合示范线、擦耳桃源农旅结合示范区建设,推动中法农业科技园、溪头柑桔产业园、阙家火烽村、江陵三房沟村等地乡村旅游开发,启动鹤鸣山景区、六合丝博园、凤仪湾景区创建国家 AAAA 级旅游景区。全年,凌云山旅游休闲区、中法农业科技园等重点项目共计完成投资 16.07 亿元,农旅结合扶贫资金共计投入 10 亿元,其中投入旅游专项配套资金 1971 万元,用于溪头乡、阙家镇等 7 个乡镇 8 个扶贫村旅游基础设施建设。

【旅游行业管理】 2017 年,努力在旅游行业管理上下功夫。一是加强品牌创建指导。深刻领会旅游行业标准和行业政策,以政策引导和实地指导相结合的方法指导全区 A 级景区、扶贫示范村、农家乐、乡村酒店、民宿达标户、特色业态等旅游品牌创建和旅游合作社的组建。二是加强行业监管。全年开展旅游市场执法检查 8 次、专项检查 12 次、安全大检查 22 次,发现问题立即督促整改,确保了全年全区无一例旅游安全事故发生。三是加强从业人员培训。全年组织培训达 10 次(其中安全培训 3 次),参训人员共计 1120 余人次(其中网络培训 620 人次)。

【旅游宣传促销】 进一步强化旅游宣传促销工作,加强与旅游企业合作,推出了系列宣传活动。一是创意开设"芷琳游记"网络直播平台,平台吸睛 10 万余人次。二是提出高坪旅游宣传营销一体化倡议,有力提升了高坪旅游的关注度、知名度、话题度。三是升级改版高坪旅游微信公众平台,同时开展线上线下互动活动,制造话题,增加热度,吸引众多粉丝关注分享。四是是参与省、市旅游推介会 8 次,加快了与周边区域精品旅游线路的对接融合。五是完成高坪旅游品牌形象整体设计,推出全新高坪旅游形象 LOGO 和"丝绸源点·山水高坪"宣传口号。六是开展旅游节庆活动 28 次,聚集了旅游人气,刺激了旅游消费,带动了百姓富民增收。

【旅游商品开发】 组织辖区内企业积极参加南充市特色旅游商品评选,六合丝纺系列产品和斑竹竹编工艺品系列荣膺"南充市十大特色旅游商品"称号。

【旅游扶贫】 2017 年,在全区全面推进旅游扶贫工作。建立联动推进机制。依托区脱贫攻坚领导小组统筹协调职能,建立了政府主导的旅游扶贫合作推进机制,严格执行旅游扶贫发展规划,分解和下达阶段性目标任务,倒排工期,倒逼进度,挂图作战,现场验靶。建立多元投入机制。加大财政投入力度和项目整合力度,强化规划引导,采取以奖代补、先建后补、财政贴息、设立产业投资基金等方式扶持全区扶贫重点村休闲农业与乡村旅游业发展;出台鼓励扶贫重点村成立乡村旅游合作社和农家乐示范户打造系列政策性文件,通过以奖代补形式全面启动了乡村旅游合作社和农家乐示范户打造。创新融资模式,鼓励金融资本投向休闲农业和乡村旅游项目。创新利益链接机制。鼓励农民开发农副产品和农艺产品,创新景点、节庆活动与农户的利益链接模式,积极参与乡村旅游的各个环节,实现旅游增收。在开展乡村旅游节期间,阙家柑橘产业园的柑橘,市场收购价 3 元,现场采摘 8—10 元,近百万斤的柑橘在不到两个月的时间内,被抢购一空。

【领导名录】 党组书记、局长:明刚;副局长:何跃、高中权;局党组成员、纪检组长:姚刚;局党组成员、凌云山景区管理局局长:张超。

(供稿:李 蓉)

凌云山景区

【概况】 2017 年,按照中共南充市高坪区委机构编制委员会高委编发〔2017〕7 号《关于区旅游局及下属事业单位机构编制事项变动的通知》文件精神,撤销"高坪区凌云山景区管理局",将原凌云山景区管理局职能职责划入区旅游局,在区旅游局加挂"高坪区凌云山景区管理局"牌子。凌云山景区的开发、建设与经营由南充鹏来兴达投资开发有限责任公司承担。

【景区建设】 全面提升景区形象。新规划从新游客中心到景区内景点及营地的公交站台共计9处,已完成8处。完成新游客中心商铺区建设,老游客中心停车场改造,天然睡佛观景平台建设,孵化园装修,健康生活馆装修,凌云武院装修,标示标牌、景区厕所的改造升级等。加快营地公园建设。为打造高品质的文化体育服务体系,加快南充市高坪区文化体育休闲旅游产业融合发展,公司提出凌云山国际营地公园的发展构想和"首家国家级休闲露营地标准全覆盖营地公园"、"国际示范合作营地"、"最美丘陵营地"的定位,大力推进景区营地公园建设。当年,完成"南充市高坪区万家乡谌家沟七彩花海电力设施工程"等17个项目的立项;完成"南充市高坪区凌云山拓展片区化粪池及管网工程"等13个项目的财评,完成"高坪区万家乡谌家沟村七彩花海中央服务组团廊架、地面铺装项目"的公招;完成营地公园入口标识、入口停车场、整体门禁、打围施工、游客集散中心阳光房与集装箱厕所安放、连接先锋营与户外教育中心台阶、青年旅社军事文化主题先锋营改造、廊架工程、营地服务中心广场等设施建设;完成原有拓展训练课件室拆除并打围、丛林穿越3条线路、与花海连接护坡、林木栽植、草坪铺装、毛石便道铺装、山顶七人制足球场、真人CS基地、综合活动区等设施建设,完成花海片区景观造型、花草苗木搭配栽植、以及最后的道路路面铺装工作;完成国防军事教育基地片区的7米宽主道路和3.5米环线至民宿酒店道路建设;完成片区山顶樱花栽植、公路两旁紫薇正在栽植;完成瞭望塔、休闲景观长廊、停车场、训练场、阅兵台、厕所、污水处理等项目施工;完成500人集装箱基础施工;完成住宿区主体框架搭建好以及清明上河图毛石铺装;完成山地自行车主题公园片区的高级别速降赛道与越野山地车道建设;完成服务区厕所、赛道、越野山地车道排水沟与护坡等工程;完成全地形车基地片区综合服务区施工图设计;完成内边坡调型、花树、果树栽植;完成1.3Km环形赛道与800米山地丛林穿越线路修建。停车场、洗车场、油料储备室正抓紧施工。

【宣传营销】 根据景区的核心创意、产品特点和市场细分,策划组合,举办全省森林自然教育大会,春节大庙会等系列大型活动,撬动高坪旅游、吸引大批游客,打造有凌云印记的森林自然、传统文化传播品牌。春节期间,以"登凌云祈福,逛庙会闹春"为主题,举办了"绿色高坪、幸福家园"首届凌云山大庙会。不仅丰富了市民精神文化生活,重点展示了景区发展成就,而且为做实"中国最美秘境丘陵、中华传统文化名山"品牌作好了形象推介。活动期间接待游客18万人(次)。5月20日,成功举办了2017"蒙状元杯"南充首届城市定向巡回赛,,吸引南充、成都等地定向爱好者800人参与,年龄覆盖4—60岁的幼儿、少年、中青老年等各年龄段人群。5月19—21日,成功举办"森林·连接·未来——中国·四川第二届森林自然教育大会"。此次通过森林自然教育大会平台,大力宣传森林自然教育理念,普及森林自然教育公益理念,持续推进森林自然教育"100+1计划"在全省因地制宜落地,服务四川绿色发展。大会以年会为载体,启动"青少年森林自然教育实践示范基地"建设,示范带动区域和全省森林自然教育事业的发展。通过一系列大型活动,成功提升了凌云山景区的影响力与形象,景区的收入与入园人数均有所增加,凌云山景区2017年收入1193.6万元,与去年同比增长49%;运营成本1866.42万元,与去年同比增长68%。游客入园人数10.6万人。

金城山景区

【概况】 2017年,南充市金城山管理局内设机构和人员无变化。2016年11月28日,区国有资产管理委员会办公室按照区国有企业改革工作会议精神,将金城山开发投资有限公司划归南充鹏来兴达投资开发有限责任公司管理,南充市金城山开发投资有限公司成为南充鹏来兴达投资开发有限责任公司旗下的子公司。2017年末,景区累计接待游客7.8万人次，旅游综合收入403万元，分别较上年年度下降2.03%、3.27%。

【规划建设】 2017年，根据景区的实际情况，有计划、有步骤地推进景区建设。全年，完善了景区大门口道闸系统；建成了通讯机站两座，解决了景区通讯信号差问题；新建了停车场3处3000平方米100个停车位；协助规划改建了隆兴至金城山道路7公里；解决了金城山庄所有权遗留问题，开始进行金城山庄招商引资工作；奇幻森林丛林穿越主体乐园项目进行二期建设；开展招商引资工作，全年接待来景区考察客商3批，其中，意向投资25亿元的东方花旗和贵州广信源正全力跟进。

【景区管理】 按照国家的有关规定对景区实施严格管理。制定和完善了景区的各项管理制度，切实做到了有章可循；建立健全了景区旅游资源档案和监测系统，对景区资源实施严格保护。常年开展对景区的基础设施、公共服务设施和特种设施设备的维护和管理；统一对景区内的园林绿化、环境卫生、市政设施进行有序管理。对景区管理人员进行业务培训。当年，安排相关人员分批次到凌云山景区学习培训。同时，对管理人员每月进行一次有计划地培训、测试和考核。强化安全管理。全年，争取排危资金10万元，对望乡亭等六处隐患点进行了排危；对管理人员开展了6次安全培训，14次安全卫生大检查，增强了员工的安全防范意识；制作了300个警示标牌安放在景区内，增强了游客的安全防范意识；层层签订了安全生产责任书，使之形成人人重视安全生产、人人都抓安全的工作局面；进一步完善了安全、防火、防汛等应急预案，并加强日常安全巡查，定期开展安全检查，使景区的各项安全措施较好地落到了实处。全年未发生一起火灾，也未发生一起旅游安全责任事故。

【市场营销】 利用金城山门户网站、景区微信公众平台、官方微博等网络途径加强了网络宣传和网上售票。制作了宣传视频、宣传画册、金城山招商项目书等40000余份。通过成都、重庆等地旅游推荐会，向外推荐金城山景区，让更多游客知晓。在景区开展了"金城山登山祈福过春节"、"100·4南充综合频道听友自驾游活动"走进金城山、"庆三·八妇女免费游金城"等多项大型宣传活动，发放了宣传单10000余份，极大地提升了景区影响力。在市内各点及南广高速、成南高速、南渝高速、G318沿线等乡镇的LED和悬挂横幅标语、海报等方式对景区进行了宣传推广。在南充新闻网、南充日报、南充晚报、四川新闻网等刊物上发表上报了金城山相关报道30余篇。

【领导名录】 党组书记、局长：李琦；党组成员、副局长：唐欣、姜大刚

景区管理经营机构

【概况】 2017年，全区有景区管理营销机构共8个，其中：景区临时管理机构5个（中法农业园指挥部、龙门古镇开发建设指挥部、都京丝绸产业文化园指挥部、鹤鸣山景区管理委员会、金凤山景区管理委员会），旅游经营机构3个（四川南充鹏来兴达旅游开发有限责任公司、南充市金城山开发投资有限公司、南充凌云山旅游文化风景区开发有限公司）。

【中法农业科技园指挥部】 南充市高坪区中法农业园区南充港航园区建设指挥部成立于2016年11月，其主要职责是统筹负责中法农业科技园南充港航园区项目推进工作；协调做好园区整体开发建设和产业规划、项目设计方案报审、工程建设手续办理和宣传推广等工作；审查园区建设施工方案，加强建设施工单位的规范管理，排解建设施工的各类矛盾纠纷。做好园区征地拆迁方案的拟定、宣传动员、组织实施、群众信访稳定等工作；协调解决港航公司的服务工作；协调解决园区项目建设、企业运营的有关问题；准确

掌握港航公司资金到位及运行情况，全程监督资金流向，配合做好园区项目评审等有关工作。2017年，协助园区在征地拆迁、信访维稳、矛盾纠纷协调等方面做了大量工作，为园区顺利建设提供了保障。

【都京丝绸产业文化园指挥部】 都京丝绸产业文化园指挥部负责对都京丝绸产业文化园的开发与建设。2017年，投资15000万元，完成小龙片区棚户区改造（二期）主体工程20%，完成站前大道施工等项目工作。

【青莲统筹城乡发展试验区指挥部】 青莲统筹城乡发展试验区指挥部负责对白山沟的开发与建设。2017年，投资3.8亿元，完成丝绸博物馆项目前期工作，完成旅游配套设施规划设计工作，同时启动了蚕桑体验园项目建设。

【鹤鸣山景区管理委员会】 鹤鸣山景区管理委员会负责景区建设与管理。2017年，除加强日常管理外，还对景区部分设施设备进行了维护与更新，对景区环境进行了综合整治，全年无一例旅游投诉。

【金凤山景区管委会】 金凤山景区管理委员会负责景区开发、建设与管理。2017年，除加强日常管理外，还对景区部分设施设备进行了维护与更新，对景区环境进行了综合整治，全年无一例旅游投诉。

【四川南充鹏来兴达投资开发有限责任公司】 四川南充鹏来兴达投资开发有限责任公司为国有独资公司，公司的转型定位是按照市场化原则实施运作，自主经营、自负盈亏，公益性事业领域市场化运作的国有企业。与此对应，公司担负的主要任务有两类，一是以凌云山、金城山为依托的国有资产资源的管理和运营；二是作为政府公益性项目的投资人，参与公益性项目的融资、建设和运营管理。公司有高管4人，中层管理人员19人，一般员工82人。其基本职责是：景区日常管理、建设维修；景区宣传营销；景区相关建设；景区土地流转；旅游扶贫；景区安全管理及安全隐患整改；景区地质灾害预警与灾后抢险。2017年，公司深化国企改革，根据新设立的公司组织架构，遵循"双向选择、动态管理"的原则，重新调配了岗位人员。总公司下设5个管理部门，经营业务方面设置了凌云山事业部、金城山事业部、营地公园事业部、生态农业事业部等4个经营事业部，实行分权式的组织结构模式。主要特点是：各事业部独立运营，总部和事业部内部仍然按照职能制结构进行组织设计，保证事业部制组织结构的稳定性。

【南充市金城山开发投资有限公司】 南充市金城山开发投资有限公司为国有企业。2016年11月28日，区国有资产管理委员会办公室按照区国有企业改革工作会议精神，将金城山开发投资有限公司划归南充鹏来兴达投资开发有限责任公司，南充市金城山开发投资有限公司成为南充鹏来兴达投资开发有限责任公司旗下的子公司。

【南充凌云山旅游文化风景区开发有限公司】 南充凌云山旅游文化风景区开发有限公司主要负责凌云山景区文化研究和景观建设。

（供稿：李 蓉）

住房和城乡建设

城乡规划建设

【概况】 2017年，区城乡规划建设全面贯彻落实党的十九大精神，紧紧围绕区委、区政府建设"绿色高坪，幸福家园"的总体要求，聚焦聚力"南充新未来·成渝第二城"奋斗目标，全力落实"155发展战略"，坚持生产空间、生活空间、生态空间"三生合一"，以项目攻坚为总抓手，高点规划、高标建设、高位推进，推动形成了城市建设大工地、大建设、大发展的浓厚氛围。实现实现建筑业产值27.98亿元，固定资产投资35.2亿元；成建制建筑劳务输出3.2万人，实现劳务输出收入3.4亿元，城区面积达到29.9平方公里，城镇化率达到48.1%，建成区绿化覆盖率达到46.8%、绿地率达46.7%。

【城乡规划】 按照"沿江延伸、向东拓展、内涵提升、城乡统筹"的发展思路，以嘉陵江、螺溪河流域保护与开发为重点，以现代服务业为引领，大力发展商贸、现代物流、金融保险等现代服务业，坚持"统一规划、分步实施、重点突破"的原则，围绕建设"绿色高坪·幸福家园"，完成江陵镇、万家乡等10余个镇乡总体规划或控制性详细规划；召开区城乡建设规划局规划方案评审委员会3次，区规委会3次，审查项目30个（次）；办理《建设项目选址意见书》1份，建筑面积3.84万平方米；办理《建设用地规划许可证》2份，建筑面积0.52万平方米；办理《建设工程规划许可证》2份，建筑面积0.03万平方米。办理《乡村建设规划许可证》11份，建筑面积0.13万平方米，办理《建筑工程施工许可证》19份，建筑面积98.78万平方米，办理《建设工程项目报件》11份，建筑面积68.02万平方米，办理《建设工程规划验收》2份，建筑面积6.43万平方米，办理《建筑工程竣工备案》3份，建筑面积6.55万平方米。

【重点项目】 全年共实施重大城建项目17个（市级重点项目6个），概算总投资47.83亿元，完成投资25.1亿元，江东大道标美路、东顺路标美路、滨江湿地公园、城区夜景光亮工程、以及物流大道、机场大道、林海北路景观提升工程等16个项目基本建成，城市面貌焕然一新，功能配套日趋完善，个性特色日益彰显。机场路改造、南渝高速出口景观改造、白塔中学门前人行天桥、滨江景观提升、临江楼宇亮化、鹤鸣山灯光秀年内竣工；江东大道标美路、东顺路标美路建设等项目完成主体工程建设；南充国际会展中心组织征地拆迁和方案设计；地下综合管廊建设、龙门-小龙污水干管建设、永盛路建设按计划推进。

【民生工程】 棚户区改造方面，全年目标任务2020户，采取全货币安置方式，通过政府购买服务方式实施，承接主体为南充鹏来兴达投资开发有限责任公司等区属国有企业，在相关部门大力配合下，按时完成目标任务2020户。争取上级补助资金9053万元，南充鹏来兴达投资开发有限责任公司等区属国有企业向银行政策性贷款12亿余元，具体项目有南充市高坪区江东片区棚户区改造（一期）项目、南充市高坪区江东片区棚户区改造（二期）项目、都京棚户区（城中村）一期改造项目和南充现代物流园棚户区改造二期还房B区。农村危房改造方面，2017年任务指标2875户（包括提前启动2018年建档立卡贫困户的任务指标），向上争取中省补助资金4851.9万元，发放补助资金8131.65万元，以建档立卡贫困户和"三类对象"为主，实施农村危房改造共4615户，完成4615户，完工率100%，超目标任务200%。

【行业管理】 全区在建工程项目43个，建筑面积241.0029万平方米；新开工项目3个，建筑面积2.3767万平方米，纳入监督管理项目13个，建筑面积78万平方米；集中组织执法行动30余次，出动执法人员90人次，检查了28个施工企业28个项目，发现并整改隐患13处，集中组织执法行动30余次，立案查处各类建设违法违规案12件，截止年底未发生监管项目安全生产责任事故。监督工程招标35个，竣工验收备案项目10个，建筑面积8.68万平方米；对高坪辖区38家建筑业企业进行全覆盖检查，对检查发现的各类隐患录入安全隐患信息平台，全部得到整改；处理农民工工资问题11起，涉及金额700万元农民工560人。

【城区管护】 针对城区管护点多、线长、面广的特点和城区面积逐年扩大的实际，将城市管护工作作为一项重要的任务来抓，全年清淘检查井228口，维修疏通污水管网6300米，整治污水直排点16处，雨污合流现象得到有效遏制；常态化开展城区市政基础设施、市政照明、园林绿化、城市公园的管养工作；结合数字化城管平台，及时组织各类排危抢险，确保市政基础设施完好率达98%以上；通过摆放鲜花、造型灯组等方式，做好春节、国庆等节日期间氛围营造工作，城区形象得到了有效提升。

【党建工作】 扭住落实党建主体责任这个关键，加快完善党要管党、从严治党的责任体系，建立了城乡建设规划局党委定期研究、定期通报、定期评议、问责追究等工作制度，形成了层层抓党建工作格局；持续推进"两学一做"学习教育活动，制定下发2017年度党建工作计划，组织党委中心组（扩大）学习18次，邀请市委党校、区预防职务犯罪局同志、法律顾问等组织法纪知识讲座、廉政警示教育等8场次600余人次，党的建设各项工作扎实有序开展。建立完善局考评管理机制，制定实施《2017年度目标管理考核办法》，开展作风效能日常检查考评，推动作风效能建设各项工作全面落实。持续深化依法行政工作，系统梳理本部门行政权力事项清单364项并全部通过政府门户网站对社会进行公开。积极主动回应调处群众关注的热点难点问题，认真办理人大议案13件，政协提案21件；办理回复各类来信来访89件，办理"12345"便民工单96件，办理环保信访问题10件。

【领导名录】 局长：陈强，副局长：赵玉汀、卿轲，纪委书记：王光伦（1月止）、李金红（女、1月起），总工程师：李世松，总规划师：朱旭东，党委委员：赵睿鹏。

（供稿：高　强）

城市管理

【概况】 南充市高坪区城市管理局为区政府正科级工作部门，挂南充市高坪区爱国卫生委员会办公室牌子，以市城管执法局高坪分局为执法主体，区环境卫生管理所为区城市管理局管理的事业单位。区城管局现有在编队员62人，退休干部31人，（在编34人，退休31人），城市管理协管员287名，环卫工1087名，局下设办公室、财务股、爱卫股、督察股、数字化城管指挥中心、办案大队、特勤大队、停车秩序管理大队、建渣弃土管理大队等11个直属股（室、大队、中心），设白塔、清溪、龙门、小龙、青莲、青松、都京街道办事处城管执法大队和物流园城管执法大队等8个派驻机构，区城市管理委员会办公室常驻区城市管理局办公。

【城市管理体制改革】 2017年初，在白街办、清街办试点，将部分协管员下沉至社区，构建了区、街道、社区三级城市管理网络体系，发挥街道、社区城市管理基础平台作用。按照"资源整合、信息共享、合署办公、统一调度、各司其职、全面覆盖"要求，修订完善《数字城管二级指挥平台建设实施方案》，将城管"违停抓拍"、交警"智能交通"、综治"雪亮工程"、公安

2017年12月1日，区城管局参加市城管局组织的三区城管系统换装仪式

"治安天网"整合，全面完工调机使用。积极推进城管执法制服采购工作，按期完成市局组织的三区城管系统换装仪式。出台了《中共南充市高坪区委、南充市高坪区人民政府〈关于深入推进城管执法体制改革改进城市管理工作的实施方案〉》（高委发〔2017〕46号），明确了城管体制改革的主要内容，厘清了改革各阶段任务，明确了改革工作要求。12月30日，在区深改领导小组决定，区城建、市政、园林等涉改单位人员、职能、资产、装备等方面的移交区城管局，为高坪区城管体制改革拉开了序幕，"大城管"格局初步形成。

【迎接国省环保督察】 国、省环保督察期间，从道路扬尘、餐厨油烟、夜市烧烤、噪音扰民、秸秆禁烧、清扫保洁等方面入手，全面开展市容秩序和环境卫生等专项治理。发放各类《限期整改通知书》1200余份，城区834家餐饮企业安装油烟净化装置和油水分离器792家，安装率达95%，关停夜市烧烤216家；责令在建工地内裸露弃土实行全覆盖，处罚违规渣土运输车辆142辆；对白塔大桥取水口进行了彻底整治，拆除违建约2000平方米，安排专人在河边定点值守达10个月；及时发现并扑灭焚烧秸秆25处；取缔占道经营、流动摊点2760余起，规范占道开挖、堆码等19起，处罚违停车辆412辆；加大对城区清扫、冲洗和降尘频次和力度，生活垃圾做到日产日清，集中对4个垃圾中转站进行整治，规范处置垃圾渗滤液；高质高效办结国家环保督察组交办信访件17件（主办11件、协办6件）；办理省、市、区交办环保类信访件250余件，积极化解信访突出问题。

【病媒生物防治通过省卫复检】 持续推进爱国卫生工作，省爱卫办对高坪区病媒生物防制工作进行了复审达标考核，考核组认为高坪区病媒生物防制工作领导重视、网络健全，制度完善、经费落实，资料齐全、内容翔实，综合防制方法科学、成效明显，高坪区病媒生物防制工作顺利通过复检考核，区爱卫办被评为全市先进单位。

【都京创建国家卫生集镇通过初检】 积极牵头并指导都京街道办严格按照《国家卫生乡镇标准》的内容，制定方案，明确目标，以整治脏、乱、差为突破，以加强城镇管理为重点，以"摆顺、扫干净、不拥堵"为抓手，全力开展环境综合治理，创建工作稳步推进，11月中旬顺利通过省爱卫办的初检。

【行政执法】 以城市管理"四大专项整治"为抓手，持续开展"治占道、控扬尘、缓拥堵、拆违建"专项整治。狠抓市容环境治理。坚持疏堵结合的方式，重点突出市场、学校、车站、广场等重点、难点部位的市容环境治理。全年整治规范王府井、马嘴巷、青松路等各类占道经营、占道装修、以街代市等城市乱象3.2万余起，并将游商摊贩疏导引入便民摊区，建立长效监管机

制，既解决了市民群众反映强烈的热点、难点问题，又为群众生活提供了便利。狠抓停车秩序治理。按照"科学规划、合理设置"的原则，全年高坪主城区新增停车位300余个；加强共享单车规范管理，在鹤鸣路、鹤鸣东路、阳春路、白塔路等路段规划设置摩托车、共享单车停车位650余个；会同交警持续开展"乱行车、乱停放"常态治理，采取劝离、拖移、贴单相结合的方式，不断加强静态交通秩序整治力度，规范乱停放车辆2.8万余辆次。狠抓户外广告治理。坚持静态管理与动态巡查相结合，强化建筑立面管理，确保城市"脸面"的干净整洁，累计拆除未审批、过期和破损等大型单立柱、楼顶钢架、墙体喷绘、指示牌、店招、灯杆广告950余处，约1.6万平方米；指导街道、社区，加强对街面"牛皮癣"、"小广告"的清除和治理，力争做到发现一起、清除一起。狠抓违法建设治理。坚持"遏制新增、消化存量"的原则，不断健全和完善"城管、街道、公安、物业"四位一体的拆违控违新机制。全年拆除规划区内违法违规建房130余处，约3.2万平方米，完成市下达拆违目标任务的123%。狠抓大气扬尘治理。采取源头堵、线上控、点上查的方式，不断强化道路扬尘治理。加强城区在建工地源头的巡查和监管，"一硬四有"措施落实率达100%；严格建渣弃土车辆运输路线的审批和报备，做到限路线、限时段、限场地运输和倾倒；坚持"白+黑"、"5+2"勤务模式，加大对建渣弃土、砂石运输车辆覆盖不严、撒漏污染路面等行为的查处力度，全年累计处罚各类违规运输车辆1250余辆次，乱倾倒、偷倒建渣弃土70余辆次，劝导脏车入城冲洗720余辆次。同时，坚持环境保护网格化监管，加大秸秆（垃圾）禁烧、烟花爆竹燃放、烧纸祭祀、熏制腌肉等巡查的频次和力度。

【服务市民】 设置护学岗，持续开展城管进校园活动，针对学生上放学高峰时段，流动摊点多、停车秩序乱、人车流量大等特点，坚持错时上岗、严密管控，在城区高坪中学、白塔中学、江东实验小学、高坪七小等校园周边设置城管护学岗，着力解决师生进出难、家长接送难等问题，确保校园周边市容环境整洁、安全、有序。护航中、高考，集中开展高考禁噪专项整治行动，加大对学校周边、居民区夜市烧烤、坝坝舞、在建工地等整治力度，印发《高考禁噪通知书》2000余份，集中整治摊点乱摆、噪音扰民、油烟扰民等行为200余起。在白塔中学、高坪中学考点设置了"高考服务站"，并免费向考生和家长发放矿泉水、荷香正气液、人丹等防暑药品。在江霖大酒店、明仁大酒店等考生住宿点及城区主干道十字路口设置"高考爱心服务车"9辆，用于禁噪、停车秩序管理和服务考生等工作，为白塔中学、高坪中学考点考生急送准考证3人次。合理设置便民摊区，针对青松路新东豪园小区段以街代市、占道经营现象严重等问题，及时进行专项整治，做到还道于民，在该路段科学规划、规范设置景观式便民摊区，并移交社区进行规范管理，该路段市容秩序已明显改观。全面落实免费停车，8月初落实城区4600余个公共停车泊位免费停车举措，深得群众认可和点赞。切实加强公厕管理。坚持便民服务的原则，对城区18座公厕进行修缮维护，加强冲洗保洁力度，并全部免费开放，解决入厕难的问题。补齐硬件设施短板。积极启动都京餐厨垃圾临时处置场、龙头寺弃土消纳场和王家店脏车入城冲洗点建设，餐厨垃圾临时处置场、龙头寺弃土消纳场已建设完毕并运营，脏车入城冲洗点即将建成投入使用。缓堵保畅成效明显，因江东大道、东顺路升级改造等大城建项目同时启动，主城区道路交通较为拥堵，及时制定了《高坪主城区缓堵保畅实施方案》，抽调120人分布在王府井、天来酒店、安汉广场及阳春路等26个重要交通节点和路段，协同交警做好交通疏导和乱穿乱行车辆劝教工作。取缔望鹤路等临时停车位300余个，制作禁停标识牌、车辆导流牌40余个，沿街发放宣传单1.5万余份，温馨提示短信10万余条，劝说教育违停车辆2200余辆，贴单处罚760余辆，协助交警处罚乱穿插、乱掉头等乱行驶车辆180余辆，有效改善了主城区道路交通秩序，确保了道路交通安全、畅通、有序。

【环卫工作】 全年争取资金约400万元新购置洗扫车1辆、抑尘车1辆、勾臂车3辆、压缩式垃圾转运车4辆、手推车保洁车200台、果皮箱200个、勾臂车收集箱35个；加大城市道路冲洗降尘、机扫作业频次和力度，城区机扫作业率提升至75%；在主城区3个条件较好的小区启动城市生活垃圾分类试点工作，加强城区生活垃圾清扫、收集、转运和处置力度，收集率和转运率达100%，生活垃圾实现无害化处理达100%；与嘉美环保有限公司签订垃圾渗滤液的无害化处置协议，及时规范处理垃圾渗滤液；加强对东观、长乐等4处垃圾中转站设施设备维护和功能升级，对斑竹、胜观等15个乡镇农村生活垃圾治理，修建垃圾池、配套保洁车、增加保洁人员等。

区城管洒水车清扫街面

【加强宣传营造氛围】 采取因地制宜、多措并举的方式，以城市管理宣传栏、公交站台公益广告、LED显示屏、微信公众号、手机短信、传单画册等为载体，广泛开展"十乱治理"、"迎接中、省环保督察"及爱卫健康知识宣传、城乡保洁行动等主题宣传教育活动，受教市民群众达5万余人，市民群众爱城、管城、建城意识明显增强。

【推进脱贫攻坚】 区城管局帮扶龙门街道办黑拱桥村，全体帮扶干部积极入户宣讲政策，加强习惯养成、感恩教育等，让贫困户知晓政策、懂得感恩。挤出办公经费近10万元，对帮扶黑拱桥村的阵地进行改造，对村容村貌进行整治，对两处面积共约60亩脱贫致富养殖鱼塘投放鱼苗500公斤，全力助民增收。全体帮扶干部每月到村到户开展脱贫帮扶工作，发放物资，落实脱贫措施、从事农业生产、发展种养殖产业、开展住房改造、五改三建等。年底黑拱桥村43户贫困户134人脱贫摘帽。

【队伍建设】 认真落实党风廉政建设工作责任制，狠抓队伍教育引导、制度建设和监督约束等工作，增强干部职工廉洁自律意识，筑牢拒腐防变的思想道德防线，着力打造"为民、务实、清廉"的城市管理队伍。按照住建部关于《全国城市管理执法队伍"强基础、转作风、树形象"专项行动方案》的精神要求，3月初，全局以队列训练为载体，分四个批次对全局城管队员进行为期一个月的军事训练，很好的磨练了城管队员的吃苦精神，增强了执法队伍的组织纪律，激发了城市卫士的奉献热情。4月28日，邀请区检察院预防职务犯罪局局长文明春，以"保持廉洁自律、巩固拒腐防线"为主题，从城管执法自身问题、常见的职务犯罪种类、诱发原因及预防职务犯罪的对策与思考等方面入手，为全局干部职工上了一堂生动的预防职务犯罪警示教育专题讲座。8月—11月，先后2次参加市局组织的法制教育、执法培训等，牢固树立"721"城市管理理念，不断加强法制城管、创新城管、服务城管、实干城管建设。紧紧围绕"两学一做"、"不作为、慢作为、乱作为"和"微腐败"等专项教育活动，采取专题学习、廉政党课、警示教育、设置示范岗等形式，狠抓队伍教育和管理。修订完善《城市管理协管员管理办法》，采取早点名、日巡查的方式，高标准、严要求地规范执法形象，规范言行举止，促进工作态度、工作方式和工作作风的根本转变。全年处罚不履职尽责、纪律松散协管员13人、辞退2人。多措并举，强化管理，队伍形象大幅提升，服务意识明显增强。

【领导名录】 区城管局局长：何龙，副局长：罗昌伦、彭世敏，纪检组长：陈实，环卫所所长：明钒（9月起）。

（供稿：严松林）

房地产管理

【概况】 2017年,市房管局高坪办事处深入贯彻落实党的十九大精神,在主管局党委、行政的正确领导下,紧紧围绕全局中心工作,以防范交易备案风险、提升服务质量、提高办事效率为抓手,认真履职,强化管理,务实进取,较好地完成了各项工作目标任务。

【房地产预售管理与交易备案】 全年办理商品房预售许可97件,批准预售商品房8205套、61.2万平方米。其中,商品住宅4419套、面积45.47万平方米,同比分别增长16.5%、24.1%;非住宅3786套、面积15.73万平方米,同比分别减少40.1%、16.6%。办理商品房现售2宗,面积1.85万平方米。商品住宅房销售均价5680元/平方米,同比增长6.7%;商品非住宅销售均价9550/平方米,同比增长10.2%。督促开发企业及时将商品房买卖合同备案,积极配合做好商品房预售资金监管工作,新建商品房预售款监管面达100%,预售资金归集率达90%以上,全年协助商品房预售资金监管29.3亿元,同比增长9.6%。全年办理房屋交易备案7515件,房屋抵押备案2954件,商品房预告及预抵押备案8500件,商品房合同备案6540件、合同注销425件,房源核验建楼盘表81幢、面积129.5万平方米,二手房交易资金监管1.69亿元。

【房地产市场监管】 加强房地产市场监管,坚持每月专项检查和不定时巡查相结合,参加市局统一组织的房地产市场交叉检查、"一房一价"联合检查2次,自行开展辖区房地产市场检查12次,共检查开发项目95个(次),发出整改通知书7份。

【物业管理及信访工作】 认真贯彻中、省、市物业管理相关法律法规,加强对辖区物业公司的监督管理,提升城市物业服务水平。完成辖区业主大会覆盖率达85%以上,积极做好小区成立业主委员会的指导与备案登记工作,全年指导居民小区成立业主委员会3个。物业纠纷调处率和结案率分别达98%以上,物业承接查验备案和符合招投标面积的新建小区招标率及物管用房留用率分别达到100%。全年办理高坪区人大代表议案3件,区政协委员提案2件,信访回复38件。

【领导名录】 主任:向川,副主任:陈荣康。

(供稿:陈 红)

住房公积金管理

【概况】 南充市住房公积金管理中心高坪区管理部系市住房公积金管理中心派驻高坪区的正科级中层管理机构。管理部共有干部职工6人,其中主任1人,副主任1人,普通职工4人;工商银行高坪支行派驻工作人员2人。

【业务发展】 2017年,高坪管理部以强化管理、优化服务为重点,切实做好了住房公积金管理和服务工作,全面树立了"攻坚克难、重点突破、促进经济"的中心思想。进一步提升为民服务水平,为全区经济社会发展、职工住房条件改善、群众生活水平提升作出了积极贡献,全面营造向上的良好氛围。通过我管理部全体同志一年的努力,管理部住房公积金管理工作取得了一定的成绩。全年新增缴存单位35个,新增缴存职工1713人;缴存住房公积金1.92亿元,环比增长9%;提取住房公积金1.34亿元,环比增长13.56%;发放住房公积金个人购房贷款1.32亿元,环比增长38.79%,发放购房贷款452笔。

【归集扩面】 2017年,始终以归集扩面为基础,突出重点,摸清家底,全面掌握机关事业单位非在编人员及社区工作人员基本情况,建立健全缴存单位、缴存职工信息档案与住房公积金协管员QQ联系群。与财政局、公安局、民政局等单位协调联系，积极争取将机关事业单位非在编人员公积金单位部分纳入财政预算。

【个贷管理】 个人住房贷款实现"四个全面"，全面实现数据自主管理；全面实现管理部一站式审批办结；全面推行合作楼盘按揭专员服务；全面推行按月对冲还贷模式。

【风险控制】 严厉打击骗提骗贷行为，定期执行大额提取回查政策，将回查任务分工落实到责任岗位、责任人员。不折不扣贯彻落实中心强力打击南充市公积金骗提套取行为的会议精神，在业务大厅醒目位置张贴6部门打击骗提骗贷的联合文明及中心公告。截至年底，发现骗提的违法违规行为共4笔，涉及资金231000元，已成功追回骗提公积金66000元，所有骗提人员均已列入公积金中心黑名单，5年之内不能再次动用住房公积金。

【结对帮扶】 区住房公积金中心党支部与佛门乡爱国村党支部签订"南充市高坪区机关事业单位、村（社区）党组织党建共创协议书"，重点进行党建工作联动、公益事业联办、困难群体联帮、环境风貌联治、活动阵地联建等工作。经过深入调查、座谈，结合实际，制定出全年帮扶的工作计划，明确帮扶责任、帮扶对象、帮扶方案和帮扶项目等事项。全年为佛门乡爱国村送去帮扶物资桌椅5套、复印机1台、柜式空调1台、会议椅40把，发放党员慰问金共计13500元。

【领导名录】 主任：杜彬（女）；副主任：徐立。

（供稿：任　庆）

保障住房管理

【概况】 2017年，区保障住房管理工作在区委、区政府的指导下，积极解决城市低收入群体住房困难问题。建立了以公共租赁住房为主，租赁补贴为辅的保障性住房体系，根据国家相关政策，将保障性住房工作的重心由建设逐步转向配后管理服务。大力实施棚户区改造工程，改善了城市棚户区居民的生活居住环境。年内，区保障住房管理中心内设机未变，在职工作人员6人。

【保障性安居工程建设】 2017年，上级下达全区棚户区改造任务2020户，实际完成2020户，项目分别是南充市高坪区江东片区棚户区改造（一期）项目、南充市高坪区江东片区棚户区改造（二期）项目、都京棚户区（城中村）一期改造项目；上级下达租赁补贴目标任务400户，实际发放405户，发放金额67.932万元，超目标任务5户。

【资金争取】 全年争取上级补助资金约9053万元；协助南充鹏来兴达投资开发有限责任公司、南充市高坪区龙门古镇开发建设有限公司、南充高坪农业发展有限公司等区属国有企业向农发行政策性贷款12亿余元。

【分配情况】 保障房源和保障对象根据书面资料，收集整理后，建立一户一档，实行动态管理，2017年共有4户不再符合租赁条件的配租户退出。分配房源邀请纪委监察、人大代表及新闻媒体等部门现场监督，保障了分配的公开、公平、公正。

【物业管理】 聘请了专业的物业管理公司对曙光街、安康佳苑、江村坝等公租房进行管理，保障了小区安全和舒适。定期走访困难租户，拉近了干群关系。不定期入户调查，复核公租房租户资料，杜绝了转租、代租等不法行为。

【领导名录】 主任：樊林，副主任：张天鹏、唐敏。

（供稿：张天鹏）

交 通

公路交通运输管理

【概况】 2017年,全区交通运输工作紧紧抓住项目建设这一"牛鼻子",不断攻坚克难,埋头苦干,坚定不移推进交通重点项目建设,为全区社会经济发展打下了坚实的交通基础。高坪区交通运输局是区人民政府主管全区公路和水路交通行业的职能部门,位于高坪区阳春路2号,内设综合管理股、建设规划管理股、运输安全管理股和区农村公路建设管理站(股级单位)等4个股室,下辖区公路管理局、航务管理处(地方海事处)、路政大队、高坪运管分局。

【交通基础设施建设】 投资6000万元,完成S206阙家至高坪段公路改造工程17公里。投资5000万元,完成中法科技园连接线道路建设工程15公里。完成了S206线永安桥、胜观龙王塘村村道公路桥和阙家火锋村村道公路桥的排危改造工作。改造提升贫困村道路110公里,新(改)建"三大产业环线"道路120公里。

【公路养护管理】 抓好绕城高速公路东段、干线公路、农村公路282公里的日常养护和经常维护工作;强化桥梁养护工作,对管养的37座公路桥梁更新完善技术档案,做好37座桥梁的经常检查和12座桥梁定期检测。投资17万元修建龙擦路三汇口危桥通行便道;投资151万元启动了金岳路谢家油坊段水毁抢险工程。完成隆兴养护站建设,启动斑竹养护站建设。投资511万元,完成4300个村道公路指路牌安装。

【交通安全管理】 坚持"安全第一、预防为主、综合治理"的工作方针,不断完善安全生产长效工作机制,强化"两个主体责任",加强源头管理和动态监督。举办安全环保培训班3次,培训人员260余人次,悬挂安全环保标语72幅,散发安全及环保宣传单近20000份、交通宣传画册1200余本,发送安全警示短信20000余条次,制作水上交通安全宣传展板3个。全年交通系统安全生产形势总体稳定可控,未发生一起安全责任事故。

【运输市场管理】 扎实开展货运重点专项整治、寄递物流清理整顿,强化规范管理维护出租车正常秩序、规范维修市场、强化机动车驾驶员培训学校管理,确保全区客运市场、货运市场、维修业市场、驾驶员市场等方面秩序规范。先后出动执法车辆40辆次、组织130余人次参加了执法检查,其间共检查维修业户140余家,查处违章作业3家,整改3家、取缔无证经营1家,警告了3家,处罚3家。

【路政执法管理】 坚持执行每月不低于22个工作日的巡查制度,截至目前累计上路巡查1100人次,清除路障路碍279处,及时制止各类路政违法违章案件18余件,严格控制公路两侧建筑红线7起,依法办理公路赔(补)偿案件3件、许可案件2件,路政案件的查处率、结案率均达到100%。拆除非公路标(志)牌12块,有力地保护了路产路权。依托G244线斑竹固定超限检测站,会同相关部门联合打击货车非法超限超载行为,共检查货运车辆550余台,查处超限车辆70余台,卸载货物400余吨,为群众出行创造了安全畅通的交通环境。

【城市公共交通】 全区现有营运公交车辆291台,公交线路16条,共394个站点,有阳春路、物流园、青松三处公交换乘站,方便了高坪城区群众的出行。

【领导名录】 党委书记、局长:何赪承;副局长:贾春燕(女)、杨太平(2月起)、纪委书记:张勇(2月止)、韩朗(2月起)。

(供稿:封政全)

航务海事

【概况】 2017年来,区航务海事工作在区委、区政府及省、市交通主管部门的领导下,以创建"四型"、"三化"航务海事建设为目标,大力加强队伍建设,始终坚持以水上安全监管为中心,切实加强水运市场管理,扎实抓好水路环境综合治理,着力加强水运基础设施建设,各项工作取得了明显成效。年内,区航务管理处(海事下)负责辖区内水路运输、港航监督、船舶检验、港口管理、渡口管理和水上交通规费稽征等,内设机构和职工无变化,内设办公室、综合股、稽征财务股、执法大队,年末在职职工15人。

【安全环保监管】 结合全区水上交通安全及环保工作实际,制定《2017年水上安全生产任务分解表》、《2017年水运环保工作任务分解表》、《高坪区水上交通安全及环保工作网格化管理方案》、《四川省南充市高坪区地方海事处水上交通安全及环境保护"党政同责、一岗双责"实施办法》等文件。建立了巡查责任制和片区负责制,将现场监督责任落实到具体的监督人员身上。形成了水上交通安全和环保工作主要领导负首责,在安全检查、船舶签证、现场监督、船舶检验、行政许可等各个环节,严格实行责任制和责任追究制,层层把关。与各有船乡镇(街道)签订水上安全及水运环保责任书,与运输船、客渡船业主签订安全环保承诺书,签订率达到100%。健全并实行了24小时值班值守、领导干部带班值班"报平安"制度和安全例会制度及早查夜查制度。

【安全环保教育】 深入广泛开展水上交通安全及水运环保教育与培训,在龙门、江陵等重点码头设置宣传站,张贴水上安全及水运环保标语,悬挂安全生产及水运环保横幅,积极参加"安全生产月"和"宪法日"等大型宣传活动。在高坪七小等临江小学开展了"水运环保及水上交通安全进校园"活动。全年共召开安全环保例会19次、安全环保专题会议7次,举办安全环保培训班3次,培训人员达260余人次,悬挂安全环保标语72幅,散发水上安全及环保宣传单近20000份、水上交通宣传画册1200余本,发送安全警示短信20000余条次,出台水上交通安全管理文件30份、水运环保文件7份,完成水上交通安全及环保信息报送21条,制作水上交通安全宣传展板3个。

【安全环保检查】 组织执法人员下港上船开展巡航检查,查处违章,发现和整改各类安全环保隐患。全年出动车辆500余台次,出动海巡艇61艘次,发现隐患57起,已整改完毕57起,整改率100%。检查各类码头65次,各类船只827艘次,查处违法行为1起,罚款2000元,发出整改通知书79份,发出安全监管函3份,检查指导乡镇管船站66次,制作水运环保、安全标识标牌15处,整修防洪桩7个,协助办理中央环保督查件4件,协助区交通运输局拆除妨碍第五取水口饮用水安全的砂石堆码场15处,协助检查砂石堆码场环境治理工作29次。

【专项整治】 集中开展高坪区水上交通安全大检查工作,7至10月,按照"四个一律、五个一批"大检查措施，重点加强船舶、渡口、码头、汛期安全、应急处理方面的检查，发现安全隐患5起，整改完毕5起，向社会曝光1起，处罚1起。开展迎接中央环保督查工作，7至9月，按照中央环保督查要求，对水运环保工作检查力度，投入环保资金50万元，新安装油水分离器130台，培训船员使用油水分离器96人次，配备垃圾桶、油污桶400余个，制作张贴垃圾警示牌200个，制作发放《船舶污染记录本》220本，封闭厕所210个，推广使用便携厕所48个，修建垃圾池3处，设置船舶废油接收站1处，在渡口码头新设垃圾桶20个。开展中小学生水上交通安全隐患整治行动，6至9月，排查船舶、渡口、码头等处安全隐患，开展"水上交通安全进校园"活动，提升广大师生文明交通安全意识。开展汛期地质灾害排查工作、"平安船舶"、"平安水工"、"平安渡口"的专项整治行动。开展在建水上作业施工现场的安全监管，对都京嘉陵江七桥施工、"D720"天然气管道施工、小龙库区航道整治工程等水上作业现场进行现场管理。

【重点监管】 加强对重要码头的监管，龙门客运码头，日均发送旅客300-500人次，在逢场天、节假日、重要时期，执法人员现场值班，参与码头的安全管理。平常利用视频巡查加强对重要航段、通航密集区的日常管理。加强对重要时段监督管理，在汛期、枯水雾季、春节、清明、"五一"、国庆、全国和地方两会及党的十九大期间等重要时段加大监管力度，特别是加强对客渡船安全监管。

【应急处突】 加强汛期防控，共修建防洪桩7个，落实汛期禁采期船舶定点安全停泊点2处，修订并完善了防洪、重大节日、春运等应急预案和环境保护应急预案。5月10日，参加了市政府防洪演习。8月18日，启动抢险应急预案，成功救援了遇险大型采石船，进一步提高了全区防洪抢险应急救援能力。

【队伍建设】 坚持用邓小平理论、"三个代表"重要思想、科学发展观和习近平同志重要讲话精神武装头脑，深入开展党性党风党纪教育，重视机关效能和制度建设。加强教育培训，扎实推进航务海事队伍正规化建设，参加省、市、区岗位培训15余人次。以"文明执法单位"创建及省、市行政执法评议检查为契机，进一步推行政务公开和依法行政，认真贯彻落实《交通行政执法规范》，强化便民服务，做到文明执法、依法办事，执法行为进一步规范，执法能力进一步提高。坚持政务公开制度，实施政务公开工作，设置政务公开栏。

【脱贫攻坚工作】 2017年，航务海事处全力做好精准扶贫，以"白+黑""五+二""晴+雨"等工作方式，帮扶擦耳镇新拱桥村和四面山村，使被帮扶困难群众生产生活有了很大改善。

【领导名录】 处长：杨忠，副处长：唐鑫、旷璐琳（女）。

（供稿：陈 艳）

航空运输

【概况】 2017年，航空运输由南充高坪机场负责，机场全年共安全保障各类飞行共47904架次，其中航班7294架次，包机30架次，航空公司训练11086架次，飞行学院转场训练1542架次，调机164架次，备降50架次，校飞6架次。完成旅客吞吐量75.26万人次，同比增加25.97%，货邮吞吐量2913.8吨，同比减少6.22%。全年无飞行事故、事故征候及其他不安全事件发生，安全形势持续平稳。

【机场运营收入】 2017年，机场营业收入3708.30万元，同比增长17.7%；成本费用4203.37万元，同比增长10%；营业外收支净额576.82万元，同比减少24.2%；实现利润总额81.74万元，同比减少15.8%。

【航班航线】 2017年，先后开通了南充至汉中、乌鲁木齐、合肥、济南航班。10月29日，幸福航空停飞西安-汉中，从而导致南充-汉中航班暂停运营。乌鲁木齐-南充-合肥航线航班因航空公司时刻、运力及航班补贴等原因暂停运营。

7月11日，幸福航空开通南充-汉中航线航班

【航站区改扩建工程】 2017年，高坪机场改扩建工程按照四川省发改委"川发改基础〔2014〕1031号"批复，新建航站楼钢筋混凝土结构主体、钢结构工程提前完工；职工餐厅主体完工，装饰装修正在进行中，已基本完工；消防站主体完工，装饰装修正在进行中，已基本完工；消防泵房、热能中心主体完工（挖出宋代古墓抢救性发掘暂停施工）。特种车库、货运仓库基础施工完成。变电站改造完成主体结构施工，砌体结构施工完成；总图工程中箱涵完工，完成土方回填；1号路、3号路完工并投入使用，2号路基础施工完成。全年年机场航站区改扩建工程已到位资金5523万元，完成投资5726.56万元。

【安全运行保障能力】 2017年，机场安全总体形势平稳，各项安全指标达到标准。完成了民航西南地区管理局、民航四川监管局对南充机场第二轮安保审计、机场综合运行检查、运输综合检查、综合安全管理检查、五合一考核验收（即平安民航建设、平安货运建设、空防安全隐患治理抽查验收、安保人员资质排查、空管系统安保设施隐患治理）；围绕"安全培训教育"、"防鸟击航空器"、"FOD管理"、"防跑道侵入"、"军民航防相撞"、"安全隐患排查"、"服务质量"、"安全信息管理"、"人员资质排查"、"安全教育培训"、"一线班组三基建设"和"机坪运行管理"等方面开展专项工作和检查。持续推动空管SMS建设，完成了ADS-B地面站的部署，为机场的军民航防相撞、空域的合理利用及飞行安全提供了技术保障。消防应急救援工作有新突破，全年开展紧急拉动共43次，消防应急救援演练16次，扑灭候机楼贵宾室顶楼灯具起火1次，各类抢险救援4次，取得省消防总队"专职消防队伍建设先进集体"、市消防支队"119消防奖先进集体"荣誉。至年末，机场共检查出港旅客40.5万人次，检查行李80万件，开箱包检查行李21万件；共检查出各类刀具3000件，易燃、易爆物品1万件；仿真枪4支，子弹2发；警械3把，催泪器2支；假冒婴儿票1起，过期证件20起，移交公安事件18起，配合公安押解犯罪嫌疑人15名。堵截了安全隐患，确保空防安全。

【军民融合】 2017年，全面推进军民航融合发展，保障同场运行安全。与驻地空军针对军民同场运行特点有计划、有步骤的开展工作。在加强净空管理暨电磁环境保护、鸟害防治、防止跑道侵入、防光污染、联合治理无人机及非法升空物等方面展开合作，提高了机场放行正常率，机场鸟害和跑道入侵事件得到了有效控制。

【领导名录】 高坪机场总经理：曹荣，副总经理：范军、程国民。

（供稿：吉 平）

金　融

区金融工作概述

2017年，全区金融工作以川东北金融中心建设为契机，狠抓金融招商引资工作。夯实基础，优化金融发展环境。在以往政策的基础上，进一步制定完善金融企业落户我区的奖励政策，加大金融企业对区级平台贷款以及区级税收贡献的奖励力度，为金融企业入驻及发展提供有吸引力的软环境。加强与工商、税务等相关区级部门的联动，建立金融企业行政服务绿色通道，确保为金融企业提供高效快捷的行政服务。加强金融服务力度，积极与金融机构对接联系，引进一批金融机构入驻川东北金融中心入驻，全年达成意向性机构7家，广发银行率先开业。增加银行网点覆盖面，鼓励现在银行机构在经济发展较快乡镇设立网点，提高金融服务的投放量和覆盖面。积极争取上级支持，大力发展小贷公司、担保公司等地方金融机构。

充分发挥区金融办的工作职能，指导、帮助其做好设立申报、上级审批、公司设立、开业准备、正常运转等相关环节的工作，中信保险公司经营总部已经入驻。抓住有利时机，积极引导区内民营资本通过"引进来"的方式，组建了城投产业和盈信先进制造业两支基金，并于7月挂牌。加强金融企业服务工作，坚持召开金融工作座谈会，积极搭建行业内沟通联系的信息平台，实现信息共享、资源互补和行业自律。坚持"政府牵线搭桥，政银企合作共赢"的模式，召开政银企洽谈会，互通情况，增进友谊，进一步密切政银企关系。充分利用现有金融企业的信息和资源，推动金融行业的招商引资工作。

（供稿：区金融工作办公室）

南充农商银行高坪支行

2017年，南充农商银行高坪支行各项存款余额65.45亿元，比年初净增7亿元，完成全年任务的93.3%；各项贷款余额27.54亿元，比年初净增2.6亿元，完成全年任务的130%；电子银行交易占比84%，完成全年任务的107.7%。

当年，高坪支行为辖内建档立卡15381户贫困户进行了评级，评级面达100%，对其中有生产能力的9659户，授信21570万元，授信面达100%，累计发放扶贫小额贷款9653户，金额20528万元。扶贫小额信贷在同业金融机构中占比达90%以上。同时通过采用"政府+龙头企业

四川省2017年金融精准扶贫工作督查调研第四组副组长李友英到高坪支行检查金融精准扶贫工作

+银行+贫困户"等扶贫模式发放产业精准扶贫贷款15405万元，发放贫困村基础设施建设贷款13700万元，发放住房建设专项贷款140户，金额223万元。针对贫困地区民生工程，发放了农户小额信用贷款4535万元、下岗失业人员再创业贷款1712万元、妇女小额担保贷款542万元。

(供稿：姜 果)

邮储银行高坪区支行

【概况】 2017年，中国邮政储蓄银行高坪区支行内设综合管理部、综合业务部，下辖阳春路营业部、鹤鸣路支行、龙门镇支行、东观镇支行、江陵镇支行、青居镇支行、石圭镇支行等7个自营网点和24个邮政储蓄营业所。有员工75人。

【业务发展】 年末，高坪区邮政储蓄个人存款规模达45.84亿元，其中银行自营网点19.94亿元；贷款户数4172户，结余额达76552.136万元，较2016年增长11361.527万元。

【经营措施】 结合业务特点，进企业、进社区、进校园，深挖优友宝、信用卡和手机银行客户，成功签订康源水务、十一中学费、凌云山门票等优友宝代收商户，并成功取得王府井星美影商城影厅冠名权；加强重点项目营销，成功营销东城置业协定存款及银企直联业务，恒大集团公司恒大城及悦龙台项目的开发贷以及湘涵房产、南充市阳光置业有限公司3个商品房预售款监管帐户；加强银政合作，搭建业务发展新平台，确立了以主攻"商圈、专业市场群、行业商户"为主，与扶贫移民局、科协、农工委等行业主管部门合作为辅的业务发展思路，深化与农业局、畜牧局等涉农部门的联系，采集客户信息，分档建立客户信息数据库。与就业局、高坪投资发展有限公司签订创业担保贷款合作协议。通过与工商联紧密联系，建立辖内龙头企业、家庭农场（专业大户）及农民专业合作社信息库，与专合社企业"玛思特"、"白百合"成功建立合作关系。以"总对总"平台的搭建为契机，成功与"南充建国汽车"、"汉腾"等多个汽车品牌4S店建立合作关系。

【内控建设】 加强知识培训与日常操作指导，提高人员素质，提升风险管控能力，从细节入手，严格执行《合规基本法》和"十条禁令"相关规定，决不能触"红线"、越"雷池"。

【资产质量】 多措并举，有效压降不良资产。2017年向法院申请立案45笔，金额868.08万元；保全不良贷款14笔，金额751.29万元。截止2017年12月31日，不良率0.44%。

【扶贫】 积极参与政府"精准扶贫"工作，行领导班子成员带头，对喻家乡岩鹰嘴村13户贫困户进行定向帮扶，通过采取政策宣贯、指导农民从事种养植业、乡村文明评比等方式从思想到行动上对贫困户进行实质性地帮助。当年，成功脱贫10户，进一步展现了邮储银行"责任银行"的企业形象。

【领导名录】 行长：何宏（10月止）、杜正东（10月起）；副行长：王萍（女）、何江华（女）。

(供稿：高坪邮储行)

四川天府银行高坪支行

【概述】 2017年，四川天府银行在高坪区设立有高坪支行、清溪支行、东方花园支行、江东社区支行四个物理网点，员工共计28人。年末，各支行存款余额共计252214万元，贷款余额共计295041万元。

【领导名录】 行长：郑钦文（6月止）、陈瑛（6月起）。

(供稿：天府银行高坪支行)

工行南充高支行

【概述】 2017年，中国工商银行股份有限公司在南充高坪区设立高坪支行、阳春路支行、江东大道分理处三个物理网点，有员工36人。年末，三个物理网点各类存款余额219257.92万元，较年初净增23157.72万元，增幅达13.30%；各类贷款余额278875.99万元，较年初净增15334.06万元，增幅达6.4%。设立自助银行点14个，ATM机30台，主要分布在高坪城区、都京镇、龙门镇、高坪区空军飞行旅等。

【领导名录】 行长：明晖；副行长：蒋献明。

(供稿：陈 衍)

中国人保财险高坪支公司

2017年，中国人民财产保险股份有限公司南充市高坪支公司内设经理室、综合管理部、车商业务部、商业非车险业务部、个人业务部、农村保险事业部/农村普惠金融事业部等部门，下设龙门、东观、高坪三个保险营销部和区辖32个乡镇农业保险服务站，总版合同员工8人，地方版合同员工8人、派遣员工2人、个代营销员26人。主要经营企业财产保险及附加险，公路货物运输保险，家庭财产综合保险及附加险；机动车辆保险，运输责任保险，建筑工程安装一切保险；住房按揭贷款保险；团体（个人）意外伤害险及健康医疗险；政策性农业保险（水稻、玉米、油菜、生猪、能繁母猪）等险种。全年总保费6228万元，赔案28900多件，赔款4155万元，赔付率67%。

(供搞：沈林华)

综合监督与管理

国土资源管理

【概况】 2017年，区国土资源管理工作按照保护资源、保障发展、维护权益、服务社会的总要求，突出重点，狠抓落实，主动作为、攻坚克难，各项工作有序推进，圆满完成了年度目标任务，为建设"三高新区"提供了强有力的资源保障。南充市国土资源局高坪分局内设办公室、政工人事股、纪检监察室、财务管理股、土地规划股、土地建设管理股、耕保股、土地利用股、土地统征和整治中心、帮扶办、执法监察大队、土地整治中心、土地交易中心、信息宣传中心、行政审批股、土地勘测设计队、地籍地政管理股、法规监察与信访股、地质矿产服务中心、地质矿产管理股、地价所、还房办、工会、土地储备中心共24个中层机构，辖南充市高坪区不动产登记局和11个乡镇中心国土资源管理所（下设32个国土办）在职职工159人，其中行政人员10人，参公人员26人，事业人员123人。

【规划调整】 2017年，完成县区两级土地利用总体规划（2006—2020年）调整完善方案成果的编制工作，并坚持多途径、多渠道积极向上争取用地指标，全年完成产业用地供地近3000余亩，最大限度地保障了建设项目用地需求缺口。为中法农业科技园、三环电子六期、江东大道改造项目、金融中心、中铁联运、南充现代物流园等八大重点项目建设落地提供了坚强的用地保障。与相关部门共同参与国家级物流园创建活动，经过艰辛努力，南充现代物流园被评为全国示范物流园。同时，参与建设的柑桔产业园、中法农业科技园、军民融合产业园的也在全国全省小有名气。

【土地报征】 2017年，全区报征土地共组织报件10个批次，总面积3100亩，共缴纳社保预存款2.9亿元，其报征土地资金量和面积创我区历史之最。保障南充现代物流园、丝绸文化小镇、中法科技园等一大批重点项目建设的依法用地，为高坪区经济社会发展提供有力保障。

【土地出让】 2017年，积极参加南充、成都、重庆等地的城市经营性土地推介会，运用各种方式将拟推出的土地加以宣传，吸引恒大、蓝光、碧桂园、成都置信等30多家房地产开发企业到区进行实地考察、研讨和交流。全年共出让土地30宗，出让总面积2170.6885亩，成交总价款32.48亿元，土地创收排名全市县（市）区第一，创建区以来历史新高。

【土地收储】 全面清理全区用地情况，不断优化土地资源配置，完善土地征、供、用、管"一张图"工程。2017年，收储南充新金丰、四川宏泰生化、四川飞龙化工、南充顺城盐化、四川春飞等项目，收储国有土地面积共计582.934亩，实现土地收储资金6.4亿。全年共完成土地征收2201亩，临时用地365亩，拆迁农房214000平方米，农转非安置人员1031人，兑现征地安置补偿费14.34亿元，依法落实征地安置补偿工作。有关其他涉及到征地遗留问题的处理也基本完成。

【挂钩项目】 2017年，共完成申报立项项目3个，涉及御史等六个乡镇23个村，面积4664亩，督促阙家、石圭等5个乡镇项目的建新、复垦初步达到验收标准；成功招引核工业西南建设集团公司组织实施龙门、江陵、东观、万家、斑竹、隆兴6个乡镇的挂钩项目，可获得周转指标2200余亩，招引社会资金3.8亿。

【耕地保护】 积极开展全域永久基本农田划定工作，划定永久基本农田401835亩，完成了落地块、明责任、设标志、建表册、入图库"五项任务"，督促乡镇、村、组、农户层层签订责任状，全区共签订责任书1185份，设立标志牌26块，对永久基本农田实行永久特殊保护，并确保了全区耕地保有量537852亩，数量不减少、质量不降低，有力支撑我区粮食产量增加。

【土地整理】 积极开展土地整理项目申报和实施，全年实施隆兴乡、胜观镇、马家乡、斑竹乡4个土地整理项目，整理规模40152.85亩，投资5081.9万元，新增耕地3677.23亩。积极争取的万家乡和佛门乡土地整理项目总建设规模18491.4亩，投资概算2542.6万元，预计新增耕地1717.3亩。下半年申报2个项目，面积26039余亩，项目争取在全市名列前茅。通过整治项目的实施全区实现耕地占补平衡，促进耕地增量提质，改善农村生产生活条件和生态环境，助推脱贫攻坚任务的完成，有力促进全区现代农业发展和农民增收。

【矿产管理】 严格采矿许可证延续、变更登记工作，依法征收矿产资源规费和缴存矿山环境治理及生态恢复保证金，做到应缴尽缴；已完成编制2016—2020年矿产资源总体规划，促进矿产资源合理开发利用。目前，全区共有制砖企业33家，不符合环保达标企业进行了关停，至年末有12家企业完成整改正在进行生产，8家企业还在整改中，13家企业已责令其关闭。中央、省市对全区19大会议期间非煤矿山安全生产工作进行大检查得到好评。

【土地执法监察】 2017年，全区共实施动态巡查1200次，参加巡查270余人次，参与全区7次强制拆除行动，拆除违法用地23宗，拆除退地120余亩，拆除建筑物40000余平方米。在今年卫片执法图斑工作检查中，被拆除图斑拆除彻底且达到复耕条件，顺利通过部检查组的验收，确保了2016年度土地卫片耕地违法比例降到5%以下。截止目前，巡查发现新发生违法用地56宗，面积386亩。全年共立案查处违法用地13宗，其中：下达没收地上建筑物1.9261万平方米，下达拆除地上建筑物5.0221万平方米，下达罚没款17.7416万元，实收罚款3.6万元，移送司法机关案件执行5起。维护了良好的土地管理秩序，保持了"零约谈、零问责"的"双零"目标。

【地质灾害管理】 以防灾减灾为宗旨，全力保护人民群众的生产生活安全。强化宣传培训，充分利用和整合传统媒体和新媒体力量，通过微信、微博平台，发布地灾防治信息，印发了宣传资料12余万份，突出宣传重点。全区3万余名学生接受地灾知识培训，做到地灾知识家喻户晓，深入人心。大力开展地灾隐患排查，开展"拉网式"排查3次，共排查出地灾隐患点159处，设立监测点84处，其中应急排危点52个，重点工程治理点3个，地质灾害避险搬迁68户，制定完善了防灾预案和应急抢险预案。积极争取资金，积极争取省、市地灾综合防治资金540万，区本级财政应急排危资金600余万元。切实做好迎检，主汛期，多次接受省、市地质灾害检查，均已优良表现获得好评；早做好应急准备，在做好物资储备的同时，要求监测人员定期、不定期对隐患点进行监测，确保监测人员24小时在岗在位。组织400人地质灾害多级联动应急演练，提升应急处置能力。

【还房建设】 及时掌握和收集各园区、指挥部还房修建及回迁情况,及时向市还房办报送相关情况。当年全区有13个还房建设平台,还房总面积188.47万平方米,总套数16952套。其中:续建还房6个平台,面积110.33万平方米,套数10501套,已全面完工待回迁3个平台,面积46.33万平方米,套数3086套;因资金原因暂停建设平台1个,面积12万平方米,套数1020套;其余2个平台主体工程正在建设,面积52万平方米,套数6395套。完成回迁工作8个平台,面积78.14万平方米,6091套。通过积极努力让群众得到了妥善安置,受到人民群众的赞扬。

【地籍管理】 提高地籍地政管理的科技化、信息化管理模式,以便民、高效、务实的精神,做好地籍管理一张图工程。完成2016年度320个图斑,面积1850.6亩土地变更调查工作,及时更新数据成果。全面铺开全区共有宗地确权登记发证工作,完成规划外拟出让地块16宗,面积861.722亩确权工作;协助市局拟出让地块5宗;土地权属纠纷调处2宗。办理国有土地使用证审批418宗,集体土地使用证资料审查4570宗,档案公开查询5120宗。

【不动产登记发证】 进一步落实岗位责任。不动产登记中心设有综合办和登记发证办、权籍调查办、档案办等,实行岗位负责制,材料的受理、预审、核定等环节均有专人负责。进一步简化登记审批流程。将业务办结时限30个工作日提速到20个工作日,二手交易件提速到7—10个工作日完成,抵押件提速到3—7个工作日完成,查封件做到当日办结,不让群众跑回头路、冤枉路,全力保障不动产权利人权益。全年集体土地不动产权属登记办结2807件,国有建设用地不动产使用权及房屋所有权转移登记办结5600件,抵押权登记办结1430件;出具规划区域内不动产登记查询证明约3670件,规划区域外不动产登记查询证明约4100件;完成不动产登记收费规划区内约64.4106万元,规划区外约37.7720万元。

【土地勘测】 完成高坪区10个批面积3000余亩城市建设用地的报征测绘工作,保障了高坪区城市建设用地需求。对小龙现代物流园、航空港工业园、都文大道、都京工业园、龙门古镇等重点项目土地的出让挂牌和用地勘测定界测绘及制图工作,全年共计测绘土地100宗以上,面积约15000亩,收取测量费110万元。

【行政审批】 从方便群众、服务群众、保护群众利益出发,以报件最精、环节最简、流程最优、时限最短为目标,推进行政审批制度改革。清理行政许可事项,现保留8项;清理规范抵押登记收费,精简行政审批和行政审批前置条件;理顺国土深化行政审批制度业务。全年受理各类审批项目共计1300件,已按时办结1262件,按时办结率为97%。

【信访维稳】 2017年接待来信来访群众200余人次,受理信访案件55件,结案55件,结案率达100%。坚持信访关口下沉,发现信访苗头20起,及时化解了矛盾纠纷,构建和谐高坪起到了积极作用。完成对全区失地农民基本养老保险应参未参人员7722人的调查核实工作,向区政府领导提出建议方案,全区筹措资金7.3亿元,解决了失地农民保险多年未全面解决的问题。矿山安全和环保督查顺利过关。对辖区内的矿山进行了整治,妥善处理环保督查信访案件8起,全面完成环保督查工作。

【行业扶贫】 制定《南充市国土资源局高坪分局2017年度帮村扶贫工作计划》和《2017年度脱贫攻坚工作实施方案》,进一步细化了脱贫工作。区国土分局机关帮扶联系的4个村223户贫困户,2014—2017年脱贫172户,591人。开展扶贫攻坚百日行动,帮扶干部每周到户不少于3次,派遣第一书记、工作组长、副组长和5名工作人员长期驻村,深入基层,扎实做好日常工作。充分发挥国土部门职能和优势,把涉农相关项目尽量向贫困村倾斜,对帮扶的村镇,我局积极探索国土资源政策助力扶贫开发的新思路,充分发挥政府主导、国土搭台、市场主体、群众主力作用，实施增减挂钩、土地整理、地质灾害防治"三大项目"，争取土地整理项目4个，挂钩项目3个，地灾防治5个，涉及资金1.2亿元。在省上迎检过程，积极与省上对接，做好迎检工作准备。在国土资源系统检查过程中，全局上下积极作为，最终取得满分的成绩。与隆兴乡共同推出全省脱贫攻坚先进人物曹琼蓉在全省引起广泛响应。

【领导名录】 局长：柯阳涛；副局长：陆超、李秋鸿、江述俊、杨文勤。

(供稿：王 芍)

环境保护

【概况】 2017年，全区环境保护工作认真贯彻执行《中华人民共和国环境保护法》和《四川省环境保护条例》等法律法规，以改善环境质量为核心，以生态文明建设为抓手，以中、省环保督察问题整改为重点，深入推进大气、水、土壤污染防治，强化治污减排措施，严格环境监管执法，着力做好污染减排，确保环境安全，推进环境宣传，加强生态建设，提高队伍素质，做好脱贫攻坚，各项工作取得明显成效，2017年在全市环境保护工作综合考核中名列一等奖，排名全市第一。区环境保护局内设办公室、环评法规与污染控制股、农村生态与辐射管理股，下属有环境监察执法大队、环境监测站。局机关在职人员10人，环境监察执法大队在职人员14人，环境监测站在职人员12人。

【环保督察】 在中、省环保督察期间，区委、区政府高度重视，主要领导亲自部署，靠前指挥，全区上下齐心协力，各部门主动作为，相互配合，坚持问题导向，突出问题整改，狠抓区域行业性问题整治，切实解决了一批突出环境问题。截至12月31日，省环保督察组反馈高坪区现场检查问题25项，已完成整改23项，整改率92%；47件信访投诉，已完成整改43件，整改率91.5%；中央环保督察组交办环境信访件共49件（包括市上后期转交的2件），已完成整改48件，整改率98%，有力促进了全区环境质量的改善。

【大气污染防治】 2017年，开展大气污染防治专项整治。制定了《关于开展餐饮油烟污染防治专项整治工作方案》《关于开展扬尘污染专项整治行动方案》《关于开展汽修和4S点环境问题专项整治方案》《高坪区2017年燃煤锅炉淘汰和污染治理设施建设工作方案》等10多个工作方案，开展大气污染防治专项整治。对建成区内54台10蒸吨以下的燃煤锅炉全面实施淘汰取缔；对1、2类汽修行业全部进行规范整治；对全区砖瓦窑企业开展专项整治，规范整治10家；对全区的建筑工地、商混站和砂石场开展专项整治，正在逐步规范；加强秸秆禁烧宣传，划定禁烧区域，设立禁烧警示牌，健全秸秆禁烧长效管理机制；对城区腌腊熏制点进行规范，对安汉广场、白塔花园及周边区域夜烧烤、夜啤酒进行取缔；开展春节禁放烟花爆竹工作，排查"10+1"小企业、"十五小"、新"六小"企业共计13家，关停9家，排查"小散乱污"企业328家，关停280家，对王家店、北斗坪片区144家"小散乱污"企业采取断水断电措施。关停群众反映强烈的宏泰生化、飞龙化工两家大型化工企业，关停主城区南高、汇龙食品、万家香食品厂三家屠宰场，淘汰黄标车854辆。2017年，市政府下达高坪区的P平方米.5目标任务为60.3μg/立方米，优良天数达标率为74.2%。全年高坪区PM2.5平均浓度为48.02μg/立方米，同比浓度下降22.17%；空气质量优良天数274天，优良天数率为80.12%。获得市蓝天办2017年空气质量激励资金270万元。

【水污染防治】 加强饮用水源地保护，对饮用水源地周边开展排查和整治，依法取缔饮用水源保护区内的违法建设项目，取缔排污口4个。重点对市五水厂饮用水源地开展整治,拆除饮用水源保护区范围内18家砂石场,搬迁农户42户,拆除房屋建筑10000多平方米,设置隔离网和标识标牌;全面启动主城区备用水源保护建设工作(凤仪电站下游1.5公里处),安装2.3公里的隔离栏,修建1600米的渗滤沟,并在一、二级保护区内设置交通警示牌、饮用水源保护标识标牌等;对主城区白塔大桥饮用水水源取水口开展整治,完成一、二级保护区内2000多米隔离栏和300米的防撞墩安装,重新设置界碑和20多块饮用水源保护宣传展板(牌);鄢家乡断石桥水库、石圭镇民安水库饮用水源保护治理项目全面完成;每季度对辖区流域断面水质进行监测,嘉陵江高坪断面水质均达到Ⅲ类及以上水质标准;每半年对辖区乡镇集中式饮用水源地水质进行监测,有效确保城镇饮水安全。加快环保基础设施建设。日处理20000吨的航空港污水处理厂完成场平,正在进行主体设计;螺溪镇和长乐镇廻龙桥村污水处理设施升级改造工程已完工,已正常运行;胜观、鄢家等7个乡镇污水处理站完成进场道路及场平,南江、老君等6个乡镇完成污水处理设备基础浇筑;会龙、黄溪2个乡镇正在加紧进行污水处理设备基础的浇筑工作;小龙—龙门片区污水处理管与江东大道标美路改造一并实施,铺设1.2公里污水收集管。开展畜禽养殖污染整治。制定《南充市高坪区畜禽养殖污染整治专项行动实施方案》(高府发〔2017〕19号),坚持"畜牧牵头、环保配合、乡镇主体、部门联动"工作原则,开展专项整治工作。对全区禁养区范围内186家畜禽养殖场全部实施关闭。同时,狠抓网箱养鱼整治,印发《南充市高坪区取缔网箱和肥水养殖的实施方案》(高府发〔2017〕181号),开展取缔肥水网箱养殖专项行动,取缔饮用水源肥水养殖1处、取缔非饮用水源肥水养殖5处。全面落实河长制工作。按照《南充市高坪区全面落实河长制工作方案》(高委办发〔2017〕79号),牵头抓好螺溪河河长制工作,健全以乡镇党政领导为主的责任体系,明确工作职责,强化工作措施。编制《螺溪河整治工作方案》,设巡河员300多人,通过加强组织领导和部门联动,全面推进流域治理工作,螺溪河水质逐步得到改善。

【土壤污染防治】 坚持分类管理、源头控制、治理修复"三大原则",进一步夯实土壤环境保护工作基础,建立土壤环境质量档案,划分土壤环境质量等级,实行农用地分级管理和建设用地分类管理;按照"边调查、边治理"原则,以污染场地为重点,大力开展土壤污染重点区域综合治理和修复,逐步建立土壤污染治理与修复技术体系;与重点企业签订了目标责任书,以肥料、农药、地膜和养殖饲料的生产使用为重点,大力推广生物农药。严格对医院、企业辐射安全监管,安全处置宏泰生化疑似放射源。加强固体废物及化学品污染防治。对全区一、二类汽修行业危废处置全面规范,按要求转运。成功创建270个市级生态村。

【建设项目审批】 2017年,严格执行环评和"三同时"制度,严把建设项目环保准入关、选址关、审批关、验收关。做好三环电子和中铁联运等重大项目的环评服务,共审批建设项目19个,环评和"三同时"执行率达100%;对辖区未批先建和未验先产的违法违规建设项目开展清理和整治。

【环保专项检查】 2017年,充分运用《环境保护法》及四个配套办法和"两高"司法解释,采取多部门联合执法的方式开展专项执法检查,严厉打击各类环境违法行为。共出动执法人员600多人次,对辖区内饮用水源保护区、污水处理厂、危险废物处置、畜禽养殖场、重点污染企业和建设项目环评手续等进行专项执法检查,坚持从严查处各类环境违法行为。全年责令停业整改34家,立案调查53件,关闭企业28家,查封扣押1家,移送公安2件,行政处罚37件,处罚款79万元。

【排污费征收管理】 抓好排污申报登记、年审和排污许可证的申领换证工作,全面执行《排污费征收使用管理条例》，按照依法、足额、及时和公开、公平、公正的原则，加强对排污费的征收管理，严格执行"收支两条线"。

【群众污染投诉】 2017年，共计受理各类环境污染投诉384件，其中12369举报热线334件，网络信访件9件，群众来信来访21件，承办省厅、市局转办信访件和区信访办交办件20件，办结率达到100%。高度重视人大议案、建议和政协提案办理工作，完结率100%。

【环保宣传】 以中、省环保督察为契机，组织各相关单位开展多形式、全方位的环保宣传教育活动。上门宣传。积极开展环保宣传"六进"活动，向群众发放《环保法律法规选编》、治污减霾、秸秆禁烧与综合利用、防护P平方米.5科普知识等宣传资料50000余份，发放环保购物袋、环保围裙5000余个，加强对环境保护法律法规的宣传教育，增强守法、自律意识。阵地宣传。结合"6·5"环境日等活动，在广场等人口密集的场所开展环境保护法律法规宣传教育。载体宣传。充分利用新闻报纸、微信微博、LED显示屏、环保宣传专栏等媒介载体，加强环境保护宣传教育，争取广大干部群众的理解和支持，鼓励群众参与环境监督和保护，形成人人重视、关心、支持环保的社会氛围。

【领导名录】 局长：朱江；副局长：杨家权、罗彤（2月起）；总工程师：邓晓霞（女）；纪检组长：陈凤（女）。

（供稿：明建兴）

安全生产监管

【概况】 2017年，南充市高坪区安全生产监督管理局内设办公室、综合监督股、企业监管股、政策法规股，下属单位区安全监督执法大队、应急救援办，在职干部职工34人。当年，进一步强化安全发展观念，大力实施安全发展战略，努力推进依法治安，进一步加大了安全生产监管监察工作力度，确保了全区安全生产形势的持续稳定。全年全区共发生安全生产事故6起，死亡5人，没有发生较大及以上安全生产事故，全区安全生产事故得到有效控制。

【隐患排查整治】 有序推进隐患排查治理体系建设工作，基础数据录入率位居全市前列；完成1处市级、55处区级挂牌督办重大安全隐患整治任务；开展重点企业风险分级管控，在危险化学品、烟花爆竹、非煤矿山等31家高危企业开展自评、专家评定、分级监管；7月召开全市隐患排查治理体系建设现场会；投入2800万元，全面整治学校安全隐患216处；交警、交通、建设、消防、国土等行业主管部门在行业领域内扎实开展了安全生产大检查，全区共打击非法违法行为72起，停产整顿63家，处罚款398万元。

【安全社区建设】 东观镇通过省级安全社区验收评定，龙门、白塔街道通过省级安全社区复评。

【应急救援能力建设】 全区安全生产应急救援指挥平台全面建成，实现对42个重点部位、高危企业的适时监控和预警预报。

【基层执法】 通过力量整合、工作下沉，在区安全生产监督执法大队下设城区、龙门、长乐、东观、阙家5个片区"安全生产监察中队"。做到了全区32个乡镇（街道）、园区景区安监执法全覆盖。打造了标准化阵地，创建了执法中队外观形象、功能配置、制度设置、执法规范、人员配备、队伍形象等六大标准。建设了高效化队伍，区编办从其他部门调剂出10个参公编制用于中队建设，面向全省公招。同时，通过区人事调配小组从乡镇（街道）借调了16名干部充实到中队；每个执法中队配备执法摩托车2辆，并配有执法记录仪、照相机、笔记本电脑、便携式打印机等全套执法装备；采取走出去、请进来等方式，人员进行统一培定期不定期对基层执法训。创建了规范化机制，通过规范管理、规范执法、规范考核，确保中队规范有序运转。

【宣传教育】 通过区政府门户网站、全区安全生产QQ群、微信群等平台，开展各类安全宣传教育500余次，发送安全生产信息800余条；宣传月期间及重要节假日悬挂安全标语300余幅，散发宣传单20000余份。获得2017年度全省、全市安全生产政务信息先进单位，何宏军同志被评为全省安全生产宣传工作先进个人、全市安全生产政务信息先进个人。

【事故调查】 坚持"事故原因未查清不放过、责任人员未处理不放过、相关人员未受到教育不放过、整改措施未落实不放过"及"科学严谨、依法依规、实事求是、注重实效"的原则，全区开展安全生产专项监察执法活动36次，立案查处17起，共处罚款71.6万元。

【领导名录】 局党组书记、局长：谢小平；局党组成员、副局长：何正根、郭育肇；局党组成员、纪检组长：蒋双全。

(供稿：马兴玉)

审 计

【概况】 2017年，区审计局完成审计项目144个；审计查出违规资金1595.21万元；管理不规范资金107465.91万元；向被审计单位提出审计建议441条；报送审计信息《高坪审计》9期；报送扶贫帮扶信息12期；帮扶信息、征文被中国网、今日头条等网络媒体采用30余篇，被南充日报采用1篇，被区脱贫办《脱贫攻坚简报》采用3篇，先进帮扶事迹收录区政协《脱贫攻坚之路》4篇；移送案件18件。被市委、政府评为2016年度帮扶工作先进单位；连续三次获得全区脱贫攻坚现场验靶流动红旗。被市审计局评为2017年度审计业务绩效考核优秀单位。区审计局内设办公室、法规股、业务审计股、固定资产投资审计股4个中层机构；下属机构3个，即区经济责任审计分局（副科级）、政府投资审计中心（股级）、审计信息服务中心（股级）。有核定编制31个，其中行政编制10个，行政工勤编制1个，参公编制9个，事业编制11个。年末，在职职工29人，其中行政人员12人（超编1人），经济责任审计分局8人，政府投资审计中心4人，审计信息技术服务中心5人。

【宏观政策措施落实情况跟踪审计】 贯彻落实国务院和四川省政府对重大政策措施落实情况进行跟踪审计的工作要求与部署。聚焦"营改增""放管服""三去一降一补"改革及保障房建设等政策要求，归纳总结全区典型工作经验2项，揭示降低行政效能的体制机制问题1项，中、省、市重大政策落实不到位的问题共9个，提出审计建议9条。除按照省厅、市局部署实施全省联审外，还组织实施了全区扶贫专项跟踪审计，有效促进了各项扶贫政策的落地生根，发现违规套取、贪污挪用、政策不落实等违规问题10起；移送案件18件，涉及金额2469.48万元；受到撤职处分4人，受到纪委立案处理1人；追回违法所得61.42万元。

【预算执行情况审计】 抓住预算执行情况审计这个主打业务，龙头项目，重点关注全区2016年度财政收支、民生投入、"三公经费"等方面，查出的主要问题有：一是收入未按规定全部编入本年预算31454万元；二是部分财政收入未及时入库1176.4万元；三是未及时征收税金16224.64万元；四是向非本级预算单位安排预算指标20115.4万元；五是向非金融机构借款300万元。向政府提出审计建议4条。

【税收征管审计】 采取深化联网审计"1+N"模式，实行省、市、区三级联动实施税收联网审计，取得良好成绩。审计发现管理不规范资金16346.58万元，提出合理化建议2条。

【固定资产投资审计】 2017年，认真贯彻政府投资审计"三个转变"精神，改变了全区多年来投资审计中存在的"凡投必审"、"运动员裁判员一肩挑"的现状，将投资审计工作由审计局单打独斗转变为审计局、建设单位内部审计和社会中介机构参与的多重监督管理，将以往的只注重造价审计转变为向建设全过程审计监督，将以前审计只注重表面现象转变到查深查实查透。全年共完成项目282个，送审金额171714.62万元，审定金额148324.60万元，审减金额23390.02万元，审减率13.62%，提出审计建议205条。由建设单位内部审计及由建设单位委托中介机构审计项目312个（送审金额12545万，审定金额11452万元，审减金额1093万元，审减率8.71%）；全年核查内审及中介机构审计结果25个。

【经济责任审计】 2017年，经济责任审计更加注重领导干部责任认定，更加注重制度建设和拓展审计范围，着力推进审计监督全覆盖。全年实施区环保局局长、高坪燃气股份有限公司董事长、佛门乡党委书记的经责审计等3个项目。查出领导干部所在单位违规资金6125.86万元，管理不规范资金3733.80万元，责成上缴财政资金及国家税收3891.30万元，责成退还资金1.98万元，促进资金拨付385.30万元，调整财务120.66万元，责成整改4095.91万元，移交有关单位处理1364.51万元。对被审计对象所在单位存在的执法不严格，滞留涉民资金等履行工作职责不到位，"三重一大"制度不完善，工程发包、对外收费等决策不合规以及违反财政财务收支规定、管理不规范等问题进行了责任认定。针对多年以来全区未对企业领导干部经济责任进行审计的情况，2017年安排了对区燃气公司董事长的任期经济责任审计。针对全区经济责任审计制度不完善的情况，区委办、政府办出台了《南充市高坪区领导干部经济责任审计全覆盖实施办法》，全力推进领导干部经济责任审计全覆盖。

【领导名录】 局长：余贤英（女）；副局长：舒有荣、姜文全、邓友明（8月止）；纪检组长：朱红梅（女）；总审计师：邹丽群（女）；经责分局局长：杨旭东；投资审计中心主任：唐华。

（供稿：李朝军）

统 计

【概况】 2017年，高坪区统计局设有办公室、数据处理股（综合核算股）、法规股和统计执法监督大队4个内设机构和高坪区社情民意调查中心、高坪区普查中心、高坪区社会经济调查队、大数据中心4个下属事业单位。在职职工23人，中共党员20人。

【专业统计】 积极收集、整理、审核、录入汇总基层统计报表，按时、按质、按量向上级统计部门上报工业、农业、商贸、投资、建筑房地产、服务业、文化产业、劳动工资等25个统计专业月（季）、年报统计工作任务和各项抽样调查工作，各项指标均位列全市前茅。

【专项调查】 开展全区小康、产粮大县、生猪生产调出大县、全国蔬菜大县、城乡一体化等监测的动态跟踪监测工作，高坪区农民工监测工作被省调查队评为先进县。开展全区1%人口抽样调查工作。开展高坪区"投资软环境"的宣传工作。利用民调电访系统和调查问卷等方式在投资软环境中对优惠政策、招商引资、依法行政等方面做了大量宣传工作。开展党风廉政满意度测评工作。党风廉政建设测评工作由区纪委牵头，电信部门配合，统计局下属单位社情民意调查中心具体负责实施，对全区所有部门、乡镇（街道）、学校、企业进行测评。主要测评关于党风廉政建设重视度、遏制度、廉洁度、信心度等四个方面的内容。调查人员都是来自辖区内大专院校的大学生志愿者，经统一培训后专门从事此次调查工作。在工作开展过程中，对评议方式、评议内容和评议对象做到"三明确"，同时采取电信部门提供电话号码，民意调查中心随机抽样，对随访内容进行全程电话录音和纪委全程监督并复查核对调查情况"三举措"，以确保评议结果的透明度、公正性和准确性。

【专项普查】 为做好高坪区第三次全国农业普查工作，根据中省市农普办的文件精神，区统计局积极做好农业普查的各项工作。做好数据质量抽查和数据处理工作，主要是开展数据质量抽查、普查数据的审核汇总、数据质量评估、数据分析。认真做好工作总结及资料开发，主要是做好普查总结和表彰工作。

【统计执法】 以第三次全国农业普查和12·4宣传日为契机，大力宣传统计法律法规。同时对辖区内的所有企事业单位的报表情况进行筛查、分析，对报表存在虚报、瞒报等违法行为，上报上级单位和区委政府对其违反统计法律法规的单位和个人进行查处。为提高辖区内统计人员的统计法律意识，区统计局还开展统计人员上岗培训，在职人员继续教育培训和统计专业技术资格培训工作，今年全区参培人员达370余人，参加统计专业技术资格考试42余人。

【社会经济调查】 未雨绸缪，及时预警预报。在保证统计服务的时效性、主动性的基础上，围绕经济社会发展的热点、难点问题，深入基层调查研究，撰写有针对性的调研分析文章《经济调研》和《决策参考》。同时加强各行业的监测和预警，撰写《统计月报》，为区委区政府决策提供服务。主动作为，充分利用统计信息资源优势。及时发布《统计公报》、编辑出版《2017年领导干部经济工作手册》，为社会各界提供免费咨询服务1200多人次。

【领导名录】 局长：赵文举，副局长：李小林、冯素珍（女），区社会经济调查队队长：许江。

（供稿：区统计局）

食品药品监督管理

【概况】 2017年，全区共有食品药品监管对象5205家，其中食品生产企业（含小作坊）256家，食品流通企业1965家，餐饮服务企业1689家，药品医疗器械生产经营企业和使用单位（含医疗机构）882家，化妆品经营使用单位413家。高坪区食品药品监督管理局编制为103名，在职干部职工76名，其中，公务员21名，参公管理干部47名，事业干部5名，工勤人员3名。局机关内设13个股室，下设食品药品监督稽查大队（加挂食品药品投诉举报中心牌子），食品药品检测检验所（加挂食品药品风险检测站牌子），在白塔、青居、龙门、长乐、东观、清溪片区设6个基层食品药品监管所。

【企业信用档案】 对全区食品药品生产经营单位建立纸质和电子信用档案，试行一企一档。把企业的经营资质、许可情况、日常检查、监督抽查和违法情况全部纳入信用档案，对所有食品生产企业的详细情况真正做到底数清、情况明，为日常监管打下了坚实的基础。2017年监督检查餐饮服务单位1500家次，量化分级评定839家，其中A级7家，B级152家，C级680家；全区食品生产单位69家，量化分级评定839家，其中A级9家，B级54家，C级6家。

【大稽查工作格局】 围绕"四为主"，把"以打开路、以打促防"的工作理念作为建立"大稽查"工作格局的主要路径，把行政立案处罚情况和刑事立案处罚情况作为衡量稽查执法工作的主要指标，把查处大要案件和聚焦群众关注的热点问题作为稽查办案工作的主要方向，把建设一支打击食药领域违法犯罪的虎狼之师作为稽查队伍建设的主要任务；突出"四聚焦"，聚焦案件抓查处，聚焦机制抓合力，聚焦能力抓提升，聚焦队伍抓管理。

【食品安全专项整治】 开展"百日会战"以及"亮剑"联合联打整治行动,开展了"非法添加和滥用食品添加剂、白酒、桶装饮用水、熟肉制品、地沟油、校园及校园周边"等20余项专项整治。全年立案375件,结案338件,罚没金额122.11万元。办理食品投诉举报107件。全区没有发生食品安全事故,切实保障公众饮食安全。

【药械监管】 持续纵深推进处方药销售专项整治,查处不凭处方销售处方药违法行为66起;开展中药材中药饮片专项整治,对药品生产企业不按药品GMP要求生产中药饮片、药品经营企业和医疗机构从非法渠道购进中药饮片以及"挂靠"、"走票"等行为进行查处;开展药品医疗器械使用环节专项整治,对产品购进渠道、资质票据索取、储存养护等关键环节及相关重点产品进行专项检查;开展药品经营企业飞行检查工作。药械专项检查全年出动执法人员656人/次,执法车辆316台/次,检查药品、医疗器械使用单位458家,有力地规范药械流通市场秩序。

【化妆品监管】 加强日常巡查,进一步规范辖区内化妆品经营和使用单位的经营行为,与美容院、超市、理发店、药店签定化妆品监督意见书152份。开展"元旦"、"春节"化妆品专项整治活动,加强对不合格化妆品的核查工作,重点对国家局公布的29批次祛痘类、9批次、5批次不合格防晒类化妆品进行了专项整治,出具责令改正通知书25份,检查化妆品经营、使用单位379户。扎实有效地推进化妆品流通环节专项整治工作,对化妆品批发、零售企业、美容美发企业、洗浴中心等化妆品经营使用单位的护肤类、发用类、洗浴类等品种进行重点整治。

【行政许可】 全年发放《食品经营许可》1018件,其中食品销售629件,餐饮389(含单位食堂89)件。

【特色工作】 为确保学校食品安全,将学校食堂食品安全快速检测室作为重要工作来抓。经过区食药局指导培训,南充十一中、白塔中学、高坪中学、高坪三中等20家学校食堂完成食品安全快检室的建设。加强食用农产品市场准入监管,督促集中交易市场开办者落实主体责任,确保"菜篮子"食品质量安全。在城区江东农贸市场、和平综合市场、白塔市场、民选市场、松林市场初步建成规范化的食用农产品快速检测室,已经开展农药残留、兽药残留的快速检测。全年城区农贸市场快速检测室已经快速检测食用农产品15000批次,合格率达100%。

【宣传培训】 细化制定培训方案,印制《食品药品安全知识手册》等多种培训资料,充分利用"3.15"国际消费者权益日""3.31投诉举报宣传日""三小"宣传、食品安全周、食品安全宣传月、安全用药月、"12.4"宪法日等重要节点开展宣传活动。2017年累计发放《食品安全法》等宣传读本5500余本、食品药品安全宣传单10000余份、宣传扇5000余把、环保袋3000余个、围裙1000余条,接受群众咨询2000余人。通过政府门户网站、南充新闻网、报刊、微信公众号等宣传媒介,逐步推动食药安全社会共治的新格局,引领食药安全知识普及的新常态,让社会各界群众充分了解食品药品监管系统,更加理解关心支持食品药品监管工作,有效提高人民群众对食品药品监管工作的认知度和满意度。

【党风廉政建设】 扎实开展党风廉政宣传警示教育,教育党员干部特别是领导干部牢固树立正确的权力观和政绩观。在日常工作中,一方面加强班子建设,坚持定期学习制度,提高理论素养,增强党性意识,坚定理想信念。抓好制度建设,提高工作能力。另一方面扎实开展"两学一做"学习教育,把"学党章党规、学系列讲话、做合格党员"学习教育作为重要任务,通过自学、集中学习、主要领导讲党课、专题辅导、专题研讨等方式,让学习内容入脑入心。

【精准扶贫】 根据区委要求,继续对江陵镇元宝山村、琴台寺村、牌坊村实施精准扶贫。一是开展人饮工程，帮助解决元宝山村1、2、4、5、6社群众解决吃水难问题，计划投资近120万元安装自来水，解决该村近千人吃水难问题；二是开展临时救助，动员干部职工与贫困户结成帮扶对子，并在重大节点对贫困户进行走访慰问，解决其临时困难；三是协助镇、村做好其他工作，为2018年实现脱贫摘帽打下基础。全年我局共派驻42人进村入户，划拨70万元作为开展精准扶贫工作经费，从人、财、物和工作精力对扶贫工作的开展提供有力保障，顺利通过省市及第三方的评估验收，确保"脱贫攻坚"任务按期按质按量完成。

【领导名录】 局长：王铖，副局长：温和平、蒲军至，食药安全总监：张学全，纪检组长：谢家珍（女）。

（供稿：陈 维）

工商行政管理和质量技术监督

【概况】 2017年，高坪区工商和质量技术监督局内设机构和人员无变化。当年，在区委、区政府的坚强领导下，在上级主管部门的精心指导下，认真贯彻市委"155"发展战略，紧紧围绕"九场战役"，以服务地方经济社会发展为己任，认真履行市场监管和服务职能职责，强化措施，狠抓落实，各项工作收到了较好成效。全年新增各类市场主体3795户，每万人拥有个体工商户227户，每万人拥有私营企业66户，同比增长20.37%。新申请商标注册149件，争创省著名商标2件，商标国际注册2件。4个产品荣获第十二届四川名牌产品称号。质量强区工作深入开展，我区2016年度质量工作被评定为A级（最高等级），2家企业获得"南充市质量奖"（共5家）。检查各类市场150个，立案查处各类违法违规案件72件，我局被市工商局评为"红盾春雷行动2017""先进集体"，张波同志被省工商局评为"红盾春雷行动2017""先进个人"。非公党建工作突出，被国家工商总局评为推进非公党建工作表现突出单位。帮扶工作全力开展，被市委、市政府评为2016年脱贫攻坚帮扶工作先进单位。

【商事制度改革】 全力推进先照后证、五证合一、两证整合、多证合一等商事制度改革，为企业开办提供便利化服务。共颁发"五证合一、一照一码"营业执照2114户、颁发"两证整合"的个体工商户营业执照3622户、发出"先照后证"告知书1397份，核发"多证合一"营业执照130户。全新开展了企业、个体工商户简易注销登记改革，办理简易注销登记企业142户、个体工商户980户。开展全程电子化登记改革，受理网上申请冠省名、市名企业名称438个、网上核准企业名称430个、办理企业网上设立登记1户。全力开展个体工商户登记制度改革试点，新办理个体工商户设立登记767户、变更登记143户，同比增长16.04%、47.43%。现全区市场主体已达到17773户。

【品牌培育】 恒一牌猪肉罐头、过江龙牌卤制牛肉、天太乳业牌液体乳、川晶牌绿色食品深井晶盐成功荣获第十二届四川名牌产品称号。"苏西湖"塑料容器、"百年六合"丝绸服饰成功争创为省著名商标，"高坪甜橙"成功注册"地理标志证明商标"，为我区"地理标志证明商标"实现零的突破。指导"恒一"罐头等5件商标申请国际注册，现已成功2件。新申请商标注册149件，指导、推荐2件商标申请省著名商标复审、2件商标申报省著名商标、1件商标申报中国驰名商标。

【质量强区】 落实《关于调整质量强区工作领导小组成员的通知》《高坪区质量对标提升行动实施方案》《高坪区标准化体系建设发展规划》等文件精神，引导企业完善产品和服务质量标准体系，有序推动质量强区工作稳步推进。在市质量强市领导小组对各县（市、区）的评分考核中，区2016年度质量工作被评定为A级（最高等级）。"南充市质量奖"共评选5家企业，嘉美印染、传化公路港物流成功获奖。

【标准化战略】 特邀四川省标准化研究院、南充市质监局领导、专家多次对南充现代物流园物流标准化工作进行调研和指导，收集物流相关标准900余份。高坪区阙家镇火烽村"生态果林+精准扶贫"省级标准化示范区成功列入第十二批省级农业标准化示范试点项目。该示范试点项目辖四个建档立卡贫困村及毗邻村社流转土地9000余亩，作为实施"精准扶贫"助农增收的重要举措。

【民营经济发展】 深化"个体转企"和"民企提升"工程，为民营经济创造宽松的政策环境，完成个体转企57户，力促"四川华中建设有限公司"成立企业集团。开展动产抵押登记和股权出质登记工作，截至11月31日已办理动产抵押登记13件，帮助企业融资56548万元；办理股权出质设立登记29件，出质股权33568.9万元，融资85194万元，办理股权出质注销登记24件。

【市场监管】 "红盾春雷行动2017""质监利剑春风行动"有效开展，以日常消费品、老年人用品、儿童用品、网络交易、农资产品等为重点，对商品质量、商标侵权、虚假广告、无证无照、合同违法、垄断和不正当竞争等进行了强力整治，检查各类市场150余个，抽检成品油17个批次、日用商品15类65个批次，立案查处各类商品质量案件72件、侵犯商标专用权案件4件、各类虚假宣传案件19件、网络违法案件6件，查办10万元以上案件2件，罚没入库100.17万元。区工质局被市工商局评为"红盾春雷行动2017""先进集体"，张波被省工商局评为"红盾春雷行动2017""先进个人"。

【特种设备监管】 相继开展了特种设备安全大检查暨隐患排查整治百日攻坚行动、汛期特种设备专项整治、"安全稳定保卫战"等工作，对学校、商场、小区、企业等公众聚集场所的特种设备进行重点监察。截至12月10日，共计检查特种设备生产、经营、使用单位212户次，检查设备1336台次。整改消除安全隐患15家，排除电梯隐患50台。开展了燃煤锅炉整治，注销燃煤锅炉使用登记证55个。

【网络交易监管】 对87户涉网企业全部进行数据采集、亮标建档。发放行政建议书57份、行政约谈书47份，帮助规范格式合同条款13条，帮助规范宣传用语26条，约谈企业18户。印发《南充市高坪区2017网络市场监管专项行动实施方案》，检查网站平台270余户次，实地检查和书式记录检查共140余户次，清理无效链接4户，整改网站9个，责令企业删除不实信息8条，同时开展网络商品定向监测和产品质量抽样检查13个批次，立案查处利用网络违法案件6件。

【计量监管】 加强企业诚信计量管理体系建设，恒一食品、过江龙食品等6家企业被评为南充市"诚信计量示范单位"。开展3次"关注民生、计量惠民"专项行动，检查集贸市场、餐饮店、商场（超市）、加油站（加气站）、医院等共计285家/次，在用强检计量器具989台/件，抽查定量包装41批次，免费检定15个集贸市场计量器具1200余台/件。现正在对50余家各类医疗卫生机构700余台/件医用计量器具开展免费检定。

【城市管理】 开展了校园周边环境整治，共检查经营户150户次，取缔无照经营6户，确保了高考期间的正常经营秩序。做好了人感染H7N9禽流感疫情防控工作，疫情防控期间，检查经营户1000余户，检查和关闭活禽交易市场30家、活禽宰杀点35处，确保了辖区未发生一起人感染H7N9疫情。落实"限塑"要求，对市场内1500余户经营户遵守"限塑"规定情况开展检查。

【信用监管】 落实企业信用信息公示及年度报告制度，至6月30日，企业已年报3529户，年报率98.27%；个体户已报10774户，年报率98.5%；农专社已报346户，年报率96.38%，全面完成省、市局下达的年报工作任务，被市工商局评为"年报工作先进单位"。开展"两随机、一公开"抽查工作，抽查企业101户，个体303户，农民专业合作社10户，确保公示信息的准确性。全力推动涉企信息归集工作开展，市企业信用信息数据互联共享平台录入信息3314条，商事制度改革"先照后证"网上推送信息1533条。

【消费维权】 推进"一会两站"建设，畅通12315、12365消费者投诉举报渠道，严格值班制度和工作纪律。注重与消费者生活密切相关的服务消费的监管，监督经营者履行商品退货及售后修理更换服务等义务，依法查处故意拖延或者无理由拒绝消费者的合法要求等消费侵权行为。全区现共受理消费者投诉238件，处理238件，为消费者挽回经济损失101.32万元。调解的一案例被省消委评为2016年度全省消费纠纷调解优秀典型案例三等奖。

【环保督查】 开展汽车维修企业的清理检查工作，共清理检查一、二类维修企业51户、三类维修企业131户，清理出无照维修企业48户、规范办照12户，下发《限期办照通知书》36份。参与处理环保投诉案件6件，对3户违法排污企业的机器、设备进行了拆除，并根据区政府要求注销了2户违法排污企业营业执照、变更了1户企业的经营范围。

【非公党建】 在全区256家非公企业中建立非公企业党组织187家，覆盖率达73.05%。新组建党组织6个，培养发展党员10名，先后有150多名同志递交了入党申请书，有50多名企业骨干、中层以上管理人员被确定为入党积极份子。同时完成51个党组织和306名党员的信息采集录入，督促12名党员将组织关系转入所在党组织。结合"两学一做"常态化制度化学习教育，将非公企业党务工作者纳入干部常规化教育培训体系，就如何当好非公企业党支部书记，如何做好党员发展工作进行了专题培训。组织非公企业基层党组织负责人参观了南充傅化、建国汽车和华蓥山革命基地党建工作成果，并展了重温入党誓词等活动。利用党建促发展，现非公企业党组织已研发10余个新产品，完成技术革新30多项，为企业增加赢利9000多万元；向社会捐助200多万元。

【领导名录】 党委书记、局长：刘毅；党委委员、副局长：胡小平、何智雄；党委委员、纪委书记：龙登勇。

（供稿：邓 勇）

教 育

综合管理

【概况】 2017年，南充市高坪区教育局内设办公室、计财股、教育股、信访和安全管理股（法规股）、督导股、政工股（语言文字工作委员会）、民职股7个行政股室。管理区电大工作站、区大中专招生办公室、区教育科学研究室、区教育基建办公室、区电教教仪管理站、区学生资助管理中心6个事业单位。局机关在职职工12人，直属事业单位在职职工54人。当年，全区共有区属学校165所，在校学生（含幼儿园和民办学校）86322人。其中，公办学校76所（普通公办高中3所，职业高中1所，单设初中16所，九年一贯制学校14所，完全小学34所，公办幼儿园6所，教师进修校1所，特殊教育学校1所），在校学生66635人；在职教职工4428人，其中专任教师4255人；民办学校90所（民办九年一贯制学校1所，民办十二年一贯制学校1所，民办中职学校4所，民办幼儿园84所），民办小学教学点12个，在校学生19687人。此外，辖区内有普通高等院校3所（川北医学院高坪校区、南充职业技术学院高坪校区、南充广播电视大学高坪工作站）；市属高中（职）学校2所（龙门中学、南充师范校）。3—6周岁幼儿毛入园率达到90.16%。小学适龄儿童入学率、15周岁初等教育完成率均达到100%，随班就读的"三残"儿童入学率达96%。2017高考，高坪区一本上线679人，二本上线2093人，全市综合排位第一。

【教学经费】 2017年，全区教育经费总收入98158.5万元，较上年增加了8938.5万元，增长10.02%。其中：国家财政性教育经费85856万元。公共财政支出69555.4万元中，教育事业费拨款65914.9万元，基本建设经费2500万元，教育费附加1140.5万元。政府性基金预算安排教育经费73万元，其中彩票公益金73万元。为进一步改善办学条件，当年共争取上级专项补助资金11219万元。其中：教育现代化推进工程建设中央专项资金2500万元，省级义务教育均衡发展专项资金1332万元，学前教育发展中省专项资金1363.5万元，市级教育专项资金1552万元。

【项目建设】 2017年，实施教育重大基建项目9个，新增教育用地150余亩，概算投资2亿元。其中，学前教育建设项目：新增用地约35亩，概算投资4000万元，启动安汉幼儿园新建项目，走马小学附属幼儿园、阙家小学附属幼儿园、黄溪小学附属幼儿园扩建项目；改善义务教育薄弱学校建设项目：省级专项补助资金999万元用于龙门二小等9所学校改（扩）建项目及设备购置。薄弱县普通高中建设项目：高坪中学教学楼、实验综合楼建设项目投资4300万元，其中中央专项补助2000万元，建筑面积24300平方米，2017年秋季竣工投入使用；运动场改造项目全面启动；长乐中学改扩建项目总投资约800万元，完成教学综合楼、教师周转宿舍、道路及运动场改扩建工程。义务教育学校标准化建设项目：高坪一小迁建项目，该项目建筑面积约33000平方米，计划投资8000万元，2017年完成部分主体建设，预计2018年底竣工投入使用；全面启动东方小学新建项目，职业教育产教融合建设项目；新增教育用地115亩，高坪职中实训生产中心建设项目概算投资3250万元，其中中央预算内投资2000万元，建筑面积约19000平方米，2017年开工建设，预计2018年底竣工投入使用。

【队伍建设】 2017年，高坪区教育系统开展师德师风建设年活动，先后印发了《关于进一步加强师德师风建设的实施意见》及活动方案，完善师德教育、宣传、考核管理、奖惩和监督等制度，每期第二个月开展"三评八查"活动。2名教师被评为"四川省特级教师"，全区评选出何天奇等74名优秀教师，杜兴平等60名优秀班主任，罗建军等25名优秀教育工作者。全面实施县域内义务教育公办学校教师校长交流工作并制订出台具体实施意见和操作办法。全年交流教师校长人数172名，占应交流人数12%，其中骨干教师40名，占应交流人数23%。全面完成教师资格过渡工作，全区1人评聘为中小学正高级教师，45人评聘为中小学高级教师职务，26人评聘为中小学一级教师职务。全年通过公招、考核招聘等方式引进区外人才138人。区教育关工委被市教育和体育局评为"关心下一代工作先进集体"，"阳光校园·我们是好伙伴"读书主题活动获教育部关心下代委员会"优秀组织奖"。2017年完成国家级培训计划127人、省级培训计划829人、市级培训计划540人，合计完成率100%。组织区级、校级各类教师专题培训、学科全员培训约17000人次。

【教学科研】 2017年，高坪区教学研究工作，先后荣获南充市普通高中教育教学质量综合评价一等奖、南充市基础教育质量考核教研指导一等奖，获2017年县（市、区）教研室工作综合考核一等奖。全年分6大片区召开集体备课暨高效课堂建设大型现场会6次，小学初中分设18个点；深入7所学校开展"菜单式教研"活动13次；举行了6个学科的新教材培训；中小学10个学科组织开展了教学大比武活动，开展高三学科教研活动14次，召开全区高三教学质量分析会4次，组织召开高中毕业班管理工作座谈会2次，大型高三学科教师备考研讨会1次，组织高三学校领导和学科教师代表到重庆名校考察学习，聘请了省市专家解读2017年高考说明并作高考教学指导；开展定期和不定期高三年级教学工作视导，认真研究考题和命题趋势，组织好诊断性、适应性考试，抓好考试能力培养，六、九年级分别召开学科专题研讨会12次。到学校或片区作校本教研专题讲座48人次，参与学校或片区校本教研活动200人次，开展教学视导49校次，写出教学视导报告16份，检查教学计划300余份，教案2000余本，学生作业82000余册，听课2500多节次，抽查教研活动记录近100本，翻阅教学"六认真"活动资料20000多本，教学管理资料600余卷。形成教学视导简报46期，对教学质量相对落后的十所学校采取了解剖麻雀的方式进行督查，找准了症结、提出改进措施，形成了督查报告7份，跟踪督查情况通报5份。全年在市上新增立项课题9项，省上新增立项课题2项。其中《区域德育生态校本教材研究》课题成为四川省教育改革发展重点科研课题。完成了2017年区级课题立项工作：21项普教科研规划课题立项，57项微型课题立项。由高坪区教研室主研的《区域推进学区联盟管控机制创新》，高坪区进修校主研的《名师引领下的教师合作研修"三元生态发展"模式》，高坪七小主研的《小学数学三循环教学模式研究》三项优秀科研成果获四川省第六届优秀教学成果奖二等奖2项，三等奖1项，《高坪区基础教育领域教师专业发展现状调研报告》获四川省第三届教育发展改革成果三等奖，高坪区《农村小学生课外阅读"双主四六"模式》等27项成果获南充市第五届普教成果评奖，其中一等奖11项，二等奖9项，三等奖4项。高坪区教研室、高坪五小被评为"全国群文阅读十大示范基地"（四川4个，高坪占2个），并于12月10日在重庆大礼堂的3500余人的会场上隆重授牌。对全区基础教育领域教师专业发展作了全面调研，形成了

《南充市高坪区基础教育领域教师专业发展现状调研报告》，荣获四川省第三届课程改革与发展优秀成果三等奖；结合小语新教材把课外阅读纳入语文课程的实际，进行了全区小学生阅读现状调研，形成《高坪区小学生阅读现状调研报告》并发表在由现代出版社出版的《课程改革与教学问题研究》上。全年全区7个学科16名学科教师参加国、省、市教学竞赛获得特等奖3名，一等奖10名，二等奖3名。开展"一师一优课、一课一名师"活动，共指导评选录像课4个学段18个学科73节，向南充市推荐优秀课例30节，组织52名学科教师参加了全市有效课堂展评活动，取得了一等奖27名，二等奖25名的优异的成绩。全区教学论文、教学设计、教学案例等评选活动，获全国等级奖1篇，获省一等奖2篇，二等奖3篇，三等奖2篇；获市一等奖42篇，二等奖55篇，三等奖6篇；组织人员参加课改培训、课标培训、教材培训等各类培训35次；承办南充市市级示范学校优质课展评活动和南充市幼儿园教师自制教玩具展示和交流活动及南充市高中化学优质课展评活动等活动6次；编印《教育与教学》46期，向市教科所网站、《南充教育信息》、《南充教研》、《南充日报》、《南充晚报》共报送信息20篇，被采用17篇。

【落实惠民政策】 全面落实国家各项惠民政策。当年，已全部免除义务教育阶段51455名学生学费、教科书、作业本费。全年资助学前教育保教费（即三儿资助）困难幼儿7263人次，资助金额近374.3万元；发放中职学生助学金1280人次，发放助学金128万元；为5499人次中职学生减免学费517万余元，为高坪籍建档立卡的中职、技工学生332人次发放生活费补助费16.6万元；为2117人办理了生源地助学贷款，贷款金额达1670万元。发放普高学生国家助学金8263人次，金额826.3万元；为7798人次普高生免除学费305.898万余元。接受南充市教育基金会7.2万元，解决18名大学新生入学困难。完成义务教育阶段贫困寄宿生9000人次生活补助发放，共计554.3万元。区政府筹资150万元，解决了180名边远特困教师的家庭经济困难、1000名特困家庭学生的入学难问题，暑期资助困难大学新生80人，共计24万元。同时，为218名家庭经济困难的大学新生解决入学路费14.4万元，为235名高坪籍的建档立卡大学新生发放学费、生活费补助94万元；争取广州基金会资助我区3名困难教师1.5万元，并对我区3名教师发放贡献奖0.6万元；全年对我区建档立卡的学生7302人次发放教育扶贫救助金385.46万元。

基础教育

【概况】 2017年，全区有各级各类幼儿园90所，幼儿班586个，幼儿16944名，幼儿毛入园率达到90.16%，省级示范幼儿园1所，市级示范园4所；义务教育阶段办学校（点）89个，其中小学34所，教学点24个，单设初中16所，九年一贯制学校14所，特殊教育学校1所，高中4所，在校生66635人，教职工4428人。全区开展了社会主义核心价值观的学习和教育，开展了"三好学生"、"优秀学生干部"等系列先进的评选，在"童眼看四川，最美是家乡"未成年人文艺作品征集中评选活动中，我区选送的《美丽的万家小学》被四川省教育厅、四川省精神文明办公室等六家单位评为一等奖。南充市高坪第一小学、南充市高坪第五小学、南充市高坪第七小学、南充市高坪实验小学、南充市高坪区阙家小学、南充市高坪区东观万福小学被四川省精神文明办评为首届文明校园。全区深入推进教育均衡，2017年5月，国务院授予我区"义务教育发展基本均衡县"奖牌。2017高考，高坪区一本上线679人，二本上线2093人，全市综合排位第一。

【学前教育】 在全区大力推进中心幼儿园和示范幼儿园建设，形成了以公办幼儿园为骨干，公、民办相结合的学前教育格局，构建了属地抓管理，政府购买服务，办学主体抓常规运营的学前教育成本分担机制；规范收费行为，各民办幼儿园收费必须持物价部门审核的收费文件，参照公立幼儿园标准执行；全面取消小学学前班，纠正了幼儿教育小学化的倾向；狠抓幼儿园管理，加强了对幼儿园的常规督查和评比，组织专人对全区公、民办幼儿园进行日常工作随机抽查，进行年度目标考核，对公、民办幼儿园实行等级考评，民办幼儿园的奖补资金拨付和年审挂钩；支持幼儿园特色发展，鼓励幼儿园在环创、课程、活动、游戏等方面形成自我特色。幼教质量稳步提升，当年入园幼儿16944名，入园率达到90.16%。省级示范幼儿园1所，市级示范园4所。

【义务教育】 全区义务教育阶段办学校（点）89个，其中小学34所，教学点24个，初中16所，九年一贯制学校14所，特殊教育学校1所。在校学生51455人，入学率100%；完成了国家"义务教育发展基本均衡县"验收并接授奖牌。按照《高坪区义务教育阶段教学质量考核办法》，将义务教育阶段各学校、各年级进行综合考核。贯彻《四川省教育厅关于进一步加强中小学艺术教育的意见》和《四川省教育厅关于进一步加强青少年体育增强青少年体质的通知》和《高坪区教育局关于进一步加强学校体育、艺术、卫生工作的实施意见》，各学校落实"每天锻炼一小时"要求，对全体学生进行体质健康测试。创建全国足球示范校10所，省阳光示范校4所，省文明校园6所，传统项目示范校5所，南充市示范学校12所。

【高中教育】 全区所辖高中学校4所，其中公办学校有白塔中学、高坪中学和长乐中学共3所，私立学校有南充十一中1所。白塔中学成功创建省级一级示范高中，高坪中学成功创建省级二级示范高中。全区大力实施高中学校课程改革，按教育部和省政府制定的时间表，完成了高中学校选课走班的前期准备工作。全区高中任课教师共715人，在校学生15577人，其中高一有教学班85个，在校学生4993人，高二有教学班82个，在校学生4974人，高三有84个教学班；在校学生5610人。2017年高考在全市普通高中教育教学质量综合评价中，高坪区荣获一等奖，高坪区教研室获教研指导一等奖。

民办教育

【概况】 2017年，民办学校90所（民办九年一贯制学校1所，民办十二年一贯制学校1所，民办中职学校4所，民办幼儿园84所），民办小学教学点12个，在校学生19687人，教师1240余人。当年，坚持"积极鼓励，大力发展，正确引导，依法管理"的十六字方针，坚持把民办教育纳入政府的教育发展规划，大力推进教育创新，出台一系列优惠政策，促进民办教育的健康稳步迅速发展。

【引资办学】 区委、区政府出台《关于建立招商项目评审机制的实施意见》（高委发〔2017〕9号）和印发《南充市高坪区教育招商优惠政策》（高委办发〔2017〕18号）文件，加大招商力度，着力创新招商方式，狠抓项目落地实施，以建立机制，打造招商引资环境；政策保障，量身定制招商引资政策；创新方式，扩大招商引资渠道等举措，对教育招商引资给予教育用地优惠出让、奖励办学资金等多项优惠政策，营造教育大招商的良好氛围。2017年，安汉中学成功招引1500余万元，用于教学楼的土建工程。

【学校管理】 2017年6月，高坪区人民政府印发《南充市高坪区人民政府关于进一步规范民办教育机构审批和管理的意见的通知》（高府办发〔2017〕106号），区政府成立民办教育机构管理领导小组，切实加强对民办教育工作的领导。区教育局严格按照设置标准和审批流程对民办教育机构进行审批，加强对民办教育机构的检查和监督，认真审定招生资格，严格审核招生广告，规范招生措施，按照发改等部门核定的收费项目和收费标准收取费用，认真执行年检制度，并进行公示，全区民办教育健康发展，办学水平逐步提升。

职业与成人教育

【概况】 2017年，区内职业学校4所，其中，高坪职业高级中学系高坪区唯一的一所公办职业学校。南充华西职业技术学校，南充电子工业学校，南充信息工程学校为民办类职业学校。在校学生1716人，在职教职工158人。各中职学校开设了计算机应用，公路运输管理，石油钻井，计算机与银行服务等多个专业。

【职业教育】 按照"155发展战略"，学校以建设一个职教中心，招引一所优秀职业院校，打造一批特色专业为重点，初步构建起专业特色鲜明、中职高职衔接、职教普教融通、学历教育和职业培训融合的现代职业教育体系。整合资源，将高坪职中与区职教中心融入其中，深度打造我区职业教育航母。深化改革，催生动力做到产教融合优化专业，校企合作协同发展，双向流通"升""就"同步，创新机制双轨并行。南充电子工业学校在南充市第七届中等职业学校学生技能大赛中荣获电子产品装配与调试团体二等奖，单片机控制装置安装与调试团体三等奖，会计实账团体三等奖。南充市高坪职业高级中学启动了物流园区的新校区建设。新校区选址高坪区物流南路，占地114亩，总投资1.5亿元。建成后可容纳学生4000人。

【成人教育】 2017年，全区成人教育主要以高坪区教师进修学校为平台，常年对全区教师进行培训，以提高教师职业技能。当年，举办了中小学校长培训、中小学名师研修培训活动、中小学班主任培训、学科教师培训、新教师培训等各种培训班36类，培训了中小学校长500余人次、教务主任71人、新教师589人、学科教师专题培训和岗位培训1847人次、班主任培训167人、"三笔字"培训等教师职业技能1264人次、通识性培训987人次、信息技术提升工程培训3825人次。

特殊教育

【概况】 南充市高坪区特殊教育学校是高坪区唯一一所为聋哑、智障的学龄儿童提供教学、康复等服务的综合性特校。2017年有在册残疾学生135人，设有聋生二年级、五年级、七年级、九年级、职高班各一个，培智三个班。在编教职工28名。其中，特殊教育专业教师13人，专科学历14人，本科学历14人，高级职称教师7人、中级职称教师10人，市级骨干教师2人、区级骨干教师3人。2011年学校被列入国家"中西部特殊教育学校改扩建项目"，新校区位于南充市航空港工业园区的打铁垭。教学综合楼、食堂、宿舍等基建工程已经竣工，正在进行装修和设备安装。

【教育教学】 在教学上，针对学生的不同情况，因材施教，对培智班学生加强生活自理能力和社会适应能力培训。对低年级聋哑学生进行了基础知识和基本技能的"双基教育"，对高年级聋哑学生突出艺体教育和职业技术教育，开设了服装加工、计算机应用、国画制作、手工艺品制作等课程。春节期间，学生制作的国画作品和手工艺品到嘉陵江美术馆参加迎春美术展获得嘉宾一致好评。学校有19名建档立卡贫困户学生，学校建立"一对一"帮扶小组，通过帮扶、心理疏导、作业辅导、家访的方式实施精准扶贫，取得了很好的效果。学校有19名区内极重度残疾障碍儿童，学校组织了8组送教老师根据送教学生的年龄特点、心理特点和认知水平，选取适合学生的教学内容进行教学与康复训练。7月，学校组织的篮球队代表高坪区参加南充市第五届残疾人运动会篮球项目获得第一名。学生卿川获得"优秀运动员"称号。学校"志坚"足球队参加高坪区中小学生校园足球联赛获得小学男子组一等奖。

招生、自考

【概况】 高坪区大中专招生办公室为区教育局管理的副科级事业单位，负责全区中小学招生和大中专招生，其中，大中专招生包括成人高校招生考试和高等教育自学考试工作。

【中小学招生】 2017年，下发《高坪区教育局关于做好2017年中小学幼儿园招生工作的通知》，实现了规范招生、阳光招生。义务教育招生坚持"就近入学、划片招生"和"小一新生必须年满6周岁"的原则。全区招收小学一年级班级129个，学生5932名，招收初中一年级班级124个，学生6160名；普通高中由市教育局下达招生计划并严格实施，录取时按考生志愿与考分相结合，与学校自主招生相结合的录取原则，高中招收新生班级85个，学生4993名，高中阶段毛入学率达91.2%。各类中职学校春招及秋招共招生1819人。

【大中专招生】 2017年，全区共有6318人报考普通高校，共录取5380人，其中文科2228人，理科3096人，提前批录取50人（本科23人，专科27人），艺体本科录取86人，本科第一批录取629人，本科二批录取1342人，本科录取率为32.9%。成人高考共有1445人报名，其中高起专1229人，专升本216人，共录取1270人，录取率达87.9%。

【自学考试】 2017年，全年自学考试报名共有1755人，4707科，其中新生858人，新生的比例占全年报名人数的48.9%，并为6名自考考生办理了自考毕业证。

高等教育

【概况】 2017年，高坪辖区有川北医学院、南充职业技术学院和南充广播电视大学高坪工作站3所高等学校，有教职工1600余人，在校学生27000余人。

【教学工作】 川北医学院完成本科专业人才培养方案及教学大纲修订。积极推进学分制、临床全程教学及"医教协同、校企协同、校地协同"等多样化人才培养模式改革。顺利接受了教育部本科教学工作审核评估。邀请校外专家对临床医学、基础医学、药理学硕士学位授权点进行现场评估。新增眼视光医学、精神医学、财务管理三个本科专业，学校成为目前西部地区唯一开设眼视光医学专业的高等院校。临床医学、眼视光医学列为省一本招生专业。建成了医学人卫慕课、川北医学院慕课、医学教学素材库等数字化教学资源。护理学、麻醉学两个首批四川省普通高校应用型示范专业建设稳步推进。创新创业教育积极开展，成功申报四川省大学生创新创业平台，获得100万元资金扶持。南充职业技术学院出台了《南充职业技术学院教学成果奖评选及奖励办法》等系列文件。组织举办了全院青年教师教学竞赛，参赛教师202人。加强专业和课程建设。出台了"十三五"专业建设方案，形成"7+1"专业群。申报了绿色食品生产与检验、城市轨道交通机电技术、电子商务、民族表演艺术4个新专业。组建了第一届教学工作指导委员会。国省市比赛获奖创新高，获国家级奖项9项，省级奖项42项，市级奖项28项。

【科研工作】 川北医学院出台《川北医学院科研经费使用管理暂行办法》，《川北医学院科研成果奖励细则》等管理制度。完善大型科研仪器设备共享机制，启动科研共享平台建设。全年获得厅局级科研立项179项。科研成果获四川省科技进步一等奖等各级各类奖项13项。获四川省高校创新团队2个。获新授权专利9项。风湿免疫疾病临床医学研究中心获批为四川省首批临床医学研究中心。积极推进新技术新项目开展，76项新技术通过评审并进入临床应用，完成57项新技术新项目立项。成功实施川东北地区首例帕金森病脑起搏器植入（DBS）手术。附属医院进入国家疑难病诊治能力提升工程项目储备库名单。教师研究成果在国际胃肠病领域权威期刊Gastroenterology（影响因子18.39）在线刊发。学校学报荣获教育部"中国科技论文在线优秀期刊"二等奖。学校成功创建省级"健康文化科普基地"。南充职业技术学院申报并组建成立了南充市电子信息产业技术研究院1个市级科研机构；成立了现代农业发展研究中心、汽车汽配发展研究中心、现代物流发展研究中心、现代职业教育发展研究中心等4个院级科研机构；建立了现代畜牧业研究所、现代种植业研究所、智能制造技术研究所、建筑工程研究所、印刷包装技术研究所、艺术教育研究所、旅游产业发展研究所、会计应用研究所、应用英语研究所、英语教育研究所、学前教育研究所、汉语言文学研究所等12个系级科研机构；建立了技能大师工作室5个。2017年，各级各类课题共立项123项，其中，教育部社科课题1项、教育部职业院校外语专业教学指导委员会课题1项、省级课题12项、市级课题41项、院级课题65项，到账项目资金5.2万元，学院配套33.6万；学院教师发表论文267篇，出版教材17部；编辑出版了《南充职院论坛》4期，《南职论坛拾遗》1期；举办了南职讲坛和南职人讲坛各10次。

【人才培养】 川北医学院全年引进硕士以上学位教师60人，送培博士16人，柔性引进海外高层次人才3人。新聘外籍教师3名。选送40余人次到国内外进修。学校教师在全省思想政治理论课"精彩一课"讲课比赛、高校细胞生物学教学比赛等教学竞赛中表现突出。新增享受国务院政府特殊津贴人员1人，4人分别获得"全国卫生计生系统先进工作者"、"四川省中医药工作先进个人"、"第二届四川省卫生计生首席专家"、"第二届四川省卫生计生领军人才"荣誉称号，21人入选省卫计委第十二批学术技术带头人及后备人选。南充职业技术学院全年共引进硕士研究生33人、博士1人，引进企业技术能手（省有突出贡献专家）1人，聘任南充市技能大师5人任学院兼职教师；出台了《南充职业技术学院青年教师到企业一线锻炼管理办法》、《在职教师攻读博士、硕士管理办法》等；召开了第33届教师节表彰大会，评选并表彰先进教师和优秀教育工作者共36人；对2012年以来进校的青年教师进行了为期两天的培训；对2017年新进教师、辅导员等进行了岗前培训。

【招生与就业】 川北医学院全年招录本专科生4015人、研究生291名、成教学生4679人，招收留学生61人，在校学生总数17912人。2017届本专科毕业生总体就业率达93.5%，研究生就业率100%。学生荣获第八届全国高等医学院校大学生临床技能大赛全国总决赛二等奖、2017年国际口腔医学本科生操作技能大赛二等奖、第十届中国大学生计算机设计大赛全国总决赛中荣获一等奖、第二届全国护理专业本科临床技能大赛一等奖、首届研究生临床能力（医学影像）竞赛三等奖等全国性、区域性竞赛奖项共计60项。108名学生获得四川省"大学生综合素质A级证书"。南充职业技术学院全年普通专科招生专业48个，录取4116人，报到3708人，报到率90.09%，录取人数、报到人数、报到率三项指标均创新高，各类在校生人数达11088人。2017届毕业生3433名，3263人就业，就业率为95.05%，超省控线8个百分点。2018届毕业生3109人，到校招聘单位400余家，提供招聘岗位15000余个，举办了大型双选会1场、专场招聘会57场。高坪广播电视大学当年招生110人，毕业103人。

【校园建设】 川北医学院高坪校区雅园食堂、学生公寓静雅苑3—4幢投入使用。顺庆校区涪江路校门完成改造，"增花添彩"工程卓有成效，校园环境更加美化。实现无线网络校园全覆盖。

校园一卡通、缴费系统、就业服务、馆藏服务、能源管理等数字化服务体系正在构建。南充市精神卫生中心划转工作积极推进。嘉陵临床教学教学基地项目（川北医学院国际医院）完成土地购置，股东招募稳妥推进。顺利承接南充通正司法鉴定中心，建立川北医学院司法鉴定中心。南充市生物技术产业研究院筹建工作积极推进。川北医学院第二附属医院顺利对外营业。学校与南充市、三胞集团、西充县四方共建的川东北（南充）康养中心项目协调推进。南充职业技术学院完成了实验楼一期工程建筑面积21100平方米，第九栋学生宿舍建筑面积7600平方米，第二学生食堂建筑面积3800平方米的修建工作。启动了实验楼二期、教学楼二期、图书信息中心等工程的前期工作。

【开放办学】 川北医学院对外交流更加频繁，邀请来自美国、英国、加拿大、日本等国和台湾地区的20余位专家来校讲学，特别邀请到了诺贝尔奖获得者、美国微生物学家迈克尔·毕晓普教授来校演讲。派出18名护理专业学生赴台湾辅英科技大学学习，台湾辅英科技大学10名学生来校访问并与我校学生一起在三台县开展"三下乡"实践活动。接受1名外国博士访问学者来校科研进修。成功举办了"中国医院院长年会—天府峰会"。与英国斯旺西大学合作开展学生培养，录取2名我校优秀本科生直接读取医学博士。与日本宫崎大学、澳门大学签署合作备忘录。与成都高新区毕晓普癌症研究所签署合作框架协议。推进与南充市校地战略合作，组织申报市校专项科研项目265项，科研经费980万元。与民盟广东省委合作，推进设立博士培养基地、高级人才进修班、教师教学能力提升等工作。

【校企合作】 南充职业技术学院与四川空间信息产业发展有限公司等20余家企业、机构签订了合作框架协议或具体项目合作协议，与学院合作的企业现已达160余家，深度合作的企业40余家，共覆盖专业50个。与四川空间信息产业发展有限公司共建了空间信息产业学院，与重庆德克特信息技术有限公司共建了德克特互联网学院；与四川拓格机器人公司共建了拓格机器人学院，与八鱼科技有限公司共建了八鱼学院，这四个二级学院今年共招新生450名。承办了四川省"幼乐美杯"高职院校大学生学前教育专业教育技能大赛、南充市首届"工匠杯"百万产业工人技能大赛、南充市第七届中等职业学校学生技能大赛等省市级比赛。

【社会服务】 川北医学院学校附属医院全年门急诊总量约为135万人次，每百门急诊入院人数为4.8人次，出院病人约6.4万人次。完成手术约2.1万台次，其中三四级手术占比约为49%。学校坚持健康扶贫为主的工作思路，统筹推进营山县、仪陇县、阆中市、南部县、苍溪县、武胜县、壤塘县、稻城县等地精准扶贫工作，深入开展"服务百姓健康、助力脱贫攻坚"系列健康扶贫活动。为贫困患者建档立卡，为233名贫困医保患者累计减免费用55.58万元。组织义诊巡诊、健康扶贫活动30余次。划拨营山县千坵村、壤塘县尤日村、甘孜县人民医院扶贫资金230万元。抽派88人承担脱贫攻坚第三方评估任务和精准扶贫工作交叉检查。对口援建的甘孜县人民医院成功升格为二甲医院，对口帮扶的壤塘县尤日村顺利通过县、州两级脱贫摘帽工作验收，参与帮扶的南部县成功脱贫摘帽、仪陇县通过省级验收。学校精准扶贫工作被四川电视台报道。学校选派1名优秀干部进驻深度贫困县稻城县开展脱贫攻坚工作。此前选派的2名驻村干部分别评委四川省脱贫攻坚驻村帮扶优秀第一书记、全省教育系统优秀党员。南充职业技术学院申报南充市首批重点实验室建设项目8项；8名教师服务"三区"，到位服务资金16万元，完成技术服务项目32项；41名教师进入"四川省科技在线扶贫"专家库，解决技术性咨询300余次。举办种植、养殖技术培训会20次，参培人员800人次；在仪陇县双胜镇勇跃村、日兴镇黎明村和南部县定水镇郑家沟村、皂角乡长树岭村建立"精准扶贫、对口帮扶"支教点开展支教活动；利用暑期社会实践活动，送知识下乡，送技术下乡；年内，精准扶贫共投入资金47.9万元，派遣10人次专家、教师前往苍溪县职业中学指导教学与管理工作，在该校设立奖学金10万元。成功创建"四川省高技能人才培训基地"、"四川省新型职业农民培育示范基地"；举办了七期南充市中学教师继续教育培训，累计培训教师2439人次；为南充市残疾人联合会培训残疾人电子商务知识，培训残疾人近100人；举办国家高低压电工进网作业许可证培训，复训3批，新训4批。

【项目申报】 3月17日，教育部公布2016年度普通高等学校本科专业备案和审批结果，川北医学院申报的眼视光医学、精神医学、财务管理三个本科专业名列其中，分属于医学和管理学门类。南充职业技术学院申报省级创新发展行动计划项目获批6大类共11项，获省财政支持建设资金300万元。申报获批四川省省级高技能人才培训基地、四川省省级新型职业农民培训基地，获省财政支持建设资金300万元。申报获批大学生创新创业训练计划项目省级立项50项。

【党建工作】 川北医学院学院先后组织召开常委会、中心组（扩大）会等10次，及时学习传达十九大精神；按照统一部署，附属医院党委、各党总支、各党支部召开学习会150余场次，实现学校三级党组织学习全幅射和3700余名党员学习全覆盖。南充职业技术学院通过党委中心组专题学习、邀请省内外相关专家作十九大专题报告、把十九大精神的学习宣传纳入形势政策课等形式，深入推进习近平新时代中国特色社会主义思想和党的十九大精神的学习贯彻。"两学一做"制度化常态化，全院基层党组织制订常态化制度化方案49个，各支部开展主题党日活动23场次，开展专题学习讨论57场次，支部书记讲党课67场次，参训党员800余人次。加强党风廉洁建设，召开了党风廉政建设工作会，签订了党风廉政建设责任书；新建党风廉政制度建设5个、廉政谈话室1个；建立了全院中层副职以上领导干部廉政档案；处理信访案件6起；制定了学院党风廉政建设社会评价工作实施方案，印制宣传海报12000份、宣传横幅30条。看望、慰问生活困难和生病教职工50余人次，救助特困教职工发放"送温暖"帮扶资金10万余元。

【领导名录】 区教育局长：王嘉敏，副局长：周兴斌、杨华（女），纪委书记：唐智全；党委成员：母云光。

办学机构

【概况】 2017年，全区共有区属学校165所，在校学生（含幼儿园和民办学校）86322人。其中，公办学校76所（普通公办高中3所，职业高中1所，单设初中16所，九年一贯制学校14所，完全小学34所，公办幼儿园6所，教师进修校1所，特殊教育学校1所），在校学生66635人；在职教职工4428人，其中专任教师4255人；民办学校90所（民办九年一贯制学校1所，民办十二年一贯制学校1所，民办中职学校4所，民办幼儿园84所），民办小学教学点12个，在校学生19687人。此外，辖区内有普通高等院校2所（川北医学院高坪校区、南充职业技术学院）；市属高中（职）学校2所（龙门中学、南充师范校）。3—6周岁幼儿毛入园率达到90.16%。小学适龄儿童入学率、15周岁初等教育完成率均达到100%，随班就读的"三残"儿童入学率达96%。

【机关幼儿园】 2017年，园内共有14个教学班，在园幼儿646名，教职工67人，其中18人为在编教职工，90%取得大专及以上学历，80%取得本科学历，高级教师2人，一级教师8人。拥有四川省优秀教师2名，南充市优秀教师2名，高坪区名校长1名，高坪区名教师1名，高坪区优秀教师1名，区级学科带头人3名。4月召开第九届亲子运动会。5月，王铭晖副省长带领省直机关事务管理局直属的六所幼儿园对高坪区幼教进行对口帮扶。5月9日，帮扶启动及签约仪式在区机关幼儿园举行，四川省副省长王铭晖，省政府副秘书长严卫东，省机关事务管理局局长郭春英，省扶贫移民局副局长骆西宁，南充市委副书记、市长吴群刚，市委副书记古正举，高坪区委书记、区长袁华兵，区委副书记陈多平以及省机关事务管理局直属六所幼儿园园长和部分教师代等120余人出席和参加了本次活动。5月28日，庆"六一"文艺演出。暑假期间，对两栋外墙进行了校舍排危工程改造及教室、幼儿卫生间设施进行排危改造。10月30日，开展庆国庆亲子操表演。12月15日，在高坪区文化中心承办"南充市园教师自制玩教具展示和交流活动现场会"。南充市教育科学研究所副所长杨娟，高坪区教育局党委委员、副局长周兴斌等市区领导及南充市三区六县的园长及教师代表共200余人出席了本次活动。园长任雪梅作专题报告。12月31日，举行了庆"元旦"文艺演出。

园长：任雪梅（女）；工会主席：王翼（女）。

【高坪七小】 2017年，高坪区第七小学在校学生2923人，教职工144人，其中高级教师7人，省、市中青年骨干教师26人。学校被授予第一批全国青少年校园篮球特色学校、教育部"阳光校园，我们是好伙伴"主题教育活动示范学校、四川省文明校园、南充市基础教育质量考核先进单位、南充市信访维稳先进集体等荣誉称号。在全区的教学质量监测中，高坪七小综合评价位居全区第一名。当年1月，学校精心编排的节目《飞翔》参演四川少儿春晚并获好评；10月，学校课题《基于生活经验重构的学生三步九环教学策略》获得省政府二等奖，德育案例《党史国史进校园，千教万教育真人》被评为教育部优秀德育案例；11月，学校首届校园篮球嘉年华点燃了学生对篮球运动的热爱之情。学校成功进行"五四"学制改革，通过对五四学制衔接班学生和六年级学生在基础知识、自我发展、社会参与等方面进行调研、考评，在各方面五四学制衔接班的学生都有很大提升，特别是在学习专注力、学习成就感、学习自信心、思维灵敏度、独立分析和解决问题的能力、自我反思能力、合作交流能力、社会实践能力等方面优势明显，同时，优生率、达成率、平均分等指标也成效显著。12月，江东校区成功加入全国四年制初中教育联盟。

校长：易鹏程；副校长：唐艳（女）、任政；工会主席：蒋朝晖；党支部书记：郑健。

【江东实验小学】 2017年，高坪区江东实验小学有教学班44个，学生3012人，教职工149人，其中，高级教师9名，一级教师73名。学校坚持以"礼德教育"为文化主题，以"树人以德"为办学目标，以"待人以礼"为行为准则，遵循"理念为先、行为跟进、评价激励"的高品质师资培养思路，践行社会主义核心价值观，并通过开展丰富多彩的校园活动，为学生的特长培养、个性发展搭建平台。尤其学校开展的学生社团活动，其声乐班、器乐班、舞蹈班、书法班、绘画班、泥塑班、英语班、手抄报班、武术班等，做到了"实"、"动"、"活"，对未成年人进行了思想道德教育、行为养成教育、素质养成教育和社会实践教育，为未成年人的健康成长营造了良好的环境，促进了未成年人的全面发展。学校先后被评为全国青少年五好小公民示范学校、CCTV全国英语特色学校、四川省示范家长学校、南充市首届市级文明校园、南充市美育示范学校、南充市优秀文化艺术传承学校、南充市社会主义核心价值观示范点、高坪区毒品预防教育示范学校、南充市信访安全维稳工作先进集体等，获南充市中小学生乒乓球比赛第一名、南充市中小学生篮球比赛第一名、南充市第二届优秀校本课程成果二等奖等。

党支部书记、校长：赵宏；党支部副书记：李伦；副校长：杨红（女）、毛清泉；工会主席：王琨。

【高坪三中】 2017年，高坪三中共有教学班级32个，在校学生1546人，其中住校生786人。在职教职员工143名，其中高级教师24人，一级教师80人，省级优秀教师1人，省教育学会会员2人，市教育学会会员6人，省级骨干教师

2人，市、区级骨干教师16人。当年，学校30人被评为市、区级"优秀教师"、"优秀班主任"称号，学校获得年度区级教学质量评估奖。学校被评为四川省法律七进示范校，学校食堂再次被评为四川省标准示范性食堂，学校党支部被评为先进基层党组织，被南充市教体局评为信访安全维稳工作先进集体，被高坪区公安局评为区级毒品预防教育示范学校，学校参加高坪区中小学生校园足球联赛获得初中男子组一等奖。4月，八年级学生在全省"学宪法，讲宪法演讲比赛"中荣获二等奖。7月，高分通过南充市实验教学评估验收。9月，物理教师乔范均参加省教厅"实验教学说课大赛"获二等奖。12月，学校运动场建成竣工并投入使用。

校长：李春亮；副校长：林凡（女）；支部副书记：谢文学；工会主席：袁承志。

【白塔中学】 2017年，南充市白塔中学在职教职工621人，其中特级教师4人，享受国务院政府津贴专家1人，高级教师152人，教学班163个，在校学生10007名。当年，高考一本上线523人，占高坪区一本上线人数的77%；本科上线1450人，占高坪区本科上线人数的70%。在高坪区文科前10名中占9人。在高坪区理科前10名中占7人。在2017年南充市高中教育质量评估综合评价以84.95分荣获省级示范高中组一等奖，第二名。中考囊括全区前三名，在全区前10名中占7人，前20名中占14人，600分以上143人，占全区600分以上人数的一半，再次遥居高坪区第一名。组织教师及学生参加各级运动会，学校荣获四川省中学生田径锦标赛第六名，南充市中学生田径锦标赛第二名，南充市校园足球比赛第三名，高坪区校园足球第一名，南充市中学生篮球运动会女子组第一名。学校报送的课题获四川省教学成果三等奖一项；南充市普教教学成果一等奖两个，南充市普教教学成果二等奖一个。在省、市优秀教学成果评选中获省三等奖一项、市一等奖两项；在各级教学竞赛一等奖1人次，二等奖4人次，市级教学竞赛一等奖5人次，区级教学竞赛一等奖5人次，巴蜀教育联盟竞教一等奖4人次。11月28日，学校81级学生赵宇亮当选为中国科学院院士，并推选为新一届全国政协委员。11月10日，四川省第十二届中小学校园电视评选活动在绵阳举行，学校选送的专题片《抢抓机遇求发展，十年追梦不寻常》荣获二等奖。12月6日晚，学校首届校园文化艺术节暨第二届校园歌手大赛总决赛在校本部田径运动场隆重举行。南充市精神文明办主任郑莉，高坪区区委常委、宣传部部长曹波，高坪区政协副主席杜桂琼，高坪区副区长王宗坤等市、区领导亲临比赛现场，来自南充日报、南充晚报、华西都市报等十余家媒体的朋友现场报道。

校长：蔡礼儒；副校长：冯涛、李琦、庞明伟、何明春、任胜俊；纪委书记：杨晓蓉（女）。

【高坪中学】 2017年，高坪中学有教学班级91个，在校学生近6000人。教职工356人，其中硕士研究生39人，高级教师87人，一级教师149人。其中有四川省突出贡献优秀专家1人，省级优秀教师15人，省、市、区级骨干教师、教学名师197人。学校秉承"立高世之德、建高世之业"的办学思想，着力打造"仰高"校园文化。确立了"德高立人、业高达人"的校训；形成了"向上向善、仰高达远"的校风，"敬业爱生、德行高远"的教风，"善思好问、学高笃行"的学风；明确了"队伍高素质、设施高标准、教育高质量"的办学目标。当年，学校成功创建省示范高中、省阳光体育示范学校、市美育示范学校、市首届文明校园、市毒品预防教育示范学校、市最佳文明单位，获得省键球比赛冠军、省健身操比赛一等奖、市校园足球联赛高中男子组冠军、市第五届普教教学成果一等奖、市教学质量综合评价一等奖、区校园足球联赛初中男子组和女子组双冠军、区信访安全维稳工作安全先进集体、区巾帼建功先进集体、区中小学生艺术节优秀组织奖、区中小学足球比赛组先进集体、区学雷锋先进集体、区教学监测先进学校一等奖等荣誉称号。5月，省教育厅派专家组专门对高坪中学创建省阳光体育示范校进行了单独验收，并获得极高的评价，专家组现场宣布验收合格。7月，24000平方米的教学楼、综合实验楼建成并投入使用，教学用房和各种功能教室紧缺的问题得到根本解决，添置了理、化、生、音、体、美、通用技术等设施设备，育人环境得到极大改善。12月，学校高分通过了四川省示范高中专家组的现场评审。

校长：杨永刚；党委书记：任思凡；副校长：左明金、袁秀珍（女）、胡永坤、李平；纪委书记：文明。

【高坪职中】 2017年，高坪职中有在校学生1616人，在职教职工51人，专任教师48人（其中：高级教师13人，一级教师24人，二级教师11人），"双师型"教师18人，市级学科带头人8人。学校在上级党委政府及教育行政主管部门的领导下，秉承"正人达业行天下"的办学理念，践行"目标精准，过程精细，结果精彩"的管理理念，突出"德育为先，技能为重，素质为本"的办学特色，坚持走学历教育与短期培训并重的办学路子，注重内涵发展，制定并实施了"1234"工程，不断深化"262"幸福课堂教学模式改革，以学生养成教育和道德品质教育为抓手，大力推行以"小先生"为特色的学校常规管理模式，强化师资队伍建设，先后派出10人参加国培。学校常年开办有计算机应用、计算机网络技术、电子商务、建筑工程技术、机械设计与制造、学前教育、医学护理等专业，为社会输送了大批优秀的专业技术人才。学校被南充市人民政府授予"文明单位"称号和卫生先进单位，被高坪区教育局评为"德育工作先进集体"、"教育宣传先进集体"、"综治、防邪、信访和维稳工作先进集体"。在南充市中等职业学校教师教学技能大赛中，荣获团体三等奖。大力改善办学条件，维修校舍费用31万元，添置了42万元的教学设施设备和办公用品。4月21日，学校举行春季运动会。9月6日，学校隆重举行2017年秋开学典礼及军训汇报表演。9月，荣获"毒品预防示范教育学校"。11月20日，物流园区新校区的教学综合楼工程进行了招标。11月26日，学校成功举办了"我阳光、我快乐"冬季运动会。12月，荣获"食品安全示范食堂"学校，12月21日，学校成功举办了元旦文艺汇演。2017年，学校被高坪区教育局评为德育工作先进集体、教育宣传工作先进集体、综治、防邪、信访和维稳工作先进集体。

支部书记：母云光，副校长（法人代表）：杨四海，支部副书记：龙上果；副校长：蒋迪；工会主席：邓锐。

【教师进修学校】 2017年，教师进修学校有教职工35人，专业技术人员32人，其中高级讲师14人，讲师8人，幼儿高级教师10人，省学科带头人2人，省名教师1人，省骨干教师4人，市学科带头人2人，市骨干教师7人，区名教师5人。学校秉承"高水平高效率高质量服务基层教育，多层次多渠道多形式创新师培模式"的办学理念，以新教师、骨干教师、领导干部培训为重点，以课堂教学研究为载体，以问题探讨为中心，形式多样地举办了中小学校长、中小学教务主任培训、中小学名师研修培训活动、中小学班主任培训、学科教师培训、新教师培训等各种培训班36类，培训了中小学校长500余人次、教务主任71人、新教师589人、学科教师专题培训和岗位培训1847人次、班主任培训167人、三笔字等教师职业技能1264人次、通识性培训987人次、信息技术提升工程培训3825人次。以名师研修室为平台，积极开展名优教师送教下乡和名师讲堂活动，全年共开展集体备课、教学探讨18次，送教下乡活动14次，参与研修活动638人次；切实开展师培教师下乡指导调研活动，全年共指导校本培训60多次，听评课220多节。受南充市教育体育局委托，承办了南充市普通话培训班，参加普通话培训教师10611人。坚持科研兴校，《名师引领下的教师合作"三元生态"研修模式研究》经省政府批准立项、并成功结题的课题，11月获省政府二等奖、市政府一等奖。有38篇论文在国家级、省、市级刊物上发表。学校争取70多万专项资金，完成了学校幼儿园的全面维修改造和教学楼201教室和301教室的改造。学校被高坪区教育局评为"教育目标管理先进集体"、"党风廉政建设先进集体"、"宣传工作先进集体"、"安全工作先进集体",学校党支部被区委组织部命名为"模范基层党组织"。

校长:罗琼英(女),副校长:许红平。

【川北医学院】 川北医学院是一所以医学为主体,医、理、文、管、工多学科协调发展的省属高等医学院校。2017年,学校有专任教师1000余名,其中具有博士、硕士学位以上的800余人,教授、副教授高级职称400余人,享受国务院特殊津贴专家、省部级学术技术带头人、四川省有突出贡献的优秀专家、留学归国专家学者近100人。有21个教学单位,临床医学等20个本科专业。有全日制学生17000余人。有国家中医药管理局中医药重点学科1个、国家临床重点专科1个、国家中医药重点专科1个、四川省重点学科1个、四川省医学重点学科19个。四川省博士后创新实践基地1个、联合培养博士点2个。学校建有医学影像学研究所等12个科研机构,临床免疫实验室等4个国家中医药科研二级实验室,1个四川省重点实验室,风湿免疫与感染免疫实验室等4个省级高校重点实验室,1个四川省人文社科重点研究基地;有四川省科技创新团队2个,四川省高校科技创新团队6个,四川省社会科学高水平研究团队(后备)1个。当年,深入贯彻落实党的十九大、省十一次党代会、全国全省高校思想政治教育工作会精神,围绕全面从严治党的总体要求,围绕建设区域性高水平医科大学的战略目标,坚持稳中求进的工作总基调,凝心聚力,专注发展,人才培养质量持续提升,顺利通过本科教学审核评估;学科建设取得新的突破,"临床医学"进入ESI全球排名前1%;社会评价持续利好,在中国科学评价研究中心、武汉大学中国教育质量评价中心和中国科教评价网发布的《中国大学及学科专业评价报告(2017—2018)》中,学校医学影像学专业排名全国第3,眼视光学排名全国第7;在世界大学学术排名项目组公布的2018"中国最好大学排名"中,学校排名364。

党委书记:张勇;党委副书记、院长:杜勇;党委副书记、纪委书记:朱燕萍(女);副院长:李健、周京国(3月止)、雷军、张小明、罗加福。

(供稿:刘玲玲)

【南充职业技术学院】 南充职业技术学院是经四川省人民政府批准、国家教育部备案的全日制普通高等学校,是国家教育部高职高专院校人才培养工作水平评估优秀学校、四川省省级示范性高等职业院校、四川省优质高职院校立项建设(培育)单位、四川省文明单位、四川省社会治安综合治理模范单位、全省高校卫生工作优秀学校。2017年,学校设有机电工程系、财经系、农业科学技术系、教师教育系、土木与建筑工程系、电子信息工程系、外语系、艺术系、汽车工程与交通运输系、油气工程系、印刷包装系11个教学系52个普通专科专业,其中学前教育、建筑工程技术为教育部和财政部支持的重点建设专业,会计为省级重点专业,畜牧兽医、学前教育、汽车检测与维修技术、工程造价为省级示范性专业,畜牧兽医、学前教育、英语教育、建筑工程技术、汽车检测与维修技术、会计电算化、印刷技术、通信技术为学院八大重点专业。有教职工619人,其中,正高级18人,副高级101人,中级218人,初级185人,未定级97人。有在校学生10085人。当年,学院坚持"两学一做"常态化、制度化,以"1210"发展战略为抓手,以发展为中心,凝心聚力抓建设,各项工取得良好成效,共获国、省级奖项24项,市级奖项8项,并被确定为四川省优质高等职业院校建设计划立项培育院校。

党委书记、董事长:徐远火;党委副书记、院长:陈永龙;党委副书记、纪委书记:杨建平;党委委员、副院长:姚先林、高炳易;副院长:郑小红(女);党委委员、副院长:唐峻峰。

【高坪电大】 南充广播电视大学高坪工作站成立于1985年,是国家开放大学县级教育终端,隶属高坪区教育局,是财政全额拨款正科级事业单位,有专兼职教师16人,开设本、专科专业

50个，在读学员300余人。学校主要承担辖区内成人高等学历教育，以培养社会经济发展急需的应用型、技能型专门人才为办学宗旨，致力于构建全民终身学习平台，建设终身教育体系，为各类求学者提供继续学习和终身学习的机会。2017年，高坪电大挂牌成立"南充电大高坪社区教育学习中心"，进一步把全民学习、终身学习的理念落实到社区，为社区居民提供包括公民素养、安全健康、职业技能、生活休闲等全方位的教育支持服务。当年，共招生110人，毕业103人。主要有以下特点。

教育模式的开放性。教育对象开放。取消和突破种种对学习的限制和障碍，对入学者的年龄、职业、地区、学习资历等方面没有太多限制，凡有志向学习者，具备一定的文化知识基础，均可申请入学；教学资源开放。只要获得开放教育学籍，拥有一条宽带网线，就能得到各种媒质的学习资源，供学习者自主选择；学习模式开放。学生自主选择专业课程、媒体教材、时间地点、学习方法、学习进度等。

教学设施的前沿性。全国电大系统已建成功能完备的互联网站及其四级电大教学在线平台，拥有卫星数字化地面接收系统、VOD点播系统、双向视频系统、模拟实验室、电子图书馆等现代化教学设施。再加上基于这些现代化设施设备之上的信息制作与传输技术、导学助学手段，改变了过去传统教学手段的平面性、单一性和现场性。我站学员的学习和教师的管理都是根据国家开放大学"现代远程教育"管理要求，在"远程教育平台"和"三级互动开放电子公务平台"上进行，以期为学员提供更加全面的助学服务。

电大组织的网络性。国家开放大学建立了"中央——省级——地级——县级"四级办学机构，构成了一个统筹规划、分级办学、分级管理的覆盖全国城乡的现代远程开放教育系统，即电大"三网合一"中的"人网"。

教学资源的丰盈性。电大具有丰富的教学信息资源。仅国家开放大学教学网站发布教学资源信息一项，就有文本类11494篇，流媒体课件1445讲，网上答疑839场，网上会议77场；地方电大在其校园网和互联网站上发布的各类信息资源，有文本63663篇，多媒体课件4379个，视频课件23201讲，网络课程1272门，网上教学活动23476场次。这些丰富的教学资源在各级电大在线平台上都能共享，是高坪电大办学的资源保障。

办学经验的成熟性。电大办学30余年，始终坚持"紧贴经济，服务社会，按需施教，保证质量"的宗旨，为各类社会成员提供多层次、多规格、多样化的教育服务，培养了大批高素质的应用型人才。电大主攻非全日制的成人高等学历教育，还常年举办各类非学历教育（单科的、证书的）、继续教育（资格培训、岗位培训）、终身教育等社会化辅导班。电大拥有多元化的生源渠道的办班经验，是社区群众家门口的"教育超市"。

（供稿：鲜雪娇）

文化·广播·影视·体育·科技

文 化

【概况】 2017年,高坪区文化广播影视体育局内设办公室、文化艺术影视股、市场管理股(行政审批股)、体育股和新闻出版版权股(区"扫黄打非"办公室)共5个中层机构,在职职工25人。下属执法大队、文化馆、图书馆、文管所4个事业单位,共有职工36人。同时履行新闻出版职能,无人员编制;代管广电网络公司。全区有文化馆、图书馆、体育馆、电影院、歌舞厅、书城、印刷企业等129家,文化体育活动阵地15000平方米,馆藏图书28.7万册,文物点581处,各级文物保护单位25处,其中,国家级1处(无量宝塔),省级5处(隐珠寺、红旗农庄、龙门万寿宫、长乐禹王宫、胜观观音寺),市级16处(青居城遗址、王平墓、龙头寺墓群、东岳庙、金城山文物群、伏虎寺、北山崖墓群、凌云山崖墓、毗卢寺、同六丝厂旧址、二龙桥、天云寺、宝胜寺、金凤庵、诸葛寺石刻、打石厂石刻),区保3处(长乐万寿宫、真武宫、灵迹寺石窟),可移动文物1854件,馆藏珍贵文物585件。全年共争取文化专项资金1805万元,全力以赴文化专项扶贫,覆盖36个贫困村;不断健全公共文化服务体系,精心培育文化产业;蓬勃开展文化体育活动;着力加强文化市场管理,各项工作呈现出蓬勃发展的良好势态。

【群众文化】 全年,在全区开展精准扶贫文艺演出36场次,开展传统文艺进村社活动26场次,培训文艺骨干2000人次、培训文艺爱好者6000人次。与乡镇、街道、部门联合开展文化活动12场次。指导区国税局、公安分局、法院、检察院、农业银行等单位编排节目20余个。加强基础设施建设。免开"两馆一站"惠及群众15余万人;代表南充市迎接了全省公共文化服务体系培训班的现场参观交流学习;区图书馆升国家一级馆已通过省市验收,移动图书馆正式上线运行。开展惠民活动。圆满组织春节团拜会、送文化下乡、"我们的节日"、感恩奋进文艺演出、党风廉政建设社会评价文艺巡演等重大文体活动;先后举办10余场公益讲座、60场图书馆公益电影放映、腰鼓培训、"寻找身边的五世同堂"拍摄、"喜迎十九大"书画展等活动;参加四川省第二届农民艺术节(群星奖)、全市合唱比赛;协助完成国际木偶艺术周及国庆惠民演出相关事宜;积极筹备的2018年团拜会和春节系列活动取得圆满成功。开展全民健身活动。高坪区武术协会被国家体育总局表彰为全国群众体育先进单位;举办全区首届篮球、足球比赛,中小学五人制足球比赛,横渡嘉陵江游泳赛,千人嘉陵江健步走,全民健身日系列活动;成立区户外运动公益协会,常态化组织群众户外徒步。

【文艺创作】 着力打造精品节目。创作的舞蹈《编·绿》、音乐表演唱《一根竹竿刹过河》分获南充市文艺汇演舞蹈类比赛第一名、音乐类比赛第一名,并代表南充市参加四川省农民艺术节暨群星奖比赛展演,荣获四川省第三届民歌大赛第一名(金奖),代表四川省参加长江流域文化艺术节(张家港)展演活动,荣获优秀展演团队。创作的小品《崔大贵的婚事》荣获南充市文艺汇演小品类比赛第三名，提升的音乐表演唱《我和幺妹挨到来》荣获国家艺术基金支持，成为全省唯一获此殊荣的小型剧目。

【书画艺术】 开展送春联、送书法下乡20场次，累计赠送作品3000余件；开展节庆书画摄影展4场次，参观观众累计2万人次；分别组织作品参加省纪委牵头的正风肃纪舆论监督品牌标识竞赛、第五届川陕甘渝黔"百馆联动"美术书法展、第三届群星璀璨四川省群文美术书法摄影优秀作品展、四川省第二届农民艺术节非遗传统手工艺展及美术作品展；设计制作了高坪区文化馆宣传折页；美术干部书法作品多次荣获省市比赛奖项，多件作品入展书画作品展。

【文化产业】 义化新城项目与重庆同元集团达成合作意向（后因开发龙门古镇而暂停）；完成红旗农庄升级改造项目；凌云山文化产业园建设项目已完成文旅创客基地建设并招引四家企业入驻，国际营地公园一期建设完成，着力打造国家级青少年营地；都京丝绸文化创意产业园建设项目完成体验馆、蚕趣馆建设，被省文化厅命名为第三批"全省示范产业园"。积极与中博军科等10多家企业面谈沟通，大力宣传推介高坪文化资源。争取中省市资金1805万元，超全年目标任务的6.25%。

【文化市场】 2017年，按照上级统一部署，在全区开展文化市场执法大检查活动，共出动执法人员2000余人次，市场巡查占工作日的70%。清理黑网吧1家，取缔歌城1家，督促整改安全隐患46处，发放责令改正通知书46份；完成7家网吧、2家出版物经营场所的新建。全区有歌舞娱乐场所15家，网吧51家，印刷企业3家，影院1家，出版物经营单位17家。文化产业从业人员5144人，主营业务收入264560万元，较上年增长31.32%，占GDP5.10%。

【文物工作】 3月20日—31日，配合四川省考古研究院完成区境嘉陵江流域沿线江陵镇、龙门街道、小龙街道的考古调查。4月5日，成都方圆建筑及环境研究院古建筑专家对胜观镇龙回寺、龙王庙保护进行调研。4月6日，对御景湾工地发现的明代石室墓进行调查处理。5月8日—27日，区文管所联合区消防大队完成了红旗农庄、隐珠寺等14处文物保护单位的消防及文物本体安全隐患排查。6月9日，对全区不可移动文物安全隐患进行整改，明确了全区14处文物点安全隐患整改内容、整改措施、责任单位、责任人员和完成时限。6月28日，以区政府办名义出台了《文物安全突发事件应急预案》和《文物安全管理责任制度》。6月3日，制作安装省级文物保护单位观音寺保护标志。6月28日，区政协对全区文物保护工作进行了视察。7月16日—20日，对全区15处古建筑进行了用电、消防、用火等安全生产专项整治。8月13日，制作完成伏虎寺、东岳庙、金城寺三个市级文物单位申报省文物保护单位的申报文本，通过市级专家组验收，上报省文物局。9月15日—30日，完成省级文物保护单位龙门万寿宫排水系统抢险工程。11月9日，在全市率先实施文物保护单位文保员制度，各文保员纷纷履职上岗。10月29日—11月3日，聘请湖北麻城白蚁防治研究所对红旗农庄、隐珠寺、龙门万寿宫、长乐禹王宫、观音寺、老君伏虎寺、毗卢寺、金城寺、长乐万寿宫9处受白蚁危害较为严重的木构及砖混文物保护单位进行了全面防治。12月13日—20日，对南充机场航站区改扩建工程施工工地发现的古墓葬进行了抢救性清理发掘；12月20日，购置144具干粉灭火器及印发消防宣传资料，配送发放到各文物保护单位。

【图书】 2017年，区图书馆有馆藏图书28.7万册。全年，接待各类读者16万人次，其中书报刊阅览11万册次，图书外借18万册次。组织送书下乡15次，送书17000册。馆内政府信息公开查阅点为群众提供查询服务，累计接待群众6000人次。3月31日，由区图书馆承办的以我们的节日—清明为主题千人朗读读书活动在高坪区安汉广场举行。4月14日，120名读者在高坪区图书馆参加了家庭应急救护知识培训，进行了公益性公共应急救护知识普及。8月8日，开展主题为"绿色发展，健康成长，快乐读书"的公益夏令营读书活动，60余名精准贫困村留守儿童和部分家长参加读书活动。区图书馆电子书容量3.2T，全年为读者提供下载阅读电子图书15万册，图书馆网站电子图书8.4万册，视频教学资源10万个，年点击率40.5万人次，并建成34个图书馆分馆。当年9月，晋升国家一级馆通过省市评估定级。

【非遗】 2017年，高坪区传统手工技艺类非遗保护项目《丝绸传统织染技艺》、《木质杆秤制作技艺》、《贺家空心挂面制作技艺》和《龙医官接骨投榫医技》被批准列为南充市第五批非物质文化遗产保护项目名录；省级非遗保护项目《嘉陵江中游船工号子》传承人耿跃生、市级非遗保护项目《高坪竹编》传承人万学、《丝绸传统织染技艺》传承人文莲芳、《烟山冬菜制作技艺》传承人卢革新4人同期被批准列为南充市第三批非物质文化遗产保护项目代表性传承人。编辑出版了非遗专著《遗韵留芳》精装版。开展了"我们的节日·端午"和"文化遗产宣传日"《薪火相传》高坪区非物质文化遗产代表性项目展览，校园展出10场次、广场展出6场次，观众总人数近万人次。组织区非遗代表性项目《丝绸传统织染技艺》产品参加国际（成都）非遗节。撰写了《南充市高坪区非物质文化遗产保护办法》草案。市级非遗保护项目高坪竹编在区内斑竹乡、石圭镇等地扩大生产规模和带徒传艺，竹编从业人员已达到1000余人，竹编产品销售范围扩展到海外，产品年销售收入达到500万元；市级非遗保护项目烟山冬菜，年销售额达到800万元；《丝绸传统织染技艺》六合丝绸集团年销售额达到6000万元；省级非遗保护项目《金钱板》进入老君小学课堂传艺，受教学生600余人次左右。开展非遗进校园12场次，惠及中小学生6000余人次。以高坪民间文学类非遗项目——薅秧歌为原始素材创编的表演唱《我和幺妹儿挨到来》，继2015年获得国家艺术基金项目资助后，2017年继续获得国家艺术基金项目的资助。《我和幺妹儿挨到来》、《一根竹竿刹过河》等以非遗为元素创编的节目，2017年度在省内外巡演40余场次。

【新闻出版】 全区共有新闻出版经营企业（含个体工商户）53家，其中出版物印刷企业1家、其他印刷品印刷企业3家、复印打印企业（单位及个人）28家，出版物零售单位15家，报刊亭6家。完成证照年度核验工作。积极推进政府机关软件正版化工作并通过市、区目标考核。全年免费开放惠及群众10多万次。广泛开展全民阅读活动。进一步规范农家书屋管理，制发了农家书屋管理细则、管理员工作细则等规章制度。完成36个贫困村阅报栏建设工作。加大市场巡查力度，先后开展校园周边专项整治活动、秋季开学教辅专项整治活动、"扫黄打非"五大行动等专项行动10余次，检查印刷企业25家次，出版物经营单位86家次，出动检查人员323人次。

体 育

【概况】 全年投入资金50余万元完善体育基础设施，建成清溪街道办多功能体育运动场，建成15个农民健身工程、35条全民健身路径。免费开放"雪碳工程"健身馆，每周开放时间56小时，全年惠及群众8万人次。免费开放羽毛球、乒乓球、桌球、中国象棋、围棋、桥牌等体育健身场地，开展足球、跆拳道、羽毛球、乒乓球等体育项目训练120余次，有专职教练员3人，落实器材配备、场地完善。完成20名贫困学生运动员资助任务。组织120人参加区级三级社会指导员培训；组织20人参加市二级社会指导员培训。全年参加国省市体育赛事20余次，获省级奖2个、市级奖13个。区武术协会被评为全国先进体育集体；省幼儿体操比赛获得省级二等奖，首届全省小篮球比赛获得第八名，高坪七小被评为省柔道训练示范基地等。

广播电视

【概况】 2017年，完成6954套农村电视安装任务，超额完成5.8%。免费放映公益电影4636场。全面完成31个贫困村广播建设及1个县级广播应急平台建设，完成12个公共服务网点建设。

【领导名录】 局党组书记、局长：张永艳；副局长：王强、符高飞（7月起）；纪检组长：祝明

（供稿：伍艳梅）

科 技

【概况】 2017年，高坪区完成高新技术总产值71亿元，共申报专利407件，其中发明专利67件。嘉美冰纹蜡染系列产品获天府宝岛工业设计大赛居家、卫浴与厨房类三等奖。天太乳业、科华石油、首创科技获"十三五"四川省"专精特新"称号。

【申报国家高新技术企业】 2017年，南充鑫源通讯、南充泰鹏机械有限公司、四川科华石油化工设备工程有限公司、南充三环电子有限公司等4户企业成功申报为国家高新技术企业。

【打造科技兴区载体】 2017年，建设航空港工业集中区科技型中小微企业孵化器、高坪创新创业园青年创业孵化基地、南充职业技术学院大学生创业孵化基地、川北医学院大学生创业孵化基地重点科技型中小企业孵化器4个；积极倡导促进"大众创业、万众创新"，推动建设众创空间3个，在高坪新创业和友豪国际电商产业园内，建立"众创空间1个，创业咖啡1个，颐居草堂1个"。建成大唐种植农业科技专家大院、蓝灵蓝莓种育科技专家大院、中药材种植专家大院、科技中养殖示范基地、水产科技繁育示范基地等农业科技服务载体5个。

【争取技改资金】 争取落实国、省重点科技计划项目资金，为海隆石油石油、过江龙牛肉、首创科技等企业向上争取了专项资金246万元。

【牵线校企合作】 2017年，区内企业与高等院校、科研机构积极合作，科研成果走出来，助力区内企业转型升级，做大做强。红高粱种植与四川省食品发酵研究设计院联合开发"窖久红"系列小曲白酒、果粮混合发酵的低度桑葚酒产品上市。富牌农机和四川省农业机械研究设计院合作研制水稻收割机及小型履带式联合收割机。恒一食品与西南科技大学生命产学与工程学院研究开发"腌（酱）制品微生物快速发酵项目"。五星金方与川北医学院联合研制"一种新型中药饮片窗口的优化与生产"项目成功试用。海隆石油与上海海隆石油管材研究所、上海海隆石化工研究所共同开发"石油管道内防腐蚀涂层"。本味农业与省级专家服务团队合作普及柑桔新品种，引进新技术以及农作物病虫害的防治，取得预期效果。

【奖励科技创新】 2017年，高坪区对新培育高新技术企业南充三环电子有限公司、四川科华石油化工设备工程有限公司、南充鑫源通讯技术有限公司、南充市泰鹏机械有限公司等4个企业分别给予奖励20万元。对取得发明专利项目给予专项补助奖励21万元，其中南充三环电子有限公司，发明专利授权2项，获奖6万元；南充鑫源通讯技术有限公司，发明专利授权4项，获奖12万元；四川南充首创技术开发有限公司，发明专利授权1项，获奖3万元。

卫生·计划生育

卫生和计划生育

【概况】 2017年,南充市高坪区卫生和计划生育局机关内设办公室、规划财务股、人事与科教股、疾病预防控制股(卫生应急办公室)、妇幼保健与基层卫生股、医政药政股(中医股)、政策法规与综合监督股(行政审批股)、信息统计股、计划生育家庭发展股、基层计划生育和流动人口管理股、医改办公室、帮扶办公室12个中层机构,行政编制16名(含纪检监察单列行政编制1名)。年末,在职职工26人,其中:女职工7人,中共党员20人,大专文化程度以上24人,中专(高中)2人。当年,全区卫生计生工作在区委、区政府的坚强领导下,在市卫计委的大力指导下,全力奋进攻坚健康扶贫、项目建设、公共卫生服务三大主战场,圆满完成了市区目标任务和省级评估验收,在同步发展医疗硬件、软件设施、深化医改、健康扶贫、提升医疗卫生服务举措等方面做了大量卓有成效的工作,取得了明显成效。当年,全系统健康扶贫、母婴安全保障工作成效显著,获得省卫计委通报表彰;全省流动人口管理获省卫计委表彰的先进单位;人口和计划生育工作获全市目标考核第二名;卫生计额生绩效考核获全市优秀单位;荣获"全市卫生应急技能竞赛三等奖"、"全市人口健康信息化技能竞赛优秀奖"、"全市卫生信息建设优秀组织奖",御史乡卫生院荣获"全国群众满意乡镇卫生院"称号。

【健康扶贫】 当年,全区健康扶贫势头强劲,全区卫计系统建立健全"领导包片、干部包村、医务人员包户"的健康扶贫组织管理体系,实行7个专项工作组分项负责脱贫攻坚目标责任制,大力实施医疗救助扶持、公共卫生保障、医疗能力提升、卫生人才培植等健康扶贫"五大行动"。区妇幼保健院、区疾控中心通过"二乙"达标验收,全区32个乡镇卫生院(社区卫生服务中心)、36个年度脱贫摘帽村卫生室建设全面达标。"先诊疗后结算"、"十免四补助""住院自付低于10%""免费健康体检"等健康扶贫政策全面有效落实。组建区、乡、村家庭医生服务团队160个,成员300人,全面开展巡回医疗和家庭医生签约服务。全区各级医疗机构为建档立卡精准贫困人员免费健康体检3万余人次,组织健康知识讲座200余次,建立贫困人口健康档案4.8万份。全区筹集健康扶贫救助资金总额达500万元,对贫困群众重、特大疾病全部实行基金救助。区卫计局结合机关联系东观镇糍粑坳

2017年7月12日,区卫计局召开全区卫计系统健康扶贫工作推进会

村、吴家沟村、马井坝村、大石头村的村社状况和民情实际，建成入户道路3.8公里，住房易地搬迁2户，危房改造64户，五改三建44户，区人民医院、中医院、疾控中心等单位驻村帮扶工作均取得很好成绩，我区健康扶贫工作顺利通过省检和第三方评估达标验收。

【项目建设】 2017年，实施卫生基础设施建设项目52个，总投资5034万元，区妇幼保健院、区疾控中心改扩建项目全面启动，14个乡镇卫生院（社区卫生服务中心）、36个年度脱贫摘帽村卫生室建设项目全面完工并投入使用。

【基本公共卫生服务】 全面实施基本公共卫生服务均等化，以建立居民健康档案为重点，带动健康教育、预防接种、儿童保健、孕产妇保健、老年人保健、高血压和糖尿病管理、重性精神疾病管理、传染病防治、卫生监督协管、中医药健康管理、结核病管理等项目配套实施，开展健康知识讲座200余次，公众健康咨询活动128次，重点人群免费健康体检3万余人次，发放预防保健知识宣传资料5万余份，更新宣传栏352期，全区累计建立起城乡居民电子健康档案58万余份，规范化电子建档率达96.8%，完成目标任务100%。对40例贫困白内障患者免费实施了复明手术，完成目标任务100%。

【体制改革】 强化政府部门间改革的联动保障机制，建立医药、医疗、医保"三医联动"工作领导小组，制定并完善议事规则，政府统一领导，部门协调互动机制初步建立。全面落实药品采购"两票制"。各级医疗机构充分运用医联体模式实施分级诊疗、临床结果互认、对口支援、业务指导等，推动了医疗服务重心下移，资源下沉。结合群众健康需求，鼓励社会资本兴办医院和参与医疗机构建设，制定我区健康服务业招商引资优惠政策，对社会办医在市场准入、用地、财税、人才等方面给予大力支持，友豪国际医院、川北医学院第二附属医院先后批准设立。在基层医疗机构全面启用医疗卫生机构管理信息系统，持续推进居民健康卡发行应用工作，完成首次发行2万余张。

【疾病控制】 进一步完善结核病、艾滋病、H7N7禽流感、流行性腮腺炎、流感等重点传染病防预案，全面落实各项防治措施，强化区疾控中心指导作用，落实区人民医院为项目实施单位，加强艾滋病、结核病等重大传染病防治，确保患者得到规范、有效治疗和管理。艾滋病高危人群监测261例，管理艾滋病感染者412例；发现并治疗管理活动性肺结核患者226例。禽流感防控工作，针对周边县区禽流感疫情，开展病例流调和疑似病例排查，采集样品289个，排除疑似病例3起。狂犬病防治工作，处置擦耳镇石佛沟村5组狂犬病1例。腮腺炎疫情防控工作，处置高坪七小、江东实验小学、东观一小、老君镇小学、江陵镇小学、龙门二小等地285例腮腺炎疫情。免疫规划工作，基础免疫与加强免疫接种率均达到99.5%以上。对全区29个预防接种门诊进行了复评。

【妇幼保健】 全面加强妇幼保健业务管理，拓展妇幼保健服务范围，全区妇女儿童的健康水平和生活质量得到有效维护，孕产妇系统管理4377人，系统管理率98.94%，儿童系统管理32915人，系统管理率97.75%。全面落实各项惠民政策措施，共为2727人次农村孕产妇住院分娩补助资金136余万元，指导4167名农村育龄妇女免费增补叶酸，实施免费婚前医学免费体检2950对，免费孕前优生健康检查2247对。

【医疗服务】 健全各级医疗机构质量安全管理的组织体系，紧紧围绕医疗服务、医院管理、医疗质量、医疗安全、技术水平与工作效率等核心内容，进一步加强各级各类医疗质量监督管理，开展医疗质量安全管理和风险防范专项整顿，对区人民医院、区中医医院等医疗机构的重点科室、重点环节的医疗安全隐患进行全面排查。加大医疗设施设备配置力度，通过公开招标采购，为基层医疗机构添置DR、生化仪等100件医疗设备。各医疗卫生单位不断引进和开展新技术项目，大力实施品牌战略，区人民医院迎来建院40周年，已建成国家"三乙"综合医院，新开设肾内科、消化内科和介入中心等学术专科，血液净化、肿瘤靶向治疗、腔镜微创、海扶治疗、超声乳化等高新技术在临床上得到广泛运用。区人民医院新建远程影像诊疗平台，实现基层检查，上级诊断模式，东观、长乐、螺溪等乡镇卫生院已与其合作，全年共推广应用新技术新项目52项，发表学术论文56篇。区中医医院获得"省级二星数字化医院"称号，开展了髋关节置换术、神经康复等中医特色新技术。区妇幼保健院通过"二乙"达标验收。采取"内培外引"模式，公开考核考试专科以上学历毕业生21名（研究生11名），安排农村定向医学专科毕业生基层工作18名，培养全科医师29名，完成各级各类业务培训2000余人次；落实区级医院对口支援和村医"乡聘村用"，选派58名区级医疗专家对口支援乡镇卫生院，聘用599名乡村医生驻村工作。

【医疗保障服务】 围绕大局和中心工作，积极参加医疗救护，为全区中、高考、重大活动、重要会议、重大项目开工和拆迁进行全程医疗救护、保驾护航，2017年共参加市、区各类医疗救护46次，出动人员398人次，出动车辆102台次。

【中医药工作】 开展中医药服务能力提升建设，巩固、提高全国基层中医药工作先进单位创建成果，区属各级公立医疗机构中医科、中医药房、中医诊疗室进一步完善，中医药文化氛围进一步增强，2017年，全区所有乡镇卫生院（社区卫生服务中心）中医诊疗服务区全面建立，区中医院扎实开展中医业务指导培训，促进各基层医疗机构中医药人员掌握10种以上、乡村医生掌握6种以上适宜技术。

【卫计执法监督】 以规范行政执法管理为抓手，切实加大卫计行政执法力度，实施"全行业"监管，监督体系和能力建设不断完善。结合环保督察，开展医疗"三废"专项整治行动，全区医疗卫生单位建立起分级管理、分级回收、集中转运、集中处置的处置网络体系，牵头办理中环组交办件2件，整改完成2件，协助办理3件，整改完成3件。全年各类执法监督累计出动执法车辆480台次，取缔非法行医8家，处罚各类经营单位30家，罚款11.48万元，有效净化了医疗服务市场，维护了群众公卫安全。

【计划生育服务管理】 全年全区出生人口5895人，出生率9.87‰，人口自然增长率3.72‰，符合政策生育率99.05%，达到市政府下达的目标任务。当年，独生子女父母奖励和计划生育奖励扶助政策全面落实到位，全区共确认计生奖励扶助对象12221人，特别扶助对象共572人，共计发放奖励扶助金1591.92万元。对生育服务证、生育证、独生子女父母光荣证等相关证件全部实行网上办理，将办证所需的材料、程序和条件全部上网公示，对各乡镇（街道）生育证办结情况开展定期督查，全年全区共计补办独生子女父母光荣证65件，办理生育服务证3639件，办理生育证3件，审批及时率100%，省内异地协查及时回复率100%。实施覆盖全区的流动人口服务管理工作，建立多部门共同协作的流动人口服务管理体系。2017年，全区育龄妇女流出58803人，流入692人，实施流动人口健康档案、孕产妇和儿童健康管理等6类基本公共卫生计生服务项目，流动人口信息反馈率达98.7%，及时率达98.30%。

【领导名录】 党委书记、局长：陈泽；党委委员、副局长：张林、李君；党委委员：郑晓东、孔德勇；党委委员、纪委书记：柏静。

（供稿：王卫东）

医疗卫生计生机构

【概况】 2017年，全区医疗卫生和计生机构

738个,其中,区人民医院、区中医医院、区疾控中心、区卫计执法大队、区妇幼保健院、区卫生进修学校等区级医疗卫生机构6个;东观、青居、长乐中心卫生院3个;乡镇卫生院22个;白塔、清溪、龙门、青莲、青松、小龙、都京等社区卫生服务中心7个;乡镇(街道)卫计办32个;村卫生站514个,社区卫生服务站7个;民营医疗机构12个;驻省、市、区企事业单位职工医院及其他公立医院5个,诊所130个。

全区共有执业医师(助理)1306人,注册护士590人,乡村医生599人。大学本科及以上学历290人,专科学历454人。高级职称131人,中级职称337人,初级职称518人。平均每千人执业(助理)医师2.16人、注册护士0.97人。

【南充市高坪区人民医院】 南充市高坪区人民医院(南充市第五人民医院)于1977年建成并诊,2017年创建为国家"三级乙等"综合医院,是四川大学华西医院远程教学及会诊定点医院、第三军医大学新桥医院技术指导及双向转诊医院、重庆医科大学附属第二医院技术指导医院。医院占地103亩,总建筑面积13万平方米,设有江东新院区、五官科医院、白塔康复医院、长乐分院四个院区,现有职工1076人,高级职称105人,中级职称150人,硕士研究生22人,省级学术专委会委员14人,市级学术专委会委员42人,市级质控专家29人,高坪名医24人,优秀人才示范岗8人。

医院编制床位850张,年门诊40万人次,年出院病人4万人次,手术1.5万人次,治愈好转率98.9%,抢救成功率97%。

医院开设临床科室28个,包括心血管、肾内、神内、呼吸、内分泌、消化、感染、中西医结合、风湿免疫等9个内科科室,骨科、神经外科、普外、胸外、泌外、肛肠等6个外科科室以及儿科、急诊科、眼科、耳鼻咽喉科、妇科、产科、麻醉科、疼痛科、康复医学科、肿瘤科、重症医学科、血液透析中心、海扶无创治疗肿瘤中心;开设医技科室10个,包括放射科(含CT、MRI)、超声科、检验科、输血科、药剂科、病理科、内窥镜室、脑电图、心电图、消毒供应科;开设门诊诊室38个。临床科室和医技科室中,心血管内科、肾内科、肛肠科、妇科、康复科、疼痛科、放射科、麻醉科、检验科、神经外科、骨科、耳鼻咽喉科等12个为市级临床重点专科,疼痛科(椎间盘突出症治疗)、海扶肿瘤中心、甲亢(内分泌)专科、血液透析中心等为特色专科。医院是"全国妇产科联盟会员单位"、"南充市120院前急救网络医院"、"南充市临床医学影像诊断分中心"、"高坪区医疗救治中心"、"高坪区临床检验检测中心",承担川北医学院、成都中医药大学、成都医学院、南充卫校等院校实习培训任务。

医院围绕"为人民健康服务"的宗旨,"以病人为中心"开展医院管理与医疗服务,建立了"立足高坪区、服务川东北"的战略,开展了"德才于行,行于至上"的院训教育,树立了"立信立业、立品致远"的医院精神,形成了"厚德、博学、规范、仁爱"的院风。医院近年来获得"科技创新先进集体"、"省级文明医院"、"最佳服务满意单位"、"四川省县级医院优秀管理单位"等称号,病人满意度达96.69%以上,职工满意度98.94%以上。

2017年,医院整合职能,细化管理,分设医务部、护理部,增设病员服务中心,形成医院管委会下设"六部一室一中心"的管理架构,使职能管理在"决策、执行、监督和服务"等方面更加规范和完善。修订《临床诊疗技术规范(2017年版)》,落实诊疗行为科学化、规范化、流程化。汇编《岗位工作内容与服务指南》,实现岗位工作制度化、明白化、责任化。为满足日益增长的病人诊疗需要,不仅新开设胃肠外科、消化内科、肾内科、介入中心等科室,而且新增12个市级临床重点学科(放射科、检验科、神经外科、疼痛科、麻醉科、骨科、耳鼻咽喉科)。引进博士4人,与四川大学华西医院、重庆医科大学附属医院、川北医学院附属医院、第三医大附属医院均开展了多学科合作,高坪病人在我院已能够享受到全国高等级医疗水平。肝胆外科、胃肠外科和川北医学院肝胆胰肠研究所共同组建了联合诊疗中心，肝胆胰肠疾病在市内处于领先地位。骨科能完成膝髋关节置换术，乳腺外科已开展微创治疗，心血管科已实现了冠状动脉造影、支架介入治疗；心肌梗死、脑梗死、肝肺肿瘤患者在我院已能成功实现从手术、微创、无创、介入化疗等全方位治疗；血透中心已建成全市最大最强的科室，全年长期固定透析病员达330人；肿瘤靶向治疗、腔镜微创、海扶无创治疗、超声乳化等高新技术在临床上得到广泛运用。新建远程影像质控平台，实现"基层检查，上级诊断"服务模式，远程诊断报告辐射三区六县。医疗技术创新成效显著，全年共推广应用新技术新项目52项，承担省市科研课题3项，获市科技进步三等奖1项，发表学术论文56篇。培训基层人员200多人次，派到乡下卫生院、村卫生站坐诊、查房医生300人次；巡诊病人1万余人次，对口支援16个乡镇卫生院，救治贫困患者6523人次，为贫困患者报医疗费用8070万元，免10%自费82万元。

2017年6月19至26日，医院开展了建院"40周年"院庆周系列活动。通过知识竞赛、演讲比赛、专家讲座与座谈会、拔河比赛、拍摄"40年发展纪实"纪录片、编撰《院志》、文艺汇演等方式，多视角展示建院40年来的发展历程和取得的辉煌成就，激励全院职工牢记历史，不忘初心，继续奋进，弘扬"五院人"自强不息的奋斗精神，增强全院职工的凝聚力、向心力和自豪感。

党委书记、院长：朱俊武；党委副书记：田卫东；副院长：胥德中、杨旭刚、罗清勇、贾捷登；工会主席：陈秋苹（12月止），李程（12月起）；纪委书记：任忠怀；五官科医院院长：陈世金；白塔康复医院院长：岳小林；长乐分院院长：贾捷登（兼）。

（供稿：陈袁军）

【高坪区中医医院】 高坪区中医医院，是一所国家二级甲等中医医院，市区各类医保定点医疗机构。医院占地18余亩，编制床位180张。年末，在职职工164人，其中卫生专业技术人员146人（高、中级职称80人，四川省名中医1人，市、区名中医、名专家10人）。主要承担中西医临床医疗、科研、教学和各种体检等诊疗活动和业务工作。

医院开设有门诊、住院两大业务部门。设置内科、外科、骨科、妇产科、康复科、耳鼻咽喉科、肛肠科、口腔科、急诊科等临床科室，其中，康复科、肛肠科是南充市重点中医专科。医院拥有全自动生化分析仪、DR、核磁共振、多探头进口彩超、心电工作站、彩色经颅多普勒、心电监护仪、呼吸机、多功能麻醉机、腹腔镜、臭氧治疗仪、体外碎石机等一批先进医疗设备。

医院着手增长转型，将重质放在首位，优化医疗服务体验。设立医疗质量管理委员会，科室成立学习小组，严格规范病历书写和护理记录，规范药品使用，控制药占比和次均费用；成立医疗器械和医疗耗材管理委员会，杜绝私自购买、不合规采购等问题，建立起防止采购腐败的体系；成立了生态文明建设领导小组，调整了医疗废物管理小组，制定《医疗行业危险废物污染物专项整治》等文件，监督医疗废物回收点工作开展情况、污水处理设施运行情况，并且积极倡导医护人员做好医疗废物分类工作，向全院做好禁烟宣传工作。骨科、康复科、检验科增设新项目、新技术，当年医院医疗事故发生率为零，传染病报告、死亡病例报告实现"零漏报"。

医院坚持"党政同责、一岗双责、齐抓共管"的原则，坚持执行患者投诉管理制度、建立医护人员收受红包、礼金管理制度，增设举报意见箱，规范医护人员工作作风，及时受理患者投诉，年内院内未发生违纪违规案例，患者满意率达95%以上。

医院进一步落实医改工作，2017年，牵头组织医联体成员单位召开理事会会议，确定医联体工作重点，对如何进一步提高医联体内的互通、互助及融合度，开展医联体公共卫生服务等进行讨论，在实行医联体内巡回医疗、体检、培训等方面取得了较好的效果。自2016年11月加入全市120急诊急救平台后，2017年全年共出诊1100余次，缩短了全区120出诊时间，缓解了

120资源紧张的状况。为促进医院现代化，院内增加自助查询机、自助胶片打印一体机，中药房积极开展智能化中药房项目，引进了三九中药颗粒剂型，为群众提供多样、便捷、现代化的服务。

医院始终坚持中医药特色，发扬中医药文化，在继承传统的基础上，充分发挥中医特色和"简、便、验、廉"以及"治未病"的特点，积极推行中医就诊优质服务；大力推广中医适宜技术，加强医务人员"中学西"、"西学中"培训，融合中西医结合优势，邀请乡镇卫生院、社区卫生服务中心的中医药骨干，开展基层中医药适宜技术推广培训会。全年在中医人员培训、重点专科建设上共花费80万元。当年门诊接诊101623人次，住院接诊7000人次，业务收入5111万元，同比增长17.9%，实现业务收益和公共效益双丰收。

院长：王勇；党支部书记：李文斌；副院长：杨文友；党支部副书记：杨旻；工会主席：王芬。

（供稿：喻栎吉）

【高坪区妇幼保健院】 2017年，南充市高坪区妇幼保健院（南充市高坪区妇幼保健和计划生育服务中心）在职职工108人，其中高级技术人员9人，中级技术人员14人，初级技术人员64人，其它人员23人。固定资产1103万元，业务用房和生活用房7482平方米。医院设有妇科、产科、儿科、保健科、婚前医学检查科、药剂科、检验、B超、心电图等科室、孕前优生科等17个科室，病床40张。配有全自动生化分析仪、新生儿听力筛查仪、新生儿心电监护仪、多功能麻醉机、胎儿监护系统、宫腔镜、腹腔镜、彩色多普勒超声波诊断系统等医疗设备。医院开展妇科、产科、中腹部外科、宫腔镜、腹腔镜等手术业务和电解质、血β—HCG、性激素、肿瘤标志物等实验室检查业务，多次进行了产前产后出血、产后子痫的抢救并获得成功。妇科开展子宫切除术、输卵管切除术、卵巢肿瘤切（剥）除术。年门诊56657人次，出院3995人次。

医院坚持以保健为中心，以保障生殖健康为目的，坚持保健与临床相结合的方向，面向基层，面向群体，紧靠"儿童优先、母亲安全"的服务宗旨，切实履行指导督促全区妇幼卫生工作职能，2017年顺利通过四川省二级乙等妇幼保健院等级评审。

医院按照妇幼卫生工作方针，承担了妇幼保健公共卫生工作及计划生育服务工作。接受婚前医学检查人次5900（男2950人，女2950人），检测率达78.65%；新生儿疾病筛查完成了3549例，筛查率达97.71%；完成孕前优生健康体检4497人次，完成率101%。发放农村孕产妇住院分娩补助1817人次，补助款90.85万元。为降低出生缺陷的发生，按要求对育龄妇女叶服酸服用人数3844人，服用率为96.58%，叶酸服用知识知晓率达99.80%。艾滋病、梅毒、乙肝母婴阻断项目，全区共检测孕产妇3633人，检测率为100%。孕产妇系统管理人数4356，孕产妇系统管理率达98.42%。高危孕产妇住院监护分娩率达100%。儿童系统管理工作，全区0—6岁儿童保健管理人数32915人，管理率97.75%，其中3岁以下儿童16314人，系统管理人数16151人，系统管理率99.00%。婴儿死亡率4.30‰；新生儿死亡率3.17‰。全区各医疗机构活产总数3453人，共计领取出生医学证明3000份（上年度库存892份），首次签发出生证明3654份（医疗保健机构外出生签发161份），换发、补发共计55份，废证23份，废证率为0.62%。

党支部书记、院长：陈洪；副院长：周灏、易利华；支部副书记：宋景会

（供稿：王 燕）

【南充市高坪区疾病预防控制中心】 2017年，南充市高坪区疾病预防控制中心在职职工36人，其中，专业技术人员33人（高级4人，中级9人，初级20人），管理人员2人，工勤人员1人。业务用房2500平方米，固定资产465万元。设有传免科、性艾科、结防所、慢病科、卫生科、检验科、门诊部、财务科、办公室等9个科

室。承担着全区疾病预防与控制、免疫规划、公共卫生、学校、生活饮用水的卫生学监测、检验与评价、预防性健康体检、健康教育、科研培训。

当年，贯彻"以人为本、预防为主"的卫生工作方针，紧紧围绕完善疾控体系，突出疾控能力建设，全面开展疾病预防控制工作，成功通过二级乙等疾病预防控制机构等级评审验收。

2017年，全区报告乙、丙类法定传染病18种，报告发病1543例，发病率为276.46/10万；死亡6例，死亡率为1.08/10万。发病居前5位的是：乙肝、手足口病、肺结核、梅毒和流行性感冒。全区无甲类传染病及"非典"、"肺炭疽"等2种按甲类传染病管理的乙类传染病疫情发生。全年全区一类疫苗接种7.36万剂次，二类疫苗接种4.28万剂次。全年按现住址管理的艾滋病感染者/艾滋病病人438例（2017年新增93例），已死亡116例（2017年死亡9例），累计治疗人数305例，在治258例。全年累计报告慢病死亡病例3388例，肿瘤1120例（死亡805例），登记心脑血管病8583例（2017年发病694例），重型精神病累计建档3052人。全年检测水样495件；完成环保督查中纪委交办的水质监测任务；艾滋病咨询者检测664人，初筛阳性33人；从业人员健康体检12893人，检出行内传染病363人，合格率97.18%。

党支部书记、主任：何兮；党支部副书记：唐伟；副主任：任建华。

（供稿：曾 斌）

【南充市高坪区卫生和计划生育监督执法大队】南充市高坪区卫生和计划生育监督执法大队，为股级参照公务员管理事业单位，核定编制15人，当年在职职工12人。内设办公室、综合执法科、信息科、许可科、稽查科、党支部办等八个科室，主要承担高坪区学校卫生、饮用水卫生、公共场所卫生、医疗卫生、职业病防治、消毒卫生等执法监督管理；负责查处违反卫生计生相关法律、法规、规章的行为；组织开展专项执法、集中执法等工作。

2017年，对辖区内餐饮具集中消毒单位进行了摸底监督检查，主要抽查餐具、饮具集中消毒服务单位依法生产经营情况，抽检餐具、饮具卫生质量本辖区内大型餐饮具消毒单位一家，小型消毒单位三家，全年专项检查共累计出动车辆30余台次，监督人员120余人次，警告2家。

传染病防控工作监督检查。对辖区内46家医疗机构、1家疾病预防控制机构、50家公共场所、64家学校和28家托幼机构开展了传染病防控工作监督检查，特别是针对H7N9防控进行了专项监督检查，发放传染病防控宣传资料1000多份。为全面推进艾滋病防治工作，及时发现和解决基层单位在艾滋病防治工作中存在的问题，强化医疗卫生机构主体责任意识，规范艾滋病的管理定点治疗，防止院内感染发生，依照《传染病防治法》、《艾滋病防治条例》法律条例，区执法大队对辖区内区中医院、区妇幼保健院、区人民医院、区疾控中心4家医疗机构的艾滋病防治工作进行了督导检查，同时，发放艾滋病宣传资料1000多份。对辖区内各公共场所经营单位是否粘贴禁烟标识，住宿业是否按要求摆放安全套、是否做到一客一换，美容美发是否有传染病工具箱等内容进行检查，共处罚美容美发经营单位1家，罚款5000元。

中高考点和中高考学生住宿点卫生监督工作。共检查考点学校3家，考点住宿单位3家，出动12人，下达监督意见书6份，圆满完成了中高期间考宿点卫生安全保障任务。

集中供水单位进行监督检查。按照《南充市卫生计划生育委员会关于印发南充市生活饮用水卫生监督专项整治工作方案的通知》（南卫函〔2017〕57号）文件要求，联合区疾控中心，与水务部门相互协调，对辖区内集中供水单位进行监督检查及生活饮用水卫生知识宣传工作。共出动执法人员40人次，执法车辆8台次，下达监督意见书10余份，处罚集中供水单位3家，处罚金额5700元。

根据市、区环保督察问题反馈及整改会议精神及高坪区委办公室、区政府办公室《关于高坪区省环保督察问题整改方案》（高委办发

〔2017〕60号）要求，制定了《医疗行业危险废物污染物污染防治专项整治方案》，积极开展医疗废物专项整治行动，主要整治全区各医疗单位产生的医疗废物分类不规范，运转不规范、不及时等问题，查处和移送非法处置危险废物行为。通过专项整治，我大队基本摸清全区医疗单位危险废物底数，更新了危险废物产生单位重点源监管清单，查处危险废物非法转移行为，确保危险废物规范化管理抽查合格率达95%以上，危险废物非法转移倾倒事件零发生。全年此项监督检查共出动车辆400余台，执法人员1700余人，共处罚医疗单位16家，罚款金额59000元。

对城区和乡镇未取得《医疗机构执业许可证》开展诊疗活动、药店非法开展坐堂行医的行为开展了专项整治工作，同时核查一级医院及未定级医院和诊所是否存在出具虚假医学文书、出租出借《医疗机构执业许可证》、未按公示标准收费、超范围开展诊疗活动、聘用非卫生技术人员等违法违规行为。共出动监督员132人次，车辆30台次，下达监督意见书35份对全区各级各类医院67家进行了依法执业专项监督检查，查处无证行医的8家，罚款45100万元。

积极开展了全区医疗机构、生活美容场所监督检查工作。共检查医疗美容机构1家，抽查生活美容机构14家，共出动车辆12次、出动人次50余人、下达监督意见书15份。

大队长：唐洪；副大队长：胡佑波

（供稿：吴　霞）

乡镇街道

白塔街道

【概况】 2017年末，常住人口14万余人，辖9个社区2个村。年内被市委、市政府表彰为"十九大期间维稳工作先进集体"，获评区政法工作先进集体、青年团工作先进集体，梨树街社区团组织获共青团四川省委授予"四川省五四红旗团支部"、共青团高坪区委授予"高坪区五四红旗团支部"称号。

【着力强化组织保障】 2017年，圆满完成村（社区）换届工作，共新选举出19名新人，充实了基层党组织的新鲜血液，加强了战斗力，改善了部分村（社区）领导班子成员青黄不接的现状。全年在大学毕业生、退伍军人、道德模范中发展中共新党员11名，培养入党积极分子17名，提高了党员质量。强化村（社区）后备干部队伍建设，共发展了21名村级后备干部。强化党员示范引领模范作用，向区委推荐优秀先进集体、先进个人10个，街道党工委召开七一模范党组织、模范党员命名大会，命名模范党组织7个，模范党员58个。街道成立党风廉政建设工作领导小组，加强组织领导；并通过网络平台（云MAS短信平台）、LED、宣传栏、短信、微信、QQ群、入户、调研、会议等多种宣传手段，促使党风廉政建设取得的成效；同时街道纪工委严明纪律，出台了专项督查方案，圆满完成年度党风廉政建设社会评价工作。

【脱贫攻坚成效显著】 街道有两个非贫困村，有42户贫困户，年末脱贫36户。全年在两个村举办乡风文明评选活动，24户"五好"家庭和"卫生整洁户"受到表彰。对42户贫困户采取集中授课和送课上门的方式，传授家政服务理念和技术指导，培训率达100%，帮助其就业9户。对符合政策兜底的贫困户进行甄别，纳入低保政策兜底36户103人。至年末，街道已脱贫的贫困户达到"一超、两不愁、三保障、四个好"的标准，在历次考核验靶中取得好成绩。

【信访维稳效果明显】 2017年，共排查矛盾纠纷223起，协调处理205起，办理市长热线12345交办件305件，接待来信来访群众437人次，大量矛盾纠纷在萌芽状态妥善化解。充分利用综治宣传月、"6·26"禁毒日、"12·4"宪法宣传日等各种宣传节点，通过传单、LED、院落会等易于群众接受的方式宣传。收缴"法轮功"宣传条幅90余条、宣传画册64本，调查走访39名"法轮功"已转化人员，排查出转化后反练"法轮功"人员2名，为28名"法轮功"已转化人员申请解脱工作，目前已完成解脱27名。辖区涉军群体共有154人、9596中专生15人，潜在上访人员多、压力大，成功化解6起进京赴省上访事件，成功解除积压四年的江山丽景还房门面分配隐患。

【城市管理取得实效】 2017年，投入城市管理经费约50万元，用于整治规范市场和清理整治"牛皮癣"等工作。实施清溪河高坪三中段的排危整治，新砌堤坝20米，耗资20万元。完成普乐新村小区外地灾整治，堡坎加固长25米、高3.5米。截至年末，整治牛皮癣3万余处、处理违章搭建130余处、整治骑门占道经营1700余次、清运垃圾700余吨、阻止秸秆燃烧210余人次，彻底解决油烟扰民问题，调解油烟扰民76次，协调餐饮业共安装抽油烟机356台。

【安全生产管理规范】 辖区有164家企事业单位、40余所学校、2000余家"九小场所"，年内未发生重大安全事故。全年与辖区各中小企业及中小学校签订责任书300余份，开展各类宣传培训工作7次，对安全隐患排查治理系统操作、微小型企业安全自主管理、安全生产执法、企业火灾防范和处置等方面进行了全面系统的培训，提高安全责任意识。对辖区280余家企业和生产经营单位进行全面排查，发现一般安全隐患404起，落实整改404起。利用隐患排查治理信息系统采取社区督导企业自查自纠隐患，街道汇总备案，实现基本信息填报率100%、隐患排查按期整改率100%。

【社会保障事业有序平稳】 加大最低生活保障核查力度。让真正贫困的群众享受党和政府的关怀。新增最低生活保障83户、265人，取消最低生活保障70户、223人，至年末，享受最低生活保障的1838户、4607人。大力帮扶弱势群体。打造日间照料中心3个，可同时容纳55位老人日间活动，已有36位老人到日间照料室活动，年内在建较大的日间照料室2个，可同时容纳50余老人。及时救助困难群众。救助重特大病人100余人，救助困难群众720余人，为341人优抚对象发放优抚金320余万元。

【领导名录】 党工委书记：刘宏波，副书记：孙维剑（女、9月止）、诸方晓（女、12月起），组织委员：诸方晓（女、12月止）；人大工委主任：陈江，办事处主任：李仲翔，副主任：王伟（12月止）、郑维、岳先明（8月起）、李建辉（兼任）；武装部长：李建辉；党工委委员：何黎（女）。

（供稿：彭彦熙）

清溪街道

【概况】 地处高坪城区清溪河南岸。东与青莲街道接壤，东南与佛门乡毗邻，南与永安镇相连，西南与都京街道交界，西濒嘉陵江与嘉陵区、顺庆区相望，北与白塔街道相连。辖区东西最大距离8公里，南北最大距离7公里，总面积28平方公里。2017年末，辖8个社区、4个村民委员会共108个村（居）民小组，农业人口2509户、7367人，城镇常驻人口14047户、53009人。有工业企业102户，职工12601人，其中规模以上工业企业5户，职工7684人。有商业网点1067个，职工4826人，集贸市场3个，砖厂1个。耕地面积4046亩，作物品种主要有水稻、小麦、玉米、蔬菜等。年粮食总产量2462吨；蔬菜产量930吨，油料作物产量123.5吨。畜牧业以饲养猪、家禽为主，年出栏生猪6600头，饲养家禽19110只。农民人均纯收入6009元。年内先后获评党的十九大期间全市维护稳定工作基层先进集体、高坪区"六五"普法先进集体、四川省防范邪教宣传教育示范单位、南充市2017年度119消防奖先进集体。

【扶贫攻坚任务完成】 完成48户134人年度脱贫任务，完成五改三建165户，小额信贷58户231万元，及时开展2014年—2016年脱贫户"回头看，回头帮"工作，确保了285户720人全部脱贫。

【民生保障取得成效】 完成王家店村7组176套拆迁还房入住、河东街社区5组18户房屋拆迁还房工作，完成下中坝门面106户回迁工作。全年新增低保户56户，提标37户，发放低保金751.7万元，累计医疗救助112人、支付资金265827元；临时生活救助660人，共计发放资金491745元。协调康源水务和天然气公司在南前线3个村新安装自来水420户、天然气280户；引进龙运鞋业在北斗坪村建分厂一处。

【基础建设扎实推进】 完成辖区22户畜禽养殖业户的关停补偿工作，拆除圈舍1.8万平方米，对王家店片区"小散乱污"企业强制断电关停等工作100余户，高质量完成中央环保督查环保组督办案件8件。完成街道便民服务中心改建、祖师庙社区阵地建设、北斗坪村和龙头寺村便民服务点改造，投入资金250余万元新建兴安路社区便民服务综合大楼建设。交通设施完善，国道318线（成都—上海）与省道南（充）前（锋）线交汇，沪蓉高速成南段、南广高速、南渝高速、南充绕城高速贯穿辖区；村道公路全部连通，总长53.2公里；2路、10路、14路、18路、19路、22路、26路公交车往返辖区。

【基层管理不断加强】 依程序选举产生10个村、社区新一届党组织领导班子，其中新任党组织书记1人、继任党组织书记9人、副书记6人、委员48人；依法依规选举产生了10个村（居）民委员会新一届班子，其中继任村（居）委会主任10人，新任村（居）委会副主任6人，继任村（居）委会副主任4人，选举产生村（居）委会委员49人、村（居）民小组组长108人。完成祖师庙国家级科级示范社区软硬件建设。7月1日，下中坝社区由清溪街道办事处代管，11月13日省政府正式批复，将下中坝划归高坪，其中瑶池路向西至江东大道中心转南至金融中心（金融中心南端外墙）再向西至嘉陵江主航道中心线以北所属行政区域由清溪街道管辖。

【社会事业协调发展】 辖区内有各级各类学校5所，在校学生1.2万余人。其中小学3所，在校学生3200余人；中学2所，在校学生2800余人；职业技术学校2所，在校学生5000余人。公办幼儿园1所，在园幼儿500余人，民办幼儿园5所，在园幼儿490余人，其中学前班5个，人数250人；市民学校1所，共有在职教职工410人；初中适龄人口入学率、小升初升学率、九年义务教育覆盖率均达100%。有村（居）级文化活动中心10处，广播、有线电视"村村通"，各类文化专业户210户，军鼓乐队、龙狮队、腰鼓队各一支，各类图书室12个，藏书40余万册。有学校体育场5个，看台设座椅1000余张。70%的村（居）安装健身器材，经常参加体育活动的人员占常住人口的30%。有2所大型医院，中医院及清溪社区卫生服务站，村、居卫生服务站10处，有床位100余张。专业卫生人员202名，其中执业医师42人，执业助理医师35人，注册护士125人，全年医疗机构（门诊部以上）完成诊疗8.1万次；4个村均参加新型农村合作医疗保险，村民参保率99%，6个社区均参加城镇医保，居民参保率98%。

6月29日，南充市全国科普日活动在清溪街道祖师庙社区开展

【领导名录】 党工委书记：何龙，副书记：王明泽、秦天强、代志兵，组织委员：钟伟（12月止）；人大工委主任：钟国全；办事处主任：王明泽，副主任：李磊、向红梅（女）、王春（女）；武装部长（兼副主任）：赵尚刚。

（供稿：林　斌）

龙门街道

【概况】 2017年末，幅员面积40平公里，耕地18013亩，辖炮台街社区、油房街社区、南新街社区、曹家坝社区、嘉龙社区5个居委会50个居民小组和盐井沟、曹家坝、指路碑、三汇口、崔家桥、高庙子、黑拱桥、韩家坝、三角池、谯家坟村、空洞山、铁钱坝、石盘村、雷祖庙共14个行政村129个村民小组,人口58568人,其中农业人口29129人。全年完成地方生产总值13.2亿元,同比增长4.9%。

【不断推进重点工程】 龙江公路改造拆除房屋57座8000余平米,完成租地及青苗林木补偿106亩;完成中法农业科技园天然气管道施工用地征拆127亩、电力施工占地青苗林木补偿98亩。城中村还房实现回迁安置400余户;龙门古镇建设拆除房屋13座,物流园三期还房建设拆除房屋30余座;铁钱坝村国土整治挂钩项目完成三个居民点183套房屋主体修建工程;石盘村一级水源保护区工作,完成保护区内房屋拆除12座,院墙打围3公里,保护区内的人类活动得到禁止,全面恢复"原始"状态。

【持续加强城市管理】 清理辖区内过街横幅128条,拆除破损墙体广告19处,取缔流动摊贩4135起,规范骑门占道经营998起,劝离乱停乱放车辆4373次,查处违法停放车辆3809辆。巡查违建发放《暂停施工通知书》9份、《限期改正通知书》12份,共拆除违法建筑26处2994平方米,处理违规焚烧秸秆32起。对36米大街的破损路面进行了清理维修3万余平米,完成城区主要街道地下管网维修5公里,清理淤堵点位30余处,更换窨井盖300余个。对城区污水排放进行集中收集,完成管网预埋3公里。认真落实环保要求,取缔福龙市场家禽宰杀点和金龙南路屠宰场,关停拆除养殖场40户,处理中央环保投诉8起。对各餐馆发出油烟、油水《限期改正通知书》244份、告知书120份、催告书100份、整改承诺书70份。对三类汽修点进行环保督查登记并发出《限期改正通知书》24份,对歌城发出《限期改正通知书》22份,对废品回收点和洗车场进行排查26家,对榨油坊发放《限期改正通知书》6份。认真落实河长制工作要求,对嘉陵江沿线河面漂浮物等进行了打捞,对汽摩维修行业、餐厨垃圾、燃煤锅炉等进行了专项整治,营造出干净清洁的城市环境。

【深入实施民生工程】 加快计生事业发展,办理生育服务证194人,申报奖特扶对象93人,办理流动人口婚育证38人,补办独生子女证16人,征收抚养费1万元,节日慰问奖特扶对象59人次。加快劳动保障发展,办理成乡居民医疗保险33687人,办理成乡居民养老保险1043人次,办理失业登记325人,开展离退休人员生存调查4568人,举办招聘会5次,新增就业人员576人,发放军转人员岗位补贴32万元。送温暖600余人次,支付资金10万余元。对4户五保户和1户三峡移民户进行了灾害补助共计5万元,投资60万元对曹家坝日间照料中心进行了装修打造,投资49万元对大岩山集中供养中心进行了维修。新申报低保151户,提标18户,取消32户,为19名低保大病人员申报医疗救助10多万元,为23名尿毒症患者给予生活救助每人5000元。

【着力攻坚扶贫工作】 加大基础设施建设力度,在高庙子、黑拱桥两个精准扶贫村投入资金300余万元完成8公里村、社道路硬化,投入资金10万元完成3公里水泥入户路修建,投入资金400余万元对民居风貌进行了整治。大力发展村级长效产业,连片种植花椒1800余亩,发展稻田养鱼10余亩,发展唐宋农庄星级农家乐1所。大力实施危房改造工程,完成31户易地搬迁扶贫建房任务,实施C级危房改造54户,实施D级危房改造110户。实施便民服务中心标准化改造,实现集中办公。投入资金280万元新建三处集中供水站,打机井82口,并对13处水利工程进行了维修。投入资金1.7万元对谯家坟提灌站进行了维修,定补5万元对指路碑村200余米机耕道进行了硬化。全年实现238户、644人如期脱贫出列,高庙子村、黑拱桥村精准摘帽。

【领导名录】 党工委书记:何天润,副书记:柯真金、满吉帅(纪委书记)、张建忠;人大工委主任:李忠林,组织委员:苟银;办事处主任:柯真金,副主任:文红英(女)、谭朝政、袁朝霞(女);武装部长:唐新民。

(供稿:苟　银)

小龙街道

【概况】 2017年末，辖区户籍总人口2.45万人，其中城镇常住人口1.65万人，农业人口0.8万人，流动人口2.1万人，城镇化率67%。全年农村经济总收入8499万元，农民人均纯收入7709元。

【基层党建成效明显】 结合三会一课、主题党日等加强党章、党规和习近平系列重要讲话精神的学习，特别是党的十九大召开之后，街道以多种形式学习宣传贯彻党的十九大精神、习近平新时代中国特色社会主义思想。至年末，街道召开专题学习会2次，各支部分别开展专题学习2次，制作宣传横幅30幅，LED电子显示屏3个，主办学习展板15个、张贴宣传资料13种，街道宣讲团到村（社区）开展党的十九大精神宣讲20次，着重在"学懂、弄通、做实"上下功夫，切实用习近平新时代中国特色社会主义思想武装头脑，确保党的十九大精神落地生根。按照党员发展"十六字"标准积极抓好基层组织建设，全年发展新党员7名，转正党员8名；整顿软弱涣散基层支部1个，圆满完成辖区13个村（居）两委换届，开展基层干部培训3次，提高了干部队伍工作能力和综合素质。积极开展"不作为、慢作为、乱作为"和"微腐败"专项整治，召开院坝会76场次，走访群众2183户，收集问题121件，现场解释、处理29件，后期办理92件；对"不作为、慢作为、乱作为"的花家坝村主任唐楚国作出停职6个月的组织处理。全年立案3件，办结3件，党内警告处分1人，开除党籍2人，追回集体资金76101元，纯洁了干部队伍，净化了党风政风，形成了反腐的高压态势。从3月份起，利用干部会、群众坝坝会、户外广告、LED、展板、海报、横幅、标语、宣传单、QQ、微信群和移动短信平台等方式，开展党风廉政建设社会评价工作，确保了宣传全覆盖，在家群众知晓率达到100%。

【脱贫攻坚效果显著】 对计划年内脱贫的63户全面摸底调查，制定详细帮扶规划、脱贫时间表、帮扶措施，全年完成54户贫困户的"五改三建"工作和7户C级、4户D级危房改造。结合贫困户实际，为贫困户发放鸡苗800只，提供鸭苗80只、羊10只、仔猪80头，为种植特色蔬菜的农户提供油枯1920公斤，提供尿素900公斤。完成"脱贫攻坚——人大代表再行动"的定点联系帮扶工作。邀请区人大代表李彩虹为辖区贫困户进行生猪养殖技术专题培训。全街道224户、635名贫困群众年内实现整体脱贫，顺利通过"省检"和第三方评估。

【环境保护措施有力】 耗资900万元，完成辖区64家养殖场的关停工作，并及时清除圈舍拆除后的建筑垃圾和养殖场粪污等污染物。大力推行"河长制"，保护水环境、改善水生态。针对螺溪河水污染问题，投入资金30余万元，组织挖掘机5台，人工200余人次对河面及河道两侧进行清淤，打捞白色垃圾，购买4000公斤石灰对河面及两侧进行消毒，落实专人巡查、打扫河道两侧的垃圾，严格加强农药、化肥等监管使用，严防土壤面源污染，并形成长效机制；对嘉陵江小龙段沿线漂浮物、建渣等进行常态化无害清理，新建污水沟渠1.5公里；落实城市污水截流干管布局，确保辖区生态安全；对超载、未掩盖的砂石、运土车进行整治，查处车辆20辆；各村（居）三职干部组成巡查小组，对燃烧秸秆和焚烧垃圾的行为实时进行制止，制止燃烧秸秆32处；拆除燃煤锅炉9家；整治、关停小微企业103家；加强在建工地规范施工，采取围挡、湿水作业等有力措施，防止大气污染。

【项目建设持续推进】 成立专项工作组对接落实和推动各个项目建设：全面完成江东大道标美路建设拆迁农房112户，拆迁康源水务五水厂取水口42户、南充现代物流园302亩企业用地73户任务；完成国际会展中心、丝绸特色小镇农房拆迁258户，启动实施江东新区棚户区改造三期和危旧房棚户区改造一期876户122000平方米，并顺利完成康源水务五水厂6公里原水管铺设，配合区水务局快速推进鲢鱼滩防洪堤建设，完成龙门古镇站前大道涉及小龙街道工程建设等重点工程。

【社会治理全面加强】 深化省级安全社区建设，为保障行人车辆出行安全，硬化破损路面1.5公里，为村道路更换指示路牌70余个，增设、更换道路警示标识10个。强化安全生产，对生产企业、教育机构、道路等进行拉网式排查，整改安全隐患35起，联合龙门执法中队开展执法5次。全力做好信访维稳、"七五"普法、社会治安重点地区整治、反邪教及特殊人群管理等工作，化解堵门堵路等群体性事件5起，解决重点工程阻工12起，实现信访人员零到省零进京；圆满完成省委书记王东明到物流园视察等重大活动现场保障工作。辖区充满朝气，社会洋溢活力，"绿色小龙·幸福家园"欣欣向荣。

【领导名录】 党工委书记：陈道宽，副书记：杨卓、唐琳（女、纪工委书记）、冯浩，组织委员：孙健；人大工委主任：杨柳（女）；办事处主任：杨卓，副主任：屈强、姜文艺（10月止）、吴平（10月起）；武装部长：罗运兵。

（供稿：王忠毅）

都京街道

【概况】 素有"中国绸都·丝绸第一镇"称号。位于嘉陵江中游东岸，与顺庆城区隔江相望，距市中心仅5公里。东与清溪街道所辖北斗坪、大山坡相邻，南与永安镇相连，西以嘉陵江为界，北与清溪街道接壤。截至2017年末，辖4个行政村，3个居委会，户籍人口1.6万人，其中城镇人口1.16万人。全年地方生产总值145000万元，其中工业总产值138000万元，农业总产值100万元，第三产业总产值600万元。全年围绕"绿色高坪·幸福家园"目标，突出丝绸特色小镇建设，经济社会呈现良好发展态势。

【项目攻坚实效明显】 配合六合集团完成丝绸体验馆（1、2期）、制丝设备体验馆、蚕趣馆建设；配合主题园指挥部做好第一期拆迁合同签订、特色小镇规划等工作；配合"港协办"做好都京港大桥征地拆迁、隧道施工、桥梁架设等工作；配合"北塔-嘉陵南110千伏线路"工程，全面完成境内塔基浇筑、线路架设。民生工程都京工业园棚户区改造全面完成，第二批廉租房建设工程主体及红都、山边棚户区改造项目全面竣工，污水提升泵站项目竣工投运。投资近200万元完成玉皇庙、红旗坝、都京坝村组产业路、便民路、水库、水渠等基础设施修建改造。

【精准脱贫全面完成】 将全年减贫21户69人计划落实到村到户，各村签订了脱贫工作摘帽军令状，全年召开脱贫攻坚专题工作会议12次，召开党工委会议16次，落实到户产业项目资金11.6万元，对有劳动力和就业愿望的进行技能培训70人次，完成扶持生产和就业发展33人。全面实施"两线合一"，对21户47人落实低保兜底政策。实施"五个一批"精准帮扶，开展回头看、回头帮，确保2014—2017年脱贫的53户156人家庭人均纯收入超过国家脱贫标准。实施贫困户危房改造16户，实施五改三建15户，完成10户非贫困户住房达标修建。大力推进贫困人口就医"十免四补助""分级诊疗"等制度，对患有大病、残疾、慢性病等贫困人口落实医疗救助政策26人，确保贫困户100%参合（保）、区就诊达98%以上，实现住院费用零支付。对贫困户义务教育阶段子女8人全面落实教育惠民政策，贫困户家庭子女义务教育阶段无一例因贫辍学。

【社会治理稳步推进】 以开展平安建设攻坚行动为抓手，做好辖区稳定安全工作。全年信访平台办理上级转交信访件28件、市长热线电话和书记市长信箱交办件8件，办结率100%。接访群众反映矛盾纠纷15次，调解15件，确保了全年无一人到省进京上访。开展禁毒宣传2次，发放各类禁毒宣传资料1000余份，解答群众咨询140余次，悬挂标语10幅，制作展板4块，受教育群众2000余人次。坚持开展"红袖标行动"、"无邪教社区创建示范工程"活动等，社会治安综合巡逻防控、防范处理邪教工作等各项措施全面落实。组织召开各类安全生产会议16次，大力开展各类专项整治活动，整改各类安全隐患27件。协助六合集团按期完成天然气隐患整改。全年无一例安全事故发生。

【社会事业有序开展】 核查农村低保103户、245人，城镇低保145户、248人，发放低保金976020元。对315人实施临时救助，发放资金12万余元。对困难群众355人发放米、面、油、肉等物品。重新核查调整优抚对象，抚恤补助金及时打卡发放。完成已婚育龄妇女避孕节育手术69例，人工流产1例，全员信息完整率达99.%，村（居）平台有效反馈率达100%。无新增非本地户籍违法生育外来人口及违法生育行为。

【党建工作取得成效】 街道党工委、办事处主要领导全程参与谋划、指导7个村居民主生活会取得实效。以"六个一"（统学一遍方案、统抄一遍党章、统学一遍条例、统上一堂党课、统抄一本笔记、统登一个微信）为抓手，推进"两学一做"学习教育常态化、制度化。依托嘉美印染成立全区丝纺行业党委，下设3个党支部，共有77名党员，同时派出退职领导、原人大主席杨元平担任党建工作指导员，具体开展非公企业帮扶指导工作。积极发动机关干部、离退休干部、村（居）党员帮助辖区贫困户发展生产、五改三建、倡导文明新风。圆满完成村（居）两委班子换届选举，择优充实配备8名思想好、能力强、有文化的年轻干部，增强村（居）班子活力。

【廉政建设常抓不懈】 制订《2017年都京街道关于落实党风廉政建设党委主体责任和纪委监督责任的实施方案》和《2017都京街道年惩防体系和党风廉政建设工作实施方案》等文件，与各村（居）签订《党风廉政建设目标责任书》，建立完善街道党风廉政建设责任制检查考核制度，将党风廉政建设纳入对村（居）目标工作考核的重要指标。邀请区检察院、区纪委领导为全体村居社组及办事处干部作廉政辅导讲座，街道纪工委对村（居）纪检监察干部进行业务培训。街道党工委书记约谈7个村（居）党组织负责人，严格执纪问责。全年接访并办理结案4件，对一名村居干部予以党内警告处分，对一名触犯刑律党员给予开除处分。开展扶贫项目及资金专项监察，走访贫困户41户，发现问题3起。坚持党务、村（居）务、财务"三务"定期公开制度，主动接受群众监督。街道、村居召开各类专题会议90余次，悬挂横幅标语50余条，张贴画报300余张，制作发放宣传单4000余份，实现宣传全覆盖，群众知晓率满意率大幅度提升，全区测评位居第二。

【领导名录】 党工委书记：严辉，副书记：任利东、王荣林、李勇静；纪工委副书记：明成秀；人大工委主任：杨太平；办事处主任：任利东，副主任：姚强、魏琳娟（女）、杨小龙；武装部长：巫召平。

（供稿：都京街道）

青莲街道

【概况】 位于城区以东国道318线上，办事处驻牛市坝社区清政街2号，距城区中心6公里，交通便捷，成南、南广、绕城三条高速公路交汇于此，濒临南充高坪机场，19路公交车通往境内凌云山4A风景区，10路公交车直达青莲场镇终点站。区域面积16.75平方公里，耕地7806亩。年末辖7个村民委员会，44个村民小组，2个社区居民委员会，8个居民小组，总人口10448人，3776户，其中农业人口6670人，2059户；城镇常住人口6764人，1717户，城镇化率64.4%。另有流动人口128人。全年农民人均纯收入

10800元，城镇居民人均可支配收入27000元。办事处在编工作人员42人，其中行政23人（公务员18人，行政工人5人）；下属3个事业中心共计事业人员16人。

【脱贫攻坚稳步推进】 按照"五个精准"要求，对2014年至2017年116户356人精准贫困家庭基础资料重新核定，完善贫困户档案和帮扶台账，填写统一《帮扶记录卡》。全年累计投入资金79.8万元，提供公益性岗位27人，就业发展46户，扶持产业发展10户，所有建档立卡贫困户医疗保险全部由财政购买；落实低保兜底64户，五改三建涉及54户；实现116户贫困户住房完全保障。2017年度脱贫任务顺利通过验收，贫困户"一超六有"的脱贫标准全面实现。

【党的建设不断加强】 全年召开党建专题研究会31次，安排党建工作检查8次，开展集中谈心谈话5次、单独谈心谈话81人次，督促整改问题19件，与各支部签订党建目标责任书9份；开展党建述职评议，对9名支部书记抓党建工作逐一进行点评。大力推进"两学一做"学习教育常态化制度化，全年共组织集中学习32次，中心组专题学习4次，领导干部到各自联系村（社区）讲党课10次。集中举办党员教育培训会3期，举办村（社区）四职干部培训会2期。年内为牛市坝社区争取资金50万元新建500平米活动阵地，为民建社区争取资金30万元借用原卫生办公楼600平米改建活动阵地，为兰家庙村和青莲寺村协调解决各200多平米活动阵地。坚持每季度对各村（社区）落实"三会一课"、"三务"公开、"农民夜校"等制度情况进行督查，制定出台《青莲街道机关干部管理制度》、《村（社区）干部管理制度》等管理规定。以换届为契机，调整充实9个村（居）委班子，更换了2个村支部书记、2个村主任；培养入党积极分子7人，预备党员转正7人，发展新党员6人。推动"三项制度"向基层延伸，共收集、处理民生诉求226件，代办群众事务198项，党群关系进一步密切。从严落实"两个主体责任"，突出抓好民主监督，督促各村（社区）建立并完善QQ、微信群等各种信息公开平台，重点对每季度"三务公开"内容进行监督。全年与村（社区）党支部书记廉政谈话2次，组织专题讲座3次，观看警示教育片2次，组织廉政知识测试1次，约谈8人次，诫勉谈话2人次。

【稳定基础有效夯实】 坚持源头治理、综合治理、依法治理，最大限度激发社会活力、增加和谐因素，社会环境更加稳定。加大"摆顺扫干净不拥堵"巡查整治力度。全年组织城管办、城管执法大队、社区及相关部门开展场镇环境秩序整治2次。全面落实河长制工作，做好辖区内清溪河青莲段沿线环境卫生日常保洁工作，加强巡查监督，推行水面保洁网格化，定期对水面做好保洁工作。坚持每周排查和化解矛盾纠纷，全年累计排查、化解矛盾纠纷和民生诉求138件。实现了矛盾纠纷排查在一线、化解在基层；全面落实领导干部接访制度、包案调处制度等制度；做好了特殊敏感时段的信访维稳工作。全面落实"党政同责、一岗双责"制度，坚持源头治理，分级管理。全年开展消防和交通安全专项培训4次，发放宣传资料1500余册；开展农村道路执法检查20次，查处摩托车驾驶员不戴头盔59起，现场教育198人次；排查道路隐患4处，制作标识标牌17个，安装凸透镜3个；设立固定交通劝导点6处，定期开展交通安全劝导；排查并整治企业安全生产隐患39项，全年未发生一起重大安全生产事故。

【重点项目统筹推进】 全力配合南充航投公司进行航空港科技创新中心项目建设，做好协调服务工作，营造良好建设施工环境，确保项目建设顺利开工建设。全力配合正大集团全面完成青莲统筹试验区七星家园、八角新村2个安置还房小区建设，为近2000户群众按期分房入住做好信访、维稳工作。并成立小区物业管理委员会，积极参与小区的日常管理和服务工作。配合清溪河综合治理工程建设指挥部对牛市坝车城河段进行整治，整治河道1.2公里，建河堤2.5公里，河道两岸全部实现绿化。

【领导名录】 党工委书记：陈仕伟，副书记：邓清军、罗刚（纪工委书记）、唐方法，组织委员：李应明；人大工委主任：田帛；办事处主任：邓清军，副主任：赵兴杰、唐英（女）、陈波；武装部长：吴涛。

（供稿：黄铱泠）

青松街道

【概况】 地处高坪城区东北，东邻螺溪镇、老君镇，南接青莲，北邻小龙，平均海拔160米。2017年末，辖5个建制村、1个居委会，共47个村民小组和5个居民小组，3324户10075人。幅员面积16.1平方公里，耕地面积256公顷。现有街道干部36人。办事处驻地距高坪城区中心5公里，全街道交通发达，高坪机场坐落其中，34路公交车穿境而过，绕城高速公路横穿境内。基本形成了村社水泥道路网络化，空运交通立体化。辖区山势连绵起伏，有成片松林3714亩，森林覆盖率达60%，林海绵延叠峰，绿松四季常青，松涛起时，轰响久绝，有"天然氧吧、都市绿肺"的美誉。有小学校1所、教师43人，幼儿园1所、学生119人；有街道卫生院1所，医护人员10人；村级卫生站7处；农村信用社1所，职工3人；兽防站1所，职工2名，村防员4名；邮政储蓄所1所，职工3名；有小二型水库1座。2017年7月获南充市双拥工作领导小组颁发的"拥军优属拥政爱民先进集体"奖牌。

【大力促进经济发展】 依托"森林氧吧"优势，承接南充主城休闲度假需求，着力打造"绿色青松·康养乐园"，突出"养身、养心、养老"的"三养"生态功能特色，打造集避暑纳凉、康体健身、观光体验为一体的"城郊休闲旅游度假区"。在林海森林公园建成占地270亩集培训教育、拓展训练、商务会议、运动休闲为一体的综合性基地"南充青松林海战狼特训营"，11月试营业以来共接待参加体验的6岁至60岁游客达1200余名，同时解决附近劳动力临时性岗位4个。对辖区2家农家乐进行了升级改造，投资18万元将"井水柴火鸡"有污染的传统灶进行了改进，安装油烟分离器等设施，成功升级为三星级农家乐。大力实施"农家乐+农户+种养户"的"输血+补血+造血"模式，以市场价就近收购种养户的蔬菜及家禽，开办展台对当地农产品进行展示，向外地食客推介本地优质农产品。就近解决农户就业12人，其中贫困户就业5人，人均增收1800元/月。

【持续推进重点建设】 配合做好机场航站楼改扩建及停机坪建设工程，协调解决新增38亩土地的赔偿工作，处理机场建设遗留问题11件次。支持配合江东指挥部加快推进恒大绿洲施工建设，配合航空港管委会做好三环电子七期的开发建设相关工作，共疏导、解决施工过程中群众阻工事件7件次。解决林海北路建设遗留问题，共为达到退休条件的14人购买养老保险。

【深入实施脱贫攻坚】 认真制定2017年拟脱贫的53户、142人脱贫规划及帮扶措施，同时对2014年—2016年的已脱贫户进行"回头看、回头帮"。各级累计投入资金200余万元完成"五改三建"45户，危房改造23户，解决安全饮水27户，对126户贫困户的广电信号全部拆旧建新，新购买电视机46台，购买猪仔38头、小家禽300只、羊5只；补助3.8万元为贫困户购买床、衣柜、棉絮等日常生活用品；硬化入户路4.5公里。为410名贫困户全覆盖购买医保；补贴购买城乡居民养老保险276人；发放1.36万元大病救助77人；发放1.86万元临时救助442人；住院报销145人100.77万元；门诊发票报销176人3.78万元。对贫困户家中中职、高职的学生实施雨露计划3人；为19名贫困大学生、高中生争取到阳光助学基金45000元。开辟公益性岗位2个；向航空港工业集中区就近输送就业30人；外出务工20人。做好群众的思想教育及政策宣传，加强乡风文明教育，共评选表彰"好儿媳"、"好邻居"、"最美农家""五好文明家庭"等6户。

青松街道便民服务中心提档升级

【切实抓好集镇建设】 投资4.5万元在各行政村修建垃圾池16口；于5月底前，投资2万余元维修更换路灯线缆及灯具11盏；于6月中旬前各村（居）增加保洁员1—2名，负责街道路面及村道的环境整治；制止违规乱搭乱建10件次，拆除非法搭建1500平方米；景祥社区下水管网改造130米；于11月对办公大楼进行排危及美化。强化生态文明建设，关闭规模化有污染的养殖场9个、整治小散乱污小作坊11个；对林海北路与望青路交界处进行标美化建设，并设置青松街道办事处标志性标牌。

【全面加强民生保障】 投资80余万元硬化七龙村1、4社社道公路2.3公里；投资5万余元整治许青路地灾隐患1处；投资45万元安装道路安全设施波形护栏2000余米；投入3万元硬化敬老院院坝，添置消毒柜、衣柜等生活设施。投资4万元完成便民服务中心标准化建设，为区委、区政府接待内蒙古、浙江、绵阳等省市调研组参观学习提供现场。新增城镇低保9人，农村低保25人；因死亡等原因取消低保21人。发放临时救助金221945元，争取医疗救助109849元；争取为1名大一贫困新生争取"圆梦助学"。2017年征兵报名19名，输送兵源8名。

【领导名录】 党工委书记：刘爱军，副书记：张玲（女）、任艳（女、纪工委书记）、张强，组织委员：胡小康；人大工委主任：吴建荣，办事处主任：张玲（女），办事处副主任：权伟、任勇、王垚力（女）；武装部长：任勇。

（供稿：卢 丹）

江陵镇

【概况】 2017年末，总人口8047户、26942人，其中农村人口7647户、26442人，农村劳动力资源13667人。辖区内耕地23680亩，其中水田7678亩，旱地15305亩，全年粮食播种面积65411亩。

【社会事业造福百姓】 年内纳入城镇最低生活保障22户、25人，纳入农村最低生活保障1345户、2227人。参加新型农村养老保险12840人，参加农村医保19472人。全年医疗救助209人次，民政部门资助参加合作医疗421人次，共支出70余万元。国家抚恤、补助各类优抚对象207人，抚恤事业费月支出90081元。有敬老院1家，床位60张，收养农村五保人员21人。江陵小学占地5353平方米，校舍面积3253平米，有学生659人（学前教育72人、小学587人），教学班13个。学校体育运动场馆面积2100平方米，计算机56台、图书11050册，教师51人；江陵初中占地面积10605平方米，校舍建筑面积4699平方米，有6个教学班，在校学生210人，教职工28人，其中专任教师26人。

【产业扶贫工作取得实效】 对2017年脱贫的214户625人建档立卡贫困人口，进行重点帮扶。开展家政、农技等技能培训5期，培训贫困户500人次，帮助85名贫困人口实现务工就业；发放养殖补贴52.66万元，引导贫困户发展畜禽养殖；慰问和捐送物资折合资金10万余元，惠及800余人。实施易地搬迁51户、改造危房和五改三建290户，三房沟村完成栽种300亩柑橘、

100亩桃子、100亩车厘子，新建1.5公里4.5米宽的产业道路；琴台寺村高换300亩柑橘和新栽180亩甜橙，新建产业路4公里。开展贫困户卫生达标评比200余次，乡风宣传60余次，引导贫困户养成良好卫生习惯；收集村民反映民意92条，化解矛盾纠纷80余起，帮办各类实事150余件次，解决各类急难事16件。

【重点项目工作成果显著】 中法农业科技园建设已拆迁房屋202座，迁坟225座，协调群众流转土地12000余亩，及时解决项目实施中的矛盾纠纷，保障项目顺利推进。循环农业园完成土地整理2000亩，开挖渠系10公里，铺设道路22公里，建设桥梁3座。与法国瑞奇、荷兰答而丰等企业就设施农业建设展开深度合作，与法国拜欧泰集团就欧盟标准农业种植规范达成合作意向；引进目前国内外最新最优果蔬品种30个。市政管线埋设完成95%；入口区大门、停车场等配套设施建设正加紧实施，农庄区域建筑基建完成90%，海棠大道景观建设完成40%。生态湿地农业园完成水系开挖233万方；建成桥梁11座、码头11个，生态旅游观光道路22公里；完成给排水、电力、通信、燃气等市政管网配套建设。景观覆土4万立方米，乔木栽植1.5万株，灌木栽植15万平方米，花草撒播80万平方米，硬质铺装10万平方米。1万平方米的游客接待中心、9个服务点、5000平方米的后勤服务区已完成主体工程建设，正在进行内外装饰。鲜花谷、特色水镇建设正有序展开。

【产业发展工作惠及群众】 以建设产业环线为契机，新建产业路46公里，新栽柑橘6500余亩，高换500余亩，覆盖6个贫困村，6个非贫困村。以农民增收为目标，因地制宜发展生姜、莲藕、小水果800余亩。深入挖掘江陵本土旅游元素，发展乡村旅游，谢家坝村柑橘示范园、三房沟村李子樱桃产业园、双拱桥村果桑产业园等初具规模。创新产业发展模式，把贫困户分散的产业扶持资金和物资入股到产业大户，收益按比例进行分红。全镇新增产业基地12个、7500亩，通过流转土地、入股经营等方式，510户贫困户亩均年收入约1500元。

【美丽新村建设纵深推进】 2017年实施幸福美丽新村建设3个，新建新村聚居点4个，新建、改扩建农村公路30余公里；3500人的安全用水、用电问题得到解决；17个村实现通信网络、广播电视信号全覆盖。新建村卫生室2个、活动室2个、文化室2个、公路15公里、产业路44公里、便民路5公里、水渠2公里、整治河道1公里、新建和维修山坪塘10口、土地调型整治1000亩，用水管网延伸10公里。扎实推进示范村建设，元宝山村已和3家企业达成合作意向；完成3号移民点街面整治及绿化、下水管网等配套设施建设；十圣宫村及吊马坝村土地挂钩项目正在施工建设中；按照村民"自议、自建、自管"模式，三房沟村20余户新村聚居点全面完工；元宝山村2处聚居点住房建设已基本完成，惠及群众300余人，部分农户已搬迁入住，水、电等管网已完成铺设。同时，围绕中法农业科技园建设，实施风貌整治480余户，全面改善提升人居条件。8月完成龙江公路扩建工程。

【领导名录】 党委书记：寇兴奎，副书记：陈小容（女）、杨汉津（7月止）、吉江林（9月起）、谢刚（7月起），组织委员：冯缘（女）；人大主席：陈春华（女）；镇长：陈小容（女），副镇长：吉江林（9月止）、王清、姚强、高航（9月起）；武装部长：何征山。

（供稿：张　靓）

擦耳镇

【概况】 2017年末，地域面积38.2平方公里，辖13个村，1个居委会，99个村民小组，总人口15578人，其中农业人口14518人，耕地面积13447.5亩。全年以打造"富裕、文明、秀美"擦耳为目标，实现了农业总产值2.2亿元，较上年增长9%，向区外输出务工人员5800多人次，劳务收入达1.53亿元，农民人均纯收入达7470元，增长740元，增幅11%。

【发挥特色优势，以巩固主导产业带动群众持续增收】 紧紧围绕乡村旅游和油桃等伏季水果两大主导产业，进一步加大投入力度，引进新品种，引导主产业拉动富民产业快速发展，带动群众持续增收。赏花节和油桃采摘节期间共吸引游客6万余人次，带动农家乐、土特产品等销售，实现综合旅游收入1350余万元，果品销售5万元以上的果农达15户，果农户均增收2000多元，取得了连续五年果农大幅增收的好成绩。全镇伏季水果优质果品率达90%以上。

【壮大富民产业，以龙头带动不断增强百姓增收后劲】 积极引导群众因地制宜，围绕增收调结构，规模化发展新产业。探索建立"协会+业主（基地）+农户"模式，引进四川省玉润木泽农业科技有限公司连片发展花椒10000余亩，以"花好月圆"现代农业生态养殖有限公司为龙头，通过"支部+龙头企业+农户"的模式，发展养牛20户、养羊50户、养猪100户、养鸡20户；以"金呈康"生态观光现代农业园区为依托，通过"支部+园区+贫困户"的模式，带动农户新建水田莲藕230亩、"深秋红"桃林380亩、覆盆子园30亩、核桃80亩，山地种植楠竹220亩，发展其他经济林及鱼塘260亩。全镇新增产业可实现产值5000万元以上。

【夯实基础建设，以完善基础设施筑牢发展根基】
水利设施提档升级。投入资金300多万元重点改善事关老百姓生产生活的水利设施。整治维修四面山、新拱桥等山坪塘2处，维修四面山石河堰2处，新建新拱桥、四面山等村蓄水池14口，新建13处人饮工程。道路建设重点突破。全年投入资金3100多万元，新建5000亩油桃特色产业公路18公里、1.2万亩青花椒特色产业公路20公里。

【强化服务职能，以排查整治隐患维护和谐稳定】
出台系列文件，推行镇村民事代办制度，全年为群众代办各类事项1147件次。全年化解矛盾纠纷28例，到区上访同比减少21%，去市上访同比减少100%，实现了重大节假日期间的和谐稳定。严格落实维稳责任制，加大初信初访调处力度，全年发生各类信访件8件，调处8件，调处成功率达100%。全年无群体性上访事件，个访稳中有降、逐步化解。高度重视安全生产工作，开展"打非治违"等专项整治，组织安全生产隐患排查189余人次，排查隐患28处，整治26处，监控2处，各项指标均控制在区下达目标范围内，全年无重特大安全事故发生。投入资金10余万元维修四面山村活动室，配齐办公设备，全镇14个村（居）均有了活动阵地。投入资金30余万元，全面维修全镇14个远程教育站点设备设施，14个村（居）102个村组全部开通广播。

【突出民生主线，以扶贫攻坚促进社会事业全面进步】 强力开展脱贫攻坚，建档立卡663户、2016人，其中4个精准扶贫村（擦耳村、新拱桥村、四面山村、村子坡村）贫困户201户、689人。按照"一户一册"制定详细脱贫规划，按照"五个一批"的要求扎实开展脱贫攻坚，完成脱贫248户、673人。倾力关注弱势群体，全年发放各类民政救济救助资金475.4万元，其中城市低保20.9万元、农村低保241.9万元、"五保"47.9万元、优抚66.8万元、临时救助38万元、医疗救助48.9万元，还在重大节假日前支出11万元集中采购鲜猪肉、菜油面等，分别对320余户困难群众和29个孤寡老人进行了慰问。发挥扶贫协会作用，扶困助学。帮扶重症绝症贫困户136人次，帮扶资金5.6万元；组织卫生院医生和村医定期义务巡诊，解决医疗费用3万多元；帮扶困难学生7人次，发放助学资金3万元；投入资金10万元，新建擦耳小学围墙、保安室；资助产业发展18万元，鼓励贫困群众发展庭院经济，为贫困户发放鸡鸭5000只、猪牛羊300头、优质核桃等苗木3000株，预计可实现年均增收200万元以上。严格落实惠民政策，通过"一卡通"发放惠农补贴资金5575487.33元，其中退耕还林补贴279521.33元（生态林补贴68538.83元、经济林补贴210982.5元），耕地地力保护补贴、农资综合补贴资金5375966元。严格执法，出生率严格控制在千分之三以内，全年征收社会抚养费1.6万元。12月上旬，完成新农合筹资近152万元，参合率达95%以上，月底全面完成筹资任务。

【领导名录】 党委书记：许乐山，副书记：姚春梅（女）、冯素琼（女，纪委书记，9月止）、林加勇（纪委书记，9月起），组织委员：郭佼（3月止）；人大主席：朱鹏林；镇长：姚春梅（女），副镇长：蓝琳、林加勇（9月止）、陈肖霄、张强（9月起）；武装部长：任泽。

（供稿：易 斯）

凤凰乡

【概况】 地处区境东北部，东与喻家乡接壤，南与走马乡毗邻，西与螺溪镇相连，西北与龙门街道交界，北与擦耳镇相依。交通纵横交错，达成铁路、兰渝铁路横贯而过，东新公里纵贯全境。2017年末，全乡地域面积17.9平方公里，辖9个村，80个社，3370户，10705人。经济产业以种养殖发展和劳务输出为主，属山区型农业乡镇。

【农村经济稳步发展】 年末，全乡耕地面积9881亩，其中：水田4568亩。在全乡普遍推广运用新品种、新技术，全年粮食总产6439吨，其中水稻2250吨，小麦1010吨，红苕1122吨，玉米1106吨。经济作物以蔬菜种植为主，面积7120亩（复种），产量5410吨。养殖业以饲养生猪、羊、鸡、鸭为主。年养生猪1.4334万头，年末存栏0.37万头；养羊3682只，年末存栏836只；养家禽30.9万只，交易22.95万只。全年劳务输出5500人以上，劳务总收入1.94亿元。全年实现农业生产总值8373万元，农民人均纯收入达7266元。

【富民产业不断壮大】 引进四川荣生公司连片发展"十公里花椒产业带"3600余亩、栽种优质九叶青花椒50余万株，建成脱贫奔康产业园3个；建成川东北地区唯一的集定点育苗、观赏采摘、生产示范、科普教育等于一体的青花椒育苗示范基地60亩，全年育苗320万株，实现产值180万元。以脱贫奔康产业园为载体，成立花椒专业合作社3个，吸引305户贫困户以"土地、资金、村集体经济"方式入股分红，同时实行"返租倒包、入园务工"模式创收，带动贫困群众脱贫摘帽、增收致富。就近吸纳周边村民9000人次务工，年收入近50万元。同时投入资金1200余万元，加大对凤凰农科核桃、猕猴桃基地、昊丰农业枇杷基地、屈家店村黄精中药材基地的巩固提升和规模拓展。

【基础设施不断完善】 乡村道路建设加速发展，完成凉亭桥村12公里社道路硬化、6.3公里产业砂夹石道路及5.8公里入户便道建设；实施农村C、D级危房改造168户，易地搬迁7户，"五改三建"137户；新建蓄水池3个、山平塘1口，维修蓄水池3口，新建集中安全饮水站4个，打机井74口。成功关停3家蛋鸭养殖场、完成3家生猪养殖场和1家蛋鸡养殖场环境综合整治，落实人员对场镇街道、村社道路进行全天保洁，村容村貌焕然一新。

【民生改善推进社会事业】 凤凰小学是乡内九年一贯制农村学校，占地20余亩，设有2个教学点、10个教学班，教职工37人（中学高级教师5人、一级教师6人，小学高级教师9人；本科学历20人，专科15人；省骨干教师1人，市级骨干教师4人）。多媒体、计算机网络教室及理化生物实验室、远程教育接收系统俱全，连年获评区教育目标管理工作先进集体、教学工作先进集体、继续教育工作先进集体。全年投资5万元新建村文化活动室1个，完善乡综合文化服务站功能，全年免费开放；投资2万余元改造和维护全乡"村村响"广播，在响率达到100%，全乡460户贫困户电视信号达标率100%；农村公益电影全年共放映100余场次。乡中心卫生院新综合楼1200平方米竣工并投入使用，完成2个村级卫生服务站（室）改扩建。全年发放计生奖特扶资金310780元、独生子女父母奖励资金6240万元，全乡计生率保持在70%以上，人口自然增长率1‰以内。

【社会保障不断加强】　认真执行城乡居民最低生活保障制度，做到应保尽保；充分关注困难群众生产生活，发放各类补助优抚金200余万元，救助贫困家庭350余户。深入实施农村合作医疗保险制度，农民参合比例逐年扩大到100%，农村新农合参保率稳定在95%以上。认真落实"党政同责、一岗双责"工作责任，综治服务中心网络体系建设进一步完善，社会治安综合治理进一步加强，深入开展校园周边环境治理、扫黄打非、禁毒禁赌等专项行动，依法严厉打击各类违法犯罪行为，积极开展"平安凤凰"、"平安村居"创建活动，努力营造和谐稳定的社会环境。

【扶贫攻坚有序推进】　截至年末，全乡有建档立卡贫困户460户、1261人。落实到户产业资金486791元，帮助206户贫困户发展小家禽养殖4365只，牲畜饲养253头（只）、种植业35亩、养蜂16桶、养鱼4亩；落实到户项目资金1259453元，对145户贫困户实施住房"五改三建"。全面落实医疗扶贫，贫困户区内公立医院住院治疗个人自付均控制在10%以内；全面落实教育扶贫政策，全乡适龄儿童入学率100%，164名贫困学生全部按政策享受了教育资助政策。

【领导名录】　党委书记：邓志勇，副书记：蒋贤明、田晓艳（女），组织委员：任洁婷（女）；人大主席：黄万勇；乡长：蒋贤明，副乡长：韩英成、安静；武装部长：易朝中。

（供稿：任洁婷）

螺溪镇

【概况】　位于高坪城郊东北部，东北靠凤凰乡，东南接走马乡，南连青松街道，西与小龙街道接壤，北与龙门街道边界相连。镇政府驻地距高坪城区中心14公里。境内地势平坦，土地肥沃，水源充足，物产丰富，螺溪河由东向西横贯全境。2017年末全镇幅员面积20.2平方公里，辖12个村91个村民小组，1个居委会3个居民小组，5593户20142人（其中农业人口4826户17257人），南充现代物流园涉及镇内8个村41个村民小组、1个居委会2个居民小组，规划面积0.6万亩。

【持续推进项目建设攻坚战】　全力配合南充现代物流园区等重点项目建设。为确保中铁联运等重点项目落地落实，按照物流园区建设规划，新签订拆迁协议户60户，拆迁房屋60座，共计约22300.24平方米；新增纳入拆迁人口19人；同时，配合物流园区管委会圆满完成了园区二期（A区）的还房工作，共涉及457户，826套。着力化解重点工程遗留问题。协调处理兰渝铁路和机场油库建设等群体性遗留问题13起。圆满完成固定资产投资任务。

【纵深推进脱贫摘帽攻坚战】　大力发展产业夯实脱贫基础。采购李子树苗2万余株、花椒树苗近2万株发展贫困户庭院经济，并成片栽植300余亩。加大贫困户到户资金投入发展家庭种养殖，全年用20余万元补助种养殖，种植水稻玉米红苕218亩、养鱼16亩、鸡711只、鸭607只、肥猪63头、母猪6头、牛1头、羊4头。精准扶贫项目扎实推进。对贫困户住房保障、安全用水、用电、入户路、院坝等项目进行了全面实施，完成贫困户危房改造28户，实施"五改三建"252户，发放棉絮68套、服装23套。

【全面推进防汛减灾保卫战】 建立制度，明确职责。镇村均成立了防汛减灾工作领导小组，组建防汛减灾应急队，完善了防汛工作预案。镇村两级严格执行汛期24小时轮流值班制度，保持电话随时畅通。注重排查，措施到位。对各村重点地段、场所，尤其是螺溪河10公里的沿线房屋、道路，容易发生地质灾害的点位进行全面系统的排查和整改，对每个塘库堰均落实了专人进行值守。保障物资，有序救援。镇村两级备齐相关的救援物资，落实避难场所；同时请医疗部门配合，做好抢救人员的准备。

【强势推进环保督察保卫战】 强力治理水污染。主动向区政府、区环保局等相关部门报告，完成了螺溪污水处理厂技术升级改造，顺利通过中、省环保督察检查；全力整治禁养区内畜禽养殖，关停并拆除禁养区内畜禽规模养殖场23家；同时，关停场镇屠宰场1家，全面完成区委、区政府下达任务。扎实开展河长制工作，设置河长制公示牌10处，建立巡查管理机制，镇、村领导干部对河道及沿岸开展常态化巡查，同时设立河长制公益性岗位1个，对发现的问题及时整改。强力治理大气污染。查封、淘汰燃煤锅炉5处，发放垃圾秸秆禁烧通知书500余份，开展环保宣传10次，制作宣传横幅50余条，宣传单1000余份，宣传展板5副。处理和办结各类环境信访问题15起。

【着力推进安全稳定保卫战】 坚持每月集中排查和整改，整改完成地质灾害隐患3处；开展了校园安全、道路交通、易燃易爆企业等专项整治活动6次，制作塘、库、堰、河堤警示标志100余处；积极开展"安全生产月"宣传及应急演练工作，开展火灾事故警示教育培训和反恐消防演练各1次。全年共收到上级各类交办件50余件，自查和接待群众反映各类问题70余起，核实答复率达100%，化解成功率达98%。成功化解吴群刚市长包案的对鹅坝村金三川无房居住等3件到市信访问题。着力抓好全国"两会"、"一带一路"北京国际高峰论坛、省党代会、党的十九大等特殊敏感时期对重点人员的稳控。成功拦截化解各类稳控人员到省进京非正常上访。

【领导名录】 党委书记：覃锦斌，副书记：何勇、侯刚、罗建春，人大主席：李正荣，镇长：何勇，组织委员：赵南西（女），副镇长：袁敏、王会（女）；武装部长：强荣。

(供稿：刘　良)

长乐镇

【概况】 2017年末，辖14个村、102个组，2个居委会、7个居民段，5800余户、2.3万余人。全年紧紧抓住创建省级百强示范镇的契机，以经济建设为中心，常规工作有条不紊，重点工作成绩突出，实现了全镇经济快速、健康、协调发展和社会全面进步。

【坚持"两学一做"常态化制度化】 党政主要领导带头以普通党员身份参加机关支部开展的"两学一做"活动，19个党支部分别制定年度学习计划，作出学习安排，明确学习内容、方法、时间进度，严格按规定、按要求推进，实现了学习的经常化制度化。组织引导全镇广大党员立足岗位和自身实际，主动对标、自我加压、提升境界。镇党委获区委模范党组织命名。完善党员日常教育培训制度，通过"农民夜校"对在家党员定期组织培训。严把党员"入口关"，全年新发展党员10名，5名预备党员按期转正。从严管理党员干部，完善了《干部日常管理办法》《三公经费管理办法》《村级经费管理办法》等制度。同时，坚持党的领导不动摇、发扬民主不动摇、依法选举不动摇，严格落实"九严禁"等纪律要求，搞好"村支"两委换届选举；开展村（社区）"六职"干部全覆盖谈心谈话，加强风气监督和风险点排查，圆满完成"村支"两委换届各项工作，实现组织放心、群众满意、决战全胜。

【认真学习宣传党的十九大精神】 10月18日，组织全镇机关干部、各村（社区）"三职"干部80余人集体收看了开幕式盛况，全镇党员对十九大报告全文进行了认真学习和热烈讨论。许多党员自发通过人民网、党建网等互联网形式了解更多大会消息。召开学习贯彻十九大精神部署会，成立了学习贯彻党的十九大精神工作领导小组和宣讲团，制定了内容详实、责任明确、可操作性强的工作方案。同时，坚持领导班子带头集中学习研讨，为广大党员干部作好表率。充分利用宣传栏、文化墙、阅报栏、公益广告等阵地和户外显示屏、手机短信、微信、微博等媒体，多视角、高密度、全方位宣传报道党的十九大精神，及时报道广大群众对十九大精神的热烈反响。制作大型宣传展牌1块，制作宣传横幅、固定标语32个，2处LED显示屏滚动播放十九大精神口号。

【纵深推进脱贫摘帽攻坚工作】 2017年，长兴沟村、三清庙村2个精准贫困村，135户、423名贫困人口退出贫困序列，累计脱贫391户、1332人，全镇贫困发生率降到0.82%。实施"五改三建"260户、C级危房改造83户、D级危房改造56户、易地搬迁49户、130人。新建文化室3个、卫生室3个；新建村社公路及产业路12.9公里；新建山坪塘1口，维修整治山坪塘11口，新建水渠2公里、集中供水站6个，分散打井100口。

【全面开展党风廉政建设社会评价】 依托村（社区）微信群、农民夜校、广播村村响等平台，每周宣传党风廉政建设社会评价工作不少于3次。以"纪检干部进村入户"活动为契机，通过召开院坝会、发放宣传单、面对面讲解等方式，宣传党委、政府工作开展情况，进一步提升党员干部群众知晓度和认可度。组织全镇干部职工、村（社区）"六职"干部进行了一次党风廉政建设社会评价工作知识测试，让镇村干部熟练掌握党风廉政建设社会评价应知应会知识，对并考试未合格的4名村干部进行了"回炉"补课。在各村（社区）聘请1名专职调查员，协同村纪检员，每天随机抽取10名以上群众进行电话模拟调查，确保辖区大部分群众熟悉调查的基本流程，掌握调查的方式方法。

【深入实施"五个一"驻村帮扶】 "五个一"帮扶力量围绕4个精准贫困村脱贫工作实际，聚焦短板、发挥优势、主动工作，通过一系列工作举措，工作成效明显。4个精准贫困村均实现了"贫困发生率降低到3%以下，有村集体经济、有通村硬化路、有卫生室、有文化室、有通信网络"的目标，脱贫的135户贫困户达到"不愁吃、不愁穿，适龄入学儿童全面保障义务教育、基本医疗全部入保、安全住房全面保障，全部都住上了好房子、过上了好日子、养成了好习惯、形成了好风气"，脱贫攻坚工作取得了明显的成效。同时，镇党委成立了"五个一"帮扶力量协调工作小组，统筹做好"五个一"帮扶力量的协调服务工作，用好用活"五个一"帮扶工作微信群，实现信息互通、资源共享。

【着力加强城乡环境综合治理】 投入20万元整治螺溪河长乐段河面水葫芦50余亩及完成两岸白色垃圾清理。搞好生态绿化工作，新增绿化面积500平方米。对原有回龙桥污水处理站投入15万元进行升级改造，彻底改变了处理污水排放不达标问题。拆迁螺溪河长乐段沿岸养猪场9家，极大减轻了螺溪河流域水面污染。新建排污管网500米，整治排污口3处。在三清庙村新建垃圾收集池8个，解决了该村垃圾处置问题。全面推行河长制，螺溪河流域涉及村（居）配备了分段河长、副河长、河道专管员、保洁人员，有序开展巡河工作。

【进一步维护社会和谐稳定】 信访维稳工作扎实推进。重点抓好"十一""十九大"会期等重大节日、敏感时期的矛盾纠纷排查化解工作，确保了敏感时段安全稳定。坚持每周排查纪实，每季度专题研究、分析研判维护稳定工作，密切关注社会动态和可能引发的不稳定因素，做到早发现、早处置、早解决。加大信访纠纷化解力度，与各村（居）签订目标责任书，严格落实信访维稳工作定期研判机制，定期召开信访维稳形势研判会，对上级交办的信访件明确村（居）主任亲自包案处理，确保"小事不出村，大事不出镇"。全年共受理各类信访件125件，办结率达100%。平安创建工作成效明显。全镇组建了由民警、网格员、镇村（社区）社（段）干部、民兵预备役组成的共计215人的治安巡逻队，每天晚上坚持巡逻，做到了辖区全覆盖，在很大程度上既震慑了犯罪，也提升了人民群众的安全感。充分利用召开会议、悬挂标语、资料发放、张贴海报、问卷调查、知识有奖问答、广播村村响和QQ群、微信群等多种方式，加大对平安建设群众满意度测评工作的宣传引导力度。全镇共计悬挂平安创建横幅70余幅，发放宣传资料20000份，张贴大小海报3000份，为片警和网格员制作联系卡8000余张，并对片警和网格员的相关信息进行了公示。还利用逢场天组织"两所一庭"政法干警（干部）及老协洋鼓队在场镇巡回散发宣传资料进行宣传引导，各村（社区）时常利用召开院坝会时机大力宣传平安建设群众满意度测评工作。在委托第三方机构进行满意度模拟测评时位列全区第七名。

【领导名录】　党委书记：陈强，副书记：王天劲、姜鹏、罗先慧（综治维稳专职副书记），组织委员：张涛；人大主席：邓红；镇长：王天劲，副镇长：杨军、田武亿、王南（女）；武装部长：黄震宇。

（供稿：王德刚）

胜观镇

【概况】　2017年末，区域面积37.83平方公里，辖12个行政村，1个居委会，96个村（居）民小组，4203户，13757人。年内依托脱贫攻坚工作，拓宽助农增收渠道，改善基础设施条件，创新社会管理模式，经济社会全面发展。全镇地方生产总值达到1.83亿元，同比增长13.4%。农民人均纯收入达到7814元，同比增长9%。

【特色产业助推经济发展】　做强竹编产业，实现一村一个竹编加工点，定点定员进行加工，固定销售商4户，精诚竹编协会会员总数达到1860户，全年销售竹笆700万张，实现收入700万元。深化千亩金城山猕猴桃种植园建设，12万株优质猕猴桃年内进入丰产期。加强3000亩核桃产业基地管护，全年投入10万元进行管理维护，补植核桃苗近1万株。东林寺、龙回寺、矮子桥、龙王塘4个贫困村脱贫奔康产业园均成功创建，其中，汶川清脆李种植800亩，土鸡养殖基地500亩，莲米种植250亩；同时，将产业帮扶金集体入股投资业主共建脱贫奔康产业园，实现贫困户户户入园。

【基础建设改善民生条件】　村道路建设进展顺利，全镇村道路建设总投入560万元，已完成13公里村道路硬化。年内启动了涉及周寺祠村等8个村共计12600亩农田整治的"金土地"项目，其中新建产业便道11公里。水利设施建设不断完善，投入227万元，新建3口山坪塘、13口蓄水池以及2公里水渠，维修4口山坪塘；投入45万元完成3处人饮工程建设。投入120万元新建龙回寺村活动室320平方米，配套文化室、卫生室等设施，仿古修缮农民专合社办公室。龙王塘村新大桥总投入100万元，已建成投入使用。

【民生为本发展社会事业】　新建乡镇卫生院全面落成投入使用，面积达到2039平方米，床位增加至19个。投资400余万元新建乡镇敬老院，面积达到2994平方米，床位100张，内部装修工程、外部围墙、院坝绿化等工程全面结束，即将投入使用。落实计划生育奖扶政策、全面二孩政策，完成人口信息核对工作。落实全镇城乡医疗保险工作，全镇门诊累计补580余人次，补偿金额6.8万元。开展困难群众救助工作，全年共兑付大病救助21人次总计8.9万元，临时救助

315人次总计15万元。多次开展"走基层，送温暖"活动，慰问贫困户、特困人员、五保户、孤儿、低保对象、留守老人、困难党员、危重病人等共计770余人次，共送去550余床棉被，38件棉衣，以及460份米、油等生活物资大礼包。

【多措并举维护安全稳定】 充分利用广播、宣传栏、LED显示屏、微信群等平台，广泛开展宣传活动，共悬挂标语20幅，进村入户发放宣传资料2000余份。充分发挥网格员作用，全面深入开展隐患排查工作；镇、村每日对重点地段和重点单位开展巡逻，落实了"山湾联防"和"十户联防"，并组织了治安巡逻"红袖标"人员150余人，每天对辖区重点地段和治安复杂区域开展定期和不定期的巡逻，分地段落实责任制，排查并现场纠正安全隐患10余起，对全镇治安情况的监控做到不间断、无死角；加入重点人员排查力度，实行专人监控，最大限度消除各类治安隐患。加大物防设施投入，完善部分偏远区域的照明设施设备，积极配合区综治办"雪亮工程"安装工作，辖区共安装监控摄像头24个，做到辖区治安管理科技化。

【脱贫攻坚增强百姓福祉】 按照"两不愁，三保障"，贫困村"一低五有"、贫困户"一超六有"退出标准，全镇完成了1个贫困村、8个非贫困村共130户422人的脱贫工作。共投入1000余万元，完成了35户易地搬迁、100户D级危房改造、95户C级危房改造、89户非贫困户危房改造和262户"五改三建"建设任务，贫困户住房安全得以保障、居住条件明显改善。修建贫困村活动阵地1处，新建贫困村村道公路5.3公里。通过财政补贴、集中采购等多种方式，向贫困户发放鸡苗950只、鸭苗370只、仔猪49头、小羊31头以及优质李子树苗3000株。9月中旬，龙回寺村作为全市脱贫攻坚拉练现场会的示范点，迎接全市九县（市、区）相关领导参观学习；省委常委、副省长王铭晖同志莅临该村调研，对该镇脱贫攻坚工作给予高度评价。《南充新闻网》、《南充日报》等主流媒体对该镇的脱贫攻坚工作成效进行了实时报道。

【真抓实干保护生态环境】 主动对接全区总河长制工作，完善镇级河长、村级河段长日常巡河机制，投入2万元完成11个河长制公示栏制作安装，组织河道保洁员打捞河道垃圾。按时保质完成全镇11家禁养区内畜禽养殖场关停工作，兑付补偿金100万余元。投入2万元购买环保垃圾桶30余个、印制宣传画册500余份；大力推广农村面源污染防治工作，最大限度回收农药废弃瓶、废弃农膜等农业生产垃圾。总投入100万元的场镇污水处理站建设全面启动，前期规划、场地选址、站点场平等前期工作全面完成，废水过滤储罐安装结束，污水管网安装即将进行，站点建成后，可实现日处理废水400吨。投入5万元对场镇磨儿滩水源地进行围网隔离、修缮中途蓄水池，确保了场镇用水安全。

【领导名录】 党委书记：周蜀，副书记：李庆、舒英（女），组织委员：唐艺源；人大主席：张琼艳（女）；镇长：李庆，副镇长：胡洋川、范鹏；武装部长：沈佳林（9月起）。

（供稿：陶伟玲）

隆兴乡

【概况】 2017年末，全乡辖14个行政村有居民4281户、15937人。9月，新桥沟村副主任曹琼蓉被省委追授为"四川省优秀共产党员"称号，12月，区教育局、团区委指导"爱童会"在隆兴乡小学举行助教基地挂牌仪式。

【不断强化基层党建工作】 采取党委委员联系指导村支部工作制度，开展集中专题学习12次、组织讨论6次、到联系村上党课14次，通过设置意见箱收集各类问题20余条等形式，基层组织建设得到加强。深入开展党员组织关系排查工作，共排查出外出流动党员143名。先后举办各类培训班8期845人次,对全乡在家党员分两批进行了普遍轮训,对外出党员采取短信、微信、QQ等方式送学到人。村支两委换届选举取得全胜,确保党委的选举意图顺利实现。密切党和人民群众的关系,认真办理群众来信5件、上级转来的信访件7件,维护了人民群众的切身利益。

【大力促进农业产业发展】 继续在丁家庙村种植优质水稻1000余亩,在晒阳坡、西林沟等村新扩种优质水稻1000亩,实现每亩增收400元;全乡共种植密本南瓜2000亩,每亩产值达1200元。全年新增规模种植户2户、生猪养殖大户1户,出栏生猪100余头,发展小家禽养殖大户45户,新建圈舍5000平方米,养殖鸡鸭10万余只,实现产值近450万元。以新桥沟、晒阳坡、石老婆村种植莲子为中心,组建莲子产业专业合作社。引进业主张勇在混沅寺村建立脱贫奔康产业园约1000亩,总计划投资700万元,栽种柑橘,新建产业便道5000米及5口蓄水池,一口山坪塘,容量20000立方米。年内投资300万元,争取5年时间收回成本。

【持续推进基础设施建设】 混沅寺村"幸福美丽新村"总投资800余万元,占地面积4398平方米,共有住户30户,其中新建住房22户,新建文化休闲广场一处,占地面积1230平方米,文化室、舞台、卫生室、观景台、健身器材等文卫旅体设施齐备。硬化水泥路860米,宽5米,栽植桂花树等风景树298株,铺植草坪1000余平方米。还建有山坪塘两口、农家乐一个。场镇棚户区改造工程10月动工,总投资500万元,改造户数217户。

【务实开展脱贫攻坚工作】 在福龙桥、五棕堂、西林沟、晒阳坡、丁家庙、混沅寺等村产业环线上规模发展莲子800亩、花椒200亩、黄精300亩、红心柚360亩、稻田养鱼260亩、桃树320亩、李树800亩,贫困户以土地、劳务合作基金等入股,实现贫困户增收脱贫和企业、业主、合作社、村集体经济发展有机结合。在晒阳坡、混沅寺等村建成脱贫奔康产业园2个,68户贫困户全部入园。晒阳坡村脱贫奔康产业园成片发展莲子500亩、红心柚300亩,共投入资金120余万元。其中33户贫困户101人以产业周转金和小额信贷资金30.5万元入股,享受利益分红,年人均可增收300元左右。混沅寺村脱贫奔康产业园总面积800余亩,主要栽种"血橙8号"。采取业主带动,贫困户自主发展或以土地、资金入股的方式,建立利益联结机制,该村35户贫困户入股资金33万余元,年人均可增收350元以上。年内全乡投资70余万元完成贫困户建饮水井238口。对患有大病、残疾、慢性病等贫困人口落实医疗救助政策86人,确保贫困户100%参合(保),投入资金10余万元,为贫困户实行室内电线更新,投入资金20万元为家里无电视或电视无法收看的贫困户购买了新电视。

混沅寺村新村聚居点

【深入实施乡风文明活动】 制定《隆兴乡村规民约》6000余份张贴上墙。开设村级道德讲堂300余堂,参与群众达15000余人次,悬挂道德讲堂标识牌14个。开展"好儿女、好婆婆、好夫妻、好儿媳、好邻里"评选活动3次,评选出道德模范180人次。评选表彰"幸福文明家庭"60户,评选表彰"脱贫光荣户"120户,积极组织农村党员干部开展"邻里守望"志愿服务活动10余次。以治理"脏乱差"为重点,新增道路清洁工30人,配备垃圾转运车4辆,对场镇及村落道路展开全天候清扫、清运。在脱贫摘帽贫困村晒阳坡、混沅寺投入资金30余万元制作墙绘、标语、横幅、路标等600余幅。

【切实抓好社会事业和安全生产】 加强了乡卫生院与村卫生站建设，建立健全了公共卫生服务体系，完善了突发公共卫生事件应急机制。7月，五棕堂、峦鼓峒等村开展文化走亲"五走进"活动，得到干群一致好评。与学校签订了安全生产目标责任书，加强校园安全教育、管理和校园周边安全隐患排查整治。定期对辖区3家烟花爆竹企业进行安全生产检查，消除安全隐患。定期组织道路交通安全专项整治，对非法客运、超载等道路交通安全隐患进行顶格处理。在全乡涉及安全隐患的168个河塘库堰安装了安全警示牌。对峦鼓峒村4社公路塌方进行整治，消除了安全隐患。年内全乡无重大安全生产事故发生。

【领导名录】 党委书记：何开义，副书记：刘成、廖赓（纪委书记），组织委员：李雪梅（女、7月止）、郑焱月（女、9月起）；人大主席：张国斌；乡长：刘成，副乡长：刘祥、姚宇、赵彤、谢洪博；武装部长：刘祥。

（供稿：朱长杰）

会龙镇

【概况】 2017年末，面积26.9平方公里，辖10个行政村、105个组、1个居民委员会、3个居民小组。总人口5405户、18545人。全年实现社会生产总值4.2亿元，年均增长10.2%，农民人均纯收入11136元，年均增长13%。通过年审验收，继续保持了省"五十百千环境优美示范乡镇"、"南充市模范卫生城镇"荣誉称号。镇敬老院分获市、区敬老爱老文明单位荣誉称号。

【一心一意谋发展，综合实力明显增强】 经济发展"一村一品"逐步形成：熊家桥村的食用菌、梨园寺村的千亩莲藕、吊井沟、石门楼村羊肚菌、关财沟村山羊养殖、老场垭、半边山、关财沟、桂花井村花椒产业园、关财沟村蔬菜产业园特色彰显；成功举办区、镇首届花椒采摘节和提供全市林业产业现场会参观点准备基本就绪；共培育3个合作社，种养大户5户，流转土地1500亩，全镇农民人均纯收入11136元，同比增长13%。工业发展扎实有力，会龙白酒技改扩能项目有效实施；其他各项指标也大幅度提升，镇域经济总量明显壮大。

【聚精会神抓建设，镇村面貌明显改观】 坚持以基础设施建设为重点，推进了以"两治理一加强"为主要内容的美化、绿化、亮化、洁化行动。结合农村道路畅通工程硬化村组道路12.5公里，新建渠道1公里，维修山坪塘4口，新建蓄水池6口。场镇面貌在统筹发展中明显改观，加快了美丽集镇建设步伐，改建公共卫生间1处，更换场镇店招120处，新建垃圾池10个，设置可再生资源回收点2处。结合脱贫攻坚感恩教育、向上向善宣讲会等形式，强化群众的环境保护意识，在省道两旁设置爱护环境警示牌50个、宣传画70余幅。在7月集中拆除禁养区养殖场7个；对响水洞水源保护区进行规范管理，实现了源头治理，有效改善场镇饮用水环境；全面推行"河长制"实行定期巡查，对螺溪河会龙段流域的污染源加强治理；秸秆禁烧及综合利用工作取得明显成效，水清、土净、天蓝的镇村环境逐步显现。

【锲而不舍惠民生，群众福祉明显提高】 坚持以改善群众最直接、最现实、最关心问题为重点，狠抓义务教育均衡发展，中考升学率稳步提升，两所中小学通过标准化验收，适龄儿童入学率100%。实现了村级广播系统、全镇城乡居民医疗保险参保全覆盖。各村级医疗卫生服务室有效运转，五保户、低保户及计生奖扶等资金足额发放到户，不折不扣落实地力补贴等惠民政策。土地确权颁证全面完成，3500多户群众依法登记领取了《土地确权证》。狠抓"阳光信访"、安全生产等工作，一年来共接待群众来信来访300人次，实现了有序信访，安全生产严格落实"三零法则"，年内无安全生产责任事故发生，民生改善取得新发展。

【坚持不懈夯重点，脱贫攻坚成效明显】 坚持不等不靠、持续用力狠抓脱贫攻坚，在前期有欠账、开局不顺的情况下，聚焦"三次会战"、做深做实驻村帮扶"百日攻坚"、脱贫攻坚冬季攻势，认真对标抓好了安全住房保障建设等各项整改工作，顺利通过了省第三方评估组于12月4日、5日全覆盖走访桂花井村、吊井沟村、汪家店村贫困户和随机督导非贫困户共400余户（占全区评估户数的40%）的评估工作，为全区的脱贫摘帽作出了贡献，会龙镇脱贫攻坚工作取得新成效。

【持之以恒转作风，服务能力明显增强】 坚持以刮骨疗毒的决心正风气、树新风，以凤凰涅槃的勇气明导向、立新规，认真落实中央"八项规定"，坚决纠正抵制"四风"，认真履行党风廉政建设"两个责任"，坚持依法行政、廉洁从政、从严治政，坚持"一线工作"，在一线发现问题，在一线解决问题。加强作风建设，推进政府职能、工作方式和工作作风的转交。加强镇村内部管理，严格各项规章制度，镇村干部的作风明显改善，服务水平明显提高。加强政务信息公开，认真听取各方面意见，办理人大代表建议。不断加强政府反腐倡廉工作，有效地从源头预防了腐败，民主法治建设取得新突破。

【振兴产业抓升级，乡村旅游彰显特色】 坚持产业兴镇、产业富民，着力加快产业发展。创新土地流转机制和风险防范机制，引导农民流转土地承包经营权，带动发展主导特色产业，顺势推动建设精品观光点和"农家乐"等休闲旅游产业。借助大力实施乡村振兴战略的东风，高定位打造农旅名片，下功夫做强罗汉寨旅游优势，新增农家乐2家。积极向上争取上级项目和资金支持，将老场垭、半边山等村的2000余亩老蚕桑基地进行整理提升，围绕"桑果、桑茶、桑酒"做文章，打造绿色无公害果桑基地，焕发提振会龙蚕桑基地风采。高品质打造特色产业，对关财沟村山羊、石门楼村食用菌、梨园寺村莲藕等产业加大投入和宣传，帮助其解决技术和销售难题。推动林下养殖、水产养殖等以点带面，鼓励成立产业合作社，吸引更多老百姓发展产业，实现富民增收；帮助会龙白酒引进新工艺、新技术，提升品质，不断创新销售模式，打响会龙白酒品牌。高标准筹备全省林业产业现场会参观点位，巩固提升扩大花椒产业园；利用2018年4月全市林业产业现场会在会龙召开的契机，提早做好8000余亩规模管护，以关财沟、汪家店、石门楼、硝厂等村为重点抓好花椒园区扩面工作，有效提升木本油料产业基地的管理水平。同时抓好路、渠、池等配套，着力打造现代林业标准园区。

【领导名录】 党委书记：曾志刚（8月止）、高武（9月起），副书记：何懋（7月止）、向小凤（女、8月起）；李高荣（纪委书记），组织委员：唐珊（女）；人大主席：龚潇；镇长：何懋（7月止）、向小凤（女、8月起），副镇长：吴海强、成英、罗武（7月起）；武装部长（代）：唐志伟（纪委副书记）。

（供稿：吴尚军）

斑竹乡

【概况】 2017年末地域面积28平方公里，耕地面积6582亩，林地面积9166.8亩，辖12个行政村，86个村民小组，居民人口12941人，其中农业人口12465人、3688户，年人均纯收入7860元，本地经济收入以种植业养殖业为主，以竹编为支柱产业，有四川省民间文化艺术之乡——竹编之乡称号。

【产业建设结硕果】 依托斑竹竹艺培训基地，借助斑竹电子商务平台，深入开发斑竹竹编工艺品、竹编画，加大培训力度，让更多的农民成为产业工人，促进竹编产业的快速发展、持续壮大。新建培训基地3个，培训农民1000人次以上，采取"公司+农户"方式，实行分户编织，统一回收，网上订购与定点销售的"产-供-销"一条龙模式，解决260人就业，年收入600万元，产品畅销国内外。依托大尖山土鸡专业养殖合作社，以竹林为主要载体，竹林下间作牧草，喂养竹林生态鸡，鸡粪作为种植果树的有机肥料，建成林下种养示范带500亩；四河头-倒马坎村香桃基地，建成精品产业园1000亩；在麻柳山村建成500亩柑橘产业园，依托肉牛养殖基地，养殖肉牛200头；建成麻柳山村、四河头村、倒马坎村"肉牛养殖+林下养殖"循环经济示范带，培育种养殖大户40户（贫困户12户）。依托大鑫水产养殖公司，推出特种水产养殖区，饲养珍贵鱼种，打造高端精品鱼塘，建成水产养殖示范带200亩。以7、8、9、10、11村为重点，整体规划、重点打造，建设磨儿滩景区"后花园"，探索建设"都市农业"、"农旅结合"聚集地、旅游休闲目的地，稳步破解村级集体经济增收困局。

【基础建设惠民生】 全乡新建村社道路18公里、产业路7.5公里、入户路21公里、公路桥3座，新建及整治山坪塘11座，新建集中供水站15处、石河堰2处、人工机井97口，实施CD级危房改造199户、扶贫易地搬迁53户、五改三建361户。

【社会事业齐发展】 新建村级卫生站2处、160平方米，配套设施健全；维修村级文化活动室2处、500平方米；全年新增低保63户、96人。围绕"四好村"建设目标，把村庄绿化、美化作为民心工程、惠民工程，投入700多万元在麻柳山、四河头村开展幸福美丽新村建设，对106户贫困户进行高标准的改水、改厨、改厕、改路、改圈、建池、建家、建园，对456户非贫困户实施旧房改造和风貌塑造。

【精准脱贫闯新路】 按贫困村退出"一低五有"标准，脱贫村有硬化路，村级活动室、文化室、卫生室正常使用，集体经济收入达0.7万元以上。建成脱贫攻坚香桃产业园600亩，贫困家庭户户入园，大力推行林下竹林土鸡养殖，通过集中流转土地，建立贫困村扶贫产业互助合作社，鼓励贫困户以土地、信贷资金入股拥有股权等参与利益再分配，不断创新精准扶贫体制机制，努力实现群众受益最大化，初步达到贫困村退出标准。所涉贫困户新农合全覆盖，安全饮用水、生产生活用电、广播电视信号全通，无一贫困家庭子女因贫辍学，人均纯收入达到3700以上，初步达到贫困户脱贫标准。

【环境整治见成效】 投入10万元，新增保洁员60名，新建垃圾池15口，添置垃圾车1辆、垃圾箱20个，发放垃圾桶500个，村社道路实行卫生"外包"，采取定人、定时、定点的方式进行日常保洁，劝导群众坚决不能焚烧垃圾；开展土壤污染及农业面源污染防治工作，全乡设置废弃农膜和农药回收点13个，采取统一回收、无害化处理的方式减少对环境的污染；开展螺溪河集中清理整治活动，对白果桥、明月桥等处堵塞河道的水葫芦及垃圾进行清理，沿线7个村安排专人清除白色垃圾及河面漂浮物，还螺溪河一河清水；加大禁烧秸秆宣传力度，严格执行区人民政府《关于进一步加强秸秆禁烧工作的紧急通知》，将禁烧秸秆纳入年度目标考核，坚持24小时不间断全面巡查和重点区域监督，执行乡干部包村、村干部包社、社干部包地块的层层责任制，坚持日报告制，落实秸秆禁烧责任；开展畜禽养殖场集中整治活动，关停拆除禁养区生猪养殖场4处、养鸭场1处，整改限养区和适养区养殖场8处，实行雨污分流、干湿分区、无害化处理，减少对环境造成的破坏。

【领导名录】 党委书记：姜尤俊，副书记：贺文兵（1月止）、田敏（7月起）、田海军（9月止)、冯素琼（9月起）、李涛（4月止）、魏鹏（4月起），庞旭；组织委员：刘莹（女），人大主席：田敏（7月止）、田海军（9月起）；乡长：贺文兵（1月止）、田敏（7月起），副乡长：邓彩云（女）、黄华、杨洪奎；武装部长：邓彩云（女、代）。

（供稿：斑竹乡）

御史乡

【概况】 地处区境东北部，距离城区43公里。2017年末，全乡幅员面积22.5平方公里，耕地面积11422.8亩，辖10个村，89个社，总人口12704人，劳动资源数6916人。全年粮食播种面积20149.7亩，总产9243.8吨，农业生产总值12245.26万元，年人均纯收入10350元。全年突出抓好产业培育、新农村建设、民生改善等重点工作，全乡呈现出经济快速发展、民生持续改善、人民安居乐业的良好局面。

【党的建设全面加强】 深入开展党风廉政建设，推进"两学一做"学习教育活动常态化、制度化。组织全体党员认真学习习总书记重要讲话精神和治国理政新思路新理念新战略，深入学习宣传贯彻党的十九大会议精神，教育和引导党员干部牢固树立"四个意识"，坚定"四个自信"，不忘初心，牢记使命，锐意进取，埋头苦干。全年召开党委会研究党建工作4次、开展集体座谈和个别谈话30余次、召开专题民主生活会1次，领导干部带头讲党课12次，党委中心组学习16次，培训党员520人次。按照"1+6"村级服务中心建设要求，新建御史坟村活动阵地1处400平方米、打铁坳村活动阵地1处300平方米。

【脱贫工作扎实有效】 全乡脱贫攻坚工作取得了明显成效，2017年底顺利通过了省、市的评估验收，全乡年脱贫190户707人，贫困村御史坟村脱贫摘帽。"三中心建设"全面达标，维修整治了乡便民服务中心，完善乡中心校的硬件配置，新建乡卫生院并投入使用；以到户资金补助的方式购买家禽5920只、家畜151只、化肥2800公斤等用于贫困户发展种养业；发展新特色产业2000亩，其中花椒1000亩、梨子300亩、柑橘200亩、柚子200亩、中药材及红花油茶200亩等；建档立卡对象新纳入低保26户67人；实施C级危房改造202户、D级危房改造65户、易地搬迁122户、地灾搬迁2户、五改三建212户、风貌改造260户、非贫困户排危78户；开展知恩感恩宣讲活动60场次，接受宣讲人员达900余人次；开展电工、按摩、农业技术培训和政策宣讲2200余人次，转移输出劳动力800余人；全乡贫困村成立农民专业合作社5个，建立健全利益联结机制，村级集体经济不断壮大，实现了合作社与农民互利共赢。

【产业一村一品基本形成】 围绕区委建设"百公里5万亩花椒产业带"的产业发展思路，大力构建特色农业产业基地，推动农业产业化发展。截止年末，御史坟村、丁字桥村、烂洞子村规范栽植花椒1300亩，预计来年全乡形成花椒产业带5000亩；打铁坳村600亩优质梨园已投产挂果；御史坟村、琉璃寺村和杉树沟村联片建成优质柑橘园1000亩；杉树沟村建成年出栏1500头现代化生猪养殖场1个，阳马庙村建成500亩红心柚、佛手基地；御史坟村栽植中药材、红花油茶200亩，全乡"一村一品"的产业发展格局已基本形成。

【基础设施稳步推进】 全乡新建硬化村社道路14公里、改造扩建农村公路10公里、新建入户便民路30公里，完成御史坟村、丁字桥村、烂洞子村花椒产业路6.2公里；新建蓄水池8口，整治山坪塘8口，建集中供水站5处，整治河渠1.5公里，分散供水打机井70口。

【场镇发展不断突破】 场镇新建街道1条0.3公里，新建住房5座、新增人口500多人，场镇面积持续扩大，场镇规模不断拓展，商机人气日益活跃；新增安装天然气120余户，新建天然气管道2000米；安装街道路牌20个，规划机动车停车位30个，场镇绿化栽植各类树木300株，对农贸市场进行了改造提升，场镇功能日益完善。

【环境治理深入开展】 建立健全垃圾清运处理机制，努力创造优美整洁的人居环境。购买垃圾运输车1辆，每天到各村巡回收集垃圾，运送到东观垃圾中转站集中处理。加强卫生保洁管理，强化环境卫生监督，全乡配备城乡保洁人员42人，保洁人员实行分区域、分片清扫保洁责任制，城乡环境不断改善。全乡新建垃圾中转站1座、垃圾池5口，整治场镇下水道2公里，栽植行道树400株，安装垃圾箱40个，城乡面貌有效改观。全面推行河长制，明确任务，落实责任，对擦耳河辖区段实行分段整治，努力保护水资源，保持优美整洁的生活环境。

【领导名录】 党委书记：朱恒喜（1月止）、贺文兵（1月起），副书记：罗丁、王虎（纪委书记），组织委员：严小敏（女）；人大主席：瞿红军；乡长：罗丁，副乡长：罗彩林、李强；武装部长：何奎。

(供稿：彭华)

鄢家乡

【概况】 位于区境东南边陲45公里，与广安市岳池县顾县镇、黄龙乡、东板乡相邻，幅员面积23.8平方公里。辖7个行政村，下设59个村民小组，人口近7000人。乡人民政府驻鄢家场，距高坪城区46公里，年末，辖区总人口7485人，其中城镇常住人口261人，城镇化率3.49%。全年人口出生率8.4‰，死亡率4.9‰。

【产业持续优化升级】 继续巩固现有3000亩花椒、2000亩香椿和1000亩车厘子三大连片长效产业，花椒年产量达50吨，香椿长势良好，车厘子年内试挂果。全乡始终坚持发展绿色产业，巩固一乡一品，继续在花椒产业发展上做文章，在高木桥村建成500亩青花椒产业园，并修建产业道路5公里。投资20万元在石坝子村建跑山鸡养殖场1个，投资20万元入股四川慧凤农业开发有限公司建林下养殖，占地200亩；投资40万元新建高木桥村山羊养殖场1个，高木桥村投资22万元新栽植花椒500亩；石坝子村投资5万元发展竹编产业1处；引进盛世粮油专业合作社在高木桥村流转田地500亩，种植有机大米和培育球盖菇产业。

【基础建设全面加速】 鄢家小学内部转换功能，教学及辅助用房改造950平方米。乡卫生院新建房屋面积760平方米，增设床位数4，增设人员8人，增设科室8个。乡便民服务中心原址扩建10平方米，整体装修，添设电脑5台，桌椅2套，打复印一体机1台，档案柜5个，物品柜8个，饮水机和空调各1台。投资150万元硬化村道公路6公里，高木桥村和石坝子村各3公里。投资20万元新建石坝子村山坪塘1座，投资12万元新建石坝子村蓄水池3口，投资24万元新建高木桥村蓄水池6口，投资18万元新建石坝子村渠道0.6千米，投资20万元维修高木桥村水渠1公里。投资4.5万元改造高木桥村低压线路和变压器，投资4.2万元改造石坝子村低压线路和变压器；高木桥村投资6.1万元建电信网络宽带H箱2个，投资6.1万元建移动网络宽带H箱3个，投资6.1万元建广电网络宽带H箱4个；石坝子村投资8.2万元建电信网络宽带H箱4个，投资5.5万元建移动网络宽带H箱2个，投资8.2万元建广电网络宽带H箱4个。

【全力以赴脱贫攻坚】 全乡2017年共脱贫156户533人，其中石坝子村37户143人，高木桥村19户59人，灯台山村55户194人，四方坡村45户137人，高木桥、石坝子两个村整村摘帽；按照"两不愁三保障"、"三有"、"四个好"标准，认真算好脱贫账，推动乡风文明建设，树立标杆，弘扬典型，实行感恩教育，确保贫困户如期脱贫，石坝子村、高木桥村如期出列。

【**民生事业重大突破**】 全年清理低保161户，新增低保11户，临时困难救助413余人次，累计发放民政救济资金约22万元。新增优抚对象4人。解决贫困户医疗补助228人次，补贴7万余元。新增计生奖扶对象21人，新增享受新农保对象60人。提供公益岗位71个。化解矛盾纠纷80起。开展竹编培训、花椒种植培训、山羊等畜禽养殖培训累计400余人次。认真实行公路水路交通执法、建筑施工、食品药品安全、烟花爆竹等专项检查，打击违法犯罪活动，实现社会平安。

【**社会治理水平明显提高**】 坚决落实市委"摆顺扫干净"要求，加强场镇管理，完成场镇线路改造。增加路灯25盏，新建住房10户。新建公共停车位10个。完成场镇新的供水系统建设。实施门前三包制度，对场镇清洁实行政府购买服务，聘请2名场镇管理员劝导坐商归店、行商归市，实现街道基本无占道经营行为。增加保洁员公益岗位，加大对场镇的清扫。抓好城乡环境综合整治。

【**领导名录**】 党委书记：杨强，副书记：胡明、陈凯（纪委书记，9月止）、何维（纪委书记，9月起），组织委员：王海龙；人大主席：马锡果；乡长：胡明，副乡长：蒲丹（女）、何维（9月止）；武装部长：王安。

（供稿：易蓉）

喻家乡

【**概况**】 2017年末，辖喻家堰、小武场、十圣、岩鹰嘴、钦头寺、鲁家堰、赵家庙7个行政村，60个村民小组。有2623户、8573人，其中非农业人口328人；耕地面积6584.5亩，其中田4420亩，土2164.5亩。乡内有红星、高潮2座小二型水库。乡政府驻地喻家堰村，有水泥公路连通各村，与御史、走马、凤凰乡分别贯通，喻（家）凤（凰）路是出入喻家的主要交通干线；喻家车站有班车直通龙门、东观、御史、走马。喻家场镇有百年历史，旧历四、七、十逢场。

【**农村经济稳定增长**】 全乡产业以种植业、养殖业为主。主产水稻、玉米、红苕等粮食作物；经济作物有西瓜、花生、油菜等，特色种植有油桃、花椒等。全年全乡实现农村经济总收入5335万元；劳务输出3450人，农民人均纯收入7055元，同比增长12%。

【**产业发展成效显著**】 加速推进奔康产业园建设，投入各类资金500余万元，建成柑橘产业园200余亩，同时配套发展林下养殖，建成生产房500平方米、生态虫子鸡圈舍200平方米、管理房140平方米。园区建产业路600米、蓄水池3口。年内成品鸡出栏5000只，肥猪出栏1000余头，增加村集体经济收入1.14万余元，入园贫困户人均增加收入500元以上。重点打造了千亩花椒产业园和千亩蓝莓冰糖李产业园，在岩鹰嘴、钦头寺、赵家庙、小武场村集中连片发展花椒、蓝莓冰糖李产业2000余亩，已初具规模，涉及村年人均可增收200元以上。

【**全力推进脱贫攻坚**】 全乡共有5个贫困村，有贫困人口403户、1281人。2017年拟脱贫97户、306人。全乡着力增收致富，为拟脱贫93户贫困户发放生猪110头、山羊50只、牛8头、鸡650只、鸭700只，效益显现。硬化喻家堰村社道公路5公里，扩宽公路2公里，新建入户便民路5公里。完成实施贫困户C、D级危房改造163户，地灾搬迁8户，完成45户贫困户不达标住房整改，彻底改善贫困户住房问题，顺利完成市区验收，喻家堰村实现整村脱贫摘帽。

【**社会事业不断进步**】 依托乡老体协、喻家腰鼓队等娱乐队伍，开展文化体育活动12次，群众文化生活日益丰富。喻家小学教学质量明显提高。大力推广城乡居民医疗保险制度，农户参保率达到了95%以上；建立健全了突发公共卫生应急机制，对禽流感、口蹄疫、生猪蓝耳病等做到了常年防控；卫计工作得到了较好落实。坚持每月一次的矛盾纠纷大排查制度，把矛盾消灭在萌芽状态。

【领导名录】　党委书记：秦秀芳（女），副书记：杨指挥、沈才林（纪委书记），组织委员：王琴（女）；人大主席：罗庆波；副乡长：鲁伟、周芳（女）；武装部长：范勇（9月起）。

（供稿：李　波）

马家乡

【概况】　地处区境东部，东连长乐镇，南邻南江乡，西依东观镇，西北交喻家乡、北毗邻御史乡，东北接壤会龙镇，西距高坪城区19公里。总面积16.65平方公里，耕地面积9870亩，其中田7299亩，土2571亩，人均0.77亩。2017年末，全乡居民3501户、10204人。全年实现地区生产总值1.52亿元，同比增长8.7%；农民人均纯收入7814元，同比增长13%。年内获评四川省卫生乡。

【农村产业有新发展】　完成温氏集团一体化生猪养殖项目区拆迁工作，配合完善项目基础设施建设，流转土地900亩；完成3500亩园区产业填充，新引进业主流转土地发展中药材种植90亩。在浸水湾村300亩花椒脱贫奔康产业园基础上，新发展鱼家庵村花椒产业园500亩；引导群众与公司合作，发展紫罗兰紫薯200亩，可实现户均增收1000元以上。引进四川荣生农业开发公司，流转土地500亩，建成鱼家庵村脱贫奔康产业园。

【脱贫攻坚有新突破】　全年为贫困户发放鸡鸭苗3254只、仔猪、牛等214头。在两个贫困村发展庭院经济180余亩，栽植经果林8350余株。将财政资产收益型扶贫资金40万元配股到鱼家庵村38户贫困户，入股大唐农业，按年8%的收益分红。区乡人大代表盛学全建立盛世粮食合作社，吸纳20多户村民入股共同发展有机水稻种植；返乡创业的大学生、乡人大代表吴伟在之字拐村发展稻田养鱼，吸纳5人就业。实施易地扶贫搬迁20户61人，完成C级危房改造50户、D级危房改造30户、五改三建136户。采取各种方式对144名贫困户进行职业技能培训；积极推荐13名贫困户家庭劳动力到三环电子、龙运鞋业等企业务工。联系机关单位资助贫困学生39000元，为贫困学生赠送文具160套；乡扶贫协会募集资金5.06万元，解决部分贫困群众医疗、助学方面的困难和问题。

【基础建设有新突破】　投资35万元改善乡政府办公环境，改造升级乡便民服务中心，7月投入使用；投资20万元对乡敬老院进行维修，提升了服务能力。投资965万元，对张家湾等5个村11228亩土地进行整治。新建鱼家庵村社道公路3.2公里，硬化产业连接道路0.6公里、产业路0.42公里、入户便民路3.4公里；维修整治山坪塘3口、石河堰2处，新建蓄水池4口、渠系500米、集中供水站1处，为贫困户打水井27口；新建卫生室64平方米、文化活动室84平方米及配套设施，建成1260平方米文化广场；新建垃圾池10口，整治卫生死角25处，对101户农房进行风貌改造，村容村貌明显改善。

【生态文明有新气象】　严格落实河长制，明确了螺溪河马家段河段长、村级联络员和各村村委会及乡相关部门的工作职责。恢复乡场污水处理站运行，关闭拆除养鸭场3处，顺利通过中央环保督查。纠正违规占道8处，清理违规广告7处，处理白色垃圾3吨，清理牛皮癣56处，做到乡场环境优美整洁。全年评选环境卫生先进住户345户，其中贫困户251户。

【社会事业有新进步】 不断改善马家学校的办学条件，帮助142名贫困学生申请教育扶贫救助基金。全面落实优抚安置双拥政策，救助弱势群体10余万元。大力推进基层医疗卫生机构改革，扩大了新农合的参合范围。切实推进体育文化工作，积极引导村民组建腰鼓队1个、建成1个乡文化站。浸水湾村年内被命名为四川省"文化扶贫示范村"。

【法治建设有新成效】 严格坚持和贯彻党的民主集中制原则，重大决策、重大项目安排、重要人事任免和大额度资金使用全部提交班子集体研究决定，做到决策科学化、民主化。组织机关干部开展普法知识测试1次，组织村支书开展法治专题培训班1期，举办普法讲座3期。全年发放各种宣传资料1000余册，张贴标语16条。

【安全生产有新举措】 全年劝导各类交通违章行为215起，组织民兵进行了2次应急演练，组建应急抢险队伍，加强对塘库堰的监管，备好防汛物质，并切实执行好24小时值班制度、领导带班制度和信息报告制度。全年无安全生产事故发生。

【领导名录】 党委书记：陈洪焱，副书记：赵星星、沈仁仲（纪委书记，10月止）、何华国（纪委书记，11月起）；人大主席：杨芳（女）；乡长：赵星星，副乡长：姚俐君（女、组织委员）、贾圣星、杨坤、杨意（女）；武装部长：张智敏（女、11月起）。

（供稿：屈 刚）

南江乡

【概况】 2017年末，辖8个村，总人口13849人。在区委、区政府的坚持领导下，在区级各部门的精心指导下，南江乡党委、政府紧扣区委建设"绿色高坪·幸福家园"工作部署，坚持目标导向，细化压实责任，奋力攻坚克难，各项工作有序推进，成效显著。

【脱贫攻坚深入实施】 按照脱贫摘帽标准，完善南江小学、南江卫生院及南江乡便民服务中心建设，分别获相关部门达标认定。全年全乡按计划脱贫225户，691人，无新增贫困户和返贫人员。老元观村达到"一低五有"标准，顺利通过市级验收，成功摘帽。实施易地扶贫搬迁项目49户，完成C级危房改造38户，D级危房改造68户，五改三建近200户，安全饮水入户工程77户，硬化入户路91户，安装电视信号41户。印制扶贫宣传资料2000余份发放，组织农民夜校讲师巡讲176次，开设驻村干部流动讲堂近300课时，为贫困户购买各种小家禽、小家畜9835只（头）。建立脱贫奔康产业园2个，协调种植、养殖项目18个，引导成立农民专业合作组织5个，扶持发展壮大花椒种植、核桃种植、中药材种植等3个产业项目，规模化产业发展取得一定成效。

【项目建设力度加大】 全乡新修村社道公路5公里，硬化产业路2.5公里，产业路扩宽5公里，村社道路扩宽6.5公里，连通断头路1.2公里。新建小农水项目整治灌溉渠系2.3公里，维修、新建山坪塘各1口，水渠清淤8公里，新建蓄水池1口，维修蓄水池3口；新建屯水田2处；新建石河堰1处，保证了6500余亩水稻的灌溉。新建垃圾池40余口，新增天然气用户132户。全年按计划、按要求完成固定资产投资1.055亿。

【农业产业结构不断优化】 全乡水稻种植面积稳定在6500亩以上，引进新品种"越年再生稻"并试点栽植10亩。加大品牌创建力度，依托"国府香米"水稻专业合作社，全乡种植有机绿色水稻500亩。发展特色种植业，老元观村发展花椒产业400亩；登高山村、天云寺村分别发展中药材400亩、96亩；四方井村花椒修枝1100亩；老元观村栽种及嫁接核桃600亩；猫儿寨村种植中药材350亩。坚持农旅结合的思路，大力发展全域旅游，扶持浙川景银、龙景苑、景元农业等农业产业化龙头企业做大做强，生态观光农业基地七彩农庄被评为3A级农家乐。

【社会各项事业稳步发展】 发放民政各类补助20余万元，全年纳入城镇低保群众共126人，农村低保799人。健全和完善了应急救援体系，全乡未发生重大安全生产事故。全年化解群众信访问题200余件，成功转化5名信访老户，未出现非法上访和越级上访。认真做好"依法治乡"工作，坚持"法律七进"，突出普法重点，丰富宣传形式，开展"法制宣传月"、宪法宣传日等专项主题宣传活动15次。启动实施南江乡场镇路灯安装项目，沿乡政府至南广高速公路连接线安装路灯80盏，实现场镇全亮化。

【自身建设不断加强】 按"乡三有"的规定，对乡便民服务中心进行了改造，实现面积达标、功能齐备。全乡8个村便民服务代办点挂牌成立。督促全乡8个行政村建立了规范的"党务村务财务公开栏"和QQ、微信群，按要求及时公开党务、村务、财务方面应公开的内容。顺利完成村支两委换届，共调整"两委"主要负责人3人。全年查办信访案件5件，发现违纪问题线索1起，为2名受到不实举报的村干部澄清了事实。

【领导名录】 党委书记：蒋宇，党委副书记：袁钢、姚馨（9月止），人大主席：宁杨槐，乡长：袁钢，副乡长：陈春燕（女）、侯珺尧（女）、吴浩彪，武装部长：组织委员：明熙（女）。

（供稿：南江乡政府）

东观镇

【概况】 东观镇位于区境东部，距高坪城区18公里，东临南江乡，南靠黄溪乡、万家乡，西接老君镇，北交走马乡、马家乡。年末地域面积48.9平方公里，耕地面积21483.01亩。全镇辖33个行政村、5个社区，229个村民小组，总人口52578万人，农业人口32182人。

【全面抓好脱贫攻坚工作】 认真落实"六个精准"，实施五大扶贫工程。实施住房保障，启动完成D级危房改造197户，C级危房改造254户，实施五改三建452户；在预脱贫村潘家村、二家寺村、烂板桥村分别建550亩奔康产业园，发展核桃、李子、梨子等产业，至年末，果树栽植已全部完成。每月召开扶贫攻坚联席会，整合"五个一"帮扶力量，发挥驻村帮扶最大效应。结合扶贫工作，开展新风正气教育，对"身边好人"、"脱贫光荣户"、"幸福文明家庭"、"环境优美户"、"五好"等120名先进典型进行了表彰奖励。各村积极开展政策宣传、爱卫宣传、法律宣传，进行感恩教育，加强新风正气教育，引导群众养成好习惯、形成好风气。

【扎实推进项目建设工作】 投资约500万元螺溪河防洪堤四期建设工程完成招投标；投资约2000万元300亩火龙果种植及加工储运基地建设项目已完成苗圃栽植和部分基础建设；投资约600万元中心敬老院建设项目招标完成，即将开工建设。积极争引项目资金，争取小城镇建设资金1200万元，污水处理厂建设资金600万元，配套管网及垃圾处理专项资金200万元，用于基础设施提档升级。

【认真实施环境保护工作】 开展高污染畜禽养殖清理工作，兑现养殖户奖补资金250余万元；开展垃圾和秸秆禁焚工作，组织督查组每周进行专项督查排位；开展"流动红旗进千家"活动，每月开展一次环境卫生评比活动；新修垃圾池55个，每村明确2名保洁员。

【着力搞好防汛减灾工作】 认真制定防汛预案，加大防汛物质准备和地质隐患点排查整治，共搬迁地灾隐患点24户75人；购买编织袋200条，加固维修石河堰、山平塘15口。对螺溪河沿岸低洼地段排危2处；并计划在螺溪河东观场镇段建拦洪大坝1处；汛期实行24小时值班值守，杜绝出现空档。

【领导名录】　党委书记：杜树太，副书记：刘国军、郑奎（纪委书记）、周辰，组织委员：刘娟（女）人大主席：丁正林；镇长：刘国军，副镇长：粟冬梅（女）、秦丽娟（女）、张航。

（供稿：崔淑贤）

老君镇

【概况】　位于区境东部，因场址有老君桥而得名。距高坪城区、高坪机场、南充火车东站分别为12公里、8公里、10公里，国道318线穿镇而过。2017年末，幅员面积23.6平方公里，集镇面积2平方公里。其中陆地面积22.5平方公里，占95%；水域面积1.1平方公里，占5%。辖区内有1所小学（含初中部）；12个村卫生站，1个镇卫生院；1个兽防站；1个信用社；1个派出所；1个邮政储蓄；1个敬老院。村（居）设置及人口状况与上年同。

【脱贫攻坚取得成效】　全镇共有贫困人口388户、1210人，其中：2014—2016年累计脱贫237户、697人，2017年已脱贫105户367人。主要工作举措是：建立了以党委书记为组长的领导机构和责任机制，明确了第一责任人、直接责任人、分管责任人、具体责任人的责任界限，统筹协调"五个一"帮扶力量推进脱贫攻坚。实施易地搬迁10户、35人，危房改造270户、877人，实施五改三建173户、602人；全面落实医疗教育保障政策，贫困人口100%参加医疗保险，全镇贫困户家庭无一户因病返贫；对贫困户义务教育阶段子女122人全面落实教育惠民政策，贫困户家庭子女义务教育阶段无一例因贫辍学。对65户、224人实行精准帮扶，落实到户产业项目资金73.8万元；对有劳动力和就业愿望的108人进行生产就业扶持；对83户、242人落实低保兜底政策，享受政策红利贫困人口累计达到209户、525人。解决了40户饮水不安全、48户生活用电困难、33户不通广播电视的问题。带动贫困户133户大力发展特色产业园区，户均增收1500—5000元；联系带动凌云山村贫困户13户发展经济，每户年分红1000元以上，在农家乐务工收入2000元以上。

【乡村产业蓬勃发展】　在李家坝村、老君村大棚种植基地种冬草莓80亩；在玉皇村引进业主新建钢架大棚200亩种植有机蔬菜，在现代农业园区规模种植油菜、茭白等蔬菜700亩；在伏虎寺村投资23万元新建苗木育苗大棚15亩，巩固花卉苗木500亩；在鲁家桥村新栽优质圆黄梨200余亩，梨园面积突破1200亩。巩固提升伏虎寺村的花卉产业，不断引进新品种，发展盆栽植物，拓宽销售渠道，扩大影响力和知名度；稳步抓好粮食生产，在李家坝、鲁家桥、长生桥等村集中成片种植优质稻3000亩以上，高产优质玉米1000亩以上，保持粮食产量稳定增长；加大畜牧产业与特色水产扶持力度，培植养殖大户30户、特色水产养殖示范基地一个。

【基础设施不断完善】　投入220万元在三清寺等4个村修路5.5公里，投入10余万元硬化李家坝村环村产业道路1公里、便民路3000米，投入50万元完成了老螺路的拓宽以及水系工程改造，在凌云山村新建4.5米宽社道公路1公里、入户便道1000平方米、产业路2公里。投入20余万元新建山平塘2口，整治山平塘5口、石河堰2处，建蓄水池3口，修水渠754.5米；在老庙子村、三清寺村投资35万元新建集中供水站2处，解决了500余人的安全饮水问题，同时投入10万元为19户贫困户新建分散安全饮水工程。在凌云山村新建430平方米党群文化活动中心1个，停车场2个；风貌整治农房60户，投入30万元完成46户民居、3公里村道公路的乡风文明打造和5个文化长廊建设；投入20余万元建146.25平方米的镇标准化便民服务中心；投入60余万元对场镇农贸市场实施"三化一改"；投入50余万元维修整治青岗路800米，安装路灯46盏，实现了场镇"绿化美化亮化"。

【安全稳定措施有力】 全面落实安全责任制，开展安全培训3次，排查隐患19批次，查出隐患65起并全面整改；聘请农村交通劝导员13人，开展农村道路交通安全集中整治8次，完成农村道路交通综合管理运用平台基础数据录入，采集驾驶员信息1300余条，采集道路信息49条，采集机动车信息1700余台。建立矛盾纠纷排查机制，畅通来信来访工作渠道，构建"大调解"工作体系。发放宣传资料4000份，全年共排查化解群众矛盾纠纷220余件，化解历史遗留问题3件，年内全镇未发生进京上访事件和群体上访事件。

【社会事业协调推进】 2017年新增低保91户、126人，新增特困供养人员12人；为51名重特大疾病患者办理医疗救助，为11名尿毒症患者申请区临时救助，为困难群众解决临时救助557人次46万元；录入婚姻档案797对；统计全镇80岁以上高龄老人401人，圆满完成第十届村（居）民委员会换届选举；全镇留守儿童127人录入了系统。争取财政扶贫资金20万元入股赵家花卉种植园，对入股的27名残疾人开展了股权量化，共领取了股金分红1万元。投入资金4万元，对45名残疾人进行了种养殖技术培训并支持发展产业；全面完成了全镇社保、医保工作任务。

【领导名录】 党委书记：曾彬，副书记：高武（2017年9月止）、沈仁仲（2017年9月起）、舒明君（女、纪委书记）、刘国洪，组织委员：杨惟晰（女）；人大主席：杨辉；镇长：高武（2017年9月止）、沈仁仲（2017年9月起），副镇长：何明（女）、刘怡江、李锐；武装部长：蒲涛。

（供稿：杨惟晰）

走马乡

【概况】 2017年末，幅员面积21.6平方公里，辖16个村，126个社，6124户，其中乡场镇占地面积0.5平方公里，总人口21217人，城镇常住人口2803人，农业人口18414人城镇化率13%。全乡以种植业为主，耕地总面积15422亩，粮食产量8498吨，农民人均纯收入9345元，同比增长8.7%。年内全力承接市区重点项目顺城盐化搬改，成立专门班子，落实专人，全力协助做好顺城盐化搬改项目。年末已完成占地红线内的房屋拆迁、青苗林木赔付、安置房建设等前期工作。

【加强党的建设提升执政能力】 结合"两学一做"教育活动常态化，建立健全了乡党委中心组学习制度，专题学习省、市、区党代会精神和十九大报告精神。坚持按照党委议事规则和决策程序办事，对"三重一大"问题坚持集体研究，集体决策。采取年初制定党建目标任务分工表、签订党建目标责任书，建立班子成员联片包村制度等方法，有效解决了具体困难和问题。依托"农民夜校"、"三会一课"，结合"两学一做"教育活动常态化推进；采取举办培训班、上流动党课、举行报告会等形式，大规模培训农村党员群众。结合上级文件精神，对贫困户20户以上的8个村各选派了1名第一书记。

【实施脱贫攻坚增进民生福祉】 把产业扶贫作为脱贫攻坚工作的重中之重，通过"龙头企业+合作社+农户"，建立脱贫奔康产业园4个，建档立卡贫困户入园务工56户82人，贫困户入股分红102户。多方筹措资金对全乡建档立卡贫困户进行"五改三建"，年内实施D级危房改造82户，C级危房改造95户，五改三建228户。整改住房问题96人、医疗问题38个、电力问题45个、民生保障问题86个、产业发展问题19个、群众教育引导问题89人次、法治民风问题17人次。以驻村帮扶"百日攻坚"为抓手，全力做好贫困户和非贫困户的达标工作。通过"五个一"举措，共收集社情民意2166条，化解矛盾纠纷998件，解决民生诉求476起，调处问题76起，做好宣传解释3098人次，促进了农村社会和谐稳定。为群众举办实用技能培训20场次，参与群众1463人次，为缺劳群众助耕50人次，为贫困群众政策代办570人次，为贫困户建房帮助122次，开展环境卫生整治660处，为留守儿童服务462人次，为空巢老人服务522人次，帮助贫困群众发展产业10户，切实提高了群众的认可度和满意度。

【开展主题教育凝聚奋进能量】 以开展"感恩奋进·你我同行"主题教育活动为载体，引导贫困群众戒除"等靠要"的思想，变"要我脱贫"为"我要脱贫"，汇聚脱贫攻坚、感恩奋进的强大正能量。同时引导群众人人参与并深入开展"自强不息标兵""勤劳致富标兵""自主脱贫标兵""身边好人""好儿媳"等评选活动，集聚向上向善正能量。同时，结合乡情实际，通过三句半、小品、歌舞等节目歌颂党的富民政策、表现党员群众艰苦奋斗精神、讴歌农村变化、反映脱贫攻坚成效。

走马乡组织"感恩奋进你我同行"百姓宣讲暨文艺演出

【发展特色产业带动百姓增收】 积极向上争引资金项目，向外招引有实力的业主，全年有5位业主到乡接洽考察，涉及现代农业、旅游业等方面。大力推进现代农业示范园区建设，在周家沟村发展草莓、西瓜、葡萄等水果种植300亩，在和兴观村发展果蔬种植800亩，流转土地300亩。连片开发周家沟、和兴观、金凤山等村特色经济，形成稻虾鱼套养、公路沿线种植莲藕、乡村旅游协调发展格局。开展自行车骑游、赏荷采藕等乡村旅游项目，解决旅游者"食、住、行、游、购、娱"六大问题；对土特产进行深、精加工，开发各种旅游食品、纪念品等，丰富农业产业化内容，获得持久的经济利益。

【抓好综合治理维护社会稳定】 坚持把治安综治工作纳入领导干部特别是村主要干部任期目标责任制及政绩考核的重要项目，纳入党委考核使用干部的必备条件，纳入百分制目标管理考核的重要内容，纳入评先评优的必备条件，纳入年度考核。抓实领导干部挂片包村工作制度、社会治理分析通报制度、责任追究制度，构建起依法治乡网络、矛盾纠纷排查调处网络、立体治安防范网络。全乡成立"红袖标"治安巡逻队伍16支150余人，在金凤山村试点建设"雪亮工程"平台，年内新规划9个探头，完善立体治安防控体系，有效保证全乡平安。

【落实"两个责任"推进廉政建设】 认真贯彻落实区委党风廉洁建设和反腐败工作会议精神及党风廉洁建设责任制实施细则等制度要求，压紧压实领导干部党风廉洁建设责任，逐级传递工作压力，聚焦主业主责，强化履职担当，落实监督责任。完成16个村纪检委员换届工作，选用年轻、有文化、有担当、政治定力高的人员担任新一届村纪检委员，有效地推动了基层党风廉洁建设的深入开展。

【领导名录】 党委书记：陈小琴（女），副书记：黄欣、王润国，组织委员：蒲晗（女）；人大主席：张仁强；乡长：黄欣，副乡长：刘显兵、白杨、唐春林；武装部长：白杨（代）。

（供稿：何 勇）

黄溪乡

【概况】 位于区境东南面,幅员面积36.97平方公里,辖区东西最大距离8.3公里,南北最大距离7.9公里。林地21254亩,耕地8687亩。与本区东观、万家、南江、斑竹,岳池县团结、铺牙、黄龙等乡镇接壤。场镇面积0.8平方公里,乡人民政府驻黄溪场,距高坪城区26.1公里;辖11个行政村,87个村民小组,3195户、11750人。其中城镇人口371人,占总人口的3.1%,因外出务工和户籍外迁等原因人口自然增长率为-2.4‰。全乡人均纯收入4215元,有贫困人口437户、1437人。

【大兴产业助力脱贫攻坚】 有莲花石、灵观音、白岩店3个特贫困村,贫困人口437户、1473人,至年末已脱贫371户、1278人。其中,莲花石、灵观音2个贫困村达到脱贫村"一低五有"的脱贫标准,顺利通过省级脱贫摘帽验收。主要采取项目到户的办法,大力发展绿色环保产业。全年改良种植优质"黄溪贡米"5100亩,销量达到1000吨以上,增加群众人平收入300元,乡优质水稻繁育种植协会与大型粮油加工厂达成加工协议,取得QS认证,可年产500吨以上高档精品米;分户发展"黄溪竹林土鸡",全乡新增年存栏500只、出栏500只以上的大户15户,200只以上的大户151户,100只以上的大户267户。大力发展黑山羊养殖产业,全年新建圈舍1200平方米,新购种羊300余头,年存栏种羊20只以上、出栏50只以上的养羊大户34户,全乡年出栏黑山羊4000余只。莲花石、灵观音、响水滩、铜鼓坝等村建立花椒基地800余亩;全乡贫困户入股莲花石村"恋农"养鸡合作社,年出栏"广西瑶鸡"15万羽,实现分红20余万元。大牲畜定额补助29.38万,发放7000余只鸡苗,统一配送肥料10吨,培训贫困户及非贫困户200余人。实施易地搬迁62户,C、D级危房改造158户,地灾搬迁4户,完成以改水、改厨、改厕为重点的"五改三建"项目179户。

【加大力度改善基础设施】 全年硬化村道公路3公里,新修产业道路5.5公里,村道公路加宽4.8公里。清理村道公路背沟涵洞10公里,维修道路堡坎7处,整治公路路肩4公里,村道路新建交通安全标识30处,完成波形护栏407米,做防护桩7处,防护墩5处。新修水渠1.5公里,新修山坪塘2口,维修山坪塘4口,新修蓄水池16口,修建集中供水处1处,散户供水13户。

【多措并举维护安全稳定】 全年发现并处理问题56个,解决具体问题446件;建立"红袖标"队伍12支、70余人。设立11个网格点,培训管理员共计142人次,完善"乡、村、组"综治信访维稳网络化体系,累计解决40余件信访问题及民生诉求事件。设置地质灾害监测点56处,爆破排除灵观音村1处危岩;全线安装东黄公路波形护栏,设立危崖地带警示标志18处。整治安全隐患24处,清查场镇烟花爆竹违规经营燃放3起;发放安全知识宣传手册2000余份,设置安全警示标志及路线牌70余个;举办安全知识讲座6次,利用广播宣传安全知识30多小时;开展消防安全演练暨防汛减灾疏散宣传活动1次,参加群众达1000余人。全乡全年无群访和群体事件发生,无重大责任安全事故。

【协调推进发展社会事业】 累计救助低保307户、607人,五保供养共110人、优抚对象117人,累计救助300余户贫困家庭,发放救助金8万余元。开展新型职业农民培训3次,参训800人次,投资15万元支持农业农村人才创业。全乡新农合参合率达100%,门诊报账5817人次,金额318655.4元,住院报账1716人,金额2899175.8元,城乡居民养老保险参保率100%。完成新建广播喇叭29个、维修40处,更换老化线路21500米,电视直播卫星设备信号整转工作完成90%;新建农民健身工程3个、农家书屋6个,改建老年活动中心1个。征集"家风家训"

100余条，开展家风评比12次；新建3处村文化室、图书室、村民活动广场。

【加强党建推进"两学一做"】 新建村级阵地2处，维修3处，关怀慰问建国前老党员2人，做好80岁老党员、困难党员、退职三职干部补助发放工作。专题开课160余场次，学习党的十九大精神、习近平系列重要讲话精神、《党章》、《准则》、《条例》和《政治生活若干规定》等内容，深入推进"两学一做"常态化制度化。开展中心组学习12次，确定每月28日为主题党日、党员活动日、党费缴纳日，严肃党内组织生活开展。开展劳动技能、种养技能培训等70余场次，党委委员带头讲党课25场次；投入10万元扶持10名党员发展种养殖业脱贫致富，培训农村党员、贫困群众1500余人次。

【廉政建设促进政务公开】 开展廉政谈话4次，邀请专家授课2次，300余人次参训。联系服务群众全覆盖，做到各类问题掌握、解决、解释、反馈100%。政务公开：乡便民服务中心累计接待群众3500余人次，村干部逢场坐班"一站式"服务，各类受理件办结率达98%以上，群众满意度达100%。乡门户网站、官方微博、官方微信公众号全年主动公布政府信息113条；收到咨询信息、问题投诉信息共6条、12345市长热线信息18条，均100%回复。

【注重环保建设生态文明】 提高环境保护意识和能力，以过境的西溪河为重点，明确全乡各条河流的河长，提高全民保护河流的意识和能力。集中开展秸秆焚烧、废水、废气、废物排放等专项整治活动，扎实开展乡村环境卫生整治工作，签订《门前三包协议》500余份，发放《宜居黄溪倡议书》1000余份，开展家庭清洁卫生评比25次，评出清洁家庭190户。安排落实乡、村保洁员55人，投入资金6万多元，新建垃圾池39个，购买清运车1台，清洁手推车21辆及其它清洁工具和用品。确定每月15日为黄溪保洁日，组织干部、党员、群众、中小学师生清运垃圾180余方，清理公路两侧白色垃圾20公里，清理河道垃圾1000余米，组织干部、党员、群众、中小学师生清运垃圾180余方，清理公路两侧白色垃圾20公里，加强全乡农业面源污染治理，推进发展绿色健康黄溪，成功创建省级卫生乡镇。

【领导名录】 党委书记：姚明照，副书记：何荣、任彬（纪委副书记，组织委员：屈天玉；人大主席：杨成平；乡长：何荣，副乡长：张海林、蒋倩（女）、满志；武装部长：陈科斌。

（供稿：黄溪乡）

万家乡

【概况】 地处区境东南部，系金城山支脉形成岭谷沟壑，大部为丘陵。东接黄溪乡，南邻广安市岳池县、高坪区佛门乡，北连老君镇、东观镇。乡政府驻凤凰屋村，距高坪城区20.3公里。幅员面积21平方公里，辖区东西最大距离7公里，南北最大距离4.1公里。年末，辖7个村民委员会，46个村民小组。有1170户、4275人。非农业人口17户、53人，实有劳动力2396人。全年生产总值近1亿元，完成固定资产投资8000万元，人均纯收入5304元。有学校1所；乡卫生院1所，村级卫生室7所；邮政代办所1处；电信服务网点1个；社会事业服务中心1个；农业综合服务站1个；兽防站1所；敬老院1所。年内谌家沟村分获四川省2017年度省级就业扶贫示范、南充市民主法制示范村。

【特色优势产业蓬勃发展】 利用"生猪养殖乡"、"腌腊基地乡"和万家腊肉厂优势，做强"柏香"、"万腊"、"万秀"三个知名品牌，年产值达320余万元，带动周边群众发展生猪产业合作社3个。其中"柏香"牌获省著名商标并取得QS标志，荣获了多项国家级、省级、市级荣誉称号，已连续五届通过四川省著名商标认定，系川东北唯一一家腌腊制品通过该体系认证的企业。先后荣获"全国质量稳定合格产品"、中国AAA级重质量、守信用企业、南充市农业产业化重点龙头企业等荣誉称号。支持回乡创业青年张敏在邵家坪村4、5社发展蔬菜、紫薯种植200余亩，并带动全乡其他村的农户大规模栽植蔬菜、紫薯。继续在3村巩固发展中药材种植，业主沈昌隆巩固发展金银花400亩，带动农民致富增收。巩固发展生态种植业，采取合作社+业主+农户的模式，在邵家坪村种植紫薯300亩、栽植花椒700亩，在粟家沟村发展李子300亩，扩大谢家寨村金银花种植至500多亩。进一步扩大生态养殖规模，通过业主、大户引领，全乡年出栏松林土鸡养殖30万余只、生猪养殖5000余头、能繁母羊1000余头。三是特色旅游开发全面启动。全面融入凌云山旅游开发，配合搞好凌云山景区建设开发工作，支持鹏来兴达旅游公司流转土地700亩，发展"凌云花海"项目，基本完成玫瑰花园和樱花园建设。

特色农产品"柏秀"牌腊肉获国、省、市多次荣誉称号，带动万家乡生猪产业发展

【全力打赢脱贫攻坚战】 围绕"五个一批"扶贫政策，因户施策制定了脱贫规划和"回头帮"规划。拨付到户资金42.6万元帮扶贫困户发展种养殖，完成易地搬迁41户，完成C级危房改造61户、D级危房改造7户，完成五改三建94户。以"一低、六有"为目标，全面推进贫困村脱贫奔康产业园建设、基础设施建设和村容村貌整治。新建产业路8公里、便民路2.8公里，扩建村社道路12公里；新建蓄水池8个、水渠1000米，集中供水站2个、水井39口。湛家沟村脱贫奔康产业园1000亩凌云四季花海项目和邵家坪村脱贫奔康产业园基本建成；完成9.6公里村社道路、12公里入户路建设和道路扩建5公里；完成渠系建设400米、建设维修山坪塘6口，建设人饮工程供水站3处；人居环境明显改善，湛家沟村25户五改三建、8户危房改造全部竣工，两处新村聚居点主体工程完工，正在加快实施配套建设。邵家坪村完成27户五改三建，完成30户风貌整治。市国土局投入40万元支持湛家沟村贫困户发展产业，成勘院、市国土局、区委办、万家乡政府利用元旦春节、儿童节等节日，为联系户送去慰问金、物资近60万元；第一书记、农技员，充分利用"农民夜校"、道德讲堂、广播"村村响"等平台，深入开展知恩感恩教育、政策宣传和环境卫生整治等专项活动，好习惯好风气逐步养成。

【全面推进生态文明建设】 按照"摆顺、扫干净、不拥堵"的要求和部署，投入资金30余万元，成立了23人的专兼职保洁队伍，新建垃圾池1个，购置清扫工具20套。完善了环境卫生定期评比制度、保洁员考核等制度，并于5月份开展了优秀保洁员评比活动，村容村貌明显转变。同时，与群众签订门前三包责任书，引导广大群众参与环境卫生整治工作。建立健全了畜禽养殖污染综合治理相关制度，在全乡实施规模禁养和圈养政策，全乡养殖环境明显好转。

【民政工作强化社会保障】 农村最低生活保障户109户，享受低保金488676元；城镇最低生活保障户1户，1人，享受低保金3888元；农村五保集中供养11人，支出59400元；五保分散供养39人，支出1584000元；国家抚恤、补助各类优抚对象48人，抚恤事业费支出193380元。

【领导名录】 党委书记：彭明贵，副书记：张凤（女、纪委书记），组织委员：龚川；人大主席：邱红平；乡长：邓颖晴（女、8月止）、邓慧容（女、8月起），副乡长：张文（女）、刘航；武装部长：王勇。

（供稿：杨绍琴）

青居镇

【概况】 位于区境东部，与阙家、溪头毗邻，距城区23公里。2017年末辖3个社区，8个居民小组，9个村民委员会，73个村民小组。总人口19738人（其中农业人口14954人），总计农户4679户。面积27.05公里，耕地面积5862亩。嘉陵江河道绕镇17.5公里，环绕20多平方公里的牛肚坝，形成359度的嘉陵江第一曲流，堪称世界地貌奇观。境内有南充古八景之一的"青居烟树"。山上至今尚存南宋淳祐九年（1249）至祥兴元年（1278）的故城遗址和大佛洞古迹。总装机13.6万千瓦的华能青居水力发电厂和船闸工程建于场中。全镇有青居一、二小学，有幼儿园2所。有青居中心卫生院1处，各村设有卫生室。设有敬老院一处，建筑面积1500平方米，可容纳60人居住。

【深入实施扶贫攻坚工作】 对照"六个精准"，保障本年度114户、323人实现脱贫销号，烟山村实现脱贫摘帽。通过整合各类资金项目，建档脱贫户年内纳入"五改三建"工程项目225户，已全面完成改造。开展贫困户技能培训28期，培训2000余人次；发放小额信用贷款673万元用于发展产业，下拨到村入户资金71.93万元用于贫困户居住条件改善和发展种养业。落实全镇583户贫困户"一户一策、一户一业"的帮扶措施，帮助贫困户实现增收致富。落实贫困户医疗保险政策，做到零支付入院，出院结算，个人支付部分不超过10%。落实贫困学生教育保障，全镇无一人因贫困辍学；对于无劳动能力的贫困户，给予低保全面兜底，保障贫困户实现"两不愁、三保障"，对符合政策的42户贫困户新增纳入了低保，对89名贫困人员进行了民政大病医疗和临时性救助。争取区级行业部门支持，介绍贫困人口到市内外务工217人次，使其增强了发展信心，精神面貌得到有效改善。该镇全年接受省市领导和国内外同行各类参观考察、现场会50余次。

【持续推进农业产业发展】 完成柑桔园区清园除杂5000亩、品种改良600亩、林下套种900亩，拓展园区500亩，产业园区建设科学、规范；通过支部积极引导、贫困户广泛参与，全村贫困户与吉言农业公司建立利益链接机制，61户贫困户通过"土地租金、园区务工、劳务承包、返租倒包和资金入股"五种方式，户增收1600元至6500元。明光村、顺江村引进四川蓝灵公司建成了西南地区最大的蓝莓生产加工基地，占地面积800余亩，年产蓝莓100余吨，销售收入1200余万元，辐射带动农户500户，涉及明光、顺江2个村共计7个社；60多户贫困户通过在蓝莓园务工，月经济收入由人均400元提高到800多元。年内依托"蓝莓乡村旅游季"活动，营造宣传氛围，拓宽产品销路，出现了供不应求的局面。全镇通过引进业主发展蔬菜产业，共计建成蔬菜大棚600个，种植蔬菜达2000亩。顺江村下中坝引进业主种植韩国萝卜1000余亩，产品远销北京及俄罗斯各大市场，多次代表高坪提供现场接受检查。

【有序实施基础设施建设】 多渠道争取项目资金2000余万元，完成烟山、团结2村改造6米宽产业环线沥青路7.5公里，新建社道路1.2公里、入户路2.5公里；维修山坪塘3口、蓄水池26口、水渠4.7公里，新建人饮工程3处；调型整治标准农田85亩，土地调型250亩，发展庭院经济138户；完成旅游停车场3座、旅游厕所2座、观景平台1座、旅游小景观8处建设。全镇实施C级危房改造26户，D级危房改造70户，开展农房"五改三建"224户，落实农房风貌改造350户，集中解决了225户吃水难、用电不安全、电视信号不稳定、入户路不畅通和无晾晒场地等问题。烟山村新建涵盖活动室、文化室、卫生室和电商平台等功能的综合楼一座350平方米，并配套了文化广场、观景平台和体育健身设施。

【协调促进社会事业进步】 及时调整了镇安全生产工作领导小组，与9个行政村、3个社区和辖区内企业的负责人签订了生产安全和消防安全责任书。投入工作经费20余万元，整治王家湾、顺江、自力等村共8处地灾隐患点，开展安全执法21次。在各村（社区）组建平安建设"红袖标"巡察小组，不定期开展巡察，确保了和谐稳定。建立健全领导接访、矛盾纠纷排查、领导包案制度，确保全镇信访稳定。经过多次与省市区信访部门沟通汇报，明晰国光村许清雄"三跨三分离"的信访案件责任主体划分工作；积极处理了国光村绿蒗农业公司、马鞍社区新阳光公司土地纠纷问题，分别司法一审和司法终审结束；妥善处置了王家湾社区土地办证问题。全年共接访67人次，排查矛盾纠纷75件。切实加强民生保障，前三季度新增农村"五保"5人，新增低保户86户；新农合保险基本达到应保尽保；发放临时救助50余万元，办理大病救助10人次，办理困难残疾人生活补贴217人、残疾人创业直补13人。在团结、烟山村举办多期柑桔技术培训，培训农民300余人次；鼓励下岗职工和农村剩余劳动力外出务工，劳务输出5000余人。

【切实加强生态环境治理】 针对畜禽养殖、秸秆焚烧、河道污染、砂石开采、场镇"五乱"等开展了专项整治，实行镇村干部24小时巡查、镇属相关部门定期督查制度，对巡查发现的违反禁令行为，勒令立即整改，共计整治畜禽养殖9处，整治河道污染2处，规范砂石开采3处。

【扎实开展党建工作】 严格落实"两学一做"、中心组学习、"三会一课"学习制度，及时传达党的十九大，省十届十次全会、市六届六次全会等重要会议精神，全年共开展各类集体学习96余次。借助党员远程教育农民夜校、道德讲堂等平台开展学习280余班次。开展服务型党组织创建，落实"清单工作法"，定人定责限期整改，全年共化解和整改落实56起。年内6名党员按期转正，培养发展年轻党员6名。严抓脱贫实际成效，将本镇无脱贫任务的3个社区支部干部调度到脱贫任务艰巨的村开展脱贫工作，健全了合力攻坚的机制。组织全镇17名纪检干部进村入户走访及开展党风廉政建设宣讲活动，实现了入户全覆盖。

【领导名录】 党委书记：蒲怡燕（女），副书记：陈金钟、杨敏，组织委员：贾立；人大主席：任俊杰，镇长：陈金钟，副镇长：杨宗佺、陈静平、林涛；武装部长：王宏波。

（供稿：杨惠月）

石圭镇

【概况】 位于区境最南端，东临岳池县石鼓乡，西、南分别邻嘉陵区新场乡、土门乡，北连高坪区溪头乡。镇人民政府驻石圭场，距城区35公里，辖区东西最大距离9.1公里，南北最大距离6.9公里，总面积19.82平方公里。2017年末辖8个行政村、1个社区居委会、65个社、3个居民小组。人口出生率5.6‰，死亡率7.1‰，自然增长率-1.5‰。耕地面积7440亩，其中田3168亩，土4572亩，农作物以水稻、玉米、红苕为主，经济作物以柑桔产业为主，栽种面积达6000余亩，是名副其实的柑桔之镇。全年水稻丰收2200亩，玉米1800亩，红苕1400亩，小麦1400亩，生猪出栏1.5万头，小家禽3.5万只，蔬菜年产量1.3万吨。

【党的建设全面加强】 持续开展"两学一做"教育，积极学习十九大，省十一次党代会、市区第六次党代会精神，并按照"镇干部包村、村干部包社、社干部包人"的制度将政策精神传达到普通群众。利用村支"两委"换届契机，从机关下派3名书记,并将刘顺艳等35名专合社负责人、村医、致富带头人及退役军人选进村(居)班子,改变农村两委年龄大、能力弱、文化低的现状。凤鸣村建成330平方米活动阵地,配齐设施,开展"党的恩情大家唱"等3期活动。发展年轻有作为党员5名。建立党风廉政建设"三级权责体系",采取驻村干部包村、村干部包社、社干部包人,将责任落实到人。加强对党员干部党风党纪教育,对有违纪违规问题的同志,坚决做到不纵容、不袒护、不包庇,有错必纠,有案必查,全年处理违纪党员1人,立案村干部违纪4例。

【基础建设造福百姓】 2017年新建5.5公里社道公路、5公里便民路,实现了全镇农户70%以上有入户路,切实解决了群众出行难的问题。新建成集中供水站5处、打机井63口,解决群众安全饮水问题;实施凤鸣村及兰花村节水灌溉工程及百公里柑桔长廊水利基础设施项目,维修整治山坪塘4口、渠道1.4公里,新建蓄水池10口,解决生产用水困难。全年实施易地搬迁30户,C、D级危房改造106户,五改三建376户。凤鸣村新建面积330平方米的服务群众综合楼1栋,为群众文化娱乐活动提供了场地。

【环境治理措施有力】 组织各村干部,分区域、分小组对辖区内大气污染、水污染、畜禽养殖等污染源开展拉网式排查,发现1起处理1起,为源头治理打下基础。各村(居)搞好道路清扫,及时做好保洁和垃圾清运,确保镇辖区主次干道清洁卫生有序。加强秸秆禁烧督查工作力度,全民动员、全民参与、全天候、全方位禁止焚烧秸秆、生活垃圾,加强各村(居)环保网格员对秸秆和垃圾禁烧工作的巡查、管控力度,做到全镇不冒一处烟。停止存在污染的小作坊生产经营活动,限期搬迁。拆除厕所1座,搬迁养兔场1个,完成水库水面以及周边垃圾、杂物清理,安装1000米的坝埂防护栏,新修洗衣区域1处。

【产业惠民致富增收】 着力打造"百公里柑桔产业长廊",新增优质柑橘产业1000亩。组织150人对3600亩柑桔苗进行除杂、施肥、覆膜等处理,确保新栽柑桔果苗顺利过冬。同时为老果园除杂、树干刷白2800亩,老果园高杆嫁接200亩。依托凤鸣村基础,开创"养猪场+柑橘林"的生态产业圈,种植优质柑橘550亩,建成年出栏1000头生猪养殖场1处。采取大户牵头,贫困户入社的方式成立了石圭镇凤鸣村种猪养殖协会,实行"六个统一"经营,政府还与镇兽医签订服务协议,负责病虫害的防治。在壁山村和凤鸣村各建成1个年出栏1万对以上肉鸽蛋鸽的养殖基地,年产值在100万以上。全年劳务输出4000人次,劳务收入8500万以上;举办培训班15期,培训各类技术人才5000人次,发放资料2.4万余份、科技书籍1200多本,发布农业信息176条。

【精准扶贫攻坚破难】 对全镇149户、446名贫困人口实行建档立卡精准扶持,代表全区接受省脱贫攻坚摘帽验收小组的检查。采用"1+1"或"N+1"的方式帮助贫困户每户至少发展1个支柱产业。壁山村互助党小组副组长刘顺艳按照统一购买种鸽、统一提供技术、统一销售渠道等的"六个统一"方式,帮助壁山村和凤鸣村40多户贫困户养殖鸽子近2000对,贫困户户均增收5000元以上。全年开设脱贫之星刘先锋现身说法培训班2期,组织"知恩感恩"座谈会8场、道德大讲堂授课4期、各类培训30余次,举办"浓情端午节粽享脱贫村"、"感恩共产党迎中秋国庆"等活动4场,并邀请区"五好"宣讲团来镇巡讲。2017年3月成立了四川省首支镇级脱贫攻坚社会帮扶力量服务中心,调动全社会关心石圭、爱护石圭的力量参与石圭的脱贫攻坚。该中心全年开展志愿服务活动上百次,接受社会捐赠物资数十万元。

【社会综治维护稳定】 建立领导干部抓平安建设和综治工作的考核奖惩制度,把创建"平安石圭"作为干部考核的一项重要内容,占干部年度岗位目标考核的40%,考核结果直接与镇干部奖金待遇、村干部年终奖挂钩。开展民生诉求及矛盾纠纷大排查化解工作，全年排摸重大矛盾纠纷和不稳定因素7件，及时调处6件，镇村两级人民调解委员会共受理各类民间纠纷34件，调解34件，成功33件，调解率和成功率分别为100%和97.06%以上。共接待群众来信来访12件（其中重复5件），全部按规定办结。先后开展了校园安全、打黑除恶、扫黄禁赌毒等活动，共立刑事案件1起，受理治安案件4起，破刑事案件1起，查处各类治安案件4起，抓获处理各类违法犯罪人员3人。镇安办全年共上路执法40余次，劝阻危险驾驶行为150余起。新安装公路波形护栏8.6公里，设置更换道路、塘、库、堰等安全警示标志165处。

【领导名录】　党委书记：粟斌，副书记：范利兵、雷艳（女），组织委员：吴波，人大主席：彭君；镇长：范利兵，副镇长：朱磊、肖翔、梁小兵；武装部长：唐凯军。

（供稿：李小龙）

永安镇

【概况】　年末辖11个行政村，71个村民小组，辖区总面积21.38平方公里，总人口10826人，男性占比52.35%，女性占比47.65%。全年实现地区生产总值7.23亿元，其中工业生产总值6.4亿元，农业生产总值0.83亿元，同比增长4.7%；农民人均纯收入达到7483元，同比增长2.4%。

【一二产业经济协调发展】　全镇耕地面积7740亩，人均0.71亩。粮食作物以小麦、水稻、玉米为主。全年产粮3635吨，人均336公斤，其中：小麦720吨，水稻1554吨，玉米504吨。主要经济作物为柑桔、蔬菜和油菜，柑桔种植面积1943亩，总产量1473.7吨；蔬菜种植面积8250亩，年产量10619吨；油菜种植面积2000亩，年产量300吨。畜牧业以饲养生猪、家禽为主。年末生猪出栏7662头，存栏5069万头；家禽年饲养量1999.5万只。青林村新栽新品种血橙300亩共计18000余株。全镇有工业企业13家，规模以上企业2家，产值6.4亿元。完成10KV专线迁改，1家商砼企业科宏建材建成投产。严格落实环保要求，拆除燃煤锅炉4个，2家建成的商砼企业按照环保要求完成相关整改，达标投产。

【乡村旅游产业品质提升】　发展高品质的三星级农家乐1家，新建旅游厕所1座；抓住先锋村旅游扶贫契机，与青林村红旗农庄、临江村的三国大将王平墓、民主村张澜先生旧居、澜岭江花健康城多个景点形成嘉陵江一日游航线永安段的特色旅游线路，同时积极探索娱乐性强的游乐项目，发展高品质的乡村休闲旅游业。

【脱贫攻坚取得明显成效】　2017年，全镇脱贫54户131人，完成镇便民服务中心、中心卫生院、中心校建设。共实施C级危房改造81户，D级危房改造41户，五改三建57户、易地搬迁8户，安全饮水29户，顺利通过验收。通过脱贫奔康产业园、发展农村旅游、推行庭院经济等措施，带动贫困户脱贫增收。全年投资5.643万元为贫困户购买家禽1645只、家畜29头。扎实开展"回头看、回头帮"，对照标准查漏补缺，对于存在问题的贫困户制定"回头帮"措施，全镇无返贫现象。

【生态环境保护措施有力】　7—8月集中整治禁养区的畜禽养殖，取缔关闭禁养区内的养殖场，截止8月23日，30户养殖场全面完成清场、拆除工作，消除养殖污染源。落实河长制，由党委书记任总河长，分村分段设立河段长，定期开展巡查工作，保持河道无垃圾污染，同时抓好河道环境卫生督查，确保干净整洁。关闭水质不达标的场镇取水口，取缔1处不合格的农药销售点。加强道路保洁、严格企业和运载车辆管理，防治扬尘污染。

【社会事业发展势头强劲】 2017年，新建村道公路5.1公里，养护村道公路50余公里。建集中供水站3处，整治山平塘2口，新修蓄水池4口，维修蓄水池3口。完成永兴村产业园沟渠2000米、蓄水池、大型集中供水站及园区排水沟渠建设。大力开展矛盾纠纷大排查，每周一研究，全年共调处矛盾纠纷共计82件。建立健全安全生产岗位责任制，加强安全生产培训。开展打非治违，全年无重大安全事故。严格落实低保、五保、残疾、临时救助、大病医疗救助等政策，保障困难人员基本生活。辖区内无义务教育阶段学生因贫辍学，学龄儿童入学率100%。开展劳动职业技能培训10余次，提升劳动者就业创业能力。扎实开展卫生防疫和狂犬病防治工作，儿童免疫率达100%。

【领导名录】 党委书记：王建海，副书记：王霆（3月止）、杨汉津（8月起）、张晓红（女），组织委员：王欣（女）；人大主席：张勇；镇长：王霆（3月止）、杨汉津（8月起），副镇长：赵东、唐浩钊、侯钦文；武装部长：何刚。

（供稿：王 欣）

阙家镇

【概况】 2017年末，辖10个行政村、1个居委会，81个村（居）民小组，3722户，1.1万人。全镇幅员面积22.9平方公里，耕地6298.31亩。粮食作物以水稻、小麦、玉米等为主，主要经济作物以蔬菜、柑桔为主。2017年农业总产值10259.54万元，农民人均纯收入9310元，人均增收485元。

【扶贫攻坚成效显著】 先后聘请四川省规划设计院"汪晓刚工作室"和四川艺夫文化传播有限公司分别为两个贫困村制定了全域发展和脱贫规划。积极对接省上17个专项规划，因地制宜制定扶贫规划和工作方案，围绕一个脱贫奔康目标，注重构建专项扶贫、行业扶贫、社会扶贫大格局和建立完善利益联结机制，抓住因户施策、精准扶贫、实现"两不愁，三保障"，抓住产业根本，发展特色现代农业和乡村旅游业，农旅结合、"一三产"互动，建立产业扶贫长效机制，抓住基础设施建设，解决路、水、电等制约脱贫的瓶颈问题。实现贫困户（农户）、集体、业主和政府共赢。通过土地流转、财政资金股权量化、产业扶持基金、小额信贷等方式，建立和完善入股分红、"土地流转+返包"、"合作社+贫困户+村集体"等多种利益联结机制，确保贫困户稳定增收。加大技能培训和劳务输出，推行园区带动、企业带动、大户带动和群众自家种养的"三带一自"模式，帮助贫困户充分就业，发展产业，助农增收。截至年末，通过土地流转、务工、土地分红、种养殖等收入，实现贫困户人均增收1600元以上。

【产业发展势头强劲】 结合本镇区位优势和资源禀赋等条件，坚持"农旅结合、一三产互动"的产业扶贫路子，发展特色现代农业和乡村旅游业。截止年末，成功招引业主2个，流转土地6500余亩，新建奔康产业园2个，全部栽植嫁接桃、李、梨、樱桃、柑橘等特色水果，林下套（间）种佛手、油牡丹等经济作物和格桑花、向日葵等观赏花卉3000余亩，现代农业和乡村旅游业规模初显。贫困村火烽村被列为高坪区唯一一个"省级旅游扶贫示范村"。

【民生改善好戏连台】 坚持统一规划、因户施策，采取易地搬迁、地灾搬迁、C（D）级危房改造和"五改三建"等多种方式，保障群众住房需求，特别是结合乡村旅游发展，本着"生态实用、保护传承"的原则，对火烽村50余座破损的老宅民居，实施保护性的改造，充分保留川东北民居传统院落的乡村风格，既解决群众住房问题，又为后期乡村民宿旅游开发积极创造有利条件。在改造老旧民居的同时，按照"小组团、微田园、生态化"的理念，实行"统一规划，群众自建"，高品质完成3处新村聚居点建设。截至年末，全镇共实施易地搬迁39户、地灾搬迁68

阚家镇保留川东北民居特色的新村聚居点，呈现"小组团、微田园、生态化"特色。

户、C级危房改造360户、D级危房改造50户。同时，对全镇包括两个贫困村在内的700余座农房进行了风貌整治和庭院打造，新建特色垃圾池200余座，人居环境彻底整治，村容村貌焕然一新。全镇6—16周岁适龄儿童1349名（其中建档立卡贫困户子女107名）全部落实"三免一补"，义务教育保障达标，无辍学现象；130名建档立卡贫困学生应享尽享国家教育资助救助政策。全镇城乡医保在本地参合人数10573人，其中建档立卡贫困人口参合783人，参合率100%。截至年末，全镇累计为贫困户报销二次补偿医药费用、慢病重大疾病门诊费用、住院补偿费用、门诊补偿费用共计201485.19元，受益贫困人口316人，有效解决了贫困群众医疗保障问题。充分发挥政策托底作用，认真落实农村居民最低生活保障、重度残疾人护理补贴、计生奖扶等社会保障政策，全覆盖解决特殊人群的生活保障，真正惠及于民。截至年末，落实低保户284户384人、特困群众72人、重度一二级残疾人218人、计生奖扶对象205人的相关政策。年内新增低保89户、101人，新办残疾证108人，新增特困户12人。

【乡风文明亮点纷呈】 全镇成立村民自建的文艺宣传队3支，在"三八"妇女节、"七一"建党节、国庆节、春节等重要节日和时段，以丰富多彩的文艺形式，自编自导自演快板、三句半、歌舞等群众喜闻乐见的节目。围绕脱贫攻坚、感恩教育、传统美德、本地土酒文化等主题，在村民聚居点和交通干线节点等处，修建文化健身广场4处1100余平方米，绘制文化墙56面1800余平方米，塑造文化景观石4块，设置道旗、横幅标语80余个（幅），营造了浓厚的乡风文明宣传氛围。建立村微信群，开办农民夜校，设置道德讲堂，大力宣传扶贫政策，持续开展思想教育，着力培训实用技术，全面提升村民综合素质。深度挖掘火烽村的历史文化，出版发行《火烽村历史文化调研》一书，新创《火烽村的歌谣》、《农家乐》等8首村歌民谣，激发村民乡土情怀，汇聚脱贫攻坚正能量。本年9月，该镇为全市提供了高质量的乡风文明建设现场会参观点。

【基础建设不断夯实】 先后整合各类资金2500万元，大力加强交通、水利、旅游、电力、燃气等基础设施建设，改善群众生产生活条件，改扩建通镇村道公路2.5公里、公路桥1座，新修通社公路30公里、公路桥1座，安装波形安全防护栏10公里。新建水库1座、蓄水池21口、山坪塘4口、水渠15公里，有效解决426户1378人生产用水难题；新建集中供水站4处，打机井92口，有效解决723人安全饮水问题。新建旅游厕所3处180平方米、停车场3处4000余平方米、游步道400米观景平台1处。改造2处变压器，更新10千伏线路近3千米，改造了所有贫困户的室内供电线路，确保安全用电。连通5个村的天然气，安装天然气主管道7000米。投资1000万元的污水处理厂基本完工。

【领导名录】 党委书记：屈飚，副书记：蒲敏、雍相、蒋一锋（挂职）、代曦（女），组织委员：陈丽娜（女，8月止），人大主席：向国军，镇长：蒲敏，副镇长：方林勇、刘发新、王虎（9月起）；武装部长：谢刚（8月止）、李翔（9月起）。

（供稿：段宇星）

溪头乡

【概况】 位于区境南部，嘉陵江东岸，东接岳池地界，南连石圭，西邻河西，北靠青居，地域30.1平方公里。乡政府驻长城村，距区政府24公里。辖12个村民委员会，下设86个村民小组。耕地面积7543.3亩，有12公里嘉陵江水岸线、白鹤山灵应寺佛教文化景点、万亩现代柑桔产业园，合力村"五黑绿壳蛋鸡"、溪头甜橙和大河鱼等自然资源和土特产，是南充市优质柑桔基地乡镇。年末常住人口4265户、15007人。

【优势产业带动经济发展】 2017年，全乡粮食、油料作物、柑桔总产分别为5638吨、873吨、28000吨。农业总产值8965万元，人均纯收入9968元。依托柑桔产业优势，继续做好柑桔产业发展。有脱贫奔康柑桔产业园2.1万亩，老果园1万亩，柑桔总面积达3.1万亩，品种主要有塔罗科血橙新系、奈维琳娜、大雅和沃柑等，达到"一年四季有果采，花果同树"发展乡村旅游的目标。现有省级龙头企业本味农业有限公司和四川橙之源农业有限公司，严格按照有机标准进行农事操作，严控果品质量，目前已认证8022亩有机柑桔基地，本味农业以发展"猪—沼—果—菜"循环经济。截至年末，两公司流转土地18000亩，涉及农户2859户、9368人。

【乡镇建设改善生活条件】 2017年，全乡新修产业大道8.6公里，新建、维修水渠12公里，对火星、红光村的6公里道路由以前的3米扩宽至6米，同时修建了产业区间道路、新建扶贫村社道路、生产便道34公里，全乡实现社社通水泥路，脱贫户均通便民路。基本做到园区道路四通八达，社社相连，户户相通；维修蓄水池、堰塘34处（口），现代园区自足灌溉，彻底解决农村广大群众饮水难、用水难问题。现已实现水、路、渠、电网四网配套。

【组织建设夯实底部基础】 深入实施"联系服务群众全覆盖"活动，区级结对单位、乡干部职工与全乡4253户居民群众结对认亲。开展"争当'八大员'，隐形党员'亮身份'"活动，全乡共有"八大员"130名，全年为群众办实事270余件。每周1次组织党员干部学习，采用微信公众号、QQ公众号等现代化信息手段，实行"智能式"的教育。指导各村支部通过党员大会等方式落实"两学一做"相关工作。落实基层工作经费和基层干部待遇，对离任村三职干部按照标准及时发放了生活补贴，并对个别困难对象给予了民政救助。扎实做好受灾困难群众救助工作，全年共发放临时困难救助和医疗救助金50余万元；对留守儿童、老人开展一对一帮扶活动，利用"居家养老"模式，对留守老人开展每月不少于2次的志愿服务。为当年脱贫户全部添置生活必须品，切实改善其生活条件。

【文化体育引导乡风文明】 2017年，新建村级文化活动室和村级卫生室各1处，广泛动员和组织社会力量参与乡风文明宣传教育。评选"十星级文明户"4户，新建乡风文明建设宣传长廊2处，制作宣传画16处。深入开展文明单位、文明村、文明户评选及群众性精神文明创建活动，促使乡容村貌、乡风民俗、群众素质和文明程度与全乡的经济社会同步协调发展。广播村村响维护升级，电视户户通，宽带覆盖率达到100%。

【配置资源强化基础教育】 溪头小学现有6个班，学生人数183人，学校教学及辅助用房面积1067平方米，生均教学及辅助用房面积5.67平方米，学校运动场馆面积3100平方米，生均运动场馆面积16.49平方米。配置有教学电脑36台，每百名学生拥有电脑16台。图书馆藏书3464册，生均拥有图书18册。核定编制数25人，实有教师人数22人，工人2人，共计24人，师生比1∶7.625，在职教师中，3名中师学历，8名大专学历，11名大学本科学历，学历合格率100%。溪头初中有三个教学班，学生73人，学校教学及辅助用房面积606平方米，生均教学及辅助用房面积7.87平方米，学校运动场馆面积1300平方米，生均运动场馆面积16.88平方米。配置有教学电脑31台，每百名学生拥有电脑40台。图书馆藏书4836册，初中生生均拥有图书62.8册。核定编制数20人，实有教师人数20人，师生比1∶3.65。20名教师均具有大学本科学历，学历合格率100%。

【多措并举推进依法治乡】 全年举办法律知识讲座3次、报告会1次，发放各种法律教育宣传资料3000余册。各村对工作计划、民主评议、财务管理、集体资产、农村补贴、新农合等全面公开。上半年的民意调查中，群众对乡党委、乡政府满意度达到95%。在每个村成立治安巡逻队，在7个村实施雪亮工程，实行24小时报告制度。设立领导首问窗口，建立分管领导、驻村干部、村网格员"三位一体"的矛盾纠纷排查化解队伍。

【领导名录】 党委书记：郑程，副书记：杜成林、向小凤（女，纪委书记，8月止）、邓人革（纪委书记，8月起），组织委员：孙春梅（女）；人大主席：李滨；乡长：杜成林，副乡长：邓人革（8月止）、王小江、李翎樊；武装部长：唐荣。

（供稿：李孟龙）

佛门乡

【概况】 地处区境东南部，东、南邻广安市岳池县，东南连阙家镇，西交永安镇，西北接清溪街道，北挨青莲街道，东北傍老君镇、万家乡。西北部与航空港工业集中区相连，距高坪城区14.5公里。地域面积51.97平方公里，平均海拔560米。2017年末，全乡共6021户、18564人，耕地面积14167亩。辖爱国、胜利、莲花、荷花、银花、寨坡、金花、华光、禹王庙、骑龙、熊山、群山、大佛岩、走马岭、蟠龙寺、棺木岭、真武、白山、三王庙、真武庙、九里半21个村和1个场镇社区，152个村民小组、3个居民小组。乡内有浸水、小佛2个场镇；有学校4所，其中2所初级中学，2所小学；卫生院2个；信用社2个；邮政储蓄所1个；敬老院1个。

【农业产业取得成效】 全年农业总产值21605万元，农民人均纯收入7112元。粮食总产6733吨，其中水稻3745吨、玉米1955吨、小麦1033吨。花生种植2208亩，总产446吨；油菜种植1425亩，总产959.7吨。畜牧业以饲养生猪、山羊和家禽为主，全年养猪19733头，年出栏17582头，年末存栏2151头；养羊42831只，年出栏42307只，年末存栏524只；饲养家禽132055羽，年出栏108631羽，年末存栏23424羽。胜利村新希望集团跑山鸡养殖，年出栏100万只；银花村新引进世顺农业公司发展珍稀菌种羊肚菌产业300亩；群山村引进盛轩农业进行农村生态黑猪养殖，总占地80亩，饲养能繁母猪300头、育肥猪6500头；寨坡村成功栽植九叶椒500亩，新栽植中药材佛手500亩，加上蟠龙寺村原有300亩，达800亩以上；金花村的猕猴桃产业500亩顺利挂果上市；巩固全乡花卉苗木产业1000亩。

【基础建设继续推进】 新修村社道路11.4公里，改造村社道路22.8公里，对青莲到佛门主道路8.3公里进行修补；建集中供水站1处，维修山坪塘5口，新建山坪塘3口、蓄水池13口。完成800多平米的乡卫生院、400多平米的便民服务和农机服务中心建设，硬化300多平米的便民院坝。

【社会事业协调发展】 年末有幼儿园4所，在园幼儿147人，专任教师8人；小学3所，在校学生494人，专任教师51人，小学适龄儿童入学率100%；初中2所，在校学生128人，专人教师33人；初中适龄人口入学率、九年义务教育覆盖率均达100%；全年财政预算内教育经费54万元，同比增长6.5%。有乡文化站、广播电视站各1处，有学校体育场3个，敬老院安装了健身器材，经常参加体育活动的人员占常住人口的9%；有线电视用户425户，入户率9%，有村级活动中心22处，各类图书室22个，藏书3.4万余册；有市级文物保护单位白山寺岩墓1处。有农业综合服务站1个，主要从事科技知识普及和农技推广。有医疗卫生机构23个,床位10张,固定资产240万元;专业卫生人员7名,其中职业医师4人,注册护士1人,全年完成诊疗3800余人次;21个村和1个场镇居委会村民全部参加新型农村合作医疗,参合率100%。配合人大、政协、统战部门开展幸福家园、绿色高坪、农业产业等方面调研6次。成功输送8名优质兵员,完成了基干民兵应急分队、支援队伍、储备队伍三支队伍的调整建设工作,确保了90%以上的在位率,并配备雨衣、水鞋、手电等应急物资。开展工会、共青团活动16次,完成工、青及双拥工作的各项目标任务。组建了阙家河流域管理领导小组、巡河队伍,每月督查巡河,清理河道垃圾3.5吨;开展农业面源污染专题会议3次,集中整治8次,在全乡建立农药农资回收站,收回农残物资1.3吨;聘请专人对乡村两级公路进行常年保洁清理,多次成功迎接市区两级检查督促。落实《在全区范围内封山育林并禁伐林木的决定》,在胜利村、寨坡村等组建护林员队伍。共培育党员示范大户23户,建党建示范点5个,带动贫困户102人;投入15万元修膳了8个村级活动室,规范了党员活动室和电教室。完成村(居)支部、村(居)委会换届工作,选出村(居)支部班子共66人、村(居)委班子共110人。

【民生保障全面落实】 完成地质灾害搬迁11户,C级危房改造90户,D级危房改造20户,异地搬迁64户,五改三建25户。全年纳入城镇最低生活保障11户、12人,享受低保金3943元;纳入农村最低生活保障1038户、1861人,享受低保金390024元。医疗救助420人次(不含精神病定点医院住院),支出197890元。国家抚恤、补助各类优抚对象201人,抚恤事业费支出95953元。有敬老院1家,床位45张,收养农村五保人员18人;社会服务中心1个,社会服务站1个。参加新型农村养老保险10797人,参保率100%。

【精准扶贫攻坚告捷】 全乡2个贫困村、865户2538人贫困人口,道路、通信、饮水、用电、住房等硬件全面达标,顺利实现胜利、寨坡2个贫困村脱贫摘帽,成功完成179户534人脱贫指标,迎接脱贫专项检查87次,争取和投入扶贫资金950.872万元。

【领导名录】 党委书记:吴开荣,副书记:佘洪、杨晓鹏,组织委员:张洁(女);人大主席:刘圣荣;乡长佘洪,副乡长:刘睿、罗皓、杨倬鉴;武装部长:赵振宇。

(供稿:李艳民)

人物和先进

中共南充市高坪区委、区人大、区政府、区政协领导

高坪区委
书　记：韩伦红（4月止）
　　　　袁华兵（4月起）
副书记：袁华兵（4月止）
　　　　陈多平
　　　　张青松（6月起）
　　　　王维忠（挂职、1月起）
常　委：曹华光（8月止）
　　　　郑　莉（女、4月止）
　　　　蒲仕钊（9月止）
　　　　杨廉玺（7月止）
　　　　敬　健（7月起）
　　　　洪　峰（9月起）
　　　　赵　启
　　　　周　成
　　　　曹　波（7月起）
　　　　王春艳（女、7月起）
高坪区人大常委会
主　任：杨天武
副主任：赵　亩
　　　　任乐平
　　　　程冬梅（女）
高坪区人民政府
区　长：袁华兵（6月止）
　　　　陈多平（7月起）
代区长：陈多平（6月起至7月止）
副区长：曹华光（7月止）
　　　　敬　健
　　　　刘天灵
　　　　任贤明
　　　　王宗坤
　　　　袁伟平（女）
政协高坪区委员会
主　席：傅天贵
副主席：杜桂琼（女）
　　　　张志明
　　　　张文举

南充市高坪区2017年度获地厅级及以上奖励、表彰先进集体一览表

获奖或获称号名称	获奖单位	授奖或授称号单位	授予时间	获奖或获称号文件文号	备注
2016年度全省平安建设先进区	高坪区	省委、省政府办公厅	2017年3月	川委厅〔2017〕20号	
2017年全国五四红旗团支部	四川省南充市高坪区国家税务局团支部	共青团中央	2017年4月28日	中青发〔2018〕5号	
推进非公党建工作表现突出单位	高坪区工商和质监局	国家工商总局	2017年7月14日	工商个字〔2017〕116号	
全国"五好"县级工商联	高坪区工商联	全国工商联	2017年12	全国工商联办公厅发布（2017）69号	
2017年全国科普日活动优秀组织单位	区科协	中国科协办公厅	2017年12月13日	科协办发普字〔2017〕40号	
通报表扬（《警察妈妈关爱留守学生》）	高坪公安分局	省委政法委、四川省社会治安综合治理委员会办公室	2017年12月	川政法办〔2017〕77号	
通报表扬（《我骄傲，我是政法人》）	高坪公安分局	省委政法委、四川省社会治安综合治理委员会办公室	2017年12月	川政法办〔2017〕77号	
四川省未成年人思想道德建设先进区	高坪区	省文明委	2017年12月13日	川文明委〔2017〕10号	
全省信访系统"三查三促三争当"活动先进集体	南充市高坪区信访局	四川省人力资源和社会保障厅、四川省信访局	2017年2月16日	川人社发〔2017〕13号	
白塔司法所	2017年全省社会治安综合治理先进集体	四川省人力资源和社会保障厅		川人社发〔2017〕65号	

续表

获奖或获称号名称	获奖单位	授奖或授称号单位	授予时间	获奖或获称号文件文号	备注
四川省"十二五"打击破坏生态资源违法犯罪工作先进集体	高坪公安分局	省人社厅、省林业厅	2017年1月		奖牌
四川省优质品牌农产品	本味·高坪甜橙	四川省农业厅			
四川省第二批省级示范休闲农庄	巴国田园	四川省农业厅			
全省执法示范单位	阙家派出所	四川省公安厅	2017年4月		奖牌
2017年全省流动人口先进单位	区卫计局	四川省卫计委			
2017年表扬母婴安全保障工作成绩突出的集体	区卫计局	四川省卫计委			
2017年表扬全省健康扶贫工作成效明显的单位	区卫计局	四川省卫计委			
先进单位	区价格认证中心	省价格认证中心	2017年11月	川价认证〔2017〕39	
先进基层单位	区消防大队	中共四川省公安消防总队委员会	2017年1	川公消党〔2017〕9号	
2017年度四川省卫生乡镇	高坪区江陵镇	四川省爱卫办	2018年1月		
农民工监测工作先进县	高坪区统计局	国家统计局四川调查总队	2017年12月21日	川调函〔2017〕125号	
2017年度基层组织建设先进单位	高坪区供销社	四川省供销合作社联合社	2018年2月6日	川供发〔2018〕10号	
2017年度安全稳定工作先进单位	高坪区供销社	四川省供销合作社联合社	2018年2月6日	川供发〔2018〕10号	
总队先进基层单位	区消防大队	四川省公安消防总队	2017年1月16日	川公消党〔2017〕9号	
溪头醉美橙乡景区创建国家AAA级旅游景区	醉美橙香景区	四川标准评定委员会	2017年12月15日	南旅标评委〔2017〕13号	正式奖牌待四川旅游标准评定委员会下发。

续表

获奖或获称号名称	获奖单位	授奖或授称号单位	授予时间	获奖或获称号文件文号	备注
擦耳桃源景区创建国家AAA级旅游景区	擦耳桃源景区	四川标准评定委员会	2017年12月15日	南旅标评委〔2017〕13号	正式奖牌待四川旅游标准评定委员会下发。
2017年四川省五四红旗团委	团南充市高坪区委	共青团四川省委	2018年2月8日	川青发〔2018〕1号	
2017年四川省五四红旗团委	佛门乡团委	共青团四川省委	2018年2月8日	川青发〔2018〕1号	
2017年四川省五四红旗团委	南充市公安局高坪分局团委	共青团四川省委	2018年2月8日	川青发〔2018〕1号	
2017年四川省五四红旗团支部	白塔街道办事处梨树街社区团支部	共青团四川省委	2018年2月8日	川青发〔2018〕1号	
2017年四川省五四红旗团支部	区国家税务局团支部	共青团四川省委	2018年2月8日	川青发〔2018〕1号	
2017年四川省五四红旗团支部	南充传化公路港团支部	共青团四川省委	2018年2月8日	川青发〔2018〕1号	
四川省五四红旗团支部	区公安分局行政审批室	共青团四川省委	2017年2		奖牌
省级"基层科普行动计划"奖补先进单位	梨树街社区	省科协、省财政厅			省科协网站公示、省科协下达备案文件、财政下达奖补资金文件
2016年度科普工作先进单位	佛门山羊养殖协会	省科协	2017年3月10日	川科协发〔2017〕25号	
四川省防范邪教宣传教育示范单位	祖师庙社区、陈家梁村	省反邪教协会	2017年11月28日	川反邪协会〔2017〕23号	
2016—2017年四川省科普示范社区	白塔社区、小龙门社区	省科协		川科协发〔2016〕74号	

续表

获奖或获称号名称	获奖单位	授奖或授称号单位	授予时间	获奖或获称号文件文号	备注
2016年度全省消费纠纷调解优秀典型案例三等奖	高坪区消委会	省消委	2017年2月16日	川消委〔2017〕2号	
2016年脱贫攻坚帮扶工作先进单位	高坪区工商和质监局	市委、市政府	2017年5月9日	南委〔2017〕60号	
2016年度脱贫攻坚帮扶工作先进单位	区人社局	市委、市政府	2017年5月9日	南委〔2017〕60号	
十九大期间安保维稳工作先进集体	区维稳办	市委、市政府	2017年11月	南委〔2017〕220号	
物流技术装备推荐品牌	南充现代物流园管理委员会	中国物流与采购联合会物流装备专业委员会	2017年3月		奖牌
全市政协新闻宣传工作先进单位	高坪区政协	南充市政协	2017年11月23日	南政协（2017）17号	

南充市高坪区2017年度获地厅级及以上命名、表彰先进个人一览表

获奖名称	获奖个人	授奖单位	授予时间	获奖文件文号	备注
全国五一劳动奖章	王愧春	中华全国总工会	2017年4月		
全省脱贫攻坚'五个一'驻村帮扶先进个人	曹振明	四川省人民政府			
中国农村专业技术协会科普奖"先进队"	张婷	中国农技协	2017年8月21日		中国农村专业技术协会网张公告
四川省爱国卫生先进个人	何龙	省人社厅、省爱卫办	2017年12月7日	川人社发〔2017〕56号	
全省信访系统"三查三促三争当"活动先进个人	杨寒冰	省人力社厅、省信访局	2017年2月16日	川人社发〔2017〕13号	
2017年四川省优秀共青团员	邓小强	共青团四川省委	2018年2月8日	川青发〔2018〕1号	
2017年四川省优秀共青团干部	蒋梅	共青团四川省委	2018年2月8日	川青发〔2018〕1号	
脱贫攻坚优秀乡镇党委书记	寇兴奎	中共南充市委、南充市人民政府	2017年5月	南委〔2017〕60号	
脱贫攻坚优秀乡镇党委书记	邓志勇	中共南充市委、南充市人民政府	2017年5月9日	南委〔2017〕60号	
脱贫攻坚优秀村干部	张跃正	中共南充市委、南充市人民政府	2017年5月9日	南委〔2017〕60号	
县级部门派驻优秀第一书记	安静	中共南充市委、南充市人民政府	2017年5月9日	南委〔2017〕60号	
结对帮扶先进队	田卫东	中共南充市委、南充市人民政府	2017年5月9日	南委〔2017〕60号	区人民医院
十九大期间安保维稳工作先进个人	易光、何坤明	中共南充市委、南充市人民政府	2017年11月	南委〔2017〕220号	
全省公安文化建设工作成绩突出个人	李健	四川省公安厅	2017年12月	获奖证书	
三等功	邓金文	四川省公安消防总队	2017年11月22日	十九大安保	

续表

获奖名称	获奖个人	授奖单位	授予时间	获奖文件文号	备注
"红盾春雷行动2017"先进个人	张波	四川省工商局	2017年5月	南工商〔2017〕21号	
一对好主官	董浩	四川省公安消防总队南充市支队	2017年1月24日	武南消党【2017】13号	
个人嘉奖	董浩	四川省公安消防总队	2017年4月11日	武川消令【2017】10号	
优秀党务工作者	董浩	四川省公安消防总队南充市支队	2017年6月26日	武南消党【2017】46号	
总队红门讲师第一名	董浩	四川省公安消防总队	2017年8月		
科技进步2等奖	刘文祥	南充市人民政府	2017年6月	南府发【2017】17号	区人民医院

附 录

中共南充市高坪区委 2017 年度重要文件目录

序号	文件名称	发文字号	发文时间
1	关于印发《中共南充市高坪区委 2016 年工作总结》和《中共南充市高坪区委 2017 年工作要点》的通知	高委发〔2017〕1 号	2017 年 1 月 22 日
2	关于印发《贯彻落实区委工作报告重大项目清单》的通知	高委发〔2017〕2 号	2017 年 1 月 22 日
3	关于成立高坪区春节期间信访维稳工作领导小组的通知	高委发〔2017〕3 号	2017 年 1 月 7 日
4	关于连续三年考核优秀多次公务员和参公管理人员记三等功的通报	高委发〔2017〕4 号	2017 年 1 月 9 日
5	关于印发《区委常委分工》的通知	高委发〔2017〕5 号	2017 年 1 月 25 日
6	关于进一步加快生态文明建设的决定	高委发〔2017〕6 号	2017 年 2 月 9 日
7	关于批转《政协南充市高坪区委员会 2017 年工作要点》的通知	高委发〔2017〕7 号	2017 年 2 月 17 日
8	关于批转《南充市高坪区人大常委会 2017 年工作要点》的通知	高委发〔2017〕8 号	2017 年 2 月 17 日
9	关于加快全区工业发展的实施意见	高委发〔2017〕9 号	2017 年 3 月 2 日
10	关于开展 2017 年度"联系群众全覆盖"活动的通知	高委发〔2017〕10 号	2017 年 3 月 6 日
11	关于下达 2017 年农业农村工作目标任务的通知	高委发〔2017〕11 号	2017 年 3 月 7 日
12	关于印发《南充市高坪区 2017 年幸福美丽新村建设工作实施意见》的通知	高委发〔2017〕12 号	2017 年 3 月 7 日
13	关于表彰 2016 年度脱贫攻坚先进集体和先进个人的决定	高委发〔2017〕13 号	2017 年 3 月 7 日
14	关于深入推进农业供给侧结构性改革实施"三通示范工程"带动现代农业提质增效的意见	高委发〔2017〕14 号	2017 年 3 月 8 日

续表

序号	文件名称	发文字号	发文时间
15	关于印发《南充市高坪区贯彻落实〈关于全面推行河长制的意见〉实施方案》的通知	高委发〔2017〕15号	2017年3月22日
16	关于深入开展"基础管理年"活动的实施意见	高委发〔2017〕16号	2017年3月22日
17	关于印发《南充市高坪区法治宣传教育第七个五年规划（2016—2020年）》的通知	高委发〔2017〕17号	2017年3月26日
18	关于下达全区2017年实施市级重大项目计划的通知	高委发〔2017〕18号	2017年3月29日
19	关于印发《进一步加强农村留守儿童关爱保护工作的实施方案》的通知	高委发〔2017〕19号	2017年3月30日
20	关于对"六五"普法先进集体及个人予以通报的决定	高委发〔2017〕20号	2017年4月11日
21	关于连续三年考核优秀多次公务员和参公管理人员记三等功的通知	高委发〔2017〕21号	2017年5月2日
22	关于印发《南充市高坪区贯彻落实〈关于全面推行河长制的意见〉实施方案》的通知	高委发〔2017〕22号	2017年5月2日
23	关于认真学习宣传贯彻省第十一次党代会精神的通知	高委发〔2017〕23号	2017年6月12日
24	关于2017年度全区目标绩效管理工作的实施意见	高委发〔2017〕24号	2017年6月20日
25	关于调整区级及以上河流部分河长的通知	高委发〔2017〕25号	2017年6月21日
26	关于调整阙家河河长的通知	高委发〔2017〕26号	2017年7月3日
27	关于印发《高坪区推进"人才兴区"战略实施办法》的通知	高委发〔2017〕27号	2017年7月12日
28	关于调整脱贫攻坚领导小组及办公室成员的通知	高委发〔2017〕28号	2017年7月25日
29	关于2017年党风廉政建设和反腐败工作意见	高委发〔2017〕29号	2017年7月31日
30	关于实施全面两孩政策改革完善计划生育服务管理的意见	高委发〔2017〕30号	2017年8月2日
31	关于调整擦耳河等"河长"的通知	高委发〔2017〕31号	2017年8月30日
32	关于给予郑程等同志记个人三等功的决定	高委发〔2017〕32号	2017年9月6日
33	关于调整中共南充市高坪区农村工作领导小组成员名单的同志	高委发〔2017〕33号	2017年9月18日
34	关于印发《坚决打赢2017年改革开放攻坚战实施方案》的通知	高委发〔2017〕34号	2017年9月26日
35	关于印发《南充市高坪区推进供给侧结构性改革总体方案》的通知	高委发〔2017〕35号	2017年10月10日
36	关于调整高坪区关心下一代工作委员会主任的通知	高委发〔2017〕36号	2017年10月31日
37	关于调整区级河长制领导小组有关人员的通知	高委发〔2017〕37号	2017年11月9日
38	关于认真学习宣传贯彻党的十九大精神的通知	高委发〔2017〕38号	2017年11月8日
39	关于印发《中共南充市高坪区委第六届委员会巡察工作规划（2017—2022）》的通知	高委发〔2017〕39号	2017年11月9日

续表

序号	文件名称	发文字号	发文时间
40	关于印发《南充市高坪区区属国有企业领导人员管理办法》的通知	高委发〔2017〕40号	2017年11月15日
41	关于印发《关于坚持党的领导加强区属国有企业党的建设实施意见》的通知	高委发〔2017〕41号	2017年11月19日
42	关于深化人才发展体制机制改革促进全面创新改革驱动转型发展的实施意见	高委发〔2017〕42号	2017年11月22日
43	关于印发《南充市高坪区深化区属国有企业负责人薪酬制度改革实施办法》的通知	高委发〔2017〕43号	2017年12月11日
44	关于区委常委联系民主党派、工商联人士的通知	高委发〔2017〕44号	2017年12月15日
45	关于印发《南充市高坪区国有企业监督管理机构设置和人员配置实施方案》的通知	高委发〔2017〕45号	2017年12月21日
46	关于深入推进城市执法体制改革改进城市管理工作的实施方案	高委发〔2017〕46号	2017年12月24日
47	关于印发《加快川东北金融中心建设促进金融产业发展若干扶持政策（试行）》的通知	高委发〔2017〕50号	2017年12月30日

南充市高坪区人民政府 2017 年度重要文件目录

序号	文件名称	发文字号	发文时间
1	关于印发《南充市高坪区 2017 年易地扶贫搬迁实施方案》的通知	高府发〔2017〕1 号	2017 年 1 月 20 日
2	关于印发《南充市高坪区 2017 年脱贫"摘帽"总体规划》的通知	高府发〔2017〕2 号	2017 年 2 月 16 日
3	关于加快推进残疾人小康进程的实施意见	高府发〔2017〕3 号	2017 年 2 月 20 日
4	关于印发《南充市高坪区"十三五"脱贫攻坚规划》的通知	高府发〔2017〕4 号	2017 年 3 月 1 日
5	关于切实加强林木采伐管理工作的通知	高府发〔2017〕5 号	2017 年 3 月 5 日
6	关于做好我区 2017 年农村饮水安全工作的通知	高府发〔2017〕6 号	2017 年 3 月 11 日
7	关于印发《南充市高坪区统筹整合使用财政涉农资金管理办法(试行)》的通知	高府发〔2017〕7 号	2017 年 3 月 11 日
8	"关于印发《南充市高坪区人民政府工作规则》的通知"	高府发〔2017〕8 号	2017 年 3 月 21 日
9	关于转发《四川省农村住房建设管理办法》并做好宣传贯彻工作的通知	高府发〔2017〕9 号	2017 年 3 月 21 日
10	关于收储四川友合建设集团万家香食品总厂国有土地的通知	高府发〔2017〕10 号	2017 年 3 月 25 日
11	关于印发《南充市高坪区 2017 年度审计项目计划》的通知	高府发〔2017〕11 号	2017 年 3 月 27 日
12	关于印发《南充市高坪区生产安全事故报告和调查处理工作细则》的通知	高府发〔2017〕12 号	2017 年 3 月 28 日
13	关于印发《南充市高坪区 2017 年安全生产重点工作》的通知	高府发〔2017〕13 号	2017 年 4 月 1 日
14	关于转发《南充市人民政府印发〈关于加强土地出让工作规定〉的通知》的通知	高府发〔2017〕14 号	2017 年 4 月 22 日
15	关于实施都京棚户区改造(城中村)一期项目的通知	高府发〔2017〕15 号	2017 年 4 月 17 日
16	关于印发《南充市高坪区脱贫攻坚项目实施及监督管理暂行办法》的通知	高府发〔2017〕16 号	2017 年 4 月 26 日

续表

序号	文件名称	发文字号	发文时间
17	关于印发《高坪区城市规划区外土地出让方案集体会审办法》和《高坪区城市规划区外土地出让底价确定办法》的通知	高府发〔2017〕17号	2017年5月7日
18	关于印发《南充市高坪区人民政府2017年工作要点》的通知	高府发〔2017〕18号	2017年6月12日
19	关于印发《南充市高坪区畜禽养殖污染整治专项行动实施方案》的通知	高府发〔2017〕19号	2017年6月28日
20	关于调整区食品药品安全委员会组成人员的通知	高府发〔2017〕20号	2017年6月26日
21	关于集中实施溪头乡万家乡等30个乡镇农村基建扶贫项目相关事宜的通知	高府发〔2017〕21号	2017年7月6日
22	关于印发《南充市高坪区法治政府建设实施细则》的通知	高府发〔2017〕22号	2017年7月19日
23	"关于调整区征兵工作领导小组成员的通知"	高府发〔2017〕23号	2017年7月25日
24	关于表彰2016年征兵工作先进单位及先进个人的通报	高府发〔2017〕24号	2017年7月25日
25	关于印发《江东新区宏泰生化、飞龙化工、顺城盐化三户企业搬迁改造工作方案》的通知	高府发〔2017〕25号	2017年8月4日
26	关于印发《南充市第五自来水厂取水口水源地保护区建设高坪区工作方案》的通知	高府发〔2017〕26号	2017年8月24日
27	关于印发《"高嘉线"第三轮行政区域界线联合检查实施方案》的通知	高府发〔2017〕27号	2017年8月29日
28	关于李银和同志兼任高坪区利东土地储备开发有限公司法人职务的通知	高府发〔2017〕28号	2017年8月29日
29	关于公布《南充市高坪区区本级行政许可项目目录》的通知	高府发〔2017〕30号	2017年8月31日
30	关于印发《"顺高线"第三轮行政区域界线联合检查实施方案》的通知	高府发〔2017〕31号	2017年9月7日
31	关于印发《南充市高坪区人民政府常务会议工作规范（暂行）》的通知	高府发〔2017〕32号	2017年9月18日
32	印发《关于开展"高嘉线"平安边界创建工作实施方案》的通知	高府发〔2017〕33号	2017年10月24日
33	关于印发《"高嘉线"边界突发公共事件应急处置工作预案》的通知	高府发〔2017〕34号	2017年10月24日
34	印发《关于开展"顺高线"平安边界创建工作实施方案》的通知	高府发〔2017〕35号	2017年10月24日
35	关于印发《"顺高线"边界突发公共事件应急处置工作预案》的通知	高府发〔2017〕36号	2017年10月24日

续表

序号	文件名称	发文字号	发文时间
36	关于印发《高坪区试行义务教育学校学区制管理的实施方案》的通知	高府发〔2017〕37号	2017年11月6日
37	关于做好2018年城乡居民基本医疗保险参保续保工作的通知	高府发〔2017〕38号	2017年11月6日
38	关于印发《南充市高坪区取消村（社区）证明材料清单》和《南充市高坪区保留村（社区）证明材料清单》的通知	高府发〔2017〕39号	2017年11月10日
39	关于印发《区属国有企业发展混合所有制经济的意见》的通知	高府发〔2017〕40号	2017年11月14日
40	关于同意整合部分学校教育资源的批复	高府发〔2017〕41号	2017年9月22日
41	关于给予任咏梅等同志嘉奖的通知	高府发〔2017〕42号	2017年11月26日
42	关于印发《高坪区加强耕地保护和改进耕地占补平衡工作实施方案》的通知	高府发〔2017〕43号	2017年12月8日
43	关于印发《南充市高坪区区属企业国有资产监督管理暂行规定》的通知	高府发〔2017〕44号	2017年12月12日
44	关于在政府工作中进一步加强同民主党派、工商联联系的通知	高府发〔2017〕45号	2017年12月7日
45	关于印发《南充市高坪区农村教育支持计划（2016—2020年）》的通知	高府发〔2017〕46号	2017年3月16日

南充市高坪区
2017年国民经济和社会发展统计公报

(2018年5月8日)

2017年,在区委、区政府的坚强领导下,全区上下全面落实中央"五位一体"总体布局和"四个全面"战略布局,认真落实省委"三大发展战略"和市委"155发展战略",坚持开局就是决战、起步就是冲刺,主动适应经济新常态,统筹推进稳增长、促改革、调结构、惠民生、防风险各项工作,全区经济社会取得全面进步。

一、综合

国民经济健康发展。初步核算,2017年全区地区生产总值达到157.05亿元,同比增长8.8%,其中第一产业实现增加值28.21亿元,同比增长3.6%,第二产业实现增加值65.65亿元,同比增长10.5%,第三产业实现增加值63.19亿元,同比增长10.8%。三次产业结构得到了极大优化,结构调整为17.96:41.8:40.24,一产比重持续下降,三产比重稳步提高。

民营经济持续快速发展。全年实现民营经济增加值91.72亿元,同比增长8.9%,占GDP比重为58.4%,较去年提高0.1个百分点。其中第一产业实现民营经济增加值13.85亿元,同比增长4.6%;第二产业实现民营经济增加值55.64亿元,同比增长7.9%;第三产业实现民营经济增加值22.23亿元,同比增长14.4%。

二、农业

农业经济平稳发展。农林牧渔业总产值达到46.1亿元,同比增长3.5%。其中农业产值21.08亿元,同比增长5.2%;林业产值0.84亿元,同比增长10.6%;牧业产值22.7亿元,同比增长1.6%;渔业产值1.3亿元,同比增长11.1%;农林牧渔服务业产值0.18亿元,同比增长7.0%。年末实有耕地面积35857公顷。

种植业:全年粮食总产量达21.55万吨,同比增长1.0%。油料作物产量达2.2万吨,同比增长2.0%,实现蔬菜(含菜用瓜)产量46.1万吨,同比增长5.3%。

林业:年末实有森林面积26240公顷,全区森林覆盖率达到32.6%。

畜牧业:全区出栏生猪53.88万头,同比下降5.6%。出栏牛2792只,同比下降0.3%。出栏羊18.9万只,同比增长3.9%。家禽出栏601.72万只,同比下降3.5%。肉类产量达4.99万吨,同比下降4.4%。

水产养殖业:淡水水产品产量达到9800吨,同比增长5.4%。

三、工业和建筑业

工业经济快速发展。2017年全区规模以上工业企业户数达到90户。规模以上工业企业完成工业总产值315.62亿元,同比增长7.7%;实现工业销售产值300.1亿元,同比增长8.0%。2017年全区规模以上工业企业完成销售收入325.31亿元,同比增长8.5%;完成利润总额13.2亿元,同比增长23.3%;规模以上工业企业实现入库税金2.12亿元,同比增长2.4%。

建筑业稳健发展。2017年全区资质等级以上建筑企业达16家,完成建筑业总产值35.6亿元,同比增长58.4%。其中建筑工程产值25.02亿元,同比增长43.8%;安装工程产值6.49亿元,同比增长77.1%;其他产值4.1亿元,同比增长189.3%;竣工产值17.74亿元,同比增长17.4%,从事建筑业平均人数13004人,同比增长33.8%。

四、固定资产投资

固定资产投资较快增长。全年完成全社会固定资产投资219.1亿元,同比增长18.1%。其中基本建设投资187.83亿元,同比增长19.9%;更新改造投资17.03亿元,同比增长49.3%。房地产开发投资14.24亿元,同比增长8.8%,商住房施工面积137.74万平方米,同比增长-19.7%;销售面积59.84万平方米,同比增长52.7%;销售额32.77亿元,同比增长58.8%。全区住宅均价5277元/平方米,同比增长4.0%。

五、商业贸易和旅游业

2017年全区消费品市场繁荣活跃,社会消费品零售总额持续攀升,达到90.2亿元,同比增长13.2%。其中城镇市场实现消费品零售额60.39亿元,同比增长13.2%,占社会消费品零售总额的67%;农村市场实现零售额29.81亿元,同比增长13.1%,占社会消费品零售总额的33%。从行业看,批发业完成消费品零售总额14.13亿元,同比增长12.5%;零售业完成消费品零售总额58.77亿元,同比增长13.3%;住宿餐饮业完成消费品零售总额17.3亿元,同比增长13.2%。

旅游业高速发展。2017年全区接待游客503.5万人次,实现旅游收入48.2亿元,分别同比增长13.0%和33.4%。

六、交通

交通运输业日新月异。2017年全区境内公路总里程达到2732公里;等级公路(含一、二、三、四等级公路)达到2174公里;高速公路达到122公里。

七、财政

财政实力显著增强。2017年全区地方一般公共预算收入达到6.43亿元,同比增长18.3%。全区地方一般公共预算支出为33.22亿元,同比增长11.4%。

2017年全区税收收入稳步增长。全区国地两税收入实现13.93亿元,同比增长7.1%。其中国税收入达7.93亿元,同比增长64.9%,占税收总收入的56.9%;地税收入实现6亿元,同比下降26.8%,占税收总收入的43.1%。

八、教育、科学技术

教育事业蓬勃发展,素质教育全面推进。年末全区小学34所,小学在校学生数34583人,同比增长1.4%;专任教师2257人,同比增长4.6%。普通中学36所,普通中学在校学生总数33297人,同比下降3.7%;专任教师2283人,同比下降2.4%。中等职业教育学校6所,中等职业教育学校学生总数9187人,与去年基本持平;中等职业教育学校专任教师327人,同比下降11.4%。学龄儿童入学率100%,初中升学率128.3%,高中升学率96.8%。

科学研究和技术开发取得新成果。全区全年获得专利授权数68件,同比增长4.6%。高新技术产业企业个数达到24个,高新技术产业总产值达到71亿元,同比增长9.2%。

九、文化、卫生和体育

文化事业健康发展。全区"两馆一站"免费开放,全年共惠及群众15余万人;新建、改建36个村级文化活动室;实施电视户户通项目6954户;全年放映农村公益电影4636场;培训文艺骨干、文艺爱好者5000余人次并开展65场文艺巡演;建成57个图书馆分馆。全年公共图书馆图书总藏量288千册。全年广播覆盖率,电视覆盖率分别达100%、100%。

医疗卫生事业进一步加强。年末全区医疗卫生机构数689个,卫生技术人员总数3188人,其中执业医师995人,全区医疗卫生机构床位数3615张。5岁以下儿童死亡率5.43‰,产妇住院分娩比例为100%,城乡居民医疗保障能力进一步增强。

体育事业方兴未艾。区武术协会被国家体育总局表彰为全国群众体育先进单位;成功举办全区首届篮球、足球比赛,中小学五人制足球比赛,横渡嘉陵江游泳比赛,千人嘉陵江健步走,成立区户外运动公益协会。

十、城市建设和环境保护

城市建设取得新成绩。2017年末城市建成区面积为29.8平方公里,同比增长0.7%;建成区绿地率达到46.7%。

环保工作成效显著。2017年环境污染治理本年完成投资33248万元，同比增长1411.3%。化学需氧量排放量为5129.7吨，同比增长11.7%，氨氮排放量为657.1吨，同比下降0.6%。饮用水源水质达标率为100%，工业废水排放量达标率为98.0%，工业烟尘排放量达标率为99.0%，三废物质综合利用率为100%。城镇生活污水处理率为80%。

十一、人口、社会保障和人民生活

年末全区公安户籍总人口59.68万人，其中男性30.82万人，女性28.86万人，总人口中乡村人口36.77万人。全年出生人口5895人，出生率为9.87‰；死亡人口3670人，死亡率6.14‰；自然增长率3.73‰。

社会保障和福利事业进一步发展。全区年末参加基本养老保险职工4.72万人，同比增长8.8%；参加基本医疗保险职工4.76万人，同比增长4.1%；参加失业保险人数1.22万人，同比增长1.9%；参加农村养老保险的人数20.2万人，同比增长1.6%。享受城镇居民最低生活保障人数18943人，同比增长6.9%；享受农村居民最低生活保障人数39225人，同比增长7.3%。

城乡居民收入稳步增加，生活水平进一步提高。据城镇住户抽样调查资料显示：2017年城镇居民人均可支配收入达25152元，同比增长8.9%，城镇居民恩格尔系数为45%。人均总收入26401元，同比增长9.3%；其中工资性收入13806元，同比增长8.4%；经营性收入2358元，同比增长19%；财产性收入2015元，同比增长3.3%；转移性收入8220元，同比增长10%。据农村住户抽样调查资料显示：2017年农村居民人均可支配收入达11986元，同比增长9.8%，农村居民恩格尔系数为39%。人均总收入14329元，同比增长16%。其中工资性收入5993元，同比增长3.9%；经营性收入4295元，同比增长37%；财产性收入231元，同比增长5.8%；转移性收入3809元，同比增长17%。全区城镇单位从业人员年平均人数为40246人，同比增长3.7%；从业人员工资总额22.29亿元，同比增长15%，从业人员年平均工资55374元，同比增长10.8%。年末城镇登记失业率为3.9%。

注：地区生产总值、一二三产业增加值绝对数按现价计算，增长速度按不变价格计算。

2017年高坪区经济社会发展主要指标统计表

项　目	单位	实绩	比2016年增长（%）
地区生产总值	亿元	157.05	8.8
第一产业增加值	亿元	28.21	3.6
第二产业增加值	亿元	65.65	9.3
规模以上工业增加值	亿元	—	10.6
第三产业增加值	亿元	63.13	10.8
民营经济增加值	亿元	91.72	8.9
粮食总产量	万吨	21.55	1
肉类总产量	万吨	4.99	-4.4
社会消费品零售总额	亿元	90.2	13.2
全社会固定资产完成投资	亿元	219.1	18.1
地方财政一般预算收入	亿元	6.43	18.3
地方财政一般预算支出	亿元	33.22	11.4
年末金融机构存款余额	亿元	158.41	14.78
年末金融机构贷款余额	亿元	92.58	23.03
城镇居民人均可支配收入	元	25152	8.9
农村居民人均可支配收入	元	11986	9.8
城市污水处理率	%	96	—
城市垃圾处理率	%	100	—
普通高校在校生数	人	29000	
中小学在校生数	人	86322	
广播综合覆盖率	%	100	—
电视综合覆盖率	%	100	—
新型农村合作医疗制度参合率	%	100	—

2017年高坪区规模以上工业企业名录

2017年，高坪区规模以上工业企业共96户，其中新升规企业6户。

石油化工（4户）：四川飞龙化工股份有限公司、四川宏泰生化有限公司、四川兰天化工科技有限公司、南充春飞纳米晶硅技术有限公司

汽车汽配（18户）：南充汽车水泵（浩华汽车零部件制造）有限公司、南充市高坪区铸钢厂、四川海隆石油技术有限公司、南充景渤石油机构有限公司、四川科华石油化工设备工程有限公司、四川华冠汽车有限公司、南充市泰鹏机构有限公司、南充景华石油机构有限公司、四川易亨机械制造有限公司、南充富牌农机有限公司、南充市高坪区元顺机械制造有限公司、南充同俊机械有限公司、南充顺达橡塑制品厂、南充翰邦实业有限公司、四川弘大防爆电器有限公司、南充鸿福矿山机械有限公司、四川燎原机械有限公司、南充达锦机械有限公司

丝纺服装（17户）：南充维多利纺织品有限公司、嘉南制衣有限公司、四川嘉福纺织有限公司、四川焦点服饰有限公司、四川南充六合（集团）有限责任公司、南充美华尼龙有限公司、南充德合丝绸制造有限公司、南充市高坪区宏兴丝绸厂、南充京华丝绸有限公司、南充佳合丝绸有限公司、南充六合制丝有限公司、南充市富安娜家居用品有限公司、四川嘉陵纺织（集团）股份有限公司、四川鸿安服饰加工有限公司、南充贵冠时装有限公司、南充嘉美印染有限公司、南充建伟丝绸有限公司。

轻工食品（54户）：南充三环电子有限公司、四川嘉瑞源实业有限公司、南充鑫源通讯技术有限公司、四川南充顺城盐化有限责任公司、南充新百乐饮品有限公司、烟山味业有限责任公司、南充市合美面业有限责任公司、四川飞龙电子材料有限公司、南充过江龙食品厂、四川恒一食品有限公司、南充市高坪区兴昂鞋面厂、南充恒祥木业有限公司、南充五星金方中药饮片有限公司、南充蓝翔投资有限公司、四川顺生制药有限公司、南充富达竹业有限公司、南充固美建材有限公司、南充市宏瑞印务有限公司、南充时代建材有限公司、南充恒兴塑料包装厂、南充市全正塑胶股份有限公司、四川兴宇钢构工程有限公司高坪分公司、南充腾飞特殊玻璃有限公司、南充九鼎建材有限责任公司、南充市高坪区忆古轩家具制造厂、四川省汇龙食品有限公司、南充同辉建筑材料有限公司、南充蓝翔建材有限公司、南充市鑫隆商品混凝土有限责任公司、南充市龙运鞋业有限公司、南充华宝玻璃实业有限公司、南充鸿大管桩有限责任公司、南充市洋意钢构彩板有限公司、南充市鑫镁新型防火建材有限公司、四川顶津饮品有限公司、四川品信饲料有限公司、四川省南充市水泥制品有限责任公司、南充唯美包装制品有限公司、南充信德力建材有限责任公司、南充紫气东来包装有限公司、四川管塑达塑胶有限公司、南充市天太乳业有限公司、四川恒德节能建筑材料有限公司、四川省宏锦泰粉末冶金有限公司、南充市华全醪糟厂、四川南充首创科技开发有限公司、南充市高坪区百斗福粮油有限公司、南充市通冠教学设备有限公司、南充名扬软木科技有限公司、南充重交再生资源开发有限公司、南充浩宇建材有限公司、南充市高坪区永均建筑材料有限公司、南充鹤鸣堂药业有限公司、南充市联创建材有限公司。

能源产业（3户）：高坪燃气股份有限公司、四川华能嘉陵江水电有限责任公司、四川嘉陵江小龙门航电开发有限公司。

高坪区规模以上重点工业企业简介

南充市华全醪糟厂 该厂是一家传承古老工艺而专注于现在化农产品生产及销售企业。建于2006年，位于南充市高坪区小龙镇，总投资8000万元，占地20余亩，企业员工50多人。2006年，企业创办人张晓华注册"挑挑"牌商标，"挑挑"品牌命名源自于当地挑着担子走进大街小巷叫卖醪糟的历史传统文化。2010年，"挑挑"牌"南充市知名商标"；2011年新建现代化厂房，取得ISO9000质量管理体系认证；取得南充市首个醪糟生产AAA级质量信誉企业；2012年获得南充市"大学生创业重点示范基地"，该年度"挑挑"牌醪糟销售成倍增长；2013年"挑挑牌"获得四川省著名商标；2016年至2018年"挑挑"醪糟四川省销量产值位居前三位。

四川恒一食品有限公司 公司位于南充市高坪区机场大道东顺路，是一家从事畜、禽肉类、蔬菜类罐头食品精深加工及冷藏、冷冻食品的代储、代冻等业务的罐头食品加工专业企业。公司占地30亩，注册资本1200万元，总资产6000万元拥有自营进出口权。公司前身为四川天元食品股份有限公司（原南充地区罐头食品厂）。公司现有建筑面积约13300余平方米，其中厂房面积8000平方米；生产车间5个，各类生产线6条，拥有罐头加工专业设备100余台套，年生产能力10000吨；产品规格约100多个。产品行销国内20多个省、市、自治区、港澳特别行政区及东南亚和太平洋诸岛等国家和地区，产销率达99.85%。产品多次荣获国家、部、省"优质产品称号"；公司拥有"果莲"、"恒一"、"禾露佳"等五个注册商标；实用新型专利1项。

南充市科虹建材有限公司 公司是由四川科虹集团投资的预拌商品混凝土生产企业，成立于2013年12月。公司位于南充市高坪区永安工业园内，厂区占地面积30000平方米，注册资金2500万元，总投资3000余万元；主要经营范围有商品混凝土的生产及销售、粉煤灰的生产及销售，普通货物运输、罐车运输的业务。公司技术力量雄厚、设备精良、工艺完善，具有建筑企业资质证书。现有员工75人，其中管理人员8名，技术人才24名，专业驾驶员30名，后勤保障人员13人。公司搅拌站配备有两套独立的搅拌系统，一套独立的粉煤灰生产系统。其中"180"生产线两条，各类型车辆共计30余辆。公司管理规范，配置完善的混凝土实验室，完全满足混凝土生产过程中对原材料的把控和成品的检验要求。

南充翰邦实业有限公司 公司成立于2012年3月，位于南充市高坪区航空港工业集中区北区金三桥路156号，注册资金400万，占地面积约43亩。公司是一家集研发、制造、销售及服务为一体的科技型企业，产品涵盖石油、化工、冶金、电力的行业。公司已通过ISO9001质量管理体系认证。公司自主设计研发的套管驾设计已取得两项《实用新型专利证书》。公司坚持以"科技创新"为着力点，与中国石油大学、四川机械研究设计院等相关科研单位协作，走"产、研、院"联合发展的路子。秉承"诚实、守信竭诚为用户提供优质服务"的经营理念，赢得了用户的信任和肯定。与宝鸡石油机械有限责任公司、中核23建公司、西南油气田分公司等多家单位建立了技术协作伙伴关系。

南充市宏瑞印务有限公司 公司位于南充市高坪区航空港，于2005年经省新闻出版局批准为出版物、包装装潢、其他印刷制品的印务公司。印刷许可证号为（川）新出印证字515150019号；注册资本金800万元，获得全国首批60家绿色印刷企业资质和中小学生防近视作业本的专利使用权。公司占地55亩，车间面积13500平方米，办公室住宿5000平方米，总投资1.3亿元。现有熟练技工120多人，其中工程师、经济师、会计师以及其他专业技术人员10余人。公司拥有八色书、报刊商务轮转机、九色票据轮转机、日本CTP制版、对开四色胶印机、对开双色胶印机、票据胶印机、双面胶印机、胶包联动机、全自动折页联动机、全自动切纸机、涂覆机设备等120多台（套）；设备中的日本CTP直接出片机，八色书报刊生产线，票据轮转生产线均属目前国内先进生产设备。公司年印刷加工生产能力为4000余吨纸张，是川东北地区规模最大、技术力量最雄厚的综合性印刷企业。公司承印了防近视作业本、中国人教社、四川新华文轩、重庆出版社等50多家出版社的教材、教辅，四川省地方税务局的各种发票；成都商报、华西都市报；中考试卷等多种社会杂件。累计销售收入3.8亿元，实现利税8500多万元。公司于2012年7月获得全国首批60家印刷绿色印刷企业之一，证号：00009号。

南充达锦机械有限公司　公司成立于2010年8月27日，占地160亩，地处四川省南充市航空港工业园区，注册资金600万元人民币，已建一期标准厂房及配套建筑约25000平方米。公司现有员工69人，专业技术及管理人员13人，其中高级冶炼工程师2人，高级模具工程师2人，金相工程师1人，质量工程师3人。公司拥有全套生产机械技术设施设备和控测设备50余台套。公司主要产品是汽车压模具铸件，主要产品品种有：HT300、moCr、ICD—5、GGG70L、ZKD12、ZG45、MoCrCu、QT600—800，单件产品最大重量可达15T，年产量可达两万吨以上。公司与多家汽产模具企业合作配套，产品质量信誉良好，取得了较好的经济效益和社会效益。

四川嘉瑞源实业有限公司　公司是正源控股股份有限公司（简称"正源股份"，股票代码600321）于2007年10月8日在南充市工商局依法注册成立的全资子公司，注册资金3.5亿元。经营范围为生产、销售木质中、高密度纤维板、木质装饰板。正源控股有限公司成立于1993年5月22日，并于2001年在上海证券交易所上市，注册资金151055万元，是国家林业重点龙头企业。作为南充市政府招商引资企业，公司已经在南充市高坪区航空港工业集中区西区投资6亿元建成一期项目—22万立方米/年高中密度纤维板生产线的技术改造项目。该项目占地406亩，建筑面积共达42260平方米。该项目从德国迪芬巴赫公司引进连续生产的全自动控制纤维生产设备，利用"三剩物"、次小薪材等生产高中密度纤维板，年均利用量约25万吨，同时将生产过程中产生的固体废料砂光粉、废木渣、废木屑、边角料、树皮、废纤维等送热能中心做燃料，切实做到资源节约和环境保护，经济持续发展。

南充市高坪区百斗福粮油有限公司　公司成立于2010年，位于南充市高坪区清溪街道办事处北斗坪村，是一家从事面条生产、加工、销售为一体的民营企业。公司占地面积14亩，建筑面积2500平方米，有员工60人。2014年，投资500万元在高坪小龙建设分厂，分厂有两条现代化生产线。公司是目前南充面条加工技术先进的企业，是南充最大的面条生产厂家。2017年，公司加工面条8500吨，销售收入达2000多万元。公司产品主要销往重庆、成都、遂宁、广元及南充市内各区、县。随着科技力量的不断投入，经营思路与理念的不断调整，企业先后被有关部门授予"A级企业"、"市级农业产业化龙头企业"、"知名商标"等。

四川省南充天太乳业有限公司　公司建于1956年，现位于南充市高坪区航空港工业集中区，是一家集奶牛生态养殖和乳制品研发、生产、销售为一体的农产品加工业企业、四川省质量信用AAA级企业。公司通过了"ISO9001：2008"国际质量管理体系认证，生产的"天太乳业"牌液体乳获得"四川名牌产品"称号。公司现有现代化专业乳品生产设备：利乐包、利乐钻无菌灌装生产线5条，日产量近200吨；低温灌装线（玻璃瓶、屋顶包、百利包、杯装、碗装生产线）9条，日产量100吨；三片易拉罐生产线2条，日产量50吨；年总产能达15万余吨。公司产品有纯牛奶、发酵奶及乳饮料等近100余款。公司有高规格、高标准的乳品研发和检测为一体的企业技术中心，2012年被认定为"四川省企业技术中心"，产品研发及检测检验能力达到国内同行业先进水平。

南充嘉美印染有限公司 公司成立于1998年，2014年搬迁至高坪区都京丝纺工业园。公司总投资约16亿元，占地300余亩。公司有员工700余人，其中技术人员40人。公司是一家研发、生产、销售全棉蜡（染）印花布的专业公司。经过近30年的发展，公司纳入国家产业振兴重点支持企业、四川省100个战略性新兴产业项目之一、南充市龙头企业，公司先后获得"A级质量信用"、"出口先进企业"、"四川省工业技术中心"、"四川省外贸出口领军企业"、"南充出口创汇先进企业"、"国家出口一类企业"等荣誉称号。公司通过了"ISO9001：2000质量管理系统认证"，拥有"防拔染国家专利技术"。公司现已形成集纺纱、织布、印染及相关附属设施齐全的完整产业链。公司产品以纯棉织物为原料，正反通透、颜色浓艳、蜡纹细腻多变、层次丰富，目前公司产品系列有：真蜡产品、仿蜡产品、JAVA产品冰纹产品。

四川省宏锦泰粉末冶金有限公司 公司成立于2010年2月，位于四川省南充市高坪区航空港工业集中区机场路，是一家集研发、生产、销售内径0.5毫米至18毫米超微型、高精度、自润滑含油轴承及微型结构件、五金配件等系列产品为主的国家高新技术企业。公司通过自主研发和引进、消化、吸收国际国内先进的粉末冶金制造技术和设计理念，设计、生产、销售铜基、铁基、铁铜基三大系列数十个大类、数千种规格的高精度、低噪音微型含油轴承及其他小型结构零件。公司产品广泛应用于手机震动、IT数码产品、微型印刷系列、移动电话、医疗设备、传真机、视听系统、家用电器、仪表仪器、航空精密仪器等领域。公司配备有日MUTIYO、瑞士TESA、圆度仪等各种高精密检测仪器仪表，工艺规程，精度达0.005mm以内，不同轴度达0.02mm以内。公司产品质量符合日本jis标准。公司员工中，具有大学本科以上学历的专业技术人员6人，高中1人，技术人员19人。公司在华东、华南、西南均设立了办事处，成为华为、小米、TCL、华硕、闻泰、联想、中兴等大型生产厂家长期合作伙伴。公司先后获得国家发明专利2项、国家实用新型专利10项。2013年公司获得国家高新技术企业证书、国际质量管理体系认证ISO9001。

南充佳合丝绸有限责任公司 公司位于高坪区都京镇，是高坪区委、区政府2006年招商引资企业。总司总投资3000万元，占地31.5亩，现有厂房、仓库、办公楼和职工食堂、宿舍楼，建筑面积10726平方米。公司现有自动缫丝机8组，双宫丝设备2组（36台位），返丝机6组，燃气锅炉1台（套）。公司于2007年4月正式投产，年产白厂丝120吨，双宫丝50吨。同时，还投资兴办了丝绵加工厂，年生产加工及销售丝绵被床上用品上万床。公司年产值达6600万元，销售收入6000余万元，销售收入6000余万元，创利税500余万元，拥有员工128人。

南充固美建材有限公司 公司成立于2003年4月，位于南充十里工业街经济技术开发区，企业注册资金2600万元，占地53亩，是南充市首家具有专业商品混凝土生产资质的企业。公司现有三条先进的自动化混凝土生产线，专业的商砼运输车队，年设计产能达100万立方以上，总产值1亿多元，多次被评为高坪区纳税大户。

南充三环（集团）股份有限公司 公司位于航空港工业集中区，占地790余亩，建有电阻陶瓷基体、交通信用陶瓷组件及片式电阻元件用陶瓷基板生产基地。公司产品广泛应用于电子元件、光电子器件、工业电子设备领域。公司一期电阻陶瓷生产项目投资2.4亿元，建设的电阻陶瓷基体及压分瓷体生产线已于2010年建成投产，形成年产500亿只以上的白瓷体和年产350亿只压分瓷体的生产规模，占世界年产量的55%以上。公司二期、三期、四期陶瓷棒生产项目总投资 14.6 亿元，于 2011 年 1 月开始建设，现已全面投产，主要产品为电子材料、光电子通讯材料与部件。公司五期氮化铝陶瓷基板项目投资 2.5 亿元，于 2016 年 6 月开始建设，2018 年 12 月将建成投产。公司新签订的六期项目，计划投资 25 亿元，2018 年底建成并投产；2017 年 6 月，公司与南充市高坪区签订投资协议，开展第七期项目，即氮化铝陶瓷基板生产线项目，计划投资 10 亿元，2018 年 7 月建成投产；预计六、七期项目全面投产后，新增产值 100 亿元，税收 2.1 亿元。南充三环产品开发研究院计划投资 5 亿元，占地 45 亩，下设两委、三平台。两委即：技术委员会和专家委员会；三平台即：技术研发平台、研究支撑平台、创新管理平台。

南充市高坪区省、市、区非物资文化遗产保护项目名录表（截至2018年1月）

（共134项，不重复统计）

类别	区 级（118项）	省 级（3项）	市 级（共13项，含省级3项）
宗教音乐（5项）	白塔街道：《道琴》；　鄢家乡：《早相》《晚相》《西眉山上一盏灯》；　江陵镇：《师娘子请神》		
民间音乐类 劳动音乐（30项）	龙门街道：《船工号子》《下水号子》《立水号子》《出工号子》《拾工号子》；长乐镇：《出工号子》；打夯号子：《大家站拢来》《何家二嫂嫂》《正月采花无花采》《说拾起来就拾起来》；胜观镇：《薅草歌》，《情妹喂猪》；薅草歌《太阳出来绯鲜红》《喊声唱歌就唱歌》；擦耳镇：《太阳当顶红》《鬼邀伴》《移石号子》《橇石号子》；石工号子：石工号子《撬石号子》《移石号子》《拾工号子》《几个嫂嫂真奇怪》		
风俗音乐（57项）	民歌（小曲）：《卖花生》《十绣》《张生跳粉墙》《送郎参军》《童金嗣》《太阳当顶过》《十二月之飘》《幺妹子歌》《小车郎》《两亲家母对话》《数麻雀》《麻布帐子红军帝》《看个尚花闹》《十树枇杷九树黄》《海棠花儿香》《哭娘亲》《剪菊花》《观音坐莲台》《正月好唱祝英台》《大红古纸》《八月枯子儿月黄》《怨爸妈》《小小花姑娘》《迎灯一》会龙镇：《梅花闹喜鹊》《驾嫂》《劝兄弟》《提亲》《哭爹娘》《迎新娘》《迎灯歌》《迎灯二》《穿衣裳》《哭妈》《嫩牛上坡》《无人接声我接方》《扛起旗来东方》《起歌头》 佛门乡：唢呐曲牌：《唢呐联奏》《蚂蚁子上树》《南瓜藤》《哥送妹》《雁筋闪翅》《牛打架》《牛擦痒》《鹭鸶下坝》《人之初》 皮锣鼓：《幺二三》《反胡琴》《柚筋胡帕》《勃鼓》顺十牌十首 十牌十首	1. 金钱板 2. 哭嫁歌 3. 船工号子	1. 竹编 2. 炭精画 3. 传统婚嫁礼仪 4. 烟山冬菜传统生产技艺 5. 鲤鱼跃龙门传说 6. 三月三朝灵山 7. 贺家空心挂面制作技艺 8. 木质杆秤制作技艺 9. 丝绸蜡染技艺 10. 龙氏中医接骨投榫
传统技艺类（11项）	丝网印刷技艺（白塔街道）　冬菜传统制作技艺（青居镇）　李安民手工扎龙技艺（龙门街道办）　糖画技艺（白塔街道办事处）　川剧脸谱制作　纸扎手工技艺　高坪区过江龙牛肉传统制作技艺；传统烟丝制作技艺；米豆腐制作技艺　龙门姜良玉传统接骨投榫技艺　麻糖制作技艺		
民间文学类（5项）	凌云山的传说系列（老君镇）　御史坟的传说（御史乡）；金城山的传说系列；青居烟山的传说系列（胜观镇）		
民间传统医药类（1项）	（市级）		
民间风俗类（7项）	婚嫁习俗（黄溪乡）；三月三朝灵山（老君镇）；民间寿庆习俗；拜保保；高坪传统表葬仪式；高坪区传统修造仪式；高坪区童谣系列		
民间艺术类（3项）	1. 东观彭贵花鼓；2. 青莲的民间风俗画；3. 东观评书。		

南充市高坪区文物保护单位一览表

高坪区文物点共计581处，各级保护单位25处（其中国保1处，省保5处，市保16处，区保3处）

序号	名称		时代	类别	级别	公布批次	公布文号	公布时间	地址
1	无量宝塔		宋·建隆（公元960—963）	古建筑	国保	第六批	国发〔2006〕19号	2006.05.25	白塔公园内
2	隐珠寺		明·景泰（1451年）	古建筑	省级	第六批	川府函〔2002〕23号	2002.12.27	走马乡隐珠寺村
3	长乐禹王宫		清·嘉庆乙丑（1805年）	古建筑	省级	第七批	川府函〔2017〕114号	2007.06.01	长乐镇幸福街
4	观音寺		清初	古建筑	省级	第七批	川府函〔2007〕114号	2007.06.01	胜观镇东林寺村
5	红旗农庄		1958	近现代建筑	省级	第七批	川府函〔2007〕114号	2007.06.01	永安镇青林村
6	龙门万寿宫		清	古建筑	省级	第七批	川府函〔2007〕114号	2007.06.01	龙门街道办炮台街
7	金城山文物群	金城寺	明—清	古建筑					
		南金门石刻	清	石刻	市级	第一批	南府发〔1994〕460号	1994.12.15	胜观镇金城山林场
		打子洞石窟	清						
		老龙洞石刻	清						
		白云山石刻	清						
8	青居城遗址		宋·淳祐三年（1243年）	古遗址	市级	第一批	南府发〔1994〕460号	1994.12.15	青居镇烟山村
9	王平墓		三国·蜀	古墓葬	市级	第一批	南府发〔1994〕460号	1994.09.15	永安镇临江村凤凰山
10	东岳庙		清·康熙十一年（1672年）	古建筑	市级	第一批	南府发〔1994〕460号	1994.12.15	白塔东侧150米处

续表

序号	名称	时代	类别	级别	公布批次	公布文号	公布时间	地址
11	龙头寺崖墓群	东汉—明代	古墓葬	市级	第二批	南府函〔2003〕75号	2003.06.16	青居街道龙头寺村六社
12	伏虎寺	清·康熙	古建筑	市级	第二批	南府函〔2003〕75号	2003.06.16	老君镇伏虎寺村
13	白山崖墓群	宋	古墓葬	市级	第二批	南府函〔2003〕75号	2003.06.16	佛门乡北山上
14	凌云山崖墓	明代弘治十四年（1501）	古墓葬	市级	第二批	南府函〔2003〕75号	2003.06.16	老君镇凌云山上
15	天云寺	文殊殿：清光绪九年（1883年）大雄宝殿：清雍正七年（1729年）	古建筑	市级	第三批	南府函〔2010〕230号	2010.11.16	南江乡四方井村八组
16	宝胜寺	清	古建筑	市级	第三批	南府函〔2010〕230号	2010.11.16	小龙街道宝胜寺村
17	二龙桥	清	古建筑	市级	第三批	南府函〔2010〕230号	2010.11.16	螺溪镇二龙桥村
18	同六丝厂旧址	近现代	工业旧址	市级	第三批	南府函〔2010〕230号	2010.11.16	都京街道六合丝厂内
19	毗卢寺	清·康熙四十年（1701年）	古建筑	市级	第三批	南府函〔2010〕230号	2010.11.16	长乐镇长乐中学内
20	诸葛寺石刻	明·万历元年（1573年）	石刻	市级	第四批	南府函〔2016〕85号	2016.12.16	青居街道龙头寺村三组
21	打石厂石刻	清	石刻	市级	第四批	南府函〔2016〕85号	2016.12.16	螺溪镇对鹅坝村
22	金凤庵	清	古建筑	市级	第四批	南府函〔2016〕85号	2016.12.16	隆兴乡千佛寺村
23	灵迹寺石窟	宋—明	石刻	区级	第一批	高府发〔1994〕223号	2016.12.16	青居镇烟山村
24	真武宫	清·道光（1832年）	古建筑	区级	第二批	高府发〔2000〕99号	2000.12.18	老君镇凌云山上
25	长乐万寿宫	清中—晚期	古建筑	区级	第二批	高府发〔2000〕99号	2000.12.18	长乐镇幸福街

《高坪年鉴》（2018）编纂人员名单

李林森：数字高坪2017、特载、专题记事、概况、大事记、农业、工业和信息化、科技、商贸、住房和城乡规划建设、交通、产业集中区、人物和先进、附录

吴定友：乡镇（街道）、民主党派·工商联、群众团体

黄　海：区委、区人大、区政府、区政协、纪检监察、发展改革·投资促进、民生保障、公安·司法、审判·检察

彭　湖：军事、财政·税收、旅游、金融、综合监督与管理、教育、文化·广播·影视·体育、卫生·计划生育